AUSGESCHIEDEN

**Büchereien Wien
Am Gürtel
Magistratsabteilung 13
7, Urban-Loritz-Platz 2a
A-1070 Wien**

	STAAT UND VERWALTUNG	13
	HIGHLIGHTS	25

ROUTENBESCHREIBUNGEN

Vancouver bis Port Hardy	**HAUPTROUTE**	33
Langford bis Port Renfrew	**NEBENROUTE 1**	75
Duncan bis Lake Cowichan	**NEBENROUTE 2**	81
Parksville bis Ucluelet & Tofino	**NEBENROUTE 3**	87
Campbell River bis Tahsis	**NEBENROUTE 4**	97
Woss bis Zeballos	**NEBENROUTE 5**	103
Port Hardy zum Cape Scott PP	**NEBENROUTE 6**	107
	RÜCKFAHRMÖGLICHKEITEN	111

FAKTENTEIL

Vancouver bis Port Hardy	**HAUPTROUTE**	135
Langford bis Port Renfrew	**NEBENROUTE 1**	253
Duncan bis Lake Cowichan	**NEBENROUTE 2**	271
Parksville bis Ucluelet & Tofino	**NEBENROUTE 3**	279
Campbell River bis Tahsis	**NEBENROUTE 4**	307
Woss bis Zeballos	**NEBENROUTE 5**	321
Port Hardy zum Cape Scott PP	**NEBENROUTE 6**	327
	RÜCKFAHRMÖGLICHKEIT SUNSHINE COAST & INSELN	333

WISSENSWERTES, CHECKLISTEN UND SPRACHHILFE	369
STICHWORTVERZEICHNIS	409
KARTEN	415

Bei **CONBOOK** sind außerdem die folgenden Nordamerika-Routenreiseführer erschienen:

Nationalparkroute Kanada	ISBN 978-3-943176-36-0
Nationalparkroute USA – Florida	ISBN 978-3-943176-39-1
Nationalparkroute USA – Kalifornien	ISBN 978-3-934918-83-2
Nationalparkroute USA – Nordwest	ISBN 978-3-943176-72-8
Nationalparkroute USA – Südwest	ISBN 978-3-943176-23-0
Pacific Coast Highway USA	ISBN 978-3-943176-37-7
Route 66	ISBN 978-3-943176-13-1
Routenreiseführer USA – Neuenglandstaaten	ISBN 978-3-95889-133-3

Impressum

8. Auflage
© Conbook Medien GmbH, Meerbusch 2012, 2018
Alle Rechte vorbehalten.

www.conbook-verlag.de

Autoren	Helga und Arnold Walter
Kreation & Kartografie	David Janik, wenn nicht anders gekennzeichnet
Druck & Verarbeitung	Multiprint, Bulgarien

Bildnachweis Einband: © istockphoto.com/Dave Logan; Innenteil: Autoren und Verlag, außer auf folgenden Seiten: 17: © istockphoto.com/zeiler1; 30: © istockphoto.com/aractivist; 152: © shutterstock/Ann Badjura; 171: © istockphoto.com/Tashka; 179: © Marion Landwehr; 292: © istockphoto.com/cnibc

ISBN 978-3-943176-17-9

Wir weisen darauf hin, dass jede Vervielfältigung und Verbreitung, die Entnahme von Abbildungen, Bildern und die Weitergabe auf fotomechanischem Weg sowie die Einspeicherung in jede Art von Medien (auch auszugsweise) nicht gestattet sind. Die Autoren und der Verlag haben alle Daten und Fakten mit größtmöglicher Sorgfalt recherchiert und überprüft, können aber im Einzelfall für die Richtigkeit und Vollständigkeit des Inhalts und der aufgeführten Fakten keine Garantie übernehmen. Sollten Sie auf Ihrer eigenen Reise aktuelle Änderungen entdecken, teilen Sie uns diese gerne mit. Zuschriften am besten per E-Mail an: feedback@conbook.de.

EINLEITUNG	**7**
STAAT UND VERWALTUNG	**13**

Kanada 14
British Columbia 18
Vancouver Island 22

HIGHLIGHTS	**25**

▼ ROUTENBESCHREIBUNGEN ▼

VANCOUVER BIS PORT HARDY HAUPTROUTE	**33**

Der Beginn einer langen Reise
Vancouver bis Fähranleger Tsawwassen 38
Sie betreten Vancouver Island
Swartz Bay bis Victoria 47
Die Reise Richtung Norden beginnt
Victoria bis Duncan 50
Touristenstädte und Kohlebergbau
Duncan bis Nanaimo 53
Touristenhochburgen
Nanaimo bis Qualicum Beach 57
Höhlenforscher on tour
Qualicum Beach bis Courtenay/Comox 59
Ski und Rodel gut
Comox Valley bis Campbell River 61
Nebenstraßen im Norden
Informationen zur Straßenbeschaffenheit 64
Einsamkeit pur und gute Hausmannskost
Campbell River bis Sayward 66
Noch mehr Einsamkeit und ein Kleinod mit Flair
Sayward bis Port McNeill 68
Endlich wieder Menschen
Port McNeill bis Port Hardy 71

LANGFORD BIS PORT RENFREW NEBENROUTE 1	**75**
DUNCAN BIS LAKE COWICHAN NEBENROUTE 2	**81**
PARKSVILLE BIS UCLUELET & TOFINO NEBENROUTE 3	**87**
CAMPBELL RIVER BIS TAHSIS NEBENROUTE 4	**97**
WOSS BIS ZEBALLOS NEBENROUTE 5	**103**
PORT HARDY ZUM CAPE SCOTT PP NEBENROUTE 6	**107**

RÜCKFAHRMÖGLICHKEITEN — 111

Sunshine Coast	113
Port Hardy bis Swartz Bay	124
Inside Passage nach Prince Rupert	126
Discovery Passage nach Bella Coola	128
Nanaimo bis Vancouver	130

▼ FAKTENTEIL ▼

VANCOUVER BIS PORT HARDY HAUPTROUTE — 135

Vancouver	137
Fährfahrt Tsawwassen nach Swartz Bay	164
Sidney	166
District of Saanich	169
Victoria	173
Duncan	191
Chemainus	195
Ladysmith	197
Nanaimo	201
Parksville	207
Qualicum Beach	210
Cumberland	214
Comox Valley – Courtenay/Comox	216
Campbell River	224
Sayward	233
Woss	237
Telegraph Cove	239
Port McNeill	242
Port Alice	244
Fort Rupert	246
Port Hardy	247

LANGFORD BIS PORT RENFREW NEBENROUTE 1 — 253

Langford und Colwood	254
Sooke	257
Juan de Fuca Provincial Park	261
Port Renfrew	263
West Coast Trail	267

DUNCAN BIS LAKE COWICHAN NEBENROUTE 2 — 271

Cowichan River Provincial Park	272
Lake Cowichan	273
Youbou	278

PARKSVILLE BIS UCLUELET & TOFINO NEBENROUTE 3 — 279

- Coombs 280
- MacMillan Provincial Park – Cathedral Grove 282
- Port Alberni 284
- Bamfield 288
- Della Falls – Strathcona Provincial Park 291
- Ucluelet 295
- Pacific Rim National Park 298
- Tofino 302

CAMPBELL RIVER BIS TAHSIS NEBENROUTE 4 — 307

- Strathcona Provincial Park 308
- Gold River 314
- Tree to Sea Drive 318
- Tahsis 318

WOSS BIS ZEBALLOS NEBENROUTE 5 — 321

- Zeballos 323

PORT HARDY ZUM CAPE SCOTT PP NEBENROUTE 6 — 327

- Holberg 328
- Winter Harbour 329
- Cape Scott Provincial Park 329

SUNSHINE COAST RÜCKFAHRMÖGLICHKEIT — 333

- Lund 336
- Sliammon 338
- Powell River 339
- Egmont 342
- Pender Harbour & Maderia Park 343
- Halfmoon Bay 344
- Sechelt 345
- Gibsons 347

INSELN — 349

- Cormorant Island 350
- Malcolm Island 352
- Denman Island 354
- Gabriola Island 356
- Lasqueti Island 358

Quadra Island	359
Cortes Island	361
Saltspring Island	362
Texada Island	365
Thetis Island	367
Penelakut Island	368

WISSENSWERTES — 369

CHECKLISTEN — 392

SPRACHHILFEN — 396

Allgemein	396
Medizin	405
Konversation	406

STICHWORTVERZEICHNIS — 409

KARTEN — 415

Vancouver – Großraum	416
Vancouver – Innenstadt	418
Victoria – Innenstadt	420
Cowichan Valley	421
Cowichan River Provincial Park	422
Pacific Rim National Park – Long Beach	423
Comox Valley – Courtenay / Cumberland	424
Comox Valley – Comox	425
Strathcona Provincial Park	426
Juan de Fuca Provincial Park	428
Port Hardy	429

EINLEITUNG

EINLEITUNG

Mit der Entscheidung, Vancouver Island als ein mögliches oder Ihr nächstes Reiseziel ins Auge zu fassen, haben Sie den Weg zu einer ganz besonderen und erlebnisreichen Zeit geebnet. Denn Vancouver Island ist nicht nur eine Insel – Vancouver Island ist die schönste, abwechslungsreichste und spannendste Insel des nordamerikanischen Kontinents.

Von vielen Urlaubern und auch Einheimischen auf den touristisch umfassend erschlossenen und sehenswerten Süden reduziert, zeigt sich die Insel vor allem auf der nördlichen Hälfte von ihrer schönsten Seite. Einmalige klimatische Verhältnisse, weite und unerforschte Waldgebiete und eine traumhafte und zugleich ursprüngliche Küstenlandschaft machen jeden Besuch zu einem unvergesslichen Erlebnis.

Mit dem vorliegenden Reiseführer möchten wir Ihnen diese einmalige Inselwelt vorstellen und zeigen, was Sie auf den rund 32.000 km² alles erwarten wird. Und das ist eine ganze Menge: hübsche Städte und Ortschaften entlang einer gemäßigt temperierten Küstenlandschaft, erholsame Wanderwege durch Wälder und Provincial Parks und ein Freizeitangebot für Groß und Klein, das keine Wünsche offen lässt. Ebenso werden Sie aber auch surftaugliche Brandungen an rauen Pazifikküsten erleben, eine Insel und eine Stadt mit einer eigenen Währung entdecken, abenteuerliche Straßen durch ursprüngliche Wälder bezwingen und hoch im Norden am gefühlten „Ende der Welt" ankommen.

Viele sehen Vancouver Island als „komprimiertes Kanada" an – und ganz falsch ist diese Vorstellung nicht. Vieles, wofür Sie auf dem Festland etliche Kilometer zurücklegen müssen, findet sich auf der schönsten Insel des Pazifiks verhältnismäßig nahe beieinander - genauso gibt es aber auch Landstriche, die ebenso unerforscht und weitläufig sind wie in den großen Nationalparks auf dem Festland.

Vancouver Island hat alles zu bieten, was Sie von einem Urlaub in Kanada erwarten, und wird Ihnen mit vielen Eindrücken lange in Erinnerung bleiben.

Der Aufbau dieses Reiseführers

Dieser Reiseführer bietet auf über 400 Seiten Informationen zu allen wichtigen Sehenswürdigkeiten, ausführliche Beschreibungen aller Städte, Parks und Ortschaften und viele praktische Reiseinformationen. Damit Sie sich vollends auf Ihre Urlaubserlebnisse konzentrieren können, haben wir den Reiseführer auf Ihre Bedürfnisse ausgerichtet und so aufgearbeitet, dass er Ihnen zwar genügend Freiheit für eigene Erkundungen lässt – Ihnen bei Bedarf aber als ebenso zuverlässiger Begleiter zur Seite steht. Dominiert wird der Reiseführer von zwei wichtigen, großen Abschnitten:

a) Die **Routenbeschreibungen**: Beschreibung einer Reiseroute quer über die Insel, unterteilt in eine Hauptroute von Süd nach Nord und sechs Nebenrouten, die von der Hauptroute ins Hinterland nach Westen führen. Mit dieser Route verpassen Sie keines der Highlights und werden vieles entdecken, was Ihnen auf eigene Faust leicht entgehen kann.

b) Der **Faktenteil**: Ausführliche Informationen zu allen Städten, Sehenswürdigkeiten und Highlights. Zusätzlich viele Wanderempfehlungen, Freizeittipps und Hintergrundinformationen. Damit das Zusammenspiel von Routenbeschreibung und Faktenteil reibungslos funktioniert, sind die Fakten in der Reihenfolge der Route angeordnet.

Darüber hinaus finden Sie zu Anfang und am Ende des Reiseführers Basisinformationen zu Kanada und den relevanten Provinzen, eine Auswahl der absoluten Highlights, ausführliche Reiseinformationen und eine Sprachhilfe. Das **Kartenmaterial** bietet sich als Orientierungshilfe an, in der Übersichtskarte (vordere Buchklappe) sind zusätzlich die einzelnen Routen eingezeichnet. Als weitere Unterstützung empfehlen wir Ihnen, sich mit einer ausführlichen Straßenkarte auszustatten, die Sie sich kurz nach Erreichen der Insel in einer Visitor Info besorgen können.

Die Routenbeschreibungen

Damit Ihnen die anstrengende und zeitintensive Vorbereitung einer Reiseroute erspart bleibt und Sie trotzdem kein Highlight verpassen, haben wir eine ausführliche **Reiseroute** mit allen wichtigen Informationen zusammengestellt. Diese Route ist eine besondere Empfehlung an alle Reisenden, die Vancouver Island entdecken und sich nicht nur im touristisch besonders ausgebauten Süden bewegen möchten.

Um Ihnen einen bestmöglichen Überblick zu gewähren, sind diese Routenbeschreibungen aufgeteilt in eine **Hauptroute** entlang der Ostküste (von Swartz Bay im Süden bis in den äußersten Norden nach Port Hardy) und mehrere **Nebenrouten**, die von der Hauptroute ins Hinterland und an die Westküste abzweigen. Die Verbindungen zwischen Hauptroute und Nebenrouten sind in der Routenbeschreibung eindeutig gekennzeichnet, so können Sie jederzeit entscheiden, ob Sie Lust und Zeit für die Absolvierung einer Nebenroute haben.

Wir empfehlen grundsätzlich, alle Nebenrouten zu befahren, da sich abseits der Hauptroute besondere Highlights verbergen, die vielen Touristen entgehen, aber das wahre Bild von Vancouver Island prägen. Natürlich ist die schöne und bekannte Stadt Victoria ein Muss – es wird Sie aber ebenso faszinieren, den wilden Pazifik an der abgelegenen Westküste der Insel zu erleben.

Jede Routenbeschreibung startet mit einer detaillierten **Kilometer-Tabelle**, die Sie als Navigationshilfe einsetzen sollten. Dadurch erhalten Sie ein besseres Gefühl für die doch sehr un-

▶ Die **Nebenrouten 5** (Woss bis Zeballos, ▶ Seite 105) und **6** (Port Hardy zum Cape Scott Provincial Park, ▶ Seite 109) bleiben denjenigen vorbehalten, die mit Ihrem Fahrzeug eine abenteuerliche Logging Road befahren können und dürfen – oder die ein entsprechendes Fahrzeug vor Ort mieten. Detaillierte Informationen hierzu erhalten Sie in der Routenbeschreibung.

gewohnten Entfernungen und den damit zusammenhängenden Zeitbedarf. Auf der Kilometer-Tabelle sind alle Stationen der nachfolgenden Routenbeschreibung aufgeführt, jeweils mit km-Angabe und dem für die Station relevanten Highway.

Die in den **Routenbeschreibungen** aufgeführten Sehenswürdigkeiten verstehen sich als Empfehlungen und Vorgeschmack, meist gibt es vor Ort noch wesentlich mehr zu entdecken. Sie sollten also bei jedem für Sie interessant klingenden Ziel nicht vergessen, die entsprechenden Seiten im Faktenteil genauer zu studieren. Um Ihnen die Zuordnung zu erleichtern, sind alle aufgeführten (und auch noch weitere) Highlights am Rand mit entsprechenden Querverweisen in den Faktenteil versehen.

▶ Die Fahrt über die **Passages** benötigt eine zusätzliche Vorbereitung. Es müssen nicht nur Tickets reserviert werden, auch die Rückfahrt über das Festland (bis zu 1.500 km lang) sollte durchgeplant sein, da dort natürlich viele weitere Highlights auf Sie warten.
▶ Die **Inside** und **Discovery Coast Passage** starten von Port Hardy und enden am Festland. Die Inside Passage in Prince Rupert am Yellowhead Highway 16, die Discovery Coast Passage in Bella Coola am Highway 20.

Da Vancouver Island keine Rundreise ermöglicht, haben wir die **Rückreise** als gesondertes Routenkapitel aufbereitet und Ihnen mehrere Möglichkeiten beschrieben. Besonders empfehlenswert ist die Rückfahrt über die **Sunshine Coast** am Festland – ebenfalls beeindruckend sind natürlich die Fährfahrten über die **Inside** oder **Discovery Coast Passage**.

Die gesamte Reiseroute umfasst je nach Art der Rückreise etwa 2.000 bis 2.500 Kilometer, ideal ist es, wenn Sie für die Entdeckungen von Vancouver Island mindestens zwei, besser drei Wochen Zeit einplanen. Sollten Sie einen der zahlreichen mehrtägigen Ausflüge (z.B. Della Falls) in Angriff nehmen wollen, rechnen Sie diese Zeit hinzu.

In der Planung Ihres **Reisezeitraumes** sollten Sie die nordamerikanischen Ferienzeiten berücksichtigen, da diese erfahrungsgemäß zu einem wahren Ansturm, vor allem in den touristisch stärker ausgebauten Gebieten, führen. Je nach Ihrem Bedürfnis nach Ruhe kann daher ein Reisezeitpunkt im Bereich Mitte Mai oder ab Anfang September als ideal angesehen werden.

Der Faktenteil

Im Faktenteil finden Sie all das, was Sie von einem guten Reiseführer erwarten: alle wichtigen Städte, ausführliche Beschreibungen der Sehenswürdigkeiten und viele Reiseempfehlungen und Freizeittipps. Hinzu kommen natürlich top-aktuelle Reiseinformationen, alle Eintrittspreise, Öffnungszeiten, Kontaktinformationen uvm.

▶ **Wanderwege:** Die Angabe der Weglänge bezieht sich – soweit nicht anders angegeben – immer auf die Gesamtlänge, also Hin- und Rückweg.

Wenn Sie sich ausschließlich auf eigene Faust bewegen und die Insel nicht auf Basis unserer Routenempfehlung entdecken möchten, können Sie den Faktenteil als umfangreiches Nachschlagewerk benutzen – Sie werden kein Highlight verpassen.

Die **Anordnung der Faktenteile** richtet sich nach der Routenbeschreibung, da dies auch die Reihenfolge ist, in der die meisten Urlauber die Insel erkunden werden. Sollten Sie nur einzelne Ziele selektieren wollen, finden Sie über das Stichwortverzeichnis unmittelbar zum gewünschten Ziel und aufgrund der Anordnung nach Reiserichtung praktischerweise die umliegend erreichbaren Städte und Sehenswürdigkeiten jeweils davor und dahinter. Alle im Reiseführer erwähnten und beschriebenen **Inseln** finden Sie am Ende des Faktenteils in einem gesonderten Kapitel.

Für eine bessere Nutzbarkeit sind alle Fakten mit leicht verständlichen Symbolen versehen, die in der hinteren Buchklappe erläutert werden. Die **Preisauszeichnung** von Unterkünften (Hotels, Motels etc.) erfolgt mit ein bis drei Sternen, je nach durchschnittlichem Übernachtungspreis. Der genaue Preis schwankt je nach Zimmer, Ausstattung, Saison oder ob in diesem Ort eine besondere Veranstaltung (Festival, sportliche Attraktion usw.) stattfindet – über das Sternesystem wissen Sie trotzdem direkt, ob es sich um eine günstige oder eher teure Übernachtungsmöglichkeit handelt. Die Übernachtungspreise auf Provincial-, Nationalpark-, Regionalpark- und privaten Campgrounds sind ebenfalls in Kategorien eingeteilt und mit ein bis drei Dollarzeichen versehen. Die Preise auf den privaten Campgrounds sind abhängig von Ausstattung, Lage etc. und unterliegen auch saisonal bedingten Schwankungen.

Sternesystem
★ bis CAD 100 pro Zimmer
★★ bis CAD 200 pro Zimmer
★★★ über CAD 200 pro Zimmer

Dollarsystem
$ bis CAD 30
$$ bis CAD 50
$$$ über CAD 50

Parkabkürzungen
PP Provincial Park
NP National Park
RP Regional Park

▶ Ist ein **WiFi-Symbol** angegeben (⊖), ist ein kabelloser Internetzugang verfügbar, dessen Empfang aber nicht immer den gesamten Campground abdeckt!

Reiseinformationen zum Start

Wir empfehlen allen Leserinnen und Lesern, die in diesem Reiseführer abgedruckten Informationen vor Reiseantritt genau zu studieren. Dazu gehört nicht nur das Kapitel „Wissenswertes", sondern auch der Anfang der Routenbeschreibung, der vor allem für Wohnmobilurlauber wichtige Informationen bereithält.

Ebenso sollten Sie sich über die **Straßenverhältnisse** im Klaren sein. Der Süden von Vancouver Island ist touristisch gut erschlossen, daher auch entsprechend ausgebaut und auf den Highways und Hauptrouten jederzeit und mit allen Fahrzeugen sicher befahrbar. Gleiches gilt für die Highways Richtung Norden, auch diese können bis Port Hardy problemlos befahren werden. Aufpassen müssen Sie allerdings bei allen Neben- und Seitenstraßen, vor allem nördlich von Campbell River. Zwar gehören auch dort Touristen zum täglichen Umgang der Einheimischen, die Quantität ist allerdings nicht mit dem Süden vergleichbar. Aufgrund der Abgeschiedenheit fühlen sich hier vor allem Naturliebhaber, Outdoor-Aktive und Abenteurer wohl, die nicht mit dem Massentourismus-Publikum der südlichen Region vergleichbar sind.

Folglich unterscheidet sich auch der Ausbau der Straßen – ist der Highway 19 als Verbindung zu den Fähren der Inside und Discovery Passage noch sehr gut ausgebaut, halten die **Nebenstraßen** teilweise einige Überraschungen bereit. Als **Logging Roads** primär für den Holztransport gedacht, reihen sich Schlaglöcher an Bodenwellen und Steigungen an enge Streckenteile. Hier gilt es also im Einzelfall unsere Empfehlungen der Routenbeschreibungen und/oder Randnotizen zu

Wissenswertes ▶ Seite 369
Checklisten ▶ Seite 392
Informationen zum Reisestart ▶ Seite 38

▶ **Logging Roads:** Für den Holztransport und die Forstwirtschaft errichtete, sehr einfache Straßen, die meist Geländefahrzeugen vorbehalten bleiben sollten. Wohnmobilfahrer müssen auf ihren Versicherungsschutz achten. ▶ Seite 64 beachten, eventuelle Versicherungsfragen mit dem Vermieter Ihres Fahrzeuges zu klären und den aktuellen Zustand der Straßen vor Ort zu erfragen. Bedenken Sie, dass vor allem der Norden von Vancouver Island ein sehr aktives Forstwirtschaftsgebiet ist, es werden Ihnen also große und schwere Holztransporter entgegenkommen – nicht nur auf den breit ausgebauten Highways, sondern auch mitten in der Wildnis auf den Logging Roads.

Die Nebenstraßen führen oftmals zu besonderen Highlights und man ist versucht, diese im Einzelfall zu befahren. Hier könnte dann ein vor Ort gemieteter Geländewagen oder eine geführte Tour die bessere Alternative sein, denn normalerweise gestatten die Wohnmobilvermieter keine Fahrten auf Logging und Gravel Roads. Daher sollten Sie, falls Sie solch eine Straße befahren möchten, unbedingt die Erlaubnis des Vermieters einholen.

Bitte beachten Sie, dass die **Preisangaben** größtenteils exklusive Steuern gemacht sind. Die Übernachtungs- und Parkgebühren der National und Provincial Parks sind allerdings bereits inklusive Steuern. Damit folgen wir dem kanadischen Prinzip der Preisauszeichnung.

Wir weisen darauf hin, dass die **Tagesparkplätze** der Parks nicht mehr gebührenpflichtig sind. Für die **Nutzung der Sanidump-Station** auf Provincial Park Campgrounds wird eine Gebühr von CAD 5 fällig. Wer einen vorhandenen Stromanschluss auf dem Stellplatz nutzen möchte, wird mit CAD 8 pro Nacht zur Kasse gebeten.

▶ **Tipp:** Nutzen Sie die fast immer kostenlosen Sanidump-Stationen in den Ortschaften. Den Standort erfahren Sie in der örtlichen Visitor Information.

Sie finden in diesem Reiseführer ein breites Angebot an **Wanderwegen** verschiedenster Schwierigkeitsstufen und immer auch Informationen zu **Übernachtungsmöglichkeiten** vor Ort. Wir weisen darauf hin, dass beides nur eine Auswahl der generellen Möglichkeiten darstellt. Wir haben uns bemüht, Ihnen ein Angebot zusammenzustellen, das die meisten Bedürfnisse abdeckt und für jeden Konditionstypen und Geldbeutel etwas Passendes bereithält. Wohnmobilfahrern und Zeltern empfehlen wir – trotz Angabe von Hotel- und Motelempfehlungen – die Übernachtung außerhalb der Städte in den Provincial und National Parks, denn nur hier haben Sie die Möglichkeit, die wunderbare Natur wirklich hautnah zu erleben.

Auf ein umfassendes Restaurantverzeichnis wurde bewusst verzichtet, da die meisten Ortschaften auf Vancouver Island nicht mit einem auf Gourmets ausgerichteten Angebot ausgestattet sind. Mit Ausnahme des multi-kulturellen, kosmopolitischen Angebots in Vancouver und einer soliden Restaurantpräsenz in Victoria, finden Sie in den meisten Städten auf den kanadischen Geschmack ausgerichtete Küchen mit (teils guter) Hausmannskost. Allgegenwärtig sind natürlich auch die einschlägig bekannten Fast-Food-Ketten.

Wir wünschen Ihnen viel Spaß bei Ihren eigenen Entdeckungen!

STAAT UND VERWALTUNG

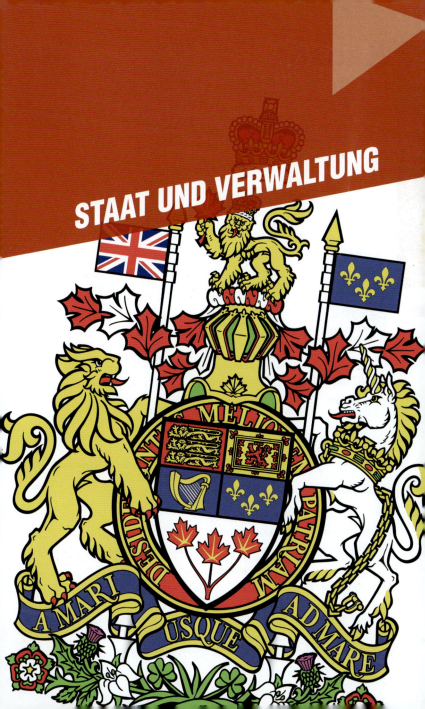

Kanada

STAAT UND VERWALTUNG

Bevölkerung	35.151.728 Einwohner (3,9 Einwohner pro km²)
Sprachen	Englisch (59,3 %) und Französisch (23,2 %); Rest: Weltsprachen (Chinesisch, Punjabi, Tagalog, Spanisch, Arabisch, Italienisch, Deutsch uvm. sowie ca. 60 regionale Sprachen der First Nations)
Zeitzonen	**Pacific Standard Time** MEZ – 9 Std. **Mountain Standard Time** MEZ – 8 Std. **Central Standard Time** MEZ – 7 Std. **Eastern Standard Time** MEZ – 6 Std. **Atlantic Standard Time** MEZ – 5 Std. **Newfoundland Standard Time** MEZ – 4,5 Std.
Hauptstadt	**Ottawa** (934.243 Einwohner, 1,32 Mio. in der Metropolregion)
Größte Städte	**Toronto** (2,73 Mio. Einwohner) **Montreal** (1,88 Mio. Einwohner) **Calgary** (1,23 Mio. Einwohner) **Vancouver** (831.488 Einwohner, 2,48 Mio. in der Metropolregion) **Victoria** (85.782 Einwohner)
Kenndaten	**Gesamtfläche** 9.984.670 km² (28 mal größer als Deutschland) davon sind 8,9 % **Wasserfläche**
Größte Seen	**Great Bear Lake** (Großer Bärensee) 31.328 km² **Lake Great Slave** (Großer Sklavensee) 28.568 km², mit 614 m der tiefste See **Winnipeg See** 24.387 km²
Höchster Wasserfall	**Della Falls** 440 m
Längste Flüsse	**Mackenzie River** System (mit Quellflüssen Finlay & Peace River) 4.241 km **Yukon River** 3.185 km **St. Lorenz Strom** 3.058 km
Größte Insel	**Baffin Island** 507.451 km², ca. 1.600 km lang, fünftgrößte Insel der Welt
Höchste Erhebungen	**Mount Logan** 5.959 m (St. Elias Mountains) **Mount St. Elias** 5.489 m (St. Elias Mountains) **Mount Robson** 3.954 m (kanadische Rocky Mountains) **Mount Waddington** 4.016 m (Coast Mountains) **Keele Peak** 2.972 m (Mackenzie Mountains)

Provinzen	**Alberta** Hauptstadt: Edmonton 🌐 www.alberta.ca	
	British Columbia Hauptstadt: Victoria 🌐 www.gov.bc.ca	
	Manitoba Hauptstadt: Winnipeg 🌐 www.gov.mb.ca	
	New Brunswick Hauptstadt: Fredericton 🌐 www.gnb.ca	
	Neufundland/Labrador Hauptstadt: St. John 🌐 www.gov.nf.ca	
	Nova Scotia Hauptstadt: Halifax 🌐 www.gov.ns.ca	
	Ontario Hauptstadt: Toronto 🌐 www.ontario.ca/page/government	
	Prince Edward Island Hauptstadt: Charlottetown 🌐 www.gov.pe.ca	
	Québec Hauptstadt:Québec 🌐 www.gouv.qc.ca	
	Saskatchewan Hauptstadt: Regina 🌐 www.saskatchewan.ca	
Territorien	**Northwest Territories** Hauptstadt: Yellowknife 🌐 www.gov.nt.ca	
	Nunavut Hauptstadt: Iqaluit 🌐 www.gov.nu.ca	
	Yukon Territory Hauptstadt: Whitehorse 🌐 www.gov.yk.ca	
National Parks	47 National Parks	
Nationalbaum	Ahorn, er wurde am 25. April 1996 zum Nationalbaum Kanadas erklärt.	
Strom	110/120 Volt 60 Hz Wechselstrom	
Internet	🌐 www.canada.ca	

Kanada, im nördlichen Teil des nordamerikanischen Kontinents gelegen, ist nach Russland (17.075.200 km²) mit 9.984.670 km² das zweitgrößte Land der Erde. Das Land hat Berührung mit dem Pazifik, dem Atlantik und dem Nordpolarmeer und dadurch weltweit die längste Küstenlinie mit 202.080 km. Die Grenze zur USA verläuft über 8.890 km. Die Hauptstadt von Kanada ist **Ottawa** mit ca. 1,32 Millionen Einwohnern in der Metropolregion. Die Stadt liegt im Osten des Landes. Die Amtssprachen Kanadas sind Englisch und Französisch. Etwa 77 % der Bewohner Kanadas leben in Städten und im südlichen Teil des Landes.

Der Name Kanadas geht auf das Wort „*kanata*" (= Siedlung/Dorf) der irokesisch sprechenden Huronen zurück. Die Huronen waren am St. Lorenz-Strom und in Ontario zwischen dem Huron- und Eriesee ansässig. Der Bundesstaat Kanada ist eine konstitutionelle Monarchie und parlamentarische Demokratie. Das Parlament hat zwei Kammern: das Unterhaus (*House of Commons*) und den Senat

(*Senate*). Alle 10 Provinzen besitzen eine eigene Verfassung. Der Ablauf der Regierungsgeschäfte gleicht denen der Bundesregierung. Vertreter der Zentralgewalt ist ein auf 5 Jahre ernannter Provinzgouverneur.

Die Provinzen verfügen über eine eigene Gesetzgebungskörperschaft, mit Ausnahme des höchsten Bundesgerichtshofs, der provinzübergreifende Verfügungsgewalt besitzt. In der Gesetzgebungskompetenz gibt es Konkurrenz zwischen den Provinzen und dem Bund. Eine Provinz kann eigene Steuern erheben, Bürgerrechtsgesetze und die Gemeindeverwaltung betreffende Gesetze erlassen und Wohlfahrtsangelegenheiten regeln. Die Provinzen haben Verfügungsgewalt über das Gesundheitswesen, Erziehung und die Nutzung von Bodenschätzen. Die 3 Territorien (Yukon, Northwest und Nunavut) unterstehen direkt der Bundesregierung, werden aber zunehmend verwaltungstechnisch eigenständig.

Königin Elisabeth II. von England ist auch Königin von Kanada und damit das Staatsoberhaupt, nicht aber Regierungschefin – die Regierungsbefugnisse hat der kanadische Generalgouverneur, der ebenso Repräsentationspflichten wahrnimmt und Gesetze unterzeichnet. Die gesetzgebende Gewalt teilen sich der Generalgouverneur, der Senat und das „*House of Commons*" (Unterhaus). Der Senat setzt sich aus Senatoren der Provinzen und Territorien zusammen. Die ausführende Gewalt liegt beim Premierminister und dem Kabinett.

Die indigene Bevölkerung Kanadas besteht aus 3 Gruppen, die insgesamt mehr als 65 Sprachen/Dialekte sprechen:
- **First Nations** (etwa 851.000 Angehörige): Die First Nations sind die indianischen Ureinwohner Kanadas, bestehend aus mehr als 52 Völker.
- **Inuit** (etwa 60.000 Angehörige): Inuit sind eskimoische Völker, die in Nordostkanada leben.
- **Métis** (etwa 451.000 Angehörige): Dies sind Nachfahren von Siedlern und Pelzhändler, die mit Frauen der First Nations Verbindungen eingegangen waren.

Kanada ist ein klassisches Einwanderer-Land. Während in der Vergangenheit viele Europäer und Amerikaner einwanderten, kommen heute die meisten Immigranten aus Fernost, überwiegend aus China.

Kanada hat noch etwa 24 Milliarden Tonnen Erdölreserven und liegt auf dem zweiten Platz der erdölexportierenden Länder. Auch verfügt Kanada über weitere Bodenschätze wie Erdgas, Asbest, Schwefel, Aluminium, Diamanten, Gold, Nickel und viele mehr. Unglaublich große Naturgebiete liegen vorwiegend in der Tundra und in Bergregionen und bedecken fast Dreiviertel des Landes. Enorme Süßwasserreserven sind vorhanden und die vielen Seen und Flüsse liefern wertvolle Energie und bilden damit die Grundlage für eine florierende Papierindustrie.

Kanada gehört zusätzlich zu den wichtigsten Getreideexporteuren der Welt. Die Anbaugebiete liegen überwiegend östlich der Rocky Mountains in den Prärien. Am Atlantik wird überwiegend Gemüse- und Obstanbau betrieben, aber auch der Weinbau erfreut sich in den letzten Jahrzehnten stetiger Umsatzzuwächse. Die fischreichen Meere und Flüsse erlauben einen ertragreichen Export von zum Beispiel Lachs, Kabeljau und Hering.

Aufgrund des enormen Waldreichtums (9 % des weltweiten Waldes) spielt natürlich auch die Forstwirtschaft in der kanadischen Ökonomie eine wichtige Rolle. Das Holz wird neben Bau- und Brennholz auch zur Papier- und Zellulosegewinnung genutzt. Die Kehrseite der Medaille ist eine teils extreme Waldrodung, die in Teilen schon dramatische Ausmaße angenommen hat. Glücklicherweise ist die Lobby der Umweltschützer in den letzten Jahren immer größer geworden. So wurden auch auf deren Initiative hin staatliche Programme gestartet und große Teile der Waldflächen zu Schutzgebieten erklärt.

Das Klima Kanadas ist sehr heterogen und reicht von kaltem, polarem bis zu einem für Mitteleuropäer gewohnten gemäßigten Klima. Während im Sommer nicht selten Temperaturen über +25 °C vorkommen, herrschen im Norden in den langen, kalten und dunklen Wintermonaten Temperaturen weit unter dem Gefrierpunkt, das Rekordtief wurde im Februar 1947 in Snag (Yukon) mit -62,8 °C gemessen. An der Westküste muss durch die vom Pazifik kommende feuchte Luft mit viel Regen gerechnet werden, die Sommer sind warm und die Winter mild.

Die höchsten Gebirge liegen im Westen von Kanada, hier sind vor allem die Rocky Mountains, die Mackenzie Mountains, die St. Elias Mountains im Yukon und die Coast Mountains an der Pazifikküste, unterbrochen durch tief ins Land reichende Fjorde, bekannt. Der Westteil Kanadas ist geprägt von flacher bis hügeliger Landschaft und niedrigeren Bergregionen, doch außerordentlich reich an Seenlandschaften. Im Norden überwiegen im fast unwegsamen und menschenleeren Teil Kanadas die Tundren, Felsen und Eisflächen. Kanada ist Heimat vieler Tiere und Pflanzen. Dichte Wälder, unendliche Prärieflächen, endlos weite Tundren und die Gewässer in und um Kanada bieten vielen kleinen und großen Tierarten reichlich Lebensraum, dazu kommen jährlich Scharen von Zugvögeln. Entlang der Eisküste im hohen Norden ist der Eis- oder Polarbär heimisch, leider zunehmend bedroht durch die Klimaerwärmung. In den National Parks und großen Schutzgebieten wird versucht, durch besonderen Schutz dem Aussterben bedrohter Tierarten entgegenzutreten.

Die weltlängste Straße, der Trans-Canada Highway 1 mit einer Länge von 7.821 km, verbindet St. John (Neufundland) im Osten mit Victoria (Vancouver Island, BC) im Westen. Die zwei wichtigsten Eisenbahnstrecken der *Canadian Pacific Railway (CPR)* und *Canadian National Railway (CN)* befördern ausschließlich Fracht. Personen werden von *VIA Railway* und einigen private Gesellschaften und Überlandbussen (z. B. Greyhound) befördert. Das wichtigste Transportmittel ist jedoch das Flugzeug. Selbst entlegenste Bereiche können per Wasser-, Kleinflugzeug oder Hubschrauber erreicht werden, größere Städte verbinden regelmäßige Linienflüge.

STAAT UND VERWALTUNG

Canadian Parliament, Ottawa

British Columbia

Bevölkerung	4,63 Millionen Einwohner (5,2 Einwohner pro km²)
Sprachen	Englisch 74,1 % fernöstliche Sprachen 8,5 % Deutsch 2,2 % Rest: andere Sprachen
Zeitzone	**Pacific Time** MEZ – 9 Std. **Mountain Time** MEZ – 8 Std.
Hauptstadt	**Victoria Stadt** (85.792 Einwohner) **Großraum Victoria** (367.770 Einwohner)
Städte	**Vancouver Stadt** (631.486 Einwohner) **Vancouver** (Metropolregion) (2,46 Mio. Einwohner) **Nanaimo** (92.000 Einwohner) **Kelowna** (127.500 Einwohner) **Kamloops** (90.280 Einwohner) **Prince George** (65.500 Einwohner)
Kenndaten	**Gesamtfläche** 944.735 km², entspricht etwa der Größe von Deutschland, Niederlande und Frankreich, davon 3.434 km² First Nations Reservationen 75 % liegen oberhalb 1.000 m ü. M., 5 % kultivierbar, 60 % bewaldet **Wasserfläche** ca. 19.000 km² **Küstenlänge** ca. 7.000 km (ohne Inseln) **Inseln** ca. 6.000, die meisten sind nicht bewohnt
Höchster Berg	**Mount Fairweather** 4.663 m (St. Elias Mountains)
Längster Fluss	**Fraser River** 1.375 km
Größter Binnensee	**Williston Lake** 1.779 km²
Höchster Wasserfall	**Della Falls** (440 m), gleichzeitig die höchsten Wasserfälle Kanadas
Größte Insel	**Vancouver Island** 32.134 km², Länge: 451 km

National Parks	**Glacier National Park** Fläche: 1.349 km² 🌐 www.pc.gc.ca/en/pn-np/bc/glacier
	Kootenay National Park Fläche: 1.406 km² 🌐 www.pc.gc.ca/en/pn-np/bc/kootenay
	Mount Revelstoke National Park Fläche: 260 km² 🌐 www.pc.gc.ca/en/pn-np/bc/revelstoke
	Yoho National Park Fläche: 1.313 km² 🌐 www.pc.gc.ca/en/pn-np/bc/yoho
	Pacific Rim National Park Reserve Fläche: 511 km² 🌐 www.pc.gc.ca/en/pn-np/bc/pacificrim
	Gwaii Haanas National Park Fläche: 1.495 km² 🌐 www.pc.gc.ca/en/pn-np/bc/gwaiihaanas
	Gulf Islands National Park Landfläche: 35 km² 🌐 www.pc.gc.ca/en/pn-np/bc/gulf
Internet	🌐 www.gov.bc.ca

British Columbia ist die westlichste und drittgrößte Provinz Kanadas und eine der gebirgsten Regionen Nordamerikas. In BC leben etwa zwölf Prozent der Gesamtbevölkerung Kanadas. Die Provinz grenzt im Osten an Alberta, im Norden an das Yukon Territory und im Nordwesten an Alaska. Im Osten wird die Provinz begrenzt durch den Pazifik, im Süden durch die US-Staaten Washington, Idaho und Montana. Die Hauptstadt ist **Victoria**, sie liegt im Süden der Insel Vancouver Island. die Stadt mit der höchsten Bevölkerungszahl ist die Weltmetropole Vancouver. British Columbia umfasst folgende Regionen:

- **Kootenay Rockies**
- **Thompson Okanagan**
- **Vancouver Coast & Mountains**
- **Cariboo Chilcotin Coast**
- **Northern British Columbia**
- **The Islands**

Die am dichtesten besiedelten Regionen befinden sich rund um Vancouver im Fraser Valley und im Süden von Vancouver Island im Einzugsbereich der Hauptstadt Victoria. Vancouver Island liegt im Pazifischen Ozean und ist die größte Insel Nordamerikas. Sie ist vom Festland getrennt durch die Queen Charlotte Strait, Strait of Georgia und Juan de Fuca Strait. 2010 war British Columbia Gastgeber der 21. Olympischen und Paralymischen Winterspiele, Austragungsorte waren Vancouver, das Cypress Mountain Skigebiet im Norden Vancouvers und die 122 km nördlich von Vancouver gelegene Stadt Whistler.

Das bekannteste Gebirge British Columbias sind die **Rocky Mountains**, die im Osten der Provinz liegen und ihrem Namen durch eine Vielzahl von felsigen, schroffen Berggipfeln und riesigen Gletschern alle Ehre machen. Entlang der Pazifikküste ragen die Coast Mountains empor, im Nordwesten die St. Elias Mountains, die mit der höchsten Erhebung aufwarten, dem 4.663 Meter hohen Mount Fairweather.

So abwechslungsreich wie die Landschaft ist auch das Klima der Provinz. In den Küstenregionen und auf den Inseln ist das Klima zwar meist angenehm mild, im Gegenzug muss jedoch immer wieder mit relativ viel Regen und an der Pazifikküste auch mit stürmischen Winden gerechnet werden. Im Innern des Landes herrscht kontinentales Klima, der Norden der Provinz bekommt den arktischen Einfluss zu spüren, die kurzen (leider mückenreichen) Sommer sind angenehm warm und die Winter kalt und schneereich.

Durch die häufigen Niederschläge ist **Vancouver Island** mit riesigen Regenwäldern bedeckt, der Westküstenbereich der Insel ist größtenteils rau, wild und felsig mit tief ins Land reichenden Fjorden.

Die Landschaft ist zwar generell sehr wald- und seenreich, überraschenderweise findet man in British Columbia aber auch wüstenähnliche Gebiete, besonders im südlichen zentralen Hochland rund um den Großraum Cache Creek und Kamloops und im Bereich des Okanagan – dort, wo auch das bekannteste Weinanbaugebiet des Westens liegt. Hier können die Sommertemperaturen durchaus schon einmal die 40 °C Grenze erreichen und nur ständige Bewässerung der fast baumlosen Anbauflächen sorgt für landwirtschaftlichen Ertrag.

Bedingt durch die unterschiedlichsten Klimazonen und Landschaften findet man in BC ein einzigartiges Ökosystem. Im Bereich Kamloops durchquert man wüstenähnliche, trockene Gebiete mit spärlich bewachsenen Kiefernwälder, die weiten Bergregionen erfreuen hingegen mit dichten, satten Nadelwäldern. Auf Vancouver Island und an den Küsten des Festlands wandert man durch vom Wind und Regen gezeichnete dichte Küstenregenwälder, und Wiesen-, Seen- und Sumpfgebiete bieten Abwechslung mit reichhaltiger Flora. In dieser Landschaftvielfalt fühlen sich natürlich auch sehr viele Tierarten heimisch. 488 Vogelarten machen Station in BC oder leben ständig hier, 468 Fischarten fühlen sich in den Seen, Flüssen und im Ozean wohl, 142 Säugetierarten streifen durch die Wälder, von denen 24 Arten sogar nur in BC zu finden sind. Außerdem bereichern 22 Amphibien- und 18 Reptilienarten die Natur. Interessant: In BC leben schätzungsweise 120.000 und 160.000 Schwarzbären.

In der niederschlagreichen Küstenregion gedeihen Douglastannen, Rotzedern und Hemlocktannen prächtig und erreichen erstaunliche Höhen und Ausmaße, im Binnenland stößt man neben Kiefern- und Fichtenwälder auch auf Laubwälder, deren Laub sich im Herbst wunderschön färbt und die Kulisse für den berühmten Indiansummer bietet. Pilzsammler können sich über fast 10.000 Pilzsorten freuen, Vorsicht ist aber selbstredend geboten, wenn Sie diese in freier Natur sammeln. Unserer Erfahrung nach sind die Pilze in Kanada teils wesentlich größer als in der Heimat – einen schlüssigen Grund konnten wir noch nicht in Erfahrung bringen ...

Die heutige Bevölkerung von British Columbia besteht zu einem großen Teil aus Einwanderern britischer, schottischer, irischer und deutscher Herkunft, weitere aus China und Indien, jedoch sind auch Migranten aller Herren Länder vertreten. Dadurch findet man in British Columbia die unterschiedlichsten kulturellen Traditionen, Sprachen und Religionen vor. Die Ureinwohner der Provinz waren Mitglieder der Stämme Tlingit (nördl. Festlandküste), Küsten- und Binnensalish (u.a. Klahoose, Sliammon, Sechelth, Squamish, Pentlatch), Kwakwaka'wakw (Vanc. Island & Festlandküste), Nuu-chah-nulth (Vanc. Island) und Haida (Queen Charlotte Islands) ihre Spuren reichen mehr als 10.000 Jahre zurück.

Die ersten Berührungen mit Europäern fanden im 18. Jahrhundert statt, das 19. und 20. Jahrhundert brachte neben weiteren europäischen vor allem Immigranten aus dem asiatischen Raum mit sich. Heutzutage wächst die Bevölkerung jährlich um etwa 34.000 Migranten. Nur noch etwa 4,8 % der Bewohner von British Columbia sind indigener Herkunft (inkl. Métis).

Die wichtigsten Einnahmen der Provinz stammen aus der Forstwirtschaft, (56 % der Provinz bedecken Wälder), dem Bergbau mit Kupfer-, Gold- und Zinkminen, der Förderung von Kohle, Erdöl, Erdgas, dem Tourismus (jedes Jahr etwa 15 Millionen Urlauber), der Landwirtschaft und dem Fischfang. In den letzten Jahren wurden in BC zahlreiche Film- und TV-Produktionen abgedreht. Heute ist die Provinz auf Platz 4 der wichtigsten Produktionsorte der Welt.

In BC wird auf die Preise die Verkaufssteuer Provincial Sales Tax (PST) und Goods and Services Tax (GST) erhoben. Beim Einkauf im Supermarkt werden am Regal die Preise exklusive Tax angezeigt.

Wilde Pazifikküste

Das gesamte Straßennetz in BC ist gut ausgebaut und ermöglicht den Touristen eine gute Erreichbarkeit der wichtigsten Sehenswürdigkeiten. Im Norden und abseits der großen Highways sind einige Straßen noch Gravelroads (Schotterstraßen), die mehr oder weniger gut befahrbar sind. Daneben findet man auch Logging Roads (auch: Forest Service Roads), die aktiv zur Holzabfuhr genutzt werden und die mit Vorsicht und möglichst nur mit Allradfahrzeugen befahren werden sollten.

Fahrten mit dem Greyhound Bus (www.greyhound.ca) sind touristisch interessant, die Busrouten verbinden viele Ziele in Alberta und BC. Die Eisenbahnstrecken dienen fast ausschließlich zum Gütertransport. Die Personenbeförderung ist auf wenige Strecken begrenzt, der "Rocky Mountaineer" (www.rockymountaineer.com) bietet z.B. Fahrten durch die Rocky Mountains, mit "VIA Rail Canada" (www.viarail.ca/en) werden auch Ziele quer durch Kanada angeboten.

Bei den Touristen besonders beliebt sind Reisen mit dem Wohnmobil. In British Columbia liegen sieben National Parks und circa 800 Provincial Parks, etwa 12,5 % der Fläche unter Schutz gestellt. Die Parks haben zum Teil wunderschöne Campgrounds und Tages-Picknickplätze und bieten je nach Lage die unterschiedlichsten Outdoor-Aktivitäten an.

Die meisten Besucher kommen über Kanadas zweitwichtigsten internationalen Flughafen Vancouver nach British Columbia. Zahlreiche inländische und internationale Flüge verbinden Vancouver mit weiteren Zielen der Provinz. Mit Fähren wird die Überquerung der Binnenseen, der Flüsse und die Verbindung zu Vancouver Island bestritten.

Vancouver Island

STAAT UND VERWALTUNG

Bevölkerung	765.000 Einwohner, davon fast die Hälfte wohnhaft in Victoria und Umgebung (22 Einwohner pro km²)
Zeitzone	**Pacific Time:** MEZ − 9 Std.
Temperaturen und Klima	**Nordteil:** Januar +1 °C, Juli +14 °C **Mitte:** Januar +3 °C, Juli +18 °C **Südteil:** Januar +3 °C, Juli +17 °C **Westküste:** Januar +2 °C, Juli +14 °C Im Winter ist mit wenig Frost, aber viel Regen zu rechnen, der Regen ist an der West- und Nordküste das ganze Jahr über ständiger Begleiter. Milde Sommer mit deutlich weniger Regen und beständigerem Wetter gibt es an der Süd- und Ostküste.
Städte	**Victoria** (85.792 Einwohner) **Victoria** (Metropolregion) (367.770 Einwohner) **Nanaimo** (82.000 Einwohner) **Courtenay** (45.018 Einwohner) **Campbell River** (35.138 Einwohner) **Parksville** (23.574 Einwohner) **Port Alberni** (20.712 Einwohner)
Kenndaten	**Gesamtfläche:** 32.134 km² **Länge:** 451 km, **Breite:** ca. 50 bis 100 km, elftgrößte Insel Kanadas
Bekannteste Parks	**Strathcona Provincial Park,** Fläche: 2.458 km² **Pacific Rim National Park,** Fläche: 511 km² **Cape Scott Provincial Park,** Fläche: 223 km² **Gulf Islands National Park,** Fläche: 33 km² **Juan de Fuca Provincial Park,** Fläche: 15 km²
Höchster Berg	**Golden Hinde** 2.200 m (Strathcona Provincial Park)
Größter See	**Kennedy Lake** 64,54 km², nordöstlich von Ucluelet
Wichtigste Tierarten	Grizzlys, Schwarz- & Kermode-/(Geister)bären, Rotwild, Wölfe, Pumas, Schafe, Bergziegen, Koyoten, Pumas, Enten, Marder, Seehunde, Seelöwen, Wale, Delfine, Vancouver-Murmeltiere (vom Aussterben bedroht), viele Fisch- und Vogelarten, Reptilien uvm.
Wichtigste Fährverbindungen	**Swartz Bay – Tsawwassen** (Dauer: 1 Std. 30 Min.) **Duke Point (Nanaimo) – Tsawwassen** (Dauer: 2 Std.) **Departure Bay (Nanaimo) – Horseshoe Bay** (Dauer: 1 Std. 35 Min.) **Powell River – Comox** (Dauer: 1 Std. 30 Min.)

Die vor der Südwestküste Kanadas gelegene Insel **Vancouver Island** ist durch die Strait of Georgia, die Johnstone Strait und die Queen Charlotte Strait vom Festland getrennt, in denen viele waldreiche und malerische Inseln liegen. Vancouver Island ist die größte der über 6.000 Inseln British Columbias und gehört zu den größten Inseln

Nordamerikas. Im Süden der Insel liegt die Hauptstadt British Columbias: **Victoria**.

Vancouver Island wird in folgende Regionen eingeteilt:
- **North Island**
- **North Central**
- **Pacific Rim**
- **Central Island**
- **Cowichan**
- **Gulf Islands**
- **South Islands**

Die Westküste der Insel ist stark zerklüftet und von dichtem Regenwald geprägt. Man findet „Strandgut" in Form von riesigen Baumteilen, die von Wasser, Wind und Wetter geglättet wurden. Zahlreiche Fjorde reichen bis tief ins Land hinein und bieten neben dem kanadischen Postkartenpanorama eine einzigartige Ruhe und Abgeschiedenheit. Entlang der Südwestküste liegt der urwüchsige und wildromantische **Pacific Rim National Park**, der ein Paradies für Surfer und nach Abenteuer suchenden Wanderern ist.

Der Norden der Insel mit seinen dichten Regenwäldern und sumpfigen Uferzonen ist noch weitestgehend unerschlossen und touristisch wenig überlaufen. Gerade die abgeschiedenen Küstenbereiche des Pazifiks sind durch die Unberührtheit und Naturnähe ein ganz besonderes Ziel für Outdoor-Freunde.

Die Ostküste ist vom Süden bis zur Mitte der Insel stark besiedelt, es reiht sich Touristenort an Touristenort, der Straßenverkehr ist besonders auf den ostküstennahen Highways 1, 19 und 19A belebt – unbestrittener Höhepunkt ist die Hauptreisezeit im Sommer. Die nach Osten abzweigenden Highways dagegen sind weniger stark befahren. Alle wichtigen Verbindungsstraßen sind bis auf ganz wenige Kilometer asphaltiert. Die Straßen, die in entlegenere Gebiete abseits der Haupt-Highways führen, sind dagegen meist *Gravelroads* oder *Forest Service Roads (Logging Roads)*, die zwar für Allradfahrzeuge kein Problem darstellen, für Wohnmobile aber meist nicht befahrbar sind. In jedem Fall sollten sich Wohnmobilfahrer erst beim Vermieter vergewissern, ob sie diese Straßen fahren dürfen.

Inmitten der Insel liegt der großflächige **Strathcona Provincial Park** mit der höchsten Erhebung Vancouver Islands, dem **Golden Hinde** mit 2.200 m. Der Park mit seinen wunderschönen Seen, Gletschern, plätschernden Wasserfällen und endlosen Wäldern bietet Wanderern und Bergsteigern vielfältige Touren durch die Einsamkeit der Bergwelt. Im Strathcona Provincial Park liegt auch Kanadas höchster Wasserfall, die **Della Falls**. Dort stürzt das Wasser des Della Lake 440 m in die Tiefe. Dieser pittoreske Wasserfall kann leider nur per mehrtägiger Tour erreicht werden.

Das Klima der Insel ist im Gegensatz zum Festland ganzjährig mild und mit Ausnahme einiger Hochgebirgsgebiete fällt im Winter nur selten Schnee. In Norden und an der Westküste muss mit viel Niederschlag gerechnet werden, der Süden, der Osten und die Inseln zwischen dem Festland und Vancouver Island sind davon weniger betroffen. An der Westküste der Insel muss nicht nur zur Herbst- und Winterzeit mit heftigen Stürmen gerechnet werden, die besonders Surfer für die Ausübung ihrer Sportart nutzen.

Dichter Regenwald mit mächtigen, moosbewachsenen Baumriesen hat sich durch die häufigen Niederschläge gebildet und bedeckt einen Großteil der Insel. Durch diesen Holzreichtum sind die Holz-, Zellstoff- und Papierindustrien die wichtigsten Wirtschaftsfaktoren der Insel, deren Rücksichtslosigkeit in der Waldrodung zum Glück mittlerweile immer mehr Einhalt geboten wird. Auch deshalb, weil der Tourismus stetig an Bedeutung zunimmt und ein Erhalt der Natur zur Weiterführung dieses Trends als unerlässlich angesehen wird. Daneben sind auch die klassischen kanadischen Industriezweige Fischzucht und Bergbau neben dem Tourismus wichtige Erwerbsquellen auf Vancouver Island.

Überraschen mag ist die Tatsache sein, dass es auf Vancouver Island und den Gulf Islands hervorragende Weinan-

STAAT UND VERWALTUNG

baugebiete gibt. Das größte Weinanbaugebiet liegt im Cowichan und Comox Valley. Weitere Anbaugebiete gibt es auf der Saanich Peninsula und den Gulf Islands, hier sind besonders die Inseln Salt Spring Island, Pender Island und Saturna Island zu nennen. Einige Weingüter bieten Führungen und Verkostungen an.

In den Gewässern rund um die Insel leben das ganze Jahr über zahlreiche Meerestiere wie Wale, Delphine, Seehunde und Seelöwen. In fast allen Küstenorten werden die beliebten Walbeobachtungs-Touren (*Whale-Watching-Tours*) angeboten. An Land lebt neben den bekannten Schwarzbären, Wölfen, Pumas und vielen weiteren Tieren eine ganz besondere Tierart: das **„Vancouver Island Marmot"** – eine Murmeltierart, die ausschließlich auf Vancouver Island heimisch ist. Das Island Marmot lebt in Höhen zwischen 1.000 und 1.400 m und sein Fell richtet sich in seiner Farbe nach der Jahreszeit: Im Frühjahr ist es fast schwarz, im Sommer dann hell- bis schokoladenbraun. Interessant: Schätzungen besagen, dass zwischen 7.000 und 12.000 Schwarzbären auf Vancouver Island leben, dies ist die höchste Dichte in Nordamerika.

Schon lange bevor die ersten Europäer die Insel entdeckten, war Vancouver Island von First Nations besiedelt, an der Westküste waren es die Nuu-chah-nulth (Nootka) und im Norden und Innern der Insel die Ditidaht und die Kwakwaka'wakw (Kwakiutl) und im Südosten die Coast Salish. Noch heute leben ihre Nachkommen auf der Insel, oft in entlegenen Gegenden, die nur über schlechte Straßen oder per Boot zu erreichen sind. Ein sehr großer Anteil der heutigen Bevölkerung hat seine Wurzeln in Europa, doch durch den Bergund Eisenbahnbau kamen auch Japaner und Chinesen als Arbeitskräfte nach Vancouver Island und siedelten sich hier an.

Der erste Europäer, der die Insel entdeckte, war Sir Francis Drake Ende des 16. Jahrhunderts. Doch erst Ende des 18. Jahrhunderts, nachdem James Cook die Insel umsegelt hatte, an Land ging und Pelzhandel begann, kam es zur Besiedelung der Insel durch Europäer. Anfang des 19. Jahrhunderts gründete die Hudson's Bay Company einige Stützpunkte für den Handel mit Pelzen und zur Erschließung der Bodenschätze auf der Insel, 1843 wurde dann von der Hudson's Bay Company das Fort Victoria gegründet, dieses war die erste Siedlung auf der Insel, die ständig bewohnt war. Heute liegt an dieser Stelle Victoria, die Hauptstadt von British Columbia mit ihrem wunderschönen Stadtkern und den zahlreichen Sehenswürdigkeiten.

Vancouver Island ist mit BC Ferries per regelmäßigem Fährverkehr mit dem Festland verbunden. Die größten Städte der Insel liegen auf der Route des Greyhound Busses (www.greyhound.ca) oder werden durch das Islandlink-Bussystem (www.islandlinkbus.com) miteinander verbunden. In den Ballungsgebieten im Süden und Osten bestreitet BC Transit (https://bctransit.com/victoria) den Personennahverkehr, im Norden das Mount Waddington Transit System der BC Transit (https://bctransit.com/mount-waddington/home). Kleinere Fluggesellschaften verbinden die größten Städte mit dem Vancouver International Airport neben vielen kurzen Verbindungen mit küstennahen Orten durch Wasserflugzeuge.

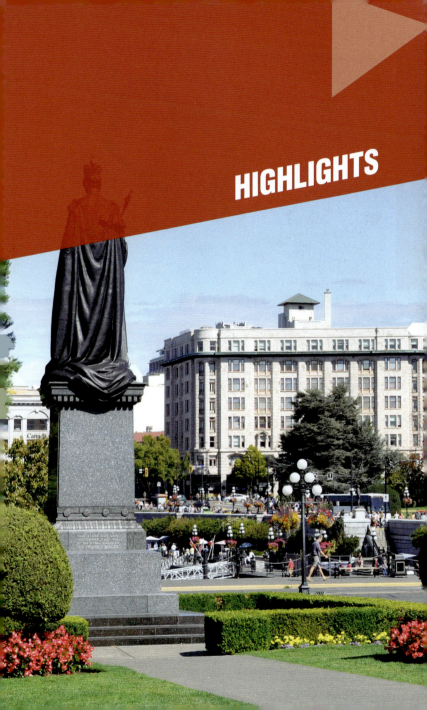

HIGHLIGHTS

CHEMAINUS
Zahlreiche Häuser und Mauerwände zeigen historische und aktuelle Ereignisse, von Künstlern liebevoll gestaltet und naturgetreu wiedergegeben.

PACIFIC RIM NATIONAL PARK
Erleben Sie die Urgewalten des Pazifiks, seine zerklüfteten und weitläufigen Strände und von Stürmen gezeichneten Bäume.

DUNCAN
Machen Sie sich auf die Suche nach mehr als 80 farbenfroh gestalteten Totempfählen, die in der ›Stadt der Totems‹ zu entdecken sind.

STRATHCONA PROVINCIAL PARK
Staunen Sie über die Vielfältigkeit und Unberührtheit der Natur, die der älteste Provincial Park von British Columbia zu bieten hat.

VICTORIA
Zu jeder Jahreszeit ein Erlebnis – blumenreich und *very british*: die Provinzhauptstadt Victoria.

TELEGRAPH COVE
Ein Kleinod von Vancouver Island, das auf keiner Reise fehlen sollte – die kleine, verträumte Bucht mit ihren bunten, ehemaligen Fischerhäuschen.

MACMILLAN PROVINCIAL PARK – CATHEDRAL GROVE
Staunend stehen Sie hier vor in den Himmel ragenden,
über 800 Jahre alten imposanten Baumriesen.

PORT HARDY
Ausgangspunkt der Discovery & Inside Passage und
das Ende einer langen Reise durch Einsamkeit der nördlichen Wälder.

JUAN DE FUCA PROVINCIAL PARK
Erleben Sie die stürmische Brandung entlang des nur 15 km² großen, schmalen Parks entlang der Juan de Fuca Strait.

CAPE SCOTT PROVINCIAL PARK
Wilde, raue Nordküste Vancouver Islands und ideales Ziel für Abenteurer, die auch Wetterkapriolen nicht scheuen.

ROUTENBESCHREIBUNGEN

Hauptroute	**Vancouver bis Port Hardy**	**Seite 33**
Nebenroute 1	**Langford bis Port Renfrew**	**Seite 75**
Nebenroute 2	**Duncan bis Lake Cowichan**	**Seite 81**
Nebenroute 3	**Parksville bis Ucluelet/Tofino**	**Seite 87**
Nebenroute 4	**Campbell River bis Tahsis**	**Seite 97**
Nebenroute 5	**Woss bis Zeballos**	**Seite 103**
Nebenroute 6	**Port Hardy zum Cape Scott PP**	**Seite 107**

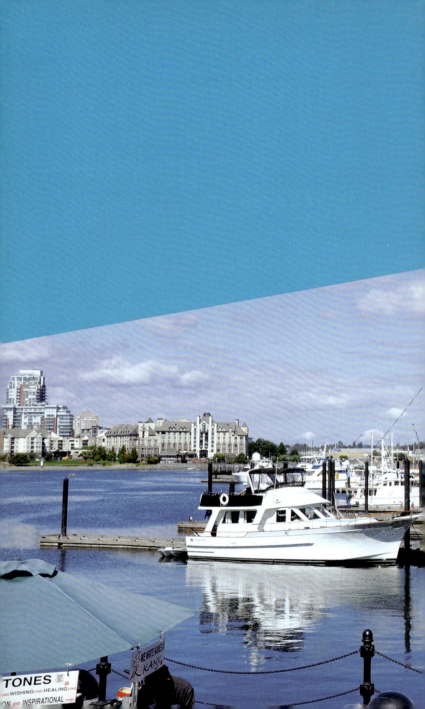

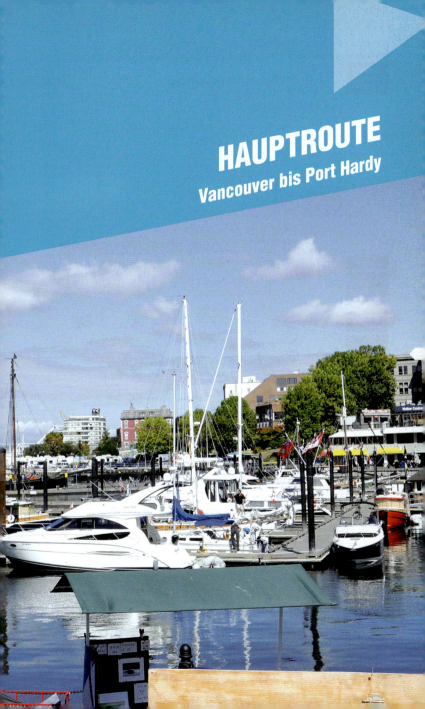

HAUPTROUTE
Vancouver bis Port Hardy

▶ HAUPTROUTE

Haupt-strecke km	Teil-strecke km	Stationen auf dem Highway	Highway
	0	**Vancouver**	99
	14	Abzweig zum Vancouver International Airport	99
	24	Abzweig Highway 17A in Delta	99
	26	Abzweig nach Ladner	17A
	30	Highway 17A trifft auf Highway 17	17A/17
	34	Abzweig nach Tsawwassen	17
	37	Abzweig zum Parkcanada RV Park	17
	38	Fähre Tsawwassen – Swartz Bay (45 km)	
		VANCOUVER ISLAND	
0		Swartz Bay Ferry Terminal	
2		Abzweig westlich *McDonald Campground* im **Gulf Island National Park**	17
3		Sidney/Saanich Peninsula Visitor Information	17
4		**Sidney**	17
11		**District of Saanich**	17
13		Abzweig **Butchart Gardens** und **Butterfly Gardens**	17
27		Abzweig Highway 1 Nord über McKenzie Ave	17
32		**Victoria**	17
44		**Langford**	1
		Kreuzung Highway 1 / 14 ▶ **NEBENROUTE 1** **Langford bis Port Renfrew** Beschreibung ab Seite 75 Fakten ab Seite 253	1/14
48		**Goldstream Provincial Park**	1
63	0	**AUSFLUG** – 1. Abzweig zum West Shawnigan Lake und **Kinsol Trestle** über *Shawnigan Lake Rd*	1
	15	**West Shawnigan Lake Provincial Park**	
	16	**Memory Island Provincial Park**	
	23	**Koksilah River Provincial Park**	
63	46	Zurück zum Highway 1	1
64		**Spectacle Lake Provincial Park**	1
		Aussichtspunkt Malahat Summit (352 m)	1
		Malahat Lookout	1
70		**Bamberton Provincial Park**	1

► HAUPTROUTE

Hauptstrecke km	Teilstrecke km	Stationen auf dem Highway	Highway
77		2. Abzweig West Shawnigan Lake & Kinsol Trestle über *Mill Bay Rd*	1
92		**Whippletree Junction**	1
95		**Duncan / Cowichan Valley**	1
98		Kreuzung Highway 1 / 18	► **NEBENROUTE 2** **Duncan bis Lake Cowichan** Beschreibung ab Seite 81 Fakten ab Seite 271	1/18
108		Abzweig nach Crofton – Fähre nach **Saltspring Island**	1
115		**Chemainus**	1
		Fähre nach **Thetis Island** und **Penelakut Island**	1
126		**Ladysmith**	1
138		Abzweig **Morden Colliery Historic Provincial Park**	1
139		Abzweig **Hemer Provincial Park**	
143		Kreuzung Highway 1 / 19	1/19
144		**Petroglyph Provincial Park**	1
149		**Nanaimo**	1/19A
		Fähre **Gabriola Island**	1/19A
161		Highway 19 und 19A vereinen sich	19/19A
189		Highway 19 und 19A trennen sich wieder	19/19A
191		Rathtrevor Beach Provincial Park	19A
194		Kreuzung Highway 19/19A/4A	► **NEBENROUTE 3** **Parksville bis Ucluelet/Tofino** Beschreibung ab Seite 87 Fakten ab Seite 279	19/19A
197		**Parksville**	19/19A
202		French Creek – Fähre nach **Lasqueti Island**	19A
210		**Qualicum Beach**	19A
225	0	**AUSFLUG** – Abzweig Spider Lake & Horne Lake Cave Provincial Park	19/19A
	8	**Spider Lake Provincial Park**	
	12	**Horne Lake Cave Provincial Park**	
225	24	Zurück zum Highway	19/19A
233		Bowser	19A
249		Buckley Bay – Fähre nach **Denman Island**	19A
265		Royston – Abzweig nach **Cumberland**	19/19A

▶ HAUPTROUTE

Hauptstrecke km	Teilstrecke km	Stationen auf dem Highway	Highway
271		Comox Valley – Courtenay und Comox	19/19A
274		Abzweig **Mount Washington Skigebiet**	19/19A
277		Abzweig zur Fähre (Little River) nach Powell River/**Texada Island**	19A
286		**Kitty Coleman Provincial Park**	19A
297		**Miracle Beach Provincial Park**	19/19A
		50th Parallel Marker	19A
321		**Campbell River**	19/19A
		Fähre nach **Quadra Island** und **Cortes Island**	19A
		Kreuzung Highway 19/19A/28 ▶ **NEBENROUTE 4 Campbell River bis Tahsis** Beschreibung ab Seite 97 Fakten ab Seite 307	19/19A/28
334		Aussichtspunkt **Ripple Rock – Seymour Narrows**	19
335	0	**AUSFLUG** – Abzweig Morton Lake Provincial Park	19
	19	**Morton Lake Provincial Park**	
335	38	Zurück zum Highway	19
340		Abzweig Ripple Rock CG/Brown's Bay Resort	19
		Picknickplatz Roberts Lake	19
		Picknickplatz Big Tree Creek	19
385		Abzweig Sayward	19
389		**Cable Cook House**	
398		**Sayward**	
408		Zurück zum Highway 19	19
		Picknickplatz Eve River	19
462	0	**AUSFLUG** – Abzweig Schoen Lake Provincial Park und Mount Cain Skigebiet	19
	12	**Schoen Lake Provincial Park**	
	16	**Mount Cain Skigebiet**	
462	32	Zurück zum Highway	19
		Picknickplatz Hoomac Lake	19
467		Abzweig **Claud Elliot Provincial Park**	19
475		**Woss**	19
		Beginn Nimpkish Valley	19

▶ HAUPTROUTE

Haupt-strecke km	Teil-strecke km	Stationen auf dem Highway	Highway
499		▶ NEBENROUTE 5 **Woss bis Zeballos** Beschreibung ab Seite 103 Fakten ab Seite 321	19
529		**Nimpkish Lake Provincial Park**	19
		Ende Nimpkish Valley	19
		Abzweig Telegraph Cove	19
553		**Telegraph Cove**	
567		Zurück zum Highway 19	19
571		**Port McNeill**	19
		Fähre nach **Cormorant Island** und **Malcolm Island**	19
594	0	**AUSFLUG** – Abzweig Port Alice	19/30
	17	**Marble River Provincial Park**	30
	26	Link River Provincial Park	30
	32	**Port Alice**	30
594	64	Zurück zum Highway 19	30/19
606		Abzweig Fort Rupert Road nach Fort Rupert	
609		Abzweig Byng Road nach **Fort Rupert**	19
		Abzweig Ferry Terminal	19
612	0	**AUSFLUG** – Abzweig Coal Harbour	19
	12	**Coal Harbour**	
612	24	Zurück zum Highway	19
614		**Port Hardy**	19
		▶ NEBENROUTE 6 **Port Hardy zum Cape Scott PP** Beschreibung ab Seite 107 Fakten ab Seite 327	19
ENDE DER HAUPTROUTE			
		▶ RÜCKFAHRMÖGLICHKEITEN Beschreibung ab Seite 112 Fakten ab Seite 333	

DER BEGINN EINER LANGEN REISE

Vancouver bis Fähranleger Tsawwassen

Die Ankunft am Vancouver International Airport (YVR)

Die ersten Schritte auf kanadischem Boden

▶ Mögliche Fragen, auf die Sie bei der **Passkontrolle** vorbereitet sein sollten:
- Was ist der Zweck Ihres Aufenthalts? Mögliche Antworten: „vacation" oder „holiday"
- Wie lange bleiben Sie in Kanada? Mögliche Antworten: „one/two/three weeks" oder „Until September 1st" o.ä.
- Wohin geht Ihre Reise? Mögliche Antworten: „Vancouver Island" oder „Round trip through British Columbia" o.ä.
- Womit werden Sie unterwegs sein? Mögliche Antworten: „With an RV/Motor Home" oder „With a rental car" o.ä.
- Wann fliegen Sie wieder zurück? Mögliche Antwort: „September 1st"

▶ Zur schnellen Gewöhnung an die **Zeitverschiebung** empfehlen wir Ihnen, den kanadischen Tag-/Nachtrhythmus möglichst unmittelbar zu übernehmen. Sollten Sie also mittags oder nachmittags ankommen, versuchen Sie zumindest bis in die frühen Abendstunden durchzuhalten. Dadurch können Sie am nächsten Morgen zu einer normalen Zeit aufstehen und haben den Jetlag schon fast besiegt.

"Welcome to Vancouver International Airport" – spätestens, wenn die Kabinenlautsprecher diese Worte ausspucken, haben Sie Ihr Ziel erreicht, und ein erlebnisreicher Urlaub steht unmittelbar bevor.

Sobald Sie Ihre Uhren umgestellt und die *Gangway* betreten haben, werden Sie zielsicher mit guter Beschilderung zur Passkontrolle „Canada Border Services & Immigration" geleitet. Die dortigen Beamten prüfen Ihre Papiere und werden Ihnen zumeist einige Fragen zu Ihrem Aufenthalt in Kanada stellen. Danach führt Sie der Weg zum „Baggage Claim", wo Sie hoffentlich zügig Ihr Reisegepäck von den Gepäckbändern entgegennehmen können. Die bereitstehenden Gepäckwagen sind übrigens – im Unterschied zu vielen Flughäfen in der Heimat – kostenlos.

Wenn Sie Ihr komplettes Gepäck verstaut haben, begeben Sie sich durch den Zoll zum Ausgang *(Exit)*. Im Zollbereich wird ein Beamter Ihre zuvor im Flugzeug ausgefüllte Zollerklärung *(Declaration Card)* entgegennehmen und eventuell eine Gepäckkontrolle vornehmen.

Mit dieser Kontrolle haben Sie dann aber alle Einreiseformalitäten erledigt und können sich durch den Ausgang in den Ankunftsbereich des Flughafens begeben. Die weitere Orientierung ist durch eine gute Beschilderung problemlos, im Zweifelsfall helfen die Bediensteten des Flughafens gerne weiter.

Per Taxi oder ÖPNV geht es weiter

Wie fast jeder internationale Flughafen liegt auch der Flughafen von Vancouver weder inmitten der Innenstadt, noch in deren unmittelbaren Nähe. Sie kommen also nicht umhin, einige Kilometer bis zu Ihrem nächsten Ziel entweder per **Taxi** oder per **öffentlicher Verkehrsmittel** zu überbrücken. Entscheidend ist hierbei, welche Anlaufstelle für Sie nun relevant ist. Grundsätzlich sind folgende Wege denkbar:

- Sie haben eine (mehrtägige) **Stadtbesichtigung** eingeplant und müssen nun zu Ihrem Hotel in die Innenstadt bzw. den stadtnahen Bereich. Oder Sie müssen aus versicherungsrechtlichen Gründen vor der Übernahme des Wohnmobils eine Übernachtung einplanen, weil die Ankunftzeit des Fliegers eine bestimmte Uhrzeit überschritten hat.
- Sie übernehmen Ihr **Wohnmobil** sofort und müssen zu Ihrem Wohnmobilvermieter.
- Sie planen eine **Reise mit einem Mietwagen** oder einem sonstigen Fahrzeug ohne Übernachtungsmöglichkeit und müssen diesen/dieses übernehmen.

Zur Stadtbesichtigung nach Downtown

Taxi: Im Außenbereich des Flughafens wird Ihnen am Taxistand von den Anweisern ein für Ihre Bedürfnisse (Gepäckvolumen, Personenzahl) passender Wagen zugewiesen, Sie müssen sich also nicht mit nach oben gerecktem Daumen an die Straße stellen. Dem Taxifahrer nennen Sie – wie gewohnt – Ihre Zieladresse und bezahlen ihn nach Beendigung der Fahrt. Der Preis für eine Fahrt in die Innenstadt beträgt ca. CAD 40–45 (exkl. Tax).

Öffentliche Verkehrsmittel: Nach Downtown Vancouver kommen Sie schnell und preiswert per Zug, alle 7 Minuten verlässt ein Wagen der *Canada Line* den Bahnhof *Airport Vancouver* und erreicht sein Ziel, die *Waterfront Station* am *Burrard Inlet*, planmäßig nach 26 Minuten.

Die Weiterfahrt von der *Waterfront Station* ist für alle Stadt- und stadtnahen Bereiche mit Bussen oder dem *SkyTrain* problemlos möglich.

Zu den Wohnmobilvermietern

Die meisten großen Wohnmobilvermieter haben Ihre Verleihstationen in **Delta**, einer Distriktgemeinde, die unmittelbar an das südliche Stadtgebiet von Vancouver grenzt. Sollten Sie Ihren Wagen bei einem Wohnmobilvermieter in einem anderen Bereich der Stadt gebucht haben, erkundigen Sie sich am besten bei diesem über die optimalen Anfahrtsmöglichkeiten oder einen Shuttle-Service.

Shuttle-Service: Sollte Ihr Wohnmobilanbieter einen Shuttle-Service anbieten, müssen Sie sich über den weiteren Transport zum Verleih oder in ein Hotel zur ersten Übernachtung keine weiteren Gedanken machen. Sie sollten sich nur vergewissern, welches Taxiunternehmen für den Vermieter arbeitet. Im Falle einer Übernachtung vor Übernahme bietet es sich natürlich an, ein Hotel in der Nähe des Wohnmobil-

▶ Der **Zeitunterschied** zwischen der MEZ (Mitteleuropäische Zeit, im Englischen: CET – *Central European Time*) und der PST (*Pacific Standard Time*) in Vancouver beträgt normalerweise -9 Stunden. Die Kanadier haben ebenfalls eine Sommerzeit (*Daylight Saving Time*, Ausnahme: Die Provinz Saskatchewan verzichtet auf die Sommerzeit), diese verläuft allerdings nicht ganz synchron zu der unseren, außerdem dauert die kanadische Sommerzeit länger an. In den Zeitspannen zwischen der kanadischen und der heimatlichen Zeitverschiebung beträgt der Zeitunterschied -8 Stunden.

▶ **Trinkgeld** beim Taxifahren: Das Zahlen von Trinkgeld ist in Kanada absolut üblich, auch Taxifahrer erwarten ein „tip". Als angemessen gilt ein Betrag von etwa 10 % vom Fahrpreis, zusätzlich CAD 1 pro Gepäckstück.

▶ **Tripplanning:** Alle Möglichkeiten und Kombinationen der Öffentlichen Verkehrsmittel können Sie unter www.translink.ca einsehen. Direkt zum *Trip Planner* kommen Sie mit http://tripplanning.translink.ca

▶ **Mit dem Wohnmobil nach Downtown:** Grundsätzlich raten wir davon ab, sich mit dem Wohnmobil der Innenstadt

Entlang der Stromleitungen fahren die O-Busse

unnötig zu nähern, da die Millionenmetropole Vancouver nichts mit der Idylle und Ruhe der Überland-Highways gemein hat und Sie hier dem normalen und hektischen Verkehrschaos ausgeliefert sind. Für eine Stadtbesichtigung sollten Sie lieber die öffentlichen Verkehrsmittel oder einen normal dimensionierten Leihwagen benutzen. Für alle, die sich nicht von einem Besuch der Innenstadt mit dem Wohnmobil abhalten lassen, sei hier vor den **O(berleitungs)-Bussen** gewarnt, die grundsätzlich Vorfahrt und durch die Anbindung an Oberleitungen kaum Möglichkeiten zum Ausweichen haben.

▶ **Delta:** Der Distriktbereich Delta umfasst die Städte *Ladner, Tsawwassen* und *North Delta* und gehört kommunalpolitisch zum Bezirk *Metro Vancouver*.

vermieters zu reservieren, damit am nächsten Morgen keine großartigen, weiteren Anfahrtskosten entstehen.

Taxi: Die Kosten bis Delta betragen ca. CAD 55 (inklusive Tax).

Öffentliche Verkehrsmittel: Die Erreichbarkeit der Wohnmobilvermieter in Delta mit öffentlichen Verkehrsmitteln ist nicht optimal, Sie müssen nicht nur umsteigen, sondern auch einige kürzere Fußwege in Kauf nehmen.

Sollten Sie diese Verkehrsmittel trotzdem in Erwägung ziehen, erreichen Sie Delta wie folgt: Vom Bahnhof Airport Vancouver fährt die Canada Line alle 7 Minuten nach Richmond Innenstadt (*Brighouse Station*). Von dort müssen Sie per Bus weiter nach Delta. Für die genaue Planung nutzen Sie den Tripplaner der Verkehrsbetriebe unter: www.translink.ca

Mietwagen

Sollten Sie Vancouver Island per Mietwagen erkunden wollen und/oder nur einen Abstecher vom Festland ohne Wohnmobil planen, so empfehlen wir ein Verleihunternehmen mit Übernahmestation am Flughafen Vancouver bzw. in der Nähe Ihres Hotels, wenn Sie nicht via Vancouver International Airport einfliegen. Dies ist im Normalfall absolut unproblematisch, da alle großen Verleihfirmen eigene Stationen am Flughafen und in der Innenstadt betreiben. Eine Liste möglicher Firmen finden Sie im Kapitel „Wissenswertes" ▶ Seite 369.

Stadtbesichtigung Vancouver

Vancouver liegt vor Ihnen – die wohl quirligste und spannendste Metropole Kanadas. Egal, ob Sie eine Besichtigung der Stadt zu Anfang oder zum Ende Ihrer Reise eingeplant haben, Sie werden begeistert sein von der Vielfältigkeit und den Menschen, die diesen Ort prägen.

Tauchen Sie in unzähligen Museen ein in die Historie des kanadischen Westens und die Lebensweisen der **First Nations** oder begehen Sie im Stadtteil **Gastown** die historische Keimzelle der Metropole Vancouver. Eine Keimzelle, die wie kaum ein anderer Stadtteil den verschiedensten Entwicklungsströmen unterliegt – ursprünglich die Heimat der ersten Siedler und Arbeiter, liegen heute Kreativität, städtisches Flair und Armut ganz nah beieinander. In direkter Nachbarschaft verzaubert **Chinatown** mit exotischen Gerüchen, fernöstlicher Kunst und einer ganz eigenen Stimmung, während die hippen Stadtbewohner sich in den In-Vierteln von **Granville Island** und **Yaletown** treffen, um in unzähligen Straßencafés gesehen zu werden.

Zu den Highlights der Stadt gehören sicherlich der riesige **Stanley Park** sowie die Shoppingmeilen von **Downtown**. Das architektonische Meisterwerk **Canada Place** ist ebenso einen Besuch wert wie die unzähligen Theater, Veranstaltungsorte und Kultureinrichtungen. Wer dem Großstadttrubel entfliehen möchte, findet im direkten Stadtumfeld viele naturnahe Sehenswürdigkeiten, z. B. den Hausberg **Grouse Mountain**, die **Capilano Parks** oder einen der vielen weiteren Natur- und Erlebnisparks rund um die Stadt.

In Vancouver gibt es unendlich viel zu entdecken – lassen Sie sich von den beschriebenen Sehenswürdigkeiten (Stadtbeschreibung ▶ Seite 137) zu einer Entdeckungsreise inspirieren, die Ihnen noch lange in Erinnerung bleiben wird.

Die meisten Sehenswürdigkeiten der Innenstadt sind mit öffentlichen Verkehrsmitteln gut zu erreichen, der *Sky-Train* steht ebenso bereit wie ein Sightseeing-Bussystem, bei dem Sie jederzeit zu- und aussteigen können. Für Erlebnisse in den umliegenden Naturparks ist teilweise ein Fahrzeug anzuraten.

Nach der Stadtbesichtigung

Sollten Sie Vancouver direkt zu Anfang Ihrer Reise besuchen und wahrscheinlich noch kein Wohnmobil abgeholt haben, führt Sie Ihr Weg nach der (mehrtägigen) Stadtbesichtigung zu den Wohnmobilvermietern. Wie beschrieben, befinden sich die meisten in *Delta*, eine Anbindung mit öffentlichen Verkehrsmitteln ist gegeben, aber recht umständlich.

VANCOUVER ▶ Seite 137

STADTKARTEN ▶ Seite 416
SKYTRAIN ▶ Seite 138
STADTTEILE ▶ Seite 140

INNENSTADT
Downtown ▶ Seite 143
Vancouver Lookout ▶ Seite 143
Chinese Garden ▶ Seite 144
Chinatown ▶ Seite 144
Stanley Park ▶ Seite 146
Gastown ▶ Seite 146
Steam Clock ▶ Seite 147
Science World ▶ Seite 147
Robson Street ▶ Seite 148
Canada Place ▶ Seite 148
Art Gallery ▶ Seite 149
Granville Island ▶ Seite 149
False Creek ▶ Seite 149

NÖRDLICH DER INNENSTADT
Lions Gate Bridge ▶ Seite 150
Capilano Susp. Bridge ▶ Seite 151
Grouse Mountain ▶ Seite 152
Cypress Prov. Park ▶ Seite 154
Mt. Seymour Pr. Park ▶ Seite 156
Lynn Canyon Park ▶ Seite 158

SÜDLICH DER INNENSTADT
Queen Elizabeth Park ▶ Seite 158
Botanical Garden ▶ Seite 159
Maritime Museum ▶ Seite 160
Vancouver Museum ▶ Seite 160
Museum of Anthropology/ Totempark ▶ Seite 161

▶ Eine Auswahl der **Wohnmobilvermieter** in Delta:
CanaDream 8223 92 St, Delta, BC V4G 0A4 604-940-2171 / 1-855-369-2337 (geb. frei in Kanada)
@ booking@canadream.com
www.canadream.com

Ambassador RV: 7973 River Road, Delta, BC V4K 4E2 604-946-3696 / 1-888-946-3680 (geb.frei in Kanada) @ info@AmbassadorRV.com
www.ambassadorrv.com

Cruise Canada: 7731 Vantage Way, Delta, BC V4G 1A6 604-946-5775 / 0-800-101-2789 (geb.frei aus D)
www.cruisecanada.com

Fraserway RV: 747 Cliveden Pl, Annacis Island Delta, BC V3M 6C7 604-527-1102 / 1-877-747-7947 (geb.frei in Kanada)
www.fraserwayrv.com

▶ **Video-Übergabe:** In Stoßzeiten kann es vorkommen, dass die technische Einführung per Video erfolgt. Halten Sie für diesen Fall Notizblock und Stift bereit und notieren Sie unbedingt alle Unklarheiten, um diese nach der Videoeinführung mit dem Personal zu klären.

Öffentliche Verkehrsmittel: Von *Downtown Vancouver/Waterfront Station* fährt die *Canada Line* nach Richmond Innenstadt (*Brighouse Station*). Von dort müssen Sie per Bus weiter nach Delta. Für die genaue Planung nutzen Sie den Tripplaner der Verkehrsbetriebe unter: www.translink.ca

Taxi: Die Kosten für eine Taxifahrt sind natürlich stark davon abhängig, wo Sie im Stadtbereich von Vancouver übernachtet haben. Für eine Fahrt von *Downtown* nach Delta müssen Sie mit etwa CAD 65–70 (exkl. Tax) rechnen. Sollten Sie außerhalb von Downtown übernachten und/oder zu einem Wohnmobilvermieter an einem anderen Standort fahren, erfragen Sie die ungefähren Kosten am besten direkt beim Personal Ihrer Unterkunft.

Die Übernahme des Wohnmobils

Für alle Ersttäter, die noch nie ein Wohnmobil gemietet haben, ist die Übernahme der fahrbaren Urlaubsheimat mit Sicherheit ein großes Ereignis, da sich Vorfreude mit einer gehörigen Portion Respekt vermischen wird, sobald man, leibhaftig vor der immensen Kühlerhaube stehend, die tatsächlichen Dimensionen des Gefährts begreift. Bei einer Buchung hören sich *21 ft (6,40 m)* oder *24 ft (7,32 m)* vorstellbar an – in der Realität und mit dem Wissen, dass man dieses Wohnmobil durch Kurven und über Straßen und Pässe steuern wird, sieht das Ganze schon anders aus.

Natürlich wollen wir ausdrücklich darauf hinweisen, dass Sie mit dem Wohnmobil jederzeit mit wesentlich mehr Konzentration und Vorsicht unterwegs sein sollten, als Sie es vom heimischen Pkw gewohnt sind. Gleichzeitig soll Ihnen hier aber auch Mut gemacht werden: Sie werden nach den ersten Kilometern feststellen, dass das Fahren eines Wohnmobils nicht schwierig ist – und sogar richtig Spaß machen kann.

Damit dieser Spaß von vornherein ungetrübt ist, werden Sie bei Ihrem Wohnmobilvermieter eine umfangreiche **Übergabeprozedur** durchlaufen, welche mit Versicherungsangelegenheiten und Fragen zu Ihrem Führerschein, dem Fahrer etc. startet. Zusätzlich wird meist eine Kaution in Form eines Blanko-Kreditkartenbeleges verlangt, der die Vermieter zusätzlich absichert. Für diese Formalitäten sowie alles Weitere steht bei den großen Vermietern der deutschen Sprache mächtiges Personal zur Verfügung, sodass Sie keine Angst haben müssen, eventuelle Aspekte nicht verstehen zu können. Trotzdem gilt immer: Sollte etwas unklar sein, fragen Sie sofort nach – die Kanadier sind sehr hilfsbereite Menschen und werden Ihnen stets mit Rat und Tat zur Seite stehen.

Nachdem dieser erste Formularkrieg überstanden ist, steht eine genaue, gemeinsame Inspektion des Wagens an. Diese **Inspektion** dient der Feststellung eventueller Vorschäden oder sonstiger Auffälligkeiten, die dann in einem Protokoll festgehalten werden. So verhindern beide Seiten, dass bei Rückgabe eventuelle Beanstandungen falsch zugeordnet werden.

Der Inspektion folgt die genaue **Einweisung** in die Funktionalität des Wohnmobils, die nicht nur umfangreich sein kann, sondern auch extrem wichtig ist. Sie werden feststellen, dass so ein Wohnmobil tatsächlich eine ganze Reihe an Schaltern, Knöpfen und Funktionen bereithält, die im Fall der Fälle darüber entscheiden, ob Sie an kalten Tagen im Wagen frieren werden oder Ihnen unverhofft das fließende Wasser verweigert wird. Es gilt also, allen Erklärungen des Personals aufmerksam zu folgen und eventuelle Unklarheiten sofort zu beseitigen. Zusätzlich sollten Sie in jedem Fall darauf achten, dass sich eine **Bedienungsanleitung** in einer Ihnen vertrauten Sprache an Bord befindet. Zwar mögen Sie in diesem Moment noch alle Dinge verstehen und im Kopf haben – spätestens beim ersten Generatoreinsatz oder dem Auffüllen des Wassertanks kommen dann aber doch wieder Zweifel am eigenen Gedächtnis.

▶ Sollten Sie kaum oder gar kein **Englisch sprechen** oder verstehen, versichern Sie sich vor Buchung der Reise, dass der Vermieter deutschsprachiges Personal bereitstellt. Professionelle Reiseanbieter stehen Ihnen im Extremfall bei Schwierigkeiten zusätzlich von der Heimat aus zur Seite.

Zur lückenlosen Unterstützung dieser wichtigen Wohnmobilübergabe finden Sie im Anhang dieses Reiseführers eine **Übernahme-Checkliste** (▶ Seite 388) und detaillierte Informationen zu Wohnmobilen, Vermietern, Versicherungen etc..

Wenn Sie die Übernahme hinter sich haben, kann es alsbald losgehen – Sie sollten vor Abfahrt allerdings nochmals überprüfen, ob Sie sich die Kontaktdaten des Vermieters (inklusive Telefonnummer) notiert haben, da eventuelle Reparaturen unterwegs ohne Ausnahme nur nach vorheriger Absprache durchgeführt werden dürfen. Sollte der Vermieter einen unterwegs fälligen Ölwechsel verlangen, so wird er Ihnen die damit anfallenden Kosten bei Rückgabe erstatten.

▶ **Straßenzustand Alberta:**
Alberta: 511, außerhalb: 1-855-391-9743
http://511.alberta.ca

▶ **Straßenzustand British Columbia:** 0-800-101-2789 (geb. frei aus D)
www.drivebc.ca

On the road – Die ersten Wege mit dem Wohnmobil

Sie haben nun erfolgreich Ihre Behausung für den Urlaub übernommen, den Zündschlüssel herumgedreht und damit die Entdeckungsreise per Wohnmobil gestartet.

Allgemeine Hinweise zum Fahren mit einem Wohnmobil

Ergänzend zu einer mit Sicherheit ausführlichen Einweisung in die Funktionen und technischen Details Ihres Wohnmobils empfehlen wir Ihnen, auf den ersten Kilome-

▶ **Über Ampeln:** Ampeln stehen bzw. hängen auf der gegenüberliegenden

Vancouver bis Fähranleger Tsawwassen

Seite der Kreuzung. Auch bei Rot darf nach kurzem Stopp rechts abgebogen werden (Achtung: Fußgänger), Ampelphasen: zum Stoppen: Grün-Gelb-Rot, zum Weiterfahren: Rot – Grün. Blinkende gelbe Ampel: Ampelphasen sind abgeschaltet, es gelten die Vorfahrtsbeschilderungen, Kreuzung trotzdem mit Vorsicht befahren.

▶ **HOV-Lanes** (*High Occupancy Vehicle Lanes*): Im Einzugsbereich von Großstädten finden Sie sogenannte HOV-Lanes, Spuren, die nur befahren werden dürfen, wenn eine Genehmigung vorliegt, ein umweltfreundliches Auto gefahren wird oder mindestens 2 (3) Personen an Bord sind.

tern besonders vorsichtig zu fahren. Sie werden merken, dass weder die Federung des Fahrwerks noch das Kurvenverhalten sich mit dem heimischen Pkw vergleichen lassen. Wenn Sie allerdings einige wenige Aspekte beachten, werden Sie sich schnell an Ihr neues Gefährt gewöhnt haben:

- Fahren Sie langsam und mit extra weitem Abstand zu Ihrem Vordermann, um sich an die Bremsleistung zu gewöhnen.
- Bewahren Sie in jedem Fall die Ruhe und bleiben Sie im Extremfall lieber stehen, als sich zu einem waghalsigen Manöver hinreißen zu lassen. Bedenken Sie, dass die anderen Verkehrsteilnehmer nicht wissen, dass sich ein *Greenhorn* auf der Straße befindet.
- Fahren Sie Kurven, indem Sie vor dem Einfahren weiter ausholen und dann stärker einschlagen, um den weiteren Radstand und die Ausmaße zu berücksichtigen.
- Lassen Sie sich generell von Ihrem Beifahrer/Ihrer Beifahrerin beim Parken am Straßenrand oder in Parklücken einweisen. Dies gilt auch für Stellplätze auf Campgrounds oder fürs Parken unterwegs.
- Gewöhnen Sie sich daran, dass permanent irgendetwas hinter Ihnen rumpelt und rappelt – zwar sollte alles sicher verstaut sein, es wird aber trotzdem keine Sekunde während der Fahrt geben, in der nicht irgendeine Tasse klappert. Sie können aber zuversichtlich sein – nach wenigen Stunden hören Sie diese Geräusche nicht mehr …

Ersteinkauf

▶ Die wichtigsten **Supermarktketten**: Safeway, Thrifty Foods, Overwaita Foods, Extra Foods, Save-on-Foods, Real Canadian Super Store.

▶ **Sortiment**: Reichhaltiges Angebot an Lebensmittel und einheimische Produkte, abgestimmt auf den kanadischen Geschmack und die kanadischen Bedürfnisse (d. h. viele Waren in Großpackungen), Feinkost mit eingeführten Waren, alkoholfreie Getränke, Süßwaren, Non-Food-Bereich inkl. Haushaltszubehör, Drugstore, meist mit einer Abteilung zur Einlösung

Das erste große Ziel ist der **Fähranleger Tsawwassen**, den Sie ab der River Road, wo die meisten Vermieter ihre Stationen haben, wie folgt erreichen: Folgen Sie der River Road nach Westen, überqueren Sie den Highway 99, die River Road wird nun zum Highway 17A. Diesem folgen Sie weiter geradeaus, kurz vor Tsawwassen trifft der Highway 17A auf den Highway 17, dieser führt nun direkt zum Fähranleger. Sie werden aber auch schon lange vor Erreichen des Ferry Terminals per Hinweisschildern sicher dorthin geleitet. Auch sehen Sie auf den Hinweisschildern genau, wie viele Plätze auf der nächsten Fähre noch frei sind. Um Ihre Vorräte aufzufüllen und sich mit allem Notwendigen für die weitere Fahrt auszustatten, empfehlen wir Ihnen einen Zwischenstopp in Ladner oder Tsawwassen, die beide auf dem Weg zur Fähre liegen. Beide Städte bieten beste Einkaufsmöglichkeiten und sind durch eine ländlichere Atmosphäre und weniger Autoverkehr bestens für Wohnmobilanfänger geeignet.

Für den Einkauf in **Ladner** zweigen Sie, wie oben beschrieben, vom Highway 17A auf die Ladner Trunk Road nach

Westen ab. Nach wenigen hundert Metern erreichen Sie ein typisch kanadisches Einkaufszentrum mit einem großen Supermarkt, einer guten Bäckerei, einem Obst-/Gemüsestand und einem Billigshop, der für Sparfüchse auf engstem Raum ein breit gefächertes Non-Food-Sortiment bereithält.

Für den Einkauf in **Tsawwassen** folgen Sie ebenfalls dem Highway 17A und zweigen dann über die 56th Street nach Süden ab. Auch dort befindet sich ein gut ausgestattetes Einkaufszentrum mit Safeway, Thrifty Foods und einem Dollarshop.

Da in Ihrem Wohnmobil neben einem Kühlschrank auch ein Gefrierfach vorhanden sein wird, ist die Vorratshaltung unproblematisch – Sie können also ruhig größere Mengen einkaufen und z. B. auch tiefgekühltes Fleisch für die ersten Grillabende einlagern. Denken Sie daran, dass Sie sich zwar im Moment noch im direkten Einzugsgebiet von Städten befinden – es kann aber nicht schaden, sich direkt an den Umstand zu gewöhnen, im weiteren Verlauf Ihrer Reise nicht jederzeit einen Supermarkt aufsuchen zu können. Zumal Sie mit Sicherheit spannendere Dinge erleben möchten, als permanent im Supermarkt kleine Portionen nachzukaufen.

Nehmen Sie sich für diesen ersten Einkauf Zeit. Die kanadischen Supermärkte sind – gelinde gesagt – großzügig dimensioniert, bieten eine ungewohnte Auswahl und viele Lebensmittel, die Sie erst einmal durch das Studieren der Etiketten zuordnen müssen. Zusätzlich werden Sie, zumindest nicht zu einigermaßen zivilen Preisen, weder die bekannte Auswahl an Käse- und Wurstsorten vorfinden, noch annähernd gewohntes Brot kaufen können – dafür aber eine unglaubliche Auswahl an Cheddarkäse- und Sandwichbrotsorten. Um Sie beim ersten Einkauf anzuleiten, finden Sie im Anhang dieses Reiseführers eine **Ersteinkauf-Checkliste** (▶ Seite 394) mit all den Dingen, die Sie jetzt mit an Bord nehmen sollten.

Übernachtung vor der Überfahrt

Je nachdem, zu welcher Zeit Sie gelandet sind oder Ihr Wohnmobil übernommen haben, werden Sie sich dazu entschließen (müssen), vor der Überfahrt die erste Nacht im Wohnmobil noch am Festland zu verbringen. Dies kann nicht nur den zeitlichen Stress verringern, sondern auch hilfreich sein, falls Sie merken, dass auf den ersten Metern Fragen zum Wohnmobil auftauchen.

Besonders praktisch für die erste Übernachtung ist der **Parkcanada RV Park**, der nur einen Kilometer vom Fähranleger entfernt liegt. Der private Campground kann in der Hauptsaison allerdings gut gebucht sein, Sie sollten also – falls Sie sicher sind, dass Sie vor der Überfahrt am Festland übernachten wollen – vorab einen Platz telefonisch reservieren

▶ verschreibungspflichtiger Medikamente, Zeitschriften, Bäckerei. Zusätzlich, z. B. bei *Real Canadian Super Store*, gibt es Riesen-Supermärkte mit ggf. auch einer Auswahl an Bekleidung, Elektrogeräten, Campingbedarf uvm.

▶ **Wasserversorgung:** Wichtig ist die Einlagerung von Trinkwasser (*Springwater*), da das Wasser im Frischwassertank Ihres Wohnmobils nicht zum Trinken oder Kochen geeignet ist. Kaufen Sie am besten 4-Liter-Kanister, diese können Sie gut verstauen und unterwegs an Trinkwasserzapfsäulen auffüllen.

▶ Neben dem RV Park befindet sich ein schönes Freibad mit tollen Wasserrutschen.

▶ **Die erste Nacht auf Vancouver Island:** Sollten Sie die Fährfahrt schnell hinter

Fährfahrt nach Vancouver Island

sich bringen wollen, können Sie auch auf Vancouver Island in unmittelbarer Nähe des dortigen Fähranlegers (*Swartz Bay*) übernachten. Empfehlung: **MacDonald Campground** ▶ Seite 165

▶ **Fahrplanhinweise:**
www.bcferries.com/schedules/mainland/tssw-current.php

▶ **Achtung Gashahn:** Der Gashahn Ihres Wohnmobils **muss** während der Überfahrt in jedem Fall geschlossen sein. Denken Sie nach Verlassen der Fähre daran, diesen wieder zu öffnen.

vieren (Kreditkartendaten werden benötigt). Sollten Sie der englischen Sprache nicht ausreichend mächtig sein, bitten Sie einfach Ihren Wohnmobilvermieter, dies für Sie zu übernehmen. Gleiches gilt eventuell für die Rückfahrt, sollten Sie vor Rückgabe des Wohnmobils in der Nähe Ihres Vermieters übernachten wollen.

Die Fährfahrt nach Vancouver Island

Am Ende des Highways 17 erreichen Sie ohne Umwege den Fähranleger (*Ferry-Terminal*) in **Tsawwassen**. Sollten Sie die Fährfahrt vorgebucht haben, finden Sie sich zur vorgegebenen Zeit am Ferry-Terminal ein, ohne Reservierung müssen Sie in der Hauptreisezeit eventuell etwas Wartezeit einkalkulieren. Diese Zeit wird Ihnen am Fähranleger "versüßt" mit einem Bummel durch ein Shopping-Center, wo Sie Souvenirs, Kaffee, Fast Food usw. vorfinden. Achten Sie aber unbedingt auf die Lautsprecherdurchsage, wann Sie Ihr Fahrzeug wieder aufsuchen müssen. Als Information wird Ihnen schon einige Kilometer vor Erreichen des Anlegers über große Anzeigetafeln am Highway mitgeteilt, wie viele freie Plätze für die nächste Überfahrt zur Verfügung stehen.

Die Fähre verlässt Tsawwassen etwa stündlich, die Überfahrt dauert planmäßig 1 Stunde und 35 Minuten. Näheres zu Preisen, Abfahrtzeiten etc. ▶ Seite 164.

SIE BETRETEN VANCOUVER ISLAND

Swartz Bay bis Victoria

Die Halbinsel Saanich Peninsula

Mit Verlassen der Fähre am Anleger **Swartz Bay** betreten Sie den Boden von Vancouver Island und befinden sich auf der Halbinsel **Saanich Peninsula**, die sich vom Fähranleger (Gebiet *North Saanich*), vorbei an der Stadt *Sidney* bis nach *Central Saanich*, etwa mittig zwischen Fähranleger und Victoria, erstreckt. Das Verlassen der Fähre wird vom Personal perfekt koordiniert und geht unproblematisch vonstatten. Wer allerdings erwartet, nun auf einem völlig verkehrsberuhigten Highway 17 (oder hier auch *Patricia Bay Highway/ Pat Bay Highway* genannt) zu landen, der täuscht sich. Der hier auf vier Spuren ausgebaute Highway ist ordentlich gefüllt und gibt noch nichts von der Einsamkeit und endlosen Weite Kanadas preis. Einzig ein manchmal zu erhaschender Blick auf die *Haro Strait*, in der die Grenze zwischen Kanada und den USA verläuft, lässt vermuten, was Sie im weiteren Verlauf Ihrer Reise erwarten wird.

▶ Benannt ist der *Patricia Bay Highway* nach der Patricia Bucht (*Bay*) an der Westküste der Saanich Peninsula.

Nach wenigen hundert Metern führt der Highway am **McDonald Provincial Park** vorbei, dem einzigen Campground des *Gulf Island National Parks*. Hier finden diejenigen, die vor der Überfahrt vom Festland keine Übernachtung eingeplant haben, eine erste und auch gute Möglichkeit, die Nacht zu verbringen und sich vom Flug oder der vorangegangenen Reise zu erholen.

▶ Der einfach ausgestattete MacDonald CG ist von Mai–Sept. geöffnet, geeignet für RVs mit max. 25 ft. Länge

Um sich mit aktuellem Informations- und Kartenmaterial einzudecken, empfiehlt sich ein Besuch des Sidney Visitor Centre, der Touristeninformation in der ersten Stadt auf der Insel. In den Sommermonaten hat das **Pat Bay Information Centre** am Highway 17 geöffnet.

▶ **Sidney Visitor Centre:**
2281 Beacon Ave, Sidney, BC, 250-665-7362
Ganzj., Kernöffnungszeiten Sommer tägl. 9–17 Uhr, sonst eingeschränkt

Kurze Zeit später durchquert der Highway **Sidney**, die erste Stadt der Insel, die mit ihrem Beinamen „Booktown" zeigen möchte, dass auffällig viele Buchhandlungen hier ansässig sind. Sidney bietet u. a. zwei kleine Museen, Rundfahrten durch die Haro Strait und einen spektakulären Jachthafen mit einer sehr schönen Uferpromenade.

SIDNEY ▶ Seite 166
Emerald Sea Adv. ▶ Seite 168
Fährverbindung ▶ Seite 168
BC Aviation Museum ▶ Seite 168
Sidney Hist. Museum ▶ Seite 168
▶ Von Sidney aus gibt es die Möglichkeit, per Fähre in die USA überzusetzen. Ziel ist die Insel **Whidbey Island** im US-Bundesstaat Washington.

Der Highway führt entlang der *Bazan Bay* und wird Sie auf diesem Stück das erste Mal daran erinnern, dass Sie sich auf einer Insel befinden. Mit dieser Erkenntnis vor Augen wechseln Sie in das Gebiet von *Central Saanich* und erreichen wenig später die Abfahrt zum Highlight für Liebhaber der Gartenkunst: Die farbenprächtigen **Butchart**

SAANICH ▶ Seite 169
John Dean Prov. Park ▶ Seite 169
Butchart Gardens ▶ Seite 170

Hafengelände, Victoria

Butterfly Gardens ▶ Seite 171
Marine Scenic Drive ▶ Seite 172
Heritage Touren ▶ Seite 172
Mt. Douglas Park ▶ Seite 172

▶ **Umfahren der Innenstadt:**
Sollten Sie Victoria später bzw. bei der Rückfahrt besuchen wollen, können Sie die Innenstadt über die *McKenzie Ave* (Exit 7 vom Hwy 17) umfahren. Die *McKenzie Ave* mündet wenige Kilometer nördlich der Innenstadt auf den Trans-Canada Hwy 1.

VICTORIA ▶ **Seite 173**
STADTKARTE ▶ **Seite 420**
Festivals ▶ Seite 177
Whale-Watching ▶ Seite 179
Maritime Museum BC ▶ Seite 180
Parlamentsgebäude ▶ Seite 181
Empress Hotel ▶ Seite 181
Royal BC Museum ▶ Seite 182

Gardens (seit 2004 eine *National Historic Site of Canada*) laden ebenso zu einer Verweilpause ein wie die unweit entfernten **Butterfly Gardens**, die ihre Besucher mit einem einzigartigen Artenreichtum an Schmetterlingen bezaubern. Wer sich für die Geschichte des District of Saanich interessiert, wird auf zwei angebotenen **Heritage Touren** zu den interessantesten Punkten geführt.

Allen, die von der Neugier auf die nahende Provinzhauptstadt getrieben werden, können wir versichern: Der zunehmende Verkehr und die rechts und links des Highways startenden Häuserreihen sind die ersten Vorboten der nun bald erreichten Stadt **Victoria**.

Victoria

Wenn Sie konsequent dem Highway 17 folgen, wird dieser Sie sicher Ihrem ersten Etappenziel näherbringen: der blumenreichen Provinzhauptstadt von British Columbia, **Victoria**. Im Bereich des *Inner Harbour*, der gleichzeitig Zentrum und perfekter Ausgangspunkt für touristische Entdeckungen der Stadt ist, endet der Highway 17 und trifft auf den Trans-Canada Highway 1.

Dort, am **Inner Harbour**, sollten Sie Ihre Entdeckungen der Stadt starten – und sich mit den am Hafen liegenden Cafés und Restaurants auf eine wunderschöne Stadt einstimmen. Das altehrwürdige **Empress Hotel** und das inmitten eines Rasenteppichs liegende **Parlamentsgebäude** befinden sich ebenso in direkter Laufweite wie viele kleine Boutiquen und Souvenirshops, die sich bis in die umliegenden Fußgängerzonen erstrecken. Allgegenwärtig ist der britische Ursprung der Stadt, zahlreiche Häuser lassen daran keinen Zweifel, auch der obligatorische *Five-O'Clock-Tea* wird zelebriert – besonders nobel, aber auch ebenso kostspielig im Empress Hotel.

Die chinesischen Einflüsse, die in jeder großen Stadt im westlichen Kanada zu spüren sind, zeigen sich in Victoria in einem eigenen **Chinatown**, wo sich die wahrscheinlich engste Gasse ganz Kanadas befindet: Die **Fan Tan Alley**. Früher als „Räuberhöhle" verschrien, können Sie dort heutzutage durch allerlei kleine Geschäfte bummeln und bereitwillig die ersten Urlaubsdollars ausgeben.

Das meist sehr milde Klima, das selbst im Winter kaum frostige Temperaturen zulässt, gibt der Stadt eine ganz eigene Lebendigkeit und garantiert Besuchern zu jeder Jahreszeit einen lohnenswerten Aufenthalt. Unterstützt durch zahlreiche Festivals und Open-Air-Veranstaltungen, hat sich Victoria zu einem der beliebtesten Touristenmagnete im kanadischen Westen entwickelt.

Nach einer ausführlichen Stadtbesichtigung setzen Sie Ihre Reise über den Trans-Canada Highway 1 fort, der – wie beschrieben – am Inner Harbour startet und Sie zuverlässig aus der Stadt nach Norden geleitet.

Craigdarroch Castle ▶ Seite 183
Chinatown ▶ Seite 184
Market Square ▶ Seite 185
Marine Scenic Drive ▶ Seite 185

▶ Tatsächlich hat der **Trans-Canada Highway** seinen Startpunkt auf einer Insel. Von hier führt er nach Norden bis Nanaimo und dort vom gegenüberliegenden Festland aus bis an die Ostküste Kanadas. Mit über 7.800 km ist der TCH damit nicht nur eine der längsten Straßenverbindungen der Welt, sondern gleichzeitig auch die einzige durchgehende Verbindung zwischen beiden kanadischen Küsten und durchquert dabei zehn Provinzen. Er endet in St. John in Neufundland. Die Markierung „*Mile 0*" befindet sich im **Beacon Hill Park**, südlich der Innenstadt an der Strait of Georgia.

DIE REISE RICHTUNG NORDEN BEGINNT

Victoria bis Duncan

Die ersten Meilen auf dem TCH 1

🏠 **LANGFORD** ▶ Seite 254

NEBENROUTE 1
Langford bis Port Renfrew
Beschreibung ▶ Seite 75
Fakten ▶ Seite 253

🅿 **GOLDSTREAM PP** ▶ Seite 186

▶ Sollte Ihnen beim Besuch des Goldstream Provincial Parks der Name **Niagara Falls** auffallen, lassen Sie sich davon nicht täuschen – der örtliche Ableger dieser berühmten Wasserfälle überbrückt lediglich eine Höhe von 47 m und besteht bei trockener Witterung aus nicht mehr als einem Rinnsal.

▶ Zu den Laichzeiten der **Lachse** im Herbst wimmelt es im Goldstream Provincial Park von Lachsen – was natürlich vermehrt Schwarzbären anzieht, die am Fluss die leichte Beute einfangen und sich damit ihre Reserven für den Winter anfressen. Seien Sie zu dieser Zeit besonders vorsichtig.

Erwarten Sie nicht, dass Sie mit „Betreten" des Trans-Canada Highway 1 automatisch von einem Gefühl der Freiheit und Unendlichkeit übermannt werden – allein, bis Sie die Stadt wirklich hinter sich gelassen haben, vergeht einige Zeit. Und auch der weitere Weg nach Norden ist zunächst noch von Städten und dem dazugehörigen Berufsverkehr geprägt.

Wer bereits frühzeitig in das Hinterland eintauchen möchte, kann ab **Langford** (Kreuzung Highway 1 und 14) die erste **Nebenroute** „Langford bis Port Renfrew" in Angriff nehmen, die hier nach Westen abzweigt und Sie bis an die Westküste der Insel bis zur Stadt Port Renfrew bringt.

Die Hauptroute allerdings führt weiter Richtung Norden und hält nach wenigen Kilometern eine gute Übernachtungsmöglichkeit für alle bereit, die sich von der Stadtbesichtigung erholen möchten. Der **Goldstream Provincial**

Niagara Falls im Goldstream Provincial Park

Blick vom Malahat Lookout zur Halbinsel Saanich

Park liegt mitten im Wald und bietet einige entspannende Wandermöglichkeiten. Die etwa zwei Kilometer nördlich des Campgrounds gelegene **Freeman King Visitor Information** steht ihren Besuchern mit umfassendem Informationsmaterial und im Goldstream Park **Nature House** eine kleine Ausstellung über die regionale Flora und Fauna zur Verfügung.

Nach Passieren des Parks wird das Verkehrsaufkommen zwar nicht unbedingt geringer, zumindest führt der Highway nun aber durch dichte, grüne Wälder und vorbei an eigenen Aussichtspunkten. Achten Sie je nach herrschendem Verkehr auf die Beschilderungen, die nicht immer rechtzeitig erfolgen und daher leicht übersehen werden können. Besonders schöne Ausblicke bieten **Malahat Summit** und **Malahat Lookout**, die mit beschrifteten Hinweistafeln darüber informieren, was Sie beim Blick in die verschiedenen Richtungen gerade erspähen können.

Der kleine Wassersportsee **Shawnigan Lake**, ein bei Touristen und Stadtbewohnern beliebter Erholungsort, liegt, wie auch die sehenswerte **Kinsol Trestle**, westlich des Highways.

Die Ausfahrt zum besonders an Wochenenden von Stadtbewohnern stark frequentierten **Bamberton Provincial Park** erreichen Sie wenig später, ebenso **Whippletree Junction**, einen ganz besonderen Ort, wo eigentlich zum Abriss bestimmte Häuser des *Chinatowns* in Duncan wieder aufgebaut wurden und nun Schnickschnacklädchen, Cafés und Antiquitätengeschäfte beherbergen. Einige dieser Läden stehen zwar mittlerweile leer, dennoch lohnt sich ein kurzer Stopp.

▶ Wer auf dem vierspurigen Highway eine Abfahrt verpasst hat, kann bei den sogenannten **U-Turns** den Highway verlassen und auf die entgegengesetzte Fahrbahn überwechseln.

- **WEST SHAWNIGAN LAKE, MEMORY ISLAND & KOKSILAH PR. PARK** ▶ Seite 187
- **BAMBERTON PP** ▶ Seite 190
- **WHIPPLETREE JCT.** ▶ Seite 190
- **KINSOL TRESTLE** ▶ Seite 194

DUCCAN ▶ Seite 191
Hockey-Schläger ▶ **Seite 192**
Farmers Market ▶ Seite 192
Cowichan V. Museum ▶ Seite 193
BC Forest Disc. Centre ▶ Seite 193
Mt. Tzouhalem Res. ▶ Seite 193

▶ Der längste **Hockey-Schläger** der Welt, angefertigt zur Expo 1986, befindet sich in Duncan.

▶ **Kostengünstig parken** Sie für einen Stadtbesuch auf dem großen Parkplatz an der *Trunk Rd*, westlich des Highways 1.

▶ Der **Cowichan Valley Regional District** beheimatet etwa 81.500 Menschen und umfasst die Gemeinden Chemainus, Cobble Hill, Cowichan Bay, Duncan, Ladysmith, Lake Cowichan, Mill Bay und Youbou.

NEBENROUTE 2
Duncan bis Lake Cowichan
Beschreibung ▶ Seite 81
Fakten ▶ Seite 271

Die bereits seit einiger Zeit vermehrt bebauten Flächen links und rechts des Highways kündigen an: Es folgt die nächste Stadt, **Duncan**.

Duncan

Schon das Begrüßungsschild am Eingang der Stadt teilt Ihnen mit, dass **Duncan** die „Stadt der Totempfähle" (*City of Totems*) ist. Dies ist keinesfalls übertrieben, das Stadtbild ist tatsächlich geprägt von immerhin rund 80 Totempfählen, darunter auch der weltgrößte (nach Durchmesser), der vom First Nations Künstler *Simon Charlie* geschaffen wurde. Wer die *Totems* der Stadt bewundern möchte, kann einfach den auf dem Boden aufgemalten Fußspuren folgen – diese führen zu den interessantesten Werken.

Generell spielen in Duncan die ansässigen Cowichan First Nations eine wichtige Rolle.

Als Distrikthauptstadt des **Cowichan Valley** hat Duncan natürlich auch die Aufgabe, seinen Besuchern die geschichtliche Entwicklung der Region näher zu bringen. Die beste Umsetzung dieser Aufgabe hält das **Cowichan Valley Museum** bereit, das in der ehemaligen Bahnhofsstation untergebracht ist und umfassend die Entwicklung der Region dokumentiert.

Kurz nach Verlassen der Stadt Duncan auf dem Highway 1 erreichen Sie die Kreuzung mit dem Highway 18, wo die **Nebenroute 2** „Duncan bis Lake Cowichan" beginnt, über die Sie einen Abstecher nach Westen zum zweitgrößten Frischwasserreservoir der Insel, dem **Cowichan Lake**, unternehmen können. Die Hauptroute führt an dieser Kreuzung vorbei, weiter auf dem Highway 1 Richtung Norden.

Totempfahl in Duncan

SCHÖNE TOURISTENSTÄDTE UND TIEFE EINBLICKE IN DEN FRÜHEN KOHLEBERGBAU

Duncan bis Nanaimo

Farmland nördlich von Duncan

Auch wenn Sie zweifelsfrei feststellen werden, dass Sie sich immer noch im recht belebten und verkehrsreichen Teil von Vancouver Island befinden, so zeigt Ihnen die Landschaft deutlich, dass Sie sich im Farmland der Insel bewegen. Kleine Ortschaften reihen sich zwischen den großen Feldern aneinander und zeugen von der immer noch großen Bedeutung der Landwirtschaft für die Bewohner dieser Region.

Eine Seitenstraße, die Sie nach einigen Kilometern erreichen, zweigt zur Küste nach Crofton und dem gleichnamigen Fähranleger ab. Von dort können Sie einen Abstecher auf eine der größten Inseln der vorgelagerten *Gulf Islands* unternehmen: **Saltspring Island**. Diese beliebte Ferieninsel bezeichnet sich als „*Organic Capital of Canada*" und lockt Einheimische wie Besucher mit einer schönen Landschaft, einer angenehmen Ruhe und vielen Möglichkeiten für Wassersportler.

SALTSPRING ISL. ▶ Seite 362
▶ Saltspring Island besitzt sogar eine eigene Währung, den **Saltspring Dollar**. Diese Dollars sind aber kein Spielgeld, sondern ein rechtskräftiges Zahlungsmittel in fast allen Lokalitäten der Insel.

Mural in Chemainus

Duncan bis Nanaimo 53

Wer den Ausflug nach Saltspring Island nicht eingeplant hat, erreicht kurze Zeit später wiederum eine Seitenstraße – diese führt diesmal aber zu einem sehenswerten Zwischenstopp, der Stadt **Chemainus**.

Chemainus

CHEMAINUS ▶ Seite 195
Valley Museum ▶ Seite 196
Theatre Festival ▶ Seite 196

▶ Für **Taucher** spannend: Vor der Küste von Chemainus wurde eine Boeing 737-200 versenkt, die es nun als künstliches Riff zu entdecken gilt.

Chemainus, direkt an der Küste zur *Strait of Georgia* gelegen, ist ein idyllischer Ort, den Sie keinesfalls verpassen sollten. Markenzeichen und gleichzeitig Hauptattraktion des Ortes sind die hier überall zu sehenden, lebensgroßen Gemälde, die **Murals**. Sie befinden sich an Häuser- und Mauerwänden und erzählen Geschichten, bilden historische Ereignisse ab oder befassen sich mit jüngsten Ereignissen der Region und ganz Kanadas.

Es ist faszinierend und schön anzuschauen, was die Künstler hier alles an Wände und Mauern gezaubert haben – neue Kunstwerke kommen übrigens alljährlich hinzu, wenn das *Festival of Murals* gefeiert wird. Wer nicht zufällig gerade zu diesem Festival vor Ort ist, kann in Chemainus aber auch ganzjährig ein vergleichsweise umfangreiches Kultur- und Veranstaltungsangebot (z. B. im **Chemainus Theatre** oder im **Chemainus Museum**) wahrnehmen. Kulturinteressierte sollten sich vor Ort über das aktuelle Programm informieren. Im Hafen der Stadt befindet sich der Fähranleger zu den Inseln *Thetis* und *Kuper Island*, die unterschiedlicher nicht sein könnten. **Thetis Island** ist durchaus touristisch erschlossen und besticht durch sein einzigartiges Ökosystem, während **Penelakut Island** (ehemals Kuper Island) Eigentum der *Penelakut First Nations* ist, die weder gerne ungeladene Besucher willkommen heißen, noch eine touristische Infrastruktur besitzen.

THETIS & PENELAKUT ISLAND ▶ Seite 367

Auf dem Weg nach Nanaimo

Kohlevorkommen und der Bau der Eisenbahnlinie sind – wie so oft in Kanada – „verantwortlich" für das Entstehen der nächsten Siedlung, die nur wenige Kilometer nach der Ortsausfahrt von *Chemainus* links des Highways anfängt. **Ladysmith**, so der wohlklingende Name der kleinen Gemeinde, bestand zu frühen Zeiten hauptsächlich aus dem immer noch betriebenen Hafen und einer Wohnsiedlung auf den Hügeln jenseits des Highways. Mittlerweile besteht Ladysmith zwar – von oben betrachtet – aus nahezu perfekt geplanten, aber ebenso langweiligen Schachbrett-Häuserblocks, zur Freude vieler Besucher werden aber die alten Häuser der Gründerjahre nach und nach restauriert und zur Schau gestellt. Im ehemaligen *Jones Hotel*, das bereits fertig restauriert wurde, befindet sich das **Black Nugget Museum**, das stilvoll an die Zeit des Kohlebergbaus erinnert.

LADYSMITH ▶ Seite 197
Black Nugget Museum
▶ Seite 198

Fähranleger zum Newcastle Island Provincial Park

Noch mehr „Kohlengeschichte" verspricht der nur schlecht zu findende **Morden Colliery Historic Provincial Park**, enttäuscht die interessierten Besucher dann aber mit wenig aufschlussreichen Resten einer Zechenanlage, die nicht nur eingezäunt, sondern auch von Pflanzen umwuchert sind. Unterm Strich nicht sonderlich einladend und nur für Fans der Kohlenhistorie empfehlenswert.

Nur wenige Kilometer weiter nördlich kündigt sich **Nanaimo**, die nächste größere Stadt, an. Bevor Sie allerdings die Stadt erreichen, teilt sich der Highway und Sie können sich entscheiden, ob Sie den küstennahen Highway 1/19A weiterfahren oder den im Inland verlaufenden Highway 19 wählen. Beide vereinigen sich nördlich von Nanaimo wieder – es besteht also keine Gefahr, hier in eine völlig falsche Richtung zu fahren.

Der **Highway 1** führt Sie direkt in die Innenstadt von Nanaimo, wo Sie auf den **Highway 19A** überwechseln können, der auch den Beinamen *Oceanside Route* trägt. Damit verrät dieser auch schon seinen besonderen Reiz, denn er schlängelt sich küstennah durch kleine Ortschaften und bietet neben tollen Ausblicken weit über die *Strait of Georgia* auch genügend Rastmöglichkeiten in Parks und kleinen Cafés. Alle, die den Highway 1 in Richtung Innenstadt Nanaimo fahren, erreichen noch vor der Innenstadt einen lohnenswerten Zwischenstopp: den **Petroglyph Provincial Park**. Über einen kurzen Fußweg kommen Sie hier zu einigen, viele Jahrhunderte alten Felsenzeichnungen (*Petroglyphs*) der First Nations, der ersten Bewohner von Vancouver Island.

Der **Highway 19** ist eher für die Pragmatiker geeignet, die möglichst zügig den Großraum Nanaimo umfahren

MORDEN COLLIERY PROVINCIAL PARK ▶ Seite 199

▶ Wer den **Morden Colliery Historic Provincial Park** besuchen möchte, sollte auf die Abfahrt *Morden Rd* vom Highway 1 achten. Diese befindet sich etwa 2 km nördlich der Ortschaft *Cassidy*.

▶ Zwischen dem **Highway 19 und 19A** gibt es von Zeit zu Zeit Querverbindungen. Auch sind die wichtigsten Sehenswürdigkeiten entlang der Strecke von beiden Highways erreichbar. Wir empfehlen die Fahrt über den landschaftlich wesentlich interessanteren Highway 19A.

PETROGLYPH PP ▶ Seite 200

Duncan bis Nanaimo

möchten. Auf vier Spuren ausgebaut, führt die Straße zügig und die Stadt umfahrend nach Norden, bis er auf den Highway 19A trifft und diesem seine Nummer aufdrängt.

Nanaimo

NANAIMO ▶ Seite 201
Heritage Walk/Town ▶ Seite 203
District Museum ▶ Seite 203
Fort Bastion ▶ Seite 203
Military Museum ▶ Seite 204
Bathtub Society ▶ Seite 204
Bungee Jumping ▶ Seite 204
Newcastle Marine PP ▶ Seite 204

▶ Sollten Sie zufällig im **Juli in Nanaimo** sein, können Sie beim „*International World Championship Bathtub Race*" erwachsene Menschen in originellen „Badewannen" durch das Hafenbecken wettschwimmen sehen.

Die Innenstadt von **Nanaimo**, der zweitgrößten Stadt auf Vancouver Island, erreichen Sie automatisch, wenn Sie dem Highway 1 gefolgt sind. Zur Einstimmung auf die Ortschaft könnten Sie z. B. einen entspannenden Bummel durch die direkt am Hafen schön angelegten Parks **Maffeo Sutton Park** und **Georgia Park** einplanen, Parkmöglichkeiten befinden sich direkt am Maffeo Park.

Beobachten Sie das muntere Treiben im Hafen, wo kleine Wasserflugzeuge landen und die Passagierfähren zu der vorgelagerten Insel **Protection Island** und dem **Newcastle Island Provincial Park** starten.

Westlich des *Maffeo Sutton Park* liegt die **Heritage Town**, durch die sich ebenfalls ein kurzer Rundgang lohnt. Hier finden Sie zahlreiche Kunst-, Kunsthandwerk- und Souvenirlädchen, ebenfalls nette Cafés und kleine Boutiquen.

Die interessanteste Sehenswürdigkeit Nanaimos ist das älteste Gebäude der Stadt, das **Fort Bastion**. Es liegt Ecke *Bastion St/Front St* und diente ursprünglich als sichere Unterkunft für im Kohlebergwerk beschäftigte Mitarbeiter im Falle eines Angriffs. Im Sommer wird jeden Tag um 12 Uhr einen Kanonenschuss abgefeuert, der von Dudelsackmusik begleitet wird.

Der Highway 1 endet am **Ferry Terminal Departure Bay**, wo die Fähre nach Horseshoe Bay (nördlich von Vancouver gelegen) startet. Kurz vor Erreichen des Fähranlegers wechseln Sie allerdings, wenn Sie nicht zur Fähre möchten, auf den Highway 19A und folgen diesem wieder aus Nanaimo heraus.

Im Maffeo Sutton Park in Nanaimo

TOURISTENHOCHBURGEN

Nanaimo bis Qualicum Beach

Von Nanaimo bis Parksville

Kaum haben Sie die Stadt Nanaimo hinter sich gelassen, treffen beide Highways (der schnelle 19 und der schöne 19A) wieder zusammen, nur um sich circa 20 km später, nahe *Parksville*, erneut und diesmal bis *Campbell River* zu trennen. Zwar sind beide Highways ausgeschildert, es kann trotzdem hilfreich sein zu wissen, dass der Highway 19 auch „*Inland Island Highway*" und der 19A „*Island Highway*" genannt wird. Wir empfehlen die Weiterfahrt auf dem **Highway 19A**, erreichbar sind die wichtigsten Sehenswürdigkeiten aber von beiden Highways aus.

Eine empfehlenswerte und leider auch außerordentlich beliebte Übernachtungsmöglichkeit ist der Campground des **Rathtrevor Beach Provincial Park**, den Sie kurz nach der erneuten Teilung des Highways über den Highway 19A und die *Rathtrevor Rd* erreichen. Mit langen Sandstränden, schönen Picknickanlagen und einem küstennahen Wanderweg, von dem aus Sie den Blick weit und bei klarer Sicht bis zum Festland und den *Coast Mountains* schweifen lassen können, macht Rathtrevor Beach Lust auf einen längeren Aufenthalt. Wer in der Hauptsaison oder an Wochenenden in der Vor- und Nachsaison unterwegs ist, sollte unbedingt einen Platz vorreservieren.

Weiter Richtung Norden erreichen Sie unmittelbar nach Rathtrevor die kleine Stadt Parksville und den **Highway 4A**, der Richtung Westen nach *Port Alberni*, *Ucluelet* und *Tofino* abzweigt und Ihnen die Möglichkeit bietet, sich auf unsere **Nebenroute 3** „Qualicum Beach bis Tofino" zu begeben. Sollten Sie dies nicht einplanen, können Sie sich nun der kleinen Küstenstadt **Parksville** widmen.

Parksville und Qualicum Beach

Parksville selbst ist eine klassische Touristenstadt, die von seinen Besuchern, dem Wassersport und verschiedensten Outdoor-Aktivitäten lebt. Interessant ist ein Bummel durch den **Craig Heritage Park**, der mit einigen historischen Gebäuden aus der Zeit der Pioniere aufwartet. Alle weiteren Attraktionen befinden sich eher außerhalb.

So z. B. der **Englishman River Falls Provincial Park** (östlich am Highway 4A), der zwei reizvolle Wasserfälle beheimatet, die über einen Rundgang besichtigt werden können. Im Herbst staunen Besucher nicht schlecht über die mas-

▶ **19 ↔ 19A:** Auch außerhalb der Städte gibt es immer wieder Möglichkeiten, von dem einen Highway auf den anderen zu wechseln. Entlang beider Highways finden Sie ausreichend Möglichkeiten, Ihre Vorräte aufzufüllen.

RATHTREVOR BEACH PROVINCIAL PARK ▶ Seite 206
▶ Alternative Übernachtungsmöglichkeit s. u. Englishman River Falls oder Little Qualicum Falls PP

NEBENROUTE 3
Qualicum Beach bis Tofino
Beschreibung ▶ Seite 87
Fakten ▶ Seite 279

PARKSVILLE ▶ Seite 207
Englishman River Falls ▶ Seite 207
Little Qualicum Falls ▶ Seite 208
Craig Heritage Park ▶ Seite 208
Anglican Church ▶ Seite 209
Sand Sculpting Comp. ▶ Seite 209

▶ Alljährlich Mitte Juli bis Mitte August findet in *Parksville* das **Beach Festival** statt – Höhepunkt dieses Familienfestes ist

ein Sandskulpturenwettbewerb. Die eindrucksvollen Skulpturen können danach noch etwa drei Wochen lang besichtigt werden.

▶Sollten Sie auf *Rathtrevor* (s.o.) keinen Platz mehr bekommen, sind der Englishman River oder Qualicum Falls Campground eine echte Alternative. Zumindest, bevor Sie im Rathtrevor mit einem *Overflow*-„Strafplatz" vorlieb nehmen müssen. Denn diese sind, wie fast immer, auf asphaltierten Parkplätzen gelegen und zwingen Sie zu einer Tür-an-Tür-Übernachtung, meist trotzdem zum vollen Preis.

LASQUETI ISLAND ▶ Seite 358

QUALICUM BEACH ▶ Seite 210
Milner Gardens & WI. ▶ Seite 211
Historical Museum ▶ Seite 211

senhaft im Fluss „umherspringenden" Lachse.

Ebenfalls gen Osten (allerdings am Highway 4) liegt der **Little Qualicum Falls Provincial Park**, der ebenfalls zwei Wasserfälle per Rundgang zur Besichtigung bereithält. Beide Provincial Parks bieten Möglichkeiten zur Übernachtung und haben weiträumige Campgrounds.

Nachdem Sie Parksville auf dem Highway 19A Richtung Norden verlassen haben, erreichen Sie fast mittig auf dem Weg nach *Qualicum Beach* den **Fähranleger French Creek**. Dort startet die Fähre nach **Lasqueti Island**, einer ganz besonderen Insel, auf der keine Fahrzeuge außer Taxis erlaubt sind. Diese, Fahrräder und die eigenen Füße sind die einzigen Transportmittel, die von den wenigen hundert Inselbewohnern akzeptiert und genutzt werden. Viele der Bewohner sind übrigens Künstler und Schriftsteller, die ganz bewusst auf die Bequemlichkeiten eines „normalen Lebens" verzichten und sich an der Abgeschiedenheit und Ruhe der Insel erfreuen.

Ob mit oder ohne Besuch von Lasqueti Island erreichen Sie alsbald **Qualicum Beach**, eine äußerst gepflegte Ortschaft, wo sich viele Kanadier mit einem Altersruhesitz das Leben versüßen. Man fährt dort durch ruhige und saubere Straßen, vorbei an Häusern inmitten schöner Gärten. Das Ambiente der Innenstadt ist geprägt von gemütlichen Cafés, kleinen Boutiquen und natürlich den obligatorischen Souvenirlädchen. Wer die Chance zu einem Stopp nutzen möchte, dem sei ein Besuch der **Milner Gardens & Woodlands** empfohlen, wo man sich im **Milner House**, das einem englischen Teeplantagenhaus nachempfunden ist, eine köstliche Tasse Tee und einen kleinen Imbiss schmecken lassen kann.

Englishman River Falls

HÖHLENFORSCHER ON TOUR

Qualicum Beach bis Courtenay/Comox

Küstennah führt der Highway 19A aus *Qualicum Beach* hinaus und erreicht in der nächsten, sehr kleinen Küstengemeinde **Qualicum Bay** einen Abzweig zu zwei, wenige Kilometer im Inland liegenden Seen: **Spider Lake** und **Horne Lake**, beide Seen liegen in den gleichnamigen Provincial Parks.

Der **Spider Lake** ist der kleinere der beiden Seen und eignet sich für einen Zwischenstopp auf dem Weg zum **Horne Lake**. Diesen erreichen Sie zwar über eine stellenweise steile, holprige und enge *Gravelroad*, dafür erwartet Sie dort aber ein großer, wunderschön gelegener See, der mit Badestränden, Bootsanlegestellen und vielen Wanderwegen zum Verweilen einlädt. Der angeschlossene **Horne Lake Cave Provincial Park** umfasst als besonderes Highlight mehrere Höhlensysteme verschiedener Schwierigkeitsgrade, die teilweise auch ohne Führung erforscht werden können. Wer eine längere Höhlenerforschung oder z. B. eine Bootstour auf dem See einplant, kann im *Horne Lake Regional Park Campground* übernachten.

Zurück in *Qualicum Bay* fahren Sie den Highway 19A weiter Richtung Norden. Die Straße bleibt meist in Küstennähe und lädt mehr als einmal zu einem Fotostopp ein. Sie passieren kleinste Ortschaften und schöne Buchten, bevor Sie in **Buckley Bay** den nächsten Fähranleger erreichen. Dort pendelt die Fähre zu der etwa 2 km vor der Küste liegenden Insel **Denman Island**. Auf Denman Island lebt eine sehr naturverbundene Bevölkerung, die das milde Klima schätzt und die ertragreichen Felder nach ökologischen

▶ Da die **Zufahrt zum Horne Lake** teilweise holprig und steinig ist, sollten Sie bei Bedenken vorher mit Ihrem Vermieter abklären, ob Sie diese Strecke mit Ihrem Wohnmobil befahren dürfen.

SPIDER LAKE & HORNE LAKE PROV. PARK ▶ Seite 212

▶ **Für alle Höhlenforscher**: Taschenlampen, warme Kleidung und festes Schuhwerk sollten Sie bereithalten – Schutzhelme können im *Cave Centre* gegen Entgelt ausgeliehen werden.

DENMAN ISLAND ▶ Seite 354

Maßstäben bestellt. Neben klassischen landwirtschaftlichen Produkten liefern die Felder der Inselbewohner vor allem die Grundsubstanzen für die *Denman Island Schokolade*, die es in verschiedenen Geschmacksrichtungen zu kaufen gibt.

Wer nach diesem Abstecher Bedarf an ein wenig Bergbau-Geschichte verspürt, kann der nach wenigen Kilometern auf dem Highway 19A östlich gelegenen Kleinstadt **Cumberland** einen Besuch abstatten. Neben dem **Cumberland Museum** und einigen historischen Stadtführungen kann diese durch den „Kohleboom" gewachsene Stadt mit einem Rekord aufwarten: 1942 wurde hier eine Höchsttemperatur von 43,9 °C gemessen – damit ist Cumberland eine der wärmsten Städte Kanadas.

CUMBERLAND ▶ Seite 214
Museum & Archive ▶ Seite 215
Heritage Walking Tours ▶ Seite 215

Wesentlich mehr gibt es dort nicht zu entdecken, für die meisten Reisenden wird der Weg deshalb zügig weiter Richtung Norden führen, wo der Highway 19A Sie zwangsläufig in die Stadt **Courtenay** geleitet. Courtenay ist das Versorgungszentrum der Region, Sitz der Verwaltung des *Comox Valley* und ein beliebtes Ziel kanadischer und ausländischer Touristen. Der hübsche Ortskern lädt zu einem kurzen Bummel oder einer Kaffeepause ein. Besonders für Familien bietet das **District Museum** eine Fossilien-Tour an, bei der Groß und Klein unter Führung der örtlichen Museumsangestellten auf die Suche nach Überresten vergangener Zeiten gehen können. Die Touren sind allerdings sehr beliebt, eine Voranmeldung ist erforderlich.

COURTENAY UND COMOX ▶ Seite 216
Filberg Heritage Lodge ▶ Seite 218
I-Hos Gallery ▶ Seite 218
District Museum ▶ Seite 219
Air Force Museum ▶ Seite 219

▶ **Hämmerchen und Meißel** sollten Sie bei der Fossilien-Tour im Marschgepäck haben. Besonders wertvolle Funde können übrigens dem Museum gespendet werden – diese werden dann, mit ihrem Namen versehen, im Museum ausgestellt.

Unmittelbar östlich von Courtenay liegt die „Schwesterstadt" **Comox**, die sich vor allem durch eine außerordentlich schöne und blumenreiche Innenstadt auszeichnet. Die Pier-Anlage ist besonders bei schönem Wetter ein idyllischer Platz, um die Aussicht zu genießen und die Seele baumeln zu lassen. Leider ist die Parkplatzsuche im Innenstadtbereich für Wohnmobilfahrer nicht immer ein leichtes Unterfangen – darauf sollten Sie sich vor allem zur Hauptsaison einstellen.

Pier in Comox

Qualicum Beach bis Courtenay/Comox

SKI UND RODEL GUT

Comox Valley bis Campbell River

Comox bis Campbell River

Bereits in Comox werden Sie, egal, auf welchem Highway Sie unterwegs sind, auf ein nahendes Skigebiet hingewiesen, das **Mount Washington Alpine Resort**, Gipfelhöhe 1.588 m. Erreicht wird das Skigebiet über den *Strathcona Parkway* (auch als *Mt. Washington Rd* ausgeschildert), der vom Highway 19 Richtung Westen abzweigt. Vom Highway 19A müssen Sie also erst zum Highway 19 „übersetzen", folgen Sie dazu am besten den Hinweisschildern des Skiresorts.

Die Straße zum *Mt. Washington* ist zwar kurvenreich, aber durchgehend asphaltiert, Sie werden also keine Probleme haben, das Gebiet zu erreichen. Dort oben angekommen erwartet Sie eine touristisch gigantisch ausgebaute Ansammlung von Unterkünften, Chalets, Geschäften uvm.

Da fällt es auch in den Sommermonaten leicht, sich vorzustellen, was hier zur Skisaison los ist. Aber auch in den wärmeren Monaten bietet dieses Ausflugsgebiet eine Fülle an Wandermöglichkeiten und Bike-Touren. Besonders der Gipfel, den man über einen Sessellift erreicht, kann im Sommer durch eine grandiose Aussicht beeindrucken.

Unterhalb des Alpine Resorts führt eine Straße zum Parkplatz der **Paradise Meadows**, Ausgangspunkt für Wanderungen im Ostteil (*Forbidden Plateau*) des **Strathcona Provincial Parks** (▶ Seite 308).

MT WASHINGTON ▶ Seite 220

▶ Über den **Strathcona Parkway** können Sie nicht in den Hauptteil des riesigen *Strathcona Provincial Parks* gelangen, dies ist nur über den Highway 28 (Nebenroute 4 ▶ Seite 97) möglich.

Blumenreiche Innenstadt von Comox

TEXADA ISLAND ▶ Seite 365

Wer sich lieber der Inselwelt widmen möchte, kann ab **Little River** zur **Texada Island** übersetzen (mit Zwischenstopp in Powell River ▶ Seite 339, Sunshine Coast am Festland). Texada Island ist die größte der Gulf Islands und beherbergt auf einer Länge von über 50 km gerade einmal etwa 1.100 permanente Bewohner. Die Insel gilt als Vogelparadies und ist vor allem bei Outdoor-Fans für ihre Unberührtheit beliebt. Der **Fähranleger von Little River** liegt wenige Kilometer nördlich von Comox. Ein Besuch der Insel lohnt sich – aber nur, wenn Sie ausreichend Zeit einplanen. Wenn Sie über die Sunshine Coast zurück nach Vancouver fahren (▶ Seite 112 / ▶ Seite 333), müssen Sie zwangsläufig nach Powell River übersetzen und können von dort Texada Island besuchen.

KITTY COLEMAN ▶ Seite 223

MIRACLE BEACH ▶ Seite 224

Wer direkt Richtung Norden weiterfährt, erreicht noch vor dem Stadtgebiet von Campbell River zwei lohnenswerte Übernachtungsmöglichkeiten. Als Erstes den **Kitty Coleman Provincial Park**, der zwar zu den kleineren Parks zählt, aber dafür Stellplätze mit freiem Meerblick bietet. Alternativ folgt wenige Kilometer danach die Abfahrt zum **Miracle Beach Provincial Park**, der über 200 weiträumige Stellplätze bereithält, allerdings während der Hauptreisezeit und an den Wochenenden der Nebensaison sehr gut besucht ist. Schöne Picknickplätze am Meer, kurze Wanderwege und ein weitläufiger Strandbereich machen diesen Park besonders beliebt – bei Übernachtungswunsch während der Hauptsaison empfiehlt sich unbedingt eine Reservierung oder zumindest frühzeitige Ankunft am Nachmittag.

Campbell River

Vor Ihnen liegt nun „Das Tor zum Norden", die Stadt **Campbell River**, die exakt auf dem 50. Breitengrad liegt. Eine Markierung auf dem Highway 19A zeigt die genaue Position und ist für ein Erinnerungsfoto sehr beliebt. In der Innenstadt von Campbell River treffen Highway 19 und 19A wieder aufeinander, von dort führt dann nur noch der Highway 19 weiter nach Norden.

In Campbell River spielt vor allem die Historie eine große Rolle. In verschiedenen Museen (z. B. **Campbell River Museum**) können Sie sich nicht nur über die jüngere Geschichte des Ortes, sondern auch über die Historie der hier ansässigen *Kwakwaka'wakw*, eine Gruppe indianischer Stämme der First Nations, informieren. Am besten eignet sich dafür das **Wei Wai Kum House of Treasures**, das Sie mit drei besonders mächtigen und schönen Totempfählen begrüßt.

Sehenswert sind auch die 25 m hohen Elk Falls im **Elk Falls Provincial Park**, der nach kurzer Fahrt über den nach Westen abzweigenden Highway 28 erreicht werden kann. Zwei Abfahrten führen in den Park: Die erste zum Campground, die zweite nach etwa 3 Kilometern zu einem Picknickplatz, von dem aus ein Rundweg zu den Wasserfällen startet. Wer in dem Park übernachtet, kann auch direkt vom Campground aus einen längeren Wanderweg zu den Wasserfällen unternehmen.

Wer die Region rund um Campbell River auf einer Landkarte betrachtet, wird sehen, dass sich vor der Küste eine Vielzahl verschieden großer Inseln befindet. Von diesen, **Discovery Island** genannten Inseln können allerdings nur **Cortes** und **Quadra Island** per Fähre besucht werden, alle anderen Inseln müssen auf eigene Faust (z. B. per Boot, Kanu oder Wasserflugzeug) erkundet werden. Diese *„Outer Island"* gehören dadurch zu den letzten einsamen und zum Teil auch unerschlossenen Wildnisgebieten der Region.

Nutzen Sie vor der Weiterfahrt die Versorgungseinrichtungen von Campbell River zum Auffüllen der Vorräte und des Treibstofftanks, nördlich der Stadt beginnt die wirkliche Einsamkeit Vancouver Islands.

CAMPBELL RIVER ▶ Seite 224
Discovery Islands ▶ Seite 226
Haig-Brown House ▶ Seite 227
Wei Wai Kum House ▶ Seite 227
Museum ▶ Seite 228
Elk Falls Prov. Park ▶ Seite 228

QUADRA ISLAND ▶ Seite 359
CORTES ISLAND ▶ Seite 361

Campbell River

WOHNMOBILE MÜSSEN DRAUSSEN BLEIBEN – NEBENSTRASSEN IM NORDEN

Informationen zur Straßenbeschaffenheit nördlich von Campbell River

▶ Informieren Sie sich genauestens bei Übernahme Ihres Fahrzeuges, welche Strecken Sie nicht befahren dürfen. Bei Zuwiderhandlungen verfällt Ihr Versicherungsschutz!

Bevor Sie endgültig in die Einsamkeit des Nordens eintauchen, möchten wir Sie mit den Gegebenheiten der Straßen vertraut machen.

Ungeachtet des Fahrzeugs, mit dem Sie unterwegs sind, können Sie auf dem Highway 19, der nun einzig und allein in den Norden führt, Ihre Fahrt auf einer asphaltierten und sehr gut befahrbaren Straße fortsetzen. Dies gilt ebenfalls für folgende, vom Highway abzweigende Straßen:

- Die Verbindungstraße Sayward Road vom Highway 19 nach Sayward,
- die Telegraph Cove Road südlich von Port McNeill nach Telegraph Cove,
- der Highway 30 südlich von Port Hardy nach Port Alice,
- die Byng Road südlich von Port Hardy nach Fort Rupert und
- die Coal Harbour Road in Port Hardy nach Coal Harbour.

Die **Nebenstrecke 5 nach Zeballos** (▶Seite 103) nördlich von Woss und die **Nebenstrecke 6 zum Cape Scott Provincial Park** nahe Port Hardy (▶Seite 107) sind beides Gravelroads mit teilweise schlechteren Straßenabschnitten (Logging Roads), die auch von schweren Trucks zum Holztransport genutzt werden.

Unterwegs auf dem Highway 30

Typische Gravelroad

Diese Straßen sind nach vorheriger Information über den Straßenzustand in einer Visitor Information bedingt für Pickup-Camper befahrbar, die ein Allrad-Unterfahrzeug und hohe Bodenfreiheit haben.

Eventuell eignen sich auch kleinere Wohnmobile (Van Camper), dies sollten Sie aber **unbedingt** mit dem Personal der Visitor Information absprechen, da auch die Wetterbedingungen eine entscheidende Rolle spielen können. Zusätzlich sollten Sie diese Aspekte mit Ihrem Wohnmobilvermieter besprechen, um keine **Probleme mit dem Versicherungsschutz** zu bekommen.

Alle hier nicht genannten Abfahrten vom Highway 19 sind **Logging Roads**, die keinesfalls mit angemieteten Wohnmobilen befahren werden dürfen. Auf diesen Straßen, die nicht nur eng, kurvenreich und stellenweise sehr steil, sondern auch oft mit tiefen Spurrillen durchzogen sind, kommen Ihnen an Werktagen außerdem Holztransporter entgegen, die nicht ausweichen können. Diese Kolosse sind schwer genug, um sich durch Matsch und Dreck ihren Weg zu bahnen.

Auch auf **Gravelroads** kann Ihnen ein solcher Schwertransport durchaus entgegenkommen. Halten Sie sich dann so weit wie möglich an der rechten Fahrbahnseite und reduzieren Sie die Geschwindigkeit oder bleiben Sie stehen, bis das Fahrzeug vorbeigefahren ist. Bei Trockenheit ist es ratsam abzuwarten, bis sich die aufgewirbelte Staubschicht verflüchtigt hat und die Sicht wieder frei ist.

▶ **Trugschluss:** Viele Urlauber lassen sich vom ersten Bild täuschen, denn meist sind die Anfänge der abgehenden Straßen gut in Schuss. Wenn sich dann später urplötzlich das Bild wandelt und man sich auf einer nicht zu bezwingenden Holperstrecke wiederfindet, kann es schwierig werden, da Umkehrmöglichkeiten nur selten gegeben sind. Außerdem wird das Mobiltelefon größtenteils keine Verbindung zur Außenwelt signalisieren, sollten Sie also stecken bleiben, kann das Holen von Hilfe schwierig werden.

EINSAMKEIT PUR – UND GUTE HAUSMANNSKOST

Campbell River bis Sayward

NEBENROUTE 4
Campbell River bis Tahsis
Beschreibung ▶ Seite 97
Fakten ▶ Seite 307

▶ Sollte Ihnen plötzlich ein Schwung Wohnmobile entgegenkommen, dann handelt es sich vermutlich um die „Ladung" einer Fähre der *Inside Passage* oder *Discovery Passage*, die vor einiger Zeit in Port Hardy angekommen ist.

RIPPLE ROCK ▶ Seite 230

Sie verlassen Campbell River über den **Highway 19** und werden merken, dass nun der Straßenverkehr gen Norden deutlich abnimmt. Sie passieren zuvor die Kreuzung mit dem Highway 28, der Sie bei Interesse auf die spannende **Nebenroute 4** „Campbell River bis Tahsis" in den **Strathcona Provincial Park**, den größten seiner Art auf Vancouver Island, führt.

Manch einer, der in der Nebensaison unterwegs ist, wird sich aufgrund der nun einsetzenden Einsamkeit die Frage stellen, ob er sich verfahren hat. Aber keine Angst, Sie befinden sich auf der einzigen Verbindung (zumindest für „normale" Fahrzeuge) nach Norden und können demnach nur auf dem richtigen Weg sein.

Nachdem Sie das Einzugsgebiet der Stadt hinter sich gelassen haben, lohnt sich ein kurzer Stopp am Aussichtspunkt **Ripple Rock – Seymour Narrows**. Dort wurde 1958 in einer der größten Sprengungen aller Zeiten ein Felsbrocken aus der Meerenge entfernt, der zuvor für regelmäßige Schiffsunglücke verantwortlich gewesen war.

Der Aussichtspunkt bedeutet gleichzeitig den Abschied von der Küste und der **Strait of Georgia**, denn der Highway führt nun ins Inland und wird erst wieder bei Port McNeill auf die Küste treffen. Kurz nach dem Aussichtspunkt haben Sie die Möglichkeit, über eine Gravel-Nebenstraße (*Menzies Rd*) zum **Morton Lake Provincial Park** abzubiegen. Der Morton Lake ist Teil eines seenreichen Gebietes, das vor allem bei Kanufahrern sehr beliebt ist. Der unmittelbar angrenzende **Mahun Lake** ist Teil einer bekannten Kanu-Tour, der 47 km langen **Sayward Forest Canoe Route**.

MORTON LAKE PP ▶ Seite 231

Die Hauptroute auf dem Highway 19 bringt auf den nächsten 60 km bis auf einige an der Strecke liegende Picknickplätze wenig Abwechslung, dafür aber die nicht zu unterschätzende Ästhetik einer unberührten und schier unendlichen Natur. Allen, die zwischendurch eine Pause einlegen möchten, können den **Roberts Lake Picknickplatz** ansteuern, der allerdings nicht besonders einladend ist. Idyllischer liegt die **Big Tree Rest Area** ca. 14 Kilometer nördlich.

Wieder „*on the road again*" tauchen schließlich ein paar Häuser und eine Tankstelle mit angeschlossenem Pub und RV-Park auf, daneben ein kleines, unscheinbares Gebäude, dessen Rückfront ein Native-Gemälde geschmückt und sich **Visitor Info** nennt, aber nach unseren Erfahrungen nicht als solche genutzt wird. Diese befindet sich im Ort Sayward.

Dort verlassen Sie den Highway Richtung *Sayward* und erreichen etwa einen Kilometer später die einspurige, ampelgesteuerte Brücke über den Salmon River. Kurz hinter der Brücke wartet das **Cable Cook House** auf Sie, ein *Kultklassiker* für Reisende und Bewohner der Region. In dem mit einem Stahlkabel umwickelten Haus gibt es gute Hausmannskost, leckere Süßspeisen und die berühmten Strawberry-Rhubarb und Blueberry Pies. Sie schmecken nach unserem ausgiebigen Test hervorragend. Diese dürfen Sie nicht verpassen!

CABLE COOK HSE ▶ Seite 232

▶ Das **Stahlkabel** des Cable Cook House ist übrigens 2.700 m lang und wiegt knapp 26 Tonnen.

▶ Direkt nebenan können Sie „World's Largest Yellow Cedar" bewundern – eine über 960 Jahre alte **Gelbzeder** mit einem Durchmesser von 2,75 m.

SAYWARD ▶ Seite 233

Hoffentlich frisch gestärkt geht es schließlich dem Endpunkt der Straße entgegen: dem kleinen Örtchen Sayward.

Sayward liegt beschaulich an der *Strait of Georgia* und bietet Besuchern traumhafte Ausblicke und Möglichkeiten für erholsame Wanderungen in einsamer Natur. Am Ende der Ortschaft liegt **Kelsey Bay**, wo bis Ende der 1970er-Jahre die Fähren der Inside Passage einen Stopp eingelegt hatten.

Nach dem Besuch dieses kleinen Städtchens führt der Weg wieder zurück zum Highway 19 und von dort aus weiter nach Norden.

Campbell River bis Sayward

NOCH MEHR EINSAMKEIT UND EIN KLEINOD MIT FLAIR

Sayward bis Port McNeill

Sayward bis Woss

Nun sind Sie also mittendrin in der **Wildnis und Einsamkeit** von Vancouver Island. Entgegenkommende Fahrzeuge werden selten und die Chancen, in dieser Ruhe auf Wildtiere zu stoßen, immer größer. Vor allem **Schwarzbären** sind in dieser Gegend weit verbreitet und streunen auf Futtersuche nicht selten auch direkt am Highway entlang.

Mit Sicherheit werden Ihnen die großflächig abgeholzten Abhänge auffallen, die traurigen Zeugen, dass die Region forstwirtschaftlich durchaus intensiv genutzt wird und dieser Wirtschaftszweig zu den Haupteinnahmequellen des Landes zählt. Zwar drehen auch hier die Fahnen sich in Richtung nachhaltiger und ökologisch vertretbarer Bewirtschaftung, die Dimensionen des Kahlschlags sind aber nun einmal (wie alles in Kanada) um ein Vielfaches größer als aus der Heimat gewohnt.

Wer im Gegenzug an etwas Romantik interessiert ist, der wird auf den nächsten Kilometern mit besonderen Liebespaaren konfrontiert. Wenige Kilometer nach Überquerung des **Adam River** erreichen Sie den **Picknickplatz Eve River**, der wiederum den Blick freigibt auf ein felsiges Liebespaar: den Mount Romeo und Mount Juliet, deren Schmelzwasser jeweils in den Adam und Eve Lake münden. Um das literarische Drama zu vollenden, liegt zwischen beiden Flüssen der Montague Creek mit seinem Seitenarm, dem Capulet Creek.

Zurück in der Realität bietet der nun bald folgende Abstecher zum **Schoen Lake Provincial Park** vor allem für Kletter-, Wander- und Angelfreunde eine willkommene Abwechslung. Dort und im angrenzenden Gebiet der

P♣ **SCHOEN LAKE PP** ▶ Seite 235
Mt. Cain Skigebiet ▶ Seite 236

Totem in Fort Rupert

Nisnak Meadows kommen alle Outdoor-Freunde also vollends auf Ihre Kosten. Über die gleiche Zufahrt erreichen Wintersportler das **Mount Cain Skigebiet**, das während der Wintersaison (meist Dezember bis Ende März) an Wochenenden seine Pforten öffnet und Besucher bis auf fast 1.800 m Höhe bringt. Im Sommer ist das Skiresort geschlossen.

Kurz vor der nächsten "Stadt", Woss, erreichen Sie noch den Picknickplatz am **Hoomak Lake** und die Abzweigung zum Naturschutzgebiet und Sportfischerparadies **Claud Elliot Lake Provincial Park**. Der Hoomak Lake bietet einen kurzen Rundweg um den See, der Provincial Park ein ganzes Arsenal an Wanderwegen (Zufahrt über die *Lukwa Main Rd*, Achtung: Logging Road).

P **CLAUD ELLIOT LAKE PROVINCIAL PARK** ▶ Seite 236

Wer vermutet, dass in dieser Einöde alles, nur keine menschliche Siedlung zu finden sein kann, der liegt völlig falsch. Mitten in der Einsamkeit der Natur erscheint links am Highwayrand ein Ortsschild, das mit einem herzlichen *"Welcome to Woss"* die nun erreichte "Stadt" ankündigt.

Woss ist allerdings weder ein turbulentes Städtchen noch für Touristen sonderlich interessant. Es bietet aber eine Möglichkeit, den Tank mit frischem Treibstoff zu befüllen. Wer mit einem entsprechenden Fahrzeug (und einem Kanu, wenn man wirklich etwas erkunden möchte) ausgestattet ist, kann außerdem einen Ausflug zum Wildnispark **Woss Lake Provincial Park** unternehmen, der südlich von Woss über eine Logging Road erreichbar ist.

WOSS ▶ Seite 237
Woss Lake Prov. Park ▶ Seite 237
Old No. 113 ▶ Seite 238

▶ Das Südende des Sees grenzt an den **Rugged Mountain**, der für seine herausfordernden Kletter- und Wanderstrecken bekannt ist.

Woss bis Port McNeill

Nach Woss beginnt das **Nimpkish Valley**, und die Straße folgt dem namensgebenden Fluss bis zum ebenfalls gleichnamigen Nimpkish Lake, an dessen Ufer der Highway später zwar über 22 km entlang führt, der sich aber meist so gut hinter den Bäumen versteckt, dass er fast nie sichtbar ist. So bleiben also dichte Wälder und eine grandiose Landschaft weiterhin die treuen Begleiter auf dem Weg nach Norden.

Kurz vor Erreichen des **Nimpkish Lake** weist ein Hinweisschild auf unsere nächste **Nebenroute 5** hin „Woss bis Zeballos", die Sie nach **Zeballos** führt. Da diese Nebenstrecke über eine Gravel- bzw. Loggingroad verläuft, wird die Tour wahrscheinlich für die meisten Wohnmobil-Urlauber ein Traum bleiben. Wer allerdings mit einem geeigneten Fahrzeug unterwegs ist, sollte sich diesen Abstecher nicht entgehen lassen.

NEBENROUTE 5
Woss bis Zeballos
Beschreibung ▶ Seite 103
Fakten ▶ Seite 321

Für alle Surfer, Kanuten und Abenteurer bietet sich wenig später ein Abstecher in den östlich vom See liegenden **Nimpkish Lake Provincial Park** an. Dieser ist allerdings nur über Logging Roads oder per Boot erreichbar.

P **NIMPKISH LAKE PROVINCIAL PARK** ▶ Seite 239

Sayward bis Port McNeill

TELEGRAPH COVE ▶ Seite 239
Killer Whale Int. Centre ▶ Seite 240
Cormorant Channel PP ▶ Seite 240
Robson Bight Reserve ▶ Seite 241
Whale-Watching ▶ Seite 241

▶ Für alle, die **eine besondere Nacht** erleben möchten, stehen die Fischerhäuschen am Meer zur Anmietung bereit.

▶ Wer mit dem **Wohnmobil** unterwegs ist und nicht in Telegraph Cove übernachten möchte, sollte frühzeitig aufbrechen, da die Parkplatzmöglichkeiten begrenzt sind.

PORT MCNEILL ▶ Seite 242
Orca-Fest ▶ Seite 243
District Museum ▶ Seite 243
Baumwurzeln ▶ Seite 243

CORMORANT ISLAND ▶ Seite 350
MALCOLM ISLAND ▶ Seite 352

Irgendwann endet schließlich die Einsamkeit des Nimpkish Valley und man sehnt sich nach bewohntem Gebiet.

Die asphaltierte Seitenstraße (*Beaver Cove Rd/Telegraph Cove Rd*), die nun nach Osten abzweigt, ist ein Muss für jeden Vancouver Island Besucher, denn sie führt Sie zu einem Kleinod mit Flair, das absolut einzigartig ist: **Telegraph Cove**.

Das winzige, ehemalige Fischerdörfchen besteht aus kleinen Holzhütten, die auf Stelzen im Wasser stehen und über einen *Boardwalk*

verbunden sind. Im Dorf und der umliegenden Region dreht sich alles um die größten Meeressäugetiere, die Wale. Neben dem **Killer Whale Interpretive Centre**, wo sich Meeresbiologen intensiv mit dem Verhalten und dem Schutz dieser wundervollen Tiere beschäftigen, bietet der **Cormorant Channel Marine Provincial Park** ein Schutzgebiet für Meerestiere, der von *Whale-Watching-Touren* angefahren werden darf.

Besucher können sich aber auch einfach nur von der wunderschönen Natur beeindrucken lassen und die tolle Seeluft genießen. Sollte es Ihnen hier besonders gut gefallen, bieten zwei Campgrounds Möglichkeiten zur Übernachtung.

Nach dem Abstecher in das besondere Kleinod erreichen Sie wenig später über eine Seitenstraße des Highways 19 die Küstenstadt **Port McNeill**. Neben der Funktion eines wichtigen Versorgungszentrums ist der Ort für Touristen besonders wegen seines Fähranlegers, einigen Museen über die Zeiten der frühen Pioniere und des im August stattfindenden **Orca-Festes** interessant.

Der Fähranleger verbindet die Stadt mit den beiden Inseln **Cormorant** und **Malcolm Island**, Letztere ist besonders spannend, wenn Sie sich mit der Kultur der First Nations beschäftigen möchten. Auf Cormorant Island gründeten finnische Siedler auf der Suche nach Freiheit, Gerechtigkeit und Frieden Ende des 19. Jahrhunderts den Ort **Sointula** (finnisch: *Harmonie*).

ENDLICH WIEDER MENSCHEN – WELCOME TO FORT RUPERT

Port McNeill bis Port Hardy

Ausflug nach Port Alice

Nach Port McNeill nähern Sie sich langsam dem Endpunkt des Highways 19, nur noch wenige Kilometer trennen Sie nun von Port Hardy. Wenn Sie Zeit für einen Ausflug haben, besuchen Sie doch die kleine Ortschaft **Port Alice** am *Neroutsos Inlet*. Hierzu biegen Sie etwa mittig zwischen Port McNeill und Port Hardy nach Südwesten auf den **Highway 30** ab, der zwar kurvenreich und stellenweise eng, aber vollständig asphaltiert ist. Planen Sie für die etwa 32 km (einfache Strecke) genügend Zeit ein, um die abenteuerliche Strecke in Ruhe und mit Zeit für die Natur fahren zu können.

Auf halber Strecke nach Port Alice streifen Sie den **Marble River Provincial Park**, der den gleichnamigen Fluss umgibt. Der Provincial Park kann nur auf „Schusters Rappen" erkundet werden, ist aber besonders zur Herbstwanderung der Lachse ein besonderes Erlebnis. Wildes Zelten ist im Provincial Park erlaubt, Wohnmobilstellplätze sind nicht vorhanden.

In Port Alice angekommen, werden Sie sich der Hauptattraktion kaum entziehen können: Die Lage der Stadt am **Neroutsos Inlet** ist einzigartig. Auch wenn die Stadt keine aufregenden Touristenattraktionen zu bieten hat, so lohnt sich der Weg alleine wegen der Aussicht und einem „aussichtsreichen" Uferwanderweg und Bike- und Wandertouren im Bereich der Rumble Mountains..

Wenn Sie ausreichend dieses wundervolle Fleckchen Erde genossen haben, nehmen Sie denselben Weg zurück zum Highway 19 und setzen von dort Ihre Fahrt Richtung Norden fort.

▸ **PORT ALICE** ▶ Seite 244
Chartertours ▶ Seite 245

▶**Vorsicht Bären!** Sollten Sie zur Zeit der Lachswanderung den **Marble River Provincial Park** besuchen, berücksichtigen Sie, dass zu dieser Zeit auch viele Schwarzbären hier auf Futtersuche sind.

▶Am Ende von Port Alice liegt ein privater Campground, der allerdings – unserer Meinung nach – nur im Notfall als Übernachtung dienen sollte, da er eher einem Abstellplatz gleicht. Naturnaher, aber nur über eine Gravelroad erreichbar ist der Campground des **Link River Regional Parks**, ▶Seite 244

Fort Rupert

Einige Kilometer vor Port Hardy bietet sich Ihnen die Möglichkeit, sich auf die **Spuren der First Nations** zu begeben und einen dafür besonders geeigneten Ort aufzusuchen: **Fort Rupert** (*T'sakis Village*). Fahren Sie dazu vom Highway 19 rechts auf die *Byng Rd*, links auf die *Beaver Harbour Rd* und schließlich fast am Ufer rechts auf die *Tsakis Rd/ Fort Rupert Rd*. Mit „Welcome in our city" werden Sie herzlich begrüßt, während Sie auf der Hauptstraße an vielen farbenfrohen Totems, bemalten Gebäuden und dem traditionellen Versammlungsort „*Big House*" vorbeikommen.

▸ **FORT RUPERT** ▶ Seite 246

▶**Totempfähle** erzählen Geschichten. Sie berichten über Familien- und Stammeshistorie, erinnern an Katastrophen oder freudige Ereignisse. Tiere und Pflanzen, die für einen Stamm oder eine Person eine besondere Bedeutung hatten, wurden so verewigt.

Doch es wurden auch verspottende Pfähle angefertigt,

Fort Rupert

wenn z. B. Stammesrituale nicht befolgt wurden oder der Totempfahl nach Fertigstellung nicht bezahlt wurde. „Gelesen" werden die Totems von unten nach oben.

Wenn Sie der *Beaver Harbour Rd* weiter folgen (also nicht auf die *Tsakis Rd* nach rechts abbiegen), erreichen Sie an deren Ende den **Tex Lyon Trail** (▶ Seite 251), der entlang des *Queen Charlotte Sound* bis zum *Dillon Point* führt.

Ausflug nach Coal Harbour

Ähnlich wie zuvor nach Port Alice, so bietet sich kurz vor Port Hardy noch ein weiterer Ausflug ins Hinterland an. Über die *Coal Harbour Rd*, die etwa zwei Kilometer vor Port Hardy nach Süden abzweigt, erreichen Sie nach ca. 15 km den gleichnamigen Ort **Coal Harbour**, der idyllisch und einsam am **Holberg Inlet** liegt.

Seine Entstehung verdankt Coal Harbour – das verrät schon der Name – dem Abbau von Kohle, die sich allerdings als minderwertig herausstellte. Man sattelte auf Walfang um, mit Schließung der letzten Walfangstation 1967 schließlich auf den Kupferabbau. Die Kupfermine wurde Ende der 1990er ebenfalls geschlossen, seitdem leben die Bewohner vom Tourismus, dem Fischfang und der Landwirtschaft. Heute ist besonders die einzigartige Lage für Touristen reizvoll.

Nach diesem kurzen Ausflug geht es zurück und endgültig nach Port Hardy.

Port Hardy

Nun sind Sie also in **Port Hardy** angekommen. Wer das erste Mal hier landet, wird sich vielleicht, ebenso wie wir beim ersten Mal, darüber wundern, was man hier vorfindet. Man kommt aus dem Süden, sieht tagelang nur Wälder, Seen und endlose Weite – und plötzlich „erwacht" man in einer Stadt mit einer **kompletten Infrastruktur** und allen Versorgungs-

---

COAL HARBOUR ▶ Seite 247

▶ **Inside / Discovery Coast Passage:** Reisende, die eine Inside Passage nach Prince Rupert/Queen Charlotte Islands oder eine Discovery Coast Passage nach Bella Coola gebucht haben, müssen vor dem Abzweig nach Coal Harbour über den **Beaver Cove Highway** nach Norden abbiegen. Dort erreichen Sie nach etwa 3 km den **Fähranleger**/Ferry Terminal.

PORT HARDY ▶ Seite 247
Whale-Watching ▶ Seite 249
Great Bear Tours ▶ Seite 249
Quatse River Hatchery ▶ Seite 250
Filomi Days ▶ Seite 250
Storey's Beach ▶ Seite 250
Port Hardy Museum ▶ Seite 250
Tex Lyon Trail ▶ Seite 251

Im Süden von Port Hardy

möglichkeiten. Wir hatten damals ein typisches Örtchen in der Einöde erwartet und entsprechend Vorräte gehortet und wurden in Port Hardy dann eines Besseren belehrt.

Über die Geschichte der Stadt kann man sich im **Stadtmuseum** informieren, ebenso finden das ganze Jahr über interessante **Festivals und Veranstaltungen** statt (z. B. die *Indian Summer Games* der First Nations im September). Über die Stadt verteilt finden Besucher viele schöne Totempfähle, lebensnahe *Murals* (Wandzeichnungen) und mit einer Kettensäge geschnitzte Holzfiguren (z. B. „*Welcome to Port Hardy*", „*Three Bears*"). Hinzu kommt eine tolle Aussicht über die *Queen Charlotte Strait*, die Sie am besten entlang des Küstenweges bewundern können.

Nicht günstig, aber für alle Urlauber, die tatsächlich keine Bären zu Gesicht bekommen haben, durchaus eine Alternative: die **Great Bear Nature Tour**, die Sie per Wasserflugzeug zu einer rund 50 Flugmeilen entfernten Lodge bringt, wo Sie dann zusammen mit *Scouts* die Bärenwelt erkunden können.

Ebenfalls für alle Abenteurer und Outdoorbegeisterte zu empfehlen ist ein Ausflug zum **Cape Scott Provincial Park**. Über unsere **Nebenroute 6** „Port Hardy zum Cape Scott Provincial Park" erreichen Sie diesen einzigartigen Provincial Park, außerdem noch die Städte **Holberg** und **Winter Harbour**. Wenn Sie sich in dieses Abenteuer stürzen wollen, sollten Sie unbedingt gut vorbereitet sein und mit den Wetterverhältnissen angepasster Ausrüstung auf Tour gehen. Rechnen Sie mit häufigen Regenfällen und dementsprechend schlechten Straßen- und Wegverhältnissen ab Port Hardy. In den Cape Scott Provincial Park geht es nur zu Fuß, Fahrzeuge haben keine Zufahrtmöglichkeit. Campgrounds liegen am Parkeingang.

NEBENROUTE 6
Port Hardy zum Cape Scott PP
Beschreibung ▶ Seite 107
Fakten ▶ Seite 327

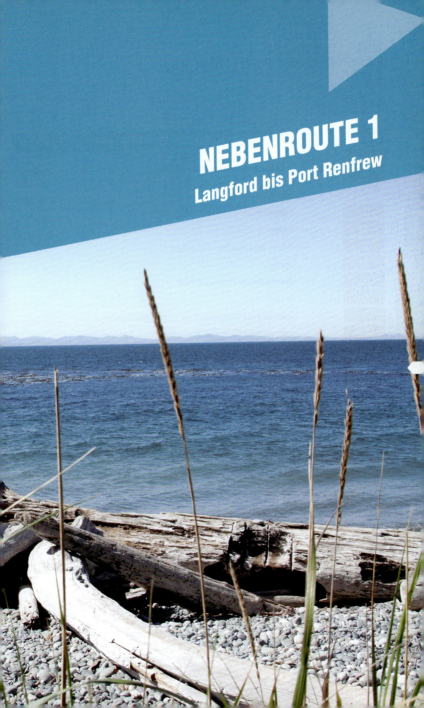

NEBENROUTE 1
Langford bis Port Renfrew

NEBENROUTE 1 – LANGFORD BIS PORT RENFREW

Streckenübersicht

▶ NEBENROUTE 1 – LANGFORD BIS PORT RENFREW

Haupt-strecke km	Teil-strecke km	Stationen auf dem Highway	Highway
		Kreuzung Highway 1 / 14	1/14
0		**Langford**	14
3		**Colwood**	14
26		**Sooke Potholes Provincial Park**	14
29		**Sooke**	14
49		**French Beach Provincial Park**	14
60		Jordan River	14
62		**Juan de Fuca Provincial Park** – China Beach Campground	14
63		Juan de Fuca Provincial Park – China Beach Picknickplatz	14
81		Juan de Fuca Provincial Park – Sombrio Beach	14
90		Juan de Fuca Provincial Park – Parkinson Creek	14
101		**Port Renfrew**	14
		Beginn **West Coast Trail** – Pacific Rim National Park	
ENDE NEBENROUTE 1			

ERSTE BEGEGNUNG MIT DER WILDEN PAZIFIKKÜSTE

Langford bis Port Renfrew

Der Weg nach Port Renfrew

Sie verlassen den Trans-Canada Highway 1 und biegen auf Höhe der Stadt Langford auf den **Highway 14** nach Westen ab. Der Highway 14, auch *West Coast Road* oder *Juan de Fuca Highway* genannt, führt zunächst durch den Innenstadtbereich von **Langford** und vorbei an verschiedenen Einkaufszentren, die sich hervorragend für das Auffüllen Ihrer Vorräte eignen. Vom Städtewechsel nach **Colwood** werden Sie vermutlich nichts bemerken, die Bebauung beider Städte geht fließend ineinander über.

In Colwood gibt es zwei Sehenswürdigkeiten, für die sich ein Zwischenstopp besonders lohnt: das **Hatley Castle**, ein Replikat eines Schlosses aus dem 15. Jahrhundert, das von einem wunderschönen Parkgelände umgeben ist. Außerdem der **Fort Rodd Hill**, wo sich das beliebte Postkartenmotiv **Fisgard Lighthouse** befindet.

Ein Lichtblick sind die Wohngebiete, die sich nun verstärkt rechts und links des Highways entlang schlängeln, lassen sie doch hoffen, bald das Stadtgebiet durchfahren zu haben. Tatsächlich wird es landschaftlich nach und nach immer „kanadischer", wenn sich auf allen Seiten weite Waldflächen und Blicke auf die *Juan de Fuca Strait* abwechseln.

Wenige Kilometer vor der nächsten Stadt *Sooke* zweigt die *Gillespie Road* nach Süden zum **East Sooke Regional Park** ab, der auf immerhin 50 km Wanderwegen landschaftlich enorme Abwechslung bietet: Vom Sumpfgebiet über Küstenwälder bis hin zu Steilküsten ist alles dabei, was die Herzen der Naturfreunde höher schlagen lässt.

Nach Passieren der Abzweigung verläuft der Highway 14 entlang der Bucht *Sooke Basin* weiter in Richtung Sooke, kurz vor Einfahrt in die Stadt zeigen Ihnen Wegweiser ein weiteres lohnenswertes Zwischenziel: den **Sooke Potholes Provincial Park**. Über eine gut befahrbare, asphaltierte Seitenstraße erreichen Sie diesen kleinen Provincial Park, den Sie vom angrenzenden Parkplatz aus zu Fuß begehen können. Mit Glück erhaschen Sie ein lauschiges Plätzchen am Flussbett des *Sooke Rivers* oder können gar ein Bad in einem der natürlichen **Pools** nehmen, die der Fluss hier ausgewaschen hat.

Weiter auf dem Highway 14 erreichen Sie schließlich **Sooke**, wo Sie unter anderem eine gute Visitor Information und ein kleines Regionalmuseum finden.

LANGFORD ▶ Seite 254
St John Baptist Church ▶ Seite 254
Hatley Park ▶ Seite 254
Fort Rodd Hill & Fisgard Lighthouse ▶ Seite 255

▶ Das **Fisgard Lighthouse** ist nicht nur das Covermotiv dieses Reiseführers, sondern eine Navigationshilfe, die auch heute noch – allerdings vollautomatisch – ihren Dienst verrichtet.

SOOKE POTHOLES ▶ Seite 256

SOOKE ▶ Seite 257
Regional Museum ▶ Seite 257
East Sooke Reg. Park ▶ Seite 258
Galloping Goose Trail/ Kapoor Regional Park ▶ Seite 259

▶ Sehnsucht nach feinen Backwaren? Dann schauen Sie doch in der **Little Vienna Bakery** vorbei, sie befindet sich im westlichen Teil von Sooke direkt am Highway und bietet europäische Backwaren, Frühstück und Mittagessen, alles frisch und mit natürlichen Zutaten.
✉ 6726 West Coast Rd
☎ 250-642-6833

▶ Werfen Sie vor der Weiterfahrt nach Port Renfrew einen Blick auf die **Tankuhr**, in Port Renfrew gibt es keine öffentliche Tankstelle.

FRENCH BEACH ▶ Seite 260

JORDAN RIVER ▶ Seite 260

Nördlich von Sooke liegen der **Kapoor Regional Park** und die Geisterstadt **Leechtown**, dort endet der legendäre **Galloping Goose Trail**, der im Südwesten von Vancouver Island auf der ehemaligen Bahnstrecke der *CN Railway* von Victoria über Saanich, Langford und Colwood bis zum Kapoor Regional Park verläuft. Er kann in Etappen aufgeteilt werden und wird gerne von Wanderern, Bikern und teilweise auch Reitern genutzt.

Sobald Sie Sooke auf dem **Highway 14 Richtung Westen** verlassen haben, nimmt der Verkehr schlagartig ab – ebenso die Qualität der Straße. Mit einigen Schlaglöchern und Bodenwellen, dazu einem kurvenreichen, stellenweise engen Straßenverlauf und einigen einspurigen Brücken geht es langsamer, aber eben auch abenteuerlicher und naturnäher voran. Mit angemessener Geschwindigkeit und genügend Zeit ist diese Strecke unbedingt eine Reise wert, zumal westlich von Sooke die wilde Pazifikküste stets im Blickfeld liegt und der Highway küstennah verläuft.

Nach etwa 20 km erreichen Sie den **French Beach Provincial Park**, der einen empfehlenswerten, weiträumigen Campground und einen tollen, am Ozean verlaufenden Wanderweg bereithält.

Die nächste mittlerweile fast ausgestorbene Siedlung ist **Jordan River**. Hier ist der Pazifik tatsächlich zum Greifen nah und die enorme Brandung ist ein wahres Paradies für alle Surfer. Die einmalige Aussicht lässt Sie bei klarem Wetter bis zu den Bergen des *Olympic National Park* im US-Bundesstaat Washington blicken.

Nach Jordan River verläuft der Highway zwar immer noch küstennah, es schiebt sich aber alsbald ein schmaler Strei-

French Beach Provincial Park

fen Küstenregenwald des **Juan de Fuca Provincial Parks** zwischen Highway und Pazifik. Entlang dieses Küstenstreifens verläuft der insgesamt 47 km lange und schwierig zu begehende **Juan de Fuca Marine Trail**, der am Botanical Beach in Port Renfrew endet und für ungeübte Wanderer, die ihn auf seiner gesamten Länge begehen möchten, nicht geeignet ist. Allerdings bieten **Stichwege** auf den nächsten Kilometern immer wieder die Möglichkeit, über kurze Wege zur Küste zu gelangen und dort eine mehr oder weniger lange Strecke des *Marine Trails* zu erwandern.

Der einzige, im dichten Wald liegende, wunderschöne und sehr weiträumig angelegte Wohnmobilcampground des Juan de Fuca Provincial Parks ist der **China Beach Campground** westlich von Jordan River am Südende des Parks.

JUAN DE FUCA PP ▶ Seite 261
Marine Trail ▶ Seite 261
Parkkarte ▶ Seite 428

Port Renfrew

Nachdem Sie dem Juan de Fuca Provincial Park viele Kilometer gefolgt sind, erreichen Sie schließlich den kleinen Ort **Port Renfrew**, der malerisch an dem Seitenarm **Port San Juan** liegt. Früher ein Ort für Aussteiger und Hippies, finden Sie hier alle Versorgungseinrichtungen und ein auf Outdooraktivitäten spezialisiertes Tourismusprogramm.

PORT RENFREW ▶ Seite 263
Red Creek Fir ▶ Seite 265
Botanic./Bot. Beach ▶ Seite 261
West Coast Trail ▶ Seite 267

Besonders sehenswert sind mit Sicherheit **Botanical** und **Botany Beach**, die über die Verlängerung des Highways 14 (*Cerantes Rd*) erreicht werden können. Dort geht es vom Parkplatz auf kurzen Wegen zur Küste, wo es in den Tidepools wimmelt von Meeresbewohnern und Meeresflanzen.

Zur **Red Creek Fir**, Kanadas größter Douglastanne, die auf ein Alter zwischen 750 und 1.000 Jahren geschätzt wird, geht es nur per *ATV (All Terrain Vehicle)* oder per Wanderweg von der West Coast Road (Hwy 14). Zwar berühmt, aber für die meisten Urlauber zu aufwendig und zu abenteuerlich ist der von hier erreichbare **West Coast Trail**, dessen südlicher Startpunkt auf der anderen Seite der Bucht Port San Juan liegt. Nach Überquerung des Gordon River können Sie sich hier auf eine 75 km lange Abenteuertour aufmachen, die allerdings nur für geübte Wanderer mit entsprechender Vorbereitung und Ausrüstung geeignet ist.

Wer ca. 60 km durch die Wildnis und Einsamkeit der kanadischen Wälder touren möchte, kann ab Port Renfrew über die Harris Creek Rd und später die asphaltierte Pacific Marine Rd zum Lake Cowichan und gleichnamigen Ort ▶ Seite 273 fahren, dem Ziel einer Nebenstrecke. Unterwegs liegen zwei wunderschöne Seen mit angrenzenden, rustikal ausgestatteten Campgrounds.

Wer sich nicht auf Wildnistour begeben möchte, fährt stattdessen erneut entlang der wilden Pazifikküste über den **Highway 14 zurück nach Langford**.

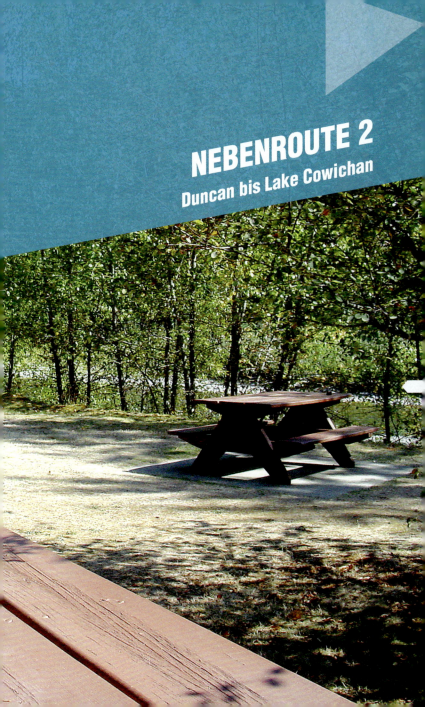

NEBENROUTE 2
Duncan bis Lake Cowichan

NEBENROUTE 2 – DUNCAN BIS LAKE COWICHAN

Streckenübersicht

▶ NEBENROUTE 2 – DUNCAN BIS LAKE COWICHAN

Hauptstrecke km	Teilstrecke km	Stationen auf dem Highway	Highway
0		Kreuzung Highway 1 / 18	1/18
16		Abzweig zum **Cowichan River Provincial Park**	18
19		Abzweig zum Skutz Falls Campground im Cowichan River Provincial Park, 5 km Gravelroad	18
29		Kreuzung Lake Cowichan / Youbou	18
34		**Lake Cowichan**	18
43		Honeymoon Bay	18
48		**Gordon Bay Provincial Park**	18
67		Kreuzung Lake Cowichan / Youbou	18
75		**Youbou**	
		ENDE NEBENROUTE 2	

DURCHS WILDROMANTISCHE COWICHAN VALLEY

Duncan bis Lake Cowichan

Diese Nebenroute führt Sie zu einem der größten Frischwasserreservoirs der Insel, dem **Lake Cowichan** mit dem gleichnamigen Ort. Um diesen Abstecher besonders reizvoll zu gestalten, haben wir die Strecke so angelegt, dass Sie die Hinfahrt auf dem Highway 18 zügig absolvieren und für die Rückfahrt eine Seitenstraße nutzen können, die Sie zu den schönsten Stellen des *Cowichan River Provincial Parks* führt, der sich zwischen Duncan und Lake Cowichan befindet. Sie können die entsprechenden Hinweisschilder zum Park also auf dem Hinweg getrost ignorieren.

Die Nebenstrecke startet nördlich von Duncan, wo Sie vom Trans-Canada Highway 1 auf den **Highway 18 Richtung Westen** abbiegen. Der Highway führt Sie ins Hinterland, das allerdings bis Lake Cowichan noch durchaus verkehrsseitig belebt ist. Dies hat aber auch den Vorteil, dass der Highway gut ausgebaut ist und Sie alsbald in der Stadt und beim See **Lake Cowichan** ankommen werden.

Kurz vor Einfahrt in Stadtkern von Lake Cowichan gabelt sich der Highway, links geht es in die Stadt, rechts weiter nach **Youbou**.

Der Ort **Lake Cowichan** ist touristisch bestens ausgestattet und bietet vor allem Wassersportfreunden ein reichhaltiges Angebot. Diejenigen, die dabei wenig eigene

▶ Die exakten **Bezeichnungen** sind eigentlich „Lake Cowichan" für die Stadt und „Cowichan Lake" für den See – wir möchten Ihnen aber die Wortdreherei ersparen und nennen beides „Lake Cowichan" mit einem entsprechenden Zusatz „Ort" oder „See" zur genauen Zuordnung.

🏙 LAKE COWICHAN ▶ Seite 273
Kaatza Stat. Museum ▶ Seite 276

Badestrand am Lake Cowichan

Cowichan River

Körperkraft investieren möchten, können den See z. B. per **Hausboot-Tour** erkunden, was auf Vancouver Island nur sehr selten möglich ist. Eine solche Tour ist ein tolles Erlebnis, Sie sollten hierfür allerdings etwa 3 Tage Zeit einplanen. Weniger zeitaufwendig ist ein Besuch des **Kaatza Station Museum**, das sich vor allem an Eisenbahnfreunde und Familien richtet. Wer eine Übernachtung einplant, dem empfehlen wir den wirklich schönen Campground am **Gordon Bay Provincial Park** (▶Seite 278), linksseitig des Sees am Ende des asphaltierten Highways gelegen. Bei einer Übernachtung dürfen Sie sich keinesfalls den **Point Trail** entgehen lassen, der Sie zu einsamen Plätzen führt und am Ende den Blick auf Teile des westlichen Seengebietes freigibt. Die 126 Stellplätze des Campgrounds sind in der Hauptsaison leider recht zügig belegt, eine Vorreservierung sollten Sie demnach in Erwägung ziehen.

P♣ GORDON BAY PP ▶Seite 278
▶Auf der Zufahrt zum Campground durchqueren Sie die kleinen Ortschaften **Mesachie Lake** und **Honeymoon Bay**. In Mesachie Lake endet die Abkürzung, die wir von Port Renfrew aus beschrieben haben (▶Seite 263).

Wer mit einem gravel- und logging-road-tauglichen Fahrzeug unterwegs ist, kann den See über die weiterführenden Straßen umrunden oder am Westende des Sees über Logging Roads nach **Bamfield** (▶Seite 288, nördlicher Startpunkt des *West Coast Trails*) und zum Surferparadies **Nitinat Lake** (▶Seite 269) gelangen.

Alle anderen verlassen Lake Cowichan nun wieder und können bei Bedarf noch einen kleinen Abstecher nach **Youbou** einlegen, indem sie bei der bereits bei der Hinfahrt passierten Gabelung des Highways der Straße nach Westen folgen. Youbou ist ein kleines Dörfchen, das

🏠 YOUBOU ▶Seite 278

hauptsächlich von der Forstwirtschaft lebt und ebenfalls idyllisch am See liegt.

Wer Youbou nicht besucht, verlässt den Ort Lake Cowichan über die auch bei der Einfahrt genutzte Hauptstraße (*S Shore Rd*), fährt dann allerdings nicht auf den Highway 18, sondern auf die bereits angekündigte **Nebenroute**. Dazu fahren Sie wenige hundert Meter vor Erreichen des Highway 18 von der *S Shore Rd* nach rechts auf die *Cowichan Lake Rd*, die parallel zum Highway wieder nach Osten verläuft.

Der *Cowichan Lake Rd* können Sie nun entspannt folgen und die Fahrt genießen, bis Sie beim Abzweig „*Skutz Falls*" rechts auf die *Mayo Rd* abbiegen und dieser bis zu den Wasserfällen und dem Beginn des **Cowichan River Provincial Parks** folgen. Die **Skutz Falls** können Sie über eine kurze Wanderung ab dem zugehörigen Parkplatz erkunden, danach fahren Sie an der Kreuzung *Mayo Rd/ Riverbottom Rd* links auf die *Riverbottom Rd*, der Sie so lange folgen, bis Sie wieder auf der *Cowichan Lake Rd* gelandet sind.

COWICHAN RIVER PROVINCIAL PARK ▶ Seite 272

Unterwegs passieren Sie den **Marie Canyon** mit Picknickplatz, den **66 Mile Trestle** mit Zugang zu vielfältigen Wanderwegen und schließlich den **Stoltz Pool Campground** und Picknickplatz, wo Sie an seichten Stellen sogar ein Bad im Fluss nehmen können. Die Straße ist zwar über eine kurze Strecke eine Gravelroad, diese ist aber stets gut und sicher befahrbar.

Wenn Sie sich wieder auf der *Cowichan Lake Rd* befinden, folgen Sie dieser noch einige Kilometer, bis links die *Tansor Rd* abzweigt, der Sie zum **Highway 18** folgen können. Über den Highway 18 gelangen Sie wieder in kurzer Zeit zurück zum Ausgangspunkt **Duncan**.

Stoltz Pool Campground im Cowichan River Provincial Park

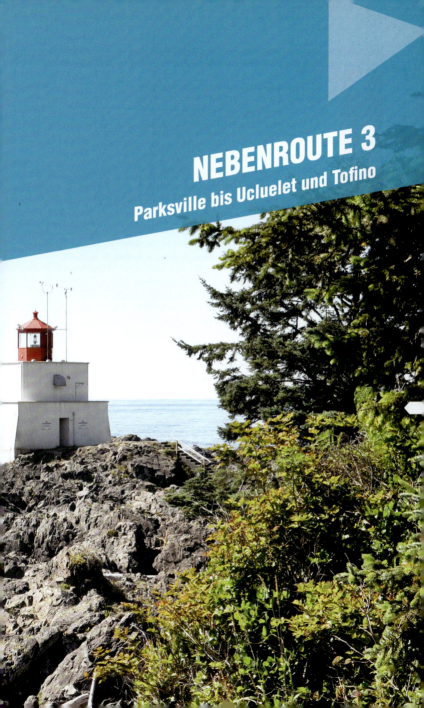

NEBENROUTE 3

Parksville bis Ucluelet und Tofino

▶ NEBENROUTE 3 – PARKSVILLE BIS UCLUELET / TOFINO

Hauptstrecke km	Teilstrecke km	Stationen auf dem Highway	Highway
0		Kreuzung Highway 19/4A	19/4A
3		Errington – Abzweig (8 km) zum **Englishman River Falls PP**	4A
6		**Coombs**	4A
9		Kreuzung Highway 4/4A	4A
19		**Little Qualicum Falls Provincial Park**	4
22/24		**Cameron Lake Rest Area**, Beaufort Picknickplatz am Cameron Lake	4
26		**MacMillan Provincial Park – Cathedral Grove**	4
32		Port Alberni Summit 411 m	4
33		Abzweig zum **Mount Arrowsmith Regional Park**	4
42		**Port Alberni** / Abzweig Logging Road nach **Bamfield**	4
43		Abzweig (14 km) zum **Stamp River Provincial Park**, Letzte Tankmöglichkeit vor Tofino und Ucluelet	4
54		**Sproat Lake & Sproat Lake Provincial Park**	4
56		Abzweig Great Central Rd zum Great Central Lake und **Della Falls** – Strathcona Provincial Park	4
64/66		**Taylor Arm Provincial Park** – 1. Parkplatz & 2. Parkplatz	4
89		Sutton Summit 240 m – mehrere Pullouts folgen	4
125		Abzweig zur Toquart Bay	4
127		**Kennedy Lake Provincial Park**	4
131		**Clayoquot Arm Provincial Park**	4
137		Kreuzung Highway 4/Pacific Rim Highway **Pacific Rim National Park Visitor Information**	4
		weiter nach Ucluelet	
141		Willowbrae Trail – Pacific Rim National Park	
145		**Ucluelet**	
147		Wild Pacific Trail Parkplatz	
157		Kreuzung Highway 4/Pacific Rim Highway **Pacific Rim National Park Visitor Information**	4
		weiter nach Tofino	4
158		Südliche Einfahrt/Ausfahrt **Pacific Rim National Park**	4
161		Abzweig zum **Wickaninnish Centre** und **Kwisitis Visitor Info**	4
166		Rainforest Trail	4
167		Combers Beach Trail	4
170		**Greenpoint Campground**	4
176		Schooner Cove Trail	4
179		Abzweig Airport Tofino und Grice Bay	4
180		Abzweig zum Radar Lookout	4
181		Nördliche Einfahrt/Ausfahrt **Pacific Rim National Park**	4
191		**Tofino**	4
ENDE NEBENROUTE 3			

WASSERFÄLLE, URALTE BAUMRIESEN UND DIE PURE PAZIFIKKÜSTE

Parksville bis Ucluelet und Tofino

Parksville bis Port Alberni

Egal, ob Sie über den Highway 19 oder 19A nach **Parksville** kommen, von beiden führt Sie der **Highway 4A** (*Alberni Highway*) Richtung Westen zu einer der schönsten Strecken, die Vancouver Island zu bieten hat. Wird sie Ihnen am Anfang vielleicht noch etwas unspektakulär vorkommen, so werden Sie später eines Besseren belehrt, da die Fahrt durch bergiges und waldreiches Gebiet führt und an der stürmischen Pazifikküste endet.

Bereits kurz nach dem Wechsel auf den Highway 4A können Sie in der kleinen Stadt **Errington** in eine asphaltierte Seitenstraße zum **Englishman River Falls Provincial Park** abzweigen. Im Provincial Park erwarten Sie nicht nur sehenswerte Wasserfälle, sondern auch ein schöner Campground.

Kurze Zeit nach Errington erreichen Sie **Coombs**, wo Sie einen gezielten Blick auf das Dach des **Country Markets** werfen sollten. Dort haben sich Ziegen niedergelassen, die genüsslich auf dem Dach angepflanztes Gras verspeisen.

Der Country Market ist aber auch ohne Ziegen eine Institution bei Reisenden und Einheimischen – sein Ange-

ENGLISHMAN RIVER PROVINCIAL PARK ▶ Seite 207

COOMBS ▶ Seite 280
Old Country Market ▶ Seite 280
General Store ▶ Seite 280
Bluegrass Festival ▶ Seite 281
Hamilton Marsh ▶ Seite 281
Butterfly World ▶ Seite 282

Coombs

Parksville bis Ucluelet und Tofino

▶ Im Juli/August steht Coombs Kopf, wenn das **Bluegrass Festival** mit Wildwest-Stimmung, und Musik den kleinen Ort in eine Westernstadt verwandelt.

P♣ **LITTLE QUALICUM FALLS PROVINCIAL PARK** ▶ Seite 208

P♣ **MACMILLAN PP** ▶ Seite 282

R♣ **MT. ARROWSMITH REGIONAL PARK** ▶ Seite 283

bot an internationalen Speisen und Delikatessen aus aller Herren Länder ist für diese Region einzigartig und hat schon so manchen kleinen Rückstau auf dem Highway verursacht. Auch ein kurzer Stadtbummel ist in Coombs durchaus angebracht, die vielen kleinen Geschäfte bieten ein buntes Angebot verschiedenster Waren.

Kurz hinter Coombs vereinigt sich der Highway 4A mit dem von Norden kommenden **Highway 4** (*Pacific Rim Highway*), auf dem es dann weiter Richtung Westen geht. Nach etwa 5 km erreichen Sie den **Little Qualicum Falls Provincial Park**, der die gleichnamigen Wasserfälle und einen weiträumig angelegten Campground beheimatet. Die beeindruckenden Wasserfälle (geteilt in *Lower* und *Upper Falls*) können Sie über einen Rundweg erkunden.

Nach dem Provincial Park führt der Highway 4 am Cameron Lake entlang, während die Vegetation mit großen, den Lichteinfall reduzierenden Bäumen bereits ein nahendes Highlight ankündigt, den **MacMillan Provincial Park – Cathedral Grove**. Der Provincial Park ist eine absolute Pflicht-Sehenswürdigkeit und wird Ihnen mit viele Jahrhunderte alten Baumriesen beweisen, wie winzig man sich als Mensch fühlen kann.

Wenige Kilometer später und kurz bevor Sie die Stadt Port Alberni erreichen, zweigt eine *Logging Road* nach Süden zum **Mount Arrowsmith Regional Park** ab, der eines der höchsten Bergmassive Vancouver Islands umfasst. Mit Gipfelhöhen bis 1.817 m (*Mt. Arrowsmith*) ist dieses Gebiet allerdings Kletterern und erprobten und bestens ausgerüsteten Wanderern vorbehalten.

Am Hafen von Port Alberni

Port Alberni

Ein wichtiges Versorgungszentrum der Region ist die Stadt **Port Alberni**, die am Ende des vom Pazifik weit ins Land reichenden *Alberni Inlets* liegt und den Beinamen „*Salmon Capital of the World*" („Lachs-Hauptstadt der Welt") trägt. Hier finden Sie eine gute Auswahl an Versorgungsmöglichkeiten.

Wie der Beiname der Stadt vermuten lässt, spielen Lachse und die Sportfischerei eine bedeutende Rolle. Im stadtnahen **Stamp River Provincial Park** kommen die Lachse zur Laichzeit angeschwommen und werden im September mit einem alljährlichen Angelwettbewerb „begrüßt". Wer den dicksten Fisch fängt, kann sich über eine recht stattliche Geldsumme freuen.

Im hübsch gestalteten Hafenbereich von Port Alberni befindet sich ein **Aussichtsturm**, dessen Besteigung sich bei klarer Sicht in jedem Fall lohnt. Von dort haben Sie einen fantastischen Blick über die Stadt und den *Alberni Inlet*. Wenn Sie dieser Ausblick zu einer **Schiff-**

Uriger Küstenregenwald

fahrt inspiriert, so können Sie dieser Inspiration an Bord der *MV Frances Barkley* nachgehen, die Sie quer durch den *Alberni Inlet* bis nach **Bamfield** an der Pazifikküste bringt. Die dienstags, donnerstags und samstags stattfindende Fahrt mit der *MV Francis Barkley* startet um 8 Uhr morgens, Rückkehr ist um 17 Uhr – inklusive einer Stunde Aufenthalt in Bamfield.

Wer über ein geländegängiges Fahrzeug verfügt, kann auch über eine Straßenverbindung nach Bamfield fahren – diese Strecke darf und sollte allerdings nicht mit Wohnmobilen gefahren werden. Denken Sie an Ihren Versicherungsschutz und eventuelle Schwierigkeiten, selbst wenn Sie in der Visitor Information ein nett gemeintes „That's no problem" hören ...

Etwas außerhalb der Stadt liegt die **McLean Mill Historic Site**, die ihren Besuchern die Historie der Holzwirtschaft näherbringt. Neben geführten Touren können Sie mit der *Alberni Pacific Steam Railway* eine Rundfahrt unternehmen, die einen Sägewerksbesuch beinhaltet.

Port Alberni bis zur Visitor Information des Pacific Rim National Parks

Nachdem Sie die Stadt Port Alberni über den **Highway 4** Richtung Westen wieder verlassen haben, wird Sie nicht nur der abnehmende Straßenverkehr freuen – ebenso verspricht der nahende **Sproat Lake** vielfältige Möglichkeiten zum Wassersport oder für schöne Wanderungen auf den Uferwegen. Zwar wurde der See in den letzten Jahren tou-

PORT ALBERNI ▶ Seite 284
Alberni Valley Museum ▶ Seite 286
McLean Mill ▶ Seite 286
Pacific Steam Railway ▶ Seite 287
Maritime Disc. Centre ▶ Seite 287
Stamp River Prov. Park ▶ Seite 289

▶ **Tipp:** Sollten Sie planen, längere Zeit an der nahenden Pazifikküste zu verbringen, können Sie in Port Alberni direkt am Hwy 4 wunderbar Ihre Vorräte aufstocken.

BAMFIELD ▶ Seite 288

Sproat Lake Provincial Park

P SPROAT LAKE PP ▶ Seite 289
Coulson Flying Tanker ▶ Seite 290
▶ Der Steg, von dem aus man die **Felsenzeichnungen** sehen kann, schwankt im Wasser des Sees – Sie sollten also angemessenes Schuhwerk tragen.

DELLA FALLS ▶ Seite 291

▶ Die Della Falls sind ausschließlich über diesen Weg erreichbar, vom nördlich liegenden, größten Teil des Strathcona Provincial Parks besteht keine Verbindung.

P TAYLOR ARM PP ▶ Seite 293
▶ Zum spontanen Anhalten und Fotografieren wird die Straße Ihnen wenige Möglichkeiten lassen. Nutzen Sie sicherheitshalber ausschließlich die *Pullouts*.

ristisch stark ausgebaut, trotzdem finden sich an insgesamt 200 km Uferlänge immer noch genügend einsame Plätze.

Direkt zu Beginn des Sees passieren Sie den **Sproat Lake Provincial Park**, der neben zwei Campgrounds (der *Upper CG* mit weiten Plätzen, der *Lower CG* dicht bestellt, dafür mit Duschanlagen in greifbarer Nähe) auch Wanderwege und Picknickplätze bereithält. Wer sich für Felsenzeichnungen der First Nations interessiert, kann zu diesen über einen Uferweg gelangen.

Wer die legendären **Della Falls** im *Strathcona Provincial Park* besuchen möchte, bekommt hier seine einzige Möglichkeit. Auch wenn die höchsten Wasserfälle Kanadas (440 m) am Ende als absoluten Höhepunkt aufwarten, ist die „Anreise" doch etwas beschwerlicher: Vom Highway 4 folgt man entlang des Sproat Lake Provincial Parks der *Central Rd* nach Norden bis zum **Great Central Lake RV Resort (früher: Ark Resort)**. Von dort geht es per Motorboot, Kanu oder Wassertaxi 35 km weit über den See und zum Beginn des Trails zu den Della Falls.

Auf der Weiterfahrt über den Highway 4 gen Westen wird es waldreich, links der Straße bleibt Ihnen der Sproat Lake erhalten. Sie durchqueren den **Taylor Arm Provincial Park**, der mit zwei Picknickanlagen aufwartet, die etwa 2 km voneinander entfernt am Highway liegen.

Kurvenreich, steil und stellenweise eng verläuft der Highway schließlich wenige Kilometer nach Ende des Sproat Lake, wenn sich die Strecke entlang des interessanten **Kennedy River Canyons** und zu Füßen der **Mackenzie**

Kennedy Lake

Range von ihrer herausfordernden Seite zeigt. Dies ist keine Strecke für Raser, aber perfekt für all diejenigen, die sich an tollen Ausblicken und einer grandiosen Natur erfreuen können.

Am Ende des Kennedy River Canyons erreichen Sie den **Kennedy Lake**, dessen Ufer Sie nach Süden folgen. Achten Sie auf ein winziges Schild zum **Kennedy Lake Provincial Park**, denn dort erreichen Sie nach wenigen Metern einen kleinen Picknickplatz am See, der Ihnen einen grandiosen Ausblick bietet. Weiter südlich kommt man über eine *Logging Road* (*West Main Rd*) zu einem weiteren sehr kleinen Picknickplatz oder später zu einer Bootsanlegestelle, von der aus man zum **Clayoquot Arm Provincial Park** übersetzen kann. Dieser abgelegene Provincial Park umschließt eine einzigartige Flora und Fauna und beheimatet Bären, Wölfe und Pumas. Er eignet sich hervorragend für ausgiebige Wander- und Paddeltouren.

Wenn Sie allerdings dem Highway 4 weiter folgen, erreichen Sie alsbald die rechts des Highways liegende **Pacific Rim National Park Visitor Information**. Diese Visitor Information hat nicht nur einen langen Namen, sondern dient uns auch als Scheidepunkt zwischen zwei Stichrouten.

Die eine Route führt über den *Ucluelet Tofino Highway* nach Süden bis nach **Ucluelet**, die andere via Highway 4 nach Norden bis zur Stadt **Tofino**. Wir empfehlen Ihnen, beide Routen zu fahren, durch die getrennte Beschreibung können Sie aber eine der beiden einfach durch Überspringen des Abschnitts – z. B. bei Zeitproblemen – auslassen.

P KENNEDY LAKE PP ▶ Seite 293

P CLAYOQUOT ARM PROV. PARK ▶ Seite 293

Ucluelet

UCLUELET ▶ Seite 295
Whale-Watching ▶ Seite 296
Ucluelet Aquarium ▶ Seite 296
Wild Pacific Trail ▶ Seite 297

Folgen Sie an der Pacific Rim National Park Visitor Information der Gabelung nach links, fahren Sie auf den *Ucluelet Tofino Highway* und hinaus auf eine Landzunge, an deren Ende Sie die Stadt **Ucluelet** erreichen. Schnell wird klar, dass Outdoor- und Wassersport ihre tourismusbestimmend sind, ebenso finden Sie im Hafen der Stadt zahlreiche Boote und Jachten vor Anker. Im Angebot sind die klassischen **Whale-Watching-Touren**, interessant sind aber z. B. auch Bootsausflüge zu den **Broken Group Islands**, einer Inselgruppe mit mehreren hundert kleinen Inseln inmitten des Barkley Sound.

Vom Parkplatz *Coast Guard Rd* am Südende des Ortes startet der leicht zu begehende **Wild Pacific Trail**, der die Pazifikküste entlang und durch Küstenwälder hindurch führt, deren Bäume vom Seewind teils gespenstisch verformt wurden. Die Ausblicke über die *Barkley Sound* und hinüber zu den *Broken Group Islands* sind fantastisch – genießen Sie das Gefühl, am äußeren Ende des gesamten nordamerikanischen Kontinents zu sein und eine unverfälschte Natur vor sich zu haben.

▶ Fragen Sie bereits in der Visitor Info nach **freien Wohnmobilstellplätzen**, wenn Sie noch keinen vorgebucht haben. Die Suche kann sich sonst als ziemlich zeitraubend erweisen.

Nach Beendigung Ihres Besuchs in Ucluelet fahren Sie den Highway wieder gen Norden und in Höhe der Pacific Rim National Park Visitor Information weiter auf den **Highway 4 Richtung Tofino**.

Tofino

PACIFIC RIM NATIONAL PARK ▶ Seite 298
KARTE LONG BEACH ▶ Seite 423

▶ Alle Besucher, die eine Einrichtung eines National Parks besuchen möchten, müssen einen gültigen **Parkpass** besitzen.

▶ Der **Pacific Rim National Park** ist unterteilt in drei unterschiedliche Bereiche:
a) **Long Beach**, den Sie bald erreichen werden, b) die **Broken Group Islands**, die Sie vielleicht ab Ucluelet per Boot besucht haben, und c) den **West Coast Trail**, der schon des Öfteren in dieser Reisebeschreibung erwähnt wurde.

Bevor Sie den Highway 4 Richtung Norden fahren, müssen Sie in der Visitor Information einen **Nationalparkausweis** erwerben, sofern Sie diesen nicht bereits besitzen, denn nur wenige Kilometer nach der Gabelung beginnt der **Pacific Rim National Park** bzw. ein Teil des Parks: **Long Beach**.

Ein Highlight der besonderen Art erwartet Sie, wenn Sie wenige Kilometer nach Einfahrt in den Park vom Highway links zum **Kwisitis Visitor Centre** (ehemals Wickaninnish Centre) abbiegen. Das Centre liegt wunderschön an der Pazifikküste und informiert ausführlich über Flora und Fauna des Parks und die Geschichte der hier ansässigen First Nations. Beim Spaziergang entlang des weiten Strandes kann man vielleicht einigen Surfern zusehen oder auf einem der angeschwemmten Baumstämme Platz nehmen und die Seele baumeln lassen.

Den einzigen Wohnmobil-Campground des National Parks erreichen Sie nach Rückkehr zum Highway 4 nach kurzer Zeit. Auf dem **Green Point Campground** ist während der Hauptsaison ohne Vorreservierung kaum ein Platz zu ergattern, selbst in der Nebensaison sind die freien Stellplätze rar.

Long Beach, Pacific Rim National Park

🏕 **Green Point Campground:** ☎ Reservierung: 1-877-737-3783 ▶Seite 302

Neben vielen Wandermöglichkeiten, die rechts und links des Highways abgehen, gibt es eine weitere Chance für einen tollen Ausblick, wenn Sie der Beschilderung zum **Radar Hill Viewpoint** folgen. Über eine Seitenstraße des Highways 4 gelangen Sie zu einem Parkplatz und von dort zu Fuß über einen kurzen Weg zur Aussichtsplattform.

Wenig später nähern Sie sich dem ehemaligen Fischerdorf **Tofino**, wo der Highway schließlich auch endet. Tofino ist durch seine Lage unmittelbar am wilden Pazifik und kurz nach dem Ende des Pacific Rim National Parks eine wahre Hochburg für Wassersport- und Outdoorbegeisterte. Die Stadt quillt förmlich über vor Urlaubern, kaum ein freies Plätzchen findet sich zum Parken des Wohnmobils. Die Cafés und Restaurants sind gut besucht, ebenso erfreuen sich die Bootsfahrten zu den Ausflugszielen **Meares Island**, **Maquinna Marine Provincial Park** (mit seinen Hot Springs) und **Vargas Island Provincial Park** großer Beliebtheit.

🏙 **TOFINO** ▶**Seite 302**
Meares Island ▶**Seite 303**
Maquinna Marine PP ▶**Seite 304**
Vargas Island PP ▶**Seite 305**
Botanical Garden ▶Seite 305

▶Sollten Sie einen Besuch des **Maquinna Marine PP** mit den Hot Springs planen, denken Sie an Ihre Badesachen, nackt zu baden ist – in Kanada generell – nicht gestattet.

Kurzum: Wer Ruhe sucht, findet – zumindest an Wochenenden und in der Innenstadt – wohl kaum ein Fleckchen, wo er alleine ist und den Wellen lauschen kann. Aber nach so viel Natur kann auch dies eine sehr gelungene Abwechslung sein. Und zur Not ist man ja innerhalb kürzester Zeit wieder zurück in der Abgeschiedenheit.

Wenn Sie den lebhaften Besuch von Tofino beendet haben, fahren Sie den Highway 4 wieder zurück bis zur **Pacific Rim National Park Visitor Information**.

Der schnelle Rückweg nach Parksville

Für den Rückweg bleibt Ihnen keine große Wahl: Sie fahren die Strecke, die Sie gekommen sind, schnurstracks wieder zurück und folgen dem Highway 4 quer durch die Insel, bis Sie kurz vor **Coombs** auf den **Highway 4A** abfahren und von dort zum Ausgangspunkt am Highway 19 oder 19A zurückkehren.

Auf dem Wild Pacific Trail in Ucluelet

NEBENROUTE 4

Campbell River bis Tahsis

NEBENROUTE 4 – CAMPBELL RIVER BIS TAHSIS

Streckenübersicht

▶ NEBENROUTE 4 – CAMPBELL RIVER BIS TAHSIS

Hauptstrecke km	Teilstrecke km	Stationen auf dem Highway	Highway
0		Kreuzung Highway 19 / 19A / 28	19/19A/28
2		**Elk Falls Provincial Park**	28
5		Abzweig zum Elk Falls PP Picknickplatz und **Loveland Bay PP**	28
30		Abzweig zum **Strathcona Dam** und Campground	28
34		Beginn Campbell Lake, mehrere Aussichtspunkte folgen	28
44		Strathcona Park Lodge	28
48		Einfahrt **Strathcona Provincial Park** – Elk Portal Rest Area Abzweig Ralph River Campground (23 km) und **Strathcona Westmin Provincial Park** (weitere 12 km)	28
49		Brücke über Buttle Narrows	28
53		Buttle Lake Campground	28
57		Picknickplatz Upper Campbell River	28
63		Lady Falls Trailhead	28
69		Elk River Trailhead	28
76		Crest Mountain Trailhead	28
78		Crest Creek Crags	28
85		Abzweig **White Ridge Provincial Park**	28
90		**Gold River** / Muchalat Inlet (12 km) Abzweig Nebenroute **Tree to Sea Drive** nach Tahsis	28
103		Cala Falls	
106		Upana Caves	
108		Bull Lake Summit	
117		Painted Rock	
120		Conuma Peak Aussichtspunkt	
124		Conuma Salmon River Hatchery	
128		Moutcha Bay	
136		Three Sisters Falls	
140		Malaspina Lake	
147		President's Tree	
154		**Tahsis**	
ENDE NEBENROUTE 4			

DIE WIEGE BRITISH COLUMBIAS

Campbell River bis Tahsis

Bis nach Gold River

Die besonders schöne Nebenstrecke über den **Highway 28** (*Gold River Highway*) führt Sie nach Westen, tief in das Binnenland von Vancouver Island und durch den riesigen und in Teilen noch unerschlossenen *Strathcona Provincial Park*.

Als erste Zwischenstation auf dem Highway 28 erreichen Sie die beiden Abfahrten zum **Elk Falls Provincial Park**, der bereits in der Hauptroute beschrieben wurde (▶ Seite 228). Die zweite der Abfahrten ist gleichzeitig die Zufahrt zum **Loveland Bay Provincial Park**, der mit einem rustikalen Campground für eine ruhige und naturnahe Übernachtung geeignet ist. Bis 2018 ist diese Abfahrt allerdings noch gesperrt, alternative Zufahrt: ▶ Seite 308.

Die Fahrt geht waldreich weiter, und immer wieder grenzen kleine Seen an die Straße – es ist eine idyllische und sehr schöne Landschaft, durch die der nicht mehr so ausladende Highway hier führt. Kurz bevor Sie den Upper Campbell Lake erreichen, zweigt eine Gravelroad (*Strathcona Dam Rd*) zum **Strathcona Dam** ab, der den See aufstaut und durch die Wasserkraft Strom für die Region produziert. Unterhalb des Damms liegt ein einfacher Campground der BC Hydro.

LOVELAND BAY PP ▶ Seite 308
▶ Den größten Teil der Zufahrt, rund 12 km, müssen Sie auf einer Gravelroad zurücklegen. Diese ist aber mit kleineren Wohnmobilen befahrbar, es sei denn, Ihr Vermieter hat Einwände.

STRATHCONA DAM ▶ Seite 308

Upper Campbell Lake

STRATHCONA PP ▶ Seite 308
PARKKARTE ▶ Seite 426

▶ Das **Forbidden Plateau** liegt im Osten des Parks und kann über den *Strathcona Parkway* ab *Courtenay* erreicht werden.

▶ Die im Park liegenden **Della Falls**, die mit 440 m höchsten Wasserfälle ganz Kanadas, können nur aus südlicher Richtung erreicht werden. Die Zufahrt erfolgt über den Highway 4, der von *Qualicum Beach* nach *Tofino* führt (Nebenroute 4 ▶ Seite 97).

▶ Die höchste Erhebung des Parks – und auch ganz Vancouver Islands – ist der **Golden Hinde**, der mit 2.200 m Gipfelhöhe mit Sicherheit einen tollen Ausblick liefert. Da dieser allerdings mitten im Park liegt, wird er für die meisten unerreichbar bleiben.

Nach der Abfahrt zum Dam schlängelt sich der Highway malerisch am Ufer des **Upper Campbell Lakes** entlang und bietet zahlreiche Möglichkeiten für einen Fotostopp.

Nach Passieren der **Strathcona Park Lodge** erreichen Sie das **Elk Portal**, den Eingang zu dem im Herzen von Vancouver Island liegenden und ältesten Provincial Park British Columbias: dem **Strathcona Provincial Park**.

Dieses waldreiche, wilde Hochgebirgsgebiet ist nur im Bereich des *Buttle Lake* und des *Forbidden Plateaus* touristisch erschlossen, Teile des Areals gelten als komplette Wildnis und sind noch von keinem Menschen betreten worden.

Abenteurern stehen viele Möglichkeiten offen, das Gebiet auf eigene Faust zu erkunden. Der Park ist durchzogen mit teils schwierigen Wander- und Klettertouren, bei denen Übernachtungen auf einfachen Zeltplätzen möglich sind. Für den größten Teil der Touristen eignen sich die kürzeren **Wanderungen**, die direkt am Highway 28 starten, bestens für einen Einblick in die Wildnis. Wer eine naturnahe Pause einlegen möchte, findet entlang der gesamten Strecke einige schöne Picknickplätze, die zum Verweilen einladen.

Kurz nach der Einfahrt in den Park macht der Highway eine 90-Grad-Kurve und überquert den Zufluss des **Buttle Lake**. Genau in dieser Kurve zweigt die *Westmin Rd* ab, eine enge, aber asphaltierte Straße, die am Ufer des Buttle Lake verläuft. Diese wirklich fantastische Strecke führt Sie zum schönsten Wohnmobil-Campground des Strathcona Provincial Parks, den **Ralph River Campground**.

Strathcona Provincial Park

Am Südende des Buttle Lakes liegt die gigantische **Westmin Mine** (aktuell im Besitz des Unternehmens Nyrstar), ein riesiges Bergwerk, das Sie nicht verpassen sollten.

Wieder zurück auf dem Highway 28 erreichen Sie kurz nach der Brücke den zweiten Campground des Parks, den **Buttle Lake Campground**. Dieser ist ebenfalls sehr schön gelegen und hält ausreichend weiträumige Stellplätze bereit. Nach diesem Campground durchqueren Sie auf etwa 25 km den **Strathcona Provincial Park** entlang des Ausläufers des Upper Campbell Lakes – hier gibt es immer wieder Wanderwege und Picknickplätze für einen kurzen Zwischenstopp. Am Westende des Parks, direkt am Crest Lake, erreichen Sie **Crest Creek Crags**, Ausgangspunkt für über 100 waghalsige Klettertouren.

Weiter geht es auf dem Highway 28, von dem kurz vor Gold River eine Logging Road nach Süden zum **White Ridge Provincial Park**, der wegen seiner interessanten Karstlandschaft und Höhlengebiete weit über die Grenzen Kanadas hinaus bekannt ist.

Gold River, der einzige Ort auf dieser Nebenstrecke, liegt nun vor Ihnen. Der gleichnamige Fluss fließt von hier etwa 14 km nach Süden und mündet in den Muchalat Inlet, einen Seitenarm des Pazifik. Historisch war Gold River die Wohnstätte für die Beschäftigten der Sägemühle und Zellstofffabrik am Muchalat Inlet, heute spielt natürlich auch der Outdoor-Tourismus des nahen Strathcona Provincial Parks eine große Rolle. Für Sie ist der Ort ideal, um einige Vorräte aufzufüllen oder eine der mehr als 50, teilweise noch unerschlossenen **Höhlen** zu erforschen. Gold River heißt nicht umsonst auch „Carving Capital of Canada".

Wer zur Geburtsstätte von British Columbia pilgern möchte, kann eine Fahrt mit der MV Unchuck III buchen und sich z. B. nach **Friendly Cove** (*Yuquot Historic Site*) am **Nootka Sound** fahren lassen, wo 1778 James Cook als erster Europäer den „Chief" der Mowahat, Häuptling Maquinna, getroffen hat. Für Kanada ein erhebender, geschichtsträchtiger Augenblick. Die Fahrt mit der *MV Unchuck III* dauert etwa 6 Stunden, inklusive 1,5 Stunden Aufenthalt in Friendly Cove.

Sollten Sie keine Bootstour buchen, lohnt sich eine Weiterfahrt auf dem Highway 28 zum **Muchalat Inlet** (hier starten die in Gold River gebuchten Bootstouren) nur bedingt. Die Landschaft ist zwar sehr schön, touristisch Interessantes gibt es aber nicht. Einzig die riesige Fabrikanlage ziert den Küstenbereich.

Ab Gold River führt eine **Nebenroute nach Tahsis**. Die Zufahrtsstraße ist eine mehr oder weniger gut befahrbare Gravelroad und nicht von allen Vermietern freigegeben. Sie sollten sich also – gerade bei nicht optimalen Witterungsverhältnissen – besser rückversichern, ob Sie die Strecke fah-

▶ Das Südende des Buttle Lake liegt im **Westmin Provincial Park** (▶ Seite 312) – ein „Unterpark" des Strathcona Provincial Parks – Sie befinden sich also korrekterweise „*im Park eines Parks*".

P♠ WHITE RIDGE PP
▶ **Seite 313**

🏠 GOLD RIVER ▶ Seite 314
Great Walk ▶ Seite 315
Bootstouren ▶ Seite 315
Nootka Island Trail ▶ Seite 316
Gold Muchalat PP ▶ Seite 316
Upana Caves ▶ **Seite 316**

▶ Entlang des Nootka Sound verläuft der mehrere Tage in Anspruch nehmende und schwierige **Nootka Island Trail** (▶ Seite 316). Er führt von Friendly Cove nach Louie Bay Lagoon, beide Stationen können per Wasserflugzeug, Bootstour (z. B. MV Unchuck III) oder Wassertaxi erreicht werden. Die Tour sollte erfahrenen Wanderern vorbehalten bleiben, da Sie unterwegs völlig sich selbst überlassen sind. Informieren Sie sich vor Ort über die aktuellen Wegverhältnisse.

ren dürfen. Bei schlechten Wetterverhältnissen sollten Sie generell in Erwägung ziehen, diese Gravelroad auszulassen.

Sollten Sie sich gegen eine Weiterfahrt entscheiden, überspringen Sie einfach den nächsten Abschnitt. Die Rückfahrt zum Ausgangspunkt erfolgt über den bereits gefahrenen Highway 28 bis zurück nach Campbell River.

Über den Tree to Sea Drive nach Tahsis

▶ **Wichtig für Wohnmobilfahrer:** Bei der Visitor Information in Gold River befindet sich eine Sanidump-Station.

Hinweise zur Weiterfahrt: Die gesamte Strecke (einfach ca. 64 km) ist eine mehr oder weniger gut befahrbare Gravelroad mit kurzen asphaltierten Abschnitten, die auch von Holztransportern genutzt wird. Bitte erkundigen Sie sich vor Abfahrt in der Visitor Information von Gold River über den aktuellen Straßenzustand und fragen Sie bei Ihrem Vermieter nach, ob Sie diese Strecke mit Ihrem Fahrzeug befahren dürfen.

👁 TREE TO SEA DR ▶ Seite 318

Die Fahrt auf dem **Tree to Sea Drive** (auch *Head Bay Forest Service Road* genannt) startet an der Visitor Information in Gold River und beeindruckt durch eine fantastische Landschaft mit tollen Ausblicken und einigen sehenswerten Highlights entlang der Strecke. Es warten aber auch Herausforderungen: einspurige Brücken, Gefälle bis 18 % und enge Kurven. Eine ausführliche Beschreibung aller lohnenswerten Haltepunkte der Strecke finden Sie im Faktenteil ▶ Seite 318.

Etwa auf halber Strecke erreichen Sie das **Moutcha Bay Resort** mit RV-Park, Cabins und einer Snackbar. Kurz vor dem Ende der Straße befindet sich der rustikale **Leiner River Campground**, bevor Sie schließlich Tahsis erreichen.

🏠 TAHSIS ▶ Seite 318
Tahsis Museum ▶ Seite 320
Coral Cave ▶ Seite 320

Die kleine Stadt **Tahsis** liegt inmitten der unberührten Natur an einem Seitenarm des Pazifiks, der mit dem **Nootka Sound** und dem **Esperanza Inlet** verbunden ist. Der Ort ist besonders beliebt bei abenteuersuchenden Wanderern, die gerade in den Sommermonaten den kleinen Ort beleben. Aber auch Angler und Wassersportler finden sich hier regelmäßig ein – der Lachs- und Heilbuttbestand ist legendär. Ansonsten gibt es hier neben einigen historischen Gebäuden (z. B. die **Joseph's Roman Catholic Church**) das **Tahsis Museum**, ein kleines Stadtmuseum, das einen Einblick in die Geschichte der First Nations und spätere Besiedelung der Region gibt. Die **Coral Cave**, eine etwa 1.400 m lange Höhle, kann zwar nur per Wanderung (ca. 6 km) oder Allradfahrzeug erreicht werden, bietet dann aber allen Höhleninteressierten ein besonderes Terrain, das allerdings nur mit vernünftiger Ausrüstung begangen werden sollte.

Mit Beendigung des Besuchs von Tahsis endet auch diese Nebenstrecke, für den Rückweg fahren Sie den *Tree to Sea Drive* zurück nach Gold River und von dort über den Highway 28 zum Ausgangspunkt Campbell River zurück.

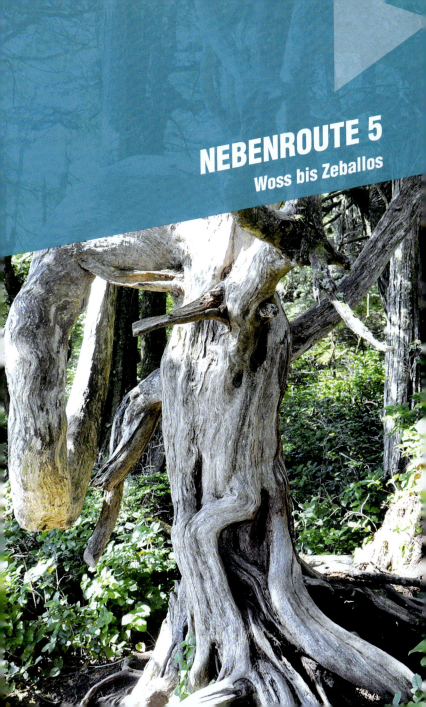

NEBENROUTE 5
Woss bis Zeballos

NEBENROUTE 5 – WOSS BIS ZEBALLOS

Streckenübersicht

▶ NEBENROUTE 5 – WOSS BIS ZEBALLOS

Haupt-strecke km	Teil-strecke km	Stationen auf dem Highway	Highway
0		Abzweig nach Zeballos – **24 km nördlich von Woss**	19
9		Abzweig **Little Huson Cave Regional Park**	
15		**Artlish Caves Provincial Park**	
40		**Zeballos**	
		ENDE NEBENROUTE 5	

HÖHLENFORSCHER AUFGEPASST

Woss bis Zeballos

Diese Nebenstrecke, die 24 km nördlich von Woss vom Highway 19 Richtung Süden abzweigt, werden wahrscheinlich nur diejenigen bewältigen können, die über ein geländegängiges Fahrzeug verfügen – für Mieter von Wohnmobilen ist diese Strecke verboten. Zum Start der Route fahren Sie beim Hinweisschild Zeballos am **Highway 19** auf der *Atluck Rd/Zeballos Rd* zuerst ein kleines Stück nach Westen, bevor es kontinuierlich Richtung Süden weiter geht.

Die etwa 40 km lange Gravel- bzw. Logging Road wird zwar einigermaßen instand gehalten, trotzdem ist beim Befahren Vorsicht geboten, besonders bei feuchten Witterungsverhältnissen und Regen, was im Norden von Vancouver Island keine Seltenheit ist. Dafür werden Sie größtenteils völlig alleine auf der kurvenreichen und engen Straße unterwegs sein.

Nach wenigen Kilometern zweigt eine Nebenstraße zum Parkplatz des **Little Huson Cave Regional Park** ab, von dort führen Wanderwege zu mehreren Höhleneingängen. Der Park liegt im **Atluck Creek Canyon**, von einer Aussichtsplattform bietet sich ein toller Blick auf interessante Felsformationen, eine Felsenbrücke und tiefe, mit klarem Wasser gefüllte Pools. Weitere spannende Höhlensysteme sind das **Benson Lake System**, **Vanishing River** und **Eternal Fountain**. Alle liegen nördlich der Little Huson Caves und sind über Logging Roads erreichbar.

▶ Achtung **Holztransporter**: Auch auf dieser Nebenroute können Ihnen Holztransporter entgegenkommen. Diesen sollten Sie immer Vorfahrt gewähren – am besten weichen Sie an den äußeren Fahrbahnrand aus und bleiben stehen, bis der Transporter an Ihnen vorbei ist.

R ♣ LITTLE HUSON CAVE REGIONAL PARK ▶ Seite 322

Unterwegs im Norden

P ARTLISH CAVES PP ▶ Seite 322

▶ **Geführte Touren** werden ab Zeballos angeboten – Informationen erhalten Sie in der Visitor Information vor Ort.

ZEBALLOS ▶ **Seite 323**
Heritage Museum ▶ **Seite 325**
Bootstouren ▶ **Seite 325**
Muquin/Brooks PP ▶ Seite 325
Rugged Mtn Klettertour
▶ Seite 326

Ein weiterer Höhlenpark ist der **Artlish Caves Provincial Park**, den Sie etwa mittig der Strecke nach Zeballos über die *Artlish Main Rd* Richtung Westen erreichen. Neben interessanten Höhlensystemen finden Besucher in diesem Gebiet auch „kulturell gekennzeichnete" Bäume (*CMTs – Culturelly Modified Trees*), die durch Schnitzarbeiten, Malereien oder die Entnahme von Fasern (z. B. für Kleidung) von den *Kyoquot/Chesleseht First Nations* gekennzeichnet sind.

Nach Besuch dieses Höhlengebietes führt der Weg weiter gen Süden, bis Sie schließlich **Zeballos** erreichen. Ehemals eine reiche Goldgräberstadt ist Zeballos heute für Naturliebhaber, Abenteurer und Sportfischer ein ideales Ziel, um dem Massentourismus zu entfliehen. Auch wenn die Ortschaft weitab liegt, sind auch hier die wichtigsten Versorgungsmöglichkeiten (inklusive Tankstelle) vorhanden.

Bootstouren sind von Zeballos aus ebenso beliebt wie verschiedene, teils mehrtägige Wanderungen und Klettertouren in der umliegenden Einsamkeit. Das **Zeballos Heritage Museum** bietet eine kleine, aber feine Ausstellung über die doch recht belebte Vergangenheit des Ortes.

Für die Rückkehr zur Hauptroute nutzen Sie den Hinweg – es gibt keine Alternative, um wieder zum Highway 19 zu gelangen.

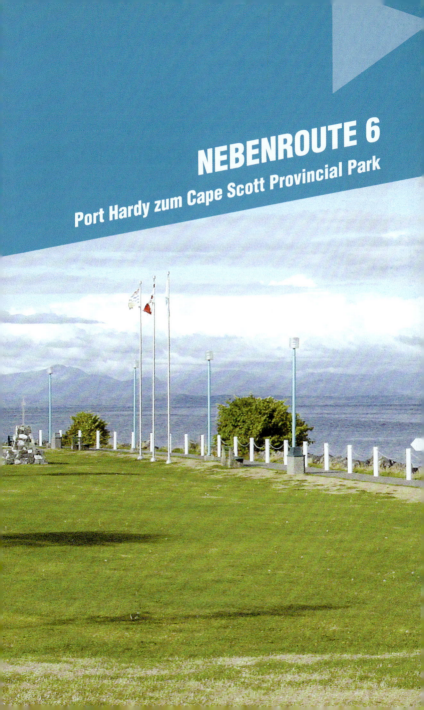

NEBENROUTE 6
Port Hardy zum Cape Scott Provincial Park

NEBENROUTE 6 – PORT HARDY ZUM CAPE SCOTT PROVINCIAL PARK

Streckenübersicht

▶ NEBENROUTE 6 – PORT HARDY ZUM CAPE SCOTT PP

Haupt-strecke km	Teil-strecke km	Stationen auf dem Highway	Highway
0		Port Hardy	19
42		**Holberg**	
52		Abzweig **Winter Harbour** (24 km, einfache Strecke)	
64		**Cape Scott Provincial Park** San Joseph Bay & Cape Scott Parkplatz	
		ENDE NEBENROUTE 6	

DAS NÖRDLICHSTE, WAS VANCOUVER ISLAND ZU BIETEN HAT

Port Hardy zum Cape Scott Provincial Park

Die letzte Nebenstrecke, die Sie auf Vancouver Island absolvieren können, wird leider für die meisten Wohnmobilfahrer aufgrund der Straßenverhältnisse und der versicherungsrechtlichen Sperrung der Wohnmobilvermieter nicht ohne Weiteres zu befahren sein. Holen Sie also vor dem Start der Route Informationen darüber ein, ob die Straße mit Ihrem Wohnmobil befahren werden darf. Alternativ können Sie in Port Hardy einen Shuttleservice in Anspruch nehmen.

Startpunkt der Route ist die *Holberg Rd*, die vom Highway 19 kurz vor dem Stadtbereich von **Port Hardy** nach Westen abzweigt. Zuerst macht die Straße noch einen einigermaßen zivilisierten Eindruck, bevor sie sich dann später in ein Meer aus Schlaglöchern, Spurrillen und Unebenheiten verwandelt. Begleitet werden Sie auf der Strecke von purer Wildnis und Wäldern, soweit das Auge reicht – Sie werden keinen Zweifel daran haben, dass Sie sich nun tatsächlich dem äußersten Zipfel von Vancouver Island nähern.

▶ Vergessen Sie nicht, Ihr Fahrzeug in Port Hardy ausreichend zu betanken. Die Tankstelle in Holberg, der einzigen Ortschaft auf dem direkten Weg zum Cape Scott Provincial Park, ist nur sporadisch geöffnet. In Winter Harbour gibt es zwar eine Tankstelle, der Ort liegt aber nicht auf der direkten Route.

Port Hardy

Den legendären **Shoe Tree**, wo spaßige Zeitgenossen ihre Schuhe nach einer anstrengenden Tour im Cape Scott Provincial Park zur Erinnerung (oder Abschreckung?) in den Baum hängen, können Sie in der Nähe des **Kains Lake** entdecken. Ansonsten führt die Straße geruhsam weiter durch die wilde Natur, bis Sie schließlich das erste Etappenziel, Holberg, erreicht haben.

HOLBERG ▶ Seite 328
Shoe Tree ▶ **Seite 328**
Ronning Garden ▶ Seite 328
Raft Cove Prov. Park ▶ Seite 328

Holberg ist ein winziger Ort, der nur noch wenige Einwohner hat, die zumeist im Werk der Western Forest Products beschäftigt sind. Welche Versorgungsmöglichkeiten Holberg bietet (Tankstelle, Cafe), sollten Sie unbedingt **vor** der Reise zum Cape Scott Provincial Park in Port Hardy erfragen.

Wer vor der Etappe zum Cape Scott Provincial noch einen Abstecher einlegen möchte, kann von Holberg aus einen Besuch von **Winter Harbour** einplanen. Die Stadt ist über eine etwa 24 km lange Logging Road erreichbar und liegt malerisch am *Forward Inlet*, einem Seitenarm der *Quatsino Sound*. Winter Harbour ist größer als Holberg und hat die wichtigsten Versorgungseinrichtungen, eine Tankstelle und einen General Store vor Ort. Sogar eine Poststelle gibt es, von dort können Sie Grüße nach Hause schicken und sich sicher sein, dass die Empfänger überrascht sein werden, von so einem entlegenen Punkt der Welt Post zu bekommen …

WINTER HARBOUR
▶ **Seite 329**

CAPE SCOTT PROVINCIAL PARK ▶ **Seite 329**

Nach dem Abstecher geht es von Holberg aus über die *San Joseph Rd* weiter bis zum Parkeingang des **Cape Scott Provincial Parks**. Außerhalb des Parks befinden sich zwei Campgrounds und ein Parkplatz – in den Park selbst geht es nur noch zu Fuß. Die zahlreichen Wanderwege führen Sie in eine abgelegene Wildnis und entlang der rauen Küste des Pazifiks. Keinerlei Versorgungsmöglichkeiten, sich schnell ändernde Wetterverhältnisse und anspruchsvolle Wanderwege setzen eine gute Vorbereitung und entsprechende körperliche Verfassung voraus.

Erkundigen Sie sich mit einschlägiger Literatur und unter Zuhilfenahme der Visitor Information in Port Hardy über die genauen Bedingungen und aktuellen Wegverhältnisse – zusätzlich empfehlen wir, den Rangern eine Information zu hinterlassen, welche Wanderungen Sie unternehmen und wann Sie Ihre Rückkehr geplant haben.

▶ Der wohl bekannteste Wanderweg ist der **North Coast Trail** (▶ Seite 331), der auf etwa 43 km die Nordküste entlang führt.

Nach Abschluss Ihrer Erkundungen fahren Sie die Strecke wieder genauso zurück, wie Sie gekommen sind – also über die *San Joseph Rd* nach Holberg und von dort über die *Holberg Rd* nach Port Hardy. Ob Sie Ihre Wanderschuhe beim Kains Lake ebenfalls in den Baum hängen, bleibt natürlich Ihnen überlassen …

RÜCKFAHRMÖGLICHKEITEN

Empfehlung	**Sunshine Coast**	**Seite 114**
Alternative 1	**Port Hardy bis Swartz Bay**	**Seite 124**
Alternative 2	**Inside Passage nach Prince Rupert**	**Seite 126**
Alternative 3	**Discovery Passage nach Bella Coola**	**Seite 128**
Alternative 4	**Nanaimo bis Vancouver**	**Seite 130**

DER WEG ZURÜCK

Die Rückfahrmöglichkeiten

Ein erster Überblick

Vancouver Island kann man im Normalfall leider nicht per Rundreise erkunden.

Wer einen Vancouver-Island-Urlaub plant und die Insel von Süd nach Nord bereist, landet unweigerlich irgendwann in Port Hardy und fragt sich: was nun? Welche Möglichkeiten für Rückfahrten bieten sich an?

Um Ihnen die Qual der Wahl zu erleichtern und aufzuzeigen, dass es doch einige spannende und abwechslungsreiche Möglichkeiten gibt, wieder nach Vancouver zurückzukommen, beschreiben wir im weiteren Verlauf die wichtigsten Rückrouten:

▶ **UNSERE EMPFEHLUNG!**
Beschreibung ▶ Seite 113
Fakten ▶ Seite 333

1 Sunshine Coast: Ab Little River/Comox wechseln Sie per Fähre in ca. 1,5 Stunden nach Powell River ans Festland und fahren die sehenswerte Sunshine Coast nach Süden. Zeitbedarf etwa 3–5 Tage.

Beschreibung ▶ Seite 124

2 Vancouver Island von Nord nach Süd: Von Port Hardy den Weg der schon gefahrenen Strecke über die Hwys 19/19A, 1 und 17 zurück nach Victoria. Zeitbedarf 3–5 Tage, je nachdem, wie viele Sehenswürdigkeiten Sie nachholen möchten.

Beschreibung ▶ Seite 126

3 Inside Passage: Port Hardy Richtung Norden und ans Festland nach Prince Rupert. Ab Prince Rupert durch British Columbia nach Süden. Zeitbedarf: mindestens 1 Woche.

Beschreibung ▶ Seite 128

4 Discovery Passage: Von Port Hardy geht es nicht ganz so weit in den Norden wie bei der Inside Passage. Ziel ist das Städtchen Bella Coola am Highway 20. Zeitbedarf: mindestens 5 Tage. Wohnmobilfahrer brauchen eine Erlaubnis des Vermieters für den Hwy 20 von Stuie über den Heckman Pass nach Anahim Lake (70 km extrem steile und enge Gravelroad).

Beschreibung ▶ Seite 130

5 Nanaimo nach Vancouver: Dies ist die schnellste Rückroute, denn ab Nanaimo sind Sie via Fähre in ca. 1,5 Stunden am Ausgangsort in Tsawwassen, alternativ in Horseshoe Bay im Norden von Vancouver.

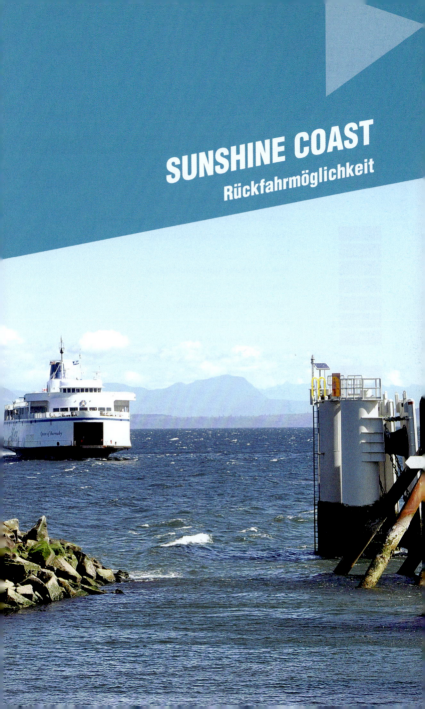
SUNSHINE COAST
Rückfahrmöglichkeit

1 SUNSHINE COAST

Streckenübersicht

▶ RÜCKFAHRMÖGLICHKEIT 1 – SUNSHINE COAST

Hauptstrecke km	Teilstrecke km	Stationen auf dem Highway	Highway
		Port Hardy nach **Comox** (Little River)	
		Fähre von Comox (Little River) nach Powell River	
0		Powell River – Weiterfahrt nach Lund	101
28		**Lund**	101
32		Abzweig **Okeover Arm Provincial Park**	101
48		**Sliammon**	101
54		**Powell River Historic Townsite**	101
56		**Powell River**	101
88		**Saltery Bay Provincial Park**	101
		Fährfahrt von Saltery Bay nach Earls Cove	
88		**Earls Cove**	101
94		**Egmont**	101
94		**Skookumchuck Narrows Provincial Park**	101
100		Earls Cove	101
114		Kleindale	101
118		**Madeira Park**	101
123		**Pender Harbour**	101
133		Secret Cove	101
137		Abzweig **Smuggler Cove Marine Provincial Park**	101
140		**Halfmoon Bay**	101
146		Abzweig **Sargeant Bay Provincial Park**	101
154		**Sechelt**	101
155		Abzweig **Porpoise Bay Provincial Park**	101
163		**Roberts Creek Provincial Park**	101
181		**Gibsons**	101
186		Fährfahrt von **Langdale** nach **Horseshoe Bay / Vancouver**	101
		ENDE RÜCKFAHRMÖGLICHKEIT	

1 SONNE, STRAND UND BERGE

Sunshine Coast

Von Port Hardy bis zum Start der Sunshine Coast

Abgesehen von den beiden Fährrouten (*Inside Passage* und *Discovery Passage*) ist die Rückfahrt über die **Sunshine Coast** die mit Sicherheit spannendste und interessanteste Alternative und benötigt weniger Aufwand und Zeit, als der lange Umweg über das nördliche Festland.

Für die Rückfahrt über die Sunshine Coast sollten Sie mindestens 3 (besser 4–5 Tage) einplanen, um zumindest die wichtigsten Sehenswürdigkeiten besuchen zu können, zusätzlich müssen Sie die Mehrkosten für die Fährfahrten in der Urlaubskasse berücksichtigen.

▶ Mit der **BC Ferries Experience Card** spart man Fährgebühren. Infos am Fähranleger.

Sie fahren von **Port Hardy** den Ihnen schon bekannten Highway 19 wieder gen Süden bis nach **Campbell River**. Dort wechseln Sie auf den küstennahen **Highway 19A** und erreichen etwa 50 km südlicher **Little River** (Comox). Dort befindet sich der Fähranleger nach Powell River.

Die Fähre startet täglich zu vier Fahrten ans Festland, die Fahrtzeit beträgt etwa 1,5 Stunden. Für 2 Erwachsene und ein 24 ft Wohnmobil werden ca. CAD 105 fällig.
www.bcferries.com

Im Hafen von Lund

Lund nach Saltery Bay – Fährfahrt nach Earls Cove

Der **Highway 101**, auch **Sunshine Coast Highway** genannt, ist Teil des *Pacific Coastal Highways*, der in Lund (nördlich von Powell River) beginnt und 15.202 km weiter südlich in Quellon, Porto Monte (Chile), endet. Der kanadische Teil von Lund nach Gibsons ist 146 km lang, asphaltiert und gut befahrbar. Lediglich der nördliche Teil von Powell River nach Lund ist etwas holprig, kurvenreich und stellenweise eng. Damit Sie sich von diesem Straßenzustand selber ein Bild machen können, startet die Fahrt über die Sunshine Coast genau mit diesem Streckenabschnitt.

Die Fähre von Vancouver Island erreicht die Westküste des Festlandes in **Powell River**, hier brechen Sie unmittelbar nach Norden in Richtung Lund auf, die unterwegs liegende Stadt *Sliammon* heben Sie sich für den Rückweg auf. Die etwa 20 km sind trotz schlechterer Straßenverhältnisse schnell zurückgelegt, sodass Sie alsbald in Lund, der Stadt „am Ende der Welt", einfahren.

LUND ▶ Seite 336
Cope Islands PP ▶ Seite 336
Desolation Sound PP ▶ Seite 337
Okeover PP ▶ Seite 337

▶ Eine „Mile 0"-Markierung zeigt in Lund den Beginn des Sunshine Coast Highways.

Lund ist, wie viele Orte hier an der Küste, besonders interessant für Wassersportaktive, aber allein die tolle Aussicht ist einen Besuch wert. Wer etwas Besonderes erleben möchte, kann z. B. Paddeltouren zum **Cope Islands Marine Provincial Park** oder zum **Desolation Sound Provincial Park** unternehmen, bei gutem Wetter ein tolles Erlebnis.

SLIAMMON ▶ Seite 338

Auf dem Rückweg nach Powell River können Sie kurz vor Erreichen der Stadt das kleine Örtchen **Sliammon** besuchen, das vor allem für die Pflege der Handwerkskunst der Tla'amin Nations (früher Sliammon First Nations) bekannt ist. Die wichtigste Einnahmequelle ist eine **Lachszuchtanstalt**, die am Highway 101 liegt und auch besucht werden kann.

POWELL RIVER HIST. TOWNSITE ▶ Seite 338

Kurz vor Powell River erreichen Sie als nächsten, lohnenswerten Zwischenstopp die gleichnamige **Historic Town**, die zumindest für einen kurzen Stadtbummel genutzt werden sollte. Neben vielen historischen Gebäuden ist vor allem das **Patricia Theatre** sehenswert, das seit immerhin 1913 in Betrieb ist. Es wurde im spanischen Renaissance-Stil erbaut und dient sowohl als Kino als auch als Veranstaltungsraum für ein buntes, kulturelles Angebot.

POWELL RIVER ▶ Seite 339
Inland Lake PP ▶ Seite 340
Duck Lake PP ▶ Seite 340
Powell River Museum ▶ Seite 340

Powell River erreichen Sie kurze Zeit später und befinden sich damit im wichtigsten Versorgungszentrum dieses Teils von British Columbia. Regelmäßiger Fährverkehr findet zwischen Vancouver Island und *Texada Island* (südlich der Stadt in der *Strait of Georgia* gelegen) statt, Wander- und Wassersportmöglichkeiten bietet der **Inland Lake Provincial Park**, der wenige Kilometer nordwestlich der Stadt liegt.

Sporthafen Powell River

Wer sich für die gefiederten Lebewesen interessiert, sollte dem Vogelschutzgebiet **Duck Lake Provincial Park** einen Besuch abstatten, dieser liegt westlich der Stadt und ist über die *Haslam Lake Rd* erreichbar.

Das **Powell River Museum** gibt Einblicke in die Geschichte der First Nations und der Stadtentstehung, bei der Papiermühlen immer eine wichtige Rolle spielten – und bis heute spielen.

Die Reise entlang der Sunshine Coast geht nach Verlassen der Stadt weiter auf dem Highway 101/Sunshine Coast Highway die *Malaspina Strait* entlang nach Süden. Der Blick reicht dabei meist weit über das Ufer hinaus bis zur Texada Island, und kleine Ortschaften reihen sich wie an einer Perlenschnur an der Straße auf.

Der **Saltery Bay Provincial Park**, den Sie wenig später erreichen, bietet einige kurze Wanderwege zur **Mermaid Bucht**, wo Taucher vor der Küste nach Wracks suchen und das Unterwasserleben beobachten können. In unmittelbarer Nähe liegt der gleichnamige Fähranleger, dort startet die Fähre nach **Earls Cove**. Die Fähre durchquert den *Jervis Inlet* und bringt Sie nahtlos zur Weiterführung des Sunshine Coast Highways.

Die Überfahrt dauert ca. 50 Minuten, die Fähre verkehrt etwa alle 2,5 Stunden. Der Preis für 2 Erwachsene mit einem 24 ft Wohnmobil beträgt ca. CAD 110.

SALTERY BAY PP ▶ Seite 341
▶ Die hier gekauften Tickets sind ebenfalls für die noch kommende Überfahrt von *Langdale* nach *Horseshoe Bay/Vancouver* gültig.

▶ Informationen auch unter www.bc-ferries.com, aber aufpassen: Die dort gezeigten Preise für Fahrzeuge beinhalten **keine** Personen.

Sunshine Coast

Fähranleger Saltery Bay

Earls Cove nach Langdale – Fährfahrt nach Horseshoe Bay

Der südliche Teil der Sunshine Coast liegt auf der **Halbinsel Sechelt**, an deren nördlichem Ende Sie sich nun befinden. Sobald Sie die Fähre verlassen haben, bietet sich ein Abstecher nach Osten und ein Besuch der Stadt **Egmont** an, die Sie über die gleichnamige *Egmont Road* erreichen.

EGMONT ▶ Seite 342
Chatterbox Falls ▶ Seite 342
MacDonald Island ▶ Seite 342

Ab Egmont können Sie einen besonders abenteuerlichen Ausflug unternehmen und den **Chatterbox Falls** im **Princess Louisa Marine Provincial Park** einen Besuch abstatten. Diese liegen am Ende des *Princess Louisa Inlets*, der allerdings nur per Boot oder Wasserflugzeug erreicht werden kann. Der Provincial Park ist ein wirkliches Highlight, die pittoresken Wasserfälle und die steilen Granitfelswände mit vergletscherten Bergkuppen sind einzigartig. Anbieter für eine Tour zum Park finden Sie in Egmont.

Ebenfalls in Egmont startet ein etwa vier Kilometer langer Wanderweg zum **Skookumchuk Narrows Provincial Park**, der mit den größten Binnensalzwasserstromschnellen Nordamerikas aufwartet – mit bis zu 30 km/h schießt das Wasser durch das Flussbett.

SKOOKUMCHUK NARROWS PROV. PARK ▶ Seite 343

Wieder zurück beim Highway 101 geht die Fahrt Richtung Süden weiter. Sie fahren am *Ruby Lake* entlang und kurvenreich durch dichtes Waldgebiet bis Sie den Ort **Kleindale** erreichen, der Teil des Gemeindezusammenschlusses **Pender Harbour** ist. Nun reihen sich einige Ort-

PENDER HARBOUR ▶ Seite 343

schaften aneinander, und der Meeresblick wird meist entweder durch Wald oder durch in Privatbesitz befindliche, bebaute Küstenabschnitte verborgen. Nutzen Sie daher jede Gelegenheit der Zufahrt zum Strand, um die Aussicht oder einen Spaziergang in frischer Seeluft zu genießen.

Nach Passieren von **Madeira Park** (hier lohnt sich ein kurzer Spaziergang durch den *Seafarar Millennium Park*) verlassen Sie das Gebiet Pender Harbour und erreichen einige Kilometer später zwischen **Secret Cove** und *Halfmoon Bay* den **Smuggler Cove Marine Provincial Park**. Der Zugang zum Park erfolgt entweder per Boot oder über einen etwa 4 km langen Wanderweg vom Parkplatz am Highway. Die Besonderheit des Parks ist seine hohe Biberpopulation, was die erstaunlichen Dammkonstruktionen eindrucksvoll beweisen. Ebenso fühlen sich in den Feuchtgebieten dieses Küstenparks viele seltene Pflanzen- und Vogelarten heimisch.

Im Städtchen **Halfmoon Bay**, das Sie kurze Zeit später erreichen, gibt es außer einem tollen Blick auf die Strände der kleinen Insel *Thormanby* nicht sonderlich viel zu erleben, lohnenswerter ist da schon der Besuch des wenige Kilometer südlich liegenden **Sargeant Bay Provincial Parks**, dem nächsten möglichen Zwischenstopp Ihrer Reise. Der Park umfasst verschiedenartige Uferzonen und Sumpfgebiete und ist dadurch besonders für Ornithologen ein Erlebnis – vor allem, wenn hier Trompeterschwäne, Kanadagänse und Wildenten bei Ihren Reisen gen Süden oder Norden einen Zwischenstopp einlegen.

Die nächste Station bringt Sie wieder in bebautes Gebiet, diesmal in die größte und wichtigste Stadt im Süden der Sunshine Coast: **Sechelt**. Die Stadt liegt auf einem

▶ Neben *Kleindale* umfasst **Pender Harbour** auch noch die Gemeinden *Madeira Park, Irvine's Landing* und *Garden Bay*. Pender Harbour gilt auch als das „Venedig des Nordens".

SMUGGLER COVE PROVINCIAL PARK ▶ Seite 344

HALFMOON BAY ▶ Seite 344

SARGEANT BAY PP ▶ Seite 345

SECHELT ▶ Seite 345
House of Hewhiwus ▶ Seite 346
Tems Swiya Museum ▶ Seite 346
Roberts Creek ▶ Seite 347

Der Wough Lake auf dem Weg nach Egmont

Die Hafenpromenade in Sechelt

schmalen Landstrich zwischen der *Strait of Georgia* und dem *Sechelt Inlet* – so wundert es nicht, dass der First-Nations-Name Sechelt übersetzt so viel wie „Land zwischen zwei Wassern" bedeutet.

Heute noch im Verwaltungsbereich der First Nations befindet sich das **Shishalh Nation Tems Swiya Museum**, das sich ausführlich mit der Geschichte und Kultur dieser frühen Einwohner beschäftigt und im angegliederten Shop Kunsthandwerk anbietet.

Die drei Kilometer lange **Davis Bay** südlich der Stadt umfasst einen der beliebtesten Strandabschnitte und zieht nicht nur wassersportbegeisterte Touristen an. Die **Strandpromenade** der Stadt glänzt mit farbenfrohen Totempfählen und vor allem im Sommer durch ein buntes Kultur- und Festivalangebot.

Etwas abseits des Highways 101, nördlich der Stadt am *Sechelt Inlet* gelegen, liegt der familienorientierte und beliebte **Porpoise Bay Provincial Park**, der in den Sommermonaten stets gut mit Besuchern gefüllt ist und zum Verweilen einlädt.

Nach Rückkehr auf den Highway 101 nehmen Sie die Fahrt gen Süden wieder auf und erreichen kurz vor dem Fähranleger Langdale die Touristenstadt **Gibsons**, die als südlichste Stadt den Beinamen „*Gateway to the Sunshine*

P♦ **PORPOISE BAY PP** ▶ Seite 347

🏠 **GIBSONS** ▶ Seite 347
Sunshine Cst. Museum ▶ Seite 348

Coast" trägt. Die Stadt ist zweigeteilt in **Upper Gibsons**, das mit Shopping Malls und Restaurants bebaut ist, und **Lower Gibsons**, dem „historischen" Ortskern, der heute noch das ehemalige, malerische Fischerdorf erkennen lässt. Ein Bummel durch **Historic Gibsons Landing** und ein Besuch eines der kleinen Cafés könnte ein guter Abschluss Ihrer Tour entlang der Sunshine Coast sein, bevor Sie dann schließlich nach **Langdale** weiterfahren und per Fähre nach **Horseshoe Bay/Vancouver** übersetzen.

▶ Nach Langdale führt der Highway von ca. 11 km weiter bis nach **Port Mellon**, Standort BCs ältester Papier- und Zellstofffabrik
▶ Seite 348

Die Überfahrt dauert ca. 40 Minuten, die Fähre verkehrt etwa alle 1,5 Stunden. Die Kosten für die Fährfahrt haben Sie bereits mit dem Ticket Saltery Bay nach Earls Cove bezahlt.

Je nach Ihren weiteren Reiseplänen werden Sie, da Sie nun im Süden der Sunshine Coast und mit der Fähre in **Horseshoe Bay** angekommen sind, entweder auf dem Highway 99 (*Sea to Sky Highway*) Richtung Norden aufbrechen oder den Highway 99/1 Richtung Süden nach Vancouver einschlagen.

Ist dies der Endpunkt Ihrer Reise, werden Sie nun Ihr Wohnmobil abgeben müssen. Sollte Ihr Vermieter bei den großen Anbietern in **Delta** angesiedelt sein, müssen Sie dazu noch ein kleines Abenteuer bestehen und die Innenstadt von Vancouver durchqueren. Da diese Strecke mit Sicherheit noch einmal volle Konzentration abverlangt, ersparen wir Ihnen die Suche nach dem besten Weg:

Langdale Ferry Terminal

Nord nach Süd:
Einmal quer durch Vancouver

Nach Verlassen der Fähre fahren Sie auf dem **Highway 99/1 Richtung Vancouver** bis zum **Exit 13**. Hier zweigt der **Highway 99/1A** ab, dem Sie nach Süden folgen. Sie fahren zuerst über die **Lions Gate Bridge** und durch den **Stanley Park**, bevor Sie **Downtown Vancouver** erreichen. Sie fahren weiter geradeaus (der Highway 99/1A hat hier zusätzlich den Straßennamen „Georgia St") und biegen nach etwa 1 km rechts in die **Howe St** (= **Highway 99**, 1A entfällt) ab.

Sie folgen dem **Highway 99** nun stur über die **Granville Bridge** und weiter geradeaus, bis er nach etwa 9 km nach links in die **70 Ave W** abknickt und weniger hundert Meter später rechts auf die **Oak Bridge** führt. Von dort geht es rund 14 km geradeaus, bevor Sie am **Exit 28**, der Kreuzung mit dem Highway 17A, dem Hinweis **„River Road North"** zu den Vermietern folgen.

Es klingt komplizierter, als es ist – wenn Sie sich permanent auf dem Highway 99 halten und sich nicht wundern, dass dieser „Highway" mitten durch Großstadtstraßen führt, kann nichts passieren.

Anmerkung: Wir empfehlen Ihnen, selbst wenn Sie eine frühe Fähre von Langdale nach Horseshoe Bay genommen haben, unbedingt noch eine Übernachtung einzuplanen, wenn Sie direkt Ihr Fahrzeug abgeben müssen. Sie haben noch die Stadtdurchfahrt Vancouver zu meistern, die sehr stauanfällig ist und somit die Zeit zum Abgeben des Wohnmobils und die Fahrt danach zum Flughafen reichlich verknappen kann.

Tipp: Sollten Sie vor der Überfahrt nach Vancouver Island am Beginn der Reise auf dem Parkcanada CG in Tsawwassen übernachtet haben, reservieren Sie diesen auch für die letzte Nacht in Kanada. So können Sie entspannt Ihre Koffer packen und das Fahrzeug abgabefertig vorbereiten. Zum Volltanken des Benzin- und Gastanks finden Sie auf der River Road in Delta kurz vor den großen Wohnmobilvermietern eine Husky-Tankstelle.

▶ Eine Erinnerung an die **O(berleitungs)-Busse**, die immer Vorfahrt haben und durch wenig Bewegungsspielraum nicht ausweichen können.

▶ Infolge einer Großbaustelle im Bereich des Massey Tunnels in Richmond müssen Sie mit längeren Staus rechnen. Dies sollten Sie bei Ihrer Zeitplanung berücksichtigen, wenn Sie Ihr Fahrzeug am gleichen Tag abgeben müssen.

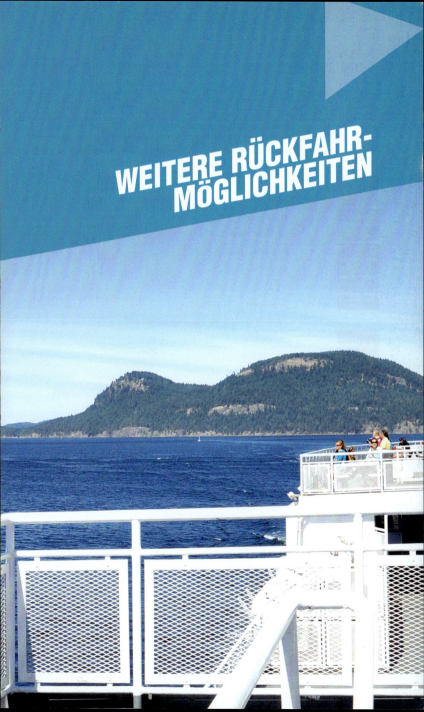
WEITERE RÜCKFAHR-MÖGLICHKEITEN

2 PORT HARDY BIS SWARTZ BAY

Streckenübersicht

▶ RÜCKFAHRMÖGLICHKEIT 2 – PORT HARDY NACH SWART BAY

Haupt-strecke km	Teil-strecke km	Stationen auf dem Highway	Highway
0		Port Hardy	19
43		Port McNeill	19
240		Campbell River	19
394		Nanaimo	19/1
446		Duncan	1
496		Langford	1
533		Swartz Bay – Fähranleger	17
		Fährfahrt von Swartz Bay nach Tsawwassen	
533		Tsawwassen – Fähranleger	17
541		Abzweig Highway 17A	17A
547		Kreuzung Highway 17A/99	17/99
ENDE RÜCKFAHRMÖGLICHKEIT 2			

2 ZURÜCK VON NORD NACH SÜD

Port Hardy bis Swartz Bay

Natürlich können Sie auch den bereits zurückgelegten Weg für die Rückreise einschlagen und von **Port Hardy** über die bekannten Highways wieder nach Süden bis zum Fähranleger **Swartz Bay** fahren.

Was auf den ersten Blick ein wenig langweilig erscheint, hat durchaus seine Reize. Sie können dadurch nicht nur Sehenswürdigkeiten oder Aktivitäten nachholen, die Sie auf der Hinreise nicht geschafft haben oder bei denen Ihnen das Wetter einen Strich durch die Rechnung gemacht hat. Auch werden die bereits bekannten Strecken durch die umgekehrte Perspektive fast völlig neu auf Sie wirken. Oder Sie fahren – sofern nicht bereits auf der Hinreise geschehen – die wirklich sehenswerten Nebenrouten dieser Routenempfehlung und genießen noch mehr Vielfalt von Vancouver Island.

Letztlich kann man dadurch, dass man die Strecke kennt, Vieles entspannter genießen oder sich an den Stellen, die einem besonders gefallen haben, mit mehr Ruhe einer Wanderung widmen, einen Tag Pause einlegen oder einfach nur die Seele baumeln lassen. Es muss also nicht immer die aufwendige und völlig neue Rückreise sein – auch Bekanntes kann mit neuen Reizen locken.

Wahrscheinlich werden Sie aber auf der Rückreise nach Swartz Bay nicht die komplette Route noch einmal fahren, sondern die Strecken Richtung Westen an die Pazifikküste weglassen, wenn diese schon bei der Fahrt nach Port Hardy auf dem Programm standen. Damit wäre dann die Rückreise wie folgt: Sie fahren von Port Hardy über den Highway 19 bis nach Campbell River, wo Sie sich erneut für die schnelle (Highway 19) oder schöne Variante (Highway 19A) entscheiden. Nach Absolvierung des Küstenabschnitts fahren Sie nach Nanaimo auf den Trans-Canada Highway 1, in Victoria schließlich auf den Highway 17. Diesem folgen Sie nach Norden bis zum Fähranleger in **Swartz Bay**. Von dort bringen die Fähren Sie nach **Tsawwassen**, und über den Highway 17/17A geht's zu den Wohnmobilvermietern oder zum Ausgangspunkt Ihrer weiteren Reise.

▶ Sollten Sie auf der Rückreise die Innenstadt von **Victoria umfahren** wollen, fahren Sie ca. 7 km östlich von Langford über den Exit 6 auf die *McKenzie Ave* zum Hwy 17 Richtung Swartz Bay.

3 INSIDE PASSAGE NACH PRINCE RUPERT

Streckenübersicht

▶ RÜCKFAHRMÖGLICHKEIT 3 – INSIDE PASSAGE ▶ PRINCE RUPERT

Hauptstrecke km	Teilstrecke km	Stationen auf dem Highway	Highway
		Port Hardy	19
		Inside Passage nach Prince Rupert	
0		Prince Rupert	16
242		Abzweig Highway 37 (Cassiar Highway) nach Norden	16/37
724		Prince George	16
844		Quesnel	97
963		Williams Lake	97
1.169		Cache Creek *(▶Alternative 2)*	97/1
1.362		Hope	1
1.522		**Vancouver**	1
		Alternative 2 ab Cache Creek	
1.169		Cache Creek	1
1.178		Abzweig Highway 99	1/99
1.255		Lillooet	99
1.348		Pemberton	99
1.380		Whistler	99
1.438		Squamish	99
1.483		Horseshoe Bay / Vancouver West	99/1
1.503		**Vancouver** – zurück nach Delta	99
		ENDE RÜCKFAHRMÖGLICHKEIT 3	

3 DURCH DIE INSELWELT

Inside Passage nach Prince Rupert

Wer nach Erreichen von Port Hardy Sehnsucht nach dem Meer verspürt und eine ganz besondere und außerordentlich schöne Fahrt durch die dem Festland vorgelagerte Inselwelt unternehmen möchte, sollte bereits bei der Reiseplanung eine Reservierung für die **Inside Passage** nach Prince Rupert vornehmen. Eine Spontanbuchung ist nur selten möglich, wenn überhaupt, so werden Sie höchstens zur Vor- oder Nachsaison Glück haben. Da mit dieser Fährfahrt aber auch noch eine lange Rückreise über das Festland verbunden ist, sollten Sie auf dieses Glück nicht spekulieren.

Die Fahrt über die Inside Passage zählt mit Sicherheit zu einem ganz besonderen Erlebnis und führt Sie durch eine einzigartige Inselwelt und eine unberührte Natur, die Sie so noch nicht gesehen haben werden. Auch die Rückreise über das Festland, den Highway 16 (*Yellowhead Highway*) und vielleicht sogar weiter bis in die Nationalparks der Rockies wird beeindruckend sein.

Je nach Umfang der weiteren Planung sollten Sie bei dieser Rückroute mindestens eine Woche Zeit einplanen. Selbst der „kurze Weg" von Prince Rupert über Prince George und die Highways 97 und 99 zurück nach Vancouver ist etwa 1.500 Kilometer lang und mit entsprechend langen Zeiten hinterm Steuer verbunden. Wenn Sie dann noch Sehenswürdigkeiten einplanen, ist eine Woche schnell vorüber.

Die **Fähre** über die Inside Passage startet in Port Hardy um 7:30 Uhr, Check-in ca. 2,5 Stunden vor Abfahrt. Alle Reservierungen, die nicht 1,5 Stunden vor Abfahrt geltend gemacht wurden, verfallen.

Die Ankunft in Prince Rupert ist gegen 22:30 Uhr, daher ist es ratsam, bereits vorher einen Übernachtungsplatz zu reservieren. Hierzu bietet sich der **Prince Rupert RV Campground** an, der etwa 800 m vom Fähranleger entfernt am Highway 16 liegt.

Achtung: Leider können Sie sich – aufgrund immer wieder erfolgender Umstellungen – auf diese Zeiten nicht in jedem Fall verlassen, bitte bei Bedarf die aktuellen Fährzeiten erfragen oder auf der Internetseite nachschauen (www.bcferries.com).

▶ **Prince Rupert RV Campground:** 1750 Park Ave
250-627-1000, 77, alle Anschlussmöglichkeiten, Ja Ja $$
www.princeruperttrv.com

▶ **Ferry Terminal Prince Rupert:** Fairview
1-877-223-8778

4 DISCOVERY PASSAGE NACH BELLA COOLA

Streckenübersicht

▶RÜCKFAHRMÖGLICHKEIT 4 – DISCOVERY PASSAGE ▶BELLA COOLA

Hauptstrecke km	Teilstrecke km	Stationen auf dem Highway	Highway
		Port Hardy	19
		Discovery Passage nach Bella Coola	
0		Bella Coola	20
90		Beginn Gravelroad bis Anahim Lake	20
150		Anahim Lake	20
306		Williams Lake	20/97
512		Cache Creek (s. auch Alternative 2)	97/1
705		Hope	1
865		**Vancouver**	1
		Alternative 2 ab Cache Creek	
512		Cache Creek	1
523		Abzweig Highway 99	1/99
600		Lillooet	99
693		Pemberton	99
725		Whistler	99
783		Squamish	99
828		Horseshoe Bay / Vancouver West	99/1
848		**Vancouver** – zurück nach Delta	99
ENDE RÜCKFAHRMÖGLICHKEIT 4			

4 DURCH DIE INSELWELT – FÜR ABENTEURER

Discovery Passage nach Bella Coola

Startpunkt der Discovery Passage nach Bella Coola ist ebenfalls in Port Hardy. Die **Discovery Passage**, die als Tagesfahrt nur im Sommer angeboten wird, ist ebenfalls ein tolles Erlebnis. Die Route folgt zuerst der Inside Passage, bis sie dann südlich von King Island nach Osten abzweigt und durch den Burke Channel entlang der King Island durch eine grandiose, einsame Landschaft nach Bella Coola führt – Endpunkt des legendären Highway 20. Auch hier gilt: Sie sollten die Fährfahrt bereits vorab gebucht haben, da auch hier Rest- und Spontanplätze nur selten zu ergattern sind.

Wichtig zu wissen ist, dass das Befahren des **Highway 20**, der von Bella Coola nach Williams Lake führt, von den meisten Wohnmobilvermietern nicht gestattet wird. Der Grund dafür ist ein Teilstück des Highways 20, „The Hill" genannt. Diese nur 10 km lange, schmale und schlecht ausgebaute Gravelroad mit Steigungen bis zu 18 % (ohne Randbegrenzung am Fahrbahnrand), erfordert einige Erfahrung. Auch nach dem „Hill" ab Heckman Pass liegen noch weitere 50 km Gravelroad bis Anahim Lake vor Ihnen. Auch wenn Sie sich zu den geübten Wohnmobilfahrern zählen, sollten Sie **unbedingt** mit Ihrem Vermieter abklären, dass Sie diese Strecke fahren dürfen. Ab Anahim Lake führt die Route durch das Cariboo Country. Die Straße ist zwar befestigt, aber auf den nächsten ca. 100 Kilometern keineswegs eine glatte Straße, die ein entspanntes Fahren ermöglicht – die Straße ist nur grob geteert. Sollten Sie den Highway 20 befahren dürfen, gilt auch für diese Route über das Festland, dass Sie nicht zu wenig Zeit einplanen sollten – das Fahren auf einer schlechten Gravelroad mit erschwerten Bedingungen und Steigungen sind mit wesentlich mehr Zeitaufwand verbunden als die Fahrt auf den üblichen Highways. Zudem ist die direkte Route zurück nach Vancouver zwar „nur" etwa 1.000 Kilometer lang, aber mit vielen Stationen versehen, deren Besuch sich allemal lohnt.

Abfahrt der Fähre in Port Hardy ist um 7:30 Uhr, etwa 2 Stunden vorher sollten Sie einchecken. Reservierungen, die bis 1,5 Stunden vor Abfahrt nicht geltend gemacht wurden, verfallen. Die Ankunft in Bella Coola ist abhängig von den Stopps unterwegs.

Hinweis: Die Abfahrtzeiten unterlagen in der Vergangenheit immer wieder Schwankungen, Sie sollten sicherheitsalber vorab die aktuellen Fährzeiten erfragen oder auf der Internetseite nachsehen (www.bcferries.com).

▶ Campgrounds von Bella Coola bis Beginn "The Hill" ca. 20 km östlich des Ferry Terminals Bella Coola:

Bailey Bridge Campground:
- Strom
- www.baileybridge.ca

Rip Rap Camp:
- Alle Anschlüsse
- http://riprapcamp.com

Unsere Empfehlung:

Atnarko Campground
einfach ausgestattet, am Fuße des „Hill", 72 km östlich von Bella Coola: 28
In der Nähe

5 NANAIMO BIS VANCOUVER

Streckenübersicht

▶ RÜCKFAHRMÖGLICHKEIT 5 – NANAIMO BIS VANCOUVER

Haupt-strecke km	Teil-strecke km	Stationen auf dem Highway	Highway
		Variante 1 – Nanaimo / Departure Bay bis Horseshoe Bay	
0		Port Hardy	19
43		Port McNeill	19
240		Campbell River	19
385		Nanaimo / Departure Bay	1
		Fährfahrt nach Horseshoe Bay / Vancouver West	
385		Horseshoe Bay / Vancouver West	99/1
405		Vancouver	99
425		Delta	99
		Variante 2 – Nanaimo / Duke Point bis Tsawwassen	
0		Port Hardy	19
43		Port McNeill	19
240		Campbell River	19
394		Nanaimo / Duke Point	19/1
		Fährfahrt nach Tsawwassen	
394		Tsawwassen	17
402		Abzweig Highway 17A	17A
408		Kreuzung Highway 17A/99 (Delta)	17A/99
		ENDE RÜCKFAHRMÖGLICHKEIT 5	

5 DER SCHNELLE WEG ZURÜCK

Nanaimo bis Vancouver

Für diejenigen, die nicht zum Fähranleger Swartz Bay zurückfahren, sondern möglichst schnell nach Vancouver kommen möchten, gibt es ab **Nanaimo** die Möglichkeit, entweder nach **Horseshoe Bay** oder zum Ausgangspunkt nach **Tsawwassen** per Fähre überzusetzen.

Da beide Routen von unterschiedlichen Fähranlegern in Nanaimo starten, hier kurz die detaillierten Beschreibungen. Die Kosten für beide Überfahrten sind in etwa gleich, für 2 Erwachsene mit einem 24 ft Wohnmobil zahlen Sie etwa CAD 120.

1 Nanaimo / Departure Bay bis Horseshoe Bay

Der Fähranleger **Departure Bay** liegt von Süden kommend am Ende des Trans-Canada Highway 1. Da Sie nun aber aus dem Norden kommen, nehmen Sie von Port Hardy den Highway 19 und spätestens ab der Gabelung vor Nanaimo den Highway 19A (Exit 29), der Sie zuverlässig in die Innenstadt von Nanaimo führt. Dort werden Sie per Hinweisschilder nicht nur sicher zum Ferry Terminal Departure Bay geleitet, sondern erfahren auch, wie viel Platz auf der nächsten Fähre noch frei ist.

Die Fährfahrt nach **Horseshoe Bay** dauert etwa 1,5 Stunden, die Fähren fahren die Strecke mehrmals täglich. Eine Vorreservierung ist zwar nicht unbedingt erforderlich, wenn man aber nicht unnötig Zeit mit dem Warten auf die nächste freie Überfahrt verschwenden möchte, durchaus sinnvoll.

Die Reservierung muss nicht Wochen im Voraus erfolgen – sollten Sie sich also in Port Hardy spontan für diese Rückfahrmöglichkeit entscheiden, reicht ein Anruf bei den *BC Ferries*.

▶ Reservierungen über BC Ferries: ☎ 1-888-223-3779 (gebührenfrei), Fähranleger Departure Bay: ✉ 680 Trans-Canada Highway 1

▶ Reservierungskosten für Fahrzeuge: 7 Tage vor Abfahrt: CAD 18,50, mehr als 7 Tage vor Abfahrt: CAD 15

2 Nanaimo / Duke Point bis Tsawwassen

Der Fähranleger **Duke Point** liegt südlich der Innenstadt am Highway 19. Ab Port Hardy folgen Sie dem Highway 19 und wechseln kurz vor Nanaimo nicht auf den Highway 19A, sondern umrunden mit der schnelleren Strecke (Highway 19) die Innenstadt. Dieser trifft südlich von Nanaimo auf den Trans-Canada Highway 1. Diesem folgt

Fährfahrt

▶ Reservierungen ebenfalls über BC Ferries: ☎ 1-888-223-3779 (gebührenfrei), Fähranleger Duke Point: 🚗 400 Duke Point Hwy

man für ca. 1 km, bevor er wieder als Highway 19 Richtung Duke Point abzweigt und den Beinamen *"Duke Point Highway"* trägt. Diesen fahren Sie rund 9 km bis zu seinem Ende, dort befindet sich der Fähranleger Duke Point.

Die Fährfahrt nach Tsawwassen dauert etwa 2 Stunden, an Werktagen finden 6 Fahrten, am Wochenende 4 Fahrten pro Tag statt. Auch hier gilt es, einen Platz zu reservieren, wenn man nicht unnötig warten möchte. Dies muss ebenfalls nicht unnötig lange im Voraus passieren.

FAKTENTEIL

HAUPTROUTE

Typische Wohntürme in Downtown Vancouver

VANCOUVER

	nach Tsawwassen – Swartz Bay	38 km
	Victoria	70 km (ohne Fährfahrt)
	Vancouver	631.486
	Metropolregion	2,46 Mio.
		+3 °C
		+18 °C

Die weltoffene Stadt **Vancouver** ist die attraktivste und größte Stadt in British Columbia. Ein Gang durch die Stadt offenbart dem Besucher einen Schmelztiegel aus unzähligen fremden Sprachen, Menschen und Kulturen. Dies, in Verbindung mit einer einzigartigen und sehr angenehmen Lebensqualität, macht die Stadt zu etwas ganz Besonderem.

Vancouver liegt zu Füßen der Coast Mountains an der Strait of Georgia, am Burrard Inlet und am Fraser River. Zahlreiche Parks, darunter der 4 km² große **Stanley Park** mit einer wunderschönen Uferpromenade, lockern das Stadtbild auf und ermöglichen vielfältige, sportliche Aktivitäten in der Freizeit. Im Stadtgebiet Vancouver leben über 600.000 Menschen, der Großraum hat über 2,4 Millionen Einwohner.

Schon vor mehr als 5.000 Jahren waren, archäologischen Funden nach zu urteilen, in dieser Gegend Stämme der First Nations beheimatet. Mit First Nations werden die indianischen Völker Kanada ohne die Métis und Inuits bezeichnet. Métis sind die Nachkommen aus der Verbindung von europäischen Pelzhändlern und indianischen Frauen, Inuits sind Eskimo-Volksstämme.

Der Ursprung der heutigen, modernen Stadt geht auf den um 1860 stattgefundenen Goldrausch im Fraser Canyon und Cariboo Country zurück. 1887 wurde die transkontinentale Eisenbahnstrecke eröffnet und Forstwirtschaft, Bergbau und die Fischerei sorgten für immer weitere Zuwanderung. Benannt wurde die Stadt nach Kapitän George Vancouver, der 1792 auf der Nordwest-Passage sein Schiff in den Burrard Inlet steuerte.

Der Hafen von Vancouver ist der größte Kanadas und hat durch die Eröffnung des Panamakanals in Mittelamerika, der den Pazifik mit der Karibik verbindet und für die Seefahrt eine enorme Zeitersparnis bedeutet, international erheblich an Attraktivität gewonnen. Neben dem Hafen spielt auch die Forstwirtschaft für die Stadt eine große Rolle. Dienstleistungsunternehmen, Banken und viele globale Unternehmen haben ihren Sitz in Vancouver. Die Vancouver-**Filmstudios** sind ein wichtiger Teil der nordamerikanischen Filmindustrie, viele Filme wurden rund um Vancouver gedreht. Weitere Infos hierüber unter www.vancouverfilmstudios.com

Vancouver hat zwei staatliche Universitäten: die 1908 gegründete **University of British Columbia** (UBC) und die 1965 gegründete **Fraser University** (SFU). Die UBC befindet sich an der Westspitze der Burrard Halbinsel, die SFU in Burnaby.

Vancouver war Austragungsort für die **XXI. Olympischen Winterspiele** vom 12. bis 28. Februar 2010. Die meisten Wettkämpfe wurden in der 122 km nördlich von Vancouver liegenden Stadt **Whistler** ausgetragen. Um schnell die Strecke Vancouver Whistler überbrücken zu können, wurde in mehreren Jahren Bauzeit der **Sea-to-Sky Highway 99** zu einer weitestgehend 3- bis 4-spurigen „Autobahn" ausgebaut. Und damit man trotz rasanter Fahrweise die grandiose Aussicht auf den **Howe Sound** genießen kann, hat man einige Viewpoints entlang des Highway 99 eingerichtet.

Wenn Sie die Stadt besuchen möchten, sollten Sie möglichst auf öffentliche Verkehrsmittel umsteigen. Dies gilt besonders für Wohnmobilfahrer. Parkplätze werden diese nur mit sehr viel Glück finden und der Innenstadtverkehr ist, wie in jeder Großstadt, wenig „wohnmobilgeeignet".

Der Personennahverkehr ist gut ausgebaut, innerhalb Downtown verkehren Busse, Bahnen (**Skytrain**) und Schiffe (**Seabus**) zum Einheitstarif. Bus, Skytrain und Seabus transportieren ohne Mehrpreis auch Fahrräder. Die **Seabus-Linie** verbindet Downtown mit Nord-Vancouver. Der Ticketpreis für Busfahrten muss passend abgezählt sein. Die Fahrkartenautomaten für Seabus/Skytrain nehmen Debit- und Kreditkarten, Münzen und Scheine (bis CAD 20).

! **Beachten Sie** Die Fahrer haben kein Wechselgeld an Bord, das Fahrgeld muss also immer abgezählt sein.

Informationen Nahverkehr

Zone 1	Downtown: Tickets CAD 2,85, Gültigkeit: 90 min.
Zone 2	Downtown, Richmond, Burnaby, Nord- und West-Vancouver: Tickets CAD 4,10
Zone 3	weitere östliche Vororte von Vancouver inkl. Zone 2: Tickets CAD 5,60
Tagespass	für alle 3 Zonen: CAD 10

Weitere Infos
- 604-953-3333
- Mo–Fr 5:30–0:30 Uhr, Sa & So 6:30–23:30 Uhr
- www.translink.bc.ca

Die **Transit System Map** (Canada Line, Expo Line, Millennium Line, Busse, SeaBus) können Sie sich unter folgendem Link ausdrucken:
- http://infomaps.translink.ca/System_Maps/skytrain_bline_seabus_map.pdf

! **Hinweis für Wohnmobilfahrer** In Vancouver verkehren **O(berleitungs)-Bus**-Linien. Diese Busse haben, wie auch alle anderen Beförderungsmittel, absoluten Vorrang. Besondere Unfallgefahr droht durch die Tatsache, dass diese Busse nur eingeschränkt ausweichen können, da ein Spurwechsel für sie nicht ohne Weiteres möglich ist!

Die wichtigsten Sehenswürdigkeiten mit vielen interessanten Informationen über die Stadt sieht man bei einer Fahrt mit dem **Westcoast Sightseeing-Bus**. Er hat 23 Haltestellen mit Zusteigemöglichkeit, Fahrkarten erhält man beim Fahrer. Die Tickets sind 24 Stunden gültig, so kann man jederzeit bei einem Haltepunkt zu- oder aussteigen und die einzelnen Sehenswürdigkeiten in Ruhe besichtigen. Es werden auch verschiedene Sightseeingtouren angeboten. Näheres auf der Internetseite. **Tipp:** Online-Order spart Dollars.

- 200 - 110 Cambie St, Vancouver
- 604-451-1600 oder 1-877-451-1777 (geb. frei)
- Hop-On, Hop-Off: Mai–Sept.: alle 15–30 Min. je nach Saison, Okt.–April: stündlich
- **1-Tages-Pass:** Erw. (ab 13 J.): CAD 54, Kinder (3–12 J.): CAD 25
- Plan: westcoastsightseeing.com/live-bus-map
- www.westcoastsightseeing.com

Eine weitere Möglichkeit, die Sehenswürdigkeiten Vancouvers gemütlich per Bus zu erreichen, ist mit dem historischen **Vancouver Trolley**. Auch hier kann man jederzeit ab- und zusteigen, die Tickets sind 24 Stunden gültig.

- 875 Terminal Ave, Vancouver
- 604-801-5515 oder 1-888-451-5581 (geb.frei)
- Ganzj. 9–17 Uhr
- Z. B. Parkroute: Erw.: CAD 49, Kinder (3–12 J.): CAD 25
- info@vancouvertrolley.com
- Plan: www.vancouvertrolley.com/tours/route-map
- www.vancouvertrolley.com

Der **Trans-Canada Highway 1** verläuft östlich von Downtown und über die Second Narrows Bridge durch Burnaby nach Osten. Der von Vancouver West kommende **Sea-to-Sky Highway 99** führt über die Lions Gate Bridge, Stanley Park, Granville und Richmond durch den Westteil der Stadt nach Delta im Süden von Vancouver und erreicht nach ca. 40 km die Nordgrenze der USA. Vom Fährenleger **Horseshoe Bay (Vancouver West)** gibt es Verbindungen nach **Nanaimo** auf Vancouver Island und

Blick auf Vancouver

zur sehenswerten **Sunshine Coast** (Highway 101). Die Fährverbindung südlich von Vancouver vom **Fährenleger Tsawwassen** führt nach **Swartz Bay** auf Vancouver Island. Fährpläne unter:
- www.bcferries.bc.ca/schedules/mainland

Wohnmobilfahrern raten wir, die Campgrounds außerhalb der Stadt anzufahren. Zwar sind diese Campgrounds eher vergleichbar mit riesigen Parkplätzen und haben nichts mit der Idylle der naturnahen Provincial Campgrounds gemeinsam, bieten dafür aber neben einem stolzen Preis allen erdenklichen Komfort, inklusive Strom-, Wasser- und Abwasseranschluss. Diese **Stadt-Campgrounds** liegen meist in unmittelbarer Nähe einer Bus- oder Skytrain-Haltestelle mit guter Verbindung zur Innenstadt.

Das Angebot an Geschäften, Malls, Restaurants und Hotels ist mehr als reichhaltig. Die **Robson Street** ist die bekannteste Einkaufsstraße mit Vertretungen aller Modemacher. Dazwischen gibt es genügend Cafés und Restaurants, um sich nach einem Einkaufsbummel zu erholen und zu stärken. Vancouver gilt als Schmelztiegel vieler Kulturen und Menschen, was sich vor allem auch in der Kunst- und Kulturszene widerspiegelt. Interessierte finden in der Stadt ein umfangreiches Angebot an Galerien, Museen, Theatern und Varietés aller Stilrichtungen – von der Kunst der Natives bis zur aktuellen Popkultur ist für jeden Geschmack etwas dabei.

Besonders reizvoll und perfekt für ein paar entspannende Momente nach einer anstrengenden Stadttour sind die zahlreich angebotenen Schiffsausflüge. Wer es sich an Bord eines Ausflugsschiffes bequem machen möchte, nutzt am besten die nachfolgend aufgeführten Angebote.

🛈 Tourist Information

Hier erhalten Sie neben den üblichen Stadtinfos auch einen **Veranstaltungskalender**, der Sie über die Attraktionen während Ihres Aufenthaltes in Vancouver informiert.
- ✉ Plaza Level, 200 Burrard St, Vancouver, BC V6C 3L6
- ☎ 604-873-7000
- 🕒 Tägl. 9–17 Uhr, Weihnachten u. Neujahr geschlossen
- @ VisitVancouver@tourismvancouver.com
- www.tourismvancouver.com

Über die folgende Webseite können Coupons ausgedruckt werden, die für einige Attraktionen Ersparnis bringen. Fragen Sie in der Visitor Info auch nach Kombitickets und Discount-Pässen.
- www.vancouverattractions.com

> **Wussten Sie schon?** Über ihr Engagement gegen US-amerikanische Atomtests lernten sich Irwing Stowe, Jim Bohlen und Paul Cote Ende der 1960er-Jahre kennen und gründeten in Vancouver das *Don't Make a Wave Committee,* das als Keimzelle der Umwelt- und Friedensbewegung Greenpeace gilt, deren Gründung dann im Jahre 1970 / 1971 erfolgte.

👁 Bootstouren

▶ Vancouver Harbour Tour

Die etwa eine Stunde dauernde Tour führt durch den Burrard Inlet, vorbei am Stanley Park, an der Lions Gate Bridge und Gastown.

- 🕐 Touren: Tägl. von Mai-Sept.
- 💲 Erw.: CAD 38,95, Sen. (60+)/Jugendl. (12-17 J.): CAD 32,95, Kinder (5-11 J.): CAD 12

▶ Indian Arm Luncheon Cruise

Auf dieser Tour werden neben Stanley Park, Lions Gate Bridge und Granville noch die Küstenabschnitte Vancouver Nord und Vancouver West angefahren. Die Tour dauert etwa 4 Stunden und beinhaltet ein Bordmenü.

- 🕐 Touren: Mai-Sept.: Mai, Juni & Sept.: Sa-Mo, Juli & Aug.: Fr-Di
- 💲 Je Teilnehmer: CAD 70,95

Infos über Touren und Reservierungen
- ✉ 501 Denman St, Vancouver
- ☎ 604-688-7246 oder 1-800-663-1500 (geb. frei)
- @ tours@boatcruises.com
- 🌐 www.boatcruises.com

👁 Stadtteile Innenstadt

Der Innenstadtbereich von Vancouver ist eine vielfältige Sammlung verschiedenster Stadtteile, die touristisch wichtigsten und interessantesten sind:

Gastown (▶Seite 146) Die Keimzelle der gesamten Stadt und damit das älteste Viertel. Bestechend ist die für kanadische Verhältnisse alte Bausubstanz der teilweise schon durch den Zahn der Zeit etwas heruntergekommenen Häuser. Eine extreme Mischung aus modernen Einwohnern und den ärmsten Schichten der Bevölkerung macht Gastown einzigartig und manchmal ein wenig erschreckend. Die Straßen Water/Powell/Alexander und Cordova Street bilden zwischen **Cambie** und **Main Street** das Zentrum, ab West Hastings Street sollten sich ängstliche Besucher auf eine besondere Klientel einstellen.

Chinatown (▶Seite 144) Die ehemaligen Arbeitertrupps aus dem fernen China haben rund um **West Pender** und **Keefer Street** zwischen Carrall und Gore Street ein einmaliges Ambiente erschaffen. Touristisch nicht unnötig aufgeblasen können interessierte Besucher hier in die asiatische Lebenswelt eintauchen.

Yaletown Das junge, moderne und hippe Viertel von Vancouver Downtown. Geprägt von den riesigen, gläsernen Wohnhäusern und einer einzigartigen Kombination aus kreativen Geschäften und stylishen Bars, ist Yaletown das Gebiet der jungen und wohlhabenden Generationen. Im Osten und Süden begrenzt durch den **False Creek**, erstreckt sich der Stadtteil im Westen bis etwa zur **Richards Street** und im Norden bis **Smithe/Robson Street**. Besonders sehenswert sind die beiden Straßen **Mainland** und **Hamilton** zwischen Smithe und Davie Street, hier dürfen sich die Fußgänger über hochgebaute und breite Bürgersteige freuen, auf denen sich ein Café an die nächste Bar reiht. Die vergleichsweise ruhigen Wiesen am False Creek eignen sich wunderbar für eine Pause vom Laufstress der Großstadt.

Downtown/Granville Durchzogen von den Haupteinkaufsstraßen **Robson** und **Granville Street** bestechen Downtown und Granville durch riesige Glasbauten, ruhigere Nebenstraßen und eine besondere Geschäftigkeit. Cafés und Restaurants sind zahlreich zu finden, ebenso Galerien, Museen und Einkaufsmöglichkeiten für alles, was das Herz begehrt. Die Granville Street ist der kreativere, aber nicht unbedingt belebtere Partner des Innenstadtbereichs und führt im Süden nach **Granville Island**.

Heritage District Direkt an der Waterfront gelegen, versammeln sich im Heritage District edle Boutiquen, Geschäftszentren und Hochhäuser aus den Anfängen des 20. Jahrhunderts. Genannt seien z. B. das **Sinclair Centre** (erbaut 1911), ein Mekka für Modefreunde, oder das **Marine Building** (erbaut 1930) mit Art Deco Architekturanklängen. Hier finden Sie „**The Vancouver Lookout**" ebenso wie das architektonisch beeindruckende **Canada Place**. Der Heritage District wird

begrenzt durch die Burrard Inlet im Norden und West Pender Street im Süden, der Kernbereich liegt zwischen Burrard und Richards Street.

Stanley Park (▶Seite 146) Auch wenn der Begriff Stadtteil für eine Grünanlage eigentlich unpassend ist, übertrifft die schiere Größe des Parks alle bereits beschriebenen Viertel bei Weitem. Der Beginn des Parks am Westende der **West Georgia Street** sieht noch recht bescheiden aus, das sich dahinter erstreckende Gebiet ist aber für normale Grünanlagenverhältnisse unglaublich groß: über 400 Hektar Grünfläche und zahllose Wanderwege. Wer wirklich größere Teile entdecken möchte, wird aus Zeitgründen mit Sicherheit mit einem Leihfahrrad gut beraten sein. Leihfirmen befinden sich kurz vor dem Park an den Ecken der abgehenden Seitenstraßen der West Georgia Street.

Davie Village Die Hochburg der Gay Community liegt entlang der namensgebenden **Davie Street** zwischen Burrard und Jervis Street. Eine kreative und offene Gemeinde hat sich hier versammelt, natürlich wird ein übertrieben touristisches Verhalten nicht wirklich gerne gesehen. Auch wenn viele mit Outfits die Blicke mehr oder weniger bewusst auf sich ziehen, sollte man das übertriebene Ablichten der Einwohner aus Höflichkeit und Respekt vermeiden.

Granville Island (▶Seite 149) Die ehemalige Industrieinsel hat sich zu einem jungen, kreativen und offenen Stadtteil inmitten der Zwei-Millionen-Metropole gewandelt. Gelegen am Südende des Innenstadtbereichs, hat sich der Stadtteil zu einem beliebten Treffpunkt und Ziel für Touristen entwickelt.

👁 Einkaufen in Vancouver

Die kanadischen Nationalparks sind einzigartig, und vielleicht sehnen Sie sich nach dem Großstadtgetümmel zurück zur Natur, wenn Ihr Besuch Vancouver am Ende Ihrer Reise steht. Doch die Metropole Vancouver bietet ein breites Einkaufsangebot aller erdenklicher Waren. Daher: Ein Einkaufsbummel lohnt sich in jedem Fall – nicht nur wegen eventueller Wechselkurs-Schnäppchen. Die wichtigsten und innenstadtnahen Einkaufsbezirke sind:

Robson Street (▶Seite 148) Zwischen Homer und Jervis Street zeigt sich die Haupteinkaufsstraße in ihrer vollen Pracht. Wie Perlen auf einer Schnur reihen sich Boutiquen, Souvenirläden, Elektrogeschäfte und Malls aneinander. Durchsetzt mit kleinen Cafés und Restaurants, ist dies mit Sicherheit der erste Anlaufpunkt für eine Einkaufserfahrung in Vancouver.

Granville Street Ab Ecke Robson Street nach Süden finden sich hier die kleineren und kreativeren Geschäfte. Das Ambiente ist nicht so großstädtisch und aufgeräumt wie auf der Robson Street, ein Bummel lohnt sich jedoch auch hier in jedem Fall.

Yaletown Zu dem Stadtteil passend, haben sich hier moderne Geschäfte versammelt, die aktuelle und kreative Waren in allen Variationen anbieten. Neben hochwertiger Mode finden sich hier vor allem sehr spannende Einrichtungsgeschäfte und Boutiquen für moderne Innendekorationen. Vor allem die charmante Durchsetzung mit schicken Cafés macht einen Einkaufsbummel hier besonders attraktiv. Auffallend ist die hohe Dichte an Friseurgeschäften, die – für Kanada durchaus nicht gewöhnlich – ebenerdig liegen und neugierigen Besuchern einen Einblick bieten.

Gastown (▶Seite 146) Hier finden Sie neben den üblichen Souvenirgeschäften für Touristen vor allem jüngere Geschäfte, Boutiquen und Galerien von lokalen Designern und eine reichhaltige Ansammlung an Anbietern von Native Kunsthandwerk.

Chinatown (▶Seite 144) Hier werden eher die Einkaufenden glücklich werden, die nach wirklich exotischen Waren Ausschau halten. In dem nicht übermäßig auf Touristen ausgerichteten Stadtteil halten die Händler eben all das bereit, was die Landsleute gerne einkaufen möchten. So finden sich hier neben knallbunten Krimskramsläden vor allem Lebensmit-

Yaletown

Downtown

telgeschäfte mit schwer zu definierenden Auslagen, Apotheken und chinesische Dienstleister. Aber keine Sorge: Auch ein paar Touristengeschäfte sind dabei.

South Granville Südlich von Granville Island gelegen, ist South Granville deshalb einen Besuch wert, da sich hier wesentlich weniger Touristen aufhalten als in Downtown. Die Erreichbarkeit ist dafür etwas schlechter, mit Bussen aber kein großes Problem. Das Angebot an Geschäften ist mindestens ebenso breit wie in den Haupteinkaufsgebieten, allerdings nicht so sehr überladen mit den großen Marken, sondern eher mit kleineren Geschäften und Boutiquen durchsetzt.

👁 Sehenswürdigkeiten Innenstadt

▶ Downtown Vancouver

Der Bereich von **Downtown Vancouver** liegt zwischen Stanley Park, Burrard Inlet, English Bay und False Creek und erstrahlt großstadttypisch mit Hochhäusern aus modernster Glas- und Betonarchitektur. Der Distrikt ist das Geschäftszentrum der Stadt und entsprechend lebhaft geht es zu Zeiten der Mittagspause zu. Ein buntes Wechselspiel des „*Big Business*" in Form von Anzügen und Kostümen und staunenden Touristen bestimmt das Bild. Die Einkaufsmöglichkeiten von Downtown konzentrieren sich vor allem auf die Robson Street und den Bereich zwischen Burrard und Seymour Street. Um sich dem Einkaufsvergnügen auch bei schlechtem Wetter hemmungslos hingeben zu können, bieten die **Underground Malls** eine mindestens ebenso breit gefächerte Auswahl. Die wichtigsten Malls sind:

Pacific Centre
- 701 W Georgia St, Vancouver
- Tägl. 10–19/20/21 Uhr je nach Saison
- www.pacificcentre.com

Harbour Centre
- 555 W Hastings St, Vancouver
- Mo-Sa 10–18 Uhr, So & feiertags geschlossen
- www.harbourcentre.com

The Bay (Hudson's Bay)
- 674 Granville St, Vancouver
- Tägl. 10–18/19/21 Uhr je nach Saison
- www.thebay.com

▶ Vancouver Lookout

Im 28. Stockwerk des **Harbour Centre** befindet sich ein Aussichtsdeck mit einem grandiosen 360-Grad-Blick bis weit über die Grenzen der Stadt hinaus. Wer mit diesem Ausblick speisen möchte, kann sich im **Top of Vancouver Revolving Restaurant** mit guter Küche, allerdings auch zu kräftig gesalzenen Preisen, verwöhnen lassen.

Dr. Sun Yat-Sen Classical Chinese Garden

- 555 West Hastings St, Vancouver
- 606-689-0421
- Kernöffnungszeiten: tägl. 9–21 Uhr
- Erw.: CAD 17,50, Sen.: CAD 14,50, Jugendl./ Stud.: CAD 12,50, Kinder (6–12 J.): CAD 9,50
- info@vancouverlookout.com
- www.vancouverlookout.com
- Restaurant: 604-669-2220
- Tägl. 11/11:30–15 Uhr & 17–22/23 Uhr, Snacks & Desserts: Mo–Sa 15–17 Uhr
- www.topofvancouver.com

▶ Dr. Sun Yat-Sen Classical Chinese Garden

„Life is not measured by the number of breaths we take, but by the places and moments that take our breath away." (Das Leben wird nicht gemessen an der Anzahl der Atemzüge, sondern an den Orten und Momenten, die uns den Atem geraubt haben.)

Dieser Ausspruch, den der **Classical Chinese Garden** als sein Motto etabliert hat, gibt wieder, welche Zielsetzung der Garten verfolgt. Inmitten der pulsierenden Metropole findet der Besucher hier einen Ort der Ruhe, Besinnung und Zufriedenheit, der nach den klassischen chinesischen Grundelementen angelegt wurde. Stein, Wasser, Pflanzen und Architektur vereinen sich zu einem ausgeglichenen Ort, der zu jeder Jahreszeit einen Besuch wert ist.

Nutzen Sie diese kleine Oase inmitten von Chinatown, um der Hektik der Großstadt zu entfliehen und neue Kraftreserven für alle noch vor Ihnen liegenden Erlebnisse zu schöpfen. Der Namensvetter des Gartens, Dr. Sun Yat-Sen, gilt als „Vater des modernen China" und war ein bedeutender Staatsmann und Revolutionsführer Anfang des 20. Jahrhunderts. Er verbrachte mehrere Jahre seines Lebens im Exil in Vancouver.

Erbaut wurde der Chinese Garden aus Mitteln der chinesischen und kanadischen Regierung und gilt als ein Symbol des kulturellen Austauschs und der Toleranz. Der Garten liegt an der Carrall Street in Chinatown und besteht aus einem kostenfreien Park und der kostenpflichtigen Innenanlage.

- 578 Carrall St, Vancouver
- 604-662-3207
- Mai–Mitte Juni & Sept.: 10–18 Uhr, Mitte Juni–Aug.: 9:30–19 Uhr, Okt.–April: 10–16:30 Uhr, Nov.–April: Mo geschlossen
- Okt.–April (Mai–Sept.): Erw.: CAD 12 (14), Sen.: CAD 10 (11), Jugendl./Stud.: CAD 9 (10), Familien: CAD 25 (28)
- www.vancouverchinesegarden.com

▶ Chinatown

Es liegt östlich von Downtown und grenzt nördlich an Gastown, den ältesten Bezirk Vancouvers. Vancouver besitzt nach

San Francisco die zweitgrößte Chinatown Nordamerikas und zeigt damit, wie bedeutend diese Einwanderungsgruppe für den ganzen Westen Kanadas ist. Und tatsächlich waren die Chinesen sogar schon vor der Gründung der Metropole im Jahre 1886 hier ansässig. Viele wurden als billige Arbeitskräfte vor allem aus Südchina nach Kanada gebracht, um beispielsweise beim Bau der Canadian Pacific Railway zu helfen. Als Folge der reinen Arbeitskraftbeschaffung bestand das ursprüngliche Chinatown demzufolge fast ausschließlich aus Männern, die durch die Kopfsteuer der kanadischen Regierung auf chinesische Einwanderer daran gehindert wurden, ihre Familie nachzuholen. Nur wenige konnten genügend Dollar zurücklegen, um eine Zusammenführung der Familie auf kanadischem Boden zu bezahlen.

Der historische Kern von Chinatown liegt entlang der Pender Street und wurde erst Anfang des 20. Jahrhunderts durch den Erwerb von Grundbesitz durch inzwischen zu Geld gekommenen, chinesischen Händlern in Richtung Carrall Street, Shanghai Alley und Canton Alley ausgedehnt. Entgegen des heutigen exotisch-interessanten Bildes, das viele mit Chinatown und dessen Bewohnern verbinden, war die Situation für diese große Minderheit historisch nicht einfach. Jeder noch so kleine wirtschaftliche Abschwung und die damit verbundene Verschärfung des Arbeitsmarktes schürte den Unmut der kanadischen Bevölkerung, die in den günstigen und oft als Streikbrecher eingesetzten Arbeitskräften eine unliebsame Konkurrenz sahen. Die entscheidende Wende zum heutigen Bild von Chinatown und dem regen touristischen Interesse brachte erst der Zweite Weltkrieg, als Kanada und China in einer Allianz Seite an Seite kämpften. Als Folge der „Verbrüderung" schaffte die Regierung die Einreisebeschränkung ab und ermöglichte so den Nachzug der Familienangehörigen aus der Heimat. Natürlich sprengten die nun in großer Zahl eingereisten chinesischen Frauen und Kinder die Kapazität von Chinatown bei Weitem, trugen aber entscheidend dazu bei, dass die chinesischen Wurzeln, Traditionen und Gepflogenheiten bis heute nicht in Vergessenheit geraten sind. Heute sprechen etwa 30 Prozent der Bewohner Vancouvers als Muttersprache Chinesisch und können öffentlich und von staunenden Besuchern bewundert, ihr Leben ungestört und traditionell weiterführen.

Wer Chinatown einen Besuch abstattet, wird förmlich überschüttet mit fernöstlichen Gerüchen, Geräuschen und Gesprächen. Mit nur wenigen Metern Abstand präsentieren Händler dicht an dicht ihre Waren, bei denen neben traditionellem chinesischen Handwerk vor allem die exotischen Gewürze und Speisen ins Auge fallen. Nicht alles ist zweifelsfrei zu identifizieren, aber gerade dies ist ein besonderer Reiz bei einem Bummel durch die Straßen, bei denen sie sich auch gerne von fernöstlicher Musik beschallen und mit traditionellen Heilmethoden vertraut machen lassen können. Chinatown wird sie einhüllen und für eine kurze Zeit vergessen lassen, dass sie sich eigentlich in einer nordamerikanischen Metropole befinden.

Ein besonderes Highlight ist der während der Sommermonate stattfindende **Open-Air-Nachtmarkt**. Immer an Freitag-, Samstag- und Sonntagabenden ab 18:30 Uhr (bis ca. 23 Uhr) öffnen unzählige Händler ihre Stände und bieten entlang der Keefer und Pender Street alles, was das chinesische und europäische Herz begehrt.

www.vancouver-chinatown.com

> **Besonderer Tipp in Chinatown:** die kanadische Art der süddeutschen „Dampfnudeln". Sie haben Appetit auf Herzhaftes oder Süßes? Dann sollten Sie einen Besuch in der **New Town Bakery & Restaurant** einplanen und eine der leckeren Sorten der „Steamed Buns" probieren, die ein traditionelles chinesisches Backwerk sind. Die Brötchen werden in salzigen, würzigen und süßen Variationen angeboten, mit Fleischeinlage oder auch vegetarisch.

Die Inhaber, Susan und David Ng, kamen 1972 nach Kanada und übernahmen 1980 die Stadtbäckerei. Ihre gedämpften Brötchen sind mittlerweile weit über die Grenzen Kanadas bekannt. Neben chinesischer Kost bietet das Restaurant auch philippinische Snacks an.

- 148 E Pender St, Vancouver
- Tägl. 6:30–20:30 Uhr
- www.newtownbakery.ca

▶ Stanley Park

Der 4 km² große **Stanley Park** liegt in unmittelbarer Nähe von Downtown auf der Landzunge zwischen der English Bay und dem Burrard Inlet. Dieser größte Stadtpark Kanadas ist eine grüne Oase inmitten der Metropole und lädt mit üppiger Regenwaldvegetation, schönen Gartenanlagen und vielen Sport- und Spielstätten Groß und Klein zum Verweilen ein. Ein besonderes Highlight ist das in den Park integrierte **Vancouver Aquarium**, von den Einheimischen auch liebevoll „Vanaqua" genannt, das auf 9.000 m² über 300 Fischarten und eine Vielzahl an Amphibien, Säugetieren und Vögeln beheimatet.

- 604-659-3474
- Ganzj. tägl. 10–17 Uhr
- Erw.: CAD 39, Sen./Jugendl.: CAD 30, Kinder (4–12 J.): CAD 22
- visitorexperience@ocean.org
- www.vanaqua.org

An der Westseite des Parks kann man die frische Seeluft schnuppern, eine tolle Aussicht an der über 9 km langen Uferpromenade genießen und bei Bedarf Körper und Seele in den Pazifik eintauchen lassen. Ein über 80 km langes Netz aus Rad- und Wanderwegen zieht sich durch den Park und schafft so für jeden der geschätzten 8 Millionen jährlichen Besucher ein klein wenig Einsamkeit und Erholung. Auch dies mag ein Grund dafür sein, dass sich hier über die Jahre viele einheimische Tierarten niedergelassen haben. Zu den mit Sicherheit spektakulärsten Arten zählen Waschbären und Kojoten, die sich allerdings nur selten den interessierten Besuchern persönlich vorstellen. Der Park Drive führt rund um den Park, Pipeline Rd und North Lagoon Dr sind Verbindungsstraßen zum Park Drive, Parkplätze (Pkw) findet man unterwegs.

Der Stanley Park wurde am 27. September 1888 eröffnet und ist nach dem damaligen Generalgouverneur Frederick Arthur Stanley benannt. Seit 1988 ist der Park eine **National Historic Site of Canada**.

Stanley Park Horse-Drawn Tour
Gemütlich per antiquierter Pferdekutschenfahrt kann man sich durch den Park fahren lassen und dabei die Natur in vollen Zügen genießen. Treffpunkt für die einstündige Fahrt ist der Kiosk am Coal Harbour Parkplatz/Georgia St Parkeingang.

- 604-681-5115
- Ende Febr.–Mitte Nov.
- Erw.: CAD 42, Sen./Stud.: CAD 40, Kinder (3–12 J.): CAD 20, Preise inkl. Tax
- tours@stanleypark.com
- www.stanleypark.com

▶ Gastown

Gastown ist der älteste Bezirk von Vancouver und damit die Keimzelle der heutigen Metropole. Gegründet wurde Gastown von **Kapitän John „Gassy Jack" Deighton**, der hier 1867 mit einem Fass Whisky an Land kam und die Arbeiter der ortsansässigen Sägemühle dazu überredete, ihm einen Saloon zu bauen. Als Gegenleistung würde er ihnen Drinks mit seinem eigenen Whisky spendieren. Der Legende nach war dies Ansporn genug und nur einen Tag später war der Saloon bereit zum Ausschank – und Gastown geboren! Noch heute erinnert die Statue am Maple Tree Square, die Gassy Jack auf einem Whiskyfass stehend zeigt, an diese skurrile Gründungsgeschichte einer Weltmetropole.

Knapp 20 Jahre später, am 6. April 1886, erhielt Gastown die Stadtrechte und wurde zur **„City of Vancouver"**, benannt nach dem britischen Entdecker George Vancouver. Heute ist Gastown einer der belebtesten und beliebtesten

Stadtteile ganz Vancouvers und zieht Touristen und Einwohner der Stadt gleichermaßen in seinen Bann. Eine lebendige Kneipenszene und viele kleine Boutiquen, Galerien und Geschäfte bilden mit dem sehenswerten Architekturmix aus alten und modernen Gebäuden einen stimmungsvollen Ort, der zu jeder Tages- und Nachtzeit immer sehenswert ist. Vor allem in den Sommermonaten sollten Sie sich unbedingt vor Ort über das aktuelle Eventprogramm informieren, da Gastown eine Vielzahl von Freiluftveranstaltungen zu bieten hat. In den Wintermonaten laden die unzähligen Clubs, Kneipen und Bars des Viertels Besucher ein, den Abend inmitten der Einheimischen zu verbringen und eine Brise des pulsierenden Lebens von Vancouver zu spüren.

www.gastown.org

▶ Steam Clock

Ein kleines, aber sehenswertes Highlight liegt inmitten des beliebten Viertels Gastown. Die Steam Clock ist die weltweit einzige **dampfbetriebene Straßenuhr** und wurde 1977 von Raymond Saunders erbaut. Diese noch recht junge Historie bleibt dem Betrachter allerdings verborgen, da das Design der Uhr ins Jahr 1875 zurückgeht.

Betrieben wird die Uhr durch Dampf aus unterirdischen Rohrsystemen, die zur Beheizung vieler Innenstadtgebäude eingesetzt werden. Dieser Dampf drückt Stahlkugeln im Inneren der Uhr nach oben, die dann beim späteren Herunterfallen den Mechanismus der Uhr betreiben. Betrachten können Sie dieses Spiel durch die seitlich angebrachten Glasscheiben – aber nutzen Sie dazu unbedingt die Zeit zwischen den viertelstündlichen Pfeifkonzerten der Uhr, bei denen Menschentrauben den freien Blick fast unmöglich machen. Noch enger wird es jede volle Stunde, wenn die Uhr ihr Innenleben nach außen stülpt und sich durch eine heiße Dampffontäne in den Mittelpunkt des Geschehens rückt. Die Steam Clock steht im Herzen von Gastown an der Ecke Cambie und Water Street.

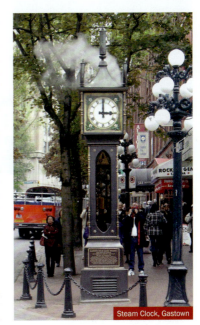
Steam Clock, Gastown

▶ Science World

Die Science World, seit 2005 offiziell **TELUS World of Science Vancouver** genannt, ist ein modernes Museum, das wechselnde interaktive Ausstellungen zeigt. Besonders auffällig ist die aufwendige und ausgefallene Architektur des Gebäudes, hier vor allem die von Richard Buckminster Fuller entworfene geodätische **Kuppelkonstruktion**, in deren oberen Teil sich das **OMNIMAX-Kino** befindet. Wie der Name schon zweifelsfrei erahnen lässt, hat es sich das Museum zum Ziel gesetzt, Jung und Alt mit Themen der Wissenschaft, Natur und Technik vertraut zu machen und mit modernen Mitteln einen ganz besonderen Erlebniswert zu erschaffen. Neben den wechselnden aktuellen Veranstaltungen und Ausstellungen bietet das Museum Galerien mit verschiedenen Themenschwerpunkten. So können Sie sich z. B. in der Galerie **Bodyworks** mit der Funktion des menschlichen Körpers vertraut machen oder Kinder im **Living**

Canada Place

Lab Wissenschaft und Forschung nahebringen. Die Science World liegt am Rand von Downtown Vancouver, direkt an der Haltestelle Main Street/Science World.
- 1455 Quebec St, Vancouver
- 604-443-7440
- Ganzj., Di-Fr 10-17 Uhr, Sa, So & Feiertage 10-18 Uhr
- Erw.: CAD 23,25, Sen./Stud./Jugendl.: CAD 18,50, Kinder (3-12 J.): CAD 15,25, plus OMNIMAX Film: CAD 6, nur OMNIMAX Film: CAD 12
- www.scienceworld.ca

▶ Robson Street

Die Robson Street gilt als **zentrale Einkaufsstraße** von Vancouver und wird diesem Bild mit Sicherheit auch mehr als gerecht. Einkaufswilligen wird hier alles geboten, was das Herz begehrt und der Geldbeutel hergeben kann. Von günstigen Artikeln für jedermann bis zu exklusiver Designermode ist hier so ziemlich alles zu haben. Die Straße bietet darüber hinaus aber auch eine Vielzahl an Straßencafés, Kunstgalerien und alternative, kleine Geschäfte, die stöberwilligen Besuchern eine reiche Auswahl an Besonderheiten bieten. Wenn Sie also ein paar Urlaubsgroschen übrig haben oder noch ein paar liebevolle Mitbringsel fernab der klassischen Touristenware suchen, sind Sie hier gut aufgehoben und werden mit Sicherheit bestens versorgt werden.

Die Robson Street ist nach John Robson, einem ehemaligen Premierminister von British Columbia, benannt und wurde vor etwa 30 Jahren von den Einheimischen auch liebevoll als „**Robsonstraße**" bezeichnet. Der Begriff wurde durch den hohen Anteil an europäischen und speziell deutschen Geschäften und Anwohnern geprägt, verschwand aber nach und nach genauso, wie einheimische Geschäfte Einzug erhielten. Aber auch wenn dieser Begriff nun weitestgehend aus dem Sprachgebrauch verschwunden ist, hat sich die Straße noch ein wenig des europäischen Flairs erhalten.
- www.robsonstreet.ca

▶ Canada Place

Dieses architektonische Meisterwerk, dessen Dach fünf Segeln nachempfunden ist, liegt am Burrard Inlet und wurde zur Weltausstellung EXPO im Jahre 1986 errichtet. Umrandet ist das Gebäude mit Promenadendecks, die Besuchern das Gefühl vermitteln sollen, tatsächlich auf einem Hochseedampfer zu stehen. Im Inneren des Gebäudes befinden sich unter anderem das **Vancouver Convention Centre**, das **Cruise Hip Terminal** und das luxuriöse **Pan Pacific Hotel**.

Besonders reizvoll sind die gemütlichen Restaurants am Nordende, die eine grandiose Aussicht auf die Bergwelt und das Hafengebiet ermöglichen. Genießen Sie einen Kaffee oder kleinen Imbiss und beobachten Sie das bunte Treiben im Hafen vor der Kulisse der in der Ferne liegenden Berge. Zwischen Mai und Oktober haben Sie außerdem gute Chancen, eines der großen Kreuzfahrtschiffe zu sehen, die hier vor ihrer Weiterfahrt nach Alaska anlegen.

- 504 - 999 Canada Place, Vancouver
- www.canadaplace.ca

▶ Art Gallery Vancouver

Die **Art Gallery** Vancouver ist eines der größten Kunstmuseen Kanadas. Es liegt am Nordende des Robson Square, dem Herzstück von Downtown mit einer beeindruckenden Architektur, plätschernden Wasserkaskaden, grünen Oasen und im Untergeschoss liegenden Restaurants und Shops. Neben wechselnden aktuellen Ausstellungen zeigt das Museum auf über 40.000 m² eine Sammlung von fast 10.000 klassischen und zeitgenössischen Werken berühmter Künstler und Fotografen (u. a. Emily Carr, Marc Chagall, Jeff Wall, Stan Douglas, Roy Arden). Ein komplettes Stockwerk ist ausschließlich kanadischen Künstlern gewidmet.

Gegründet wurde das Museum 1931 und war damals noch im Art déco Haus in der Georgia Street untergebracht, bevor es 1983 in das ehemalige Gerichtsgebäude von British Columbia, dem heutigen Standort, umzog. Diese heutige Heimat des Museums wurde 1906 vom Architekten Francis Rattenbury geplant und erbaut und musste vor dem Einzug aufwendig für etwa CAD 10 Millionen umgebaut und restauriert werden. Der Anbau an der Westseite des Gebäudes wurde von Architekt Thomas Hooper 1912 entworfen. Der **Centennial Fountain** (Springbrunnen) befindet sich vor dem Eingang des Museums. Hier plätschert das Wasser des Springbrunnens in ein Becken, das mit einem farbenprächtigen Mosaik ausgelegt ist. Der Brunnen wurde 1966 zum 100-jährigen Jubiläum des Zusammenschlusses von Vancouver Island mit British Columbia errichtet. Vor dem Museum stehend, beeindruckt besonders der bizarre Anblick der modernen Hochhaus-Glasfronten, in denen sich die dazwischen liegenden alten Gebäude spiegeln.

- 750 Hornby St, Vancouver
- 604-662-4719
- Tägl. 10–17 Uhr, Di bis 21 Uhr
- Erw.: CAD 24, Sen./Stud.: CAD 18, Kinder (6–12 J.): CAD 6,50, Familien: CAD 55, Di 17–21 Uhr: Eintritt gegen Spende
- www.vanartgallery.bc.ca

▶ Granville Island

Granville Island, im Süden von Vancouver in der Bucht False Creek gelegen, bezeichnet sich selber als „die wahrscheinlich erfolgreichste städtische Neustrukturierung Nord-Amerikas". Ob dieser Superlativ wirklich hundertprozentig zutrifft, lässt sich zwar nur schwer nachvollziehen – sicher ist aber, dass dieses Viertel in den letzten Jahrzehnten eine grandiose und einzigartige Wandlung vollzogen hat.

Granville Island war bis Mitte der 70er-Jahre ein heruntergekommenes Industrieareal. Man gab dem Stadtteil durch Renovierung, Abriss und Umbau ein neues Bild. 1979 wurde in den alten Lagerhallen und Fabrikgebäuden der **Granville Island Public Market** (Tägl. 9–19 Uhr) mit Obst, Gemüse, Meeresfrüchten und weiteren Spezialitäten eröffnet, später kam noch der **Maritime Market** hinzu. Vor allem an den Wochenenden und abends ist Granville voller Leben. Man findet hier Restaurants, Bistros und Cafés, Galerien, Theater und eine Brauerei.

- www.granvilleisland.com

Grandville Island Brewery

- 1441 Cartwright St, Vancouver
- 604-687-2739
- Verkauf: tägl. 10–20 Uhr
- Touren: first-come, first-served, Mo–Do 12, 14 & 16 Uhr, Fr–So 12, 14, 16 & 17:30 Uhr
- CAD 9,75
- info@gib.ca
- www.gib.ca

▶ False Creek

Während der Winterolympiade 2010 in Vancouver war False Creek in aller Munde, denn an jenem Creek entstand auf einer Fläche von etwa 150.000 m² ein gigantisches Wohngebiet, das während der olympischen und paralympischen Winterspiele 2010 Olympiadorf war und in dem etwa 2.800 Teilnehmer und Funktionäre untergebracht waren.

Das Maskottchen der Olympischen Winterspiele war und wird auch zukünftig allgegenwärtig sein, mal aus Stein, mal aus Schnee. Der Steinmarker, den die Inuit **„Inukshuk"** nennen, steht als Symbol für Freundschaft und Zusammenarbeit, für friedliche Wettkämpfe Voraussetzung. Eine Jury hatte unter den 1.600 Einreichungen diesen Steinmarker als Symbol für die Winterolympiade 2010 ausgewählt, es bekam den Namen **„Ilannaaq"**, was in der Sprache der Inuit etwa „Freund" heißt.

False Creek (etwa: falscher Fluss) heißt ein Meeresarm, der von der English Bay westlich von Downtown etwa 3 km nach Osten reicht. Über den False Creek führen die Brücken Burrard, Granville (Highway 99 Süd) und Cambie Bridge geradewegs nach Downtown. Am False Creek im südöstlichen Teil von Downtown Vancouver liegt auch der hippe Stadtteil **Yaletown** (▶ Seite 140) und **Granville Island** (▶ Seite 149), ein beliebtes Künstlerviertel, das sein wahres Gesicht aber erst am Abend und an Wochenenden zeigt, wenn die Bars, Theater und Kneipen geöffnet sind. Am Ostende des False Creek befindet sich **Science World** (▶ Seite 147).

Entlang des False Creek führt der 3 km lange *False Creek Olympic Village Destination Walk*. Er startet am Pavillon im Creekside Park nahe der Science World und führt weiter nach Westen und über die Cambie Street Bridge wieder zurück. Den Trail teilen sich Biker, Skater und Wanderer – er bietet einen wundervollen Blick auf Downtown Vancouver. Wer danach noch Energie übrig hat, kann am Nordufer 29 Kilometer bis zum Devonion Harbour Park im Südwesten des Burrard Inlet weiterwandern oder -radeln.

Bequemer geht's per Boot über den **False Creek**. Seit über 25 Jahren verkehren die kleinen blauen Boote der False Creek Ferries zwischen den Haltepunkten Yaletown, Science World, Granville Island, Aquatic Centre, Stamps Landing und Vanier Park. Näheres finden Sie unter:
📞 *604-684-7781*
@ *info@granvilleislandferries.bc.ca*
www *www.granvilleislandferries.bc.ca*

👁 Sehenswürdigkeiten nördlich der Innenstadt

▶ Lions Gate Bridge

Die Lions Gate Bridge (auch **First Narrows Bridge**) verbindet die City mit Nord Vancouver. Gebaut und finanziert wurde die Brücke 1936/37 durch die von Familie **Guinness** (Brauerei und „Guinness Buch der Rekorde") investierte Summe von CAD 6 Millionen, die damit eine Verbindung nach Nord-Vancouver und zu ihren Ländereien schaffen wollte. Erst nach langem Zögern wurde der Familie die Genehmigung für den Bau gegeben. Als Auflage mussten die Guinness' versichern, möglichst viel Baumaterial aus Vancouver zu benutzen und ausschließlich einheimische Arbeitskräfte einzusetzen. Das Ziel dieser Auflagen war es, den ohnehin durch die Weltwirtschaftskrise gebeutelten Arbeitsmarkt zusätzlich zu beleben.

Der Brückenentwurf stammt von Philip Louis Pratley und dem Ingenieur W.G. Swan. Die Brücke bringt es auf eine Gesamtlänge von 1.517 m mit einer Hauptspannweite von 472,75 m. Der hoch aufragende Brückenturm ist bis zur Spitze beachtliche 111 m hoch. Die anfänglich zu entrichtende Maut von CAD 0,25 wurde auch nach dem Verkauf der Brücke an die kanadische Regierung im Jahre 1956 vorerst nicht abgeschafft – schließlich musste auch der neue Betreiber die Kaufsumme von CAD 6 Millionen refinanzieren. Erst 1963 fiel die Maut und jedermann konnte die Brücke kostenfrei befahren.

1990, als die Brücke langsam in die Jahre kam, stand die Regierung vor der Entscheidung, eine neue Brücke zu errichten, den Burrard Inlet zu untertunneln oder die bestehende Substanz zu überarbeiten. Die Entscheidung, die Brücke lediglich zu erneuern und die vorhandenen Spuren auszubauen, wurde vermutlich primär aus finanziellen Aspekten getroffen – hing aber vielleicht auch teilweise damit zusammen, dass die Lions Gate Bridge mittlerweile zu einem Wahrzeichen der Stadt geworden war. Der Ausbau wurde 2000/2001 durchgeführt und brachte eine Verbreiterung der Fahrspuren auf 3,60 m und der Fußwege auf 2,70 m. Damit ist die Lions Gate Bridge fit für die Zukunft und das mit Sicherheit weiter ansteigende Verkehrsaufkommen. Im Übrigen verdankt die Brücke ihren Namen den Lions Peaks, zwei Berggipfeln an der Nordküste.

▶ Capilano Suspension Bridge und Park – Nord Vancouver

Eine beliebte Attraktion im Norden Vancouvers ist die **Capilano Suspension Bridge** mit ihrem erlebnisreichen **Park**. Die Zufahrt führt vom Highway 1 Exit 14 über die Capilano Road.

Eine **Hängebrücke** überquert in 70 m Höhe und auf einer Länge von 137 m den Capilano River und ist die älteste Touristenattraktion Vancouvers. Die Brücke wurde 1889 erbaut und bestand damals noch aus Hanfseilen und Zedernbrettern. Bis heute wurde sie natürlich bereits mehrmals modernisiert. Sie wird von spezial-verstärktem Stahl gehalten, der mit 13 Tonnen Beton im Boden verankert ist. Nur Mut, auch wenn Sie nicht ganz schwindelfrei sind! Die Brücke schwankt zwar ein wenig, wenn Sie darüberlaufen, aber beidseitig sind dicke Stahlseile zum Festhalten, es besteht also keinerlei Gefahr.

Und der Mut wird reich belohnt, denn auf der gegenüberliegenden Seite gibt es Interessantes zu entdecken und zu erleben. Der hier angelegte und bereits mehrfach erweiterte Park liegt mitten im dichten Regenwald und wird von sieben wesentlich kürzeren Hängebrücken und Überwegen durchzogen, die in bis zu 30 m Höhe die Baumhäuser miteinander verbinden.

Die Wanderung unter den Baumwipfeln ist ein besonderer Spaß für die ganze Familie und eröffnet uns Menschen so auch die Betrachtung des Waldes aus dem Blickwinkel der Klettertiere und Vögel. Für alle nicht-schwindelfreien Besucher gibt es aber selbstverständlich auch Wege „auf der Erde".

Capilano Suspension Bridge

Interessant ist auch der in den Park integrierte **„Living Forest"**, der über die Flora und Fauna des Küstenregenwaldes informiert. Dargestellt werden u.a. die unterirdischen Aktivitäten verschiedener Kriechtiere, das Leben in Teichen und kleinen Seen und die wundersame Welt eines „gefallenen" Baumes. Die Informationen sind unterhaltsam und kindgerecht dargestellt und schön illustriert.

Die neueste Attraktion des Parks ist eine Tour hoch über dem Capilano River entlang der Felsen des Canyons über freitragende und teilweise gläserne Wege (Cliffwalk-Tour) in bisher unbekannte Bereiche des Parks. Für diese Tour sollten Sie vielleicht schwindelfrei sein.

Wunderschön bemalte **Totempfähle**, angefertigt von den British Columbia First Nations, die 1930 dem Park übergeben und im Originalzustand belassen wurden, schmücken den Park und „begrüßen" alle Besucher.

Im **Kia'palano**, dem First Nations Cultural Center werden nach traditioneller Art Web- und Perlenarbeiten angefertigt und verkauft. In der **Trading Post** kann man Kleidungsstücke, Kunsthandwerk der Natives und jede Menge kleine und große Souvenirs kaufen, denn wer möchte nicht gerne eine Erinnerung mit nach Hause nehmen. Und selbstverständlich kann man auch seinen Hunger und Durst stillen, ein Café und ein Grill werden von Mai bis Oktober bewirtschaftet.

Capilano Park

- 3735 Capilano Rd, North Vancouver
- 604-985-7474 oder 1-877-985-7474 (geb.frei)
- Ganzj. Kernöffnungszeiten: 9–17 Uhr, im Sommer länger Nov.–Ende Jan.: 11–21 Uhr, im Sommer länger
- Erw.: CAD 42,95, Sen.: CAD 38,95, Stud.: CAD 33,95, Jugendl. (13–16 J.): CAD 26,95, Kinder (6–12 J.): CAD 14,95, Mai-Okt. freier Shuttleservice ab Downtown Vancouver
- info@capbridge.com
- www.capbridge.com

▶ Grouse Mountain

Der 1.250 m hohe **Hausberg Vancouvers** befindet sich etwa 12 km nördlich der Stadt. Die Zufahrt vom Highway 1 Exit 14 führt über Capilano Road bis zur Talstation der Kabinenbahn.

Der Legende nach wurde der Berg nach dem **Blue Grouse Bird** (Felsengebirgshuhn) benannt, das von Jägern 1894 auf der Wanderung erschossen wurde. Zu dieser Zeit, als es noch keine Brücke über den Burrard Inlet gab und man noch nicht über einen glatt asphaltierten Highway zum Berg kam, war die Bezwingung des Berges noch wesentlich aufwendiger und bedeutete eine anstrengende Wanderung von drei bis vier Tagen über Felsen, Geröll und durch dichten Wald. Dennoch marschierten Tausende abenteuerlustige Besucher auf den Berg, darunter auch Don und Phyllis Munday. Sie errichteten die erste Hütte auf dem Berg und wurden später Namensgeber des *Munday Alpine Snowparks* auf dem Grouse Mountain.

Das erste ernsthafte Projekt zur touristischen Erschließung durch eine Seilbahn im Jahre 1910 scheiterte an der Stahlknappheit des nahenden Ersten Weltkriegs und führte dazu, dass es erst einmal ruhiger um den Grouse Mountain wurde. Erst 19 Jahre später wurde der nächste Versuch gestartet und der **Tyee Ski Club** gegründet, der heute zu einem

Auffahrt zum Grouse Mountain

der ältesten Skiclubs Kanadas zählt. Ein Jahr später wurde der erste Schlepplift erbaut und machte das Gebiet für den breiten Tourismus zugänglich. 1949 wurde der erste doppelte Sessellift der Welt errichtet, der zwei Jahre später bis zum Gipfel erweitert wurde. Nun war das Eis für den Tourismus endgültig gebrochen. In den folgenden Jahren wurde das Gebiet immer weiter erschlossen, Pisten wurden angelegt, Restaurants eingerichtet und 1966 der berühmte **Grouse Mountain Skyride**, eine 45 Personen fassende Seilbahn, eingeweiht.

Weiteren Aufwind erfuhr das Gebiet, als die Familie McLaughlin 1974 Mehrheitsanteilseigner der Grouse Mountain Resort Ltd. wurde und somit die Finanzierung der zweiten Bergbahn sicherte. Ende der 80er-Jahre besaß die Familie 100 Prozent der Aktien und erbaute das weltberühmte **Theatre in the Sky** (Mo–Fr 9:30–20 Uhr, Sa & So 9–21:30 Uhr), ein heute top-modernes Kino in luftiger Höhe und Publikumsmagnet Nummer eins.

Eine Fahrt zur Bergstation lohnt sich bei klarer Sicht zu allen Jahreszeiten. Nicht nur wegen des grandiosen Ausblicks, sondern auch wegen all der Sport- und Wandermöglichkeiten: im Winter kanadisch-perfekt ausgebaute Skipisten und im Sommer unzählige Wanderwege durch die Flora und Fauna des Grouse Mountains. Leider hat man nur selten freien Blick auf Vancouver, da die Stadt oft im Dunst verschwindet. Unser **Tipp**: Wenn Sie klare Sicht haben, gönnen Sie sich die Fahrt.

Wintersportler finden hier Pisten und Loipen unterschiedlicher Schwierigkeitsgrade und Längen. Mehrere Lifte sind in Betrieb, Saison ist von Mitte November bis Mitte April. Auch **Helicopter-Tours** und **Heli-Picnics** (Reservierung und Infos 604-980-9311) werden angeboten. Die Kabinenbahn (**Skyride**) bringt die Besucher auf eine Höhe von 1.100 m. Bis zur

Bergspitze sind dann noch 150 Höhenmeter zu überwinden, entweder zu Fuß oder mit dem Sessellift **„Scenic Chair Lift"**. In Höhe der Bergstation liegen neben dem **The Observatory Restaurant** (Reservierung: 604-980-9311, 17–22 Uhr) noch ein Bistro, Cafés, der Rusty Rail BBQ & Grill, Souvenir- und Sportgeschäfte und das Theatre in the Sky. Wer den besonderen Kick sucht, bucht einen Tandem-Gleitflug, rast per Mountain-Zipline in die Tiefe, genießt eine Turbinentour in schwindelerregender Höhe oder frühstückt mit Bären. Infos und weitere Aktivitäten: www.grousemountain.com/#activities-guide

Es können Kombi-Touren (wetterabhängig) gebucht werden: Die *Alpine Experience* beinhaltet freien Eintritt für *Theatre in the Sky, Lumberjack Show* und je nach Jahreszeit vieles mehr. Wer noch höher hinauf und mit dem *Peak Chairlift* auf den Gipfel möchte, bucht *Peak Experience,* das absolute Spitzenhöhengefühl hat man auf der Windturbine *(Eye of the Wind),* dazu bucht man die *Ultimate Experience.*

- 6400 Nancy Greene Way, North Vancouver
- 604-984-0661 & 604-980-9311
- Schneetelefon: 604-986-6262
- Skyride: ganzj. tägl. 9–22 Uhr (alle 15 Min.)
- Peak Chairlift: tägl. 9/10–20 Uhr
- Eye of the Wind Tour: Mo-Fr 12, 14 & 16 Uhr, Sa-So 11, 13 & 15 Uhr
- **Alpine Experience:** *Erw.: CAD 44,95, Sen.: CAD 40,95, Jugendl.: CAD 25,95, Kinder (5–12 J.): CAD 15,95, Familien: CAD 114,95*
- **Peak Experience:** *Erw.: CAD 48,5, Sen.: CAD 44,95, Jugendl.: CAD 29,95, Kinder (5–12 J.): CAD 15,95, Familien: CAD 122,95*
- **Ultimate Experience:** *Erw.: CAD 58,95, Sen.: CAD 54,95, Jugendl.: CAD 39,95, Kinder (5–12 J.): CAD 15,95, Familien: CAD 140,95*
- **Parken:** *Lot A,B,C: 3 Stunden CAD 6, 1 Tag: CAD 8, freier Shuttleservice ab Downtown Vancouver*
- www.grousemountain.com

Wandern

Eine beliebte Wandertour ist der **Grouse Grind Trail**. Alljährlich tummeln sich ca. 150.000 Wanderer auf dem extrem steilen und schwierigen Trail und versuchen, den Wanderrekord zu brechen, der alljährlich am 3. Wochenende im September beim G*rouse Grind Mountain Run* aufgestellt wird. Dieser lag 2017 bei den Männern bei 28 Minuten, 6 Sekunden – bei den Frauen bei 34 Minuten, 35 Sekunden. Wenn Sie ebenfalls Lust auf diese Herausforderung haben, bekommen Sie weitere Infos unter:

- *604-984-0661*
- *guestservices@grousemountain.com*

Um die Enttäuschung nicht zu groß werden zu lassen: Versuchen Sie erst gar nicht ernsthaft, diese Rekorde zu brechen! Genießen Sie lieber die einmalige Natur, wenn Sie sich diesen Trail antun! **Anmerkung:** Der Weg ist nur während der hellen Stunden geöffnet.

- *Parkplatz der Bergbahn*
- *Normalerweise mind. 6 Stunden!*
- *Extrem steil, 2.830 Stufen*
- *2,9 km (einf. Strecke)*
- *853 m*
- *www.grousemountain.com/grousegrind*

▶ Cypress Provincial Park – West Vancouver

Der **Cypress Provincial Park** mit seinen hochragenden Küstenbergen ist der nordwestlichste Park Vancouvers und ein beliebtes Freizeitgebiet für die gestressten Stadtbewohner. Vor der Eröffnung der Lions Gate Bridge 1939 brachten Fähren die Wanderer und Skiläufer zum Hollyburn Ridge, der später Teil des Cypress Provincial Parks wurde. Bei klarer Sicht bietet der Park spektakuläre Ausblicke auf Downtown Vancouver, den schneebedeckten Mount Baker in den Cascade Mountains (USA) und über die Strait of Georgia bis hin zu den vorgelagerten Inseln zwischen dem Festland und Vancouver Island.

Im Park sind ganzjährig zahlreiche Sportarten möglich. Im Sommer führen Trails durch dichte Wälder und an klaren Seen vorbei. Im Winter boomt der Sport in der Cypress Ski Area, die während der Winterolympiade Vancouver im Februar

2010 Austragungsort einiger Wintersportarten war. Sechs Sessel- und mehrere High-Speed-Lifte bringen die Liebhaber der weißen Pracht zu den Abfahrten aller Schwierigkeitsgrade im Bereich des Black Mountain und Mount Strachan. Saison ist von Mitte November bis Mitte April. Die Highlights des Parks sind der **Mount Strachan** (1.454 m), **Black Mountain** (1.217 m), **Hollyburn Mountain** (1.325 m) und die Seen Blue Gentian, First, Yew, Cabin und West Lake. Der **Howe Sound Crest Trail** verläuft vom Hauptteil des Parks über eine schmale Verbindung zum Porteau Cove Provincial Park. Weitere Wanderrouten, auch mit Zeltplätzen, sind im Park ausgeschildert. **Achtung:** Im Park sind keine offenen Feuer erlaubt.
- 604-926-5612
- Ganzj.
- Ja
- http://cypressmountain.com
- www.env.gov.bc.ca/bcparks/explore/parkpgs/cypress

Die Zufahrt zum Park führt über den Highway 1 Exit 8 (Cypress Bowl Road). Im Park befindet sich kein Campground für Wohnmobile. Auf der Zufahrtstraße liegen zwei schöne Picknickplätze mit herrlichen Ausblicken auf Vancouver und Umgebung:

Quarry Lookout Picnic Area
11 Picknickplätze, ca. 5 km nach Einfahrt in den Park, Zufahrt liegt in einem Kurvenbereich

Highview Lookout
6 Picknickplätze, kurz nach der Einfahrt in den Park

Wandern

Yew Lake Loop Trail
Auf den ersten ca. 200 Metern folgt man dem *Baden Powell Trail,* dann kommt der Abzweig *Yew Lake Loop.* Der Weg führt über subalpine Wiesen und durch Wald mit altem Baumbestand. Hunde sind nicht erlaubt.

- *Cypress Bowl Parkplatz, Ende der Fahrstraße*
- *1 Stunde*
- *2 km, unterwegs Infotafeln & Rastmöglichkeit*
- *Leicht, barrierefrei*

Cabin Lake Loop Trail
Die ersten 2,7 km werden auf dem *Baden Powell Trail* zurückgelegt, dann erreicht man den *Cabin Lake Trail.* Unterwegs kommt man an mehreren kleinen Seen und am Yew-Lake-Aussichtspunkt vorbei.

- *Cypress Bowl Parkplatz*
- *3 Stunden*
- *Moderat*
- *7 km*
- *275 m*

Hollyburn Peak Trail
Über die *Powerline Road* geht es zum *Baden Powell Trail,* danach der Beschilderung folgen hinauf zum *Hollyburn Peak* mit spektakulären Ausblicken.

- *Zufahrt zur Hollyburn Lodge (im Sommer geschlossen) Cypress Nordic Ski Area*
- *4 Stunden*
- *Moderat*
- *9 km*
- *400 m*

Howe Sound Crest Trail
Für diesen Trail sind gute Ausrüstung und Erfahrung im Hochgebirgswandern nötig. Einige Strecken sind extrem schwierig und rau. Wildniszeltplätze findet man bei km 11 (Plateau über dem Enchantment Lake), bei km 14,5 Magnesia Meadows, km 19 Brunswick Lake und km 22 Deeks Lake.

- *Cypress Bowl Parkplatz*
- *Mehrtägig*
- *Schwierig*
- *29 km (einf. Strecke bis Hwy 99 südlich von Porteau Cove Provincial Park)*

Black Mountain Loop Trail
Der Trail verläuft über das Black Mountain Hochplateau und subalpine Wiesen, er streift mehrere Bergseen. Die Wanderstrecke kann man erweitern, wenn man den Seitentrip zum *Yew Lake Lookout* "mitnimmt".

Vancouver

- Cypress Bowl Parkplatz
- 1,5 Stunden
- Leicht
- 2,5 km
- 100 m

▶ Mount Seymour Provincial Park – Nord Vancouver

Der 1938 gegründete **Mount Seymour Provincial Park** im Norden von Vancouver ist 16 km von Downtown entfernt. Erreichbar ist der Park vom Highway 1 (Exit 22) über den Seymour Parkway und die Mount Seymour Road. Die Straße ist bis zum Ski-Resort in circa 1.000 m Höhe asphaltiert. Es gibt im Park keine Übernachtungsplätze für Wohnmobile.

Der landschaftlich wunderschöne Mount Seymour Provincial Park wurde nach Frederick Seymour benannt, der von 1864 bis 1869 Gouverneur von British Columbia war. Obwohl der Berg damit den Namen einer bekannten Persönlichkeit auferlegt bekommen hatte, fristete er lange Zeit ein eher unauffälliges Dasein. Erst die Erstbesteigung des Mt. Seymour durch einen Bergsteigerclub im Jahre 1908 zeigte den Anwohnern und der Provinzregierung, welch ein schönes Fleckchen Erde sich in ihrer direkten Nachbarschaft befand. Die Idee zu einer wirtschaftlichen Nutzung ließ danach nicht lange auf sich warten. Zuerst beschloss der **Alpine Club of Canada**, das Gebiet als Skiresort auszubauen und mietete es direkt für 21 Jahre. Allerdings konnte das Resort in den folgenden Jahren nicht an den Erfolg der anderen kanadischen Skigebiete anknüpfen und zwang den Alpine Club, die Mietzeit vorzeitig wieder zu beenden. Heute bietet ein Privatunternehmen die meisten Services wie z. B. Skilifte, Skischule, Cafeteria am Parkplatz 4 an. Während der Winterzeit sind fünf Ski-Lifte in Betrieb und es sind Abfahrten aller Schwierigkeitsgrade möglich. Saison ist von Ende November bis Mitte April.

- ☎ *604-986-2261*
- @ *snow@mtseymour.ca*
- www *www.mountseymour.com*

Der Park bietet außerhalb der Wintersportmonate auch zahlreiche Wander- und Sportmöglichkeiten. Am Beginn der unten beschriebenen Wanderrouten gibt es Picknickplätze (*Vancouver Picnic Area* und *Mount Seymour Trailhead*) und Parkmöglichkeiten. Auf den längeren Wander-

wegen kann wild gezeltet werden. Vom **Deep Cove Aussichtspunkt** hat man bei klarem Wetter einen wunderbaren Blick über Vancouver Ost und den Indian Arm Provincial Park.
- Ganzj.
- Ja
- www.env.gov.bc.ca/bcparks/explore/parkpgs/mt_seymour

Wandern

Mount Seymour
Der stellenweise raue Trail erfordert erste Erfahrungen im Hochgebirgswandern. Man überquert den *Brockton Point* und *First* und *Second Pump Peak*, dort hat man einen exzellenten Blick auf Vancouver.
- *Parkplatz am Ende der Fahrstraße*
- *2,5 Stunden*
- *Moderat bis schwierig*
- *4 km (einf. Strecke)*
- *450 m*

Old Buck Trail
Der steil nach oben führende Trail verbindet den unteren Picknickplatz mit dem Deep Cove Lookout.
- *Parkplatz am Beginn des Mt. Seymour Parkway gegenüber Parkheadquarters*
- *2,5 Stunden*
- *Moderat*
- *5 km (einf. Strecke)*
- *670 m*

Goldie Lake Loop
Der Trail führt bergab zum Goldie Lake, umrundet den See und wendet sich zurück zum Parkplatz. Er kann mit dem *Flower Lake Loop* erweitert werden, dann kommen weitere ca. 2,5–3 km Wanderweg dazu.
- *Parkplatz am Ende der Fahrstraße*
- *1 Stunde*
- *Leicht*
- *2 km*
- *Minimal*

Lynn Canyon Bridge

Mystery Lake Trail
Der Mystery Lake Trail ist sehr beliebt, er verläuft entlang des Sessellifts zum *Mystery Peak* und weiter bis zum netten kleinen See, der sich im Sommer auch für ein erfrischendes Bad anbietet.
- *Parkplatz 4*
- *45 Minuten*
- *Moderat*
- *1,5 km (einf. Strecke)*
- *180 m*

Dinky Peak
Der kurze Trail führt auf den Dinky Peak, einen kleinen Hügel im Park und bietet einen tollen Blick auf das Lower Mainland.
- *Parkplatz am Ende der Fahrstraße*
- *15 Minuten*
- *Leicht*
- *750 m (einf. Strecke)*
- *Minimal*

▶ Lynn Canyon Park – Nord Vancouver

Der 1912 eröffnete **Lynn Canyon Park** liegt im Norden von Vancouver und ist über den Highway 1, Exit 19 erreichbar. Mehrere Wanderwege führen durch dichten Küstenregenwald mit altem Baumbestand von 80 bis 100 Jahre alten Exemplaren. Der Original-Regenwald fiel um 1900 der Forstwirtschaft zum Opfer, die meisten Bäume hatten damals eine Höhe von über 90 m und einen Durchmesser von bis zu 11 m. Einige Baumstümpfe des ehemaligen Waldes kann man beim Wandern im Park noch entdecken. Höhepunkt des Parks ist eine schmale **Hängebrücke** über den 50 m breiten Lynn Creek Canyon. Am Parkeingang kann man sich im *Lynn Canyon Café* stärken, es bietet Snacks und Getränke an. Bitte **bei Nässe feste Schuhe tragen**, die Holztreppen der Wanderwege sind rutschig.

- *Lynn Valley Rd, später Peters/Park Rd, Vancouver*
- *604-981-3103, Café: 604-984-9311*
- *7–17 Uhr/19 Uhr*
- *Parkeintritt frei*
- *ecocentre@dnv.org*
- *www.lynncanyonecologycentre.ca*

▶ Ecology Centre

Das **Ecology Centre** beschäftigt sich mit dem Stand des **Umweltschutzes in Kanada**. Es informiert umfassend über das Tierleben und die Pflanzenvielfalt in den Regenwäldern und vermittelt Einblicke in den globalen Umweltschutz. Das Ecology Centre wurde 1971 zum hundertsten Geburtstag der Provinz British Columbia feierlich eröffnet. Für Kinder gibt es einen speziellen Forschungs- und Erkundungsbereich, in dem sie auf kindgerechte Weise und mit viel Spaß und Kreativität die Wunder der Natur kennenlernen können.

- *3663 Park Rd, Vancouver*
- *604-990-3755*
- *Juni–Sept.: tägl. 10–17 Uhr, sonst: werktags 10–17 Uhr, Wochenende 12–16 Uhr, 25. Dez.–2. Jan. geschlossen*
- *Um eine Spende von CAD 2 (Familien CAD 5) wird gebeten.*
- *www.dnv.org/ecology*

Wandern

30-foot Pool Trail
- *Parkplatz*
- *15 Minuten*
- *Leicht*
- *750 m (einf. Strecke)*

Twin Falls Trail
- *Suspension Bridge*
- *40 Minuten*
- *Leicht, mit Stufen*
- *2 km (einf. Strecke)*

👁 Sehenswürdigkeiten südlich der Innenstadt

▶ Queen Elizabeth Park / Bloedel Conservatory

Der 0,5 km² große **Queen Elizabeth Park** befindet sich im Südwesten von Vancouver und gehört zu den schönsten Parkanlagen der Stadt. An der Stelle des Parks existierte um 1900 ein Basaltsteinbruch, mit dessen Steinen man die Straßen in Vancouver erbaute. Um 1930 entschloss man sich, auf dem Gelände des Steinbruchs einen Park anzulegen. Wenig später kaufte die städtische Parkbehörde das Gelände und legte somit den Grundstein für die heutige Anlage. Finanzielle Unterstützung bekam die Parkverwaltung von der Papierindustrie und so konnte man das Gelände in einen englischen Park „verwandeln". Man benannte den Park nach Königin Elizabeth (Mutter von Elizabeth II.), die 1939 mit ihrem Ehemann König Georg VI. Kanada einen Besuch abstattete.

Zu den Highlights des Parks gehört sicherlich das **Arboretum**, ein Baummuseum mit weit über 1.400 einheimischen und exotischen Bäumen. Mit der Bepflanzung dieses besonderen Museums hatte man bereits 1949 begonnen, sodass Sie heute einen schön gewachsenen und eindrucksvollen Pflanzenbestand bewundern können.

Der **Quarry Garden** (Felsengarten) besticht durch seine farbenfrohe Anlage mit jahreszeitlich wechselnder Bepflanzung, bunten Sträuchern und einem Wasserfall – alles sehr harmonisch in die Landschaft integriert. Ein kleiner Ableger des Gartens (**Smaller** oder **North Quarry Garden**) wurde 1961 zum 75. Jahrestag von Vancouver angelegt und besticht durch eine sehr spezielle Auswahl seltener orientalischer Pflanzen. Er liegt unterhalb des „**Seasons In The Park**" Restaurants, wo man bei schöner Aussicht gut und teuer speisen kann. Im Park liegt auch die höchste Erhebung der Stadt, der „**Little Mountain**", mit einer erstaunlichen „Höhe" von exakt 167 m. Doch trotz der geringen Höhe kann man vom Aussichtspunkt des „Berges" ein tolles Panorama der ganzen Stadt genießen und seine Blicke sehnsüchtig auf die so naheliegenden Gipfel der südlichen Coast Mountains richten.

Bowlen, Picknicken, Wandern, Golf oder Tennis spielen sind die Freizeitaktivitäten, die den Park für Einheimische und Besucher so attraktiv machen. Interessant: In den letzten 90ern wurden mehrere Folgen der Fernsehserie „Stargate" im Queen Elizabeth Park gedreht.

Das **Bloedel Conservatory**, das auf dem Parkgelände steht, ist ein halbrundes, architektonisch besonders beeindruckendes Gewächshaus, das bei jedem Wetter eine beliebte Attraktion von Vancouver ist. Der Bau wurde 1969 durch eine großzügige Spende von CAD 1,25 Millionen von Prentice Bloedel, dem Besitzer einer Holz verarbeitenden Fabrik, ermöglicht und löste damit direkt das Problem der Namensfindung – das Gebäude wurde kurzerhand nach seinem großzügigen Spender benannt. Das Bloedel Conservatory ist den Wundern der Natur gewidmet und beheimatet eine einzigartige Pflanzenwelt und über 100 verschiedene Vogelarten, die frei in der Kuppel umherfliegen dürfen. Komplettiert wird das tropische Ambiente durch viele exotische und farbenfrohe Fische, die in den Teichanlagen angesiedelt wurden.

- *33rd Ave/Cambie St, Vancouver*
- *Bloedel Conservatory: 604-257-8584*
- *Park: ganzj., Sommer: Mo–Fr 9–20 Uhr, Wochenende 10–21 Uhr, Winter: Mo–So 10–17 Uhr*
- *Bloedel Conservatory: tägl. 10–17 Uhr*
- *Queen Elizabeth Park: frei*
- *Bloedel Conservatory: Erw.: CAD 6,50 Sen., Jugendl./Sen.: CAD 4,50, Kinder: CAD 3,25*
- *Parkgebühr: Pro Stunde: Mai–Sept.: CAD 3,50, Okt.–April: CAD 2,50, Tagespreis: Mai–Sept.: CAD 13, Okt.–April: CAD 7*
- *http://vancouver.ca/parks-recreation-culture/queen-elizabeth-park.aspx*
- *http://vancouver.ca/parks-recreation-culture/bloedel-conservatory.aspx*

▶ Van Dusen Botanical Garden

Der 1975 eröffnete, 22 Hektar große **Van Dusen Botanical Garden** liegt östlich der University of British Columbia. Er bietet den Besuchern Rundwege durch unterschiedliche Themengärten. Hier kann man gut dem Leben und Treiben der Großstadt entfliehen.

Anfang des 20. Jahrhunderts wurde das Gelände, das der Canadian Pacific Railway gehörte, an einen Golfclub verpachtet. Als dieser dann verlegt wurde, wollte die CPR auf dem Gelände ein Wohngebiet errichten, was auf gewaltigen Widerstand stieß.

So gründete man 1966 die Van-Dusen-Stiftung, um das Gelände als Gartenland zu retten. Zusammen mit der Stadt Vancouver, der Provinzregierung, der Stiftung und einer großzügigen Spende von W. J. Van Dusen, dem Namensgeber, konnte das Gelände schließlich gekauft werden.

1971 begann man mit der Anlegung des botanischen Gartens, der am 30. August 1975 für Besucher eröffnet wurde. Ein besonderes Highlight des Parks ist die **Rhododendronblüte** im Mai. Ganzjährig kann man sich an zahlreichen und bunt blühenden Gewächsen erfreuen, die aus aller Welt zusammengetragen wurden. Der asiatische Teil des Gartens kombiniert Seen und Steinskulpturen und strahlt eine ganz besonders beruhigende Stimmung aus. Mittelpunkt dieses asiatischen Teils ist der wunderschöne **Korean Pavilion**.

Wenn sich nach einem ausgedehnten Parkbesuch der Hunger meldet – das Shaughnessy Restaurant (ggf. reservieren) und das Truffles Café (keine Reservierung) sind zwei empfempfehlenswerte Lokalitäten.

- 5251 Oak St (37th & Oak St), Vancouver
- 604-257-8463
- Restaurant: 604-261-0011
- Kernöffnungszeiten: 10–16 Uhr, im Sommer länger, Jan. & Feb. kürzer
- Shaughnessy Restaurant: Lunch: Mo-Fr 11:30–15 Uhr, Brunch: Sa/So 11–15 Uhr, Afternoon Tea: tägl. 15–16:30 Uhr, Dinner: 17–21 Uhr
- Truffles Café: Mo–So, saisonal
- Jan.–März & Okt.–Dez.: Erw.: CAD 8, Sen. (65+)/Jugendl. (13–18 J.): CAD 5,75, Kinder (3–12 J.): CAD 4,25, Familien: CAD 17, April–Sept.: Erw.: CAD 11, Sen. (65+)/Jugendl. (13–18 J.): CAD 8,25, Kinder (3–12 J.): CAD 5,75, Familien: CAD 25,75
- www.vandusen.org

> Für die Highlights **Museum of Vancouver** mit **H. R. MacMillan Space Center** und **Maritime Museum** kann ein Kombiticket *(Vanier Park Explore Pass)* erworben werden
> - Erw.: CAD 41, Sen., Jugendl. & Stud.: CAD 35

▶ Maritime Museum

Im **Vanier Park**, nördlich der über die English Bay reichenden Burrard Bridge, befindet sich das Maritime Museum. Zum Schwerpunkt des Museums gehören die frühen Tage der „Bezwinger der Weltmeere". Es informiert über die Technik der frühen Seefahrt, über die Anfänge des industriellen Fischfangs, zeigt einige Schiffsmodelle und bietet wechselnde Ausstellungen, die immer das Thema „Schifffahrt" als Oberbegriff haben. Für den Nachwuchs gibt es einen speziellen Bereich, in dem die kleinen und großen Kinder auf Entdeckungsreise gehen können. Eine reichhaltige Bibliothek und ein Souvenirshop fehlen selbstverständlich ebenfalls nicht.

Absoluter Mittelpunkt und Herzstück des Museums ist das originalgetreu restaurierte **Patrouillenboot St. Roch** der *Royal Canadian Mounted Police*. Das Original-Schiff wurde 1912 gebaut und verkehrte als erstes Schiff zwischen 1940 und 1942 auf der Route der Nordwest-Passage durch das Nordpolarmeer und erreichte 1942 den Hafen von Halifax. 1944 kehrte es nach Vancouver zurück. Seit 1958 liegt das Schiff auf einem Trockendock am **Kitsilano Point**, daneben errichtete die Stadt Vancouver das Maritime Museum, das im Juni 1959 für die Besucher geöffnet wurde.

- 1905 Ogden Ave, Vancouver
- 604-257-8300
- Mo-Sa 10–17 Uhr, So 12–17 Uhr, Do 17–20 Uhr gegen Spende, Winter: Mo geschlossen
- Erw.: CAD 12,50, Jugendl. (6–18 J.)/Sen./Stud.: CAD 10, Familien: CAD 35
- www.vancouvermaritimemuseum.com

▶ Museum of Vancouver (MOV)

Ebenfalls im Vanier Park liegt das **Museum of Vancouver**, untergebracht ist es im **H. R. MacMillan Space Center** (Sternwarte). Das Ziel des Museums, das zu den größten städtischen Museen Nordamerikas gehört, ist die Verständigung zwischen den Generationen, Kulturen und Philosophien. Über viele Jahre wurden einige tausend Ausstellungsstücke

Downtown

zusammengetragen, teilweise von Einwohnern Vancouvers erworben, teilweise gespendet. Das Museum wurde 1894 im Januar gegründet und öffnete bereits im April die erste Dauerausstellung in der Carnegie-Bibliothek. In den folgenden Jahren kam ein Exponat nach dem anderen hinzu und 1958 füllte das Museum schon den gesamten Gebäudekomplex. Doch die Räume waren schon in die Jahre gekommen, die Decken waren undicht und der Putz bröckelte von den Wänden. Wie gerne hätte der Direktor neue Räumlichkeiten bezogen. Doch erst zum hundertjährigen Jubiläum der Staatsgründung im Jahre 1967 wurde seine Bitte erhört und das Museum bekam ein neues Gebäude, das nach einem Plan des Architekten Gerald Hamilton erbaut wurde. In die markante Kuppel konnte dank einer Spende von H. R. MacMillan ein **Planetarium** integriert werden.

Das Museum bietet permanente und Wanderausstellungen, die sich mit der Geschichte, der Natur und Kunstszene Vancouvers und der Region befassen. Es lässt den Besucher auf unterhaltsame Weise an der Geschichte der Stadt teilhaben. Gezeigt werden Tierpräparate von einheimischen Tieren, eine ägyptische Mumie konnte erworben werden, daneben gibt es eine Vielzahl von Gebrauchsgegenständen aus dem 19. und 20. Jahrhundert.

- *1100 Chestnut St, Vancouver*
- *604-736-4431*
- *Mo–So 10–17 Uhr, Do, Fr, Sa 10–20/21 Uhr*
- *Erw.: CAD 19, Stud./Sen.: CAD 16, Kinder/Jugendl. (5–18 J.): CAD 9, Familien: CAD 40*
- *www.museumofvancouver.ca*

▶ Museum of Anthropology / Totempark

Das Museum liegt an der südwestlich gelegenen Halbinsel auf dem Gelände der University of British Columbia und hat sich zur Aufgabe gemacht, die Kulturen der First Nations zu erhalten. Es wurde vor mehr als 50 Jahren im Keller der Universitätsbibliothek als Lehrmuseum gegründet, heute befindet sich das 1976 eröffnete Museum in einem architektonisch außergewöhnlichen Gebäude, das nach Art der Nordwestküstenindianer gebaut

Vancouver

ist und von dem Architekten A. Erickson entworfen wurde. Schon die Eingangstüren sind sehenswert, es sind **K'San-Türen**, die 1976 von Schreinern der Gitxsan gestaltet wurden.

Das Museum beherbergt mehrere zehntausend Ausstellungsstücke, die meisten stammen von den Nordwestküstenindianerstämmen Kwakiutl und Haida. Es handelt sich hierbei um alltägliche Gebrauchsgegenstände, Totempfähle, Teile von Häuserfassaden, Masken, mit Schnitzerei geschmückte Kästen und vieles mehr. Audiovisuell kann man an traditionellen Zeremonien „teilnehmen". Auch zeitgenössische und traditionelle Kunst aus Afrika, Europa und bedeutende asiatischen Sammlungen sind Bestandteil des Museums. In der **Koerner Gallery** wird eine Kollektion europäischer Keramik gezeigt. Besonders sehenswert sind Ausstellungsstücke aus über 600 Jahren Geschichte, die Dr. Walter C. Koerner (1898–1995) voller Leidenschaft in über 80 Jahren zusammengetragen und dem Museum 1990 gespendet hat. Die wundervollen Keramikarbeiten stammen aus früheren Jahrhunderten und zeigen durch reichhaltige Verzierungen mit Texten und Landkarten die Techniken und den Zeitgeschmack vergangener Handwerkskunst. Koerner wurde in der heutigen Tschechischen Republik geboren und wanderte 1938 nach Kanada aus.

Im Außenbereich des Museums befinden sich zwei Häuserkomplexe, die

in der Bauweise und Erscheinung den Unterkünften der Haida First Nations nachempfunden wurden. Im Bereich dieser Gebäude stehen viele Skulpturen und eindrucksvolle Totempfähle der First Nations. Die Museumshalle dient gleichzeitig als Veranstaltungsort und bietet den Besuchern ein abwechslungsreiches Programm aus Tänzen, Lesungen, Konzerten uvm. Informieren Sie sich vor Ort über das aktuelle Programm. Für alle, die sich für die Geschichte der First Nations interessieren, ist dieses Museum sehr zu empfehlen. Es erfreut sich zudem außergewöhnlicher Beliebtheit und war 1989 sogar die **Touristenattraktion des Jahres**.

- 6393 North West Marine Dr, Vancouver
- 604-822-5087
- Museum: tägl. 10–17 Uhr, Do bis 21 Uhr, Mitte Okt.–Mitte Mai: Mo geschlossen
- Café: tägl. 10–16:30 Uhr, Mo 10:30–14:30 Uhr
- Erw.: CAD 18, Sen./Stud.: CAD 16, Familien: CAD 47, Do 17–21 Uhr: CAD 10
- www.moa.ubc.ca

Unterkünfte

Howard Johnson Vancouver Boutique Hotel

Das renovierte Boutique Hotel liegt im Zentrum und bietet bestens ausgestattete Zimmer und Suiten. Im Hotel kann der Hunger im Wings Tap & Grill gestillt werden.

- 1176 Granville St, Vancouver
- 604-688-8701 oder 1-888-654-6336 (geb.frei)
- ★★ – ★★★
- info@hojovancouver.com
- www.hojovancouver.com

Pan Pacific Hotel

Das bekannteste Hotel Vancouvers, direkt am Ufer des Burrard Inlet gelegen mit traumhaftem Blick über den Hafen und auf die jenseits der Bucht liegenden Berge, gleichzeitig sehr zentral gelegen und nahe der Tourist Information. Die Ausstattung der Zimmer und Suiten (bis zu vier Räumen) ist elegant. Speisen kann man entweder im Freien oder in edlen Restaurants. Im 8. Stock relaxt man im Whirlpool, in der Sauna, tankt Sonne im Liegestuhl oder testet die Sportlichkeit im Fitness-Center.

- 999 Canada Place, Vancouver
- 604-662-8111 oder 0800.5892-921 (geb. frei)
- ★★★
- info@panpacificvancouver.com
- www.panpacific.com

Fairmont Hotel Vancouver

Das altehrwürdige Fairmont ist das "Schloss im Herzen der City Vancouver" – auch architektonisch gesehen. Unweit der Robson St bietet das Hotel alle Annehmlichkeiten, von kontinentalem Frühstück und exzellentem Dinner über Designer-Shops bis zum Indoor-Pool mit Wellness-Center, allerdings auch zu stolzen Preisen.

- 900 West Georgia St, Vancouver
- 604-684-3131 oder 1-800-257-7544 (geb. frei)
- ★★★
- www.fairmont.com/hotelvancouver

Coast Vancouver Airport Hotel

Nur wenige Minuten vom Airport Vancouver entfernt übernachtet man hier in unterschiedlich ausgestatteten Zimmern. Standardausstattung in allen Räumen: Kaffeekocher, Bügeleisen/Bügelbrett und freier Internetzugang. Kostenloser Shuttle-Service vom/zum Airport.

- 1041 SW Marine Dr, Vancouver
- 604-263-1555 oder 1-800-716-6199 (geb. frei)
- ★★★
- www.coasthotels.com/hotels/bc/vancouver/coast-vancouver-airport-hotel

Hostels

Alle nachfolgenden Hostels sind günstige Übernachtungsmöglichkeiten in Vancouver. Man wählt zwischen privaten Familienzimmern, die preislich höher liegen, und Zimmern, die mit Reisenden geteilt werden. Frühstück ist meist inbegriffen. Bettwäsche wird gestellt, eine Küche zum Selbstbewirtschaften, eine Laundry und Gemeinschaftsräume sind Standard.

- 1-866-762-4122 (Reservierung Hi-Hostels)
- ★ – ★★
- www.hihostels.ca

Vancouver 163

HI-Vancouver Central
- *1025 Granville St, Vancouver*
- *604-685-5335*

HI-Vancouver Jericho Beach
- *1515 Discovery St, Vancouver*
- *604-224-3208*

HI-Vancouver Downtown
- *1114 Burnaby St, Vancouver*
- *604-684-4565*

Cambie Hostel Vancouver Gastown
- *300 Cambie St, Vancouver*
- *604-684-6466 oder 1-877-395-5335 (geb. frei)*
- *gastown@thecambie.com*
- *www.cambiehostelsgastown.com*

Capilano RV Park
- *Ab Hwy 1: Exit 13 Hwy 99 S (Taylor Way), auf dem Taylor Way bleiben und später li auf die Bridge Rd und weiter bis zum RV Park.*
- *295 Tomahawk Ave, Nordwestende der Lions Gate Bridge, Vancouver*
- *604-987-4722*
- *Ganzj.* *Ja* *Ja*
- *208, alle Anschlussmögl.*
- *Ja* *Ja* *$$$*
- *www.capilanorvpark.com*

Burnaby Cariboo RV Park
- *Hwy 1 Exit 37 (Gaglardi), an der 1. Ampel re auf die Cariboo Rd, nächste Ampel li, dann die nächste rechts (Cariboo Place)*
- *8765 Cariboo Place, Burnaby, Exit 37 Hwy 1*
- *604-420-1722*
- *Ganzj.* *Ja* *Ja*
- *217, alle Anschlussmöglichkeiten*
- *Ja* *Ja* *$$$*
- *www.bcrvpark.com*

Parkcanada RV Park
Eine Übernachtung auf diesem Campground eignet sich bestens, wenn Sie nach der Stadtbesichtigung Ihr Wohnmobil aufnehmen und gen Vancouver Island starten. Er liegt ca. 2 km vor dem Ferry Terminal Tsawwassen.
- *4799 Nulelum Way, Delta, nahe Ferry Terminal nach Vancouver Island (Swartz Bay)*
- *604-943-5811 oder 1-877-943-0685 (geb.frei)*
- *Ganzj., außer 24. Dez.–4. Jan.*
- *Ja, dringend empfohlen*
- *119, alle Anschlussmöglichkeiten*
- *Ja* *Ja* *Ja*
- *$$*
- *www.parkcanada.com*

FÄHRFAHRT TSAWWASSEN NACH SWARTZ BAY

Die Fähre von Tsawwassen nach Swartz Bay fährt in den Sommermonaten von 6–22 Uhr stündlich, danach mehrmals täglich. Schon schon einige Kilometer vor Erreichen des Ferry Terminals werden über Anzeigentafeln die noch freien Kapazitäten der nächsten Fähren angezeigt. Planen sie in der Hauptsaison etwas Wartezeit ein oder buchen Sie rechtzeitig die Überfahrt. Sie werden von geschultem Personal routiniert und ohne Hektik in und nach Anlegen auf Vancouver Island auch wieder aus der Fähre geleitet und können Ihre Reise auf der Insel fortsetzen.

Für Wohnmobilfahrer wichtig: Der Hauptgashahn **muss** während der Überfahrt geschlossen sein. Bitte denken Sie an das Öffnen des Gashahns, nachdem Sie die Fähre verlassen haben.
- *Ferry Tsawwassen, Delta*
- *Reservierung: 1-888-223-3779*
- *1,5 Stunden*
- *Erw.: CAD 17,20, Kinder (5–11 J.): CAD 8,60, Fahrzeuge bis 20 ft: CAD 57,50, längere Fahrzeuge pro ft: CAD 6,50; **Beachten Sie bitte**, dass die Fahrzeugkosten exklusive Personen sind.*
- *www.bcferries.com*

GULF ISLANDS NATIONAL PARK

Der **Gulf Islands National Park** ist ein einzigartiges Naturschutzgebiet in der Strait of Georgia, die zwischen Vancouver Island und der Westküste British Columbias liegt. Das Parkgebiet, das Heimat zahlreicher Meeresbewohner wie z. B. Orcas,

Fährfahrt nach Vancouver Island

Seelöwen, Seehunde und Wasservögel ist, und ideale Bedingungen für die unterschiedlichsten Meerespflanzen bietet, umfasst ein Gebiet von etwa 36 km². 15 Inseln, viele kleine Inselchen und Riffs, sind Nistplätze und Lebensraum verschiedener Tierarten und bieten durch ihr mediterranes Klima auch beste Bedingungen für das Gedeihen der unterschiedlichsten Pflanzenarten.

Die Inseln *Mayne*, *Saturna* und *North* und *South Pender* können mit den Fähren der BC Ferrys erreicht werden, einige kleinere Inseln nur per Boot. Die Route Tsawwassen – Swartz Bay führt mitten durch diese traumhafte Inselwelt. Ab Sidney auf Vancouver Island verkehrt von Mittel Mai bis Anfang September eine Privatfähre auf die Insel Sidney Spit.

Sidney Spit Ferry
2550 Beacon Ave, Sidney
250-474-5145

Mitte-Ende Mai: Fr-Mo, Ende Mai-Ende Juni: Sa & So, Ende Juni-Anf. Sept.: tägl.
Erw.: CAD 19, Kinder (bis 12 J.)/Sen.: CAD 16

Das Naturschutzgebiet wurde 2003 zum National Park erklärt. Es darf gezeltet werden, Picknickplätze sind vorhanden und an traumhaften und einsam gelegenen Sandstränden kann man wunderbar relaxen und die Natur pur genießen. Alle Services auf den Picknick- und Zeltplätzen sind in den Sommermonaten verfügbar, im Winter ist der Service eingeschränkt. Campgrounds für Wohnmobile sind im MacDonald Park Campground auf Vancouver Island und Prior Centennial Campground (Mitte Mai–Sept. Ja 17) auf Pender Island.

Den **MacDonald Campground** erreicht man nach ca. 2 km Fahrt über den Highway 17/Exit 31 Wain Road und McDonald Park Road. Die gepflegten, einfach ausgestatteten Stellplätze für Wohnmo-

So nah am Fähranleger liegt der MacDonald Campground

bile liegen im Wald, ebenfalls die *walk-in* Zeltplätze.
- *Mitte Mai bis Ende Sept.*
- *Reservierung: 1-877-737-3783*
- *49, max. 25 ft Länge*
- *Ja*   *Nein*   *Nein*
- *6*
- *$*
- *http://pc.gc.ca/en/pn-np/bc/gulf*

Gulf Islands National Park Reserve Operations Centre
- *2220 Harbour Rd, Sidney*
- *250-654-4000 oder 1-866-944-1744 (geb.frei)*
- *gulf.islands@pc.gc.ca*
- *Ganzj. Mo–Fr 8–16 Uhr*

SIDNEY

	Swartz Bay – Ferry Terminal	4 km
	District of Saanich	7 km
	Victoria	28 km
	Nanaimo	145 km
	Campbell River	317 km
	Port Hardy	610 km
	Sidney	11.672
	+3 °C	
	+18 °C	
	Meereshöhe	13 m

Die erste Stadt, die Sie auf dem Highway 17 Richtung Victoria im nördlichen Teil der Halbinsel Saanich Peninsula erreichen, ist die 1952 unabhängig gewordene Stadt **Sidney**.

An der fast vier Kilometer langen Küstenlinie, wo auch einige interessante Skulpturen stehen, findet man ursprüngliche, von Wind und Wetter gezeichnete Küstenbereiche, Hafenanlagen und Wanderwege mit Ruhebänken für ein Picknick oder einfach zum Relaxen und Blicke in die Ferne schweifen zu lassen.

Die Stadt bietet ein breites Angebot an Aktivitäten inklusive Whale-Watching-Touren und Ausflüge. Alle Versorgungsmöglichkeiten sind vorhanden, und kleine Geschäfte aller Art im Innenstadtbereich laden zu einem Bummel ein. Besonders auffällig sind die vielen Buchhandlungen, daher ist Sidney auch als **„Booktown"** bekannt. Für kulturelle Abwechslung sorgen spezielle Events, so finden zum Beispiel im Juli und August sonntags **Konzertmatineen** statt und von Juni bis August können Nachtschwärmer donnerstagnachts über die **Straßenmärkte** bummeln. Abgerundet wird das kleine, aber feine Angebot der Stadt durch eine Vielzahl an Restaurants, die Spezialitäten aus aller Herren Länder oder tagsüber Kaffee in gemütlichem Ambiente servieren.

Der Ursprung der Stadt liegt viele tausend Jahre zurück, in einer Zeit, in der die

Am Hafen in Sidney

Saanich People die einzigen menschlichen Bewohner der Halbinsel waren und im Bereich des heutigen Stadtgebietes ihre Winterquartiere eingerichtet hatten.

Ihre konkrete Entstehung verdankt die Stadt aber der Hudson's Bay Company, die 1852 von den Saanich People große Waldgebiete geschenkt bekam und diese an William und Charles Reay weiterverkaufte. Diese beiden Herren ließen sich in den darauffolgenden Jahren in den neu erworbenen Ländereien nieder und wurden damit die ersten Einwohner von der damals noch unbenannten Siedlung Sidney.

In den folgenden Jahrzehnten spielten Schiffs- und Fährtransportanbindungen eine zentrale Rolle in der ökonomischen Entwicklung der Region und dienten als infrastrukturelle Basis für die hier betriebene Land- und Forstwirtschaft, die Mitte des 20. Jahrhunderts durch die Einrichtung eines Flugplatzes für Klein- und Wasserflugzeuge schließlich komplettiert wurde.

Die Namensgebung der Stadt geht auf Kapitän George Richard zurück, der 1859 mit seinem Vermessungsschiff HMS Molliger den exakten Standort des 49. Breitengrades lokalisieren und die umliegenden Inseln, Kanäle etc. benennen sollte. Kapitän Richard soll Sidney Island und den Sidney-Channel nach seinem Freund Leutnant Frederic William Sidney, Mitglied der königlichen Marine und ebenfalls im hydrografischen Dienst tätig, benannt haben. Die Namen von Kanal und Insel wurden später der Einfachheit halber auch auf die Stadt übertragen.

In unmittelbarer Nähe der Stadt liegt der **Victoria International Airport**, der auch von größeren Airlines (z. B. Air Canada, West Jet) nationale und internationale Flugverbindungen anbietet. Daneben sind auch kleinere und private Fluggesellschaften vertreten.

250-953-7500
www.victoriaairport.com

Sidney

🛈 Sidney Visitor Centre

- ✉ 2281 Beacon Ave, Sidney
- ☏ 250-665-7362
- 🕒 Ganzj., Kernöffnungszeiten im Sommer: tägl. 9–17 Uhr, sonst eingeschränkt
- 🌐 www.tourismvictoria.com/sidney-visitor-information-centre

🛈 Patricia Bay Information Centre

- ✉ 10382 Patricia Bay Hwy, Sidney
- ☏ 1-778-426-0522
- 🕒 Saisonal

👁 Sehenswürdigkeiten

▶ Emerald Sea Adventure Whale-Watching

- ✉ 2537 Beacon Ave, Sidney
- ☏ 1-888-656-7599 (geb. frei)
- 🕒 März–Okt.: tägl. 10, 13:30 & 17 Uhr
- 💲 Erw.: CAD 119, Sen.: CAD 105, Kinder/Jugendl. (bis 16 J.): CAD 95
- @ info@sidneywhalewatching.com
- 🌐 www.sidneywhalewatching.com

▶ Rundtour San Juan Islands/Anacortes

Eine Fährroute verbindet Sidney mit Anacortes (Staat Washington, USA) auf Whidbey Island. In den Sommermonaten bieten die Washington State Ferry Services von Sidney täglich zwei Rundtouren durch die Haro Strait auf die San Juan Islands nach Friday Harbor und nach Anacortes im Staat Washington (USA) an.

- ✉ Ocean Ave & 1st St, Sidney
- ☏ 206-464-6400 oder 1-888-808-7977 (geb. frei)
- 🕒 Mitte März–Dez.
- @ wsfinfo@wsdot.wa.gov
- 🌐 www.wsdot.wa.gov/ferries

▶ Shaw Centre for the Salish Sea

Hier werden die verschiedenen Lebewesen aus der Unterwasserwelt des Meeres gezeigt. Besonders Kinder wird ein Besuch begeistern.

- ✉ 9811 Seaport Place, Sidney
- ☏ 250-665-7511
- 🕒 Ganzj. 10–16/17 Uhr
- 💲 Erw.: CAD 17,50, Kinder (4–12 J.): CAD 8, Sen. (65+): CAD 14
- @ info@salishseacentre.org
- 🌐 www.salishseacentre.org

▶ BC Aviation Museum

Im **British Columbia Aviation Museum**, das sich am Victoria International Airport befindet, kann man sich sehr interessante Flugzeuge, Modelle und Ausstellungsstücke der Luftfahrt ansehen und über deren Historie informieren.

- ✉ 1910 Norseman Rd, Sidney
- ☏ 250-655-3300
- 🕒 Mai–Sept.: 10–16 Uhr, Okt.–April: 11–15 Uhr
- 💲 Erw.: CAD 10, Sen./Jugendl. (13–18 J.): CAD 8, Kinder (7–12 J.): CAD 4
- 🌐 www.bcam.net

▶ Sidney Museum

Das Museum ist im Untergeschoss des alten Postgebäudes untergebracht. Es informiert neben wechselnden Themenwelten über die Geschichte der Halbinsel Saanich und Sidney und gibt u. a. im historischen *Critchley's Store*, im *Classroom* und in der *Kitchen* Einblicke in das frühe Leben der Bewohner.

- ✉ 2423 Beacon Ave/Ecke 4th Street, Sidney
- ☏ 250-655-6355
- 🕒 Tägl. 10–16 Uhr
- 💲 Es wird um eine Spende gebeten
- @ info@sidneymuseum.ca
- 🌐 www.sidneymuseum.ca

🛏 Unterkünfte

🏨 Best Western Emerald Isle Inn

Das sehr ansprechende Hotel liegt in Downtown Sidney und bietet Zimmer mit Kühlschrank, Mikrowelle, Kaffeekocher und Suiten mit einer Kleinküche, Frühstück im Smitty's Family Restaurant ist kostenpflichtig.

✉ 2306 Beacon Ave, Sidney
☎ 250-656-4441 oder 1-800-315-3377 (geb.frei)
📶 Ja, frei
💰 ★★ – ★★★
🌐 www.bwemeraldisle.com

🏨 Sidney Waterfront Inn and Suites
Das Hotel liegt in unmittelbarer Nähe der Küste, Zimmer/Suiten mit Meerblick haben Balkone. Suiten sind mit einer Kleinküche ausgestattet, Standardzimmer mit Kühlschrank, Mikrowelle und Bügeleisen. Es wird ein kostenloser Frühstückssnack geboten.
✉ 9775 First St, Sidney
☎ 250-656-1131 oder 1-888-656-1131 (geb.frei)
📶 Ja, frei
💰 ★★ – ★★★
🌐 www.sidneywaterfrontinn.com

🏘 DISTRICT OF SAANICH

📍	Sidney	7 km
	Victoria	21 km
	Nanaimo	138 km
	Campbell River	310 km
	Port Hardy	603 km
👥	District of Saanich	114.148
	Central Saanich	16.814
	North Saanich	11.249
❄	+5 °C	
☀	+16 °C	
〰	Meereshöhe	23–227 m

Der heutige **District of Saanich** war über viele Jahrtausende Heimat der Songhees und Saanich First Nations, einer Gruppe der Coast Salish People, die hier auf die Jagd gingen und vom Fischreichtum der Gewässer profitierten.

Der District ist eine der ältesten Siedlungen, deren Haupterwerb in der frühen Zeit die Forstwirtschaft war. Als die Hudson's Bay Company um 1850 eine Handelsstation errichtete und die ersten Siedler die Region erreichten, wurden weite Waldgebiete abgeholzt und zu ertragreichem Ackerbau und zur Viehzucht genutzt. Die damit geschaffene ökonomische Bedeutung der Landwirtschaft hat sich bis heute nicht geändert – im Süden Vancouver Islands ist die Landwirtschaft ungebrochen eine sehr wichtige Einnahmequelle und entscheidender Faktor in der Versorgung der Inselbevölkerung.

Der District Saanich erstreckt sich über fast 40 km entlang des Ozeans und umfasst die Gebiete:

- **North Saanich**, in dem auch Swartz Bay liegt,
- **Central Saanich**, dazu gehören die Ortschaften Brentwood Bay und Saanichton und
- **Saanich**, das nördlich an Victoria grenzt und Teil der Metropolregion Victorias ist.

Im District sind alle Versorgungsmöglichkeiten in reichlicher Anzahl vorhanden. Zahlreiche Gärten und Parks im Küstenbereich und im Landesinneren laden zu Spaziergängen ein.

👁 Sehenswürdigkeiten

▶ John Dean Provincial Park
Der Park liegt auf dem **Mount Newton** im südlichen Teil von Vancouver Island auf der Halbinsel Saanich im District North Saanich. Zufahrt vom Highway 17 (Exit 26) in North Saanich über die Mc Tavish/Saanich East Road/Dean Paul Road zum Parkplatz des Parks. **Bemerkung:** Abfahrt vom Highway 17 ist nicht ausgeschildert.

Zahlreiche kürzere leichte und schwierigere Wandermöglichkeiten durch hochgewachsene, alte Baumbestände können im Park unternommen werden. Unterwegs findet man Aussichtspunkte mit spektakulären Ausblicken. Benannt wurde der Park nach dem Siedler John Dean, der 1921 etwa 32 ha Land spendete, weitere Siedler folgten später seinem Beispiel.

Der Park schützt alte Bestände der Douglastannen und Oregon-Eichen, die zwar in British Columbia und Kalifornien weit verbreitet sind, doch am besten im Raum Victoria wachsen. Um 1800 wuchsen auf ca. 15 km² Garry Eichen, heute sind davon nur noch etwa 21 ha (0,21 km²) übrig. **Übrigens:** Die Garry Eiche, die bis zu 400 Jahre alt werden kann, wurde nach Nicholas Garry benannt. Er war von 1822 bis 1835 Stellvertreter des Präsidenten der Hudson's Bay Company.

Für die Kultur der First Nations haben der Mount Newton und die Umgebung eine besondere Bedeutung. Es wird in Legenden von weißen Steinringen auf dem **Lau Wel New**, wie der Berg ursprünglich genannt wurde, berichtet, die von den Saanich First Nations stammen.

Der Berg soll der höchste Punkt ihres Landes gewesen sein, der es ihnen möglich machte, die **„Große Flut"** zu überleben. So sollen die Saanich People dort ihre Kanus an den Steinringen festgebunden haben und damit hatte der Berg, nachdem das Flutwasser zurückgegangen war, die zum Überleben der Saanich notwendigen Boote vor dem Untergang bewahrt.

Ganzj., tägl. 8 Uhr bis zur Dämmerung
www.env.gov.bc.ca/bcparks/explore/parkpgs/john_dean

▶ Butchart Gardens

Dieser wunderschöne, farbenfrohe und sehr geschmackvoll gestaltete Garten ist zu jeder Jahreszeit eine wahre Pracht. Mehrere Zufahrten vom Highway 1 in Central Saanich zu den Butchart Gardens sind ausgeschildert. Seinen Ursprung verdankt er Jennie Butchart, die 1904 stillgelegte Steinbruchstellen der Zementfirma ihres Mannes verschönerte. Seit 2004 ist der Park eine **National Historic Site of Canada**. Auf über 22 ha können Sie als Besucher eine Pflanzenvielfalt mit einer unglaublichen Blütenpracht entdecken.

Der Garten ist in fünf Bereiche aufgeteilt: Der **Versunkene Garten**, der **Rosengarten**, der **Japanische Garten**, der **Italienische Garten** und der **Mediterrane Garten**, durch sie führen leicht begehbare Pfade. Butchart Gardens ist einer der größten Arbeitgeber der Gegend und beschäftigt in der Hochsaison bis 550 Mitarbeiter. **Beachtlich:** Jährlich werden in den Gärten bis zu einer Million Pflanzen gesetzt.

Während der Weihnachtszeit erstrahlt der Garten in bunten Lichtern und mit weihnachtlichem Schmuck und eine Eis-

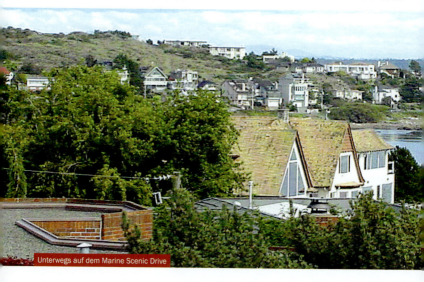

Unterwegs auf dem Marine Scenic Drive

laufbahn im Freien erfreut die Besucher.

Die schönste Zeit für einen Besuch der Gärten ist aber von Mitte Juni bis Mitte September. Im Sommer ist der Park abends länger geöffnet, es gibt Musikdarbietungen und samstagabends wird der Himmel von einem **Feuerwerk** erleuchtet. Auch während der übrigen Monate finden verschiedene Veranstaltungen statt – eine Übersicht gibt Ihnen die Visitor Information oder im Vorfeld die Internetseite der Gärten.

Im Geschenkeshop kann man ein Andenken erwerben und auch der kleine und große Hunger kann gestillt werden.

The Dining Room
Im ehemaligen Wohnhaus der Familie wird man mit Speisen aus frischen Zutaten verwöhnt.
- 250-652-8222 (Reservierung empfohlen)
- Ganzj.

The Blue Poppy Restaurant
Für die kleine Mahlzeit zwischendurch, Spezialmenüs für die lieben Kleinen.
- Mitte April–Mitte Okt. & Dez.

The Coffee Shop
Für die eiligen Besucher bietet der Coffee Shop neben Heiß- und Kaltgetränken auch Sandwiches und Kuchen.
- Ganzj. tägl. ab 9 Uhr

Butchart Gardens
- 800 Benvenuto Ave, Brentwood Bay
- 4250-652-5256 oder 1-866-652-4422
- Kernöffnungszeiten: tägl. 9–15 Uhr, Sommer: 9–22 Uhr
- Je nach Jahreszeit: Erw.: CAD 18,35–33,10, Jugendl. (13–17 J.): CAD 9,20–16,55, Kinder (5–12 J.): CAD 2–3
- email@butchartgardens.com
- www.butchartgardens.com

▶ Butterfly Gardens
Dieses **Indoor-Paradies** mit Schmetterlingen und Nachtfaltern aus der ganzen Welt erreichen Sie vom Highway 17 über die Ausfahrt Butchart Gardens in Central Saanich. Begleitet werden die Falterscharen von bunten, tropischen Vogelarten, die durch die farbenprächtige Pflanzenwelt schwirren. In Wasserläufen mit kleinen Wasserfällen tummeln sich farbenfrohe Fische, Flamingos und südafrikanische Turakes.

District of Saanich

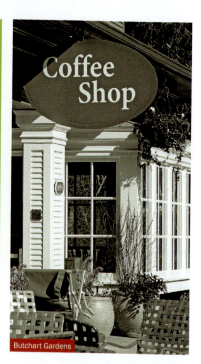

Butchart Gardens

Ab 2017 können auch beeindruckende Insekten und wirbellose Tiere aus der ganzen Welt bestaunt werden. Eine hübsche Orchideensammlung und viele Arten von fleischfressenden Pflanzen sind weitere sehenswerte Attraktionen dieser Anlage. Es werden geführte Touren angeboten.

- 1461 Benvenuto Ave, Brentwood Bay
- 250-652-3822 oder 1-877-722-0272 (geb. frei)
- Kernöffnungszeiten: tägl. 10–15/16 Uhr, Weihnachten geschlossen
- Erw.: CAD 16,50, Stud. (13–17 J.) & Sen.: CAD 11, KInder (5–12 J.): CAD 6
- info@butterflygardens.com
- www.butterflygardens.com

▶ Marine Scenic Drive

Die **Küstenstraße** reicht von der Sayward Road in Saanich bis zum südlichen Ende der Douglas Street im Hafen von Victoria. Diese wunderschöne Fahrt führt etwa 32 km entlang der Küste des südöstlichen Endes von Vancouver Island mit fantastischen Ausblicken auf das Meer, den Olympic National Park (USA) und auf die vor dem Festland liegenden Inseln. **Wir empfehlen**, den *Scenic Drive* von Victoria aus in Richtung Saanich zu fahren (also nicht in Saanich zu starten), da Sie auf der empfohlenen Fahrtrichtung den besseren Blick in Richtung Meer haben und das Panorama somit ungestört und eindrucksvoll genießen können.

▶ Heritage Walking Tours

Saanich lässt sich von Besuchern auf zwei vorgegebenen Heritage-Touren erkunden, die an den interessantesten Punkten der Stadt vorbei führen.

Saanich Heritage Tour 1
Die Heritage Tour 1 beginnt im Craigflower Park an der Admirals Road / Ecke Gorge Road im Westteil von Saanich. Auf der Tour kommt man an mehreren historischen Gebäuden vorbei, so z. B. an der 1855 erbauten **Craigflower School**, dem ältesten erhaltenen Schulgebäude von British Columbia.

Saanich Heritage Tour 2
Die Heritage Tour 2 beginnt an der Gorge Road, etwa 600 m südlich vom Craigflower Park und zeigt weitere historische Gebäude der Stadt. Die beiden Touren können gut zusammengelegt werden.

Broschüren und Pläne können Sie bei Interesse über folgende Links ausdrucken:
- www.seitnotiz.de/Vl2

▶ Mount Douglas Park

Der Park liegt in Saanich und ist erreichbar vom Highway 17 über den Royal Oak Drive und die Cordova Bay Road. Mehrere Wanderwege durch Wälder und über Wiesen führen auf den 227 m hohen Berg mit einer fantastischen Fernsicht. An der Cordova Bay befinden sich ein Parkplatz, ein Picknickplatz und eine Informationstafel.

▶ Saanich Bicycle-Tour

Wer sich gerne sportlich auf dem Fahrrad fortbewegen möchte – Saanich bietet 45

Kilometer Fahrradwege, östlich mit spektakulärem Meerblick und vielen Picknickmöglichkeiten, westlich geht's durch dichte Wälder.

www.cyclevancouverisland.ca/pdfs/tourist_route.pdf

Unterkünfte

Quality Inn Waddling Dog
Nettes Hotel im Fachwerkstil, ausgestattet mit Wasserkocher, kostenloses Frühstücksbuffet und Parkplatz.
- 2476 Mt. Newton Cross, Saanichton
- 250-652-1146 oder 1-800-567-8466 (geb. frei)
- Ja, frei
- ★ – ★★
- www.qualityinnvictoria.com

Howard Johnson
Familienfreundliches Hotel, alle Zimmer haben einen Kaffeekocher, Mikrowelle und einen Minikühlschrank, das Queen-Studio ist mit einer kompletten Küche ausgestattet. Ein kontinentales Frühstück ist inklusive.
- 4670 Elk Lake Dr, Victoria, nahe Cordova Bay
- 250-704-4656 oder 1-866-300-4656 (geb. frei)
- Ja, frei
- ★ – ★★
- www.hojovictoria.ca

Beachcomber RV Park
Der Campground liegt fast baumlos direkt an der Küste und eignet sich bestens für Sonnenhungrige. Man steht quasi auf Tuchfühlung zum Meer – aber auch zum Nachbarn.
- Zufahrt vom Hwy 17 Exit 18 über Martindale Rd/Welch Rd/Campion Rd
- 3290 Campion Rd, Saanichton
- 250-652-3800
- Mitte April–Mitte Okt.
- 60, 40 direkt an der Küste   Ja
- Wasser & Strom   Ja   Nein
- $$–$$$
- Reservations@beachcomberrv.com
- www.beachcomberrv.com

Island View Beach RV / Tent Park
Einfach ausgestatteter Campground (ohne Feuerstellen) direkt an der Küste gelegen mit Badestrand und Wanderwegen, ideal für Sonnenhungrige.
- Homathko Rd, Saanichton
- 250-652-0548
- Ende Mai-Anf. Sept.
- 18   29   Nein   Nein
- $
- www.crd.bc.ca/parks-recreation-culture/parks-trails/find-park-trail/island-view-beach

Weitere Übernachtungsmöglichkeiten finden Sie in Sidney und Victoria.

VICTORIA

	District of Saanich	21 km
	Duncan	63 km
	Nanaimo	117 km
	Campbell River	289 km
	Port Hardy	582 km
	Stadt Victoria	85.792
	Metropolregion	367.770
	+3 °C	
	+16 °C	
	Meereshöhe	23 m

Victoria ist die **Provinzhauptstadt Britisch Columbias** und liegt am südlichen Ende von Vancouver Island zwischen der *Strait of Georgia* und der *Juan de Fuca Strait*. Die Stadt beeindruckt jeden Besucher durch einen typisch englischen Flair, der zumindest in Downtown allgegenwärtig spürbar ist. Sie erreichen Victoria über den von Osten in die Stadt führenden Highway 17 oder den Highway 1, der von Norden kommend die Stadt erreicht. Beide Highways führen nach Downtown zum Inner und Upper Harbour.

Schon vor mehr als 4.000 Jahren bewohnten First Nations die Gegend. Funde von **cairns** (Steinhaufengräber) der Coast Salish First Nations sind Zeugen dieser frühen Besiedelung. Als erster Europäer erreichte der britische Seefahrer James Cook 1778 die Westküste von Vancouver Island und traf auf die in einer ursprüng-

Inner Harbour, Victoria

lichen und schroffen Natur lebenden First Nations, genauer auf die im südlichen Teil der Insel lebenden Stämme der Songhees, Saanich und Sooke People.

Für die Entstehung der Stadt verantwortlich war James Cook allerdings nicht, erst gut 60 Jahre später kam James Douglas von der Hudson's Bay Company im Süden der Insel an Land und gründete im heutigen Stadtbereich ein Fort und damit den Grundstein für die weitere Entwicklung. Diese Entwicklung bestand im ersten Schritt aus einem schnell einsetzenden Handel mit den First Nations, die sich als fleißige Arbeiter und zuverlässige Lieferanten für Baumaterial erwiesen.

Selbst Stämme, die nicht im Süden von Vancouver Island heimisch waren, kamen zum Fort, insgesamt waren es fast 3.000 Menschen, die sich in der Umgebung des Forts niederließen. Leider wurde diese Kooperation der Natives mit den Siedlern auf tragische Weise beendet, als durch eine Pocken- und Masernepidemie zahlreiche Stammesmitglieder starben – ein Schicksal, das viele einheimische Stämme mit der Besiedlung durch die Europäer heimsuchte, da diese Krankheitserreger dem Immunsystem der Einheimischen völlig unbekannt waren. Glück hatten die Songhees, die noch rechtzeitig von einem Arzt der Hudson's Bay Company geimpft werden konnten und damit vom Massensterben verschont blieben.

1849 wurde Vancouver Island zur Kronkolonie und britische Pioniere einer Tochtergesellschaft der Hudson's Bay Company wurden in den nachfolgenden Jahren hier sesshaft. Zur Stadt ernannt wurde Victoria am 2. August 1862.

Der Hafen der Stadt war der wichtigste nördlich von San Francisco und Hauptstützpunkt der britischen Pazifikflotte. Als der Fraser-Canyon- und Klondike Goldrausch zahlreiche Goldsucher aus Kalifornien nach Norden lockte, nutzten diese den in Victoria vorhandenen Versorgungsstützpunkt. So wurde die Stadt militärisches, politisches und wirtschaftliches Zentrum, die Bevölkerung wuchs stetig

Victoria

an und Verwaltungspersonal achtete gewissenhaft auf „Sitte und Moral". 1871 wurde Victoria zur Provinzhauptstadt, ihren Namen trägt die Stadt zu Ehren der englischen Königin Victoria.

Die englischen Wurzeln der wunderschönen, blumenreichen Stadt sind allgegenwärtig, selbst der berühmte **Five o'Clock Tea** (*Afternoon Tea*) wird hier noch aus Liebe zu den alten Traditionen genossen. Einen Bummel durch **Old Town Victoria**, die mit zahlreichen Shops, internationalen Restaurants, historischen Gebäuden und Antiquitätenläden im Bereich der Wharf-, Government- und Douglas Street aufwartet, sollten Sie keinesfalls vergessen. Da Victoria klimatisch sehr günstig liegt und die Winter mild sind, kann man die Stadt zu jeder Jahreszeit entspannt erkunden, zumindest dann, wenn man auf die allseits so beliebten Whale-Watching-Touren verzichten kann, denn diese werden in den Wintermonaten nicht angeboten.

Die beliebte und ganzjährig belebte Stadt bietet touristisch allerlei Out- und Indoor-Sportmöglichkeiten und Ausflüge, daneben viele sehr interessante Museen, Galerien aller Kunstrichtungen und historische Gebäude. Ruhe und Besinnlichkeit findet man in den schön angelegten Gärten der Stadt. Für die Versorgung der Besucher lässt Victoria keine Wünsche offen.

Greyhound Canada verbindet Victoria mit Nanaimo und den nördlich liegenden Städten Campbell River und Port Hardy wie auch die IslandLink Bus Services. Mit dem Tofino Bus können ab Victoria die Orte Tofino, Ucluelet, Port Alberni und Nanaimo erreicht werden.

- www.greyhound.ca
- www.islandlinkbus.com
- www.tofinobus.com

Die wichtigsten Sehenswürdigkeiten liegen in **Downtown** und sind vom Inner und Upper Harbour bequem innerhalb weniger Minuten zu Fuß erreichbar. Am Inner Harbour finden Sie auch die zentrale **Visitor**

Information. Hier erhalten Sie alle Informationen und Ratschläge, Broschüren und kompakte Stadtpläne.

Im Sommer werden ab Inner Harbour Besichtigungs- und Ausflugstouren zu Land und zu Wasser angeboten. Der öffentliche Nahverkehr ist in Victoria gut ausgebaut. Tickets erhalten Sie in der Visitor Information oder in vielen Geschäften in Downtown.

! **Bitte beachten Sie** Die Fahrer haben kein Wechselgeld, halten Sie also unbedingt passendes Kleingeld bereit.

Informationen Nahverkehr
- 250-382-6161
- *Einzelfahrscheine:* CAD 2,50
  10 Fahrscheine: CAD 22,50
  Tagespässe: CAD 5, nur im Bus erhältlich
  Kinder bis 5 J. fahren in Begleitung eines Erwachsenen generell kostenlos.
- www.bctransit.com/regions/vic

Visitor Information
- 812 Wharf St, Victoria
- 250-953-2033 oder 1-800-663-3883 (geb.frei)
- Mitte Mai-Anf. Sept.: 8:30–19:30 Uhr, sonst: 9–17 Uhr
- info@tourismvictoria.com
- www.tourismvictoria.com

Sehenswürdigkeiten

▶ **Sightseeingtouren**

Big Bus Sightseeing Tour
Der **Big Bus Sightseeing** Tourbus bietet die Möglichkeit, alle schönen Ecken und Sehenswürdigkeiten während der Rundfahrt kennenzulernen. Jederzeit können Sie aus- oder zusteigen. Tickets gibt's im Bus, online, in Hotels, der Tourist Info oder an den Verkaufsstellen 811 Government St oder 470 Belleville St. Der Bus verkehrt von Ende April bis September.
- 811 Government St, Victoria
- 250-389-2229 oder 1-888-434-2229 (geb.frei)
- April–Okt.
- 1-Tages-Pass: Erw.: CAD 36, Jugendl./Sen.: CAD 32, Kinder (6–12 J.): CAD 21, Familien: CAD 89
  2-Tages-Pass: Erw.: CAD 46, Jugendl./Sen.: CAD 41, Kinder: CAD 23, Familien: CAD 98, Angebote siehe Internetseite
- www.bigbusvictoria.com

Zwei ausgewählte Anbieter für Sightseeingtouren per Fähre:

Coho Ferry
Mit der Coho Ferry kann man nach Port Angeles im Staat Washington USA fahren. Die Überfahrt dauert 90 Minuten. Von Mai bis September finden drei bis vier Fahrten pro Tag statt, sonst verkehrt die Fähre zwei Mal täglich. Informationen unter:
- 430 Belleville St, Victoria
- 250-386-2202 oder 1-800-264-6475 (geb. frei)
- Preise für Personen- und Fahrzeugbeförderung, Fahrpläne und Routen siehe:
- www.cohoferry.com

Victoria Harbour Ferry
Das 1990 gegründete Unternehmen bietet Hafenrund- und Taxifahrten in originellen „Wackelbooten". Von Mai bis September startet sonntags um 10:45 Uhr und im Juli und August zusätzlich samstags um 10:45 Uhr ein wunderschönes Wasserballett mit den Wackelbooten.
- Terminal: Am Inner Harbour
- 189 Dallas Rd, Victoria
- 250-708-0201
- März–Okt.: 10–17/18/19 Uhr (je nach Jahreszeit)
- Harbour Tour: Erw.: CAD 26, Sen./Stud.: CAD 24, Kinder (bis 12 J.): CAD 14, Familien: CAD 70
- www.victoriaharbourferry.com

▶ **Big Bad John's im Strathcona Hotel**

Big Bad John's ist ein Geheimtipp für alle Hillbilly-Fans. Ehemals als **Strathcona Room** bekannt, war das Etablissement bei seiner Eröffnung 1954 die erste lizenzierte Cocktailbar in British Columbia. Im wirklich winzigen Pub (Reservierung empfohlen) liegen die Tischplatten auf

Fan Tan Alley

▶ **The Bay Centre**
Hier können Sie nach Belieben shoppen und nach Herzenslust Ihre vielseitigen Wünsche erfüllen. Sie finden in etwa 90 Shops Designer-Mode, Mode für den „normalen" Hausgebrauch, einen Food Court uvm.

- 1 - 1150 Douglas St, Victoria
- 250-952-5690
- Mo-Sa 9:30-21 Uhr, So 10-18 Uhr, einige Stores haben geänderte Öffnungszeiten, 25.12. & 1.1. geschlossen
- tbcinfo@20vic.com
- www.thebaycentre.ca

▶ **Festivals**
Auch musikalische, sportliche und kulinarische Highlights hat Victoria zu bieten. Hier einige Kostproben:

Highland Games & Celtic Festiaval
Am Victoria Day Wochenende findet im Topaz Park diese größte schottische Kulturveranstaltung statt. Schottische und keltische Musik, Kunst, Sport uvm. locken jedes Jahr Zehntausende Besucher in die Stadt.
- www.victoriahighlandgames.com

Victoria Festival of Food and Wine
Mitte Juli kommen die Weinliebhaber auf ihre Kosten, es gibt Kostproben von über 100 nationalen und internationalen Weingütern, serviert mit Brot und Käse, dazu als Hintergrundmusik Jazz. Infos bekommen Sie in der Visitor Information.
- www.victoriataste.com

Great Canadian Beer Festival
Findet am Wochenende nach dem *Labour Day* statt. Aus dem anfänglich nur sehr kleinen Festival mit örtlichen Brauereien ist mittlerweile eine Großveranstaltung

Baumstümpfen, rustikale Sitzelemente und viele Kuriositäten, die überall im Pub zu entdecken sind, machen neugierig auf einen Besuch. Nachtschwärmer, darunter auch einige Promis, haben ihre Sprüche oder Grüße hinterlassen und natürlich kann sich jeder Besucher auf irgendeine Art und Weise hier verewigen. Viele Mädels haben ein typisch weibliches Bekleidungsstück als Souvenir hinterlassen. **Und**: Hier kann man nach Herzenslust Erdnüsse knacken und die Reste einfach fallen lassen.

- 919 Douglas St, Victoria
- 250-383-7137
- 12-2 Uhr
- http://strathconahotel.com/venue/big-bad-johns

Hübsch gemalte Familienidylle

geworden, die Bierbrauer und Brauereien aus der ganzen Welt nach Victoria lockt. Das Festival findet im Royal Athletic Park Victoria statt. Doch auch alle Liebhaber des Gerstensaftes, die sich nicht zum Zeitpunkt des Bier-Festivals in Victoria aufhalten, können auf Vancouver Island Biersorten genießen, die nach dem bayerischen Reinheitsgebot von 1516 von einem bayrischen Braumeister gebraut werden. Außer Gerste, Hopfen, Hefe und Wasser finden sich keine weiteren Zusätze in den uns aus der Heimat bekannten Biersorten (z. B. Hefeweizen (*wheat*), Pils, Bock usw.). Erhältlich sind die Biere der Vancouver Island Brewery, das auch in vielen Lokalen ausgeschenkt wird, in allen Liquor Stores und den meisten Cold Beer & Wine Stores auf der Insel.

- *1237 Rockcrest Place, Victoria*
- *250-383-2332*
- *gcbf.office@gmail.com*
- *www.gcbf.com*

Victoria International Jazz Fest

Seit 1985 verwandelt sich Victoria Ende Juni für 10 Tage in eine Festival-Stadt und bietet Jazz, Blues, Gospels und Rockmusik. Mehr als 350 Musiker bieten auf unzähligen Veranstaltungen Musik vom Feinsten. Am Wochenende des *Labour Day* gibt es seit 1995 die kleinere Variante, das **Vancouver Island Blues Bash**.
- *www.jazzvictoria.ca/jazz-fest*

Victoria Symphony Splash

Die Liebhaber der klassischen Musik können sich auf Ende Juli/Anfang August freuen, wenn Victorias Version des „*Woodstock Festivals*" auf einer schwimmenden Bühne im Inner Harbour vor den Toren des Parlamentsgebäudes aufgeführt wird. Traditionell schließt das Festival mit der **Ouvertüre 1812** von Tschaikowsky mit Glockenspiel und Kanonendonner. Wer den genauen Zeitpunkt des Festivals verpasst, kann sich von Mitte September bis Ende April auf mehrere Konzertabende mit dem Victoria Symphony Orchestra freuen.
Aktuelle Programminformationen unter:
- *www.victoriasymphony.ca*

Victoria Phoenix Festival

Das Festival findet im April statt, wo mehr oder weniger sportliche Zeitgenossen ihre Ausdauer und Kraft in unterschiedlichen Disziplinen messen können. So z. B. auf einem Marathon oder Halbmarathon,

beim Schwimmen oder Wandern. Lust, dabei zu sein? Dann auf der Internetseite registrieren.
 www.vvpf.ca

Victoria Ska Festival
Allen Fans sei das Ska Festival empfohlen, das auch die verwandten Musikstile Rock 'n' Roll, Raggae, Jazz uvm. präsentiert. Ska-Bands aus aller Welt kommen alljährlich zu diesem Spektakel, das von den Musikfans mit Spannung und Freude erwartet wird. Es findet alljährlich Mitte Juni statt.
 www.victoriaskafest.ca

Buckelwal

▶ Whale-Watching-Touren

Allseits beliebt sind die Fahrten zu den Orcas, Seelöwen und Seehunden, die in den Gewässern rund um Vancouver Island leben. Es leben auch Buckel- und Grauwale in diesen Gewässern, doch diese zu entdecken ist schon ein Glücksfall, da sie meist alleine oder nur in Gruppen von wenigen Tieren unterwegs sind. Da die Orcas in Gruppen (Schulen) von bis zu 30 Tieren zusammenleben, sind sie wesentlich häufiger zu sehen. Schulen wiederum schließen sich zu Gruppen zusammen.

Wale gehören zu den größten Tieren der Welt. Sie sind Säugetiere und haben sich vollständig an ein Leben im Wasser angepasst. Jedoch müssen sie je nach Art nach wenigen Minuten bis 2 Stunden zum Luftholen an die Wasseroberfläche.

Der **Große Schwertwal** (Orca, Killer- oder Mörderwal) ernährt sich hauptsächlich von Fischen (Lachse, Heringe usw.), kleineren Robben, Walen und Seevögeln. Da diese Nahrung in der Strait of Georgia und Juan de Fuca Strait reichlich vorhanden ist, sind diese Tiere hier auch sehr zahlreich vertreten. Die Wale verzehren täglich bis zu 4 % ihres eigenen Körpergewichts, die Bezeichnung Killer- oder Mörderwal bekamen die Tiere, weil ihre Jagdmethoden ziemlich brutal wirken.

Ein Orca kann etwa 15 Minuten tauchen, dann muss er wieder an die Wasseroberfläche. Die männlichen Vertreter werden bis zu acht Meter lang und können ein stattliches Gewicht von etwa neun Tonnen erreichen, die weiblichen Tiere werden bis 7 Meter lang und immerhin noch bis zu 5 Tonnen schwer. Die Weibchen werden etwa 50–90 Jahre alt, die Männchen etwa 30–60 Jahre. Mit einer Spitzengeschwindigkeit von 55 km/h sind die Orcas auch die schnellsten Meeressäugetiere. Meist geht es aber geruhsamer voran, wenn die Schulen unterwegs sind, dann beträgt die Reisegeschwindigkeit etwa 17 km/h.

Die Rückenseite inklusive Rücken- und Schwanzflosse der Schwertwale ist schwarz, die Bauchseite vom Unterkiefer über den Bauchbereich weiß. Die Rückenflosse (Finne) kann bei männlichen Orcas bis zu 1,5 m hoch werden, was zur Bezeichnung Schwertwal führte. Die Brustflosse (Flipper) sieht Paddeln ähnlich, die Rückenflosse (Fluke) hat ein spitzes Ende. Geschlechtsreif werden die männlichen Tiere im Alter von etwa 12–16 Jahren, Weibchen nach 6–10 Jah-

Victoria

ren. Die Weibchen bringen normalerweise ein Kalb nach 14–17 Monaten Tragezeit zur Welt, dessen Geburtsgewicht bei einer Länge von etwa 2 Metern ca. 150 kg beträgt. Mehrlingsgeburten sind übrigens trotz der beachtlichen Ausmaße der Säuglinge durchaus möglich. Die Jungtiere werden mindestens ein Jahr gesäugt, bis sie dann auf eigene Beutesuche geschickt werden.

Die beste Zeit für eine Whale-Watching-Tour sind die Monate Mai bis November.

Einige Anbieter von Abenteuer- und Whale-Watching-Touren:

Eagle Wing Tours

Das Unternehmen bietet seit vielen Jahren die feucht-fröhlichen Whale-Watching-Touren an. Von November bis Mitte Mai können 3-stündige Wildlife-Touren gebucht werden, allerdings ohne Walsichtungsgarantie. Zu den u. g. Terminen wird eine Walsichtung garantiert.

- ✉ *Fisherman's Wharf, nahe Pier # 2, 12 Erie St, Victoria*
- ☎ *1-800-708-9488 (geb.frei)*
- 🕐 *Whale-Watching: Mitte Mai–Okt., Sunset Tour: Juni–Aug.*
- 💲 *Sunset Tour: Erw.: CAD 120, Jugendl.: CAD 95, Kinder: CAD 85*
- 💲 *Wildlife-Tour: Erw.: CAD 105, Jugendl.: CAD 75, Kinder: CAD 55*
- 💲 *Whale-Watching: Erw.: CAD 135, Jugendl.: CAD 105, Kinder: CAD 85*
- 🌐 *www.eaglewingtours.com*

Orca Spirit Adventures

Orca Spirit bietet neben den Adventure-Tours einen kostenlosen Shuttle-Service vom Hotel in Downtown und zurück nach der Tour.

- ✉ *950 Wharf St, Victoria, oder 146 Kingston St, Marine Level, Coast Harborside Hotel*
- ☎ *250-383-8411 oder 1-888-672-6722 (geb.frei)*
- ☎ *Anmeldung Shuttle-Service: 250-800-3747*
- 🕐 *Whale-Watching: Mai–Okt., überdachte Boote: tägl. 10 & 14 Uhr, Zodiac-Schlauchboote: tägl. 9, 10, 11, 13, 14 & 17 Uhr*
- 💲 *Erw.: CAD 115, Jugendl.: CAD 85, Kinder (3–12 J.): CAD 75*
- 🌐 *www.orcaspirit.com*

▶ Maritime Museum of BC

Das **Maritime Museum of British Columbia** ist im 1889 erbauten, ehemaligen Gerichtsgebäude untergebracht, in dem auch der berüchtigte und als *„der hängende Richter"* bekannte **Matthew Baillie Begbie** zu Goldrauschzeiten Recht sprach. Spannende „Richter Begbie-Episoden" werden in der **Historic Town of Barkerville** (südöstlich von Prince George auf dem Festland von BC) vorgeführt.

Begbie kam 1858 nach Kanada, nachdem er 39 Jahre in Großbritannien gelebt und studiert hatte. Er reiste zu Fuß oder zu Pferd durch BC, um Recht zu sprechen, und wurde 1875 von Queen Victoria zum Ritter geschlagen. Bis zu seinem Tod 1894 lebte er in Victoria.

Glanzstück des Museums ist das 11 m lange und aus einem Red Cedar-Baumstamm im frühen 18. Jahrhundert von Indianern gefertigte **Kanu Tilikum**. Mit ihm reisten besonders wagemutige Seefahrer unter Kapitän Voss zum Beginn des 20. Jahrhunderts von Victoria nach England. Fast **unglaublich**: Die Reise führte sie von Victoria nach Penryhn Island, Fidschi, Australien, Tasmanien, Neuseeland, Südafrika, Südamerika und England.

Im Jahr 2005 kam das **Segelboot Trekka** ins Museum, mit dem John Guzwell am 10. September 1955 von Victoria aus eine halsbrecherische Weltumsegelung startete, die ihn auch durch den Panamakanal, zum Kap der Guten Hoffnung und über die drei Weltmeere führte. Er landete am 12. September 1959 wieder in Victoria.

Aktuell wird die 30 ft lange Segelyacht **Dorothy** auf Gabriola Island restauriert. Sie ist die älteste Segelyacht von Kanada und wird nach der Fertigstellung die Kollektion des Museums erweitern.

Das Museum beherbergt außerdem Schiffsmodelle, Uniformen, Gerätschaften und vieles mehr aus der Geschichte der Seefahrt und erzählt Geschichten aus der Zeit der europäischen Eroberer.

- ✉ *634 Humboldt St, Victoria*
- ☎ *250-385-4222*

Parlamentsgebäude

- Victoria Day–Labour Day: tägl. 10–17 Uhr, sonst: Di–Sa 10–16 Uhr, So & Mo geschlossen
- Erw.: CAD 10, Sen./Stud.: CAD 8, Jugendl. (12–17 J.): CAD 5, Kinder unt. 12 J.: frei
- info@mmbc.bc.ca
- www.mmbc.bc.ca

▶ Parlamentsgebäude

Das eindrucksvolle **Parlamentsgebäude** steht am Südende der Bucht Inner Harbour auf einer kleinen Anhöhe inmitten einer Grünanlage. Das Gebäude wurde 1897 von dem aus Yorkshire stammenden Architekten Francis Mawson Rattenbury entworfen und gebaut. Von Rattenbury (auch „Ratz" genannt) stammen mehrere wichtige Gebäude auf Vancouver Island und in British Columbia.

Auf der Hauptkuppel steht das 2 m hohe und mit 14 Karat vergoldete Standbild des Kapitäns *George Vancouver*, der die Insel als erster Kapitän umsegelte und auf der Terrasse thront eine Statue von Königin Victoria von England.

Das Gebäude wurde von 1893 bis 1897 errichtet, die Eröffnung war am 10. Februar 1898. Zwischen 1913 und 1920 wurde es erweitert und mit dem Bau der Bibliothek begonnen. Da in den folgenden Jahren keine regelmäßigen Renovierungen unternommen wurden, traten umfangreiche Schäden am und im Gebäude auf. Die Regierung beschloss daher 1972, eine gründliche Renovierung und Restaurierung vorzunehmen. Die Arbeiten dauerten 10 Jahre und kosteten mehr als CAD 80 Millionen – ein neues Parlamentsgebäude hätte die Regierung allerdings etwa das Fünf- bis Sechsfache gekostet.

Ein 16-seitiges Begleitbuch mit den architektonischen und historischen Informationen für einen Rundgang können Sie sich unter folgendem Link ausdrucken:
- www.leg.bc.ca/content-peo/Self-Guided-Tours/Legislative-Assembly-Self-Directed-Guide-Book-German.pdf

Es werden Führungen durch das Gebäude angeboten.
- Tourbuchung: 250-387-3046
- Tourbuchung: tours@leg.bc.ca
- Sept.–Mitte Mai: Mo–Fr 9–17 Uhr, Mitte Mai–Anf. Sept.: Mo–So 9–17 Uhr, an Wochenenden und in Ferienzeiten nur geführte Touren
- 30 bis 45 Min.   Frei
- www.leg.bc.ca

▶ Empress Hotel

Auffällig allein schon durch den dichten Bewuchs ist das majestätische und luxuriöse Fairmont **Empress Hotel** am Inner Harbour. Es ist eines der **Wahrzeichen** Victorias. Die Pläne für den Bau des Hotels stammen, wie auch die des Parlamentsgebäudes, von Francis M. Rattenbury, Bauherr war die Canadian Pacific Railway Company – die glanzvolle Eröffnung war 1908.

In den 80er-Jahren wurde das Hotel komplett restauriert, renoviert und mit antiken Möbeln und luxuriösem Dekor ausgestattet. Es hat 464 elegant ausgestattete Suiten und Zimmer und natürlich fehlen auch ein Fitnessraum, ein beheiztes Schwimmbad und ein Whirlpool nicht.

In der Lobby des Hotels wird nach britischer Art mit edlem Tafelsilber der **Afternoon Tea** zelebriert, dazu werden Sandwiches und Gebäck vom Feinsten gereicht. Weit über 70.000 Besucher jährlich lassen sich diese Zeremonie nicht entgehen. Elegante Freizeitkleidung ist angebracht, „Touristenchic" mit Shorts und Sandalen wird nicht gerne gesehen. Wenn Sie einen **Five o' Clock** Tea genießen möchten, sollten Sie unbedingt vorher einen Tisch reservieren.

- 250-389-2727
- Teatime: 11–18 Uhr, Dresscode: elegant
- **Afternoon Tea**: Erw.: CAD 75 inkl. einer 3-stöckigen Etagere mit Leckereien
- www.fairmont.com/empress

▶ Miniature World

Nicht nur Kinder – auch „große Leute" werden sicherlich ihre Freude haben an der wunderbaren Welt der Miniaturen. Es werden über 85 Mini-Dioramen und Displays gezeigt, wo Geschichte, Fiktion und Fantasie und die Erinnerung an vergangene Zeiten dargestellt wird, so z. B. das weltweit kleinste Sägewerk, Puppenhäuser um 1880 mit über 50 Zimmern (natürlich mit allen Details), die Welt der Burgen uvm. Auch ein Blick in die Zukunft wird gewagt – mit einem Raumschiff geht es in den Kosmos. Es befindet sich im nördlichen Seitenteil des Empress Hotels.

- 649 Humboldt St, Victoria
- 250-385-9731
- Mitte Mai–Ende Sept: tägl. 9–21 Uhr, Ende Sept.–Mitte Mai: tägl. 9–17 Uhr
- Erw.: CAD 16, Jugendl.: CAD 10, Kinder: CAD 8
- www.miniatureworld.com

▶ Royal BC Museum

Das sehenswerte und hochinteressante Museum verfügt über fast sieben Millionen Exponate und informiert in vielfältiger Weise über die Geschichte und Kultur der Provinz, der Eskimos und Natives, der Flora und Fauna. Es werden Filmvorführungen geboten und man kann in der 2006/2007 eröffneten **Ocean Station** eine spannende Unterwasserreise unternehmen.

Das Museum gilt als eines der besten Museen Nordamerikas. Man kann unmöglich alles beschreiben, was dieses Museum zu bieten hat, man muss es „erlebt" haben. Nehmen Sie sich ausreichend Zeit

Empress Hotel

Blumige Wale in Victoria

für einen Besuch, in der Cafeteria kann man sich zwischendurch stärken.

Das Museum wurde 1886 gegründet, das in einem Nebengebäude befindliche Archiv 1894. Beide Institutionen wurden erst 2003 zusammengelegt. Jedes Stockwerk im Museum hat einen Themenschwerpunkt. In der **First Peoples Galleries** werden Totems, Masken, Kanus und vieles mehr aus übernommenen Sammlungen oder Leihgaben der in British Columbia ansässigen First Nations gezeigt. Beeindruckend ist die Nachbildung des Hauses von Häuptling Kwakwabalasami (engl. Name: *Jonathan Hunt*) aus Tsaxis (Fort Rupert), das von seinen Nachkommen zum Andenken an ihn erbaut wurde.

Die **Modern History Galleries** informiert über die Geschichte der Region seit dem Ende des 18. Jahrhunderts. Es zeigt einen Teil des rekonstruierten Schiffes *HMS Discovery* von George Vancouver, der die nördliche Pazifikküste erforschte, das Wasserrad einer Goldmine aus dem 19. Jahrhundert und Nachbildungen verschiedener Gebäude aus der Zeit Ende des 19. und Anfang des 20. Jahrhunderts.

In der **Natural History Galleries** gibt es die Tier- und Pflanzenwelt zu sehen und es wird über die Problematik der Klimaveränderungen informiert. Im angrenzenden **Thunderbird Park** befindet sich das British Columbia Archiv, das **St. Ann's Schoolhouse**, einige **Totempfähle** und das 1852 errichtete **Helmcken House**, eines der ältesten Häuser British Columbias, in dem der Arzt Dr. Helmcken (1824–1920) wohnte und arbeitete. Dr. Helmcken kümmerte sich sehr um die gesundheitliche Versorgung der Bevölkerung und der vielen Goldsucher, die auf dem Weg nach Norden unterwegs waren. Er arbeitete für die Hudson's Bay Company, war Mitglied der Provinzregierung und mit der Tochter des Gouverneurs von British Columbia, James Douglas, verheiratet.

In Ergänzung zu den dargestellten Themenbereichen sind Wechselausstellungen ein fester Bestandteil des Museums. Filmen und Fotografieren ist verboten.

- 675 Belleville St, Victoria
- 250-356-7226 oder 1-888-447-7977 (geb. frei)
- Tägl. 10–17 Uhr, Anf. Juni–Ende Sept.: Fr & Sa bis 22 Uhr
- Helmcken House & S. Ann's Schoolhouse: Juni–Anf. Sept.: 12–16 Uhr
- Erw.: CAD 17, Sen./Jugendl. (6–18 J.)/Stud.: CAD 11
- reception@royalbcmuseum.bc.ca
- www.royalbcmuseum.bc.ca

▶ Craigdarroch Castle

Auf einer kleinen Anhöhe östlich des Inner Harbour liegt das wunderschöne historische **Craigdarroch Castle** des Kohlebarons Robert Dunsmuir. Man erreicht es zu Fuß in etwa 40 Minuten vom Inner Harbour über die Fort Street bis zum Joan

Victoria 183

Crescent. Der schottische Einwanderer *Robert Dunsmuir* war Bergbau-Aufseher bei der Hudson's Bay Company, bevor er das Recht zugesprochen bekam, selber nach Kohlevorkommen zu suchen. Mit großem Erfolg: Mit den Jahren häufte Robert Dunsmuir ein millionenschweres Vermögen an. Sein zwischen 1887 und 1890 im viktorianischen Stil erbautes Schloss zieht heute jährlich viele tausend Besucher an, die dieses altehrwürdige Gebäude besichtigen. Die meisten der 39 sehr gut erhaltenen Zimmer des Hauses sind mit Einrichtungsgegenständen aus der damaligen Zeit ausgestattet. Wandern Sie über 87 Stufen durch die Vergangenheit hinauf zum Turm und genießen Sie dort den überwältigenden Blick über Victoria und weit darüber hinaus, bevor Sie wieder in die Gegenwart hinabsteigen. Eine Information mit Fakten zur Familiengeschichte, Erklärungen der einzelnen Etagen sowie einem Hausplan erhält man am Eingang.

Wichtig für Gehbehinderte und Rollstuhlfahrer: Das Schloss hat weder Rampen noch Fahrstühle.

- 1050 Joan Crescent, Victoria
- 250-592-5323
- Tägl. 10–16:30 Uhr, Mitte Juni–Anf. Sept.: 9–19 Uhr
- Erw.: CAD 14,25, Sen.: CAD 13,25, Stud.: CAD 9,25, Kinder (6–12 J.): CAD 5
- info@thecastle.ca
- https://thecastle.ca

▶ Chinatown Victoria

Nördlich des Inner Harbour kommen Sie im Bereich der Fisgard Street am Norden de von Downtown durch ein auffälliges, rotes Eingangstor nach **Chinatown** Victoria. Kleine Geschäfte und Restaurants bieten Ihre Dienste an und der Duft nach Exotischem liegt in der Luft.

Chinatown Victoria war das erste Chinesenviertel in Kanada, sein Ursprung geht auf den Goldrausch im Fraser Canyon und Cariboo Country zurück, als viele Chinesen dem Hunger, der Dürre und dem Krieg in ihrem Vaterland entflohen sind und auf dem Weg zu den Goldfeldern hier sesshaft wurden.

Das **rote Tor** am Eingang des Viertels wurde in Suchou, einer Partnerstadt von Victoria, gebaut. Ein Highlight, das Sie

Eingang Market Square

nicht versäumen sollten, ist ein Bummel durch die **Fan Tan Alley** (Bild ▶Seite 177). Dieses sehr enge, mit verschiedenen Shops „gefüllte" Gässchen zwischen Fisgard und Pandora Street ist leicht zu übersehen. In früheren Jahren war die Fan Tan Alley ein privater Fußweg entlang allerlei Räuber- und Opiumhöhlen.

▶ Market Square

Market Square im Herzen der *Old Town Victoria* erreichen Sie in wenigen Minuten vom Inner Harbour über die Government Street Richtung Norden. In den alten, sehr ansprechend umgebauten Lagerhäusern befinden sich mehr als 25 kleine Spezial-Geschäfte und gemütliche Cafés und Restaurants (leider auch einige Leerstände), ein Bummel durch die Vielfalt lohnt sich. Im Innenhof finden regelmäßig Veranstaltungen statt. Market Place wurde schon Ende des 19. Jahrhunderts gebaut, als die Stadt durch die Goldsucher, Seeleute und Abenteurer Wachstum und Wohlstand erreichte. Hier befanden sich Hotels, Salons und Geschäfte – der Marktplatz war Mittelpunkt des geschäftigen Lebens.

- 560 Johnson St, Victoria
- 250-386-2441
- Mo-Sa 10-17 Uhr, So & Feiertage 11-16 Uhr
- www.marketsquare.ca

▶ Galloping Goose Trail
▶ Seite 259

▶ Marine Scenic Drive

Diese fantastische, ca. 32 km lange Strecke bis Cordova Bay ist bei schönem Wetter eine grandiose Nebenroute abseits der belebten Highways, die Sie sich nicht entgehen lassen sollten. Der Beginn ist am Inner Harbour auf der Belleville Street/Government Street. Folgen Sie nun immer der küstennahen Straße bis zur Dallas Road oder fahren Sie die Government Street in südlicher Richtung, bis Sie auf die Dallas Road stoßen. Es geht vorbei am **Thunderbird Park** zum **Beacon Hill Park**, an dessen Südende die **Mile 0** des **Trans-Canada-Highway 1** steht. Ein wichtiger Fotostopp! Der Trans-Canada Highway, der längste nationale Highway der Welt, durchquert alle 10 kanadischen Provinzen und endet nach 7.821 km in St. John's, Neufundland.

Nach Mile 0 erreichen Sie die Dallas Road und auf der Weiterfahrt Richtung Sidney haben Sie rechtsseitig ständig den Ozean im Blickfeld. Wunderschöne Herrenhäuser und Gärten, einige Parks und Picknickplätze liegen auf der Strecke. Genießen Sie die herrlichen Ausblicke auf die Juan de Fuca Strait bis zum jenseits der Strait liegenden Olympic National Park in den USA mit seinen schneebedeckten Bergen. Weiter geht es auf der Beach Road und später erreichen Sie die Cordova Bay Road und Arbutus Road, Grandview Drive und wieder die Cordova Bay Road, die dann in Central Saanich wieder zum Highway 17 zurückführt.

Unterkünfte

Ocean Island Backpackers Inn

Es werden Ein- und Mehrbettzimmer, Queen Rooms mit Bad & Suiten mit Bad und Küche angeboten. Kontinentales Frühstück ist inbegriffen wie auch die Küchennutzung.
- 791 Pandora Ave, Victoria
- 250-385-1789 oder 1-888-888-4180 (geb.frei)
- ★ – ★★   Ja, frei
- www.oceanisland.com

Hostelling International Victoria

Man übernachtet in einem historischen Gebäude nahe Inner Harbour im Mehrbett- oder Doppelzimmern, Kaffee oder Tee morgens kostenlos.
- 516 Yates St, Victoria
- 250-385-4511 oder 1-888-883-0099 (geb.frei)
- ★ – ★★   Ja, frei
- www.hihostels.ca/victoria

Days Inn Victoria on the Harbour

Direkt am Inner Harbour gelegen, blickt man entweder auf den Hafen oder die Stadt, die netten Zimmer sind ausgestattet mit einer Kaffeemaschine, ein hoteleigener Außenpool (Sommer) und ein Innenpool stehen den Gästen zur Verfügung.

🅿 *Vom Hwy 1 oder 17 in Downtown rechts auf die Belleville St*
✉ *427 Belleville St, Victoria*
☎ *250-386-3451 oder 1-800-665-3024 (geb.frei)*
💲 ★★ – ★★★
🌐 *www.daysinnvictoria.com*

🏨 Coast Victoria Hotel & Marina by APA

Das zwischen der Fisherman`s Wharf und Inner Harbour gelegene Hotel bietet spektakulären Meeresblick aus fast allen Zimmern. Man übernachtet in Gästezimmern oder Suiten, teilweise mit Balkon. Whirlpool, Sauna und Fitness-Center wie In- und Outdoor-Pool stehen Gästen zur Verfügung.

✉ *146 Kingston St, Victoria*
☎ *250-360-1211*
📶 *Ja, frei*
💲 ★★ – ★★★
🌐 *www.coasthotels.com/hotels/bc/victoria/coast-victoria-hotel-and-marina*

🏨 Fairmont Empress Hotel

Im Fairmont Empress Hotel übernachtet man in exquisit ausgestatteten Zimmern, Suiten, Familienzimmern oder in Premium-Suiten. Im Fitness-Center, Whirlpool oder beheizten Pool (alles inklusive) kann man bestens relaxen. Alle Zimmer verfügen über Wasserkocher, Kaffeemaschine, WLAN, teilweise auch mit Kamin (nur Dekoration), die Suiten zusätzlich noch mit Bügeleisen und Bügelbrett.

✉ *721 Government St, Victoria*
☎ *250-384-8111 oder 1-866-540-4429 (geb.frei)*
💲 ★★★ 🅿 *CAD 30 pro Nacht*
🌐 *www.fairmont.com/empress*

🏕 Fort Victoria RV Park

Nächstgelegener Campground in der Nähe des Old Fort Victoria direkt am Trans-Canada Hwy 1, Stellplätze sind leicht bewaldet ohne viel Privatsphäre. Eine Bushaltestelle liegt wenige Meter entfernt an der Ecke Helmcken/Hwy 1A. Von dort fährt alle 20 Minuten ein Bus in die Innenstadt Victoria.

🅿 *Ab Victoria Trans-Canada Hwy Richtung Duncan, Exit 8 Helmcken Rd, am Kreisverkehr re in die Pheasant Ln bis Burnett Rd*
✉ *129 Burnett Rd, Victoria*
☎ *250-479-8112*
🕐 *Ganzj.* 🚿 *Ja* 🚻 *Ja* 📶 *Ja, frei*
🔌 *300, alle Anschlussmöglichk.* 🧺 *Ja*
💲 *$$$*
🌐 *www.fortvictoria.ca*

🌲 GOLDSTREAM PROVINCIAL PARK

Eine naturnahe Übernachtung garantiert der Campground des **Goldstream Provincial Parks**, 16 km nördlich von Victoria gelegen. Der Park erstreckt sich zu beiden Seiten des Highways 1. Die Zufahrt vom Highway 1 zum weiträumig angelegten Campground des Parks führt über die West Shore Road/Amy Road.

Im Park wachsen riesige alte Douglastannen und Rotzedern gemischt mit Eiben, Blätterahorn und Pappeln. Rauschende Wasserfälle und immergrüne Erdbeerbäume mit glänzenden, fein gezahnten, dicken Blättern sind die Besonderheiten des Parks. **Übrigens:** Diese Erdbeerbäume

Goldstream Provincial Park

wachsen nur auf Vancouver Island und an der Südwestküste von British Columbia.

Der **Goldstream Creek** ist von Ende Oktober bis Dezember Laichplatz der vom Pazifik über den Finlayson Arm zur Geburtsstätte zurückkehrenden Lachse. Die schon schwachen Fische sind für die Schwarzbären eine leichte und willkommene Beute, um sich für den langen Winterschlaf die nötigen Fettreserven anzufuttern. Seien Sie daher vorsichtig, wenn Sie sich gerade zu dieser Zeit im Park aufhalten.

Die Zufahrt zur **Freeman King Visitor Information** auf der gegenüberliegenden Seite des Highway 1, ist über die Finlayson Arm Road möglich. Diese Straße zweigt ca. 2 km nördlich der West Shore Road vom Highway 1 in östliche Richtung ab. In der Visitor Information können Sie sich u.a. über die Besonderheiten der Flora und Fauna des Naturschutzgebietes informieren.

- *Campground: 250-474-1336*
- *Visitor Center: 250-478-9414*
- *Visitor Info/Nature House: ganzj.*
- *Campground: ganzj.,*
  Service Mitte März-Ende Okt.
- *173*   *Ja*   *Ja, CAD 5*
- *Sommer: $$, Winter: $*   *Ja*
- *www.env.gov.bc.ca/bcparks/explore/parkpgs/goldstream*

▶ Wandern

Die folgenden Trails (bis auf Mt. Finlayson) beginnen auf dem Goldstream Campground.

Arbutus Ridge Trail
- *1,5 Stunden, einfache Strecke*

Prospector's Trail
- *1,5 Stunden, einfache Strecke*

Gold Mine Trail & Niagara Falls (47 m)
Auf diesem Trail wandert man auf den Spuren der Goldsucher, kommt an einer ehemaligen Goldmine vorbei und landet am Ende an den Niagara Falls, die sich weder an der Höhe noch an den Wassermassen des großen Bruders messen können – eher im Gegenteil, sollte der Sommer nicht regenreich sein, ist der Wasserfall tatsächlich ausgetrocknet.
- *1 Stunde, einfache Strecke*

Mount Finlayson
Den Trail sollten nur konditionsstarke Wanderer in Angriff nehmen, die auch Klettererfahrung und keine Höhenangst mitbringen, für Kinder im Vorschulalter ist er nicht geeignet. Gilt es doch, die über 400 Höhenmeter zu bezwingen, die bei Nässe gefährlich rutschig sind, besonders in den höheren felsigen Regionen. Daher: Unbedingt feste Schuhe und atmungsaktive Kleidung tragen, eine große Flasche Wasser und kalorienreiche Snacks für unterwegs sollten im Marschgepäck sein. Belohnt wird man mit einem tollen Ausblick auf die umliegenden Orte und die grandiose Landschaft. Bitte die Wegmarkierungen beachten und bei Tageslicht wandern.

- *Day Use nahe Visitor Info (schwierig, steil) oder ca. 3 km auf Finlayson Arm Rd nach Osten und am Abzweig Rowntree Rd links (moderater).*
- *1 Stunde, einf. Strecke*
- *Schwierig, steil*
- *406 m*
- *2 km (Finlayson Arm Rd), 1,7 km (Day Use)*

WEST SHAWNIGAN LAKE PROVINCIAL PARK / SHAWNIGAN LAKE

Der **Shawnigan Lake** liegt im Südteil von Vancouver Island etwa 45 km nördlich von Victoria. Das Gebiet um den Shawnigan Lake hat sich, nachdem hier in früheren Zeiten die Forstwirtschaft Erwerbsquelle Nr. 1 war, zu einem eleganten Sommererholungsort mit schicken kleinen und großen Sommerresidenzen entwickelt. Daneben haben auch viele Pendler, die im Stadtbereich von Victoria arbeiten, hier ihr Zuhause oder ihr Sommerdomizil. Etwa 8.000 Bewohner sind mittlerweile rund um den See ansässig. Die außerordentliche Beliebtheit des Sees und die vielseitigen Wassersportaktivitäten hat leider auch ihre Schattenseiten, denn die rasan-

Shawnigan Lake

ten Motorbootstouren verursachen einen sehr starken Wellengang, der die natürliche Seeuferflora beschädigt. Zusätzlich sind die Verunreinigungen des Sees ein Problem für die Wasserversorgung.

Am Ostufer des Sees liegt der **Ort Shawnigan Lake**, hier gibt es die wichtigsten Versorgungseinrichtungen. Ein kleines, aber feines, Museum kann im Sommer besichtigt werden (Spende erwünscht).

- 1775 Shawnigan/Mill Bay Rd, Shawnigan Lake
- 250-743-8675
- Fr-So 11-16 Uhr
- info@shawniganlakemuseum.com
- www.shawniganlakemuseum.com

Der **West Shawnigan Lake Provincial Park** mit Picknickplatz und Badestrand liegt am Nordwestteil des Sees. Sie erreichen den Park vom Highway 1 über die Shawnigan Road oder Mill Bay Road in Richtung Westen, nach einigen Kilometern kommen Sie zur West Shawnigan Lake Road, folgen Sie dieser Straße bis zum Parkplatz des Parks.
- Ganzj.
- www.env.gov.bc.ca/bcparks/explore/parkpgs/w_shawn

MEMORY ISLAND PROVINCIAL PARK

Der **Memory Island Provincial Park** befindet sich am und im Ostteil des Shawnigan Lake etwa einen Kilometer vom Strand entfernt neben vielen kleineren Inseln im See. Wer ein idyllisches Plätzchen sucht, kann zur Insel paddeln. Die Insel ist Schutzgebiet für eine Vielzahl kleiner Lebewesen und Vogelarten. Erreichbar ist die Insel von mehreren Punkten entlang der Shawnigan Lake Road und vom West Shawnigan Lake Provincial Park.
- Ganzj.
- www.env.gov.bc.ca/bcparks/explore/parkpgs/memory_is

KOKSILAH RIVER PROVINCIAL PARK

Der wild-romantische **Koksilah River Provincial Wildnis-Park** liegt 7 km westlich vom Shawnigan Lake. Vom Ort folgen Sie der Port Renfrew Road nach Westen, sie wird nach wenigen Kilometern zur Gravelroad. **Bitte beachten Sie:** Ein Campground ist nicht vorhanden, jedoch gibt es mehrere nicht markierte Trails im Park.

Die Zufahrtstraße (*Logging Road*) führt weiter nach Port Renfrew.
- Ganzj., wenn Zufahrt möglich
- www.env.gov.bc.ca/bcparks/explore/parkpgs/koksilah_rv

!**Achtung** Bitte unbedingt nach dem Straßenzustand in einer Visitor Information fragen, wenn Sie sich über diese Strecke nach Port Renfrew begeben möchten.

Kinsol Trestle

👁 KINSOL TRESTLE

Einen Besuch dieser restaurierten und absolut sehenswerten Brückenkonstruktion sollte jeder Reisende einplanen. Die Historic Kinsol Trestle, eine ehemalige Eisenbahnbrücke der Canadian National Railway, die über den Koksilah River führt, wurde 1920 erbaut und bis 1979 benutzt, um Ausrüstungsteile und Versorgungsmaterial zur Kinsol Kupfermine zu transportieren. Sie war eine von acht Brücken im Bereich des Cowichan Valley. Die Brücke mit einer Gesamtlänge von 187,6 Metern und einer Höhe von 38,1 Metern war damals die größte Holzbrücke des Britischen Commonwealth. Die Brücke wurde, nachdem sie 1988 durch einen Brand zerstört wurde, in den Jahren 2010/2011 restauriert und ist nun wieder für Fußgänger geöffnet. Der 1,2 Kilometer lange Trail vom Parkplatz zur Brücke ist gut begehbar (für Rollstuhlfahrer geeignet) und führt auch über die Brücke. Am Nordende der Brücke beginnt ein Wanderweg hinunter ins Tal zu einem Picknickplatz. **Tipp:** Das beste Foto „schießt" man, wenn man am Beginn der Brücke den kurzen steilen Weg zur Aussichtsplattform hinuntergeht.

Vom Ort Shawnigan Lake weiter über die asphaltierte Renfrew Road nach Western zur Glen Eagles Rd, diese führt zum Parkplatz.

Ganzj.

www.cvrd.bc.ca/1379/Kinsol-Trestle

Wenn man nicht zurück zum Beginn des Ausflugs fahren möchte, kann man ab dem Ort Shawnigan Lake über die Shawnigan Lake/Cobb Hill Road nach Norden zum Trans-Canada Hwy 1 fahren und auf den Besuch des Spectacle Lake und Bamberton Provincial Park verzichten.

🅿 SPECTACLE LAKE PROVINCIAL PARK

Der Picknickplatz im **Spectacle Lake Provincial Park** ist ein idealer Platz für eine Kaffeepause zwischendurch. Am See befindet sich eine Bootsanlegestelle und der Startpunkt zu einem zwei Kilometer langen Rundweg. Der See wurde in den 1940er-Jahren künstlich aufgestaut und als Lagerstätte von der ansässigen Holzindustrie genutzt. Die Zufahrt zum Park

Whippletree Junction

(Whittaker Rd) zweigt ca. 30 km nördlich von Victoria vom Hwy 1 nach Westen ab.
- Ganzj.
- www.env.gov.bc.ca/bcparks/explore/parkpgs/spectacle

BAMBERTON PROVINCIAL PARK

Einen beliebten und weiträumig angelegten Campground finden Sie im **Bamberton Provincial Park**, den Sie vom Highway 1 über die Mill Bay Road Richtung Osten erreichen. Der Park wurde im Jahr 1959 von der *British Columbia Cement Company* der Provinz übergeben und zu Ehren der Spender nach dem Geschäftsführer H. K. Bamber der British Portland Cement Manufacturing Company benannt. Die lokalen First Nations nutzen im Herbst und Winter den durch den Park fließenden, forellenreichen Johns Creek zum Fischen und für ihre traditionellen Zeremonien. Mit seinem 225 m langen Sandstrand und dem relativ warmen Wasser ist der Park ein besonders gern in Anspruch genommenes Ausflugsziel während der Sommermonate. Vom Campground führt ein 1,5 km langer Weg, der teilweise steil ist, zum Strand am Saanich Inlet. Vom Parkplatz führt auch ein asphaltierter Weg zum Picknickplatz.
- Ganzj., Service April bis Sept.
- 1-877-559-2115
- 53   Ja   Nein   Nein
- $

- www.env.gov.bc.ca/bcparks/explore/parkpgs/bamberton

WHIPPLETREE JUNCTION

Eine keine Besonderheit erwartet Sie in **Whippletree Junction** drei Kilometer südlich von Duncan. Spazieren Sie durch das kleine, bunte Städtchen, denn die wahre Schönheit des Örtchens entdecken Sie erst, wenn Sie durch ein kleines Gässchen schleichen und zum Innenhof gelangen. Dort steht der Brunnen Trickletree und in kleinen Lädchen mit liebevoll dekorierten Schaufenstern wird allerlei Krimskrams angeboten, u. a. antike Möbel und Kunsthandwerk. Das erste Gebäude war The Wickertree aus Chinatown Duncan, Wagon Wheel Antiques war ehemals eine Fischkonservenfabrik in Sooke, Black Coffee and Delights war vorher eine Poststation und Bank aus Cobble Hill – so hat jedes Gebäude in Whippletree seine eigene Geschichte. Und für den kleinen Hunger: Im Café kann man diesen bei einer Tasse Kaffee stillen oder sich ein Eis schmecken lassen.

Das originelle Whippletree ist **Randy Streit** (1937–2001) zu verdanken, der in den 1960er-Jahren zum Abbruch bestimmte Häuser aus dem verfallenen Chinatown von Duncan und der Umgebung der Stadt hier wieder aufgebaut hat. Auch eine alte Druckerpresse und viele weitere Gerätschaften aus der damaligen Zeit haben ihren vielleicht letzten Standort in Whippletree gefunden.

DUNCAN

	Victoria	63 km
	Chemainus	20 km
	Nanaimo	54 km
	Campbell River	226 km
	Port Hardy	519 km
	Cowichan Valley	83.750
	Duncan	4.950
	+3 °C	
	+18 °C	
	Meereshöhe	14 m

Duncan, nur wenige Kilometer nördlich von Whippletree Junction gelegen, ist die größte Ortschaft im *Cowichan Valley Regional District*, der von der Ostküste Vancouver Islands, der Strait of Georgia, bis zum Pazifik an der Westküste der Insel reicht. Hier leben auf einer Fläche von ca. 3.400 km² etwa 83.750 Einwohner.

Die kleinen Ortschaften Ladysmith, Chemainus, Lake Cowichan, Youbou, Honeymoon Bay, Mesachie Lake, Cowichan Bay, Mill Bay und Shawnigan Lake liegen im **Cowichan District** und bieten touristisch interessante Sehenswürdigkeiten größtenteils aus der frühen Eisenbahngeschichte und der Geschichte der First Nations sowie allerlei Outdoor- und Indoorsportmöglichkeiten. Die größten Seen sind der Cowichan Lake, Shawnigan Lake und Nitinat Lake, das Top-Surfer-Ziel in Nordamerika.

Das Gebiet ist Heimat der **Quw'utsun'** (ind.: **„warmes Land"**), einem Stamm der Cowichan, die auch Namensgeber der Region sind. Ihre reiche Kultur, ihre Kunst und Geschichte ist überall gegenwärtig. Die hier lebenden Nachfahren haben die alten Traditionen größtenteils bis heute bewahrt.

Duncan nennt sich seit 1985 **„Stadt der Totempfähle"** zu Recht, denn im Stadtgebiet findet man ca. 40 Totems, darunter ist auch der weltgrößte (nach Durchmesser) Totempfahl, der von dem First Nation Künstler **Simon Charlie** geschnitzt wurde. Die Totems sind Eigentum der ansässigen Stämme. Wer sich auf Totem-Tour begeben möchte, holt sich entweder einen Tour-Plan in der Visitor Info und folgt in der Historic Downtown den gelben Fußspuren, oder nimmt an einer Führung teil.

Die ersten Siedler kamen schon 1848 in Mill Bay südlich von Duncan an und wurden dort sesshaft. Zehn Jahre später eröffnete Giovanni Ordano ein Geschäft und ein Hotel in Cowichan Bay (südlich von Duncan), das heute als **„The Masthead Restaurant"** existiert.

✉ *1705 Cowichan Bay Rd, Duncan*
☎ *250-748-3714*
🕐 *Tägl. ab 17 Uhr*
🌐 *www.themastheadrestaurant.com*

Und schon 1862 kamen weitere hundert Siedler an Bord der *HMS Hecate*, die im Unternehmen des damaligen Gouverneurs Sir James Douglas Arbeit fanden. Doch die eigentliche Entstehung verdankt Duncan der 1886 fertiggestellten *Esquimalt & Nanaimo Railroad* und William Duncan, der aus Ontario nach Victoria kam, sich aber später im Bereich Duncan niederließ. Er erklärte sich bereit, auf seinem Ackerland, dem heutigen Standort

Duncan – an der Historic Railway Station

von Downtown Duncan, einen Haltepunkt der Railroad einrichten zu lassen. Sein Sohn Kenneth wurde später zum ersten Bürgermeister der Stadt gewählt. 1896 entdeckte man Kupfer und für einige Jahre war die Mine wirtschaftlich besonders bedeutend. Nach Schließung der Mine wurden die Holz- und Landwirtschaft und später der Tourismus zu den bedeutendsten Einnahmequellen der Region. Anfang 1900 war Duncan das Zentrum der chinesischen Bevölkerung des Cowichan Valley. Das Chinesenviertel war in der südwestlichen Ecke Duncans angesiedelt. Als die Einwanderungsmöglichkeiten gesetzlich beschränkt wurden, mussten viele Geschäfte des Viertels schließen und die Gebäude zerfielen nach und nach. Einige haben dank Randy Streit, dem „Erfinder" von Whippletree Junction, überlebt und stehen heute in Whippletree Junction südlich von Duncan.

Die Stadt beherbergt einige kulturhistorische Gebäude, u.a. auch eine **historische Bahnstation**, exquisite Geschäfte und Restaurants aller Geschmacksrichtungen. In Duncan sind alle Versorgungseinrichtungen reichlich vorhanden.

Tipp: Kostengünstig parken für den Besuch in Downtown ist möglich an der Trunk Road/Goverment Street westlich vom Hwy 1. Hier liegen auch die Supermärkte Save-On-Foods und Real Canadian Superstore.

ℹ Cowichan Regional Visitor Centre

Das Visitor Centre liegt nördlich von Downtown Duncan am Hwy 1 nahe BC Forest Discovery Centre.

- Hwy 1/Abzeig Drinkwater Rd, Duncan
- 250-746-4636 oder 1-888-303-3337 (geb.frei)
- Winter: Mo-Fr, Frühling & Herbst: Mo-Sa, Sommer: tägl., Kernöffnungszeiten: 9/10-16/17/18 Uhr
- visitorinfo@duncancc.bc.ca
- www.duncancc.bc.ca

👁 Sehenswürdigkeiten

▶ Längster Hockeyschläger der Welt

Der Hockeyschläger wurde zur **EXPO 1986** in Vancouver gefertigt und steht heute an der Westseite des Cowichan Community Centre. Er ist aus dem Holz der Douglastanne und aus Stahl gefertigt, ist 62,5 m lang und wiegt 28.118 kg.

- *Vom Island Hwy Abzweig James St West, nach Aquatic Centre rechts*

▶ Farmers Market

Bei Einheimischen und Besuchern gleichermaßen beliebt ist der seit 1993 bestehende **Farmers Market**, einer der größten und populärsten Märkte auf Vancouver Island. Er findet ganzjährig jeden Samstag statt. Hier erwartet Sie ein reichhaltiges Angebot an frischen, einheimischen Farmer-Produkten, Backwaren, Fleisch, Pflanzen wie auch Kunst und Kunsthandwerk, gefertigt von Natives und Künstlern der Umgebung.

- *200 Craig St/Market Square im hist. Downtown*
- *Ganzj. samstags, Frühling & Sommer: 9-14 Uhr, Herbst & Winter 10-14 Uhr*
- *www.duncanfarmersmarket.ca*

▶ Cowichan Valley Museum

Im **Cowichan Valley Museum** wird über die frühe Besiedelung und das weitere Anwachsen der Stadt informiert. Auch viele Gegenstände der Siedler-Familien befinden sich im Museum. Es ist in der **Duncan Railway Station** in Downtown untergebracht, die im farbenprächtig angelegten Charles Hoey V.C. Memorial Parks liegt, und ist umrahmt von eindrucksvollen Totempfählen.

Zufahrt vom Island Highway 1 über die Trunk Road im Süden der Stadt. Im Museum werden auch geführte Touren durch Historic Duncan angeboten.

- 130 Canada Ave, Duncan
- 250-746-6612
- Juni–Sept.: tägl. 10–16 Uhr,
  Okt.–Mai: Mi–Fr 11–16 Uhr, Sa 13–16 Uhr
- Um eine Spende wird gebeten.
- www.cowichanvalleymuseum.bc.ca

▶ British Columbia Forest Discovery Centre

Auf einem 40 ha großen, schön angelegten Freilichtmuseum mit informativen Trails und Spiel- und Picknickplatz kann man sich umfassend über das Ökosystem der Wälder und die Entwicklung der Forstwirtschaft und Holzindustrie informieren. Man erfährt vieles über die harte Arbeit der Holzfäller Ende des 19. Jahrhunderts und kann in der Ausstellung Geräte und Fahrzeuge aus alten Sägewerken, Schmiedewerkstätten und der Land- und Forstwirtschaft betrachten. Besonders beeindruckend ist das nachgebaute **Holzfäller-Lager** mit Schmiede und Sägewerk. Ein **Aussichtsturm** bietet bei schönem Wetter einen fantastischen Ausblick.

Bei Kindern besonders beliebt ist eine Fahrt mit der alten **Schmalspurbahn**, angetrieben von einer Dampflok, mit der es durch das Gelände und durch dichte Wälder vorbei an einer Sägemühle und entlang des Somenos Sees geht. Erreichbar ist das British Columbia Forest Discovery Centre vom Highway 1 im nördlichen Bereich von Duncan.

- 2892 Drinkwater Rd, Duncan
- 250-715-1113 oder 1-866-715-1113 (geb.frei)
- Mitte April–Mai & Sept.: Do–Mo 10–16:30 Uhr, Juni–Anf. Sept.: tägl. 10–16:30 Uhr, sonst kurzzeitig für spezielle Events (siehe Internetseite)
- Juni–Labour Day: Erw.: CAD 16, Sen. (65+)/ Jugendl. (13–18 J.): CAD 14, Kinder (3–12 J.): CAD 11, April, Mai, Sept. & Okt.: Erw.: CAD 12, Sen./Jugendl.: CAD 10, Kinder: CAD 8
- info.bcfdc@shawlink.ca
- www.bcforestdiscoverycentre.com

▶ Mount Tzouhalem Ecological Reserve

Östlich von Duncan können Naturliebhaber besonders im April / Mai die einzigartige Flora dieses Schutzgebietes und die grandiose Aussicht vom Gipfel in 500 m Höhe über die Cowichan Bay und dem Quamichan Lake genießen. Ursprünglich wurde der Berg von den Coast Salish in deren Sprache „Hul'qumi'num""shkewetsen" (etwa: sich in der Sonne wärmender Frosch) genannt, da ein riesiger Fels an der Seite des Berges einem Frosch ähnelt, der sich in der Sonne aufwärmt. 1859 nannte man den Berg nach dem Krieger Tsouhalem um, der, nachdem er von seinem Stamm wegen der Tötung vieler Menschen verbannt wurde, bis zu seinem weltlichen Ende in einer Höhle auf dem Berg lebte.

Die Zufahrt vom Highway 1 erfolgt ab Duncan über die Trunk Rd Richtung Osten/Tsouhalem Rd/Maple Bay Rd/Kingsview Rd/Chippewa Rd/Kaspa Rd bis zum Parkplatz des Ecological Reserve. Der letzte Teil der Straße ist relativ eng.

- Parkplatz
- 2 Stunden, einf. Strecke
- Leicht bis moderat
- 6 km
- 406 m

▶ Kinsol Trestle
▶ Seite 189

Wenn man den Ausflug zum Shawnigan Lake nicht unternommen hat, bietet sich ein Abstecher (ca. 26 km, einf. Strecke) zur sehenswerten Kinsol Trestle an:

Fahren Sie auf dem Trans-Canada Hwy 1 ab Duncan ca. 11 km nach Süden bis zum Abzweig Cobble Hill Rd und hier Richtung Shawnigan Lake, nach 2,5 km wechseln Sie auf die Shawnigan Lake Rd, auf dieser 4,5 km weiterfahren, danach rechts auf die Renfrew Rd nach Westen. Auf dieser fahren Sie ca. 6 km weiter bis zur Glen Eagles Rd, wo sich nach 1,5 km ein kleiner Parkplatz befindet.

▶ Averill Creek Vineyard

Das Cowichan Valley ist mit seinen trockenen Sommermonaten und subtropisch-mediterranem Klima ein ideales Weinbaugebiet, daher bietet sich nordwestlich von Duncan ein Besuch des Averill Creek Weingutes an, das am Südhang des Mount Prevost liegt. Das familiengeführte Gut ist 16 ha groß, der Winzer Andy Johnston hat in den bekanntesten Anbaugebieten der Welt auf Weingütern Erfahrung gesammelt und 2001 das Averill Creek Weingut gegründet, ausgerichtet auf Premium-Lagenweine unterschiedlicher Rebsorten. Auf der angrenzenden Terrasse können sich Besucher bei einem Glas Wein ihr mitgebrachtes Lunchpaket schmecken lassen. Erreichbar ist das Weingut vom Hwy 18, der nördlich von Duncan nach Westen abzweigt.

- 6552 North Rd, Duncan
- 250-709-9986
- Mo-Sa 11-17 Uhr, Weinproben: Winter Sa & So 11-17 Uhr, ggf. nachfragen
- Besuch mit Weinprobe: pro Person CAD 5, geführte Tour: pro Person CAD 15, Reservierung erwünscht
- info@averillcreek.ca
- Reservierung: www.averillcreek.ca/reservations
- www.averillcreek.ca

Unterkünfte

Best Western Cowichan Valley Inn
Das renovierte, stadtnahe Hotel bietet große Zimmer mit Mikrowelle, Kühlschrank und Kaffeekocher, einige Suiten auch mit Kitchenette. Relaxen kann man im Pool oder sich sportlich im Fitness-Center betätigen. Hunde sind nicht erlaubt.
- 6457 Norcross Rd, Duncan
- 250-748-2722
- ★★   Ja, frei   Ja
- bestwesternbc.com

Ramada Duncan
Man übernachtet in geschmackvoll eingerichteten Zimmern oder Suiten mit Kühlschrank, Mikrowelle und Kaffeekocher.
- 140 Trans-Canada Hwy, Duncan
- 250-748-4311
- ★★   Ja, frei   Ja, frei
- frontdesk@ramadaduncan.com
- www.duncanhotel.ca

Duncan Riverside RV & Campground
Teils bewaldete, teils sonnige Stellplätze am Ufer des Cowichan River gelegen.
- Vom Hwy 1 über Trunk Rd West/Craig St/Allenby Rd
- 1 - 3065 Allenby Rd, Duncan
- 250-746-4352
- Ganzj., von Okt.-Anf. Mai Duschen geschlossen
- 75, alle Anschlussmöglichkeiten
- $-$$ Ja, CAD 7   Ja
- www.riversidecampingduncan.com

▶ Cowichan River PP ▶ Seite 272

Chemainus

CHEMAINUS

	Victoria	83 km
	Duncan	20 km
	Ladysmith	11 km
	Nanaimo	34 km
	Campbell River	206 km
	Port Hardy	499 km
	Chemainus	3.200
	+2 °C	
	+18 °C	
	Meereshöhe	0 bis 30 m

Die kleine, etwas abseits des Highway 1 am Stuart Channel liegende Stadt **Chemainus** sollte auf jeden Fall auf Ihrem Tourplan stehen, da Chemainus mit einer besonderen Touristenattraktion aufwartet: Mehr als 40 Häuserfassaden sind mit lebensgroßen Gemälden (**Murals**) bemalt, die der Stadt ein ganz eigenes, kreatives Bild verleihen. Die Murals zeigen alltägliche Begebenheiten, historische Ereignisse, Szenen aus der Arbeitswelt früher und heute, lassen uns bildlich in einige Stuben schauen, bieten Native Kunst und überraschen uns mit unglaublich schönen Landschaftsbildern.

Chemainus und die Umgebung waren im 19. Jahrhundert weitestgehend beherrscht von der Forstwirtschaft. Die 1862 in Betrieb genommene Sägemühle wurde von der Wasserkraft eines Wasserfalls und eines mächtigen Flusses angetrieben.

Ende des 19. Jahrhunderts, als die Eisenbahnstrecke Chemainus erreichte, wuchs die Bevölkerung stetig an, man schätzt, dass in den zwanziger Jahren rund 600 Einwohner hier lebten, zusammengewürfelt aus Salish First Nations, Europäern, Japaner und Chinesen. Ende der siebziger Jahre machte die Industrie schwierige Zeiten durch und die Sägemühle war in die Jahre gekommen – Chemainus drohte das Aus.

Doch die Gemeinde bekam finanzielle Unterstützung von der Provinzregierung zugesprochen und suchte nach Ideen, sich selbst wieder zum Leben zu erwecken. Dem Geschäftsmann Dr. Karl Schulz, der in Heidelberg geboren wurde und 1951 mittellos nach Vancouver auswanderte, ist es zu verdanken, dass 1982 mit der wunderbaren Idee begonnen wurde, Wandbilder zu malen, die Geschichten erzählen und Einblicke in die Lebenssituationen der unterschiedlichen Gesellschaftsbereiche geben. Und zum Glück für die jährlich etwa 400.000 Besucher ist das Projekt noch keinesfalls beendet, denn regelmäßig werden weitere Gemälde und mittlerweile auch Skulpturen hinzugefügt.

Höhepunkt der kreativen Szene der

Stadt ist das jährlich im Juni stattfindende **„Festival of Murals"**.

Sie können diese Murals „abwandern", hierfür erhalten Sie in der Visitor Information einen entsprechenden Plan – oder folgen Sie alternativ einfach den gelben Fußspuren, die Sie durch die Stadt und entlang der schönsten Murals führen.

Wer sich über die Motive und Maler informieren und schon mal einen Blick auf die Mural werfen möchte – hier ist der Link:
 www.muraltown.com/mural-art-gallery

Ein Besuch in Chemainus lohnt sich nicht nur wegen der wunderschönen Murals – mittlerweile hat sich eine kreative Gemeinde etabliert, die nicht nur verschiedenste Galerien betreibt, sondern ebenfalls ein durchaus sehenswertes Kunst- und Kulturprogramm auf die Beine stellt. In dem Touristenort wurden viele kleine Häuser liebevoll restauriert, man findet neben den Kunstgalerien kleine Geschäfte aller Art, gemütliche Cafés und Restaurants, die das Stadtbild prägen. Um eine weitere Touristenattraktion reicher wurde Chemainus am 14. Januar 2006, als eine ausrangierte **Boeing 737-200** der *Canadian Airline* vor der Küste von Chemainus als künstliches Riff versenkt wurde, das nun ein besonders attraktives Ziel für Taucher ist.

Daneben starten ab Chemainus diverse Whale-Watching-Touren und es gibt Fährverbindungen zu den Inseln **Thetis** und **Penelakut Island**. Penelakut Island ist Eigentum der Penelakut First Nations und kann ohne Erlaubnis nicht besucht werden.

Den Mittelpunkt der Stadt bildet der **MacMillan Waterwheel Park**. Schatten spenden hochgewachsene, einheimische Bäume und für die Unterhaltung der Kleinen ist ein Themen-Kinderspielplatz mit vielen verschiedenen Spielgeräten angelegt. Der Park liegt auf dem ehemaligen Gelände einer Sägemühle. Das Haus des Besitzers wurde 1891 erbaut und 1952 abgerissen, heute steht an dieser Stelle die Statue von H. R. MacMillan. Das heute im Park stehende Wasserrad ist eine Nachbildung des Originals, es wurde, wie auch weitere Teile des Parks, 1967 zur Hundertjahrfeier Kanadas errichtet.

Man staune: Chemainus hat auch eine eigene Währung, den *Chemainus Dollar*. Auf der Rückseite der Noten sind die schönsten Murals abgebildet. Die Chemainus Dollars (CH$) werden als Zahlungsmittel in den meisten Geschäften der Stadt akzeptiert. Es gibt Noten zu 1, 2, 5, 10, 20, 50 und 100 Dollars, verkauft werden sie in der Coastal Community Credit Union (9781 Willow St, Chemainus).

Visitor Information

- 102-9700 Waterwheel Cres, Chemainus
- 250-246-3944
- 10–16 Uhr, Sommer: tägl., Winter: Mo–Fr
- visitorcentre@chemainus.bc.ca
- www.chemainus.com
- www.chemainus.bc.ca

Sehenswürdigkeiten

▶ Chemainus Valley Museum

Das kleine **Heimatmuseum** liegt am Waterwheel Park. Es zeigt interessante Artefakte aus der Geschichte des Ortes und dem Leben der Pioniere und informiert über die frühere Arbeit der Holzfäller in den Sägewerken und in den Wäldern.

- Waterwheel Crescent, Chemainus
- 250-246-2445
- Tägl. 10–16 Uhr, Jan. & Feb.: Fr–So 11–15 Uhr
- www.chemainusvalleymuseum.ca

▶ Chemainus Theatre Festival

Vielleicht möchten Sie sich einmal einen Abend vom Lagerfeuer entfernen und einige abwechslungsreiche und unterhaltsame Stunden im örtlichen Theater verbringen. Über das aktuelle Programm informieren Sie sich vor Ort oder über das Internet – das Theater hat auch während der Sommermonate geöffnet. Allerdings sollte dann festliche Kleidung im Gepäck sein.

- 9737 Chemainus Rd, Chemainus
- 250-246-9820 oder 1-800-565-7738 (geb.frei)
- CAD 25–74
- info@chemainustheatre.ca
- www.chemainustheatrefestival.ca

- Ganzj.
- Ja
- Ja
- Ja
- Ja
- www.holidaytrailsresorts.com/country-maples-rv-resort

Unterkünfte

Best Western Plus Chemainus Inn
Hier übernachtet man komfortabel in Doppelzimmern mit Mini-Kühlschrank und Kaffeekocher oder in Suiten mit Kitchenette. Im *Emily Carr Room* können Sie bei einem reichhaltigen Frühstück den Tag beginnen und im Fitness-Center oder im Salzwasserpool den Tag sportlich ausklingen lassen.
- 9573 Chemainus Rd, Chemainus
- 250-246-4181 oder 1-800-780-7234 (geb.frei)
- ★★
- Ja, frei
- Ja, frei
- http://hotelsinchemainusbc.h.bestwestern.com

Timeless Rose Bed & Breakfast
Übernachtung in mit historischen Möbeln ausgestatteten Zimmern in einem der schönsten Straßen der blumenreichen Stadt. Liegt in der Nähe des Stuart Channel.
- 9943 Seaview St, Chemainus
- 250-246-3737
- April–Sept.
- ★★
- Ja, frei
- www.timelessrose.ca

Chemainus River Campground
Der bewaldete Campground liegt südlich von Chemainus am Chemainus River.
- 8682 Trans-Canada Hwy, Chemainus
- 250-246-9357
- April–Okt.
- 167, Wasser- u. Stromanschluss
- 7
- Ja, geb.pflichtig
- Ja
- $$
- www.chemainusrivercampground.com

Country Maples RV Resort
Sehr gut ausgestatteter Campground mit Spielplatz, Fitness-Center, Minigolf uvm. Saisonal hat ein General-Store geöffnet.
- 9010 Trans-Canada Hwy 1, Chemainus
- 250-246-2078
- 175, alle Anschlussmöglichkeiten

LADYSMITH

	Victoria	94 km
	Chemainus	11 km
	Nanaimo	23 km
	Campbell River	195 km
	Port Hardy	488 km
	Ladysmith	10.600
	+2 °C	
	+18 °C	
	Meereshöhe	0–24 m

Die Stadt am Ostufer von Vancouver Island auf einer Anhöhe mit Blick über die Georgia Strait liegt exakt auf dem **49. Breitengrad**, der auf dem Festland die Grenze zwischen Kanada und den USA bildet. Viele Jahrhunderte war die Gegend Heimat der Chemainus First Nations, deren Sprache, **HUL'Q'UMI'NUM'**, weit verbreitet war. Sie hatten in der Umgebung drei Siedlungen (*Shts'um'inus, Thuq'mi'n* und *Hwkwumluwhuthun*) errichtet, der Fischreichtum und die aufgeforsteten Hochlandbereiche dienten dem traditionellen Lebensunterhalt.

> **Tipp** Wer sich gerne einmal näher mit der Sprache der Chemainus First Nations auseinandersetzen möchte, kann auf der folgenden Internetseite einen erstaunlichen Einblick bekommen: web.uvic.ca/hrd/hulq

Die Zeit der Natives wurde 1884 mit der Bewilligung der Eisenbahnstrecke und der damit einhergehenden Privatisierung des Gebietes jäh beendet. Die First Nations wurden aus ihrem eigenen Gebiet vertrieben und in ein Reservat umgesiedelt. Zwei Jahrzehnte später gründete James Dunsmuir (Eigentümer der Wellington Colliery Company) die Stadt und änderte den

Namen von Oyster Harbour in Ladysmith – zu Ehren der Aufhebung der Belagerung von Ladysmith in Südafrika während der Burenkriege. Er sorgte außerdem für eine Ausweitung des Kohlebergbaus und damit auch für eine rasche Zunahme der Bevölkerung. So kam es, dass Ladysmith 1911 ca. 3.300 Einwohner hatte. Der Industriestandort wurde in den Hafenbereich gelegt und die Bewohner errichteten ihre Wohnhäuser jenseits des Hafens auf einem kleinen Hügel. Der Arbeiterbedarf des Kohlebergbaus auf Vancouver Islands war bis weit über die Grenzen bekannt und zog Einwanderer aus aller Herren Länder (v. a. Briten, Belgier, Chinesen, Kroaten und Finnen) an. Sie kamen mit ihren Familien und identifizierten sich sehr schnell mit ihrer neuen Heimat.

Mural, Chemainus

Die folgenden Jahre waren geprägt von den Erdölfunden in anderen Regionen Nordamerikas und vom großen Streik 1912–1914. Dies hatte zur Folge, dass die Nachfrage nach Kohle absackte und viele Minen ihre Fördermengen reduzieren mussten. Das endgültige Aus der Kohleförderung folgte 1931 auf dem Höhepunkt der Weltwirtschaftskrise. Ladysmith verlor damit seinen wichtigsten Wirtschaftsfaktor und gleichzeitig einen Großteil seiner Einwohner.

Erst als Mitte der 30er-Jahre die *Comox Logging & Railway Company* in Ladysmith investierte und die umliegenden Waldgebiete wirtschaftlich zu nutzen begann, erholte sich die Region und zog neue Arbeitskräfte an. Bereits Mitte der 70er-Jahre war der Ort wieder ein wichtiges Zentrum – diesmal allerdings für die Forstwirtschaft. Als Vancouver Island zunehmend auch für den Tourismus erschlossen wurde, besann sich Ladysmith auf seine Historie und fing an, den Stadtkern und die alten Gebäude sukzessive zu restaurieren.

Beim Bummel durch die **Heritage Town,** die über die nach Süden abzweigende Roberts Street erreicht wird, lohnt ein Besuch des **Black Nugget Museums,** das an die Zeit des Kohlebergbaus erinnert. Es hat seine Räumlichkeiten im restaurierten, ehemaligen Jones Hotel aus dem Jahr 1881 (Sommer: Di–Sa 12–16 Uhr, Spende erwünscht).

Beschreibungen der historischen Gebäude und einen Plan gibt es unter:
www.ladysmith.ca/docs/brochures-other-publications/ladysmith-heritage-walk-ii-brochure.pdf

Den öffentlichen Personennahverkehr sowie Busverbindungen mit den umliegenden Ortschaften bedient die BC Transit.
www.bctransit.com

In Ladysmith sind alle Versorgungseinrichtungen vorhanden.

Visitor Information

- 33 Roberts St, Ladysmith
- 250-245-2112
- Sept.–Ende Mai: Mo–Fr 9:30–16 Uhr, Ende Mai–Juni: Mo–Sa 9:30–16 Uhr, Juli & Aug.: tägl. 9:30–17 Uhr, Weihnachten bis Neujahr: geschlossen
- www.ladysmithcofc.com

Wussten Sie schon? Die Schauspielerin **Pamela Anderson** wurde am 1. Juli 1967 in Ladysmith geboren und war das erste Baby, das zum 100-jährigen Jubiläum Kanadas geboren wurde.

Wandern

Holland Creek Loop Trail
Der Trail verläuft beiderseits des Holland Creek, Highlight dieses Rundweges sind die Crystal Falls, auf die man unterwegs trifft.
- Zufahrt ab Hwy 1 über Methuen St/Dogwood Dr bis zum Parkplatz und Trailhead oder der Methuen St folgen bis zu einem weiteren Parkplatz und Trailhead
- Parkplatz Holland Creek Park oder Ecke 6th Ave/Methuen St
- Leicht bis mittel
- 5,8 km

Rotary Lookout Trail
Der Trail bietet tolle Ausblicke auf die Stadt und die Gulf Islands. Bei klarem Wetter kann man sogar bis zum Mt. Baker in die North Cascades (Staat Washington, USA) blicken.
- Holland Creek Trail
- Leicht
- 1,2 km (einfache Strecke)

MORDEN COLLIERY HIST. PROVINCIAL PARK

Wer sich für die Kohlebergbaugeschichte Vancouver Islands interessiert, sollte einen Abstecher zum **Morden Colliery Historic Provincial Park** machen. Hier befinden sich Überreste einer Zeche der *Pacific Coal Company*, der ersten Zeche dieser Art in der Gegend. Begonnen wurde mit dem Abbau 1912, schon im ersten Jahr förderte man 76.000 Tonnen. Der Park wurde 1972 gegründet, er liegt 7 km südlich von Nanaimo und ist vom Highway 1 über die Morden Road in östlicher Richtung erreichbar. **Achtung**: Die Beschilderung zum Park ist schlecht, auf dem Hwy 1 ist kein Hinweis vorhanden. Achten Sie auf die Abfahrt **Morden Road**. In unmittelbarer Nähe des Parkplatzes sind in einem eingezäunten und relativ überwucherten Bereich Überreste einer Zeche auszumachen. Vom Parkplatz führt ein Trail (1 km, einf. Strecke) durch einen Regional Park zum Nanaimo River.
- Ganzj.
- www.env.gov.bc.ca/bcparks/explore/parkpgs/morden

Morden Colliery Historic Provincial Park

Petroglyph

Petroglyphs Provincial Park

🅿 HEMER PROVINCIAL PARK

12 km südlich von Nanaimo am Holden Lake liegt der **Hemer Provincial Park**. Er ist besonders reizvoll und interessant für Ornithologen, da sich in dem Sumpfgebiet des Parks Enten, Trompeterschwäne, Weißkopf-Seeadler, Truthahngeier und viele weitere Vogelarten tummeln. Etwa einen Kilometer vom Parkplatz entfernt gibt es einen Aussichtspunkt. Durch das Sumpfgebiet und den dichten Wald führt ein Netz von ca. 11 km einfach begehbaren Wanderwegen.

Erreichbar ist der Park vom Hwy 1 kurz nach dem Abzweig Nanaimo Pkwy rechts über die Cedar Rd und weiter den Hinweisen folgen. Es gibt keinen ausgewiesenen Picknickplatz, doch die Ruhebänke eignen sich bestens für ein Picknick im Freien.

Der Park wurde 1981 von John und Violet Hemer aus dem kleinen Ort Cedar südöstlich von Nanaimo der Parkverwaltung geschenkt. Entlang des Sees, der auch gerne von Anglern, Kanu- und Kajakfahrern genutzt wird, führt der **Heritage Way**, zur Zeit des Kohlebergbaus lagen hier die Gleise der *Pacific Coal Company Railway*.

🌐 www.env.gov.bc.ca/bcparks/explore/parkpgs/hemer

🅿 PETROGLYPH PROVINCIAL PARK

Im Süden der Stadt Nanaimo am Highway 1/19A trifft man auf den **Petrogyph Provincial Park**, einem kleinen Park mit Picknickplatz in unmittelbarer Highwaynähe. Da hier eine besonders hohe Konzentration der Felsenzeichnungen anzutreffen ist, hat man 1948 dieses Schutzgebiet gegründet, um diese für die späteren Generationen zu erhalten.

Vom Parkplatz am Highway führt ein kurzer Weg zu mehr als tausend Jahre alten, prähistorischen Skulpturen und Felsenmalereien der First Nations. Informationstafeln helfen bei der Deutung der Zeichnungen. Um die Formationen und die Flora zu schützen, bitte unbedingt auf den bezeichneten Wegen bleiben.

Die Orte für diese Felsenmalereien wurden von den First Nations immer sehr sorgfältig gewählt, meist an mystischen oder geheimnisvollen Orten in der Nähe von Wasserfällen, Felsenformationen oder in Höhlen.

🕐 Ganzj.
🌐 www.env.gov.bc.ca/bcparks/explore/parkpgs/petroglyph

NANAIMO

	Victoria	117 km
	Ladysmith	23 km
	Parksville	48 km
	Campbell River	172 km
	Port Hardy	465 km
	Nanaimo	92.000
	+2 °C	
	+18 °C	
	Meereshöhe	30 m

Nanaimo an der Strait of Georgia gelegen ist die drittälteste Stadt von British Columbia und zweitgrößte Stadt auf Vancouver Island. Der Highway 1/19A führt direkt in die Innenstadt und zu den Terminals der Fähranleger. Im Stadtzentrum teilt sich der Highway, der Highway 1 führt zum Fähranleger Departure Bay und endet dort, ihr Highway 19A führt weiter Richtung Norden. Im nördlichen Stadtbereich finden Sie direkt am Highway 19A zahlreiche Malls, Tankstellen, Supermärkte und Fast Food Restaurants. Wer aber die Stadt umfahren möchte, nimmt südlich von Nanaimo den Highway 19 Nord (*Nanaimo Parkway*). Im Norden der Stadt trifft der Highway 19A dann wieder auf den Highway 19. Die Entstehung der Stadt geht auf das 1853 von der Hudson's Bay Company gegründete **Fort Nanaimo Bastion** zurück, das sich – im Gegensatz zum normalerweise üblichen Fellhandel – hier in Nanaimo mit den reichen Kohlevorkommen beschäftigte. Doch schon viele Jahrhunderte früher lebten die Snuneymuxw, eine Gruppe der Küsten-Salish, in diesem Bereich Vancouver Islands. Dies bestätigen 1992 entdeckte, etwa 2.000 Jahre alte Fundstücke und Gräber der Snuneymuxw in der *Departure Bay*.

Die ersten europäischen und kanadischen Siedler ließen sich auf First Nation Territorium in **Colville** nieder, das später zu Nanaimo wurde und übersetzt aus der Native-Sprache etwa „großes, mächtiges Volk" bedeutet.

An den Kohlebergbau erinnern viele naheliegende Orte wie Northfield, Newcastle, Wellington, South Wellington und Extension. Im Frühling 1854 suchte die Hudson's Bay Company erfolgreich per Zeitungsanzeige nach Arbeitern und bereits im Juni segelten 24 Briten mit ihren Familien von London an Bord der *Princess Royal* über das Cape Horn nach Nanaimo, das sie schließlich am 27. November 1854 erreichten. Die großen Kohlevorkommen machten auch die dringende Notwendigkeit einer Bahnanbindung zum Abtransport nötig. Mit dem Bau der Eisenbahnstrecke wurde Robert Dunsmuir, ein reicher, schottischer Einwanderer, beauftragt, der beim Bau der Strecke noch weitere Kohlevorkommen fand. Speziell für die Beförderung der Kohle baute eine Firma 1889 in Philadelphia (USA) die **Dampflok Victoria**, sie steht heute neben dem Nanaimo District Museum. 1891 hatte die Stadt mehr als 4.500 Einwohner und war damit schon damals die zweitgrößte Stadt auf Vancouver Island.

Ein schweres Grubenunglück im Mai 1887 tötete 150 Bergleute, darunter auch 53 sogenannte **„No name"**-Chinesen. Diese wurden als „No name" bezeichnet, da die chinesischen Gastarbeiter damals namentlich nicht erfasst wurden, sondern lediglich mit einer Personalnummer als **„Chinamänner"** arbeiteten. Die für den Erfolg der lokalen Wirtschaft so wichtigen Chinamänner wohnten bis 1884 in Victoria Crescent im Ortskern, später wurden sie in den südlichen Stadtteil und 1908 in den Norden in die Pine Street umgesiedelt. Chinatown Nanaimo brannte 1960 völlig nieder und wurde auch nicht wieder aufgebaut.

Seit den 1940er-Jahren ist die Holzwirtschaft eine wichtige Erwerbsquelle, die erste Sägemühle entstand aber schon 1885. Daneben ist natürlich auch hier heutzutage der Tourismus ein wichtiger Wirtschaftsfaktor, denn im Stadtgebiet liegen historisch bedeutende Gebäude.

Die Stadt bietet nicht nur alle Versorgungseinrichtungen und eine Vielzahl von Einkaufszentren, sie bietet auch Erholung

Frank Ney Statue im Maffeo Sutton Park

und Entspannung in Parks, speziell seien hier die beiden Parks **Maffeo Sutton** und **Georgia Park** am Hafen genannt. Beim Bummel entlang des Hafenbereichs gibt's gemütliche Cafés zum Verweilen oder zum Beobachten des regen Treibens auf dem Wasser. Daneben bietet die Region zahlreiche Möglichkeiten für Outdoor-Aktive.

Ein Problem in der Innenstadt sind die Parkplätze, die nicht ausreichend in Anzahl und Größe zur Verfügung stehen. **Tipp:** Parken Sie auf dem Parkplatz Thrifty Supermarkt in Hafennähe, eine weitere Parkmöglichkeit finden Sie am Nordwestende des Maffeo Sutton Parks, dort wurde ein großer Parkplatz angelegt, der von Hwy 1 über die Comox Road erreicht wird.

Einen Überblick über Restaurants finden Sie auf der folgenden Internetseite:
 www.cityofnanaimo.com/food-services/index.html

Fährverbindungen

Nanaimo (Departure Bay) ▶ Vancouver West (Horseshoe Bay)
 Am Ende des Trans-Canada Hwy 1 in Nanaimo
 1 Stunde 35 Minuten

Nanaimo (Duke Point) ▶ Tsawwassen (Swartz Bay)
 Vom Trans-Canada Hwy 1 ca. 7 km südlich der Innenstadt auf dem Hwy 19 (Duke Point Hwy) 9,5 km nach Osten
 2 Stunden

Nanaimo (Nanaimo Harbour) ▶ Gabriola Island
 Vom Trans-Canada Hwy 1 im Stadtgebiet rechts auf die Esplanade/Front St, nach 450 m rechts auf die Gabriola Ferry Terminal Rd
 20 Minuten

Infos: www.bcferries.com

Kleine Bootsgesellschaften bestreiten den Fährverkehr (keine Fahrzeuge) nach **Protection** und **Newcastle Island** (▶Seite 204) sowie Bootsausflüge und Whale-Watching-Touren. Die Inseln dürfen natürlich auch mit eigenem oder gechartertem Boot angefahren werden. **Protection Island** ist ein Stadtteil von Nanaimo, mit etwa 350 ständigen Bewohnern, die auf Annehmlichkeiten verzichten und dafür die Abgeschiedenheit genießen. Als Fortbewegungsmittel auf den Gravelroads der Insel werden meist Elektrokarren und Fahrräder benutzt, Höchstgeschwindigkeit 20 km/h.
 www.tourismnanaimo.com/protection-island

Gute Schwimmer können Protection Island auch schwimmend erreichen.
 www.nanaimoinformation.com/blog/swimming-to-protection-island.html

Visitor Information

Visitor Info Stadtzentrum
 501 - 65 Front St, Nanaimo
 250-740-1222
 info@tourismnanaimo.com
 Mai–Sept.: tägl. 9–18 Uhr

Visitor Info Centre am Hwy 19
 Northfield Rd (Parkway Trail Rest Area Exit 21)
 250-751-1556
 Ganzj., Mo–Fr 9–17 Uhr, Sommer: tägl.
 www.tourismnanaimo.com

Sehenswürdigkeiten

▶ Wandern im Stadtbereich

Waterfront Walkway
Ein 4 km langes Wegesystem durch den **Maffeo Sutton Park** mit der *Swy-A-Lana Lagune* und den **Georgia Park** führt entlang der Küste, wo es von Freizeitbooten geradezu wimmelt. Man hat freien Blick auf die beiden Inseln Newcastle und Protection Island und kann es sich in kleinen Cafés oder auf einem Picknickplatz gemütlich machen und das Treiben im Hafen beobachten. Kinder können sich auf den Spiel- und Bolzplätzen austoben oder im Sommer in der Lagune schwimmen. Einen großen RV-Parkplatz finden Sie am Nordende des Maffeo Sutton Parks. Sie erreichen den Parkplatz über den Highway 1/19A Abfahrt Comox St.

Heritage Walk
Im Bereich der Front St / Bastion St beginnt der **Arts District** Nanaimo, in dem sich einige Boutiquen, Galerien und kleine Geschäfte in historischen Gebäuden befinden. Beginnen Sie Ihren **Heritage Walk** am besten am Fort Bastion Richtung Westen. Am Ende des Arts District überqueren Sie die Wallace St und erreichen den **Old City District**, den Geschäfts- und Einkaufsbereich der City, wo Sie je nach Lust und Laune auch den einen oder anderen Dollar in Souvenirs anlegen, oder in kleinen gemütlichen Cafés und Restaurants verweilen können. Wegweisende Pläne erhalten Sie in der Visitor Information. Weitere detaillierte Pläne und Beschreibungen:
- www.nanaimo.ca/culture-environment/heritage/heritage-walks-through-time

▶ District Museum Nanaimo

Das im Hafenviertel gelegene Museum informiert mit faszinierenden Darstellungen, vielen Ausstellungsstücken und audiovisuellen Beiträgen über die frühe Geschichte der Stadt, das Leben der ersten Siedler und der First Nations. Das Museum liegt im Piper Park, wo auch das kleine Häuschen eines Bergarbeiters, eine Lokomotive von 1890, ein Kohlewagen und Nachbildungen von Felsenzeichnungen zu finden sind.

Die Themengebiete der Sonderausstellung des Museums werden einige Male jährlich geändert, informieren Sie sich also vor Ort über das aktuelle Programm.
- 100 - Museum Way, Nanaimo
- 250-753-1821
- Mitte Mai–Anf. Sept.: tägl. 10–17 Uhr, sonst: Mo–Sa 10–17 Uhr, an Sonn- und Feiertagen geschlossen
- Erw.: CAD 2, Sen./Jugendl./Stud.: CAD 1,75, Kinder (6–12 J.): CAD 0,75
- debbie@nanaimomuseum.ca
- www.nanaimomuseum.ca

▶ Fort Bastion

Das **Fort Bastion** stammt aus dem Jahr 1853 und wurde von der Hudson's Bay Company gebaut. Es ist das älteste Gebäude in Nanaimo und wahrscheinlich das zweitälteste Gebäude in British Columbia. 1985 wurde es als **Heritage Building** ausgezeichnet. Die meisten Forts der Hudson's Bay Company wurden für den Fellhandel gebaut, doch in Nanaimo diente das Fort als Büro und Lager, um im Falle eines Angriffs eine sichere Unterkunft für die Bergarbeiter und deren Familien zu gewährleisten. Es ist das einzige Fort, das sich in erster Linie auf den Kohlebergbau fokussierte.

Das Original-Fort wurde aus von Hand geschlagenen Holzstämmen gefertigt, das Dach ist aus Zedernrinde. Zum Bau wurden keinerlei Nägel verwendet.

Da das Fort nie wirklich einen Schuss abgegeben hat, wird heute zur Freude der Besucher von Mitte Mai bis Anfang September täglich um 12 Uhr mittags ein Kanonenschuss abgefeuert, von schottischer Dudelsackmusik und einem Highland Tanz begleitet. Die Zeremonie beginnt um 11:45 Uhr.
- Ecke Front/Bastion St, Nanaimo
- 250-753-1821
- Ende Mai–Anf. Sept.: tägl. 10–15 Uhr, sonst nach Anmeldung
- Eine Spende ist willkommen

Fort Bastion

▶ Vancouver Island Military Museum

Das Museum wurde 1986 als Erinnerung an die Militärgeschichte des Landes und der zahlreichen Frauen und Männer, die in bewaffneten Konflikten überall auf der Welt das Land verteidigten und oftmals ihr Leben dabei verloren, gegründet.

Es zeigt Porträts der mit Medaillen und Orden ausgezeichneten Kanadier, diverse Sammlerstücke und lebensgroße Puppen in Original-Uniformen. In der Bibliothek finden sich Tagebücher, Karten, Fotoalben, Videokassetten und viele weitere historische Schriftstücke. Das Museum wird von freiwilligen Helfern geleitet und unterhalten.

- 100 Cameron Rd, Nanaimo
- 250-753-3814
- Mo–Fr 10–15 Uhr, Sa 11–15 Uhr
- Erw.: CAD 4, Kinder (ab 12 J.)/Sen.: CAD 2
- oic@vimms.ca
- www.vimms.ca

▶ Loyal Nanaimo Bathtub Society

Alljährlich findet während des Marine Festivals Mitte bis Ende Juli ein Spektakel besonderer Art statt: das *Badewannenrennen* (**International World Championship Bathtub Race**). Wer sich gerade zu dieser Zeit in Nanaimo aufhält, sollte sich dieses lustige Treiben im Inner Harbour nicht entgehen lassen und den waghalsigen Teilnehmern bei dieser besonderen Art eines Seifenkistenrennens zuschauen.

- 250-753-7223
- mail@bathtubbing.com
- www.bathtubbing.com

▶ Bungee-Jumping

Wer den „Kick" im Bungeespringen sucht, der kann dies legal von Nordamerikas erster Bungee-Springer-Brücke 44 m über dem Nanaimo River im **Wild Play Element Park** tun, wo noch weitere abenteuerliche Aktivitäten angeboten werden.

- 35 Nanaimo River Rd, südlich der Stadt nahe Airport Nanaimo
- 1-855-595-2251 (geb. frei)
- Mitte Juni–Anf. Sept.: tägl., Mitte Mai–Mitte Juni & Anf. Sept.–Mitte Nov.: Mo & Do–So
- Pro Pers.(ab 12 J.): CAD 129,99, 2. Sprung: CAD 64,99
- www.wildplay.com/nanaimo

▶ Newcastle Island Marine Provincial Park

Einen besonders faszinierenden Park, der reich an Kultur, Geschichte und Natur ist, können Sie per Passagierfähre oder geliehenem Boot ab dem Hafen Nanaimo nur wenige hundert Meter entfernt besuchen. Die Überfahrt mit der Fähre dauert nur 10 Minuten, Ihr Fahrzeug lassen Sie in Nanaimo, denn auf der Insel gibt es keine Straßen, hier geht man zu Fuß oder schwingt sich auf das Fahrrad. Entlang der Küstenlinie können Sie an sonnigen Stränden relaxen oder steile Sandsteinklippen mit einigen Höhlen erkunden. Der Mittelbereich der Insel ist dicht bewaldet mit u.a. Douglastannen und Garry-Eichen.

Die Insel hat ein insgesamt 22 km langes und dichtes Netz an Wanderwegen, die zu verschiedenen historisch interessanten Punkten führen.

Die Insel wurde 1931 von der *Canadian Pacific Steamship Company* gekauft und als Veranstaltungs- und Vergnügungsort von Firmen und Erholungssuchenden genutzt. Mit dem Beginn des Zweiten Weltkrieges änderte sich dies schlagartig und die Insel geriet mehr und mehr in Vergessenheit. Heute befindet sich auf der Insel ein Zeltplatz, Picknickplätze, Badestrände, im **Newcastle Island Pavilion** wird für das leibliche Wohl gesorgt, es finden Informationsveranstaltungen statt und auch ein Souvenirshop fehlt nicht. Allerdings werden diese Einrichtungen nur in der Saison (April bis Mitte Oktober) bewirtschaftet.

- Ganzj., Service v. April bis Mitte Okt.
- 18   Ja   Ja, Münzduschen
- $
- www.env.gov.bc.ca/bcparks/explore/parkpgs/newcastle

Fährverbindung
- Anlegestelle im Maffeo Sutton Park

Newcastle Island Ferry
- 250-802-0255
- Ganzj.
- Hin- und Rückfahrt pro Person: CAD 5, Hunde: CAD 1, Fahrrad: CAD 2, pro Gepäckstück: CAD 1
- ncimanager@p-d-g.ca
- www.newcastleisland.ca/visit-saysutshun-newcastle-island-marine-provincial-park#ferry

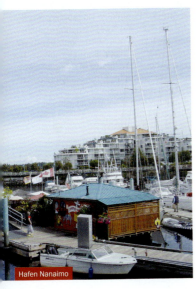
Hafen Nanaimo

Unterkünfte

Coast Bastion Hotel Nanaimo
Wer stadt- und hafennah übernachten möchte, ist im Coast Bastion gegenüber dem Fort bestens aufgehoben. Weit reicht der Blick – zumindest von einigen Zimmern – über den Ozean. Alle Zimmer haben einen Kaffeekocher, Bügeleisen und -brett.
- 11 Bastion St, Nanaimo
- 250-753-6601
- Ja, kostenpflichtig, einige Schritte vom Hotel entfernt   Ja, frei
- ★★ – ★★★
- www.coasthotels.com/hotels/bc/nanaimo/coast-bastion-hotel

Best Western Northgate Inn
Das im nördlichen Stadtbereich liegende Hotel bietet nett eingerichtete Zimmer und Suiten mit Balkon/Terrasse und teilweise mit Kleinküche. Ein kostenloses kontinentales Frühstück ist inklusive.
- 6450 Metral Dr, Nanaimo
- 250-390-2222 oder 1-800-780-7234 (international)
- ★★   Ja, frei   Ja, frei
- www.bestwestern.com/en_US/book/hotel-details.62104.html

> **Tipp** Wenn Sie auf einem Campground nahe Nanaimo übernachten möchten, ist während der Sommersaison eine Reservierung dringend zu empfehlen.

Jingle Pot RV Park & Campgrounds
Netter Platz zwar in Highwaynähe, jedoch inmitten von Blumen und Steingärten.
- Exit 24 Hwy 19 (Nanaimo Pwy), Nanaimo
- 4012 Jinglepot Rd (Exit 24 Hwy 19), Nanaimo
- 250-758-1614
- Ganzj.
- 120, alle Anschlussmögl.
- Ja   Ja   Ja
- $$
- www.jinglepotrv.ca

Living Forest Campground
Es sind Schatten- und Sonnenstellplätze nahe am Ozean vorhanden, ein Café bie-

Rathtrevor Beach Provincial Park

tet im Sommer Frühstück, kleine Snacks und Getränke.

- Abfahrt Maki Rd vom Hwy 1 im Süden von Nanaimo
- 6 Maki Rd, Nanaimo
- 250-755-1755
- Ganzj.
- 215, alle Anschlussmögl., separate Zeltplätze
- Ja
- Ja, geb.pflichtig
- Ja, geb.pflichtig
- $$–$$$
- www.livingforest.com

RATHTREVOR BEACH PROVINCIAL PARK

Der weiträumig angelegte, 3,74 km² große **Rathtrevor Beach Provincial Park** ist nicht nur bei Touristen sehr beliebt. Dichter, alter Baumbestand auf dem Campground spendet Schutz und Schatten und am 2 km langen Sandstrand, an dem ein schön angelegter Wanderweg entlang führt, liegt neben einem Spielplatz ein großer Picknickbereich mit 150 Tisch-Bank-Kombinationen. Bei Ebbe verbreitert sich der Strand durch das abfließende Wasser um mehrere hundert Meter, was sicherlich ein weiterer Grund für die enorme Beliebtheit des Parks ist. Erreichbar ist der 3 km südlich von Parksville in der Nähe des Highways 19A liegende Park auch über Exit 51 vom Island Highway 19.

Im März und April dient der Park vielen Tausend Wasservögeln wie z. B. Wildgänsen als Rastplatz auf ihrer Reise gen Norden.

Seinen Namen verdankt der Park dem irischen Goldsucher und Pionier William Rath, der 1886 mit seiner damals noch kleinen Familie hierher kam und Landwirtschaft betrieb. William Rath starb 1903 und seine Frau bewirtschaftete zusammen mit den fünf Kindern der Familie die Farm weiter. Das „trevor" hängte man an den Namen, um ihn einfach klangvoller zu gestalten. Ein Spazierweg führt durch das ehemalige Farm-Gelände. Durch seine außerordentliche Beliebtheit ist der Campground selbst in der Nachsaison oft überfüllt. Es werden Overflow-Plätze auf einem der Parkplätze angeboten, wo Sie „Tür an Tür" mit Ihrem Nachbarn stehen und dies zum normalen Übernachtungspreis. Während der Sommermonate bis zum Labour Day (erster Montag im Sept.) raten wir, **unbedingt** frühzeitig einen Stellplatz zu reservieren.

- Ganzj., Service Mitte März bis Mitte Okt.
- 250-474-1336
- 174
- Ja, CAD 5
- Ja
- Ja
- Sommer: $$, Winter: $
- 25
- $
- www.env.gov.bc.ca/bcparks/explore/parkpgs/rathtrevor

Tipp Wenn der Rathtrevor Beach Campground überfüllt ist, fahren Sie zum ruhig gelegenen **Englishman River Falls Provincial Park**. (Exit 51/Hwy 19, weiter auf dem Hwy 4A Richtung Port Alberni bis Errington (Beschreibung siehe unten)).

PARKSVILLE

	Victoria	165 km
	Nanaimo	48 km
	Qualicum Beach	13 km
	Campbell River	124 km
	Port Hardy	417 km
	Parksville	12.500
	+4 °C	
	+23 °C	
	Meereshöhe	Sealevel

Der gepflegte Ort **Parksville**, 11 km südlich von Qualicum Beach, lebt in der Hauptsache vom Tourismus mit vielfältigen Angeboten besonders für Wassersportler und Wanderfreunde. Die Stadt liegt an der Strait of Georgia entlang des Highways 19A und bietet bei klarer Sicht eine fantastische Aussicht auf die gegenüberliegenden *Coast Mountains*. Das Meer wird hier im Sommer bis 21 °C warm und hat damit angeblich die wärmste Strömung ganz Kanadas.

Parksville wurde 1945 unabhängig und bekam 1981 Stadtrechte. Die Stadt wurde 1877 nach dem Leiter der ersten Poststelle Nelson Park benannt. In Parksville sind alle Versorgungseinrichtungen vorhanden.

Ein besonderes Spektakel ist das jährlich im Juli/August stattfindende **Parksville Beach Festival**. Für Unterhaltung und Verpflegung ist hier bestens gesorgt, es finden neben vielen Belustigungen für Groß und Klein auch sportliche Wettkämpfe wie Krocket- und Volleyballturniere statt, die **Canadian Sand Sculpting Competition** (▶ Seite 209) wird ausgetragen und mit einer Oldtimer-Ausstellung wird das Spektakel abgerundet. Höhepunkt und Krönung des Festivals ist ein farbenprächtiges Feuerwerk.

Visitor Information

- 1275 Oceanside Route/Hwy 19A, Parksville
- 250-248-3613
- Ganzj.: Mo–Fr 9–17 Uhr, Mitte Mai–Anf. Sept.: tägl.
- info@parksvillechamber.com
- www.parksvillechamber.com/parksville-visitor-centre

Sehenswürdigkeiten

▶ Englishman River Falls Provincial Park

Der 97 ha große **Englishman River Falls Provincial Park** mit Campground 15 km südwestlich von Parksville ist über eine asphaltierte, 8 km lange Zufahrt ab Errington vom Highway 4A (Achtung, schlecht ausgeschildert) zu erreichen.

Im Park finden Sie einen großen Picknickplatz im Wald und zwei schöne Wasserfälle. Der **Lower Fall** plätschert in einen kristallklaren Pool, der im Sommer gerne zum Schwimmen genutzt wird. Im Herbst gibt es „springende" Lachse in Massen zu sehen. Der Park wurde 1940 zum Schutz der alten Douglastannen, der Pflanzenwelt und der Flussbereiche rund um die Wasserfälle gegründet. Ein Rundweg führt vom Parkplatz oder Camp-

Strait of Georgia

Little Qualicum Falls

ground durch dichten Wald und teilweise entlang des Canyons zu den beiden Wasserfällen. Eine Legende besagt, dass Natives das Skelett eines weißen Mannes am Fluss gefunden hatten, was zur Namensgebung „Englishman" führte.
- 250-474-1336
- Picknickplatz: ganzj., Campground: Mai–Sept.
- 103   Ja
- $
- www.env.gov.bc.ca/bcparks/explore/parkpgs/englishman_rv

▶ Little Qualicum Falls Provincial Park

19 km westlich von Parksville zweigt eine kurze Zufahrtsstraße vom Highway 4 zu dem 1940 gegründeten, hübschen **Little Qualicum Falls Provincial Park** ab. Vom Parkplatz des inmitten alter Douglastannen liegenden Picknickplatzes, dort ist auch eine große, überdachte Picknickhütte, führt ein Rundweg durch den beeindruckenden Canyon zu den beiden sehenswerten Wasserfällen **Lower** und **Upper Fall**. Der Rundweg ist ca. 1,5 km lang, doch es sind noch weitere, insgesamt ca. 6 km Wanderwege ausgeschildert. In der Nähe der Upper Falls hat man von einem Aussichtspunkt einen fantastischen Blick auf den Wasserfall. Im Park liegen 2 Campgrounds: **Upper Campground** und **Lower Campground** mit Zugang zur Lower Bridge über den Little Qualicum River. Zum Schwimmen bietet sich der **Cameron Lake**, nur wenige Kilometer westlich am Highway 4 gelegen, an. Dort liegen die beiden Picknickplätze *Cameron Lake* und *Beaufort Day Use*.

- 250-474-1336
- Picknickplatz: ganzj., Campground: Mitte April–Mitte Okt.
- Lower: 38, Upper: 55   Ja
- Nein   Ja $
- www.env.gov.bc.ca/bcparks/explore/parkpgs/little_qualicum_falls

▶ Craig Heritage Park Museum & Archives

Drei Kilometer südlich von Parksville erreichen Sie über den Highway 19A den 1983 eröffneten **Craig Heritage Park**. Im Park stehen einige historische Gebäude der ersten Siedler, die sich in diesem Teil Vancouver Islands niedergelassen hatten. Die Gebäude sind auch teilweise mit Gegenständen der damaligen Zeit ausgestattet. Im **Englishman River Building**, das 1988 errichtet wurde, ist das Museum und Archiv untergebracht.
- 1245 Hwy 19A im Süden von Parksville
- 250-248-6966 (auch für Touren)
- Erw.: CAD 5, Sen./Jugendl.: CAD 4, Kinder (6–12 J.): CAD 2
- Mitte Mai–Anf. Okt. tägl.: 10–17 Uhr
- www.parksvillemuseum.ca

Sie finden im Park einige sehenswerte, historische Gebäude:

Knox United Church
Sie wurde 1911 erbaut, ein Jahr später eröffnet und kam 1983 in den Park. Beachtenswert sind die Bleiglasfenster und die Nachbauten der Kirchenbänke. Die Kirche wird heute noch gerne für Hochzeiten und Gedenkveranstaltungen genutzt.

Craig Cottage
Dieses Gebäude hat der Pionier James Craig in den dreißiger Jahren erbaut. Im Haus kann man sich über die Familiengeschichte der Craigs informieren, und da Craig ein fähiger Pumajäger war, ist auch ein von ihm erlegtes Tier ausgestellt.

Craig's Crossing Post Office
Nachdem die *E&N Railway* gebaut war, wurde diese Poststation 1914 eröffnet und bis 1935 auch genutzt. Benannt ist sie nach dem ersten Postmeister der Station, James Craig, der in der Poststation bis 1935 arbeitete.

French Creek Post Office
Die Poststation war von 1888 bis 1912 in Betrieb, wurde vom ehemaligen Standort am Columbia Beach in den Park gebracht, nachdem sie von einer nahe French Creek ansässigen Familie gespendet wurde.

McMillan Log House
Wurde 1885 in Errington von Duncan McMillan errichtet. Der Kamin wurde rekonstruiert unter Verwendung möglichst vieler Original-Steine. Das Haus ist verzeichnet als **Heritage Trust Building**.

Montrose School
Ursprünglich war dieses Gebäude ein Büro der *E&N Railway*, bevor es zur Schule für die hier lebenden Kinder wurde. Die Schule wurde 1920 geschlossen. Heute zeigt uns das Innenleben die Einrichtung der Klassenzimmer im frühen 20. Jahrhundert mit Original-Schultischen und der wichtigen Schulglocke.

Parksville Fire Hall
Die Fire Hall wurde 1942 gebaut. Das erste Feuerlöschfahrzeug war ein umgebauter Gemüsetransporter, 1950 wurde das Unikum durch eine Ford Pumper Fire Truck ersetzt, der zur jährlichen Parksville Canada Parade aus seinem wohlverdienten „Schlaf" gerissen wird.

Englishman River Building
Im **Englishman River Gebäude**, das 1988 errichtet wurde, befindet sich ein Museum und das Archiv. Es zeigt Ausstellungsstücke, darunter auch Haushaltsgegenstände und Kleidung der frühen Siedler. Geführte Touren nach Voranmeldung!

▶ St. Anne's St. Edmund's Anglican Church
Die Kirche gehört zu den ältesten auf Vancouver Island. Sie wurde 1894 von 45 Farmern erbaut, die das Holz damals noch mit Ochsenkarren transportieren mussten. Die Kirche befindet sich an der Church Rd/Ecke Wembley Rd und ist vom Highway 19A über Pym Rd und Humphrey Rd erreichbar.

▶ Canadian Open Sand Sculpting Competition
Alljährlich findet seit 1982 im Juli im Community Park ein Wettbewerb im Sandburgenbauen statt, die **Canadian Open Sand Sculpting Competition**. Im Rahmen dieses Wettbewerbs, der jedes Jahr viele Tausend Besucher anlockt, müssen die Teams innerhalb von 23 Stunden ihre Kunstwerke errichten, die dann drei Wochen lang besichtigt werden können. Sie erreichen die Sandskulpturen vom Highway 19A über die Corfield St North.

- *Corfield St North, Parksville*
- 250-951-2678
- info@parksvillebeachfest.ca
- www.parksvillebeachfest.ca

Unterkünfte

Sea Edge Motel
Das küstennah liegende, familiengeführte Motel mit weitem Ausblick bis zu den Küstenbergen des Festlandes bietet Räumlichkeiten mit Küchenzeile, 1–2 Schlafzimmern oder Balkon. Wer im Beach House nächtigt, das Platz für 6 Personen bietet, verfügt über einen eigenen Strandbereich.

- *209 West Island Hwy, Parksville*
- 250-248-8377 oder 1-800-667-3382 (geb.frei)
- ★★ – ★★★
- www.seaedge.com

Parksville

Englishman River Falls

QUALICUM BEACH

Victoria	178 km
Nanaimo	61 km
Parksville	13 km
Cumberland	55 km
Campbell River	111 km
Port Hardy	404 km
Qualicum Beach	8.900
❄❄	+8 °C
☀	+20 °C
Meereshöhe	58 m

Qualicum Beach, ein beliebter Touristenort mit schönen Parkanlagen, weiten Badeständen, zahlreichen Freizeitangeboten und Unterkünften, gemütlichen Restaurants und Cafés liegt an der *Oceanside-Route* (Highway 19A). Der Ort ist aufgrund seiner Lage und dem hier vorherrschenden, milden Klima ein beliebter Altersruhesitz der Kanadier.

Schon vor etwa 4.000 Jahren lebten im Gebiet des Qualicum River Gruppen der Coast Salish First Nations. Der Name Qualicum bedeutet einer Legende der Salish nach etwa „wo der *Dogsalmon* (Chum-Lachs) durchströmt".

Der erste Europäer, der diese Gegend bereiste, war Joan Quadro Ende des 18. Jahrhunderts, als er die Ostküste Vancouver Islands vermass. Doch die Erschließung des Landes begann erst Ende des 19. Jahrhunderts, als die Hudson's Bay Company regen und ertragreichen Pelzhandel mit den First Nations betrieb und man eine Gruppe unter der Leitung von Adam Grant Horne losschickte, die einen Landweg zur Westküste finden sollte. Dieser „**Horne Lake Trail**" wurde später von Siedlern und Händlern benutzt. Sehr geschäftstüchtige, ansässige Bewohner waren in den darauffolgenden Jahren Tom und Annie Qualicum. Sie besaßen ein Kanu, das sie gegen Entgelt für eine Überquerung des Horne Lake vermiete-

Skylite Motel
Hier übernachtet man in neu eingerichteten Zimmern mit oder ohne Küchenzeile oder in komplett ausgestatteten Cottages, ein kontinentales Frühstück ist im Preis inbegriffen.
- 459 Island Hwy East, Parksville
- 250-248-4271 oder 1-800-667-1886 (geb.frei)
- ★ – ★★   Ja, frei
- www.skylitemotel.com

Parrys RV Park & Campground
Der bewaldete Campground liegt am Englishman River. Eine Menge Freizeitaktivitäten sind auf dem Parkgelände geboten, vom Toben auf dem Spielplatz, Schwimmen im Fluss oder Hot Pool (saisonal) bis zu Basket- und Volleyball.
- Zufahrt vom Hwy 19 südl. von Parksville
- 380 Martindale Rd, Parksville
- 250-248-6242
- Mai–Sept.
- 77, alle Anschlussmögl.
- Ja   Ja   Ja, frei   5
- $$
- www.parrysrvpark.com

Rathtrevor Beach Provincial Park
▶ Seite 206

ten, weiter betrieben sie ein Hotel sowie einen kleinen General Store, beides für die Versorgung der vorüberziehenden Siedler und Arbeiter.

Im Jahr 1894 wurde die Straßenverbindung von Süden kommend nach Qualicum Beach verlängert, 1914 erreichte die Eisenbahn die Stadt. Ein Bahnbeamter war bei der Planung der Bahnlinie so fasziniert von der Landschaft, dass er sich für eine Erschließung des Landes durch die „Merchants Trust and Trading Company" einsetzte. Diese baute 1913 einen Golfplatz und ein Hotel – der Golfplatz (**Qualicum Beach Memorial Golf Course**) existiert heute noch und ist der viertälteste Platz in British Columbia. Im Ort sind alle Versorgungseinrichtungen vorhanden.

Visitor Information

- 2711 West Island Hwy 19A, Qualicum Beach
- 250-752-9532 oder 250-752-0960
- April & Okt.: Mo-Sa 9-15 Uhr, Mai-Sept.: tägl. 9-18 Uhr
- info@qualicum.bc.ca
- www.visitparksvillequalicumbeach.com

Sehenswürdigkeiten

▶ Milner Gardens & Woodland

Für alle Liebhaber von außergewöhnlichen Gärten ist der Besuch dieses Kombinats aus Garten und Wald ein Muss. So bezeichnete ‚Canadian Geographic Travel' diese Anlage als eine der zehn besten öffentlichen Gärten. Der 24 ha große Garten an der Küste mit dichtem Bewuchs von Douglastannen und Pflanzen aus aller Welt inklusive einer Sammlung von mehr als 500 Rhododendronarten ist zu jeder Jahreszeit eine wahre Freude. Wandern Sie auf schön angelegten Wegen teilweise mit niedrigen Stufen und kurzen Holzplankenwegen durch diese gepflegte Anlage, wie dies auch schon Queen Elizabeth, Prinz Philip, Prinz Charles und Lady Di getan haben. Unterwegs finden Sie Informationstafeln, die Ihnen Wichtiges und Nützliches erläutern.

Das inmitten des Parks stehende historische **Milner House** stammt aus dem Jahr 1931, und ist im Stil eines englischen Teeplantagenhauses erbaut. Nach 1954 wurde es renoviert, heute sind einige Räume für Besichtigungen geöffnet, so z. B. das Esszimmer, der Salon, die Bibliothek und das Wohnzimmer. Im Milner House ist auch der **Camellia Tea Room** untergebracht. Dort erwartet Sie ein herrlicher Ausblick, den Sie mit kleinen Leckereien, selbst gebackenen Brötchen, fruchtigen Aufstrichen aus dem Food Garden und einer Tasse Tee von 13 bis 16 Uhr genießen können.

- 2179 West Island Hwy 19A, Qualicum Beach
- 250-752-6153
- Garten: Mitte April–Ende Okt., Kernöffnungszeiten: 10/11-15:30/17 Uhr je nach Saison, Teehaus: während der Gartenöffnungszeiten meist von 11/12-15/16 Uhr
- Je nach Saison: Erw. CAD 5,25-11, Jugendl.: CAD 3,25-6,50, Kinder bis 12 J.: frei
- milnergardens@shaw.ca
- www.viu.ca/MilnerGardens

▶ Qualicum Beach Historical and Museum Society

Das kleine Museum befindet sich im ursprünglichen **Powerhouse** von Qualicum Beach. Es informiert anhand von Fotos über die Stadtgeschichte und die Freimaurer und zeigt Ausstellungsstücke aus der Pionier- und Militärzeit. Teil der Fossiliensammlung, deren Exponate alle auf Vancouver Island gefunden wurden, ist ein vollständig erhaltenes Strandwalross, dessen Alter auf 70.000 Jahre geschätzt wird. Zusätzlich gibt es Meeresmollusken, eine Sammlung ausgestorbener Ammoniten und viele weitere Funde zu sehen.

- 587 Beach Rd, Qualicum Beach
- 250-752-5533
- Okt.–Mai: Di & Do 13-16 Uhr, Juni-Sept.: Di-Sa 10-16 Uhr
- Es wird um eine Spende gebeten, Erw.: CAD 5, Kinder: CAD 2
- qbmuseum@shaw.ca
- www.qbmuseum.net

Unterkünfte

🏠 Lighthouse Motel
Das Motel verfügt über zweckmäßig ausgestattete Suiten, teilweise mit kompletter Küche oder Kaffeekocher, Kühlschrank und Geschirr. Durch die zentrale Lage sind Restaurants zu Fuß schnell erreichbar.
- 6035 Island Hwy, Qualicum Bay
- 250-757-8765 oder 1-888-757-8765 (geb.frei)
- ★★   Ja
- www.lighthousemotel.com

🏠 Qualicum Beach Inn
Das Inn bietet helle, modern eingerichtete Zimmer oder Suiten mit Kaffeekocher, Kühlschrank bzw. Küchenzeile, Balkon und vielen weiteren Annehmlichkeiten wie einem Pool, Sonnenterrasse und Fitnessraum. Alle Mahlzeiten können inhäusig eingenommen werden.
- 2690 Island Hwy West, Qualicum Beach
- 250-752-6914
- Ja   Ja, frei
- ★★★
- www.qualicumbeachinn.com

🏠 Cedar Grove RV Park & Campground
Der Campground liegt am Little Qualicum River, die Stellplätze liegen teilweise direkt am Fluss und sind je nach gewünschtem Anschluss dicht oder weniger bewaldet.
- 246 Riverbend Rd, Qualicum Beach
- 250-752-2442
- Ganzj.
- 65, alle Anschlussmöglichkeiten
- Ja   Ja
- Ja   Ja, frei
- $$
- www.cedargrovervpark.ca

🅿 SPIDER LAKE & HORNE LAKE CAVE PROVINCIAL PARK

Die beiden Provincial Parks liegen 16 bzw. 28 km westlich von Qualicum Beach. Sie sind erreichbar vom Highway 19 oder 19A über den Exit 75 Horne Lake Road, dann weiter in 5 bzw. 8 km zum Spider Lake und 12 bzw. 15 km zum Horne Lake. Die Zufahrtsstraße ist eine Gravelroad, auf den ersten 3 km gut befahrbar, danach wird sie eng, kurvenreich und stellenweise steil.

Der kleine, aber sehr idyllisch liegende **Spider Lake Provincial Park** ist ein idealer Ort für ein Picknick zwischendurch oder ein erfrischendes Bad im Sommer. Am See liegen 2 Picknickplätze und ein schöner Sandstrand. Eine Bootsanlegestelle befindet sich einen Kilometer vor dem Parkeingang. Im Park gibt es keinen Campground.
- Mitte Mai bis Sept.
- www.env.gov.bc.ca/bcparks/explore/parkpgs/spider_lk

Der **Horne Lake Cave Provincial Park** bietet Höhlenabenteuer pur auf geführten Touren oder beim Erforschen auf eigene Faust. Erleben Sie die faszinierende Welt unter Tage und erfreuen sich an den bizarren Gesteinsformen, der einzigartigen Geologie und der vielen, gut erkennbaren Fossilien.

Vom Parkplatz führt ein kurzer Weg zu einer Hängebrücke über den Big Qualicum River und zu einem kleinen Informations-Kiosk und **Caving Centre**, hier werden Ausflüge und Führungen angeboten. Auch ein kleiner Picknickplatz liegt im Park.

Die **Main Cave** und **Lower Main Cave** können ohne Führung besucht werden, durch die größere **Riverbend Cave** werden Führungen angeboten. Im Juli und August werden diese täglich durchgeführt, eine Anmeldung ist nicht zwingend erforderlich. Wer gerne noch extremeres Höhlenabenteuer sucht, kann auch eine Drei-, Vier- oder Fünfstundentour buchen.

Spider Lake

Die ersten Aufzeichnungen zur Existenz der Höhlen stammen aus dem Jahr 1912, als ein Geologe diese entdeckte. Allgemein bekannt wurden sie aber erst 1939, als zwei Höhlenforscher auf sie aufmerksam wurden und dem Kind einen Namen gaben: „Horne Lake Wonder Caves". Damals waren nur die Main und Lower Main Cave bekannt, doch man nahm schon damals an, dass wahrscheinlich noch weitere Höhlen in diesem Gebiet zu erforschen sein würden.

Schon 1941 wurde über eine längere Höhle in einiger Entfernung zu den ersten Höhlen berichtet, dies war vermutlich die Riverbend Höhle. Etwa um 1945 wurden die Höhlen auch für den Tourismus erschlossen und zogen Abenteuerlustige an.

Ein Nachteil war, dass sich die Abenteurer „Souvenirs" mitnahmen und so einige schöne Formationen auf Nimmerwiedersehen verschwanden. Daher begann man in den folgenden Jahren mit Bemühungen um den Schutz der Höhlen und die *Canadian Speleological Society*, die den Wert der Höhlen erkannte, erreichte, dass 1971 der Horne Lake Caves Provincial Park gegründet wurde.

Bitte beachten Sie Die Höhlen sind nicht beleuchtet, es geht über felsigen und unebenen Untergrund und es herrschen kühle Temperaturen. **Achten Sie** daher auf gutes Schuhwerk und warme Kleidung. Taschenlampen nicht vergessen, bei eigener Erforschung möglichst Sturzhelm tragen und pro Person zwei Lichtquellen mitnehmen. Bitte äußerste Vorsicht, die Wege sind nicht markiert, teilweise steil, feucht und glatt. Sturzhelme mit integrierten Lampen sind im Cave Centre erhältlich.

- *Ganzj.*
- www.env.gov.bc.ca/bcparks/explore/parkpgs/horne_lk

Kurz vor Erreichen des Parks liegt das **Horne Lake Caverns & Horne Lake Outdoor Centre**, das ebenfalls geführte Touren anbietet. In der Nähe liegen auch 2 einfache Campgrounds (North- und South Campsite) mit insgesamt 83 Stellplätzen, teils im Wald, teils am See. Auch Teepees und Yurts (feste Zelte) können gemietet werden und wer möchte, kann auch per wackliger Bootstour mit einem Kanu, Kajak oder Tretboot über den See schippern.

! **Achtung** Aktuell gibt es Vorsichts- und Verhaltensmaßnahmen zur Eindämmung der Pilzkrankheit White-Nose-Syndrome, die die Fledermaus-Bestände bedroht. Bitte lesen Sie aufmerksam die Merkblätter für Höhlenbesucher auf der Internetseite des Parks.

▶ Besichtigungstouren

Die Anfangszeiten variieren je nach Jahreszeit wie auch die Anzahl der täglichen Touren. Wetterbedingt können Touren gestrichen werden. Alle Touren müssen vorreserviert werden. Helme können gegen Entgelt geliehen werden (CAD 12,50).

Einstündige Main Cave Experience
- Ganzj.
- Pro Person: CAD 27, für Kinder ab 5 J. geeignet

Dreistündige Wet & Wild Abenteuertour
- Ganzj.
- Erw.: CAD 69, Kinder (8–11 J.): CAD 54

Vierstündige Abenteuertour
- Ende Mai–Ende Sept.
- Pro Person (ab 13 J.): CAD 129

Fünfstündige Extrem- und Klettertour
- Ende Mai–Ende Sept.
- Pro Person (ab 15 J.): CAD 169

Horne Lake Caverns & Horne Lake Outdoor Centre

- Horne Lake Caves Rd, Qualicum Beach
- Tour-Reservierung: 250-248-7829
- CG-Reservierung: 250-248-0500
- Sommer: 9–17 Uhr, Winter: 10–16 Uhr
- 83
- Camping: $, Teepee: $$
- info@hornelake.com
- www.hornelake.com

CUMBERLAND

	Victoria	233 km
	Nanaimo	116 km
	Qualicum Beach	55 km
	Courtenay, Comox	6 km
	Campbell River	56 km
	Port Hardy	349 km
	Cumberland	3.600
	+5 °C	
	+23 °C	
	Meereshöhe	160 m

Cumberland war früher die kleinste Stadt Kanadas, was sich mit dem Bau der Kohlebergwerke und dem raschen Zuzug von chinesischen, japanischen und europäischen Arbeitern aber schnell änderte.

Gegründet wurde Cumberland, das bis 1898 „Union" genannt wurde, vom Kohlebaron Robert Dunsmuir, der ja schon aus anderen Beschreibungen ein alter Bekannter ist. Der Kohlebergbau in Cumberland war von 1888 bis 1966 ein wichtiger Wirtschaftsfaktor, es gab acht Bergwerke im direkten Umland. Nach Grubenexplosionen, die das Leben vieler Bergarbeiter kostete, zogen immer mehr Arbeiter wieder weg und die Stadt rutschte zurück auf

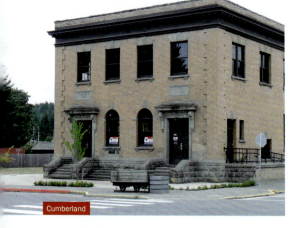
Cumberland

das Flair einer Kleinstadt, was als positive Konsequenz wieder zunehmend Touristen anzog. Die kleine, historische Stadt ist sehenswert, denn das Stadtbild wurde größtenteils im Original-Zustand belassen. Natürlich waren auch chinesische Arbeitskräfte in den Kohlebergwerken beschäftigt, die in **Chinatown Cumberland**, etwa 800 m westlich der Stadt gelegen, wohnten, und damals das fünftgrößte Chinesenviertel in British Columbia bildeten. Heute befindet sich dort ein Sumpfgebiet, das allerlei Arten von Wasservögeln beheimatet.

Übrigens Cumberland ist eine der wärmsten Städte Kanadas. 1942 verzeichnete das Thermometer eine maximale Sommertemperatur von 43,9 °C.

Sie erreichen Cumberland ab Royston am Highway 19A südlich von Courtenay gelegen über die Royston Road, später Comox Lake Road Richtung Westen (9 km) oder über den Exit 117 vom Highway 19, dann die Comox Lake Road West (4 km).

Village of Cumberland Municipal Office

- 2673 Dunsmuir Ave, Cumberland
- 250-336-2291
- Mo–Fr 8:30–16:30 Uhr
- info@cumberland.ca
- www.cumberland.ca

Sehenswürdigkeiten

▶ Cumberland Museum & Archives

Wer sich für den Kohlebergbau interessiert, dem sei dieses 1981 eröffnete Museum mit einer Vielzahl von Ausstellungsstücken aus der Bergbau- und Forstwirtschaftsgeschichte empfohlen.

Besonders faszinierend ist die **Nachbildung eines Kohlebergwerks** im Keller des Museums und von **Chinatown Cumberland**. Außerdem gibt das Museum Einblicke in die Geschichte des historischen Städtchens Cumberland. Das Archiv beinhaltet unter anderem etwa 4.000 historische Fotos. Daneben hat eine Telefongesellschaft einige „altertümliche" Apparate gespendet, für uns im Handy-Zeitalter eine besondere Attraktion. Und speziell die Damenwelt wird sich über die schönen, farbenprächtigen Kleidungs- und Schmuckstücke aus der frühen Zeit Cumberlands freuen. Wer etwas mehr Zeit mitbringt, kann auch an einer Videofilm-Vorführung (u.a. Cumberland Chinatown) teilnehmen, die im Museum gezeigt wird. Von Mai bis August werden auch geführte Touren angeboten.

- 2680 Dunsmuir Ave, Cumberland
- 250-336-2445
- Ganzj., Sept.–Mai: Di–Sa 10–17 Uhr, sonst: tägl., an Feiertagen geschlossen
- Erw.: CAD 5, Sen., Jugendl. (12–18 J.): CAD 4
- info@cumberlandmuseum.ca
- www.cumberlandmuseum.ca

▶ Heritage Walking Tours

Möchten Sie noch tiefer in die Geschichte dieses Ortes einsteigen? Dann nehmen Sie auf einer geführten Museums- oder historischen Stadtführung teil. Infos und Tour-Reservierung über die o.g. Adresse.

Museum Tour
- 90 Min.
- Erw.: CAD 12, Jugendl. (13–18 J.): CAD 8, Kinder (5–12 J. CAD 2)

Historische Stadtführung
- 2 Std.
- Erw.: CAD 15, Jugendl. (13–18 J.): CAD 10, Kinder (5–12 J. CAD 2)

Unterkünfte

Riding Fool Hostel

Befindet sich im Stadtkern von Cumberland in einem historischen Gebäude von 1895, das aber vollkommen restauriert wurde. Es werden Mehrbett- und Familienzimmer angeboten.

- 2705 Dunsmuir St, Cumberland
- 250-336-8250 / 1-888-313-FOOL (3665) (geb.frei)
- ★–★★
- Ja
- www.ridingfool.com

🏕 Cumberland Lake Park

Sie erreichen den Campground, der ca. 5 km westlich von Cumberland liegt, über die Dunsmuir Avenue (Hauptstraße) und weiter auf der nach links abzweigenden Sutton Road bis zum Park.

- ✉ *1100 Comox Lake Rd, Cumberland*
- ☎ *250-336-2144*
- 🕓 *Mai–Sept.*
- 🚿 *Ja* 🔥 *Ja* 🚻 *Ja*
- *62, Strom- u. Wasseranschl.*
- 💲 *$-$$*
- 🌐 *www.cumberlandcampground.com*

COMOX VALLEY – COURTENAY UND COMOX

📍	Victoria	239 km
	Nanaimo	122 km
	Cumberland	6 km
	Campbell River	50 km
	Port Hardy	343 km
👥	Comox	14.050
	Courtenay	25.600
❄		+5 °C
☀		+23 °C
〰	Meereshöhe	160 m

Die beiden Touristen-Hochburgen **Courtenay** und **Comox** liegen an der Ostküste von Vancouver Island im Comox Valley zwischen der Strait of Georgia und den Nordausläufern der Beaufort Range.

Das **Comox Valley** zieht zu jeder Jahreszeit zahlreiche Touristen an, die sich gerne an den Stränden und in den vielen schönen Parkanlagen erholen oder sich auf eine **Heritagetour** durch die Geschichte der Gegend begeben, Infos und Pläne hierüber bekommen Sie in der Visitor Information.

Der Comox Lake, Nymph und Stotan Falls sind ideale Ziele zum Schwimmen während der Sommermonate oder bieten sich, wie auch der Küstenbereich, für weitere Wassersportaktivitäten an. Schon Jacques Cousteau soll gesagt haben, dass dieses Gebiet zu den besten Kaltwasser-Tauchgebieten gehört – ein Bad im Meer ist jedoch nur für Abgehärtete wegen des deutlich kühleren Wassers ratsam.

Im Winter kommen die Freunde des Wintersports durch das naheliegende **Mount Washington Skigebiet** voll auf ihre Kosten. Näheres ▶ Seite 220

Interessierte Höhlenforscher können Höhlen in der Nähe des **Horne Lake** (▶ Seite 212) und Gold River erforschen, Wandermöglichkeiten durch Sumpfgebiete (besonders interessant für Tierbeobachtungen) und die Bergwelt bieten sich an und etliche Wasserfälle im Comox Valley sind absolut sehenswert.

Leider sorgte in den vergangenen Jahrzehnten die Holzindustrie in der Region für sehr viel Kahlschlag der Waldgebiete, ein Großbrand am Campbell River zerstörte weitere Waldflächen. Zum Glück wird man sich der Erhaltung des Ökosystems immer bewusster. 1999 wurde das *Garry Oak Ecosystem Recovery Team* gegründet, das sich speziell für die Wiederaufforstung der Garry Eichen (auch: Oregon-Eichen) im Comox Valley stark macht. Zum Comox Valley zählen die Ortschaften **Comox**, **Courtenay** und **Cumberland**.

Courtenay ist mit einem hübschen, kleinen Ortskern die größte Stadt im Comox Valley. Sie liegt 4 km westlich von Comox zwischen dem Highway 19 und 19A.

Die Stadt wurde am 1. Januar 1915 unabhängig und ist heute **Verwaltungssitz des Comox Valley** und der Region Central Vancouver Island. Die Stadt wurde, wie auch der gleichnamige Fluss, nach Admiral George William Courtenay benannt. Er war Kapitän der *HMS Constance*, mit der er vor etwa 170 Jahren an der Ostküste von Vancouver Island entlang segelte.

Mit der Errichtung des Courtenay Hotels um 1880 an der Ostseite des Courtenay River begann das geschäftige Leben der Stadt. An der Westseite des Flusses wurde ein Sägewerk gebaut und Joseph McPhee (bekannt als „Father of Courtenay") errichtete um 1900 die erste Brücke über den Fluss.

In den Städten sind alle Versorgungseinrichtungen vorhanden. Ein riesiger Thrifty Foods Shop liegt an der Ryan Rd, die vom Hwy 19A nach Osten abzweigt, und einer an der Cliffe Ave (Verlängerung des Hwy 19A in Courtenay).

Sie haben Appetit und suchen ein Restaurant? Dann stöbern Sie auf der Internetseite: www.discovercomoxvalley.com/discover/explore/dine-drink

Der Name der Stadt **Comox** (*K'ómoks*) ist abgeleitet vom indianischen Namen „Komuckway" (etwa: „Ort des Überflusses") in Anspielung auf die reichlich vorhandenen Früchte und Wildtiere im Comox Valley. Die europäischen Siedler änderten dann die Bezeichnung um in „Komoux", woraus später „Comox" wurde.

Die Besiedelung durch europäische Siedler begann 1862. Sie kauften für wenig Geld Land und verdrängten die hier lebenden First Nations. Vielfach waren diese dann gezwungen, für niedrige Löhne bei den Bauern zu arbeiten, um überhaupt überleben zu können.

Zu den ersten Siedlern gehörten auch James und Isabella Robb, sie kauften Land an der Augusta Bay, heute Comox Bay, errichteten 1874 eine Farm und eine Bootsanlegestelle. So konnte die Bevölkerung ihre Erzeugnisse per Schiff transportieren und verkaufen. 1888 wurde das erste Kohlebergwerk in der Region eröffnet, der Ort wurde an die Eisenbahnanbindung angeschlossen, was zu einem weiteren Anstieg der Bevölkerung führte.

Eine **Fährverbindung** verbindet Comox (Fähranleger Little River, nördlich von Comox) mit **Powell River** auf dem Festland. Dauer der Überfahrt: ca. 1,5 Stunden.

Die Innenstadt Comox ist außerordentlich blumenreich geschmückt, kleine Geschäfte, Boutiquen, Cafés und Souvenirläden reihen sich entlang der Hauptstraße des Ortes aneinander. Eine grandiose Aussicht auf die Strait of Georgia und auf die im Hintergrund teils schneebedeckten Berge der Coast Mountains können Sie bei einem Bummel über die Pier-Anlage genießen, die auch einige Plätze für ein Picknick sozusagen „im Wasser" bietet. Etwas schwierig gestaltet sich allerdings die Parkplatzsuche für Wohnmobile im Innenstadt- und Hafenbereich von Comox.

Sie erreichen Comox über den Highway 19A/Abzweig Comox Road.

Comox

Comox Valley – Courtenay und Comox

🛈 Tourist Information Comox Valley

- ✉ 101 - 3607 Small Rd, Courtenay (Exit 117, Hwy 19)
- ☎ 1-855-400-2882 (geb.frei)
- 🕐 Tägl., Kernöffnungszeiten: 9:30–17 Uhr
- @ visitorcentre@discovercomoxvalley.com
- 🌐 www.discovercomoxvalley.com

👁 Sehenswürdigkeiten

▶ Filberg Heritage Lodge & Park

Die **Filberg Lodge** wurde 1929 am Ende der Comox Avenue im Ostteil von Comox gebaut. Hier wohnte viele Jahre lang der Firmenchef des größten Holzkonzerns Robert J. (Bob) Filberg mit seiner Frau Florence. Nach dem Tod von Bob wurden der Park und das Haus, wie er es vorgesehen hatte, für die Öffentlichkeit zugänglich gemacht. Der Innenausbau des Hauses zeigt eindrucksvoll die Fähigkeiten der Handwerker zur Zeit des Entstehens. Faszinierend ist eine originale Felsenzeichnung der First Nations an der Steinmauer des Kamins.

- 🕐 Lodge-Touren: Ostern–Ende Okt.: Sa & So, sonst: Fr-So 11–16 Uhr
- 💰 Touren: Es wird um eine Spende gebeten

Der **Filberg Park** beeindruckt durch seine Pflanzenvielfalt und auch seltene und exotische Bäume stehen auf dem Gelände, durch das eine natürliche Schlucht verläuft. Zu jeder Jahreszeit blüht es, für Gartenliebhaber ist der Besuch ein Muss. Auch ein Totempfahl „Tla Wa Sints Guy U Las" schmückt den Garten, er wurde von Richard Krentz (Künstler der Coast Salish People) geschnitzt und dem Garten gespendet. Die vier Schnitzereien des Totems sind die Stammeszeichen der vier wichtigsten Comox Native People.

Ein weiterer separater Teil ist der **Gewürzgarten**. Er befindet sich oberhalb des Teehauses auf einem kleinen Hügel. Zwischen 11 und 17 Uhr kann an einer geführten Tour durch das Gewürzparadies teilgenommen werden.

- ✉ 61 Filberg Rd, Comox
- ☎ 250-339-2715
- 🕐 Ganzj. 8 Uhr bis zur Dämmerung, an einigen Tage vor und nach dem Filberg-Festival ist der Park geschlossen.
- 🌐 www.filberg.com

Das **Teehaus** mit Terrasse, das sich in einem restaurierten Gebäude befindet, bietet kleine Imbisse, Kaffee und Nachmittagstee an.

- ☎ 250-339-2750
- 🕐 Mitte Juni–Sept.: Mi-Mo 11–15 Uhr

Alljährlich findet das **Filberg Festival** statt, eines der größten Festivals auf Vancouver Island, wo sich über einhundert Künstler und Kunsthandwerker aus Kanada zusammenfinden und ihre Werke präsentieren. Neben Kunst wird auch Musik, Spiel und Spaß für alle Altersgruppen dargeboten. Das Festival findet am Wochenende des *British Columbia Days* (erster Montag im August) statt.

- 🕐 Fr–Mo
- ☎ 250-941-0727
- 💰 Tagesticket: CAD 15, Festival-Pass: CAD 45/50, Kinder unter 12 J.: frei
- @ info@filbergfestival.com
- 🌐 www.filbergfestival.com

▶ I-Hos Gallery

Die Comox First Nations Band lädt zu einem Besuch ein und präsentiert wunderschöne Kunst, vorrangig der ansässigen und in Nordamerika heimischen Natives. Masken und Holzschnitzarbeiten, Bilderdrucke, Schmuck, Kleidung, Geschenke und vieles mehr kann erworben werden – allerdings müssen Sie hierfür Ihren Geldbeutel weit öffnen. Die Galerie liegt an der Comox Bay.

- ✉ 3310 Comox Rd, Comox
- ☎ 250-339-7702
- Mo-So 10–17 Uhr
- @ sales@ihosgallery.com
- 🌐 www.ihosgallery.com

▶ Courtenay District Museum & Paleontology Centre

Das **Courtenay District Museum & Paleontology Centre** zeigt Interessantes aus der Geschichte der Umgebung, Arbeiten der Natives, geologische Besonderheiten und als Highlight die Überreste eines 12 Meter großen und 80 Millionen Jahre alten Elasmosaurus.

Was Paläontologen und Geologen über viele Jahre verborgen blieb, entdeckten im Winter 1988 Mike Trask und seine 12-jährige Tochter Heather, als die beiden westlich am Puntledge River nach Fossilien suchten und dabei auf eine Gruppe versteinerter Knochen eines großen Tieres stießen, das ihnen bis dahin nicht bekannt war. Sie kontaktierten das Royal Tyrrell Museum in Alberta und nach vielen Untersuchungen und Schriftwechseln mit den Wissenschaftlern stand fest, dass ihre Entdeckung ein Elasmosaurier war, der erste westlich der Rockies.

Die Fundstelle ist heute eine *Heritage Site* und die zahlreichen Programme und Projekte zur Erforschung von mehr als 400 Millionen Jahren Erdgeschichte laufen weiter.

- 207 - 4th St, Courtenay
- 250-334-0686
- Labour Day (Anf. Sept.) bis Victoria Day (Mitte Mai): Di–Sa 10–17 Uhr, Mitte Mai bis Labour Day: Mo–Sa 10–17 Uhr, So 12–16 Uhr, an Feiertagen geschlossen
- Eine Spende wird erbeten
- www.courtenaymuseum.ca

Das Museum bietet zusätzlich zur dauerhaften Ausstellung interessante **Touren zu Fossilienfunden** am Puntledge River an. Bevor Sie mit Hämmerchen, Meißel und einem Gefäß (bitte alles mitbringen) starten, werden Sie kurz informiert und wird ein Video über die berühmten lokalen Funde gezeigt. Zu sehen sind versteinerte Schildkröten, Fische, Mosasaurier und viele weitere Tiere.

Danach geht es zum Puntledge River, wo Sie sich dann als Hobby-Paläontologe betätigen und auf die Suche begeben können. Alle Funde, die Sie „ausgraben", dürfen Sie behalten. Und wenn Ihr Fund besonders wertvoll ist, dann kann er dem Museum gespendet werden und wird, mit Ihrem Namen versehen, ausgestellt. Die Touren sind beliebt, eine Vorreservierung ist erforderlich.

- *Tourbuchung: 250-334-0686*
- März–Nov.: nach Vorbuchung, Juni–Aug.: tägl. 9–12 & 13–16 Uhr (unbedingt vorbuchen)
- Erw.: CAD 30, Stud./Sen. (65+): CAD 25, Kinder (4–12 J.): CAD 20, Familien (2 Erw. & max. 3 Kinder): CAD 85
- gmiller@courtenaymuseum.ca

▶ Comox Air Force Museum

Das 1982 gegründete Museum informiert über die Geschichte der kanadischen Militärluftfahrt und Luftwaffe ab 1917. Es befindet sich auf historischem Boden, hier wurde 1942 im Herzen des Comox Valley eine Basisstation der Air Force eingerichtet, um die strategisch wichtige Pazifikküste vor einer möglichen japanischen Invasion zu schützen.

Sie können sich hier eine eindrucksvolle Sammlung aus dem Bereich der Militärluftfahrt und eine der umfangreichsten Buchsammlung zum Thema Luftfahrt Kanadas ansehen. Und nach dem Museumsbesuch, beim Stöbern im Museumsshop, wird vielleicht ein Souvenir Ihr Interesse wecken und zur Erinnerung gekauft werden.

Im etwa 500 m entfernt liegenden Freilichtmuseum stehen einige historische Flugzeuge. Das Freilichtmuseum ist nur saisonal geöffnet.

- *19 Wing St, Comox (folgen Sie den Hinweisschildern CFB (Comox-Flughafen)*
- *250-339-8162*
- *Museum: ganzj.: Di–So 10–16 Uhr*
- *Park: April–Sept.: Di–So 10–16 Uhr*
- *Es wird um eine Spende gebeten*
- *contact@comoxairforcemuseum.ca*
- *www.comoxairforcemuseum.ca*

Unterkünfte

Best Western, The Westerly Hotel
Man übernachtet in Doppelzimmern oder Suiten mit eigenem kleinem Balkon. Zur Ausstattung gehört ein Kaffeekocher, teilweise auch Mikrowelle und Kühlschrank.
- *1590 Cliffe Ave, Courtenay*
- *250-338-7741 oder 1-800-780-7234 (geb. frei)*
- *★★ – ★★★*   *Ja*   *Ja, frei*
- *www.bestwestern.com*

River Heights Motel
Das preiswerte Motel bietet zweckmäßig eingerichtete Zimmer und Two-Bedroom Suites, teilweise mit einer voll ausgestatteten Küche.
- *1820 Cliffe Ave, Courtenay*
- *250-338-8932 oder 1-888-873-7022 (geb.frei)*
- *★ – ★★*   *Ja*
- *www.motelriverheights.com*

Puntledge RV Park
Der Campground liegt auf traditionellem Gebiet der Comox First Nations am Puntledge River, wo man auch Einblick in die Kultur der First Nations erhält.

- *4624 Condensory Rd, Courtenay*
- *250-334-3773*
- *April–Okt.*
- *43, alle Anschlussmöglichkeiten*
- *Ja*   *Ja, Münzduschen*
- *$–$$*
- *www.puntledgerv.com*

Kin Beach Provincial Park
Der kleine Provincial Park mit Picknickplatz und steinigem Strandbereich liegt an der Strait of Georgia in Flughafennähe, ein kleiner Store bietet Snacks.
- *Wie CFB Comox-Flughafen, ab Ende Wing Rd weiter über Little River Rd/Kilmorley Rd*
- *1728 Astra Bay Rd, Comox*
- *250-339-6365 (Caretaker)*
- *April–Sept.*
- *Empfohlen per Tel. beim Caretaker*
- *18*
- *$*
- *www.env.gov.bc.ca/bcparks/explore/parkpgs/kin_bch*

MOUNT WASHINGTON

Westlich vom Comox Valley kommt man über den kurvenreichen, stellenweise steilen und asphaltierten Strathcona Parkway nach 10 km zu einem grandios ausgebauten Skigebiet auf dem **Mount Washington**. Der Mount Washington ist allein schon durch die Fernsicht und vielen schönen Wandermöglichkeiten durchaus einen Abstecher wert ist.

Nahe der Talstation der Bergbahn werden Sie ein **„Wunderwerk der Technik"** vorfinden, eine ganz besondere Wetterstation. Die Abfahrt vom Highway 19 (Exit 130)/19A zweigt nördlich von Courtenay nach Westen ab. Der Mount Washington gehört neben dem Whistler Blackcomb Ski Resort, nördlich von Vancouver gelegen, zu den beliebtesten Wandergebieten und Wintersportorten British Columbias.

Zehn Lifte bringen die Liebhaber der weißen Pracht zu den Abfahrten aller Schwierigkeitsgrade, die längste Abfahrt ist 1,8 km lang. Langläufer und Snowshoe-Wanderer freuen sich über insgesamt 55 km Loipen. Der **Eagle Express** fährt die Skifahrer zum höchsten Punkt auf 1.588 m Höhe, hier hat man einen fantastischen Rundblick bis zum Pazifik. Übernachtungsmöglichkeiten gibt es unzählige und am Ende der Straße erwartet die Besucher eine komplette „Versorgungseinheit", die im Sommer allerdings nur in sehr abgespeckter Form existiert. Wenn man im Sommer durch das Village spaziert und die vielen, größtenteils geschlossenen Bettenburgen sieht, kann man sich sehr gut vorstellen, dass hier im Winter „der Bär steppt", immerhin bietet das *Alpine Village U*nterkunft für mehr als 4.000 Wintersportler. Für Kinder gibts natürlich ebenfalls jede Menge Winterspaß, donnerstags bis sonntags werden fünf Pisten abends beleuchtet – sicherlich ein besonderes Erlebnis.

Auch im Sommer bietet der Mount Washington Spaß und Sport. Im **Mountainbike-Park** gibt es 18 Routen mit insgesamt 35 km Länge und den unterschiedlichsten Schwierigkeitsgraden. Zu den Ausgangspunkten der Bike-Routen kommt man mit Sesselliften *Eagle Express* und *Hawk High Speed 6ix Pak* (Betrieb ist abhängig vom Wetter). Mini- und Disc Golf (je CAD 4), Bungee Trampoline (CAD 9) sind neben den Bikerouten (Tagespass: ab 13 J.: CAD 49, bis 12 J.: CAD 34) weitere Freizeitsportarten, die im Sommer neben Wandermöglichkeiten angeboten werden.

Näheres unter:
- 250-338-1386
- www.mountwashington.ca
- www.discovermountwashington.com

Auch für Wanderfreunde hat der Mount Washington wunderschöne Trails durch die alpine Landschaft mit weitem Panoramablick zu bieten, entweder von der *Alpine Lodge* am Ende der Fahrstraße oder vom Gipfel in 1.588 m Höhe, den man mit dem **Eagle Express** Sessellift in 15 Minuten bequem erreichen kann.

- Eagle Chairlift: Ende Juni–Anf. Sept.: tägl. 11–17 Uhr, Sa bis 19 Uhr (Betrieb ist wetterabhängig), Juni & Sept.: nur an Wochenenden
- Eagle Chairlift: CAD 19, Sen. CAD 14, Familien CAD 59, Kinder bis 5 J. frei

Auf dem Mount Washington

🛈 Visitor Information Mount Washington Resort

- Exit 117 nach Osten vom Hwy 19
- 101-3607 Small Rd, Cumberland
- 1-855-400-2882
- Tägl. 9–17 Uhr
- info@discovercomoxvalley.com
- www.discovermountwashington.com

🛏 Unterkünfte

Die folgende Lodge liegt an den Tagesparkplätzen.

🏠 Bear Lodge Condos
- 250-744-9214
- Ganzj.
- ★★ – ★★★
- bearlodge101@gmail.com
- http://bearlodgecondos.com

🚐 Summer RV Area
Kein Service, Parkplatzatmosphäre, max. 3 Nächte
- Hawk Parkplatz
- Frei

Weitere private Unterkünfte (keine Campgrounds/RV-Parks) sind zahlreich vorhanden. Saisonbetrieb herrscht natürlich im Winter. Wer im Sommer übernachten möchte, kann auf die aufgeführte Empfehlung zurückgreifen, in der Visitor Info nachfragen oder auf der folgenden Internetadresse fündig werden:
- www.discovermountwashington.com/places-to-stay

🚶 Wandern

Linton's Trail
Der Trail verläuft in einem weiten Bogen von der Tal- zur Bergstation und kann auch in umgekehrter Richtung gewandert werden.
- Talstation Eagle Express
- Mittel
- 3,1 km (einf. Strecke)
- 450 m

Giv'er Trail
Verläuft von der Talstation parallel zum Chairlift steil nach oben bzw. von der Bergstation nach unten zur Talstation.
- Talstation Eagle Express
- Schwierig, steil
- 1,1 km (einf. Strecke)
- 450 m

Top of the World Trail
Ein kurzer, leicht begehbarer Rundweg ab der Bergstation mit einem tollen Ausblick.
- Bergstation Eagle Express
- Leicht
- 1 km

Ein weiteres Wandergebiet, das **Forbidden Plateau**, liegt im Ostteil des **Strathcona Provincial Parks**, der an das Skigebiet grenzt. Die Wanderwege beginnen an der Raven Lodge am *Paradise Meadows Trailhead*. Fahren Sie unterhalb der Alpine Village auf dem Nordic Dr bis zum Parkplatz Forbidden Plateau, wo auch das Wilderness Centre liegt.

▶ Paradise Meadows Wilderness Centre
In den Sommermonaten stehen Mitarbeiter der BC Parks für Informationen zur Verfügung.
- 250-897-1507
- Ende Juni-Mitte Okt. tägl. 9–16 Uhr (wetterabhängig)
- strathconawilderness@gmail.com
- www.strathconapark.org/information-centres

▶ Wandern in den Strathcona Provincial Park

Centennial Loop Trail
Der für Kinder und Rollstuhlfahrer geeignete Trail, der über alpine Wiesen mit kleinen Tümpeln führt, verläuft teilweise über Boardwalks.
- Paradise Meadows Trailhead
- 45 Minuten
- Leicht
- 2 km

Helen McKenzie-Battleship Lake Loop Trail
Auch dieser teilweise über Boardwalks verlaufende Trail führt über subalpine

Eingang ins Wandergebiet Forbidden Plateau

Wiesen zum idyllisch liegenden Helen McKenzie Lake. Unterwegs bezaubert der Blick auf die Gipfel des Strathcona Parks.
- Paradise Meadows Trailhead
- 3 Stunden
- Leicht
- 8 km
- 70 m

Helen McKenzie-Kwai Croteau Lake Loop Trail
Der Trail beginnt leicht und führt über einen Boardwalk, wird dann aber mühsamer. Schön sind die Blicke auf die Berggipfel. Zeltmöglichkeit am Kwai Lake.
- Paradise Meadows Trailhead
- 6 Stunden
- Leicht
- 14 km
- 185 m
- Zeltplatz am Kwai Lake
- Ab 16 J.: CAD 10, bis 15 J.: CAD 5

Helen McKenzie zum Circlet Lake
Der Trail führt zuerst durch Wald, bis man das subalpine Gelände erreicht, wo man am Hairtrigger Lake spektakuläre Berggipfel erblickt. Zeltmöglichkeit am Circlet Lake.
- Helen McKenzie Lake
- 4 Stunden
- Mittel
- 9,5 km (einf. Strecke)
- 270 m
- Zeltplatz am Circlet Lake
- Ab 16 J.: CAD 10, bis 15 J.: CAD 5

Achtung: Es besteht **keine** Straßenverbindung zum Strathcona Provincial Park.

KITTY COLEMAN PROVINCIAL PARK

Den **Kitty Coleman Provincial Park**, 6 km nordwestlich von Courtenay gelegen, erreicht man vom Highway 19A über die Coleman Road und über die Whittaker Road. Ursprünglich gehörte der Park den Siedlern von Merville, das im nördlichen Teil des Comox Valley liegt, und wurde von der Gemeinde bis etwa 1940 verwaltet und geführt. Da die Gemeinde finanzielle Schwierigkeiten hatte, wurde der Park 1944 der Provinzverwaltung übergeben und ein sogenannter Class-C Provincial Park. Diese Parks werden von einer umliegenden Gemeinde verwaltet. Wenn Sie sich im Park befinden und die spektakuläre Aussicht am Strand auf die vorbeifahrenden Kreuzfahrtschiffe genießen, achten Sie auf Seehunde, Seelöwen und Wale, die hier beobachtet werden können. Im Park liegen 2 Bootsanlegestellen, ein Picknickplatz und es sind Wanderwege bezeichnet. Einige Stellplätze bieten freien Seeblick.
- Ganzj.
- Parkaufseher: 250-338-1332
- 65   Nein
- $
- www.env.gov.bc.ca/bcparks/explore/parkpgs/kitty_coleman_bch

🅿️ MIRACLE BEACH PROVINCIAL PARK

Sehr beliebt ist der 1,35 km² große **Miracle Beach Provincial Park**, 22 km nordwestlich von Courtenay und 22 km südlich vom Campbell River. Sie erreichen ihn vom Highway 19 über den Exit 144 (Hamm Road) und vom Highway 19A über den Miracle Drive, der direkt zum Park führt. Der Park war bis 1950 in Privatbesitz, dann kaufte die Regierung von British Columbia einen Teil des Landes vom Besitzer Frank Pottage. 1952 wurde der Provincial Park errichtet, der 1956 und 1972 durch Landzukauf und Spenden erweitert werden konnte.

Auf dem sehr großen und weiträumigen Campground gibt es Duschen und einen Kinderspielplatz. Der Strandbereich ist größtenteils sandig. Wegen der Muscheln, Seepocken und steinigen Abschnitte sollte man Fußbekleidung tragen. Von einer **Aussichtsplattform** in der Nähe des Parkeingangs kann man im Black Creek zur Laichzeit am Fischwehr Lachse beobachten, Infotafeln erläutern den Sinn und Zweck der Anlagen. Während der Hauptreisezeit ist eine Stellplatz-Reservierung unbedingt zu empfehlen. Zwei Picknickplätze liegen entlang der *Elma Bay* und insgesamt sind zwei Kilometer Wanderwege durch schöne Waldgebiete und entlang des Black Creeks ausgeschildert.

- 🕒 *Ganzj., April–Mitte Okt., Wintercamping: Mitte Okt.–Ende Okt. & März*
- 🚻 *Ja*
- 🏕 *201*
- 💰 *Ja, CAD 5*
- 🐕 *Ja*
- 💲 *$-$$*
- 🌐 *www.env.gov.bc.ca/bcparks/explore/parkpgs/miracle_bch*

Wenn Sie auf dem Miracle Beach Campground kein Plätzchen gefunden haben, bietet sich eine Übernachtung im **Saratoga Beach Resort** an. Man erreicht es über die Seitenstraße Clarkson Ave, die kurz vor dem PP vom Miracle Dr abzweigt.

🏨 Saratoga Beach Resort
- ✉ *8958 Clarkson Ave, Black Creek*
- ☎ *1-877-337-5511 (geb.frei)*
- 🕒 *Ganzj.*
- 🏕 *30, alle Anschlussmögl.*
- 🚻 *Ja* 📶 *Ja, frei*
- 💲 *$$-$$$*
- 🌐 *www.saratogabeach.com*

🏙 CAMPBELL RIVER

📍	Victoria	289 km
	Nanaimo	172 km
	Courtenay	50 km
	Sayward	64 km
	Port Hardy	293 km
👥	Campbell River	35.200
❄	-1 °C	
☀	+17 °C	
〰	Meereshöhe	105 m

Campbell River ist die drittgrößte Stadt auf Vancouver Island und wird als „**Das Tor zum Norden der Insel**" bezeichnet. Die Stadt, der Hafen und die Umgebung bieten eine Vielzahl von Freizeitaktivitäten. Besonders beliebt ist der westlich

der Stadt liegende Lower Campbell Lake mit seinen zahlreichen Wassersportmöglichkeiten und Campgrounds. Alljährlich im Juli findet das Salmon Festival statt, Campbell River nennt sich daher auch „*Salmon Capital of the World*".

Der erste Europäer, der in diese Region kam, war im 16. Jahrhundert der Weltumsegler Sir Francis Drake auf seiner Weltumsegelung 1577 bis 1580. Er überwinterte südlich vom heutigen Stadtgebiet. 1792 landete Kapitän Georg Vancouver mit dem Segelschiff *HMS Discovery* auf **Quadra Island**, die Insel liegt gegenüber von Campbell River. Er traf hier auf Natives, die der Salish-Sprachfamilie angehörten.

Mit Beginn des Goldrauschs, etwa 60 Jahre später, erfasste man die Küstenregion kartografisch. Zu diesem Zweck kam Kapitän George Henry Richards mit seinem Schiff *HMS Plumper* an die Ostküste Vancouver Islands und traf an Land auf Krieger der Kwakwaka'wakw. Diese Krieger hatten das Land mit Gewalt an sich gebracht und die früheren Salish verdrängt. An Bord der HMS Plumper war auch der Schiffsarzt Dr. Samuel Campbell – nach ihm wurden später der Fluss und die Stadt benannt.

Anfang des 20. Jahrhunderts etablierte sich ein Forstunternehmen und die kommerzielle Holzwirtschaft wurde zum bedeutendsten Wirtschaftsfaktor, was in Folge auch Arbeiter mit ihren Familien anzog. Der kommerzielle Fischfang und die Errichtung eines großen Wasserkraftwerks am Elk River trugen zum weiteren Wachstum bei. Hinzu kam noch der Abbau diverser Bodenschätze wie Zink, Kupfer, Gold, Silber und Kohle. So wurde Campbell River zu einem wichtigen Versorgungszentrum für das nördliche Vancouver Island.

Die Stadt wurde 1947 unabhängig, bekam den offiziellen Status „Stadt" aber erst im Jahr 2005. Die Haupteinnahmequellen der Stadt sind heute der Tourismus, der Bergbau, die Holz- und Fischereiwirtschaft.

Für **Kinofans** interessant: Der Bereich Campbell River diente als Drehort für einige, auch international bekannte, Filmprojekte:

- Sieben Jahre in Tibet (1997)
- Der 13te Krieger (1999)
- Final Destination 2 (2003)
- Sind wir schon da? (2005)

> **Hinweis** Campbell River liegt exakt auf dem 50. Breitengrad. Auf der Oceanside Route Highway 19A gibt es einen Marker **„50th Parallel"**.

Nördlich von Campbell River beginnt die **Discovery Inselgruppe** mit dem laut *World Wildlife Federation* drittgrößten Wal-Beobachtungsgebiet der Welt. Es werden Ausflugsfahrten per Schiff angeboten, Näheres erfahren Sie in der Visitor Information. Genießen Sie bei klarer Sicht einen Spaziergang am Meer mit einem wunderschönen Blick auf die jenseits der Strait of Georgia liegenden, schneebedeckten Berge der Coast Mountains. Fährfahrten nach **Quadra Island (▶ Seite 359)** werden ab Campbell River angeboten. Die Überfahrt dauert ca. 10 Minuten.

In der Stadt sind alle Versorgungseinrichtungen vorhanden. Supermärkte liegen im Innenstadtbereich im Bereich Dogwood St, einer Parallelstraße zum Highway 19A. Eine Restaurantauswahl finden Sie auf der folgenden Internetseite:
- www.rivercorp.ca/visitor-centre/restaurants

Visitor Information

- Tyee Plaza, 1235 Shoppers Row, Campbell River
- 250-86-6901 oder 1-877-286-5705 (geb.frei)
- Ganzj.: Juni-Aug. tägl. 8:30-18:30 Uhr, Sept.-Mitte Okt. & April-Mai: Mo-Sa 9-17 Uhr, Mitte Okt.-Mai: Mo-Fr 9-17 Uhr
- info@visitorcentre.ca
- www.campbellrivertourism.com

Sehenswürdigkeiten

▶ **Discovery Islands**

Die **Discovery Islands** liegen in der *Johnstone Strait* zwischen Campbell River auf Vancouver Island und dem Festland British Columbias. Die beiden Inseln **Quadra Island** und **Cortes Island** ▶ Seite 361 sind die Hauptinseln der Gruppe, sie können regelmäßig auch mit Fahrzeugen per BC Ferry erreicht werden. Die „Outer Islands", dazu gehören East und West Thurlow Island, Sonora Island mit dem **Thurston Bay Marine Provincial Park**, Stuart Island, Maurelle Island mit dem **Surge Narrows Provincial Park** (Ja), Read Island mit dem **Read Island Provincial Park** (Ja), Raza Island, East und West Redonda Island mit dem Roscoe Bay Provincial Park (Ja), **Teakerne Arm** und **Walsh Cove Marine Provincial Park** und die Inselgruppe Rendezvous Islands mit dem **Rendezvous South Provincial Park** (Ja). Diese sind nur per Wassertaxi, Kajak, Privatboot oder Wasserflugzeug erreichbar, entweder ab Cortes und Quadra Island oder vom kleinen Ort Lund (▶ Seite 336). Die Provincial Parks sind Wildnisgebiete ohne Service. Zelter können Backcountry Permits im Voraus kaufen:
- www.env.gov.bc.ca/bcparks/registration

Sicherlich gehören die Discovery Islands zu den letzten großen einsam gelegenen Wildnis-Gebieten der Welt mit dichten Küstenregenwäldern, schroffen Klippen und wilden Stränden. Auf einigen Inseln haben sich auch kommerzielle Lodges etabliert, die z. B. Abenteuertouren anbieten. Fahrstraßen sind, wenn überhaupt vorhanden, schlechte Gravelroads. Das gesamte Gebiet ist hervorragend geeignet für alle Outdoor-Aktive, zu Wasser und zu Land. Es sind ideale Orte, um sich in der Einsamkeit der Natur auf Abenteuertour zu begeben, wenn man dabei auf Serviceeinrichtungen verzichten kann. In den Gewässern rund um die Inseln tummeln sich zahlreiche Meeresbewohner und Seevogelarten.

Bitte informieren Sie sich, wenn Sie eine Tour zu den Discovery Islands unternehmen möchten, in einschlägigen Reiseführern oder über die Internetseiten der Parks oder über die folgende:
- www.discoveryislands.ca

▶ **Aboriginal Journeys Wildlife and Adventure Tours**

Das Familienunternehmen bietet seit 2000 eine achtstündige Grizzly Bear Tour an. Der „Kapitän" ist seit vielen Jahrzehnten bestens vertraut mit den Küstengewässern rund um Vancouver Island. Die Fahrt findet in einem gut ausgestatteten 27-ft-High-Speed-Boot statt, in dem zwölf Personen Platz finden. Und sicherlich wird sich auf der Fahrt der eine oder andere Meeresbewohner zeigen. Später geht es in einem Kleinbus/Pkw weiter bis zu einer Aussichtsform zur Bärensichtung. Das „schwimmende" Büro befindet sich an der Discovery Harbour Marina.

- Suite # 398 – 1434 Ironwood St, Campbell River
- 250-850-1101 oder 1-888-455-8101 (geb. frei)
- Ca. Mitte/Ende Aug.–Ende Okt.
- CAD 370 pro Person + Tax, inkl. Lunch
- www.aboriginaljourneys.com

▶ **Haig-Brown House Heritage Site**

Am Ufer des Campbell River steht das 1923 renovierte Haus des berühmten Naturschützers, Fliegenfischers und Autors **Sir Haig-Brown**. Er lebte über vierzig Jahre in diesem Haus, schrieb hier 25 Bücher und hat das Interesse Vieler geweckt, sich mit einem ausgeglichenen Verhältnis zwischen Mensch und Natur und organisch angebauten Nahrungsmittel zu befassen. Die Inneneinrichtung des Hauses reflektiert seinen einfachen Lebensstil. Auch der Garten, der zu jeder Saison die Bewohner erfreuen sollte, wurde von Haig-Brown geplant und auch bepflanzt. Die Heritage Site wird vom Museum Campbell River verwaltet, im Museumstheater wird ein Film über das Leben des Roderick Haig-Brown gezeigt.

Roderick Haig-Brown wurde am 21. Februar 1908 in Lancing (Sussex) England geboren und starb am 9. Oktober 1976 in British Columbia. Zu Ehren Haig-Browns und dessen Frau wurde ein Berg (*Mount Haig-Brown*, 22 km östlich von Gold River, 1.948 m hoch) im Strathcona Park benannt. Seine Frau setzte sich besonders für die Erhaltung des Parks und seiner natürlichen Umgebung ein. Östlich von Kamloops auf dem Festland wurde der **Roderick Haig-Brown Provincial Park** nach ihm benannt. Durch diesen Park fließt der Adams River, der einer der Hauptlaichgründe der Lachse ist, für dessen Erhaltung Roderick sich besonders eingesetzt hat. Im Haig-Brown House kann auch übernachtet werden (B&B Mai–Okt. ★★).

- 2250 Campbell River Rd, Campbell River
- 250-286-6646
- www.haig-brown.bc.ca

▶ **Wei Wai Kum House of Treasures**

Wenige Minuten von Downtown Campbell River entfernt liegt am Discovery Harbour Centre das **Wei Wai Kum House of Treasures**.

Begrüßt wird man von drei mächtigen Totempfählen der berühmten Henderson's. Hauptattraktionen der Galerie sind wunderschöne und einzigartige Kunstwerke, Masken, Drucke, Schmuck, Kleidungsstücke und viele weitere Gegenstände der Wei Wai Kum First Nations oder auch Campbell River Indian Band, die zum Stamm der Kwakwaka'wakw gehören. Das Haus ist ihr Eigentum und wird auch von ihnen unterhalten. Wenn Sie ein paar Dollar übrig haben, können Sie auch Kunstgegenstände käuflich erwerben.

Im selben Gebäude ist auch das **Gildas Box of Treasures Native Dance Theatre** untergebracht, das einem traditionellen „*Big House*" nachempfunden ist. Hier werden hauptsächlich die kulturellen Traditionen der Laichwiltach People gepflegt, die ebenfalls zum Stamm der Kwakwaka'wakw gehören.

Es werden von Juni bis September auf in Original-Kleidung traditionelle Tänze, Gesänge und Geschichten vorgetragen. Hier können Sie Zeuge von zwei berühmten Potlach-Zeremonien werden, die zwar ursprünglich einige Tage dauerten, Ihnen hier aber in einer gekürzten Fassung dargeboten werden. Und auch das Kulinarische fehlt nicht, es werden auch Delikatessen der First Nations angeboten.

- 1370 Island Hwy, Campbell River
- 250-286-1440
- Mo-Sa 10–17 Uhr
- nwcart@telus.net
- www.weiwaikumhouseoftreasures.com

Die Familie Henderson

Die Familie Henderson hat in besonderer Weise zur Pflege und Erhaltung der lokalen Tradition und Kultur der First Nations beigetragen. Das Familienoberhaupt, Sam Henderson, wurde als Sohn eines Schotten und einer Kwakwaka'wakw 1905 in einem Dorf des Stammes Nakwaktok geboren. Er zog 1934 nach Campbell River, dort heiratete er May Quocksistala, die Tochter des Häuptlings der Wei Wai Kum Band John Quocksistala. Sam war ein hervorragender Schnitzer, der beeindruckende Masken, Totempfähle und viele weitere Kunstwerke schuf, die weltweit in Museen und in Privatsammlungen zu finden sind.

Auch May war ein aktives Mitglied der Gemeinde, sie richtete jährlich im Sommer ein Lachsfest aus. Sam und May pflegten die alten Traditionen und gaben ihren 16 Kindern das Wissen und den Respekt gegenüber der Kultur weiter. Auch nach Sams Tod lebt sein Geist in vielen Totempfählen und Schnitzarbeiten weiter.

Im Museum wird in besonderer Weise die Familie Henderson durch viele Ausstellungsstücke und private Gegenstände gewürdigt, die dem Museum von der Familie zur Verfügung gestellt wurden und die heute noch bei zeremoniellen Veranstaltungen benutzt werden. Die Nachkommen von Sam und May pflegen die Kunst und Kultur Kwakwaka'wakw weiter, fertigen u.a. Schnitzarbeiten und sind auch bei den Vorführungen in Gildas Box of Treasures Native Dance Theatre zu sehen.

▶ Campbell River Museum

Das **Museum** informiert umfassend über die Holz- und Fischereiwirtschaft, über das frühe Leben der Menschen in diesem Teil von Vancouver Island, von den schon vor Jahrtausenden hier lebenden First Nations der Region bis zu den ersten weißen Siedlern. Das „**Schwimmende Haus**" zeigt eine typische Unterbringungsmöglichkeit Anfang des 20. Jahrhunderts, also zu der Zeit, als man noch keine Wege und Straßen durch oft unwegsames Gelände gebaut hatte. Im **Van Isle Theatre**, das im Art Deco Stil gebaut ist, werden historische Filme gezeigt und im Sommer Puppenspiele dargeboten. Weiter findet man im Museum allerlei Ausstellungsstücke aus der Pionierzeit und Kunst der Natives. Besonders bewundernswert sind einige künstlerisch wertvolle Masken. Daneben ist im Museum auch Platz für einen Bereich mit wechselnden Ausstellungen. Das aktuelle Programm erfahren Sie vor Ort.

Im Außenbereich des Museums steht das Fischerboot namens „**Soyokaze**", erbaut etwa um 1939. Der „antike" Hayes-Anderson **Holztransporter** stammt aus dem Jahr 1930. Man hat ihn restauriert und so kann er heute wieder z. B. für Paraden genutzt werden.

Man kann auch durch einen schön angelegten Garten spazieren, dort befinden sich ca. 80 verschiedene, einheimische Pflanzenarten und ein Native Plant Garden. Die Pflanzen sind bezeichnet mit native-, englischen und lateinischen Namen und ihrer Bedeutung. Erklärt wird auch, wie man sie in der Medizin und als Hausmittel angewandt hat.

Im Shop erhalten Sie einheimische Kunst, Schmuck, Masken und vieles mehr. Im Sommer finden verschiedene Veranstaltungen statt und es werden interessante Natur- und historische Touren angeboten. Alle Informationen erhalten Sie vor Ort im Museum oder in der Visitor Information von Campbell River.

- *470 Oceanside Island Hwy 19A, Campbell River*
- *250-287-3103*
- *Mitte Mai–Ende Sept.: tägl. 10–17 Uhr, Okt.–Mitte Mai: Di–So 12–17 Uhr, Dez.: tägl. 10–17 Uhr*
- *Erw.: CAD 8, Sen.: CAD 7, Kinder/Jugendl.: CAD 5, Familien: CAD 20, Kinder unter 6 J.: frei*
- *general.inquiries@crmuseum.ca*
- *www.crmuseum.ca*

▶ Elk Falls Provincial Park

Wenige Kilometer westlich von Campbell River führen zwei Seitenstraßen vom Highway 28 in den fast 11 km² großen **Elk Falls Provincial Park**. Über die erste Abfahrt ca. zwei Kilometer westlich von

Long House, Campbell River

Campbell River kommt man zum sehr großen Campground des Parks inmitten dichter Wälder, einige Stellplätze liegen am Quinsam River. Eine Besonderheit bietet der Campground, denn an den Stellplätzen werden Pflanzen, Bäume oder Sträucher auf Informationstafeln erläutert.

Der Park ist einer der beliebtesten auf Vancouver Island, Angler schätzen ihn besonders, liefert der Quinsam River doch fast ganzjährig reichlich Forellen und Lachse und Naturfreunde sind begeistert von der Vielfältigkeit des Baumbestandes und der abwechslungsreichen Landschaft mit einigen kürzeren Wanderwegen.

Über die **zweite Abfahrt** nach weiteren drei Kilometern kommt man zum Parkplatz und Picknickplatz nahe der 25 m hohen **Elk Falls**, die dann zu Fuß über einen Rundweg erreichbar sind. Die Falls können aber auch über einen drei Kilometer langen Trail ab dem Campground erwandert werden.

Achtung Aufgrund einer Baumaßnahme der BC Hydro (bis ca. 2018/19) sind die Zugänge/Zufahrten teilweise gesperrt oder verlegt. Bitte achten Sie auf Hinweise. Die Zufahrt zum Campground ist frei.

Bitte achten Sie auf Bären, die dem Park auch gerne einen Besuch abstatten, denn auch sie lieben einen reichlich „gedeckten Tisch". Und da die Fischzucht in unmittelbarer Nähe des Campgrounds liegt, können sie ohne große Mühe hier ihren Hunger stillen. Lassen Sie keinerlei Essens- und Müllreste außerhalb des Fahrzeugs liegen, um die Tiere vom Campground fernzuhalten.

- Ganzj., Service von Mitte April–Anf. Okt.
- 122   Ja, CAD 5   Ja
- $
- www.env.gov.bc.ca/bcparks/explore/parkpgs/elk_falls

Wer sich über den Lebenslauf der Lachse und Forellen informieren möchte, kann dies in der 1974 erbauten **Quinsam River Fish Hatchery** tun. Sie liegt am Quinsam River südlich des Campgrounds, der *Quinsam Nature Trail* führt zur Station. Vom Highway 28 westlich von Campbell River gibt es auch über die Quinsam Road eine Zufahrtmöglichkeit, achten Sie auf die entsprechenden Hinweise.

- 4217 Argonaut Rd, Campbell River
- 250-287-9564
- Ganzj.: tägl. 8–16 Uhr
- Edward.Walls@dfo-mpo.gc.ca

Campbell River

▶ Wandern

Rotary Seawalk
Entlang der Discovery Passage, die zwischen Quadra Island und dem Festland verläuft, führt parallel zum Highway 19A ein gepflegter Spazierweg, der über Kies- und Sandstrände verläuft. Entlang des Rotary Seawalk Trails befindet sich auch der 50th Parallel Marker. Unterwegs trifft man auf Holzschnitzarbeiten, Picknickplätze und Ruhebänke, auf denen man die wundervolle Ausblicke genießen kann. Der Weg ist behindertengerecht, man muss sich aber auf Rad- und Rollerbladesfahrer einstellen, die den Weg mit den Wanderern teilen.

- Willow Point im Süden von Campbell River am Hwy 19A
- 6 km (einf. Strecke)

Unterkünfte

Vista del Mar Motel
Das nur wenige Minuten vom City Centre entfernte Motel bietet Übernachtung in Doppelzimmern und Suiten, jedes Zimmer ist mit Kühlschrank und Mikrowelle ausgestattet, die Suiten haben eine Küchenzeile.

- 920 South Island Hwy, Campbell River
- 250-923-4271 oder 1-800-661-4311 (geb.frei)
- ★ – ★★   Ja, frei
- www.vistadelmarmotel.com

Best Western Austrian Chalet
Das im alpenländischen Stil errichtete Hotel bietet neben Doppelzimmern (alle mit Kaffeekocher und Balkon) auch Suiten, die zusätzlich mit Küchenzeile ausgestattet sind. Kontinentales Frühstück ist kostenlos wie auch die Nutzung des Fitness-Centers, der Sauna und des Pools.

- 462 S Island Hwy, Campbell River
- 250-923-4231
- Ja, frei   Ja, frei
- ★★
- www.bwcampbellriver.com

Thunderbird RV Park & Campground
Der Campground liegt auf traditionellem Gebiet der Campbell River Laich-Kwil-Tach First Nations (Wei Wai Kum) im nördlichen Stadtteil von Campbell River auf der Landzunge zwischen Campbell River und der Strait of Georgia. Er ist nicht bewaldet, was einen tollen Ausblick garantiert, aber wenig Privatsphäre zulässt.

- 2660 Spit Rd, Campbell River
- 250-286-3344
- Ganzj.
- 77, alle Anschlussmöglichkeiten
- Ja   Ja   Ja, kostenpflichtig
- $$
- www.thunderbirdrvpark.com

Parkside Campground & RV Park
Schöner privater Campground im Wald gelegen, 8 km westlich von Campbell River nahe Elk Falls.

- 6301 Gold River Hwy (Hwy 28), Campbell River
- 250-830-1428
- April–Okt.
- 50, alle Anschlussmögl.
- Ja   Ja   Ja
- $-$$

RIPPLE ROCK – SEYMOUR NARROWS

Etwa 13 km nördlich von Campbell River kommt man zu einem besonders interessanten Aussichtspunkt. Die **Seymour Narrows**, die von dieser Stelle besonders gut zu überblicken und ein fantastisches Fotomotiv sind, waren lange Zeit eine extreme Gefahr für die Seefahrt, denn etwa drei Meter unter der Meeresoberfläche lauerte zwischen dem Festland und Vancouver Island das Unglück in Form von 2 Berggipfeln. Schon Captain George Vancouver Ende der 18. Jahrhunderts wusste um diese gefährliche Stelle in der Meerenge.

Ripple Rock war bis zum Jahr 1958 für mehr als 20 Schiffsuntergänge oder schwere Beschädigungen an Schiffen verantwortlich, und etwa 100 kleinere Boote sind hier gekentert oder beschädigt worden. Dabei verloren mindestens 114 Menschen ihr Leben. 1931 wurde eine Kommission gegründet, die sich mit der Entfernung des Ripple Rock beschäftigen sollte, doch

Ripple Rock – Seymour Narrows

erst 1942 wurde ein erster Versuch zugelassen, der, wie auch der zweite Versuch drei Jahre später, scheiterte. Nach weiteren acht Jahren beschäftigte sich 1955 der nationale Forschungsrat mit der Problematik. Man hatte den Plan erarbeitet, einen Tunnel unter dem Meeresboden zu den Felsen zu bohren, um diese zu sprengen.

Mit den Bohrungen begann man im November 1955. In Spitzenzeiten arbeiteten 75 Männer in drei Schichten, nach 27 Monaten hatte man alle Sprengladungen und insgesamt fast 1.400 Tonnen Sprengstoff deponiert. Am 5. April 1958 um 9:31 Uhr kam die große Stunde. Diese größte, konventionelle Sprengung „bewegte" über 630.000 Tonnen Gestein und Wasser – die Fontäne erreichte während der Sprengung eine Höhe von 305 m. Radio- und Fernsehsender aus aller Welt berichteten von diesem Ereignis, das die Tierwelt der Meerenge gut überstanden hat. In aller Welt gilt dieses riesige Unternehmen als Wunder der Technik. Auf YouTube können Sie sich das Spektakel ansehen:
- www.youtube.com/watch?v=RTTOUJMX-Og

▶ Wandern

Etwa 5 km nördlich vom Aussichtspunkt beginnt am Highway 19 der **Ripple Rock Trail**.

Vom Parkplatz wandert man zuerst durch dichten Wald mit einigen alten Douglastannen, man überquert den Menzies Creek auf einer schmalen Hängebrücke und am Ende des Trails, zum letzten Aussichtspunkt, geht es über einige Treppen nach oben. Picknicken kann man unterwegs, es gibt 3 Plätze. Für kleinere Kinder ist der Trail nicht geeignet. Lassen Sie **keine Wertgegenstände** im Auto liegen, es finden vermehrt Einbrüche statt.
- 8 km
- 3–4 Stunden
- Leicht bis moderat

Unterkünfte

Ripple Rock RV Park
Der CG gehört zum Brown's Bay Resort, das fantastisch direkt an der Discovery Passage liegt. Einfach bis luxuriös ausgestattete Cabins und Suiten, ein Restaurant (saisonal geöffnet) und eine Marina garantieren einen erholsamen Aufenthalt. Alle RV-Stellplätze haben Meerblick.
- Ca. 2 km nach dem Trailparkplatz rechts auf die Brown's Bay Rd bis zum Resort
- 15021 Brown's bay Rd, Campbell River
- 1-800-620-6739
- RV-Park: 250-287-7108
- RV-Park: April-Okt.
- CG: $$-$$$, Cabins/Suiten je nach Ausstattung ★ – ★★★
- Alle Anschlussmöglichkeiten
- Ja, frei
- ripplerockrv@brownsbayresort.com
- www.brownsbayresort.com

MORTON LAKE PROVINCIAL PARK

Inmitten des seenreichen Gebietes nördlich von Campbell River liegt der gerne auch von Anglern wegen des Fischreichtums besuchte **Morton Lake Provincial Park**. Zum Park gehört auch ein Teil des Uferbereichs des Nachbarsees **Mahun Lake**. Der Mahun Lake liegt auf der Strecke der populären, 47 km langen, **Sayward Forest Canoe Route**. Informationen und Pläne für diese Tour bekommt man in der Visitor Information Campbell River oder informieren Sie sich auf dieser Internetseite:

Sayward Forest Service Canoe Route
 www.seitnotiz.de/Vl3

1938 wütete in diesem Gebiet ein verheerender Waldbrand, der 300 km² Waldfläche zerstörte, heute deuten nur noch wenige Zeichen auf dieses Ereignis hin. Danach begann man mit einer massiven Neuanpflanzung und setzte innerhalb eines Monats ca. 800.000 Douglastannen – im Laufe der Jahre haben sich Zedern und Kiefern auf natürliche Weise beigemischt.

Am Morton Lake befindet sich ein Picknickplatz am Sandstrand, umrahmt von dichtem Wald. Die Stellplätze liegen alle in Seenähe und über eine etwa 30-minütige, kurze Wanderung kann man zum ruhig gelegenen Andrew Lake, nördlich vom Morton Lake gelegen, gelangen.

Erreichbar ist der Morton Lake Provincial Park ab Highway 19 etwa 15 km nördlich von Campbell River über die Menzies Main Logging Road (12 km) und Morton Lake Road (gravel, 7 km) bis zum Park.

- Ganzj., Service Mitte Mai–Sept. Ja
- 24   Nein   Nein
- $
- www.env.gov.bc.ca/bcparks/explore/parkpgs/morton_lk

CABLE COOK HOUSE

An der Kreuzung Highway 19/Sayward Road treffen Sie auf ein markantes Gebäude mit einem überdimensionalen Native-Gemälde. Dort zweigt eine Zufahrtstraße nach Sayward ab.

Nach einem Kilometer auf der Sayward Road und nach Überquerung einer einspurigen Brücke erreichen Sie das **Cable Cook House**, ein vor allem auch optisch spannendes Restaurant.

Das komplette Haus ist mit insgesamt 2.700 Metern Stahl-Kabel „eingewickelt", das ein Gesamtgewicht von 26 Tonnen auf die Waage bringt. Es wurde von Glen und Lorna Duncan, einem Holzfäller und seiner Frau, erbaut und öffnete 1970 seine Pforten. Nach Aussage von Lorna wurde das rustikal eingerichtete Restaurant schnell zum Kultklassiker für Bewohner und Vorbeireisende – nicht zuletzt wegen ihres fantastisch schmeckenden Pies, den herzhaften, hausgemachten Mahlzeiten vom Frühstück bis zum Dinner und leckeren Süßspeisen. Mittlerweile ist das Cable Cook House unter neuem Management, die angebotenen Pies (z. B. Strawberry Rhubarb oder Blueberry) schmecken aber nach unserem ausgiebigen Test immer noch sehr gut und die Speisekarte macht tatsächlich auch Appetit auf Deftiges. **Besonderer Tipp:** Selbst die „Örtchen" des Restaurant wurden bei der liebevollen Gestaltung der Räumlichkeiten nicht vergessen und sind wunderschön gestaltet.

- 1741 Sayward Rd, Sayward
- 250-282-3433
- Mo–Fr, ggf. vorher anrufen

Übrigens: Direkt neben dem Cable Cook House steht die **„World's Largest Yellow Cedar"** – mehr als 960 Jahre alt, mit einem Durchmesser von 2,75 m.

Cable Cook House

SAYWARD

Victoria	353 km
Nanaimo	236 km
Campbell River	64 km
Woss	90 km
Port Hardy	229 km
Sayward	350
0 °C	
+15 °C	
Meereshöhe	Sealevel

Die kleine, freundliche Ortschaft **Sayward** liegt 10 km östlich vom Highway 19. Sie hat touristisch zwar nicht sonderlich viel zu bieten, doch vom Hafen des Ortes hat man einen fantastischen Blick auf die Inselwelt bis zum Festland zu den schneebedeckten Bergen der Coast Mountains, der einfach unbeschreiblich ist.

Die Haupteinnahmen der Stadt liefert die Holzwirtschaft, der Hafen an der *Johnstone Strait* ist oft übersät mit Baumstämmen, die auf ihre Weiterverarbeitung oder den Transport warten. Stundenlang kann man dem lebhaften Treiben zuschauen, wie Arbeiter in kleinen Wackelboten die Baumstämme sortieren und an die richtige Stelle bugsieren! Die fantastische Lage des Ortes und der hohe Freizeitwert der Umgebung haben nun auch das Interesse vieler Touristen geweckt, was u. a. an der Zunahme der kleinen und großen im Hafen liegenden Jachten zu merken ist.

Die **Kelsey Bay**, ca. 1 km nördlich von Sayward an der Johnstone Strait, war bis 1978 ein Haltepunkt der *Inside Passage*. Bis zum Zweiten Weltkrieg ging es nur über den Seeweg zur südlich liegenden Stadt Campbell River, danach verband bis 1978 eine Gravelroad die Kelsey Bay mit Campbell River. Als dann eine asphaltierte Straße den Süden der Insel mit Port Hardy im Norden verband, wurde der Haltepunkt der Inside Passage nach Port Hardy verlegt.

Sayward war bis Ende des 19. Jahrhunderts als **Port H'Kusum** bekannt, wurde 1911 dann offiziell in Sayward umbenannt nach William Parsons Sayward, einem Tischler und Holzkaufmann, der 1858 von Kalifornien nach Victoria zog und ein sehr erfolgreicher Holzfäller auf Vancouver Island war. In Sayward werden Whale-Watching-Touren und Höhlenerkundungen angeboten, Outdoor-Fans können wandern oder mit dem Kajak Ausflüge zu Wasser unternehmen.

Im Ort ist die Versorgung nur eingeschränkt möglich (Food Market).

Wackelboot im Einsatz

Hafen, Sayward

🛈 Visitor Information Sayward / Kelsey Bay

- 16 Sayward Rd, Sayward
- 250-282-0018
- Mitte April–Mitte Okt.
- www.sayward.ca
- www.portofkelseybay.com

🌲 Wandern

Kusam Climb – Bills's Trail
Dieser Rundweg ist, wenn er über die Gesamtlänge von 23 km gewandert wird, eine besondere Herausforderung an Kondition, Ausdauer, Kraft und Geschicklichkeit. Es geht zuerst hinauf auf den **Mount H'Kusam** und dann hinunter zur Wasserscheide **Stowe Creek**. Unterwegs wird man belohnt von spektakulären Ausblicken, die bis weit über die Johnstone Strait und auf die vergletscherten Berge der Coast Mountains reichen. Der Trail ist in 6 Abschnitte aufgeteilt, der Abschnitt 2 hat es besonders in sich, er ist sehr anstrengend und schwierig.
 Bitte beachten Sie: Sie sollten gut ausgerüstet auf diese Tour gehen, wetterfeste Kleidung und Schuhe tragen, für ausreichend Proviant und Flüssigkeit sorgen und auch über Wandererfahrung in entlegenem Gebiet verfügen.
- Heritage Hall, 3 km östl. von Sayward Jct.
- 8 Stunden

Alljährlich Mitte Juni erfreuen sich Wanderfreunde an einer Herausforderung besonderer Art: dem **Kusam Climb Race Day**. An diesem Tag tummeln sich einige hundert Sportbegeisterte auf dem an diesem Wochenende speziell präparierten Trail und fordern ihre Fitness heraus.
- *Es wird eine Registrierungsgebühr fällig (bis Mai 2018: CAD 60, danach CAD 80)*
- *Plan: saywardfutures.ca/wp-content/uploads/2015/11/MountHKusamTrail.pdf*
- info@kusamklimb.com
- www.kusamklimb.com

🛏 Unterkünfte

Mount H'Kusam View Lodge & Hostel
Das Hostel bietet sowohl Familien- als auch Meerbettzimmer, ein Restaurant, eine Küche zur Selbstbewirtschaftung, Sauna, uvm.
- 1165 Salmon River Main, Sayward
- 250-282-5547
- ★ – ★★
- www.mthkusamviewlodge.com

Sayward Municipal Campground
In der Ortsmitte von Sayward befinden sich im H'Kusam Park einige einfach ausgestatteten Wohnmobil-Stellplätze. Toiletten sind vorhanden, die Duschen auf dem Kelsey Bay RV Park (s. u.) können genutzt werden.
- 250-282-5500
- April–Okt.
- $
- village@saywardvalley.ca

Fisherboy Park Motel & Campground
Das Resort liegt an der Kreuzung Hwy 19/Sayward Road. Die Stellplätze sind teilweise bewaldet und für einen privaten Platz ansprechend. Im Motel übernachtet man entweder in einem Doppelzimmer oder einer Suite, alle Zimmer haben Kühlschrank, Mikrowelle und Kaffeekocher. Cottages können mit oder ohne Küche gemietet werden.
- 1546 Sayward Rd, Sayward
- 250-282-3204 / 1-866-357-0598 (geb.frei) Ja
- 42, alle Anschlussmöglichkeiten
- Ja   Ja   Ja, frei
- Campground: $–$$, Motel & Cottages: ★ – ★★
- www.fisherboypark.com

Kelsey Bay RV Park
- 23 Sayward Rd, unmittelbarer am Hafen
- 250-282-3762 oder 1-888-822-3772 (geb.frei)
- 6, alle Anschlussmöglichkeiten
- Ja, Münzduschen   Ja
- $
- www.stairway.org/kelseybayrvcampground

▶ BEGINN AUSFLUG

SCHOEN LAKE PROVINCIAL PARK

Der sehr ruhig und abseits des Highways gelegene **Schoen Lake Provincial Park** liegt inmitten des *Nimpkish Valley* nördlich von Campbell River. Die Zufahrt (Davie Road, 12 km, schlechte Gravelroad) zum Park zweigt 120 km nördlich von Campbell River vom Highway 19 in südliche Richtung ab. Der Ostteil des Parks, das Gebiet um den **Nisnak Lake**, ist über die Upper Adams River Road (22 km, schlechte Gravelroad), die etwa 10 km nördlich von Sayward Jct. nach Süden abzweigt, zu erreichen.

Achtung: Beide Straßen werden intensiv von Holztransportern genutzt. Vor Befahren bitte unbedingt Infos über den Zustand einholen bzw. extrem vorsichtig und mit einem geeigneten Fahrzeug befahren.

Der Park wurde 1977 zu einem Provincial Park erhoben, nachdem er zuvor eine *Forest Recreation Site* war. Benannt ist der Park nach dem Jäger und Fallensteller Otto Schoen, der um 1930 hier aktiv war und aus Campbell River stammte. Die Stellplätze auf dem rustikalen Campground sind in Seenähe, ein kleiner Picknickplatz und eine Gravel-Bootsanlegestelle liegen ebenfalls am 5 km langen See. **Vorsicht:** Wölfe, Schwarzbären und

Alice Lake Viewpoint

Pumas halten sich gerne im Park auf, bitte Essensreste und Vorräte sicher aufbewahren und keine Wildtiere füttern.

Das **Nisnak Gebiet** beeindruckt durch die Schneefelder und Wasserfälle des Mount Schoen, die in den südöstlichen Teil des Nisnak Sees fließen. Einige nicht gewartete und dementsprechend evtl. überwucherte Trails stehen für geübte Wanderer zur Verfügung, Wildnis-Zelten (kein Service, keine Gebühr) ist erlaubt. Die beliebtesten Trails sind der *Nisnak* und *Schoen Creek Trail*, beides sind Tagestouren. Erfahrene Kletterer können sich auch auf den **Mount Schoen Ridge** (1.802 m) wagen (Ca. 11 Stunden gesamt).

Geschlossen Nov.–März, Service Mitte Mai bis Ende Sept.; ganzj. Zelten erlaubt, je nach Zustand der Zufahrtsstraße. Der Campground wird auch geschlossen, wenn innerhalb von 24 Stunden mehr als 100 mm Regen fällt.

- 9
- Nein
- Nein
- $
- www.env.gov.bc.ca/bcparks/explore/parkpgs/schoen_lk

Mount Cain Skigebiet

Die Zufahrt ist ebenfalls über die Davie Rd (Schoen Lake) möglich, später allerdings muss man auf die Mount Cain Rd (16 km, schlechte Gravelroad) bis zum Skigebiet wechseln. (Hinweisschilder beachten!) Schneeketten sind während der Wintersaison Pflicht, Skisaison und Öffnung des Resorts ist etwa von Dezember bis Ende März. Vom Parkplatz am Beginn der Zufahrtstraße können Wintersportler auch per Shuttlebus fahren, ab Port Hardy über Port McNeill verkehrt samstags ein Bustransfer, Näheres auf der Internetseite. Es sind einige wenige Übernachtungsmöglichkeiten vorhanden. Hunger und Durst kann man im Cain Café stillen. Sa 8–20 Uhr, So 8–16 Uhr, Mo 8–15 Uhr (an einigen Montagen)

Das Skigebiet kann sich über eine durchschnittliche Schneehöhe von ca. 3 m jährlich freuen, Garantie für Winterfreuden auf den 18 Pisten aller Schwierigkeitsgrade. Die Basisstation der Lifte ist in 1.311 m, die Bergstation in 1.768 m Höhe. Weitere Infos (Ausstattung der Unterkünfte, Skisaison-Preise usw.) auf der Internetseite des Skigebietes.

- 250-949-7669 (Schneetelefon)
- Info: 1-888-668-6622
- Sa und So, ab Mitte Jan. auch Mo
- www.mountcain.com

Unterkünfte/Skisaison

Buchungen über:

Mount Cain Alpine Park Society Rental Cabins and Hostels
Die Unterkünfte sind einfach ausgestattet, Bettzeug, Kissen und Handtücher müssen mitgebracht werden. Genaue und weitere Infos unter:

- www.mountcain.com/accommodations/accommodation-details.html

Rugged Mountain Motel
Wer es komfortabler liebt, kann einige Minuten nördlich in Woss unterkommen, wo auch ein General Store und eine Tankstelle vorhanden ist.
- 250-281-2280

CLAUD ELLIOT LAKE PROVINCIAL PARK

Eines der Naturschutzgebiete, das zum Schutz der Ökologie und des Tierbestands im Bereich des oberen Tsitika River liegt, ist der **Claud Elliot Lake Provincial Park** mit den beiden Seen **Claud** und **Fickle Lake**. Dichter, alter Waldbestand, Sumpfgebiete und die beiden Seen sind für Sportfischer und Naturliebhaber und -beobachter ideale Ziele. Das Parkgebiet liegt im traditionellen Gebiet der Tlowitsis-Mumtagila First Nations, die im Norden von Vancouver Island entlang der Johnstone Strait in früheren Jahren einige Siedlungen bewohnten. Der 2,89 km² große, 1995 gegründete Park ist nördlich von Woss über die Lukwa Main Logging Road erreichbar. Am Highway ist kein Hinweis zum Park, achten Sie ggf. auf den Abzweig „**Claud Elliot Lake/ Lukwa Main Logging Road**". Ein Parkplatz befindet sich nahe der Parkgrenze, nach einem kurzen Weg kommt man zum Beginn des Trails zum Claud Lake (🕒 Etwa 10 Minuten). Es gibt keine bezeichneten Zeltplätze im Park. Bitte vor Befahren der Straße die Beschaffenheit erfragen und **fahren Sie äußerst vorsichtig** und mit geeignetem Fahrzeug, Holztransporter haben immer Vorfahrt.

🕒 *Ganzj.* 🚗 *Ja*

🌐 *www.env.gov.bc.ca/bcparks/explore/parkpgs/claud_elliott*

WOSS

	Victoria	443 km
	Nanaimo	326 km
	Campbell River	154 km
	Sayward	90 km
	Port McNeill	96 km
	Port Hardy	139 km
👫	Woss	200
❄❄	0 °C	
☀	+18 °C	
〰	Meereshöhe	150 m

Inmitten des waldreichen Nimpkish Valley liegt die kleine Gemeinde **Woss** entlang einer Route, die viele Jahrhunderte von den First Nations als Handelsweg genutzt wurde. Der Weg war eine wichtige Verbindung des wilden und rauen östlichen Teils und des Westens von Vancouver Island. Die wenigen Einwohner leben hauptsächlich von den Erträgen der Holzwirtschaft. Bis in die 70er-Jahre des vorigen Jahrhunderts, bevor es eine Straßenverbindung vom Süden Vancouver Islands nach Norden gab, war Woss nur per Eisenbahn von *Beaver Cove* nahe Port Hardy aus erreichbar. Die hier arbeitenden Holzfäller mussten, da sie keine Möglichkeit hatten, mal eben nach Hause zu fahren, in Baracken untergebracht werden. Besucher der kleinen Ortschaft, die die wichtigste Grundversorgung und eine Tankstelle bereithält und zum District Mount Waddington gehört, nutzen die vielen Seen, dichten Wälder und die grandiose Bergwelt der Umgebung zu allerlei sportlichen Aktivitäten und Wildniszeltplätze weitab der Touristenzentren bieten Abenteuer pur.

Der **Regional District of Mount Waddington** umfasst etwa das nördliche Drittel Vancouver Islands. Auch ein Teil des angrenzenden Festlandes gehört zum District. Dieser Teil des Festlandes ist weitestgehend gletscherbedecktes Hochgebirge (Coast Mountains). Der Namensgeber des Districts, **Mount Waddington** (4.016 m), liegt in den Coast Mountains im Nordosten des Districts. Im gesamten Gebiet leben nur etwa 12.000 Einwohner. Dennoch werden hier Lachszucht und Holzwirtschaft betrieben, die zu den wichtigsten Erzeugnissen Kanadas gehören.

Das Mount Waddington Transit System der BC Transit verbindet zu sehr moderaten Preisen die Orte Port McNeill, Port Hardy, Fort Rupert, Coal Harbour und Woss per Bustransfer, von Dezember bis März auch das Mt. Cain Skigebiet. Port McNeill und Port Hardy haben auch lokalen Busverkehr. Weitere Infos:

Mount Waddington Transit System
✉ *1705 - 7C Campbell Way, Port McNeill*
📞 *250-956-3151*
🌐 *www.transitbc.com/regions/mtw*

Ein **Wermutstropfen** für die Fahrer von Wohnmobilen: Die abseits liegenden Ziele sind meist nur über *Logging Roads* erreichbar, die teilweise nur mit Allradfahrzeugen befahrbar sind. Infos über Befahrbarkeit der Logging Roads erhalten Sie bei **Western Forest Products.**
✉ *5000 Railway Ave, Woss*
📞 *250-281-2300*

👁 Sehenswürdigkeiten

▶ **Woss Lake Provincial Park**
Der 66,4 km² große Wildnispark ohne jeden Service, zu dem etwa die Hälfte des

Woss – traumhafte Lage

Woss Lake zählt, liegt südlich von Woss und ist entweder per Boot oder Holperfahrt auf einer Logging Road erreichbar. Am Südende des Sees ist ein Wasserfall zu sehen, der über einige hundert Meter stufenförmig in einen Zufluss des Sees eintaucht. Der Woss River, über den der See am Nordende abfließt, mündet nach kurzer Strecke nahe der Ortschaft Woss in den Nimpkish River.

Der 1995 gegründete Park liegt im traditionellen Gebiet der Namgis First Nations, in deren Sprache Woss in etwa *„Fluss, der durch flaches Gelände fließt"* bedeutet. Im Park sind einige Felsenzeichnungen und **CMTs (Culturelly Modified Trees)** der First Nations zu finden.

Es handelt sich hier um Bäume, die durch Schnitzarbeiten oder Malereien an historisch wichtige Ereignisse erinnern oder einfach „Gebrauchsspuren" aufweisen, weil die Fasern für Kleidung, Decken usw. gebraucht oder die Harze entnommen wurden. Zu den Bäumen, bei denen man solche CMTs findet, gehören u.a. Riesenlebensbäume, Fichten, Hemlocktannen und Kiefern. **Leslie Main Gottesfeld-Johnson** (Anthropologin, deren besonderes Interesse die Ethnoökologie der First Nations ist) hat solche CMTs an 21 Baumarten nachgewiesen, u.a. an Riesenlebensbäumen, Zypressen, Hemlocktannen und Fichten. Das Harz der Fichte z. B. nutzte man zur Herstellung von Klebstoff.

Der erste Europäer, der 1852 den Woss Lake erreichte, war Captain Hamilton Moffat. Er versuchte im gleichen Jahr mit Hilfe einiger First Nations eine Besteigung des Rugged Mountains, was aber an den steilen Felswänden scheiterte. Der **Rugged Mountain** (1.875 m) liegt im Südteil des Parks am Ende des Sees und ist ein schwieriges, steiles Wander- und Klettergebiet. Erreichbar entweder per Boot ab See-Ende oder über eine Logging Road nördlich von Zeballos ▶ Seite 323.

🕐 Ganzj.
🅿 Ja, kein Service, keine Gebühr
🌐 www.env.gov.bc.ca/bcparks/explore/parkpgs/wosslake

▶ Old No. 113

Nummer 113 ist die Bezeichnung für eine alte, mittlerweile aus dem Dienst genommene, historische Dampflok. Die No. 113 wurde 1920 erbaut, für die Holztransporte durch das *Nimpkish Valley* eingesetzt und fand 1980 ihren Altersruhesitz in Woss. Der Bau der Eisenbahntrasse begann 1917, veranlasst von der *Nimpkish Timber Company*, seit 2006 ist die Strecke Eigentum der *Western Forest Products*.

Nach einem schweren Unfall im April 2017, bei dem drei Arbeiter tödlich verletzt wurden, entschloss sich Western Forest, die Holztransporte auf dieser Eisenbahntrasse einzustellen und die Holzstämme per Lkw zu transportieren. Was dies allerdings für den Fortbestand der kleinen Gemeinde Woss bedeutet, deren wichtigster Arbeitgeber die Western Forest Products ist, bleibt abzuwarten.

Wer einen Blick auf die Dampflok werfen möchte, fährt in Woss den Englewood Dr (Hauptstraße) bis zu den Gleisen, die Dampflok steht rechts.

Unterkunft

Rugged Mountain Motel
Englewood Dr, Woss
250-281-2280

NIMPKISH LAKE PROVINCIAL PARK

Der Norden Vancouver Islands birgt einige sehr einsame und romantische Plätzchen, zu denen auch der **Nimpkish Lake Provincial Park** gehört, der am Südwestende des gleichnamigen, etwa 22 km langen Sees liegt. Man erreicht den Park vom Highway 19 ca. 30 km nördlich von Woss nahe der **Nimpkish Service Station** vom Canadian Forest Picknickplatz am Kim Creek. Auch über einige Logging Roads kann man in die Nähe des Parks kommen, an deren Ende geht es dann zu Fuß weiter. Bitte holen Sie sich hierfür Informationen in Woss bei der Western Forest Products ein.

5000 Railway Ave, Woss
250-281-2300

Der Park mit seinem dichten Baumbestand an Douglas-, Purpur- (Amabilis-), Hemlocktannen und Zedern liegt im traditionellen Bereich der Namgis First Nations. Durch den Park führt ein Teil des **Grease Trails**, der quer durch Vancouver Island führt und schon von den First Nations der Insel benutzt wurde. Auch einige **CMTs** (kulturell bezeichnete Bäume ▶Seite 323) sind im Park ebenso zu finden wie Reste einer früheren Eisenbahnstrecke, die zum Transport der abgeholzten Bäume gebaut wurde. Der See bietet hervorragende Wassersportaktivitäten, der Schwimm-, Kanu- und Kajakbereich liegt außerhalb des Parkgeländes. Surfer nutzen gerne den Seezugang am Highway 19 ▶siehe oben. Wintersportgebiete befinden sich im **Tlakwa** und **Karmutzen Mountain Gebiet**, das sich westlich an das Parkgebiet anschließt.

Ganzj.
Ja, keine Gebühr
www.env.gov.bc.ca/bcparks/explore/parkpgs/nimpkish

TELEGRAPH COVE

Der winzige Ort Telegraph Cove, der etwa 20 ständige Bewohner hat, liegt malerisch eingebettet in einer kleinen Seitenbucht am Nordende der Johnstone Strait. Die ca. 14 km lange Zufahrt vom Highway 19 ist komplett asphaltiert und gut befahrbar, jedoch stellenweise eng.

Bereits Anfang des 20. Jahrhunderts verlief von der südlich gelegenen Stadt Campbell River eine Telegrafenleitung entlang der Ostküste Vancouver Islands. Alfred Marmaduke "Duke" Wastell fand diese Bucht als geeignet und beorderte

Telegraph Cove

Bobby Cullerne zur technischen Überwachung der Leitung hierher. Dieser lebte in einer kleinen Ein-Raum-Hütte und gilt somit als der erste Bewohner von Telegraph Cove. Um 1920 erreichte Alfred Wastell mit seiner Familie diese Bucht und errichtete zusammen mit einigen finanzstarken japanischen Investoren im Umkreis ein Sägewerk und eine Fischfabrik. Für die Familien und Arbeiter baute man Holzhäuser auf Stelzen. Heute sind die auf Stelzen gebauten Fischerhäuschen, in denen sich kleine Shops, Cafés oder Unterkünfte befinden, wunderschön restauriert und über einen Holzplankenweg miteinander verbunden. Einige dieser schmucken Häuschen können für Übernachtungen gemietet werden, sie haben unterschiedliche Ausstattungen. Nehmen Sie sich Zeit für dieses Kleinod und schlendern Sie über den neu angelegten Boardwalk rund um die Bucht, an deren Ende man seinen Blick hinaus über die Johnstone Strait schweifen lassen kann.

Es hat sich einiges verändert in Telegraph Cove, was zwar der idyllischen Lage nichts von ihrem einzigartigen Flair nimmt, doch zu deutlich mehr Besuchern führt. Nicht zuletzt durch den Bau eines weiteren RV-Campgrounds oberhalb der Bucht, der neben dem bereits existierenden entstanden ist. Zusätzlich nutzen findige Geschäftsleute die weitreichende und grandiose Aussicht der jenseits der Bucht liegen Anhöhe und errichten dort am Abhang zum *Broughton Channel* die ersten wunderschönen Chalets – weitere sind in Planung.

!**Daher unser Tipp:** Wenn Sie nicht in Telegraph Cove übernachtet haben, fahren Sie früh los, um noch einen Parkplatz zu bekommen, die Parkmöglichkeiten sind begrenzt.

Visitor Information im Café

- 1-800-200-4665 (geb.frei)
- www.telegraphcoveresort.com

Sehenswürdigkeiten

▶ Johnstone Strait Killer Whale Interpretive Centre Society

Das 2002 eröffnete **Whale Interpretive Centre** möchte Besucher für den Schutz des Lebensraumes der größten Meeresbewohner sensibilisieren. Meeresbiologen beschäftigen sich hier intensiv mit faszinierenden Meeressäugetieren, die besonders in diesen fischreichen Gewässern zwischen dem Festland und Vancouver Island in der Johnstone Strait und Broughton Inselgruppe während der Sommermonate leben. Sie können neben den vielen Infos auch Skelette u. a. von einem Orca (Schwert- oder Killerwal), Seeotter, Delfin und vielen weiteren Meeressäugetieren bewundern. Lassen Sie sich überraschen. Das Centre liegt im Bereich der kleinen ehemaligen Fischerhäuschen am Ende des Boardwalks.

- Mitte Mai bis Okt.: 250-928-3129, sonst: 250-928-3187
- Mai–Sept.: tägl. 9:30–17:30 Uhr
- Spende (Erw.: CAD 5, Kinder: CAD 3) wird erwartet
- society@killerwhalecentre.org
- www.killerwhalecentre.org

▶ Grizzly Bear Tour

Sollte Ihnen auf Ihrer Reise noch kein Bär über den Weg gelaufen sein, können Sie ab Telegraph Cove an einer 9-stündigen Grizzly-Tour teilnehmen, allerdings reißt der Spaß ein großes Loch in die Urlaubskasse. Eine hundertprozentige Garantie der Sichtung wird zwar nicht gegeben, jedoch ist die Wahrscheinlichkeit sehr hoch.

- Aus Übersee: 001-250-339-5320 oder 1-888-643-9319 (geb.frei)
- Mitte Mai–Sept., Abfahrt: 7 Uhr, Rückkehr: 16 Uhr
- Mitte Mai–Mitte Juli: Erw.: CAD 330, Mitte Juli–Sept.: CAD 370, jeweils plus Tax
- www.tiderip.com

▶ Cormorant Channel Marine Provincial Park

Etwa 3,7 km vor der Küste Telegraph Coves liegen zwischen Hanson Island und Cormorant Island einige kleine Inseln, die zum **Cormorant Channel Marine Provincial**

Park gehören. Dieser Bereich gehört zu den Lebensräumen der Orcas, daher wird das Gebiet von einigen Whale-Watching-Touren angefahren. Auch Seelöwen, Seehunde, Buckelwale und viele Seevogelarten leben in den Gewässern und am Ufer können schon mal Bären und Pumas auftauchen. Kajak- und Bootstouren ab Telegraph Cove, Alert Bay und Port McNeill von Insel zu Inseln sind beliebt. Übernachtungen auf Wildnis-Zeltplätzen ohne Service sind erlaubt.

- Ganzj.
- www.env.gov.bc.ca/bcparks/explore/parkpgs/cormorant_ch

▶ Robson Bight Ecological Reserve

Etwa 10 Kilometer südlich von Telegraph Cove liegt das **Robson Bight** (Michael Biggs) **Ecological Reserve**. Das Schutzgebiet umfasst 12,4 km² Wasser- und 4,6 km² Landfläche. Es wurde 1982 speziell für den Schutz der Orcas, die hier durchziehen, gegründet. Dieses Gebiet darf ohne Erlaubnis nicht befahren werden. Für die vielen Unternehmen an den Küstenorten, die Whale-Watching-Touren anbieten, gelten strenge Bestimmungen über Entfernung zu den Walen, erlaubte Geschwindigkeiten etc.

- www.env.gov.bc.ca/bcparks/eco_reserve/robsonb_er.html

▶ Whale-Watching

Großer Beliebtheit erfreuen sich die **Stubbs Island Whale-Watching-Touren** (Dauer: ca. 3,5 Stunden), die schon seit 1980 Walbeobachtungen durchführen. Eine Vor-Reservierung ist unbedingt erforderlich. Die beheizten und überdachten Boote sind mit Toiletten und Unterwassermikrofonen ausgestattet. Bitte **achten Sie** auf warme Bekleidung.

- Telegraph Cove
- 250-928-3185 oder 1-800-665-3066 (geb.frei)
- Whale-Watching: Juli–Okt., Tierbeobachtungen: Mitte Mai–Anf. Okt.
- Erw. CAD 106, Kinder (2–12 J.): CAD 91, jeweils + Tax
- reservations@stubbs-island.com
- www.stubbs-island.com

Unterkünfte

Telegraph Cove Resort (Fischerhäuschen)

Die kleinen Fischerhäuschen oder Cabins sind individuell eingerichtet und je nach Größe für zwei bis acht Personen geeignet.

- Ganzj.
- ★★ – ★★★
- www.telegraphcoveresort.com/historic-cabins

Dockside 29 Suites

Mit einer Küche ausgestattete Suiten, direkt an der Bucht gelegen.

- Mai–Sept.
- ★★ – ★★★
- www.telegraphcoveresort.com/dockside-29-suites

Forest Campground of Telegraph Cove

Uriger Campground mitten im Wald gelegen, sehr zu empfehlen. Zwei schöne Wanderwege beginnen auf dem Campground: 5 Min. zum Bauza Cove (Bärensichtung möglich) und 3 Std. zur Halbinsel Blinkhorn. Es gelten auf dem CG erhöhte Vorsichtsmaßnahmen wegen Bären.

- *Vom Resort Office rechts über eine ca. 500 m lange Gravelroad den Hügel hinauf zum Campground*
- 1-800-200-HOOK(4665) (geb.frei)
- 120, alle Anschlussmögl.
- Ja, Gebühr
- Ja   Ja, im Picknickbereich
- $$
- www.telegraphcoveresort.com

Telegraph Cove RV Park Marina

- *Der unbewaldete Campground liegt oberhalb von Telegraph Cove*
- 1-877-835-2683 (geb.frei)
- Ganzj.
- Ja
- 48, alle Anschlussmögl.
- Ja
- Ja, Münzduschen   Ja
- $$
- www.telegraphcove.ca

Telegraph Cove

Port McNeill

PORT MCNEILL

	Victoria	529 km
	Nanaimo	422 km
	Campbell River	250 km
	Woss	96 km
	Port Alice	54 km
	Port Hardy	43 km
	Port McNeill	2.100
	+3 °C	
	+14 °C	
	Meereshöhe	0 bis 50 m

Die Stadt **Port McNeill**, die ein wichtiges Versorgungszentrum im Norden von Vancouver Island ist, liegt nur wenige hundert Meter abseits des Highways 19 am Broughton Channel im Verwaltungsbereich des Regional District of Mount Waddington. Die Stadt wurde nach William Henry McNeill benannt, der Kapitän der *SS Beaver* war, dem ersten Dampfschiff der Hudson's Bay Company, das die Nordwestküste des Pazifiks entlang fuhr.

Die Forstwirtschaft ist schon seit der ersten Besiedelung in den 1930er-Jahren die wichtigste Erwerbsquelle der Stadt. In den letzten Jahren profitiert die Stadt zunehmend auch vom Fremdenverkehr, da der Ort bedingt durch relativ mildes Klima ganzjährig Freizeitaktivitäten in Hülle und Fülle bietet. Besonders hervorzuheben sind Wassersportaktivitäten wie Segel-, Kajak- und Bootstouren. Sporttaucher finden hier eines der besten Gebiete Nordamerikas vor. Grizzly-, Whale-Watching und Wildlife-Touren werden angeboten; wer sich für die Kultur der Kwakwaka'wakw First Nations interessiert, kann eine Wildlife- & Cultural Expedition buchen (✉ 1514 Broughton Blvd, Port McNeill ☎ 250-902-9653 🕐 Juni–Mitte Okt. @ info@SeaWolfAdventures.ca 🌐 https://seawolfadventures.ca). Die Küstenregenwälder bieten reichlich Gelegenheit für ausgiebige Wander- und Bergtouren. Ab Port McNeill gibt es eine Fährverbindung nach Alert Bay auf **Cormorant Island** (▶Seite 350) und nach Sointula auf **Malcolm Island** (▶Seite 352). Besonders stolz sind die Bewohner auf ihren berühmten Eishockeyspieler **Willie Mitchell**. Darauf werden Besucher bereits beim Hineinfahren in die Stadt hingewiesen: „*Welcome to Port McNeill – Home of the NHL's Willie Mitchell*".

In der Stadt sind alle Versorgungseinrichtungen vorhanden, zwei Supermärkte liegen im Stadtbereich. Ein Bustransfer verbindet Port McNeill mit Port Hardy und Woss. Das Unternehmen bestreitet auch den innerstädtischem Busverkehr in beiden Ortschaften. Näheres ▶Seite 237.

🛈 Visitor Information

✉ *1594 Beach Dr, Port McNeill*
☎ *250-956-3881*
🕐 *Mai–Sept.: tägl. 8–17:30 Uhr, sonst: Mo–Fr 8:30–12 & 13–16:30 Uhr*
@ *info@portmcneillharbour.ca*
🌐 *www.town.portmcneill.bc.ca*

👁 Sehenswürdigkeiten

▶ Orca-Fest

Mitte August findet alljährlich das **Orca-Fest** statt. Es beginnt mit einer Parade und bietet im Hafenviertel Aufregendes für Groß und Klein: Autosalons, Handwerkskunst-Verkauf, Lachs-Grillparties der Natives, Unterhaltung, Tanz und vieles mehr. Verbunden ist das Orca-Fest mit dem jährlich durchgeführten Baseballturnier.

▶ Port McNeill & Heritage Museum

Das im Blockhausstil errichtete Museum wurde 2000 eröffnet und mit zahlreichen Spenden von Bewohnern und ansässigen Firmen unter der Mitarbeit vieler freiwilliger Helfer errichtet. Es zeigt Dokumente, Videoaufzeichnungen und Fotografien, hauptsächlich aus der frühen Forstwirtschaft und Besiedelung des Ortes.

- 351 Shelley Crescent, Port McNeill
- 250-956-9898
- Juli–Sept.: tägl. 10–17 Uhr, sonst wechselnde Öffnungszeiten

▶ Baumwurzeln

Zwei der größten und mächtigsten Baumwurzeln sind in Port McNeill im **Waterfront Park** zu sehen. Der erste Holz-Koloss stammt von einer 351 Jahre alten Sitkafichte, Gewicht ca. 22 Tonnen, Umfang 13,7 m. Die zweite Wurzel, die ebenfalls von einer Sitkafichte stammt, wiegt ca. 30 Tonnen und hat einen Umfang von ca. 18 m.

🛏 Unterkünfte

🏨 Haida Way Motor Inn

Die Zimmer und Suiten im Motel sind zweckmäßig und mit einem Kühlschrank ausgestattet. Inhäusig befinden sich ein Restaurant und ein Pub.

- 1817 Campbell Way, Port McNeill
- 250-956-3373 oder 1-800-956-3373 (geb.frei)
- Ganzj.
- Ja
- ★★
- www.pmhotels.com

🏨 Black Bear Resort

Man übernachtet in modern eingerichteten Zimmern, die mit Kühlschrank, Mikrowelle und Kaffeekocher ausgestattet sind, oder in Suiten mit Küchenzeile. Ein kontinentales Frühstück ist im Preis inbegriffen. Entspannen können Gäste im Spa-, Fitness oder Poolbereich.

- 1812 Campbell Way, Port McNeill
- 1-866-956-4900 (geb.frei)
- Ganzj. Ja
- ★★ – ★★★
- www.port-mcneill-accommodation.com

🏕 Cedar Park Resort

Der ruhig gelegene Campground bietet tollen Ozean- und Bergblick. Es werden auch Cottages und Cabins mit Küchenzeile angeboten.

- Vom Campbell Way (Zufahrtstraße) rechts in Mine Rd
- 7001 Mine Rd, Port McNeill
- 250-956-2270
- Ganzj.
- Alle Anschlussmögl. Ja
- CG: $$, Cottage/Cabins: ★★
- www.cedarpark-resort.com

🏕 Cluxewe Resort

Das von den Kwakiuti People verwaltete Resort liegt etwas abseits des Highways. Von Juni bis September bietet ein Bistro (Mi–So) leckere Mahlzeiten an.

- Abzweig vom Hwy 19 ca. 9 km nördl. der Abfahrt Port McNeill (Hinweis beachten), weiter 1 km bis zum Resort direkt an der Broughton Strait
- 250-949-0378
- Ganzj. Ja 147, alle Anschlussmögl.
- Ja, geb.pflichtig Ja
- CG: $-$$, Cottages: ★★
- relax@cluxeweresort.com
- www.cluxewe.com

🅿 MARBLE RIVER PROVINCIAL PARK

Der wilde, 14,1 km² große **Marble River Provincial Park** liegt im Norden Vancouver Islands und ist erreichbar über die Zufahrtsstraße (Highway 30) nach Port Alice oder per Boot ab Coal Harbour, nordwestlich gelegen. Das Territorium des Parks, das traditionelles Gebiet der Quatsino First Nations ist, zieht sich entlang des Marble River bis zu der Verbindung von Rupert Inlet, Holberg Inlet, Quatsino Sound und Neroutsos Inlet. Im Park gibt es keine Wohnmobil-Stellplätze, Wildniszelten ist aber erlaubt. Der 4,2 km lange Marble River Trail führt entlang des Flusses. Besonders interessant ist der Trail während der Lachswanderungen im Herbst. Aussichtspunkte befinden sich am Beginn des Trails und an den Bear Falls.

Vorsicht: Während dieser Zeit gehören auch Schwarzbären zu den Besuchern des Parks, denn sie haben leichte Beute, wenn die Lachse am Ende ihrer Kräfte an ihrer Geburtsstätte angekommen sind.

- Ganzj. je nach Wetterbedingungen
- Ja, Plätze nicht markiert
- www.env.gov.bc.ca/bcparks/explore/parkpgs/marble_rv

LINK RIVER REGIONAL PARK

Etwas abseits des Highway 30 liegt der **Link River Regional Park** am Zufluss des Link River in den Alice Lake. Durch seine

Alice Lake

traumhafte Lage am Westufer des Sees ist er ein beliebtes Ausflugsziel. Drei überdachte Barbecue-Plätze bieten auch bei nicht so idealem Wetter Freizeitspaß.

Vom Hwy 30 kommt man ca. 6 km nördlich von Port Alice über die nach Osten abzweigende Alice Lake Main Road (gravel) zum Park.

- 250-956-3301 auch für Reservierungen (geb. pfl.)
- Ganzj., Service Mitte Juni bis Mitte Sept. (Platzwart anwesend)
- 24 Ja Nein
- $
- www.rdmw.bc.ca/media/Link%20River%20Brochure%202011.pdf

PORT ALICE

	Victoria	510 km
	Nanaimo	398 km
	Port McNeill	54 km
	Abzweig Hwy 19	32 km
	Port Hardy	51 km
	Port Alice	890
	+2 °C	
	+14 °C	
	Meereshöhe	Sealevel

Vielleicht haben Sie sich die Zeit genommen und sind die kurvenreiche und landschaftlich wunderschöne asphaltierte Straße nach **Port Alice** gefahren, um den idyllisch gelegenen Ort am Ende des Neroutsos Inlet zu besuchen. Er ist Ausgangsbasis für Abenteuer-Kanutouren zur Meerenge **Quatsino Sound** und in den **Maquin / Brooks Peninsula Provincial Park.**

Die Stadt zwischen dem Neroutsos Inlet und der Bergwelt Vancouver Islands bietet für alle Outdoor-Fans reichliche Gelegenheiten zu allerlei Arten sportlicher Betätigung und ist Ausgangspunkt für eine Tour in den wilden Nordwesten der Insel. Gravelroads führen zum *Klaskino Inlet*, zur *Side Bay* und *Harvey Cove*, wo Abenteuerlustige einfache Zeltplätze, schöne Wandermöglichkeiten mit großar-

tigen Ausblicken auf den Pazifik vorfinden.

Geologisch interessant sind die **Karstformationen** und **-höhlen** am *Devil's Bath*, *Eternal Fountain* und *Vanishing River*, Auskunft über die Beschaffenheit und Lage erhalten Sie bei Bedarf in der Visitor Information. Die Gebiete sind auch Heimat von Rotwild, Schwarzbären und Pumas.

Das heutige Gebiet um Port Alice bis Cape Scott am Nordende der Insel war viele Jahrtausende Heimat der Tlatlasikwala, Nakumgilisala und Yutlinuk Natives. Durch Epidemien, die aus Europa eingeschleppt wurden, starben die Yutlinuk aus und die beiden übrig gebliebenen Stämme zogen sich um 1850 auf die Insel *Hope Island* vor der Nordküste Vancouver Islands zurück, wo sie bis 1954 geblieben sind. Da zur damaligen Zeit nur noch 32 Mitglieder lebten, verbanden sie sich im gleichen Jahr mit den Koskimo People und siedelten um zum *Quatsino Sound*. Heute leben sie, bekannt als Nahwitti People, in sechs Reservationen, wovon sich drei im Gebiet des Cape Scott Provincial Parks befinden.

Die Entstehung von Port Alice im Jahr 1917 geht auf die Errichtung einer Zellstofffabrik zurück, die noch heute existiert und einige hundert Beschäftigte hat. Die zweite, wichtige Einnahmequelle der Stadt ist die Holzwirtschaft, Grundlage der Zellulosefabrikation. Benannt wurde die Stadt, die einige Jahre nach der Errichtung der Fabrik vier Kilometer nördlich geplant und gebaut wurde, nach Alice Whalen, ihre Familie unterstützte während der ersten Jahre der Stadtgeschichte die ansässige Industrie. In Port Alice sind die wichtigen Grundversorgungseinrichtungen wie Tankstelle, General Store und Restaurant vorhanden.

Für alle Golfspieler interessant: Der 9-Loch-Golfkurs 5 km südlich der Stadt ist einer der ältesten und anspruchsvollsten auf Vancouver Island. Hier kann man 365 Tage im Jahr von Sonnenauf- bis Sonnenuntergang golfen (Infos: ☎ 250-284-3213 @ portalicegolf@gmail.com).

Entlang der Küste führt ein etwa drei Kilometer langer Trail, der Weg ist rollstuhlgeeignet und bietet eine tolle Aussicht. Weitere Wanderwege gibt's im Bereich des **Rumble Mountains** oberhalb der Kleinstadt. Mountainbiker finden hier ein Netz von Routen aller Schwierigkeitsgrade. Bekannt ist das Gebiet für seine steilen Auf- und Abfahrten quer durchs Gelände.

Visitor Information

- 1051 Marine Dr, Port Alice
- 250-284-3391
- Mitte Juni–Anf. Sept.: tägl. 10–18 Uhr
- communitycentre@cablerocket.com
- www.portalice.ca

Sehenswürdigkeiten

▶ Chartertours

Die Chartergesellschaft bietet Fischfang- und Sightseeing-Touren mit einem erfahrenen Schiffsführer an, der mit den Gewässern der Nordküste Vancouver Islands bestens vertraut ist und über langjährige Erfahrung verfügt.

- Port Alice
- 250-284-6204
- info@rumblebeachfishingcharter.com
- www.rumblebeachfishingcharter.com

🛏 Unterkünfte

🏠 Inlet Haven Bed & Breakfast
Das B&B bietet zwei gemütliche Zimmer mit Kamin und tollem Ausblick. Eine Küche und ein Aufenthaltsraum mit TV und Internet steht den Gästen zur Verfügung.
- ✉ 1036 Matsqui Rd, Port Alice
- ☎ 250-284-3216
- 🕐 Mitte Juni–Mitte Sept., Mindestaufenthalt 2 Nächte
- Ja, unbedingt erforderlich
- ★★
- www.inlethaven.com

🏠 Quatsino Chalet Hotel
Man übernachtet in zweckmäßig eingerichteten Zimmern (alle mit eigenem Eingang) teilweise ausgestattet mit einem Kaffeekocher. Ein Restaurant ist vorhanden, Hunde sind nicht erlaubt.
- ✉ 111 Nigei St, Port Alice
- ☎ 250-284-3338
- 🕐 Ganzj.   📶 Ja, frei   🅿 Frei
- ★★
- www.quatsinochalethotel.com

🏕 Port Alice RV Park and Campground
- ✉ 1201 Marine Dr, am Ortsende, allerdings ist das Umfeld nicht gerade einladend
- ☎ 250-284-3422
- Wenige Stellplätze, alle Anschlussmögl.

🏕 Link River Regional Park Campsite
▶ Seite 244

🏛 FORT RUPERT

Fort Rupert (T'sakis Village) liegt etwa 8 km südlich von Port Hardy und ist vom Hwy 19 erreichbar entweder über die ca. 9 km südlich von Port Hardy nach Norden abzweigende Fort Rupert Road oder ca. 6 km südlich von Port Hardy über die Byng Rd/Beaver Harbour/Tsakis Road. Fort Rupert begrüßt seine seine Gäste freundlich mit *"Welcome in our City"*. Entlang der Hauptstraße stehen viele farbenfrohe Totempfähle und einige Gebäude sind mit Native-Motiven bemalt, zu sehen ist auch ein traditioneller Versammlungsort „**Big House**" der Band. Den Friedhof an der Tsakis Road sollte man mit dem nötigen Respekt besuchen und nicht fotografieren.

Mitte des 19. Jahrhunderts errichtete hier die Hudson's Bay Company ein Fort, unterhalb des Forts sind Felsenzeichnungen (*Petroglyphs*) der First Nations zu entdecken, allerdings sollten Sie bei Interesse sich die genauen Standorte zeigen lassen, da das Auffinden schwierig ist. Wer sich für Native Art interessiert, sollte in der Galerie **Kwakiutl Art of the Copper Maker**, die 1983 von Calvin Hunt erbaut wurde, vorbeischauen. Dort gibt es reichlich Auswahl an Totempfählen, Keramik, Schmuck, Masken und vie-

Fort Rupert

len weiteren Kunstgegenständen der ansässigen First Nations.

- 114 Copper Way, Fort Rupert
- 250-949-8491
- Mo–Sa, So nach Absprache
- calvinhunt@telus.net
- www.calvinhunt.com

Ein Bustransfer verbindet Fort Rupert und Storey Beach mit Port Hardy. Näheres ▶ Seite 237

COAL HARBOUR

Die beschauliche Ortschaft **Coal Harbour** (ca. 200 Einwohner) liegt etwa 12 km südwestlich von Port Hardy am Holberg Inlet und ist allein schon durch seine Lage einen Besuch wert. Die asphaltierte Zufahrtsstraße (Coal Harbour Rd) zweigt kurz vor Erreichen von Port Hardy nach Südwesten ab. Die Entstehung von Coal Harbour geht auf die Gründung eines nicht von Erfolg gekrönten Kohlebergwerks im Jahre 1883 zurück, das leider nur qualitativ minderwertige Kohle förderte. Danach war Coal Harbour erfolgreich im Walfang, bis die letzte Walfangstation behördlicherseits von British Columbia 1967 geschlossen wurde. In den siebziger Jahren entstand eine Kupfermine, die neue Bewohner anzog, aber nur bis 1996 in Betrieb war. Heute ist der malerische Hafen von Coal Harbour eine wichtige Anlaufstelle für die Schifffahrt, die Holz- und Fischereiwirtschaft sind bedeutende Einnahmequellen für die Bewohner. Bei unserem letzten Besuch mussten wir allerdings feststellen, dass viele Häuser zum Verkauf stehen. Wer also einen Zweitwohnsitz an einem idyllischen Fleckchen sucht …

Touristisch interessant sind die Wassersportmöglichkeiten, hier sind besonders die Kajaktouren in die entlegenen, landschaftlich wunderschönen Küstenbereiche der Umgebung bekannt und beliebt. Ein Bustransfer verbindet Coal Harbour mit Port Hardy ▶ Seite 237.

Unterkunft

Whales Reach Lodge
Die Lodge liegt kurz vor der Hafenanlage und bietet neben Unterkunft auch einen General Store, Restaurant und Whale-Watching- und Ausflugsfahrten. Besonders spezialisiert ist man auf geführte abenteuerliche Angeltouren im fischreichen Quatsino Sound. Einige Bewohner bieten B&B an, Infos in der Visitor Info Port Hardy.
- Coal Harbour
- 250-949-6681

PORT HARDY

	Swartz Bay – Ferry Terminal	614 km
	Victoria	582 km
	Nanaimo	465 km
	Campbell River	293 km
	Port Alice	51 km
	Port Hardy	3.700
	0 °C	
	+17 °C	
	Meereshöhe	Sealevel

Port Hardy an der Queen Charlotte Strait ist das wichtigste Versorgungszentrum des nördlichen Teils von Vancouver Island und das *Tor* zum wilden *Cape Scott Provincial Park* (▶ Seite 329) mit seinen zerklüfteten Küstenbereichen und dichten Regenwäldern. Von Port Hardy führt eine Gravelroad zu der Ortschaft **Holberg** (42 km) am Holberg Inlet, einem weit ins Land reichenden Seitenarm des Pazifiks. Holberg ist Ausgangspunkt für einen Wildnis-Trip in den Cape Scott Provincial Park. Von Holberg kann man, wenn man Lust auf eine Holperstrecke hat, über eine schlechte Gravelroad noch eine Stippvisite von **Winter Harbour** (ca. 24 km südlich von Holberg) einlegen, einem alten Fischerdorf am Quatsino Sound.

Doch auch in Port Hardy sind zahlreiche Outdoor-Aktivitäten möglich. So können Taucher das Unterwasserleben erforschen, es werden Bootstouren angeboten (u.a. natürlich Whale-Watching), es gibt Wandermöglichkeiten und wer tiefer in die Kultur der Natives einsteigen möchte, kann sich in den verschiedenen Galerien umsehen, die Kunstwerke der Natives anbieten.

Die ersten Spuren einer Besiedelung gehen auf First Nations zurück, die bereits vor ca. 8.000 Jahren hier gelebt haben. In **Beaver Cove**, südlich von Port Hardy, wurden um 1978 die ältesten Funde der Insel entdeckt, die aus der Zeit um 6.000 v. Chr. stammen und diese Tatsache bestätigten.

Die ersten weißen Siedler waren wohl Alec und Sarah Lyon, die an der Ostseite der *Hardy Bay*, nicht weit von der bereits existierenden Siedlung Fort Rupert entfernt, 1904 ein Store mit Poststelle eröffneten. Um noch weitere Siedler in dieses abgelegene Fleckchen Erde zu locken, machte die Hardy Bay Land Company kräftig Reklame und versprach den Interessenten, dass diese in eine wohlhabende und an das Schienennetz angeschlossene Hafenstadt kommen würden. Dieses Versprechen zog selbst Siedler aus den USA und England an, die aber dann nur grüne Wälder und Wildnis vorfanden. Diejenigen, die es sich leisten konnten, packten ihre Siebensachen und zogen schnell wieder von dannen – die anderen mussten bleiben, hatten sie doch ihr gesamtes Hab und Gut verkauft, um hierher in das so *„Gelobte Land"* zu kommen. Ja, und häufig wird aus der Not eine Tugend, so hatten die 12 Familien, die geblieben waren, bis zum Jahr 1914 bereits eine Schule, eine Sägemühle, eine Kirche und ein Hotel aufgebaut. Und 1916 verband Port Hardy und Coal Harbour ein Trail, was ein weiterer Schritt zur später wichtigsten Versorgungsstation Port Hardy war, da Coal Harbour schon von Schiffen angefahren werden konnte. Ihren Namen bekam die Stadt vom Vizeadmiral Sir Thomas Masterman Hardy, einem Freund Lord Nelsons. Hardy war Kapitän der *HMS Victory*, die an der Seeschlacht von Trafalgar beteiligt war.

Der Zuzug der Europäer brachte auch hier den ansässigen Natives ein besonders tragisches Schicksal: Die meisten fielen leider den eingeschleppten Krankheiten zum Opfer.

Einige letzte Zeugen dieser Native Kultur finden Sie in Form von **Totems** und **Murals** (lebensgroße Wandgemälde) im Stadtgebiet und der näheren Umgebung. Heute leben im nördlichen Vancouver Island noch Gruppen der Kwakiutl, Gwa'Sala-'Nakwaxda'xw und Quatsino First Nation.

Achten Sie bei Ihrem Bummel oder der Fahrt durch den Ort auf die **Holzfiguren** im Stadtbereich (u.a. *„Welcome to Port Hardy"*, *„Three Bears"* uvm.), die mit einer Kettensäge von einem ehemaligen Bewohner Port Hardys angefertigt wurden.

Die Haupteinnahmequellen der Stadt sind die Forstwirtschaft, der Fischfang, Kupferbergbau und der Tourismus. Es sind alle Versorgungseinrichtungen vorhanden, ein Save-On-Foods Supermarkt liegt an der Granville St, einer Seitenstraße des Highway 19, im südlichen Teil des Ortes. Ein Bustransfer verbindet Port Hardy mit Port McNeill, Fort Rupert/Storey Beach und Coal Harbour und bietet auch lokale Busverbindung an. Näheres ▶ Seite 237

Visitor Information

- 7250 Market St, Port Hardy
- 250-949-7622 oder 1-866-427-3901 (geb.frei)
- Okt.–April: Mo–Fr 9–16 Uhr, Mai–Sept.: tägl. 9–17 Uhr
- info@visitporthardy.com
- www.visitporthardy.com

Sehenswürdigkeiten

▶ Whale-Watching

Vancouver Island ist ein Paradies für **Walbeobachtungstouren.** In Port Hardy gibt es – wie in vielen weiteren Orten der Insel – genügend Möglichkeiten, an einer Tour teilzunehmen. Doch werden Sie auf einer Tour nicht nur Wale beobachten können, sondern auch Seelöwen und Seehunde. In Küstennähe vielleicht auch Schwarzbären, Grizzlys oder Pumas. Bevor Sie sich für einen Veranstalter entscheiden, sollten Sie sich in der Visitor Information über die aktuellen Chancen einer Sichtung erkundigen.

▶ Great Bear Nature Tours

Wenn Sie auf Ihrer Reise durch Vancouver Island noch keine Bären gesichtet haben, dann bietet sich eine Tour zum **Great Bear Rainforest** an, einem hervorragenden Platz für die Beobachtung von Grizzlys, Schwarzbären, Wölfen und vielen weiteren Tieren. Allerdings ist der Spaß nicht gerade günstig zu bekommen, da die Great Bear Lodge, Startpunkt der *Nature Tours*, 50 Flugmeilen von Port Hardy entfernt und nur per Wasserflugzeug zu erreichen ist.

Für weitere Infos wenden Sie sich bitte an die Veranstalter.

- *Tourstart: 6420 Hardy Bay Rd, Port Hardy*
- *250-949-9496 oder 1-888-221-8212 (geb.frei)*
- *Anf. Mai bis Okt., mind. 3 bis 7 Übernachtungen*
- *Je nach Saison und Unterbringung, z. B. 3 Nächte: CAD 2.075–3.750 pro Person inkl. geführte, Tour, Flugkosten, Verpflegung und Unterkunft*
- *info@greatbeartours.com*
- *www.greatbeartours.com*

Im Süden von Port Hardy

▶ Quatse Salmon Stewardship Centre

Wer sich über die **Lachszucht** informieren möchte, sollte dem Quatse Salmon Centre einen Besuch abstatten.

- 8400 Byng Rd, Port Hardy
- 250-902-0336
- Mitte Mai–Sept.: tägl. 10–17 Uhr
- Erw.: CAD 6, Kinder (5–18 J. & Sen.): CAD 4, Familien: CAD 12
- @ manager@thesalmoncentre.org
- www.quatsehatchery.ca

Tipp Wenn Sie furchtlos sind, übernachten Sie auf dem in unmittelbarer Nähe liegenden Quatse River Campground (▶Seite 251). Im Herbst kommen hier Schwarzbären morgens und abends zum Fluss und holen sich ihre Portion Fisch aus dem Wasser. Ein dann doch unheimliches Ereignis, das wir selbst erlebt haben – Vorsicht ist in jedem Fall geboten. Leichtfertiges Verhalten, Anlock- oder gar Annäherungsversuche sollten Sie nicht riskieren.

▶ Filomi Days

Alljährlich am dritten Wochenende im Juli finden im *Rotary Park* die Filomi Days statt. Die Veranstaltung ehrt die auf den Bodenschätzen basierende Wirtschaft der Stadt. **Filomi** steht für die drei Säulen der Wirtschaft „**Fi**shing, **Lo**gging and **Mi**ning" (Fischereiwirtschaft, Holzwirtschaft und Bergbau). An dem feuchtfröhlichen Wochenende wird allerlei Spiel und Spaß für Groß und Klein geboten, fürs leibliche Wohl ist bestens gesorgt, das Tanzbein kann geschwungen werden und eine Parade darf auch nicht fehlen. Den Abschluss des Festes bildet ein Feuerwerk.

▶ Storey's Beach

Ein schöner Strand und Ruheplatz ist der Storey's Beach, der 11 km südlich von Port Hardy liegt. Man erreicht ihn über die Byng Road Nord/Beaver Harbour Road. Am Strand befindet sich ein großer Parkplatz. Der Sandstrand ist ein beliebter Picknickplatz mit fantastischer Aussicht und einem überdachten Pavillon, der den Freizeitspaß auch bei feuchtem Wetter sicherstellt. Am Nordende des Strands beginnt der Tex Lyon Trail (▶Seite 251).

▶ Port Hardy Museum

Das kleine **Museum** befindet sich an der Market Street und informiert über die ersten europäischen Siedler, den Bergbau, die Forstwirtschaft und die Geschichte der First Nations, die schon vor vielen Tausend Jahren hier angesiedelt waren. Einige Stücke aus den archäologischen Funden im nahe liegenden Beaver Cove sind hier ausgestellt.

- 7110 Market St, Port Hardy
- 250-949-8143
- Ganzj.: Di–Sa
- Um eine Spende wird gebeten.
- @ info@porthardymuseum.com
- www.porthardymuseum.com

Heißer Tipp: Fantastisch mundet der in mehreren Geschmacksrichtungen geräucherte Lachs aus der Region – erhältlich z. B. bei Hardy Buoys. Zufahrt im Süden der Stadt vom Hwy 19 über die nach Westen abzweigende Trustee Road, ca. 300 Meter weiter an einem großen Parkplatz.

Storey's Beach

🥾 Wandern

▶ Tex Lyon Trail

Der etwa einen Kilometer lange, leicht begehbare, Teil des Trails führt am Storey's Beach entlang und wird gerne als kurze Wanderung von Alt und Jung genutzt.

Wer den gesamten Trail wandern möchte, der auch noch bis zum nordöstlich gelegenen **Dillon Point** ausgedehnt werden kann und grandiose Ausblicke auf die Queen Charlotte Strait bietet, sollte in der Visitor Information Port Hardy oder beim Regional District of Mount Waddington ☎ 604-956-3161 nach dem Zustand des Weges fragen. Der historische Trail war vor dem Bau der Straße die einzige Verbindung zwischen Prince Rupert und Port Hardy.

Unterwegs und am Dillon Point findet man Picknick- und Grillplätze. **Bitte achten Sie** auf wasserfestes Schuhwerk, Regenbekleidung sollte ebenfalls im Gepäck sein.

- Storey's Beach, Port Hardy
- 5–6 Stunden (einf. Strecke)
- Schwierig, einige sehr gefährliche Stellen, achten Sie unbedingt auf die Gezeiten
- 4,5 km (einf. Strecke)

▶ Quatse River Loop Trail

Der Trail führt entlang des Quatse River bis zur Lachszuchtanlage (Hatchery) und am gegenüberliegenden Ufer wieder zurück. Besonders interessant ist eine Wanderung zur Lachswanderzeit im Herbst, wenn die Bären zum Fluss kommen, um sich satt zu essen. Allerdings ist dann natürlich besondere Vorsicht geboten.

- Parkplatz am Beginn der Coal Harbour Rd.
- 1 Std.
- Leicht
- 2,5 km

🛏 Unterkünfte

🏠 Glenn Lion Inn

Man übernachtet im an der Küste liegenden Glenn Lion Inn in Suiten (teilweise mit Küchenzeile) oder großen Gästezimmern. Fast alle Räume haben einen Balkon mit Blick auf das Meer und zumindest einen Kühlschrank, Kaffeekocher und eine Mikrowelle, angrenzend findet man ein Restaurant und einen Pub.

- 6435 Hardy Bay Rd, Port Hardy
- 250-949-7115 oder 1-877-949-7115 (geb.frei)
- ★★   Ja
- www.glenlyoninn.com

🏠 Backpackers Hostel

Hier übernachtet man preiswert entweder in Mehrbett- oder Privatzimmern, Bettwäsche und Handtücher sind inklusive wie auch die Nutzung der Küche und der Gemeinschaftsräume.

- 101-8635 Granville St, Port Hardy
- 250-949-9441 oder 1-866-448-6303 (geb.frei)
- ★   Ja, frei
- http://northcoasthostel.com

> **Anmerkung** Wenn Sie vor oder nach der Inside Passage in Port Hardy übernachten wollen, sollten Sie rechtzeitig einen Stellplatz reservieren.

🚐 Quatse River Campground

Der sehr schön gelegene Campground mit Stellplätzen auch am Quatse River ist sehr zu empfehlen, die Duschen sind sauber

Vom Fort Rodd Hill blickt man auf das Fisgard Lighthouse

und ordentlich wie auch alle weiteren Einrichtungen (Laundry usw.). Neben dem CG befindet sich die Salmon Hatchery.

- Zufahrt vom Hwy 19 südl. von Port Hardy über Byng Rd West
- 8400 Byng Rd, Port Hardy
- 250-949-2395 oder 1-866-949-2395 (geb. frei)
- Ja
- Ganzj.
- 58, Wasser- u. Stromanschl.
- Ja   Ja
- 21
- $$
- reservations@quatsecampground.ca
- www.quatsecampground.ca

Port Hardy RV Resort & Campground
Der Campground liegt auf einer bewaldeten Fläche zwischen Quatse River und Estuary Wildlife Sanctuary (Schutzgebiet), ein idealer Platz, wenn man sich für die Tierwelt interessiert.

- Zufahrt vom Hwy 19 wenige hundert Meter nördl. der Zufahrt zum Ferry Terminal
- 880 Good Speed Rd, Port Hardy
- 250-949-8111 oder 1-855-949-8118 (geb.frei)
- Ja
- Mai–Anf./Mitte Sept.
- 76, Strom- u. Wasseranschl.
- Ja   Ja   Ja, frei
- $$
- reservations@porthardyrvresort.com
- www.porthardyrvresort.com

NEBENROUTE 1
Langford bis Port Renfrew

🏘 LANGFORD UND COLWOOD

Sooke	29 km
Colwood	16.900
Langford	35.350
+4 °C	
+20 °C	
Meereshöhe	80 m

Die beiden Satellitenstädte **Colwood** und **Langford**, im Westen von Victoria an der *Juan de Fuca Strait* gelegen, haben ihren Ursprung bereits im 19. Jahrhundert, als sich hier die Landwirtschaftsbetriebe der Hudson's Bay Company befanden.

Die schnell wachsende Stadt Colwood wurde 1985 und Langford 1992 unabhängig. Langford wurde nach Edward Langford, Begründer einer Farm Mitte des 19. Jahrhunderts, benannt. Beide Städte bieten eine Vielzahl an Freizeitangeboten in regionalen Parks und im Küstenbereich und haben alle Versorgungseinrichtungen.

Touristisch interessant sind einige **historische Gebäude**, die im Kapitel Sehenswürdigkeiten beschrieben werden.

🛈 Visitor Info Victoria

Die Visitor Info Victoria ist auch zuständig für die Orte Colwood und Langford.
- ✉ *812 Wharf St, Victoria*
- ☎ *250-953-2033 oder 1-800-663-3883 (geb. frei)*
- 🕘 *9–17 Uhr, variiert saisonal*
- @ *info@tourismvictoria.com*
- 🌐 *www.tourismvictoria.com*

👁 Sehenswürdigkeiten

▶ St. John Baptist Heritage Church

Die restaurierte **St. John Baptistenkirche** wurde 1913 offiziell eröffnet. Die Kirche ist nicht konfessionsgebunden und liegt neben dem Pionierfriedhof in Colwood. Im Inneren der Kirche herrscht eine sehr schöne Akustik, was man besonders beim Lauschen eines Orgelkonzertes genießen kann. Es finden regelmäßig Lesungen, Orgel-, Gesangs- und Violinkonzerte statt und auch für Hochzeiten wird das Kleinod im Holzgotik-Stil gerne gebucht.
- ✉ *537 Glencairn Lane, Colwood*
- ☎ *Infos: 250-478-5999 (City of Colwood)*

▶ Hatley Park National Historic Site

Das wunderschön begrünte **Hatley Castle** befindet sich am Nordende von Colwood. Zufahrt über den Highway 14 (Sooke Road) und University Drive. Das Herzstück des Gebäudes ist die Replikation des Schlosses aus dem 15. Jahrhundert, errichtet 1908 für den Kohle- und Eisenbahnbaron James Dunsmuir, der später auch Premierminister von British Columbia war. Das Schloss war die Unterkunft vieler Persönlichkeiten des öffentlichen Lebens und der Wirtschaft. Den **japanischen Garten** legte Ishiburo Kishida an. 1940 wurde das Anwesen an die Bundesregierung mit der Auflage verkauft, es für pädagogische Zwecke zu nutzen. In den folgenden über 50 Jahren wurden hier am **Royal Roads Military College** Militäroffiziere ausgebildet, die aufgrund der guten Ausbildung später vielfach führende Posten in der Militärhierarchie innehatten. 1995 wurde das Military College geschlossen und man übergab die Anlage der Royal Roads University. Im gleichen Jahr bekam es auch den Status *National Historic Site of Canada*. Es ist geplant, für die Universität eine neue Akademie zu bauen, um das Schloss für den Tourismus und für besondere Ereignisse nutzen zu können, aktuell befindet sich aber noch die Royal Roads Universität im Hatley Castle.

Das **Hatley Park Museum** wurde im Jahr 1999 von der Royal Roads University gegründet.

Durch die Geschichte des Schlosses kann man nur auf einer geführten Tour reisen, dabei bekommt man vieles über die Zeit erzählt, als es noch in Privatbesitz (1908–1937) war und später dann zur Militärhochschule (1940–1995) und Universität (seit 1995) wurde.

Fort Rodd Hill

- 2005 Sooke Rd, Colwood
- 250-391-2600 ext. 4456
- Museum: 10:15–15 Uhr
- Kernöffnungszeiten: tägl. 10–16 Uhr
- Frei, Spende willkommen
- Garten: Mitte April–Sept
- www.hatleycastle.com

Geführte Touren durch das Gelände (inkl. Hatley Castle)
Der Park kann auch ohne Führung "erforscht" werden.

- 1 Stunde
- Mai–Nov.; Sommer: tägl., Vor- und Nachsaison: Mo–Fr
- Je Tour: Erw.: CAD 18,50, Sen. (60+): CAD 16, Jugendl. (6–17 J.): CAD 10,90, Familien: CAD 52

▶ **Fort Rodd Hill und Fisgard Lighthouse**

Im **Dunsmuir Room** sind Gegenstände, Kunstwerke und einige rekonstruierte Räumlichkeiten der Familie James und Laura Dunsmuir zu sehen. Auch über den Kohlebergbau und die Eisenbahngeschichte erfährt man Interessantes.

Der **Rear Admiral John A. Charles Room** ist dem Gründer der *Friends of Hatley Park Society* gewidmet und zeigt Uniformen, Dokumente und weitere interessante Ausstellungsstücke aus der Zeit, in der sich die Militärhochschule im Schloss befand.

Besondere Highlights des bunten und schön angelegten Gartens sind der **Japanische Garten**, der **Rosengarten** und der **Italienische Garten**. Und damit auch zu allen Jahreszeiten die Besucher die Gartenpracht bewundern können, sorgen fünf engagierte Gärtner, ein Pflanzenzüchter und sieben Saisonarbeiter für einen tadellosen Zustand des Gartens.

Fort Rodd Hill wurde Ende des 19. Jahrhunderts an der westlichen Hafeneinfahrt als Festungsanlage für die Küstenartillerie erbaut, die die Verteidigung von Victoria gewährleisten sollte. Zu sehen sind noch drei Artilleriegeschütze und einige Räume des Forts, unterirdische Lager uvm. Im ehemaligen Wärterhaus kann man eine Ausstellung besuchen und sich einige Videos ansehen.

Auf einem Landvorsprung an der Einfahrt zum Esquimalt Hafen steht das sehenswerte **Fisgard Lighthouse** (Covermotiv). Es wurde 1860 als erster permanenter Leuchtturm an der Pazifikküste erbaut, gehört zu den ältesten Gebäuden British Columbias und ist noch heute als vollautomatische Navigationsstation in Betrieb.

In dem zweistöckigen Gebäude sind Bilder aus früheren Zeiten, Ausstellungsstücke und ehemaliges technisches Equipment zu bewundern und man erfährt, wie einsam das Leben eines

Leuchtturmwärters Ende des 19. Jahrhunderts war. In Parkplatznähe gibt es einen Picknickplatz mit 12 Tisch-Bank-Kombinationen. Auf dem naturbelassenen Gelände, das mit Erdbeerbäumen und Garry-Eichen bewachsen ist, sind der Schwarzwedelhirsch, Grauhörnchen, Waschbären und zahlreiche Vogelarten heimisch. Auch Seehunde und Seelöwen tummeln sich gelegentlich in den Gewässern rund um den Leuchtturm. Während der Sommermonate sind kleine Imbisse, Erfrischungen und Souvenirs erhältlich. Hunde sind auf dem Gelände nicht erwünscht und Radfahren ist verboten. Von Mitte Mai bis September kann auf dem Gelände in einem oTENTik übernachtet werden. Es wartet auf die Gäste ein Hauch von Abenteuer, aber dennoch mit Komfort. Die massiven Zelte bieten Platz für bis zu 6 Personen. (www.pc.gc.ca/en/lhn-nhs/bc/fortroddhill/activ/activ6
 Reservierung: 1-877-737-3783 oder www.reservation.pc.gc.ca)
 603 Fort Rodd Hill Rd, Zufahrt vom Hwy 14/Hwy 1A über Ocean Blvd/Fort Rodd Hill Rd
 250-478-5849
 Gelände: Mitte Okt.–Febr.: tägl. 10–16 Uhr, März–Mitte Okt.: tägl. 10–17 Uhr
 Fisgard Lighthouse & einige Gebäude des Forts: Mitte Okt.–Febr.: Sa & So 10–16 Uhr, März–Mitte Mai: Mi–So 10–17 Uhr, Mitte Mai–Mitte Okt.: alle Gebäude tägl. 10–17 Uhr
 Erw.: CAD 3,90, Sen.: CAD 3,40, Kinder/Jugendl. (bis 17 J.): frei
 fort.rodd@pc.gc.ca
 www.pc.gc.ca/en/lhn-nhs/bc/fortroddhill

Unterkünfte

Birds of a Feather Ocean Front B&B
Man übernachtet in modern eingerichteten und geräumigen Suiten mit Küchenzeile nur wenige Minuten von den historischen Stätten Hatley Castle, Fort Rodd Hill und Fisgard Leuchtturm entfernt. Man genießt entweder vom eigenen Balkon oder der Dachterrasse die grandiose Aussicht.
 206 Portsmouth Dr, Colwood
 250-391-8889 oder 1-800-730-4790 (geb.frei)
 Ganzj.
 ★★ – ★★★
 www.birdsofafeather.ca

All Fun RV Park
Wenn man neben einer Übernachtung noch Spiel und Spaß sucht, wie z. B. Minigolf oder Go-Kart-Fahren (alle geb. pflichtig), ist man in auf diesem RV-Park bestens aufgehoben.
 Downtown Victoria auf Hwy 1 North bis Exit 14 und weiter auf Millstram Rd Nord zum Park
 2207 Millstream Rd, Victoria
 250-474-4546
 Ganzj. *Ja* *Ja, frei*
 95, alle Anschlussmöglichkeiten
 Ja, CAD 10 *Ja, Münzduschen*
 $$
 www.allfun.bc.ca/rv-park

SOOKE POTHOLES PROVINCIAL PARK

Der Park liegt 3 km östlich von Sooke und ist über die Sooke River Road, die vom Highway 14 nach Norden abzweigt, erreichbar. Der **Sooke Potholes Provincial Park** schützt die durch die Verschiebungen der Gletscher und Erosion des Schmelzwassers entstandenen Felsenformationen und Felsenvertiefungen auf dem Grund des Sooke River. Im klaren Wasser des Flusses und der Pools lässt es sich gut schwimmen und lauschige Plätzchen am Ufer laden zum Verweilen ein. Im Herbst finden Lachse zum Fluss zurück, um dort zu laichen. Die Lachs-Wanderung kann man besonders gut durch die vorhandenen Vertiefungen im Fluss beobachten. Doch **Achtung**, auch Bären wissen um diese Jahreszeit, wo sie leicht an Beute kommen können, um ihre Winterfettreserven aufzufüllen.

Bitte achten Sie auf die Wasserstände während und nach heftigen Niederschlägen und **Vorsicht:** Im Park gibt es stellenweise steile Klippen.
 Ganzj.
 www.env.gov.bc.ca/bcparks/explore/parkpgs/sooke_potholes

SOOKE

Langford	29 km
Port Renfrew	73 km
Sooke	9.300
+4 °C	
+20 °C	
Meereshöhe	0–40 m

Sooke und das gegenüberliegende **East Sooke** liegen südwestlich von Victoria am Westende des *Sooke Basin*, einem Seitenarm der *Juan de Fuca Strait*. Ideal am fischreichen Sooke River gelegen, war die Gegend lange Jahre Heimat der T'sou-ke (Sooke) First Nations. Die Wälder in der Umgebung lieferten Wurzeln und Früchte, Muscheln fanden sie entlang der Küste. 1843 eröffnete die Hudson's Bay Company ein Fort im damaligen **Camosun** (heute: Victoria). Der erste Immigrant, der 1849 am Sooke Hafen Land erwarb, war Captain Walter Colquhoun Grant, der allerdings 1853 nach Großbritannien zurückkehrte und sein Land der Familie Muir überließ. John und Anne Muir segelten 1849 von Schottland nach Fort Rupert auf Vancouver Island, um für die Hudson's Bay Company nach Kohlevorkommen zu suchen. 1851 erreichten sie Sooke, wurden hier sesshaft und bewirtschafteten alsbald eine dampfbetriebene Sägemühle, betrieben Land- und Forstwirtschaft und trugen durch ihren Fleiß und Einsatz entscheidend zur Entwicklung der Region bei. Im frühen 19. Jahrhundert wurde der kommerzielle Fischfang zu einem wichtigen Wirtschaftsfaktor, der Mitte des Jahrhunderts von Fischerbootflotten abgelöst wurde.

Sooke ist mit seinen vielen Freizeitangeboten ein beliebter Ferienort. Es sind alle Versorgungseinrichtungen vorhanden. Daneben kommen Freunde der Kunst und Unterhaltungsmusik hier besonders durch einige Festivals auf ihre Kosten, die während der Sommermonate in Sooke stattfinden. Wenn Sie gerade zu dieser Zeit in Sooke vorbeischauen, lassen Sie sich anstecken und mitreißen.

Tipp Sehnsucht nach feinen europäischen Backwaren? Dann schauen Sie doch in der **Little Vienna Bakery** am Westende von Sooke vorbei, die neben Snacks u.a. sehr leckere Cinnamon-Schnecken im Angebot hat.
- 6726 West Coast Rd/Hwy 14, Sooke
- 250-642-6833
- Di–Sa 9–17 Uhr
- info@littleviennabakery.com

Visitor Information

- 2070 Phillips Rd/Ecke Hwy 14, am Museum
- 250-642-6351 oder 1-866-888-4748 (geb.frei)
- Tägl. 9–17 Uhr, Winter: montags und feiertags geschlossen
- info@sookeregionmuseum.com
- www.sookeregionmuseum.com/visitor_centre.htm

Sehenswürdigkeiten

▶ **Kultur**

Auf dem **Sooke Fine Arts Show** präsentieren Künstler von Vancouver Island und dem kanadischen Festland ihre Werke.
- Ende Juli–Anf. Aug.
- www.sookefinearts.com

Im Juni steigt für die Freunde der Country Musik das **Bluegrass Festival** mit allerlei Rahmenprogramm (z. B. Workshop, Square Dance), wo sich auch lokale Bands präsentieren.
- www.sookebluegrass.com

Liebhaber klassischer Musik haben vielleicht Glück und können einem Konzert des **Sooke Philharmonic Orchestra** lauschen. Konzertdaten unter:
- www.sookephil.ca

▶ **Sooke Regional Museum**

Das Museum zeigt die Höhepunkte der regionalen Geschichte und Kultur anhand

von Kunstwerken der First Nations, zahlreichen Artefakten und historischen Fotos der ersten Siedler. Neben einem umfangreichen Informationsangebot können die Besucher Kleidungsstücke des 18. Jahrhunderts und zahlreiche Exponate der frühen Land-, Forst- und Fischwirtschaft bewundern. Im Freigelände des Museums stehen Maschinen und Schnitzarbeiten, in einer Schmiede zeigen freiwillige Helfer ihre Fertigkeiten. Auch ein alter Leuchtturm, das **Triangle Lighthouse**, ist zu bewundern und sticht bereits vom Highway 14 aus förmlich ins Auge. Er stand ehemals auf **Triangle Island**, 45 km vor der Küste Nord-Vancouvers und 210 m über dem Meeresspiegel. Er diente ab 1910 der frühen Seefahrt als Orientierungshilfe. Doch bald stellte sich heraus, dass dieser Standort für einen bewohnten Leuchtturm wegen der schlechten Wetterverhältnisse und der extremen Winden nicht geeignet war. Daher legte man den Leuchtturm 1918 still, zwei Jahre später wurde er abgebaut und seit 2004 schmückt dieser 12 m hohe Leuchtturm das Museumsfreigelände.

- 2070 Phillips Rd, Ecke Hwy 14, Sooke
- 250-642-6351 oder 1-866-888-4748 (geb.frei)
- Tägl. 9–17 Uhr, Winter: montags und feiertags geschlossen
- info@sookeregionmuseum.com
- www.sookeregionmuseum.com

▶ East Sooke Regional Park

In diesem über 14 km² großen und 1970 gegründeten Naturpark können sich Natur- und Wanderfreunde über ca. 50 km Wanderwege freuen, die durch dichten Küstenregenwald und über Erhebungen, die einen weiten Blick zulassen, führen. Sumpfgebiete im Park sind Schutzzonen für viele Vogelarten. Besonders von Mitte September bis Ende Oktober machen verschiedene Falkenarten, Geier, Adler (u.a. auch Weißkopf-Seeadler) hier Rast, bevor sie sich auf den Weg zum südlich gelegenen *Olympic National Park* im Staat Washington (USA) machen. Wenn Sie entlang der felsigen Küste auf dem Coast Trail unterwegs sind, weht Ihnen frischer Wind um die Ohren. Genießen Sie während Ihrer Wanderung die grandiose Aussicht. Und für Pausen zwischendurch eignen sich bestens geschützt liegende Buchten. Einige Trails sind auch für Behinderte geeignet.

Bitte beachten Sie: Radfahren und Reiten ist auf den Trails nicht gestattet. Wandern Sie möglichst nicht allein, belassen Sie die Natur so, wie sie angetroffen wird, und bleiben Sie unbedingt auf den bezeichneten Wegen.

- Zufahrt zu den drei Parkplätzen vom Hwy 14 über die Gillespie Rd zur East Sooke Rd, (3 Parkplätze: Aylard Farm, Anderson Cove und Pike Rd)
- Ganzj., Sonnenauf- bis Sonnenuntergang

🚶 Wandern

▶ Coast Trail
- Parkplatz Ayland Farm oder Pike Road
- Tagestour
- Moderat • 10 km

Weitere Wanderungen
- www.eastsookepark.com/directions.htm

▶ Galloping Goose Trail
Der abwechslungsreiche, 1987 eingerichtete **Galloping Goose Trail** (laut *Reader's Digest* einer der Top-Ten-Hikes in Kanada) verläuft im Südwesten von Vancouver Island auf einer ehemaligen Bahnstrecke der *CN Railway* durch Städte, landwirtschaftliche Flächen und Wildnis von Victoria weiter über Saanich, Langford, Colwood bis zum nördlich von Sooke gelegenen **Kapoor Regional Park**. Auf seiner Route passiert er Thetis Lake, Matheson Lake Park, den Roche Cove Park und führt an den Sooke Potholes vorbei. Der 55 km lange Trail, teils asphaltiert, teils Schotterweg, der auch in kürzere Etappen aufgeteilt werden kann, wird von Radfahrern und Wanderern, stellenweise auch von Reitern, genutzt. Entlang der Strecke gibt es mehrere Parkplätze. Besonders reizvoll ist der letzte Abschnitt zur Geisterstadt **Leechtown,** wo immer wieder plätschernde kleine Wasserfälle und glasklare Pools entlang des Weges liegen. Der Trail wurde nach dem gasbetriebenen, geräuschvollen und sich etwas wackelig fortbewegenden Schienenfahrzeug benannt, das Passagiere und die Post während der 20er-Jahre zwischen Victoria und Sooke beförderte. Er ist auch Teil des **Trans-Canada Trails,** der von der Ost- bis zur Westküste Kanadas verläuft. Im 1999 gegründeten **Kapoor Regional Park**, nördlich von Sooke gelegen, endet der Trail. Dort liegt die Geisterstadt **Leechtown,** wo man Mitte bis Ende des 19. Jahrhunderts im Leech River Gold gefunden hatte. Anfang des 20. Jahrhunderts, nachdem die Goldfunde abgeschöpft waren, war die Forstwirtschaft eine wichtige Erwerbsquelle der restlichen Bewohner. Der 1999 gegründete Kapoor Regional Park wurde der Familie Kapoor gewidmet zum Andenken an den Pionier und Holzfäller Kapoor Singh Siddoo (1886–1964).

- *Johnson St Bridge, ab Visitor Info Victoria 700 m nach Norden auf der Wharf St*
- *Leicht bis moderat*
- *55 km*

Infos und Karte zum Ausdrucken
- www.gallopinggoosetrail.com/pdf/gallop_goose_info.pdf
- www.crd.bc.ca/docs/default-source/crd-document-library/maps/parks-trails/regional-trails-tabloid.pdf?sfvrsn=8

🛏 Unterkünfte

🏨 Sooke Harbour House
Man übernachtet in gemütlichen Räumlichkeiten, teilweise ausgestattet mit Antiquitäten, an kalten Abenden sorgt ein offener Kamin für Wärme. Entspannung gibt's in der Infrarot-Sauna oder beim Blick über das Meer. Ein Restaurant ist im Haus.
- *In Sooke vom Hwy 14 links auf die Whiffen Spit Rd bis zum Harbour House*
- 1528 Whiffen Spit Rd, Sooke
- 250-642-3421 oder 1-800-889-9688 (geb. frei)
- Ganzj. • Ja
- ★★★
- www.sookeharbourhouse.com

🏕 Sooke River Campground
Der bewaldete und ruhig gelegene, kommunale Campground liegt entlang des Sooke River. Auf dem Gelände befinden sich auch drei rustikale Cabins zur Anmietung.
- *Vom Hwy 14 am Museum/Visitor Info Sooke rechts Phillips Rd und weiter zum CG*
- 2259 Phillips Rd, Sooke
- 250-642-6076 • Ja
- Ende März–Anf. Okt. • Ja
- 60, alle Anschlussmögl.
- Ja • Ja, Münzduschen
- CG: $$, Cabins: ★
- www.sookecommunity.com/camping

🏕 Juan de Fuca Provincial Park – China Beach Campground
▶ Seite 261

🅿 FRENCH BEACH PROVINCIAL PARK

Etwa 20 km westlich von Sooke erreicht man den idyllischen **French Beach Provincial Park** an der Strait of Juan de Fuca gelegen. Der 1.600 m lange Strandbereich mit schöner Picknickanlage und Spielplatz ist ein idealer Platz, um nach Walen, Seelöwen, Seehunden und Seevögeln Ausschau zu halten. Der wilde Pazifik ist für Surfer besonders geeignet und Mutige wagen auch schon mal ein Bad im (kalten) Meer. Auch Wanderfreunde kommen auf ihre Kosten und können auf kurzen Trails bequem durch den dichten Wald laufen, immer das Meer im Blickfeld.

Der Park wurde nach **James French** benannt, der als begeisterter Naturwissenschaftler um die Welt reiste, um exotische Tiere für Zoos und zu Studienzwecken zu erwerben. 1885 kam er in diese Gegend und erwarb Land westlich von Sooke. Er starb 1952, seine Familie blieb hier sesshaft. French hatte immer den Traum, dass sein Land ein Provincial Park werden sollte – dieser Traum erfüllte sich 1974.

Im Park leben neben vielen kleineren Tieren, wie Frösche, Eichhörnchen, Nerze und Waschbären, auch Bären und Pumas, die gelegentlich durch ihr Revier streifen.

Ganzj., Service Mitte Mai-Anf. Sept.
- 69
- Ja, CAD 5
- Ja
- $
- Nein
- www.env.gov.bc.ca/bcparks/explore/parkpgs/french_bch

🏠 JORDAN RIVER

Sehr nahe an der Küste liegt die kleine Siedlung Jordan River, in der allerdings aktuell nur noch ein Haus bewohnt ist. Jordan River gleicht heute einer Geisterstadt. Der Ort wurde am Ende des 19. Jahrhunderts als Holzfällercamp gegründet. Seine Lage auf Tuchfühlung zur Juan de Fuca Strait zieht besonders Surfer an, die hier die enorme Brandung zu schätzen wissen. Ein Schotter-Parkplatz befindet sich direkt am Meer.

French Beach

JUAN DE FUCA PROVINCIAL PARK

Der **Juan de Fuca Provincial Park** an der Westküste im Süden von Vancouver Island erstreckt sich über eine Fläche von 15 km² entlang der Juan de Fuca Strait, die zwischen der Südwestküste Vancouver Islands und dem Nordwesten der USA liegt. Erleben Sie die stürmische Brandung, die besonders Surfer für ihre Sportart gerne nutzen, und die einzigartige Schönheit der zerklüfteten Küstenlandschaft.

Im Meeresbereich des Parks tummeln sich allerlei Meeressäugetiere wie Grauwale, Orcas, Seelöwen und Seehunde. Grauwale sind meist im März und April auf ihrem Weg von Mexiko nach Alaska zu sehen.

Die vier Hauptbereiche des Parks sind: **Juan de Fuca Marine Trail** ▶ Seite 261, **China Beach Campground**, **China Beach Picknickplatz** und **Botanical Beach**.

Der **China Beach Campground** liegt am Ostende des Parks, hier finden Wohnmobilfahrer wildromantische Übernachtungsplätze. Die Abfahrt zum Campground ist ca. 33 km westlich von Sooke. Den Sandstrandbereich des Campgrounds erreicht man über einen 800 m langen, teilweise steilen Wald-Wanderweg, auf dem auch einige Treppen zu überwinden sind.

Die Abfahrt zum größtenteils bewaldeten, separaten **China Beach Picknickplatz** zweigt etwa einen Kilometer nach der Campgroundabfahrt nach Westen ab. **Bitte beachten Sie:** Dieser Platz ist vom Campground nicht erreichbar.

Zu einem weiteren wilden Küstenstrandbereich, **Sombrio Beach**, führt ca. 18 km westlich des China Beach Campgrounds vom Highway 14 ein kurzer Weg, ein ideales Plätzchen für ein Picknick oder eine kurze Wanderung.

Parkinson Creek ist der vorletzte Zugang zur Küste vor der Ortschaft Port Renfrew. Allerdings geht es 9 km westlich von Sombrio Beach vom Highway erst einmal einige Kilometer über eine schlechte, kurvenreiche, steile Gravelroad (möglichst nur Allradfahrzeuge) zum Parkplatz und dann zu Fuß über einen kurzen Trail zur Küste.

Am Westende des Parks liegt der **Botanical Beach**, hier endet der **Juan de Fuca Marine Trail**. Botanical Beach befindet sich am Ende des Highway 14 südlich von **Port Renfrew** (▶ Seite 263).

Das Küstengebiet ist einzigartig und durch Felsenlandschaften aus Schiefer und Quarz mit schwarzen Basalteinlagerungen geprägt. Das empfindliche Ökosystem sollte auf keinen Fall gestört werden, bitte berühren und entfernen Sie nichts, sondern beobachten Sie die Flora und Fauna und halten als Erinnerung all das Gesehene auf Fotos und Filmen fest. Der dichte Regenwald des Parks ist auch Heimat der Schwarzbären, Wölfe und Pumas, **bitte achten Sie** auf Spuren und bewegen Sie sich geräuschvoll in den Wäldern, um die Tiere frühzeitig vorzuwarnen.

- Ganzj.
- www.env.gov.bc.ca/bcparks/explore/parkpgs/juan_de_fuca

🛏 Unterkunft

China Beach Campground
- 250-474-1336
- *Mitte Mai bis Mitte Sept.*
- 78
- Ja
- Nein
- $

🚶 Juan de Fuca Marine Trail

Karte ▶ Seite 428

Der 1994 eröffnete **Juan de Fuca Marine Trail** führt entlang der zerklüfteten Küstenlinie durch meist schwierig begehbares Gelände, es müssen Creeks überquert werden, die Wege sind matschig und die Felsen rutschig – der Trail ist also nichts für einen Spaziergang zwischendurch. Obwohl der Trail ganzjährig geöffnet ist, eignen sich die Monate Mai bis Oktober am besten für diese Wanderung. Achten Sie auf die Wetterbedingungen und behalten Sie die Wasserstände im Auge. Auch können plötzlich auftretende Stürme den Zustand der Wege unvorhersehbar verändern. Bären, Wölfe, Waschbären und

French Beach Provincial Park

Pumas fühlen sich ebenfalls in dieser Wildnis wohl, daher wird zu äußerster Vorsicht geraten. Warnhinweise und Verhaltensregeln:

- www.env.gov.bc.ca/bcparks/conserve/bearsandcougars.pdf

! Achtung Alle Wanderer, die den gesamten Trail wandern möchten, müssen eine gute Kondition haben, ihre komplette Versorgung mit sich führen und mit extrem schwierigen Wege- und Wetterverhältnissen rechnen. Es sind u.a. Hängebrücken und Felsenklippen zu überwinden. Bitte informieren Sie sich ausführlich vor Beginn einer Wanderung in einer Visitor Information oder in einschlägigen Reiseführern und hinterlassen Sie Ihren geplanten Weg und die Zeit, wann Sie wieder zurück sein wollen. **Beachten Sie die Gezeiten**. Hunde dürfen nicht mitgeführt werden.

Pro Person werden pro Übernachtung CAD 5 (bis 15 J.) oder CAD 10 (ab 16 J.) fällig. Diese Gebühren sind am Beginn der Trails in bar (bitte passend) per Selbstregistrierung zu bezahlen. Behälter und Umschläge findet man vor Ort oder man registriert sich im Voraus unter:

- https://secure.camis.com/DiscoverCamping/Backcountry/JuandeFuca?Map

Wer nur einen Teil des Trails wandern möchte oder seine Tour unterbrechen will, kann dies an den Zu- und Abgangswegen zum **China Beach** (km 20,6 und km 21,3), **Sombrio Beach** (km 28, km 29,6 und km 30,2) und **Parkinson Creek** (km 40) tun. Für Notfälle befindet sich bei km 20,5 eine kleine Hütte. In den Monaten Mai bis September bietet der **West Coast Trail Express** einen Shuttleservice von Victoria und Nanaimo zu den Trailheads Juan de Fuca Marine Trail und zum West Coast Trail.

- *250-477-8700 oder 1-888-999-2288 (geb.frei)*
- *bus@trailbus.com*
- *www.trailbus.com*

Übersicht Gesamttrail

- *China Beach Trailhead East oder Botanical Beach nahe Port Renfrew*
- *Ca. 4–5 Tage*
- *Leicht bis sehr schwierig*
- *47 km*
- *Mystic Beach (km 2), Bear Beach (km 9), China Beach (km 21), Sombrio Beach (km 27), Little Kuitshe (km 33), Payzant (km 40)*
- *$*

Juan de Fuca Provincial Park – Trail zum Beach

Trailabschnitte

China Beach Trailhead Ost ▶ Bear Beach
- China Beach Trailhead Ost
- Mittel
- 9 km
- Mystic Beach (km 2), Bear Beach (km 9)

Bear Beach ▶ Chin Beach Campsite
- Bear Beach
- Sehr schwierig
- 12 km
- Chin Beach

Chin Beach Campsite ▶ Sombrio Beach East
- Chin Beach Campsite
- Schwierig
- 7 km

Sombrio Beach East ▶ Botanical Beach
- Sombrio Beach East
- Moderat, später leicht
- 20 km
- Little Kuitshe Creek Campsite (bei km 33), Payzant Creek Campsite (bei km 40)

Karte des Gesamttrails
- www.env.gov.bc.ca/bcparks/explore/parkpgs/juan_de_fuca/jdf_map.pdf

Anmerkung für alle nicht so fitten Besucher des Parks: **Nutzen Sie** die Zu- und Abgänge vom Hwy 14 zum Juan de Fuca Marine Trail für kurze „Kostproben" des Trails oder machen Sie ein Picknick am Strand. Sie werden begeistert sein.

PORT RENFREW

	Sooke	72 km
	Langford	101 km
	Port Renfrew	140
	Pacheedaht	ca. 100
	+3 °C	
	+14 °C	
	Meereshöhe	Sealevel

Port Renfrew „*The Jewel oft the West Coast*" liegt am Ende des Highway 14 am Port San Juan, einer Seitenbucht der Juan de Fuca Strait im südwestlichen Teil von Vancouver Island, in den der San Juan River mündet. Auch vom nördlich gelegenen Lake Cowichan (▶ Seite 273) kann über eine befestigte Straße Port Renfrew erreicht werden. Nördlich des Ortes auf der gegenüberliegenden Seite des Port San Juan in einer kleinen, als **„Elliotsville"** bekannten Ansiedlung leben die Pacheedaht First Nations, die bereits seit vielen hundert Jahren an der Westküste Vancouver Islands leben. Sie bewirtschaften u.a. große Waldgebiete nördlich von Port Renfrew, betreiben in der Stadt einen Campground und befördern per Fähre Abenteuersuchende über den Gordon River zum Ausgangspunkt des West Coast Trails. Den ersten Kontakt mit Europäern hatten die Pacheedaht 1798, als die Mannschaft der britischen *HMS Iphigenia* mit den Bewohnern in Konflikte geriet.

Die Geschichte von Port Renfrew ist geprägt von der Fischerei und Holzwirtschaft, in den letzten Jahren wird aber der Tourismus zunehmend zu einer wichtigen Einnahmequelle, da Port Renfrew am Ende des beliebten 47 km langen **Juan de Fuca Marine Trails** liegt und gegenüber der Bucht der abenteuerliche, 75 km lange **West Coast Trail** beginnt. (▶ Seite 267). Außerdem bietet der Ort ausgezeichnete Wassersportaktivitäten und ist auch für Wanderer interessant.

Port Renfrew hieß ursprünglich *Port San Juan*. Die Namensherkunft ist nicht genau bekannt, angenommen wird, dass der Ort von den ersten Siedlern in Port Renfrew zu Ehren des Prince of Wales, Baron of Renfrew, umbenannt wurde.

Mitte des 19. Jahrhunderts, mit der Gründung des Forts Victoria durch die Hudson's Bay Company, kamen die ersten Europäer in diesen Teil Vancouver Islands. Wenige Jahre später fand man in den umliegenden Flüssen Gold, und dieser **„Goldrausch"** war Anlass, von Sooke nach Port Renfrew in den 1950er-Jahren eine Straßenverbindung zu bauen. Davor verband nur eine Schiffsroute Port Renfrew mit Sooke.

Die Besiedelung von Port Renfrew begann im späten 19. Jahrhundert. Damals bot die Regierung fruchtbares Ackerland für die Siedler, die sich hier niederlassen würden. Etwa 100 Menschen nahmen dieses Angebot an und kamen per Dampfschiff, das die Westküste von 1890 bis 1953 befuhr, in diesen Teil von Vancouver Island, errichteten ihre Häuser und wurden sesshaft. Die Regierung versprach, eine Straßenverbindung von Victoria nach Port Renfrew zu bauen, was aber erst viele Jahre später geschah.

Zu den ersten Siedlern Port Renfrews gehörten Emily und Alfred Deakin, die

Port Renfrew – an der San Juan Bay

40 Morgen Land ab 1889 bewirtschafteten, ihr Nachbar Art Beauschesne betrieb Holz- und Landwirtschaft. Man nutzte Pferde, dampfbetriebene Maschinen und transportierte die Holzstämme über die Flüsse. Als die beiden Familien in den wohlverdienten Ruhestand gingen, verkauften sie ihre Farmen an die *BC Forest Products*.

Für die Versorgung gibt es einen General Store (✉ 17015 Parkinson Rd ☏ 250-647-5587 🕐 Tägl. 11–19 Uhr), Cafés und Restaurants, Benzin notfalls bei Port Renfrew Marina (🕐 Mai–Mitte Okt., keine Kreditkarte, nur Cash).

Zum nordöstlich von Port Renfrew gelegenen **Cowichan Lake** ist die Verbindungsstraße komplett asphaltiert. Wer diese ca. 60 km lange Straße (Harris Creek Rd/Pacific Marine Rd) durch die Einsamkeit der Küstenwälder befährt, trifft (▶Seite 273) wieder auf die Hauptroute. Bei km 5 (Fairy Lake) und km 18 (Lizard Lake) liegen einfache Campgrounds (Näheres siehe Unterkünfte Port Renfrew).

🛈 Port Renfrew Visitor Info

In Port Renfrew gibt es kein Visitor Centre. Infos erhalten Sie über die u. g. Internetseiten oder per E-Mail.
@ info@portrenfrew.com
🌐 www.portrenfrew.com

👁 Sehenswürdigkeiten

▶ Red Creek Fir

Kanadas größtes Exemplar einer **Douglastanne** ist östlich von Port Renfrew zu bewundern. Die 17 km lange Zufahrt vom Ort zum Parkplatz ist über die Red Creek Main Road (**Achtung:** nur für Allradfahrzeuge geeignet, sehr schlechte Straße), möglich. Vom Parkplatz führt ein kurzer Weg zu dem Baumriesen, in dessen Nähe noch weitere Riesenbäume stehen. Unterwegs kommt man an drei weiteren enorm hohen Riesenbäumen, den **Three Sisters** (drei Schwestern) vorbei. Neuere Messungen von Robert Van Pelt (Director of the Washington State Big Tree Programm) haben ergeben, dass dies die größte Douglastanne der Welt sein soll, die allerdings zwischenzeitlich einige Sturmschäden erlitten hat. Immerhin kann die Tanne mit ca. 349 m³ Holz, einer Gesamthöhe von 73,8 m und einem Stammumfang von sage und schreibe 12,55 m glänzen. Ihr Alter wird auf 750 bis 1.000 Jahre geschätzt. Weitere extrem hohe Douglastannen auf Vancouver Island stehen im **MacMillan Provincial Park** (Highway 4), bei **Coombs** (Highway 4A) und bei **Port Alberni** (Highway 4). Mittlerweile ist ein zweites Exemplar einer riesigen Douglastanne im Gordon River Valley gefunden worden. Sie ist 69 m hoch und hat einen Stammumfang von 12 m. "Big Lonely Doug" wird auf ein Alter von etwa 1.000 Jahre geschätzt. Sollte Port Renfrew etwa zum *Big Tree Capital of Canada* werden?

🕐 Hin- und Rückfahrt 4–5 Stunden
🕐 Wanderweg ab Parkplatz: 20 Min. einf. Strecke
🌐 Plan: www.portrenfrew.com/gif/alltrail.gif

▶ Avatar Grove

In diesem Teil des Küstenregenwaldes können Sie als besondere Attraktion einige Prachtexemplare von riesigen Douglastannen und Rotzedern bewundern, allesamt „ausgestattet" mit besonders knorrigen Stämmen.

📍 *Von Port Renfrew die San Juan Bay überqueren, weiter auf der Deering Rd Richtung Norden bis zur Pacific Marine Rd, halten Sie sich links und folgen Sie ca. 5 km der Gordon River Main bis zur Gabelung (Braden / Gordon River Rd). Folgen Sie der Gordon River Rd ca. 1,5 km, kurz nach Überqueren des Baird Creeks geht es links zu dem Upper Grove und rechts zum Lower Grove. Die Strecke ist ausgeschildert.*

▶ Wandern

Botanical Beach Loop Trail
Den Botanical Beach kann man vom Parkplatz über zwei Wege erreichen: Der erste Weg beginnt an der rechten Seite des Parkplatzes, der zweite und steilere Weg

Botanical Beach

in der Mitte. Empfehlenswert ist der erste Weg, der zwar länger ist, aber durch urigen Regenwald entlang der Küste führt, den kaum besuchten Botany Beach streift und zum Botanical Beach weiterführt, wo es dann wieder bergauf zum Parkplatz geht. Der zweite kurze Trail führt steil bergab auf direktem Weg zum Botanical Beach.

An beiden Stränden gibt es eine Menge zu entdecken: Neben den Tide-Pools, in denen bei Ebbe zahlreiche Kleinstlebewesen wie Muscheln, Krebse, Seesterne uvm. leben, laden die felsigen, aber auch sandigen Strandbereiche dazu ein, auf die Suche nach Meeres-Schätzchen zu gehen oder einfach der Brandung zu lauschen. Bitte achten Sie auf feste Schuhe, die Felsen sind häufig sehr rutschig.

- *In Port Renfrew bis zum Ende der Fahrstraße Hwy 14 (ca. 2,5 Kilometer) fahren, dort befindet sich ein Parkplatz und ein schön gelegener Picknickplatz.*
- *Parkplatz*
- *1–2 Std.*
- *Leicht, stellenweise steil*
- *3 km (Rundweg)*

Weitere Wanderwege – Übersichtskarte
www.portrenfrew.com/printtrailpage.htm

🛏 Unterkünfte

🏠 Soule Creek Lodge
Von der Cabin über Suites bis zu Yurts werden hier komfortabel eingerichtete Unterkünfte mit einem exzellenten Ausblick geboten. Mini-Kühlschrank und Bad sind in allen Unterkünften vorhanden, einige sind zusätzlich mit einer Mikrowelle ausgestattet. Frühstück ist im Preis inbegriffen.
- 6215 Powder Main Rd, Port Renfrew
- 1-866-277-6853 (geb.frei)
- März bis Anf. Nov.
- ★★ – ★★★
- www.soulecreeklodge.com

🏠 Trailhead Resort
Das Resort bietet Unterkunft in gemütlichen, komplett eingerichteten Cabins, Suiten mit Küchenzeile oder einfachen Hütten für drei Personen.
- 17268 Parkinson Rd, Port Renfrew
- 250-647-5468   Ja, frei
- Cabins & Suites: ★★ – ★★★, Hütten: ★
- www.trailhead-resort.com

🏠 Botanical Getaway Guest House
Die Zimmer sind gemütlich eingerichtet, ein Wohnraum für Geselligkeit und eine Küche zur Bewirtschaftung steht den Gästen zur Verfügung.
- 6528 Cerantes Rd, Port Renfrew
- 250-647-5483 oder 1-888-528-0080 (geb.frei)
- Ganzj., Mindestmietdauer 2 Nächte
- ★★ – ★★★
- www.botanicalgetaway.com

⛺ Pacheedaht Beach Camping
Die Stellplätze liegen direkt am Ufer der San Juan Bay.
- 220 Pachidah Rd, Port Renfrew, nach der Brücke über den San Juan River nach links
- 250-647-0090

- Erwünscht
- Ja
- Wasser- und Stromanschl. mögl.
- $
- pacheedaht@portrenfrew.com

Port Renfrew Marina & RV Park

Einfacher, rustikaler Campground, einzige Tankmöglichkeit in Port Renfrew während der Öffnungszeiten.

- Vom Hwy 14 re auf die Deering Rd Richtung Avatar Grove
- Gordon River Rd, Port Renfrew
- 250-483-1878
- Nein
- Mai bis Okt.
- $, cash, Stromanschl. mögl., CAD 4 pro Nacht
- www.portrenfrewmarina.com

Fairy Lake

Einfach ausgestatteter Campground am idyllischen See gelegen. Für längere Fahrzeuge nicht geeignet.

- Harris Main Rd, 5 km nordöstlich von Port Renfrew
- Mai bis Sept.
- 36 rustikale Stellplätze
- $

Lizard Lake

Auch dieser CG ist einfach ausgestattet, liegt am Lizard Lake und eignet sich ebenfalls nicht für längere Fahrzeuge.

- Harris Main Rd, 18 km nordöstlich auf der Pacific Marine Rd
- Mai bis Sept.
- 28 rustikale Stellplätze
- $

WEST COAST TRAIL / PACIFIC RIM NATIONAL PARK

Der mittlerweile auf der ganzen Welt als ein Erlebnis besonderer Art bekannte und legendäre **West Coast Trail** ist eine sehr anstrengende, mehrere Tage in Anspruch nehmende, schwierige Wanderung entlang der Westküste Vancouver Islands. Abenteurer, die den besonderen „Kick" suchen, wagen sich auf den Trail. Dieser war im 19. Jahrhundert als Rettungsweg für Schiffsbrüchige eingerichtet worden, deren Schiffe vor der Küste gestrandet waren. Doch die Natur überwucherte immer wieder den Pfad und machte ihn dadurch fast unbezwingbar. Jahre später war durch technische Verbesserungen der Schiffe ein solcher Rettungsweg nicht mehr nötig. 1973, wenige Jahre nach Einrichtung des **Pacific Rim National Parks**, wurde der Weg dann nach einer gründlichen Wiederherstellung für Wanderer freigegeben.

Diese 75 km lange Tour ist **extrem anstrengend** und nicht für ungeübte Wanderer geeignet, besonders der südliche Bereich. Es geht über wacklige Brücken und Strick- und Holzleitern, mit Hilfe von einfachen Drahtseilbahnen (Handbetrieb!) und Holzstegen wird unwegsames Gelände überbrückt, angeschwemmte Baumstämme versperren den Weg, Morast, Sand und Fels erschweren zusätzlich die Wanderung. Es stehen keine Schutzhütten für Übernachtungen zur Verfügung. Planen Sie mindestens 6–8 Tage für diese Tour ein. Alles zum Leben notwendige (Nahrung, Wasserfilter, chemische Wasserreiniger, Geschirr usw.) muss mitgenommen werden, natürlich auch die unterwegs anfallenden Abfälle. Zelten ist nur an den dafür vorgesehenen Stellen erlaubt. Sie benötigen unbedingt eine Camping-Permit und müssen auf die **Gezeiten** achten. Wer den West Coast Trail in Angriff nehmen möchte, sollte sich ausführlich in Spezial-Reiseführern oder bei der Nationalparkverwaltung über die Ausrüstung für diese Tour informieren, da man völlig sich selbst überlassen ist. Bedenken sollte man auch, dass im Notfall eine Rettung bis zu 48 Stunden dauern kann.

Der Trail kann auf halber Strecke über den **Nitinat Lake** unterbrochen werden, hier existiert auch ein weiterer Zugang zum West Coast Trail. Dieser Zugang wurde für die Wanderer eingerichtet, die das Abenteuer nur zwei bis drei Tage genießen möchten.

Der Trail ist geöffnet von Mai bis September, Hauptsaison ist von Mitte Juni bis Mitte September. Neu seit 2018: Es gibt keine Standby-Listen mehr, eine Reservierung ist unbedingt erforderlich. Für Kinder unter 12 Jahren ist dieser Trail nicht zu empfehlen. Es ist eine **Anmelde- und Reservierungsgebühr** zu entrichten.

ℹ Wichtige Informationen

- Pacific Rim National Park Reserve, 2040 Pacific Rim Hwy, Ucluelet
- Pacific Rim NP Reserve, Ucluelet: 250-726-3500 (ganzj.)
  Park Warden Office: 250-726-3604 oder 1-877-852-3100 (geb. frei)
  Reservierung: 1-519-826-5391 (International), 1-877-727-2783 (geb. frei)
- Online: Anf. Jan.–Sept.: tägl. 24 Stunden, Call Centre: 8–18 Uhr (Pacific Time)
- Parkeintritt: Erw. CAD 7,80, Sen. (65+): 6,80, Jugendl.: frei
- Reservierungsgebühr Campgrounds: online: CAD 11, Call Centre: CAD 13,50
- pacrim.info@pc.gc.ca
- https://reservation.pc.gc.ca/Home.aspx?gccf=true
- Anmeldegebühr pro Person: CAD 127,50 (inkl. Camping-Permit), Reservierung: CAD 24,50
- Zusätzlich Fährgebühr Gordon River Ferry (Port Renfrew) und Nitinat Narrows: je CAD 20, Wassertaxi Nitinat Lake Village (Malachan Indian Reserve) nach Nitinat Narrows: CAD 62,50

An allen drei Trailheads befinden sich Visitor Information Centres:

Visitor Centre Pachena Bay
- 250-728-3234
- Mai–Anf. Okt.: tägl. 9–16 Uhr

Visitor Centre Gordon River
- 250-674-5434
- Mai–Anf. Okt.: tägl. 9–16 Uhr

Visitor Centre Nitinat Lake Village (Malachan Indian Reserve)
- 250-745-3999
- Diti.store.cafe@gmail.com
- Mai–Sept.

Allgemeine Infos
- www.pc.gc.ca/en/pn-np/bc/pacificrim/activ/activ6a
- www.pc.gc.ca/en/pn-np/bc/pacificrim
- www.westcoasttrail.com

Weitere Informationen zum **Pacific Rim National Park** finden Sie auf ▶ Seite 298.

🌲 Ausgangspunkte West Coast Trail

Der West Coast Trail kann von drei Ausgangspunkten gestartet werden:

▶ Gordon River Trailhead
Der Zugang von Osten erfolgt über den Gordon River Trailhead in Port Renfrew. Den Trailhead erreicht man mittels kurzer, kostenpflichtiger Fährfahrt (CAD 16 pro Person) wenige Kilometer nördlich von Port Renfrew. Fragen Sie ggfs. in Ihrer Unterkunft in Port Renfrew nach einer Transfermöglichkeit zum Startpunkt des Bootes.

Butch Jack Hiker Ferry Service (Gordon River Trailhead)
- Vom Hwy 14 in Port Renfrew links auf die Deering Rd, den San Juan River überqueren, nach 1,5 km links auf die Pachidah/Pacheena Rd und weitere 1,3 km zur Fähre
- Wassertaxi: 250-647-5517 oder 250-647-5434

▶ Pachena Bay Trailhead Bamfield
Bamfield und somit der nördliche Zugang zum West Coast Trail ist per Auto, Shuttle-Bus oder Fähre erreichbar. **Anmerkung:** Bitte möglichst alle Fahrten, die per Bus oder Passagierschiff vorgenommen werden müssen, reservieren, zumindest während der Hauptsaison. Logging Roads führen von Port Alberni (▶ Seite 288) in 85 Kilometern oder von Lake Cowichan (▶ Seite 275) in 125 Kilometern nach Bamfield.

▶ Nitinat Narrows Trailhead
Nitinat Lake Village (Malachan Indian Reserve) ist mit dem Pkw/Allradfahrzeug ab Cowichan Lake über Logging Roads (50 km) oder mit dem u.g. Trail Express erreichbar, der sieben Kilometer nördlich von Nitinat Village einen Haltepunkt hat. Wer hier den West Coast Trail beginnt, registriert sich im Nitinat Lake Visitor Centre (General Store) und kann per Wassertaxi zum Trail gelangen.
- Wassertaxi: 250-745-3509
- www.westcoasttrail.com

Transport zum West Coast Trail

▶ Mit dem West Coast Trail Express nach Nitinat, Pachena Bay und Bamfield

Er fährt von Victoria über Port Renfrew, Gordon River, Honeymoon Bay (Cowichan Lake), Nitinat Junction (7 km nördl. v. Nitinat Lake Village (Malachan Indian Reserve)), Pachena Bay nach Bamfield und zurück. Ein Shuttle-Service bringt die Fahrgäste von Nanaimo nach Honeymoon Bay zum Haltepunkt des West Coast Trail Expresses nach Bamfield oder Port Renfrew und zurück. Fahrpläne und alles Wichtige erfahren Sie auf der Internetseite.

- 550 - 2950 Douglas St, Victoria
- 250-477-8700 oder 1-888-999-2288
- Mai–Mitte Juni & Mitte-Ende Sept.: an ungeraden Tagen, Mitte Juni–Mitte Sept.: tägl.
- www.trailbus.com

▶ Mit dem Schiff von Port Alberni nach Bamfield

Per Passagierschiff kommt man von Port Alberni nach Bamfield (▶Seite 286):

Lady Rose Marine Services
- 5425 Argyle St, Port Alberni
- 250-723-8313 oder 1-800-663-7192 (geb. frei, April–Sept.)
- Ganzj.: Mo-Fr 8–17 Uhr
- Erw.: einf. Fahrt: CAD 40, Hin- und Rückfahrt: CAD 80, Kinder (8–12 J.): halber Erwachsenenpreis, während der Sommersaison reservieren
- www.ladyrosemarine.com

▶ Mit dem Wasserflugzeug nach Bamfield

Pacific Seaplanes bietet einen Wasserflugzeugservice nach Bamfield.
- 250-616-5858
- www.pacificseaplanes.biz

In **Bamfield** findet man die wichtigsten Versorgungsmöglichkeiten, Campgrounds und Übernachtungsmöglichkeiten.

Bamfield Chamber of Commerce
- 345 Grappier Road, Bamfield
- 250-728-3006
- info@bamfieldchamber.com
- www.bamfieldchamber.com

Pachena Bay Campground

Der Campground liegt am Ausgangs- bzw. Endpunkt (je nach Start der Wanderung) des West Coast Trails in Pachena Bay 3 km südlich von Bamfield.
- 250-728-1287
- April–Sept.
- 16, Laundry vorhanden
- 69
- Ja   Ja   RVs: Wasser & Strom
- $$-$$$
- info@pachenabaycampground.ca
- www.pachenabaycampground.ca

▶ Nitinat Lake

Etwa in der Mitte der Tour liegt der **Nitinat Lake**, über diesen See gibt es ebenfalls noch eine Möglichkeit, auf den West Coast Trail zu gelangen oder die Tour zu unterbrechen. Am Südende des Sees müssen Wanderer die gefährlichen **Nitinat Narrows** per Fähre überwinden. Wer vom Nitinat Lake zum West Coast Trail aufbricht, kann sich im Visitor Centre (General Store) des gleichnamigen Ortes registrieren lassen.

Nitinaht Wilderness Charters
- 250-745-3509
- Transport zum WCT: 8:30 Uhr, Rücktransport vom WCT: 17:30 Uhr

Der kleine Ort Nitinat Lake Village (Malachan Indian Reserve) bietet die wichtigsten Versorgungsmöglichkeiten. Komfortabel übernachten kann man im Nitinat Lake Motel (250-745-3844, Mai–Sept.), zelten auf dem Windsurfer's Park CG und in der Nähe der Nitinaht Narrows. Nitinat Lake Water Taxi/Nitinat Wilderness Charters
- 250-745-3509

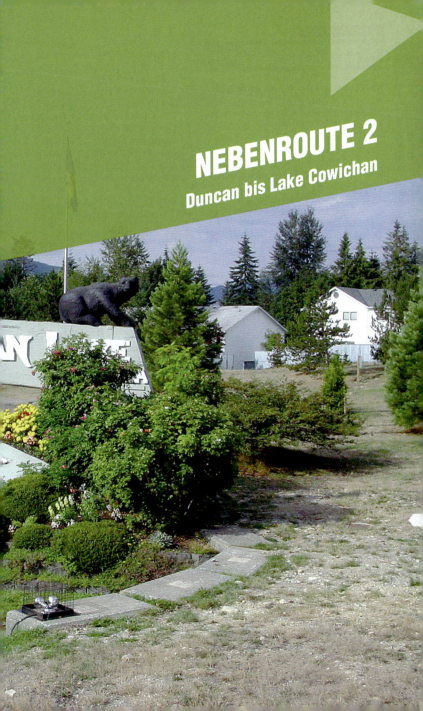

NEBENROUTE 2
Duncan bis Lake Cowichan

COWICHAN RIVER PROVINCIAL PARK

Karten ▶ Seite 421/422

Der **Cowichan River Provincial Park** liegt westlich von Duncan entlang einer längst stillgelegten Eisenbahntrasse, die in früheren Zeiten dem Holztransport diente. Die restaurierten Eisenbahnbrücken **66 Mile Trestle** und **Holt Creek Trestle** erinnern an die Zeit, als mit Holz beladene Schienenfahrzeuge über diese Brücken donnernd den Cowichan River überquerten.

Der sehr urwüchsige, 1995 gegründete Park liegt im **Cowichan Valley** entlang des historischen Cowichan River. Das Cowichan Valley ist auch heute noch die Heimat der Cowichan People, einer Gruppe der Coast Salish First Nations. Cowichan heißt in der Sprache der Coast Salish „**Khowtzun**", übersetzt etwa: *„von der Sonne gewärmtes Land"*. Durch den Park verläuft ein Teil des berühmten **Trans-Canada Trails**, der Kanada von Ost nach West durchquert. Der Trail streift auch die 66 Mile und Holt Creek Trestle und lässt die Blicke tief in die Schluchten des Cowichan River streifen. Der 47 km lange, sehr fischreiche Fluss wird gespeist vom Cowichan Lake und mündet an der Cowichan Bay in die Strait of Georgia. Der Fluss diente in den Anfängen des 20. Jahrhunderts zum Holztransport, bevor die Eisenbahn den Lake Cowichan erreichte. Nachdem das Holz die Cowichan Bay erreicht hatte, konnte es per Schiff dann weitertransportiert werden.

Zahlreiche Vogelarten und Tiere sind hier heimisch. Bei den **Skutz Falls** wurde eine **Fischleiter** errichtet, die besonders im Herbst zahlreiche Besucher anlockt, wenn die Lachse zum Laichen zu ihren Geburtsstätten zurückkommen und den geschwächten Tieren dann nichts weiter übrig bleibt, als die Fischtreppe „hochzuspringen", wodurch sie gleichzeitig zur einfachen Beute für Bären werden.

Es sind drei **Zugänge** zum Park möglich:

- **Östliche Zufahrt** (Holt Creek Trailhead): vom Highway 1 südlich von Duncan über die Glenora/Vaux und Robertson Road zum Beginn des Cowichan River Trails.
- **Mittlere Zufahrt** bei km 15 Highway 18 über die Cowichan Lake Road/Stoltz Road zum Stoltz Pool Campground und Picknickplatz.
- **Westliche Zufahrt** bei km 19 Highway 18 über die Skutz Falls Road, die zum Skutz Falls Picknickplatz und zum Beginn des Skutz Falls Trails führt.

Im Park liegen vier **Picknickplätze**, alle mit Tisch-Bank-Kombination:

▶ **Picknickplätze**

Skutz Falls
Im Flussbereich der Fischleiter kann man besonders gut die „springenden" Lachse im Herbst beobachten.

66 Mile Trestle
In unmittelbarer Nähe der 66 Mile Trestle

Marie Canyon
Hier führt eine Brücke über den sehenswerten Cowichan River Canyon.

Stoltz Pool Day Use
Hier liegt ein netter Picknickplatz mit Bootsanlegestelle direkt am Flussufer, der vom Parkplatz in wenigen Minuten erreicht ist. Im Fluss kann man baden oder sich in einem Schlauchboot / Gummireifen über den Cowichan River treiben lassen. Ein ganz besonderer Spaß für Jung und Alt.

Wandern

Stoltz Pool Loop Trail
Der Weg umringt den Campground und führt größtenteils am Fluss entlang. Ein idealer Rundweg, wenn man mal die Angel auswerfen möchte.
- *Stoltz Pool Day Use*
- *45 Minuten*
- *Leicht*
- *1,5 km*

Cowichan River

Skutz / 66-Mile Loop Trail

Der Rundweg führt entlang des Cowichan River und überquert diesen an zwei Stellen. Zwischen den beiden Brücken, (eine der beiden Brücken ist die Historic 66-Mile Trestle) führt der Weg durch den Canyon.
- Skutz Day Use
- 2,5 Stunden
- Leicht
- 8 km

Cowichan River Trail

Der historische Trail windet sich am Flussufer entlang. Er durchquert privates Gelände, bitte ggf. auf Einschränkungen achten.
- Genora (Holt Creek) oder Skutz Falls
- 6,5 Stunden
- Mittel, stellenweise steile Klippen und Felsvorsprünge
- 20 km (einf. Strecke)

Bitte beachten Sie bei längeren Wanderungen: Bleiben Sie auf den bezeichneten Wegen und halten Sie sich fern von Klippen. Gutes Schuhwerk sollte selbstverständlich sein. Nehmen Sie genügend Trinkwasser mit, da es unterwegs keine Versorgungsmöglichkeiten gibt. Auf dem Stoltz Pools Campground gibt es zwar Wasserpumpen, jedoch müsste dieses Wasser vor dem Trinken abgekocht werden.

Unterkunft

Stoltz Campground

Wildromantischer, einfach ausgestatteter Platz mit weiträumigen Stellplätzen im Wald.
- 39   Ja   Nein
- Ganzj., Service Mai–Sept.
- $
- 4 $
- www.env.gov.bc.ca/bcparks/explore/parkpgs/cowichan_rv

LAKE COWICHAN

Duncan		36 km
Youbou		18 km
Lake Cowichan		3.100
	+3 °C	
	+18 °C	
Meereshöhe		162 m

Am östlichen Ende des Cowichan Lake, einem der größten Frischwasserreservoirs Vancouver Islands, liegt der beliebte Touristenort **Lake Cowichan**, das „*Fly Fishing Capital of Canada*". In den kleinen Ortschaften entlang des Sees bieten sich für Touristen allerlei Outdoor-Aktivitäten an. Der Ort Lake Cowichan ist seit 1944 unabhängig.

Vor der Ankunft der europäischen Siedler bewohnten die Region um den See die Lake Cowichan First Nations, die hier ungestört auf die Jagd gehen und vom Fischreichtum der Seen und Flüsse profitieren konnten. Die zu den größten First Nations Gruppen zählende Cowichan Band ist auch heute noch im Bereich des Cowichan River und der Stadt Duncan ansässig.

Die Besiedelung durch Weiße begann um 1884, als William Forest und James Tolmie, der ältere Bruder eines späteren Ministerpräsidenten, den See mit Hilfe der Natives erkundeten. Forest war überzeugt, das schönste Fleckchen Erde gefunden zu haben, wurde hier heimisch und setzte sich sehr für den Bau einer Straße ein. Doch der Ministerpräsident entschied, dass eine Straße nur dann gebaut werden sollte, wenn sich mindestens 10 bis 12 Familien am See ansiedeln würden. Forest versicherte, dass dies kein Problem bedeute und so bekam er die Genehmigung, eine Straße zu bauen. 1886 war diese fertiggestellt und läutete die europäische Besiedelung ein. Bald wurde die Forstwirtschaft neben der Landwirtschaft zum wichtigsten Wirtschaftszweig, da man die Holzstämme vom See über den Cowichan River zur Cowichan Bay transportieren konnte, wo sie gesammelt, weiterverschifft oder verarbeitet wurden. Im gleichen Jahr entstand das *Riverside Inn* und 1893 das *Lakeside Hotel*.

Mit Erschließung des Ortes durch die Eisenbahn erlangte die Forstwirtschaft weiteren Auftrieb und zog nach und nach weitere Arbeitskräfte in die Region. Der Ausbau der Stadt mit eigenen Versorgungs- und Bildungseinrichtungen folgte, bevor die Gemeinde 1944 mit 660 Bewohnern offiziell zur Stadt ernannt wurde. Heute gibt es keinen Holztransport per Eisenbahn mehr und der Tourismus hat die Holzwirtschaft weitestgehend abgelöst. Das milde Klima der Region bietet den Touristen ideale Bedingungen für allerlei Outdoor-Aktivitäten und einige regionale Parks laden zum Relaxen, Picknicken oder zu kürzeren Spaziergängen ein.

Im Ort sind alle Versorgungsmöglichkeiten vorhanden.

👁 Cowichan Lake

Der 30 km lange und bis zu 4 km breite See ist das zweitgrößte Frischwasserreservoir auf Vancouver Island. Stellenweise ist er bis zu 160 m tief. Die First Nations nannten den See „**Kaatza**" *Big Lake*, was für diesen See auch zutrifft. Der Ostteil des Sees ist touristisch bestens erschlossen, und die kleinen Ortschaften **Mesachie Lake**, **Honeymoon Bay** am Südufer und **Youbou** am Nordufer bieten allen Wassersportbegeisterten reichlich Möglichkeiten, ihren Sport auszuüben. Die Größe des Sees eignet sich besonders zum Wasserskifahren, aber auch Schwimmen, Surfen, Kanu- und Kajaktouren sind beliebte Sportarten der Besucher. Wer sich sein Abendessen angeln möchte und eine Lizenz zum Fischen besitzt, wird bestimmt in dem kristallklaren Seewasser fündig werden, schließlich befindet man sich im Ort **Cowichan Lake** in der „Hauptstadt des Fliegenfischens".

Der See kann komplett umrundet werden. Auf dieser Strecke (ca. 60 km) liegen einige einfache, rustikale **Campgrounds** mit Sandstrand und Zugang zum See.
🕐 *Alle Campsites von Mitte Mai–Anf. Okt.*
💲 $

Nordufer

🏕 **Pine Point Campsite**
mit Bootsanlegestelle
📞 250-701-1976
🛏 58

🏕 **Maple Grove Campsite**
mit Bootsanlegestelle
📞 250-701-1976
🛏 61

Lake Cowichan

Westende

🚐 **Heather Campsite**
mit Bootsanlegestelle
☎ 250-732-5699
🛏 47

Südufer

🚐 **Nixon Creek Campsite**
mit Bootsanlegestelle
☎ 250-701-1976
🛏 48

🚐 **Caycuse Campsite**
mit Bootsanlegestelle
☎ 250-732-5699
🛏 26

🚐 **Gordon Bay Provincial Park Campground** (▶Seite 278)

Allerdings ist die Straße ab dem Ort Lake Cowichan am Nordufer nur bis **Youbou** und am Südufer bis zum **Gordon Bay Provincial Park** asphaltiert, der restliche Teil über das Westufer ist eine Gravelroad, deren Zustand vor Befahren in der Visitor Info Cowichan Lake erfragt werden sollte. Am Westufer des Sees zweigt eine *Logging Road* zum Surferparadies **Nitinat Lake** (ca. 50 km) und nach **Bamfield** (123 km, ca. 200 Einwohner) zum Beginn/Ende des *West Coast Trails* ab ▶Seite 267. Ab Honeymoon Bay kann über eine befestigte Straße **Port Renfrew** (▶Seite 263), an der Juan de Fuca Strait gelegen, erreicht werden.

Bitte beachten Sie: Die Gravelroads sind werktags aktive Logging-Roads, d. h., es sind lange, breite Holztransporter unterwegs, die NICHT ausweichen oder anhalten. Wenn Ihnen ein Fahrzeug entgegenkommt, fahren Sie so weit wie möglich rechts oder halten Sie an. Warten Sie, bis sich eine evtl. gebildete Staubwolke verflüchtigt hat, bevor Sie weiterfahren. Sie sollten auch mit einem Fahrzeug unterwegs sein, mit dem Sie diese Straßen befahren können.

🛈 Visitor Information

✉ 125 South Shore Rd, Lake Cowichan
☎ 250-749-3244
🕐 Sommer: So-Mi 9-17 Uhr, Do-Sa 9-19 Uhr, Herbst & Winter: Di-Do 10-16 Uhr, Fr & Sa 10-19 Uhr, Frühling: So-Mi 10-16 Uhr, Do-Sa 10-19 Uhr
@ info@cowichanlake.ca
🌐 www.cowichanlake.ca

👁 Sehenswürdigkeiten

▶ Kaatza Station Museum

Das Museum ist im alten, 1913 erbauten, Bahnhof der **Esquimalt & Nanaimo Railway** untergebracht und seit 1983 für Besucher geöffnet. Hier kann man sich anhand einer Foto-Sammlung, Wandbildern, Ausstellungsstücken und vielem mehr über die Geschichte der für die Entwicklung der Stadt so wichtigen Eisenbahn, die eng mit der Forstwirtschaft verbunden war, den Bergbau und die Zeit der ersten Siedler informieren. Daneben wird ein **General Store** aus dem frühen 20. Jahrhundert und ein **Bergwerksschacht** gezeigt.

Im Museumsfreigelände steht ein 1925 errichtetes Schulgebäude mit einem Glockenturm. Im Inneren des Gebäudes bekommt man einen schönen Einblick in das „Innenleben" einer ehemaligen Schule. Im südlichen Bereich des Freigeländes leuchten die Augen der Eisenbahnfreunde, wenn sie die **1927 Lima Shay Dampflokomotive**, **1927 Plymouth Lokomotive**, Frachtwaggons und Begleitwagen sehen.

✉ 125 South Shore Rd, Lake Cowichan
☎ 250-749-6142
🕐 Sommer: tägl. 9–16 Uhr, Winter: Mo–Fr 9–16 Uhr
💲 CAD 2
🌐 www.kaatzastationmuseum.ca

▶ Hausboot-Tour

Auf Vancouver Island ist das Angebot an Hausboot-Touren relativ gering. Sollten Sie also Lust verspüren und einige Tage per Hausboot über den See schippern wollen, bietet sich dies auf dem Cowichan Lake an. Die Mindestmietzeit beträgt 3 Tage.

✉ 415 Point Ideal Dr, Lake Cowichan
☎ 250-478-5678
💲 3 Tage Wochenende je nach Saison: CAD 799–1.599, 4 Tage Wochenmitte: CAD 899–1.799, 7 Tage: CAD 1.199–2.799
🌐 www.islandhouseboats.com

▶ Summer Night Music

Von Anfang Juli bis Anfang September wird es musikalisch und vielleicht auch laut im Central Park, wenn gerockt und gesungen wird. Und eine Menge Spaß ist vorprogrammiert, wenn Bands Volkmusik-, Country & Western oder Rocksongs zum Besten geben. Essen und Trinken sowie eine Sitzgelegenheit (Decke oder Stuhl) sollten Sie selbst mitbringen. Der Eintritt ist frei, eine Spende ist aber willkommen.

Weitere Musikfestivals finden im Sommer statt, so z. B. im August das **Sunfest Country Musik Festival** und Ende Juni das **Laketown Rock Festival**.

Gordon Bay Provincial Park

Gordon Bay Provincial Park

▶ Wandern

Wanderfreunde finden im **Bald Mountain**-Gebiet, einer Halbinsel, die im Osten weit in den See hineinragt und ihn in den North und South Arm teilt, einige schöne und gut markierte Wanderwege.

- Marble Bay Rd, zweigt 7 km östl. v. Youbou von der North Shore Rd Richtung Süden ab
- Karte: www.cowichanlake.ca/2014/05/bald-mountain-map

Denninger Scout Trail – Mount Bald
- 4 Stunden
- Schwierig
- 8 km
- 460 m

Beaver Walk
- 3 Stunden
- Leicht
- 8 km

Venturers Challenge Trail
- 2 Stunden
- Sehr schwierig
- 5 km
- 460 m

Unterkünfte

Boutique Waterfront Lodge
Es werden an der am See liegenden Lodge Suiten (1–6 Pers.) und Zimmer unterschiedlicher Ausstattung (Küchenzeile, 1–2 Schlafzimmer, Freisitz oder Seeblick) angeboten.
- 71 South Shore Rd, Lake Cowichan
- 250-749-0105
- ★★ – ★★★
- www.cowichanlake.org

Lake Cowichan Lodge
Man übernachtet in geschmackvoll eingerichteten 1-, 2- oder 3-Bedroom-Suiten mit Küchenzeile nur wenige Minuten vom See und den Sandstränden entfernt.
- 201 Cowichan Lake Rd, Lake Cowichan
- 250-749-6717 oder 1-800-887-1288 (geb.frei)
- ★★
- Ja, frei
- www.lakecowichanlodge.com

Lakeview Park Campsite
Städtischer Campground mit eigenem Badestrand und Bootsrampe. Stellplätze größtenteils im Wald, Generatoren nicht erlaubt.
- 8815 Lakeview Park Rd, Lake Cowichan
- 250-749-6681
- Ganzj.
- 72, Wasser- und Stromanschl. mögl. (Strom: CAD 9 pro Tag) Ja Ja
- Nein, nächster Sanidump in Lake Cowichan (S Shore Rd, von Westen kommend nach dem Skatepark links, Mai–Okt., Spende erwünscht)
- $$
- general@lakecowichan.ca
- www.town.lakecowichan.bc.ca/camping.shtml

🅿 GORDON BAY PROVINCIAL PARK

Auf der asphaltierten Straße entlang des Cowichan Lake Südufers kommt man durch die kleinen Ortschaften **Mesachie Lake** und **Honeymoon Bay** und erreicht nach 14 km westlich vom Ort Cowichan Lake den sehr beliebten **Gordon Bay Provincial Park** mit seinem wunderschönen Badestrand.

Durch das milde Klima des Cowichan Valley erreicht das Wasser des Sees angenehme Badetemperaturen und eignet sich bestens während der Sommermonate zum Schwimmen und für viele weitere Wassersportaktivitäten. Viele Vogelarten sind hier heimisch und auch einige größere Tiere wie z. B. Schwarzbären, Rotwild, Pumas und Biber können schon mal durch den Park spazieren. Der Campground (mit Duschen) liegt inmitten von Douglasfichten mit sehr hübschen Stellplätzen. Am See befindet sich ein Picknickplatz, ein Spielplatz, eine Bootsanlegestelle und ein Sand-Badestrand.

Empfehlung: Wandern Sie den **Point Trail**, der am Badestrand oder Parkplatz beginnt, bis zum Endpunkt des Trails zu wunderschönen und einsam gelegenen Plätzen. Hier kann auch ein Teil des noch weit nach Westen reichenden Sees überblickt werden.

Bitte **beachten Sie**: Von März bis Juni lauern Zecken, die Überträger der gefährlichen auf FSME und Lyme-Borreliose sein können, auf warmblütige Wirte. Da der Biss meist nicht bemerkt wird, sollten Sie Ihren Körper regelmäßig untersuchen.

☎ 1-877-559-2115
🕒 Ganzj., Service: Mai–Sept.
🛏 122 Nein Ja Ja
💲 $-$$
🌐 www.env.gov.bc.ca/bcparks/explore/parkpgs/gordon_bay

🏘 YOUBOU

•—•	Duncan	50 km
	Cowichan Lake	18 km
👪	Youbou	900
❄	+3 °C	
☀	+24 °C	
〰	Meereshöhe	162 m

Youbou ist die zweitgrößte Ortschaft am Cowichan Lake und liegt am Nordufer des Sees. Youbou verdankt, wie viele Ortschaften im Westen Kanadas, seine Existenz der Holzindustrie und dem Bau von Eisenbahnstrecken, die dazu dienten, das Holz und die Holzprodukte transportieren zu können. In Youbou war es die **Esquimalt & Nanaimo Railway**, die 1912 den Ort erreicht hatte. 1925 folgte dann noch eine Eisenbahnlinie der **Canadian National Railway**. 1913 entstand ein kleines Sägewerk, „**Cottonwood Mill**", auch als *Medina Mill* bekannt, Keimzelle der heutigen Stadt Youbou.

Namensgeber waren der Manager **You**nt und der Präsident **Bou**ten der Empire Lumber Company, der ersten Firma, die hier Holzwirtschaft betrieb. 2001 schloss die Youbou Sägemühle und beendete damit die langjährige Geschichte der Holzindustrie Youbous.

Heute profitiert die Stadt vom Tourismus und bietet für Freizeitaktivitäten zu Land und zu Wasser viele Möglichkeiten.

Am Ufer des Cowichan Lake befindet sich der **Arbutus Park** mit Sandstrand, Spielplatz, Bootsanlegestelle und Bademöglichkeit. Attraktion ist die alljährlich am zweiten Samstag im August stattfindende **Youbou Regatta**, die neben dem sportlichen Wettkampf auch Tanz und Unterhaltung bietet.

NEBENROUTE 3
Parksville bis Ucluelet & Tofino

🏠 COOMBS

📍	Port Alberni	42 km
	Kreuzung Hwy 4 / Pacific Rim Hwy	153 km
	Tofino	187 km
👨‍👩‍👧	Coombs	1.320
❄	+4 °C	
☀	+19 °C	
〰	Meereshöhe	33 m

Coombs, dieses kleine, unscheinbar wirkende Örtchen etwa sechs Kilometer westlich von Parksville am Highway 4A gelegen, ist nicht nur wegen der **grasenden Ziegen** auf dem Dach des mit einem reichlichen Angebot bestückten **Country Markets** einen Stopp wert. Hier gibt es auch noch historische Gebäude und einige kleine Geschäftchen, in denen man sich wie in die 60er- und 70er-Jahre zurückversetzt fühlt, in denen der Indian- und Flowerpower-Look zum alltäglichen Straßenbild gehörte. Selbst die „handmade" Rockmusik der damaligen Zeit, gespielt von nun schon langsam in die Jahre kommenden, ehemaligen 68ern, erklingt an manchen Tagen. Kunst und Kunsthandwerk, Antiquitäten und Souvenirs, Süßes und Herzhaftes werden ebenfalls angeboten – wer ein Mitbringsel für die Daheimgebliebenen sucht, wird sicherlich in einem der kleinen Lädchen oder im „**Coombs Emporium**" (Warenhaus) fündig. Die Beliebtheit dieses Fleckchens ist deutlich am Parkplatzmangel bzw. den langen Parkschlangen am Highway spürbar.

Die Entstehung von Coombs geht auf den Beginn des 20. Jahrhunderts zurück, als sich hier eine Handvoll Siedler aus England und Wales niederließen. Sie waren Teil des humanitären Heilsarmee-Zuwanderungsprogramms, das etwa eine viertel Million Engländer und Walliser nach Kanada brachte. Der kanadische Beauftragte dieses Programms war **Captain Thomas Coombs**, nach ihm wurde die Ortschaft benannt.

Jedes Jahr im Juni und Juli wird der Wilde Westen wieder zum Leben erweckt und Coombs zieht mit einem **Rodeo**, dem **Bluegrass Festival** und weiteren Belustigungen eine Vielzahl von Besuchern an.

👁 Sehenswürdigkeiten

▶ Coombs Old Country Market
Der Ursprung des **Old Country Markets** geht auf einen 1971 errichteten Fruchtstand am Highway zurück, der vier Jahre später um einen Hamburger-Verkaufsstand erweitert wurde. Im gleichen Jahr wurde das Gebäude zum Hang hin erweitert und mit einem Grasdach versehen. Die Idee dieses Grasdaches hatte der Besitzer, Kristian Graaten, der Mitte der 50er-Jahre aus Norwegen kam, wo viele am Hang errichtete Gebäude als Verlängerung des Abhangs bewachsene Dächer hatten. Es wird berichtet, dass, nachdem das Gras gewurzelt hatte, auch die Ziegen kamen. Wie auch immer, Ziegen sind jedenfalls Dauergäste auf dem Dach, ersparen dem Besitzer das Rasen mähen und sorgen für ordentlichen Umsatz in dem sehr reich bestückten Country Market. Sie können hier nicht nur Lebensmittel aus aller Welt, sondern vor allem auch kanadische Erzeugnisse und vielerlei Non-Food-Artikel erstehen. Unser Favorit ist eine Mischung aus 18 Sorten getrockneter Bohnen, die eine eiweißhaltige und sättigende Beilage als Suppe oder Gemüse zum Gegrillten am Lagerfeuer ergeben.

Restaurants halten schmackhafte Imbisse bereit. Frisches Gemüse und Früchte finden Sie oberhalb des Country Markets in einem separaten Geschäft.

🕘 *9–19/20 Uhr, Jan. & Feb. geschlossen wie fast alle Geschäfte in Coombs*
@ info@oldcountrymarket.com
🌐 www.oldcountrymarket.com

▶ Coombs General Store
Der **General Store** mit angegliedertem Postamt hält schon seit 1911 alles Wichtige und Nützliche für die Bewohner dieser Gegend bereit. Sein hölzerner Fußboden,

Coombs Country Market

die alte Einrichtung und historische Fotos geben dem Geschäft einen eigenen Charme. Liebe mitreisende Kinder: Für euch gibt eine sehr große Auswahl an kleinen Süßigkeiten. Der General Store liegt in Stadtmitte direkt am Highway.

▶ Bluegrass Festival

Tanz, Spiel und Spaß erwartet Alt und Jung Ende Juli / Anfang August, wenn das **Bluegrass Festival** steigt und Bands aus der Region, vom Festland und auch aus den USA hier für Stimmung sorgen. Daneben finden während des Festivals auch Workshops statt. Bitte **beachten Sie**: Hunde können auf das Veranstaltungsgelände nicht mitgenommen werden.

- 4 Tage: Do–So
- Weekend Pass: Pro Person CAD 85, Kinder unter 12 J. frei, Tagespass: CAD 30–45, Kinder frei
- Camping (einf. Stellplätze first come, first served): pro Nacht CAD 15
- www.chrco.org/bluegrass

Auf dem Coombs Rodeo Platz werden noch weitere Shows während des Jahres geboten: z. B. **Coombs Old Country Opera** und **Music Events & Dances Festivals**. Näheres:

- 250-248-1009
- coombsrodeogrounds@gmail.com
- www.chrco.org

▶ Hamilton Marsh

Das ca. 3 km lange und 0,5 km breite Sumpfgebiet **Hamilton Marsh** ist umgeben von dichtem Küstenwald und bildet den Lebensraum von über 130 Vogel-, Fisch- und Amphibienarten. Im Frühjahr und Herbst machen hier Enten und Gänse auf ihrer Durchreise gen Norden oder Süden Station. Es führen vom Parkplatz Wege (auf eigene Gefahr) ins Sumpfgebiet und zu einer Aussichtsplattform.

Erreichbar ist der 4 km nordwestlich von Coombs liegende Park über die South Hillers Road, die vom Highway 4 (Richtung Qualicum Beach) nach Norden abzweigt.

- www.hamilton-marsh.com

Heimische Produkte im Country Market

Coombs 281

Der Coombs Country Market ist einen Besuch wert.

▶ Butterfly World and Gardens

Diese bunte, tropische Gartenanlage **Butterfly World and Gardens** mit einem Außen- und einem Innenbereich liegt ebenfalls in Coombs. Hunderte farbenprächtige Schmetterlinge umschwirren Sie, von der Atlasmotte (Flügelspannweite etwa 25 cm) bis zum kleinen Red Periot Schmetterling (Flügelspannweite etwa 1,3 cm). Und wachsam lauern in der Teichanlage Schildkröten, Frösche und Fische auf einen Leckerbissen.

Die **Außenanlage** ist die neueste Attraktion des tropischen Gartens, dort finden Sie in zwei geschmackvoll angelegten Teichen, die auch ein Wasserfall schmückt, japanische Koi-Karpfen, die zu Fütterungszeiten besonders gut zu betrachten sind.

Sie können sich auch die verschiedenen Entwicklungsstufen von der meist nicht so schönen Raupe, die ständig auf der Suche nach Futter ist, bis zum farbenfrohen Schmetterling ansehen. Weitere Attraktionen sind tropische Finkenarten mit leuchtendem Gefieder und einige Exemplare afrikanischer Schildkröten.

Relativ neu in der Anlage ist ein Indoor-Garten, geschmückt mit plätschernden Wasserfällen und kleinen Tümpel, in dem über 100 farbenprächtige Orchideen-Arten aus aller Welt prächtig gedeihen. Und natürlich fehlt auch der Souvenirladen für ein kleines Andenken nicht und auf der **Kolibri-Terrasse** (Hummingbird Patio) gibt es Tee, Kaffee, kleine Snacks oder ein Eis.

- Hwy 4A, ca. 3 km westl. v. Coombs
- 250-248-7026
- April–Sept.: tägl. 10–16 Uhr
- Erw.: CAD 14, Sen.: CAD 11, Jugendl. (13–17 J.): CAD 10, Kinder (3–12 J.): CAD 5
- www.nature-world.com

LITTLE QUALICUM FALLS PROVINCIAL PARK

▶ Seite 208

MACMILLAN PROVINCIAL PARK – CATHEDRAL GROVE

Einen besonders interessanten Park, den 1,36 km² großen **MacMillan Provincial Park**, erreicht man etwa 20 km westlich von Coombs. Auf den Wanderwegen im Park steht man oft staunend vor den unglaublich hohen, teilweise über 800 Jahre alten Douglastannen, die mit bis zu 9 Meter Stammumfang ein imposantes Bild abgeben. Der Park ist Schutzgebiet für diesen alten Baumbestand und schützt die Exemplare vor der Vermarktung durch die Holzindustrie.

Zu beiden Seiten des Highways gibt es Parkmöglichkeiten und ein Netz von Wanderwegen mit Informationstafeln führt durch das Schutzgebiet bis zum nahegelegenen **Cameron Lake**. Mitten durch dichten Regenwald mit riesigen Douglastannen führt der südlich des Highways beginnende Weg, nördlich wandert man durch ein Waldgebiet mit Riesenlebens-

MacMillan Provincial Park

bäumen und kann über einen Seitenweg zum Cameron Lake gelangen. Einige Trails sind auch für Rollstuhlfahrer geeignet, diese sind am Parkeingang bezeichnet.

Ein starker Sturm an Neujahr 1997 ließ Bäume umstürzen und zerstörte Teile der Wege, die danach wieder neu angelegt werden mussten. Man ließ einige der umgestürzten Bäume im Park liegen, denn sie fördern die Regeneration, indem sie der Zuführung von Nährstoffen, Raum und Licht dienen.

Der Park wurde nach dem Förster H. R. MacMillan benannt, der 1944 den Standort der alten Bäume schützen und der Öffentlichkeit zugänglich machen wollte. Drei Jahre später wurde der Provincial Park gegründet und im Frühjahr 2005 noch erweitert. Der Parkbesuch ist kostenlos, doch wer möchte, kann den Spendenbaum „füttern" und so sein Scherflein zur Unterhaltung des Parks beitragen.

Bitte beachten Sie: Rauchen ist im Park verboten. An sehr windigen Tagen bitte Vorsicht, denn die sehr alten Bäume könnten ins Wanken geraten, halten Sie daher die Augen offen.

- Ganzj.
- www.env.gov.bc.ca/bcparks/explore/parkpgs/macmillan
- Trails: www.env.gov.bc.ca/bcparks/explore/parkpgs/macmillan/macmillan_map.pdf

MOUNT ARROWSMITH REGIONAL PARK

Die höchste Erhebung im Südteil von Vancouver Island und weithin sichtbar ist der 1.817 m hohe **Mount Arrowsmith**, im gleichnamigen Regional Park gelegen. Die First Nations nannten den Berg „**Kuth-Kah-Chulth**", etwa: *scharf gezeichnetes, spitzes Gesicht*, was die Gipfel des Gebirgsmassives durchaus treffend beschreibt.

Neben dem Strathcona Provincial Park ist das Mount Arrowsmith Gebirgsmassiv die größte subalpine und alpine Klimazone im Süden der Insel. Über 150 Pflanzen, darunter auch sehr selten anzutreffende, mehr als 20 Vogelarten, das dunkelbraune **Vancouver Island Murmeltier**, das nur hier auf der Insel anzutreffen ist, und viele weitere heimische Tiere sind hier zu finden. Seine in den letzten Jahren steigende Popularität ist wahrscheinlich auf die Nähe des sehr bevölkerungsreichen Teils der Insel zurückzuführen.

Die 20 km lange Zufahrt (gravel) vom Hwy 4 über Cameron Main/Mt. Arrowsmith zweigt ca. 1 km westlich von Alberni Summit (ca. 9 km östlich von Port Alberni) nach Süden ab. Ein Wanderweg zum Park beginnt am Hwy 4 am Ostende des Cameron Lake. Im Park ist neben Wandern auch Gleitschirmfliegen und Klettern populär.

Mount Arrowsmith Regional Park   283

Am Hafen von Port Alberni

Wenn Sie diesen Park besuchen möchten, bitte kontaktieren Sie die Visitor Info in Port Alberni, denn die Zufahrt ist vom Highway 4 nicht ausgeschildert. Weitere Infos:
- Karte: www.rdn.bc.ca/cms/wpattachments/wpID2589atID4474.pdf
- www.rdn.bc.ca/2589

Benannt wurde das Bergmassiv nach den beiden Kartografen Aaron und John Arrowsmith, die Mitte des 19. Jahrhunderts die Gegend vermaßen.

PORT ALBERNI

	Parksville	43 km
	Kreuzung Hwy 4 / Pacific Rim Hwy	111 km
	Tofino	145 km
	Port Alberni	20.700
	+2 °C	
	+17 °C	
	Meereshöhe	0 bis 35 m

Port Alberni liegt am Highway 4 am Ende des Alberni Inlet, einem weit ins Landesinnere führenden Ausläufer des Pazifiks im mittleren Teil von Vancouver Island zu Füßen der Beaufort Range. Durch einen tiefen Seehafen ist die Stadt angebunden an die **Barkley Meerenge** (Sound) und somit an den Pazifik. Port Alberni ist nicht nur per Highway oder Schiff erreichbar, sondern wird von kleineren kanadischen Fluggesellschaften angeflogen, der Airport liegt nördlich der Stadt.

Touristisch interessant ist die Stadt wegen der vielen Angebote an Outdoor-Aktivitäten. Neben z. B. Kajak- und Kanufahren, Surfen, Tauchen und Wandern sind vor allem auch die Hubschrauber- und Wasserflugzeugtouren beliebt.

Da Port Alberni nicht nur „Tor zum Pacific Rim National Park", sondern auch „Salmon Capital of the World" genannt wird, ist gerade das Lachsangeln populär. Im Hafenbecken tummeln sich Prachtexemplare, und über den von Norden in den Alberni Inlet fließenden **Stamp River** kehren über eine Million Lachse im Herbst zurück zu ihrer Geburtsstätte, um dort zu laichen.

Alljährlich findet am *Labour Day* Wochenende (1. Montag im September) der beliebte **Lachsangel-Wettbewerb** statt. Wer dann den „dicksten Fisch" an der Angel hat, dem winken stattliche Geldpreise.

Port Alberni wurde nach dem spanischen Kapitän Don Pedro de Alberni benannt. Er war von 1790 bis 1792 Kommandant des spanischen Forts auf Nootka Island an der Westküste von Vancouver Island. Bevor die ersten Europäer kamen, war die Westküste traditionelles Land der Tseshaht und Hupacasath First Nations des Nuu-chah-nulth Stammes, ehemals Nootka. Alte Felsenzeichnungen (Petroglyphs) der First Nations sind am westlich gelegenen Sproat Lake zu finden. Die Hupacasath First Nations sind auch heute noch mit etwa 300 Mitglieder in Port Alberni und Umgebung (Reservat Klehkoot, 2,2 km nördl. der Stadt und Ahahswinis im nördlichen Stadtgebiet) ansässig.

Im Jahr 1787 kam die erste europäische Frau nach British Columbia, in Be-

Blick auf Port Alberni

1912 wurde Port Alberni unabhängig und kurze Zeit später erreichte die Canadian National Railway die Stadt. Durch sie wurde im Ostteil der Insel der Bergbau neben der bereits intensiv betriebenen Forstwirtschaft zu einem wichtigen Wirtschaftsfaktor.

Heute ist Port Alberni das regionale Versorgungs- und Verwaltungszentrum der Region und durch seine Lage ein Anziehungspunkt für Natur- und Erholung suchende Touristen. Auch ein Bummel durch die Stadt lohnt sich, denn einige künstlerisch schön gestaltete Wandmalereien (**Murals**) sind im Stadtgebiet zu entdecken.

Im Bereich des hübsch gestalteten Hafengeländes können Sie, Schwindelfreiheit vorausgesetzt, einen **Aussichtsturm** erklimmen und von dort einen weitreichenden Blick über die Stadt, die Umgebung und den Hafen genießen.

Die **MV Lady Rose** (ursprünglich getauft auf „Lady Sylvia"), die mittlerweile in den wohlverdienten Ruhestand getreten ist, war ein 1937 in Schottland erbautes Passagier- und Frachtschiff. Das Schiff war auch das erste, das im gleichen Jahr mit einer dieselbetriebenen Schiffsschraube aus eigener Kraft den Atlantik überquerte.

Heute bietet die MV Francis Barkley spektakuläre Tageskreuzfahrten zu den Ortschaften **Ucluelet** (ca. 100 km nördlich am Pazifik gelegen ▶Seite 295) und **Bamfield** (▶Seite 288, Ausgangspunkt des **West Coast Trails** ▶Seite 267). Unterwegs werden Stopps entweder in **Kildonan** (am Uchucklesaht Inlet, einem Seitenarm des Alberni Inlets, gelegen) oder Sechart eingelegt. Sechart ist für Kanuten, die auf die Broken Group Islands (▶Seite 299) im Barkley Sound möchten, ein wichtiger Haltepunkt. Die Schiffstouren sind auch Transport- und Kommunikationsmittel

gleitung ihres Bräutigams **Kapitän Charles William Barkley**, der mit der „*Imperial Eagle*" die nach ihm benannte Meerenge an der Westküste der Insel nahe Port Alberni erforschte. Etwa 80 Jahre später war es **Adam Horne**, ein schottischer Pelzhändler der Hudson's Bay Company, der einen Weg von der Strait of Georgia im Osten durch Vancouver Island suchen sollte und die Wege der First Nations nutzte, um ins Alberni Tal zu gelangen. Dieser Weg, als **Horne Lake Trail** bekannt, wurde 1872 von der Regierung zur Wagon Road ausgebaut, regelmäßig gewartet und bis 1885 genutzt. Jedoch stellte sich bald heraus, dass die Gebirgsübergänge nicht für die damaligen Fahrzeuge geeignet waren. Man fand einen besser geeigneten Übergang südlich des Horne Lake Trails nahe Cameron Lake, der der heutige Verlauf des Highway 4 ist.

Dem Bau der ersten Sägemühle 1860 durch die *Anderson Company* folgten noch weitere, was zu den Anfängen der Besiedelung des Tals führte. Maßgeblich daran beteiligt waren der Unternehmer **Edward Stamp**, Agent der Anderson Company in Victoria, und der schottische Geschäftsmann **Gilbert Sproat**, einer der Erbauer der ersten Sägemühlen. Nach ihnen wurden Stamp River und Sproat Lake benannt.

Port Alberni 285

für die kleinen Ortschaften entlang des Alberni Inlets.

Schiffstouren während der Hauptreisezeit bitte unbedingt reservieren. Kinder (8–15 Jahre) zahlen den halben Erwachsenenpreis.

Nach Bamfield und Kildonan
- Ganzj.
- Di, Do & Sa, Abfahrt 8:00 Uhr
- Bamfield: Einf. Fahrt Erw.: CAD 42, Hin- u. Rückf.: CAD 84, Kildonan: Einf. Fahrt Erw.: CAD 33, Hin- und Rückf. CAD 66

Nach Ucluelet & Sechart (Broken Group Islands)
- Mo, Mi & Fr, Juli-Anf. Sept.: auch So, Abfahrt 8:00 Uhr
- Juni-Mitte Sept.
- Ucluelet: Einf. Fahrt Erw: CAD 44, Hin- und Rückfahrt: CAD 88
  Ucluelet nach Sechart: Einf. Fahrt Erw.: CAD 33, Hin- und Rückfahrt: CAD 66

Infos – Lady Rose Marine Services
- 5425 Argyle St, Port Alberni
- 250-723-8313
- Ganzj.: Mo–Fr 8–17 Uhr
- ladyrosemarine@telus.net
- www.ladyrosemarine.com

Alberni Steam Train

Visitor Information

- 2533 Port Alberni Hwy, (Ortseinfahrt Ost)
- 250-724-6535
- Ganzj., Mitte Mai–Anf. Okt. tägl. 9–17/18 Uhr, sonst Mo–Fr 9–17 Uhr, Sa & So 10–14 Uhr
- office@albernichamber.ca
- www.albernichamber.ca

Sehenswürdigkeiten

▶ **Alberni Valley Museum**

Im **Museum** der Stadt wird die Geschichte des Ortes und der Nuu-chah-nulth erläutert, zu denen ebenfalls die hier ansässigen Hupacasath People gehören. Sie können sich anhand von Fotos aus den frühen Zeiten der Stadt und mehreren historischen Gegenständen ein Bild aus dem früheren Alltags- und Arbeitsleben der Natives und weißen Siedler machen. Besonders hervorzuheben ist die Flechtkorbkollektion der Nuu-chah-nulth. Auch wechselnden Ausstellungen über internationale Kulturgeschichte ist ein Platz im Museum vorbehalten. Ein Souvenirshop bietet kleine Erinnerungen, Bücher und Bilder an.

- 4255 Wallace St, Port Alberni
- 250-723-2181
- Ganzj. Di–Sa 10–17 Uhr, Do bis 20 Uhr, Juli & Aug. auch montags
- Es wird um eine Spende gebeten.
- www.alberniheritage.com

▶ **McLean Mill National Hist. Site**

Die **McLean Mill** ist die einzige dampfbetriebene Sägemühle Kanadas. Mit seinen drei Söhnen betrieb R. B. McLean diese Sägemühle von 1926 bis ins Jahr 1965. Vor mehr als 10 Jahren begann man mit der Restaurierung, in den Sommermonaten kann man per Führung oder auf eigene Faust durch das Gelände streifen, auf dem noch mehrere Wohn- und Geschäftsgebäude, Transportmittel und Gerätschaften zu entdecken sind. Auch die Arbeitsweise der Mühle, die noch in Betrieb ist, wird vorgeführt. Wer bei so viel Sightseeing an der frischen Luft ein wenig Stärkung nötig hat, kann diese im **Café** am Eingang bekommen.

Die **National Historic Site** liegt 8 km nordwestlich von Port Alberni. Sie erreichen diese vom Hwy 4 über die Beaver Creek Rd/Smith Rd bis zum Parkplatz. **Tipp:** Um schnell und einfach wieder nach Port Alberni zurückzukommen, fahren sie am besten diese Strecke auch wieder zurück. Sie können auch mit der **Alberni Pacific "Steam" Railway** zur Sägemühle fahren oder eine Besichtigung mit Zugfahrt buchen. Saison ist von Ende Juni bis Anfang September, in dieser Zeit finden auch Führungen und spezielle Events statt. Näheres auf der Internetseite. Die Öffnungszeiten kurz vor und nach der Saison variieren.

- 5633 Smith Rd, Port Alberni
- 1-855-866-1376
- Ganzj.: tägl.; Juni-Aug.: Do-So Touren inkl. Demo der McLean Steam Mill
- Rundfahrten (ink. Eintritt McLean Mill uvm.) Erw.: CAD 36, einf. Fahrt CAD 26, Jugendl./Stud. (12-18 J.): CAD 25/15, Kinder: frei, Familien: CAD 95
- www.alberniheritage.com

▶ Alberni Pacific "Steam" Railway

Die wiederhergestellte Dampflok aus dem Jahr 1929 bietet im Sommer Touren ab der 1912 erbauten **Canadian Pacific Railway Station** durch die umliegenden Wälder und zur Sägemühle **McLean Mill National Historic Site**.

Über aktuelle Angebote und genauen Fahrzeiten informieren Sie sich in der Visitor Information oder auf der Internetseite.

- 3100 Kingsway Ave, Port Alberni
- 250-723-2118
- clientservice@mcleanmill.ca
- www.alberniheritage.com

▶ Maritime Discovery Centre

Im Port Alberni **Maritime Discovery Centre** wird über die Geschichte der Seefahrt an der Westküste Vancouver Islands informiert. Zu sehen sind neben maritimen Ausstellungsstücken eine Original-Nachbildung eines **Küstenleuchtturms** und ein restauriertes **Rettungsboot**, das von 1951 bis 1969 im südwestlich von Port Alberni liegenden Bamfield stationiert war und die SOS-Rufe der in Not geratenen Schiffe vor der Küste empfing.

- 2750 Harbour Rd, Port Alberni
- 250-723-6164
- Anf. Juni-Aug.: Mo-Fr 10-16 Uhr, Sa & So 9:30-16:30 Uhr
- Es wird um eine Spende gebeten
- portalbernimhs@gmail.com
- www.portalbernimaritimeheritage.ca

Unterkünfte

Somass Motel

Im renovierten Motel übernachtet man preiswert in Zimmern (Mikrowelle & Kühlschrank) oder in einer Suite mit zwei Schlafzimmern und Küchenzeile. Auf einer Grasfläche sind auch sechs RV-Stellplätze mit allen Anschlussmöglichkeiten vorhanden.

- 5279 River Rd, Port Alberni
- 1-800-927-2217 (geb.frei)
- Ja
- ★★
- www.somass-motel.ca

Best Western Barclay

Das am Stamp River gelegene Hotel bietet modern eingerichtete Doppelzimmer und Suiten, ausgestattet mit Kaffeekocher und Bügeleisen, die Suiten zusätzlich mit Minikühlschrank und Mikrowelle. Entspannen kann man im beheizten Außenpool oder im Fitness-Center.

- 4277 Stamp Ave, Port Alberni
- 1-800-563-6590 (geb.frei)
- Ja
- ★★ - ★★★
- www.bestwesternbarclay.com

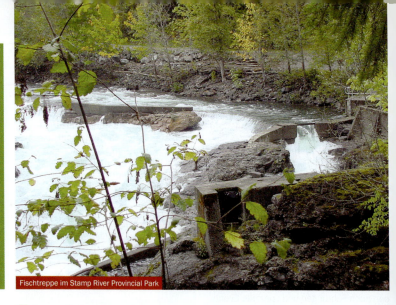
Fischtreppe im Stamp River Provincial Park

🚐 Arrowvale Campground

Der teils etwas bewaldete Campground liegt westlich von Port Alberni. Die Stellplätze mit Wasser- und Stromanschluss sind parkplatzähnlich. Es können auch Cottages angemietet werden.

- 📍 Hwy 4 Richtung Tofino, kurz nach der Brücke über den Somass River rechts auf der Hector Rd nach Norden bis zum Campground
- ✉ Hector Rd, Port Alberni
- ☎ 250-723-7948   🕗 Ja
- 🛏 67, Strom- u. Wasseranschl. mögl.
- 🍴 Ja
- 💲 CG: $$, Cottages: ★★
- 🌐 www.arrowvale.ca

🚐 Stamp River Provincial Park
▶ Seite 289

🚐 Sproat Lake Provincial Park
▶ Seite 289

🏘 BAMFIELD

Die kleine Ortschaft **Bamfield** liegt südwestlich von Port Alberni. In Bamfield, am Südende des Barkley Sound, leben etwa 200 ständige Bewohner. Der Ort ist zweigeteilt in einen West- und einen Ostteil, getrennt durch das 150 m breite **Bamfield Inlet**, das per Wassertaxi überquert wird. Im Westteil des Ortes findet man kleine Geschäfte und kann auf einem Boardwalk am Hafen entlang bummeln oder auf der Ozeanseite den Brady's Beach Trail wandern. Drei Kilometer südlich von Bamfield liegt die Pachena Bay, wo der Start- oder Endpunkt des berühmten und abenteuerlichen West Coast Trails liegt ▶ Seite 267.

Bamfield war viele Jahrhunderte Heimat der Huu-ay-aht People der Nuu-chah-nulth First Nations, heute leben diese First Nations südlich des Ortes an der Pachena Bay.

Ende des 19. Jahrhunderts kamen die ersten Europäer und gründeten ein kleines Fischerdorf. Die kommerzielle Fischereiwirtschaft war bis in die 1980er-Jahre in Bamfield angesiedelt, heute ist das idyllische Fischerdorf ein attraktives Ziel von Sportfischern und Outdoor-Aktiven.

In Bamfield findet man die wichtigsten Versorgungsmöglichkeiten, Campgrounds und Übernachtungsmöglichkeiten.

Erreichbar ist Bamfield von **Port Alberni** über eine 89 km lange, abenteuerliche Fahrt auf einer *Logging Road*, und von **Lake Cowichan** (▶Seite 273) in 123 km, ebenfalls über eine *Logging Road*. Wer diese Strecken fahren möchte, sollte sich unbedingt vorher in der Visitor Information Port Alberni über den Zustand der Straße informieren. Per Schiff kommt man nach Bamfield von **Port Alberni** (▶Seite 286) und per Wasserflugzeug (www.pacificseaplanes.ca). Der **West Coast Trail Express** verbindet von Mai bis September Victoria mit Bamfield.

- 4884 Lochside Dr, Victoria
- 250-4767-8700 oder 1-888-999-2288 (geb.frei)
- *Ja, unbedingt erforderlich!*
- www.trailbus.com

Bamfield Chamber of Commerce

- 345 Grappier Rd, Bamfield
- 250-728-3006
- info@bamfieldchamber.com
- www.bamfieldchamber.com

Unterkunft

Pachena Bay Campground
Der Campground liegt am Ausgangs- oder Endpunkt des **West Coast Trails** an der Pachena Bay, 3 km südlich von Bamfield, je nach Start der Wanderung.

- 250-728-1287
- April–Sept.
- 16, Wasser- u. Stromanschl. mögl.
- Ja   Ja   69
- $$
- info@pachenabaycampground.ca
- www.hfndevelopmentlp.org/campground

STAMP RIVER PROVINCIAL PARK

Der 3,27 km² große **Stamp River Provincial Park** liegt 14 km nördlich von Port Alberni. Zufahrt zum Park ab Port Alberni über die Beaver Creek Road. Die letzten 2 km sind nicht asphaltiert aber gut befahrbar.

Benannt ist der Park nach Port Albernis Pionier der frühen Tage und Erbauer der ersten Sägemühle, Edward Stamp. Ein kleiner Wasserfall schmückt den Park und im Herbst, wenn sich die Lachse über eine Fischleiter zu ihrem Geburtsort und den Laichgründen zurückquälen, ist ein Besuch im Park besonders zu empfehlen. Doch **Vorsicht**, Bären sind gerade zu dieser Jahreszeit allzeit bereit, eine einfache Futterquelle für sich zu nutzen.

Vom Parkplatz in Campgroundnähe führt ein 0,5 km langer Wanderweg zu einem **Aussichtspunkt** nahe der Fischleiter. Auch ein Rundweg entlang des Stamp River ist ausgeschildert.

Im Park liegen schöne Stellplätze für Wohnmobile und ein kleiner Picknickplatz.

- 250-474-1336
- Ganzj., Service Mai bis Mitte Okt.
- 22   Ja   Nein
- $
- www.env.gov.bc.ca/bcparks/explore/parkpgs/stamp_rv

Wandern

Stamp Long River Trail
Der Trail führt größtenteils direkt am Fluss entlang, bitte besondere Vorsicht im Herbst, wenn die Bären den Fluss auf der Suche nach Futter (Lachse) aufsuchen.

- *Parkplatz 1 (Abzweig Barker Rd) oder Parkplatz 2 nahe Campground*
- *3 Stunden*
- *Moderat*
- *7,5 km (einf. Strecke)*
- *50 m*

SPROAT LAKE & SPROAT LAKE PROVINCIAL PARK

Nur 10 km westlich von Port Alberni erreicht man den sehr schön gelegenen **Sproat Lake Provincial Park** mit seinen fantastischen Wassersportmöglichkeiten. Der Park, der am Nordufer des Sees liegt, wird durch den Highway geteilt. Nördlich des Highways an der Central Lake Road liegt der weiträumig angelegte **Upper Campground**, südlich des Highways der **Lower Campground** mit sehr viel weniger „Privatsphäre". Dafür sind die Duschen,

Petroglyphs am Sproat Lake

der Picknickplatz und der See in greifbarer Nähe. Die Abfahrt zum Lower Campground und See vom Highway 4 liegt etwa 300 m westlich. Benannt wurde der Park nach Gilbert Malcolm Sproat aus Schottland, ebenfalls ein Pionier der frühen Tage und Mitbegründer der ersten Sägemühle. Zu den Spuren der First Nations, den **K'ak'awin Felsenzeichnungen**, kommt man über einen kurzen Wanderweg, der am Ostende des Strandbereiches beginnt. Am Ende des Trails geht es auf einen wackligen Bootssteg, von dort können die Felsenzeichnungen gesichtet werden.

Unterkünfte

Lower Campground
Ganzj., Service von Mai–Mitte Okt.
15 Ja Nein
Ja 4 $

Upper Campground
Mai–Mitte Okt. Ja
44
$
www.env.gov.bc.ca/bcparks/explore/parkpgs/sproat_lk

▶ Martin Mars Wasserbomber – Coulson Flying Tankers

Der 37,7 km² große und relativ warme Süßwassersee ist das Basislager der beiden Wasserbomber *Philippine Mars* und *Hawaii Mars,* für die der Sproat Lake als Start- und Landeplatz wie auch als Füllstation für den Einsatz bei Waldbränden dient.

Philippine Mars und Hawaii Mars wurden mittlerweile auf die höheren Luft- und Sicherheitsstandards angepasst, zur Verstärkung bei Notfällen dient ein Sikorsky S61 Hubschrauber, der ebenfalls am Sproat Lake angesiedelt ist.

Insgesamt sechs Flugboote wurden in den 1930er-Jahren von der US Navy in Auftrag gegeben, sie dienten als Patrouillen- und Transportflugzeuge. Als die Flugzeuge ausgemustert wurden, kaufte 1956 die Flying Tankers Ltd. Canada die restlichen vier Flugboote. Man rüstete diese um, damit sie zur Bekämpfung von Waldbränden eingesetzt werden konnten. Jedes Flugboot kann innerhalb von 25 Sekunden mehr als 27 Tonnen Wasser aufnehmen und mit dieser Wassermenge eine Fläche von etwa 1,6 Hektar abdecken. Durch einen Unfall und einen Wintersturm verlor man 1961 und 1962 je ein Flugboot, die letzten Löschflugzeuge sind an der Westküste Kanadas, der USA und Mexiko im Einsatz und kosten pro Flugstunde rund 5.000 US Dollar.

Zufahrt vom Highway 4 zur Station über die Lakeshore Road Richtung Westen und Bomber Base Road.

Coulson Flying Tankers

- ✉ 7500 Airport Rd, Port Alberni
- ☎ 250-724-7600
- @ wayne.coulson@coulsongroup.com
- 🌐 www.martinmars.com

In den letzten Jahren entstanden speziell an der Ostküste des Sees viele kleine Ferienanlagen und Resorts mit eigenen Strandzugängen. Die etwa 200 km lange Küste des Sees ist jedoch größtenteils dicht bewaldet und unbebaut, in den touristisch erschlossenen Teilen sind Badestrände, Picknickplätze und Bootsanlegestellen zu finden. Eine beliebte Sportart ist das Wasserski-Fahren. Den Sproat Lake kann man auch sehr gut per **Hausboot** erkunden und nach einem Sonnenbad auf Deck per Rutschbahn ins Wasser eintauchen.

🍃 Fish & Duck Houseboats

Das Unternehmen bietet auch Motorbootsverleih zum Wasserski-Fahren an.

- 📍 8 km westl. v. Port Alberni links auf die Faber Rd
- ✉ Bothwell Rd, Port Alberni
- ☎ 1-866-364-3280 (geb.frei)
- 💰 Beispiel: Hausboot (8 Personen) Vor- und Nachsaison CAD 300, Hauptsaison CAD 375
- 🌐 www.fishandduckhouseboats.com

🅿 DELLA FALLS – STRATHCONA PP

Die höchsten und zu den spektakulärsten Wasserfällen Kanadas zählenden **Della Falls** liegen 60 km nordwestlich von Port Alberni im Südteil des **Strathcona Provincial Parks**. Vom 1.080 m hoch gelegenen Della Lake rauschen die Wasserfälle 440 m tief in den Drinkwater Creek. Ein grandioses Bergpanorama ergeben die umliegenden und teils schneebedeckten Gipfel der **Nine Peaks** (1.842 m), **Mount Septimus** (1.948 m) und **Big Interior Mountain** (1.864 m). Wer dieses Naturspektakel Della Falls sehen möchte, muss sich (leider) auf eine anstrengende Tour einrichten, denn diese können nur über mehrere Tage „erwandert" oder per Rundflug ab Port Alberni gesichtet werden.

Zum Startpunkt am **Great Central Lake**, dem zweitgrößten (51 km²) Frischwassersee auf Vancouver Island, zweigt etwa 11 km westlich von Port Alberni die Central Lake Rd nach Norden ab. Nach 8 km kommt man zum **Great Central Lake RV Resort & Marina** (ehem. Ark Resort). Über den See bis zum Beginn des Trails zu den Della Falls sind 35 km zurückzulegen – entweder per Kanu oder Motorboot. Zu bedenken ist jedoch, dass eine Kanutour nicht ungefährlich ist, da sich der See innerhalb kurzer Zeit in ein stürmisches und ungemütliches Gewässer verwandeln kann und ein Kanu-Trip ca. 7 – 12 Stunden dauert.

Am Ende des Sees befindet sich ein Zeltplatz, dort beginnt der Trail zu den Della Falls. Er folgt größtenteils den Resten eines ehemaligen Bergbau- und Holzfällerwegs. Nach ca. 7 km wird der **Margaret Creek** erreicht, dieser wird per Hängebrücke überquert, dort befindet sich auch eine Zeltmöglichkeit. Danach wird der Weg steil mit teils schwierigen Passagen, wobei der Drinkwater Creek per Cable Car überwunden werden muss. Nach weiteren 8 km erreicht man eine Weggabelung **Lowry Lake/Mount Septimus** und wenig später den **Campground Della Falls**.

Den Fuß der Della Falls erreicht man nach einem weiteren Kilometer. Eine Klettertour hinauf zum Della Lake ist möglich, jedoch gefährlich und nur erfahrenen Kletterern zu empfehlen. Die ideale Jahreszeit für die Della Falls Tour ist von Ende Juni bis Mitte September. Der Trapper und Goldschürfer **Joe Drinkwater** fand 1899 die Della Falls und benannte sie nach seiner Frau Della, der Margaret Creek wurde nach der Mutter benannt. Den besten Blick auf die Della Falls hat man vom **Love Lake Trail** aus. Dieser Trail beginnt an der Weggabelung Love Lake/Mount Septimus (1.948 m) in der Nähe des Campgrounds Della Falls. Er ist steil und anstrengend.

Achtung: Bären können in diesem Gebiet ein Problem sein, bitte hängen Sie unbedingt Nahrungsmittel usw. bärensicher auf und achten Sie auf Spuren. **Anmerkung:** Bei Benutzung eines Motorbootes werden ca. 3–4 Tage für diesen Trip empfohlen, bei Benutzung eines Kanus ca. 7 Tage. Seit 2013 wird ein Wassertaxi-Service angeboten. Pro Bootsfahrt können 2–7 Wanderer zum Trailhead Della Falls gebracht werden.

- 5631 Arvay Rd, Port Alberni
- 250-720-5363 oder 250-723-4720
- Mai–Sept.
- Hin- und Rückfahrt je nach Personenzahl Erw.: CAD 125–145, Jugendl. (ab 12 J.): CAD 85, Hunde: CAD 35, One-way trip nach Vereinbarung
- doug@dellafallswatertaxi.com
- www.alberni.ca/business-directory/della-falls-water-taxi

Wandern

Eine Übernachtung auf den Campgrounds entlang der Trails ist kostenlos.

Della Falls Trail
- CG Westende Great Central Lake
- 5–8 Stunden
- Stellenweise schwierig, anstrengend
- 16 km (einf. Strecke)
- 520 m

Etwa 700 m vor Erreichen des Love Lake bietet ein Aussichtspunkt einen fantastischen Blick auf die Della Falls.

Della Falls

Love Lake Trail
- Abzweig nach Norden kurz vor Della Falls Main Camp
- 2-3 Stunden
- Schwierig, anstrengend
- 4 km (einf. Strecke)
- 830 m

Unterkunft

Great Central Lake RV Resort & Marina
- 11000 Central Lake Rd, Port Alberni
- 250-723-2657
- Saisonal 9-20 Uhr
- 30, alle Anschlussmöglichkeiten
- $$
- www.greatcentrallake.ca

TAYLOR ARM PROV. PARK

Der **Taylor Arm Provincial Park** liegt westlich von Port Alberni am Sproat Lake. Zu den Parkplätzen zweigt 21 km und 23 km westlich von Port Alberni eine Zufahrtstraße ab. Von den Parkplätzen zu den Picknickanlagen und Badestränden führen kurze Wege (ca. 10 Minuten).
- Mitte April-Mitte Okt.
- www.env.gov.bc.ca/bcparks/explore/parkpgs/taylr_am

KENNEDY LAKE PROVINCIAL PARK

Der 2,41 km² große **Kennedy Lake Provincial Park**, am Südende des größten Frischwassersees Vancouver Islands gelegen, befindet sich etwa 8 km östlich der Kreuzung Highway 4/Pacific Rim Highway inmitten einer wunderschönen Bergwelt und ist für alle Wassersportler ein populärer Platz.

Zwei Picknickplätze liegen im Park, der größere liegt in Highwaynähe mit Bademöglichkeit, zwei Picknicktischen und Bootsanlegestelle. Die Parkmöglichkeiten sind sehr begrenzt, die meisten Besucher parken am Highway 4.

Der kleinere Picknickplatz östlich vom Highway hat nur eine Bootsanlegestelle. Er wird meist nur zum Start einer Bootstour genutzt. Zufahrt über die West Main Road (aktive Logging Road!), die 3 km östlich der Kreuzung Highway 4/Pacific Rim Highway nach Norden abzweigt.

Kennedy Lake

Kanu- und Kajakfahrer können unzählige Buchten und Inseln erforschen. **Achtung:** Das Wetter ist unberechenbar, gefährliche Winde können eine Tour zu einem gefährlichen Unterfangen machen.

Es ist weder ein Wohnmobil-Campground noch ein Zeltplatz vorhanden. **Bitte beachten Sie**, dass die Zufahrt zum highwaynahen Picknickplatz schlecht ausgeschildert ist.
- Ganzj., offenes Feuer ist verboten
- www.env.gov.bc.ca/bcparks/explore/parkpgs/kennedy_lk

CLAYOQOUT ARM PROVINCIAL PARK

Ein Seitenarm des Kennedy Lakes ist der **Clayoquot Arm**, an den der gleichnamige, 34,91 km² große Provincial Park grenzt. Dieser im Gebiet der Tla-o-qui-aht (zu den Nuu-Chah-Nulth First Nations gehörend) liegende Provincial Park ist per Boot über den Kennedy Lake oder vom Highway 4 etwa 3 km östlich der Kreuzung Highway 4/Pacific Rim Highway über die West Main Road (aktive Logging-Road) erreichbar. Naturliebhabern bietet der Park eine einzigartige Flora und Fauna, dichte Küstenregenwälder, abgelegene Strände und Spuren der First Nations. Kanu- und Kajaktouren zu urwüchsigen kleinen Inseln und ausgiebige Wandertouren sind hier die beliebtesten Outdoor-Aktivitäten.

Achtung: Bären, Wölfe und Pumas können jederzeit auftauchen. Nehmen Sie daher keine Haustiere mit und lassen Sie Ihre Kinder nicht aus den Augen. Das Betreten der traditionellen Gebiete der First Nations im Bereich des Clayoyuot Sound ist ohne Genehmigung nicht erlaubt. (Erteilung einer Genehmigung – Tla-o-qui-aht: ☎ 250-725-3233, Ahaushat: ☎ 250-670-9563, Hesquiaht: ☎ 250-670-1100).

🕘 Ganzj. ⛺ Ja, keine bezeichneten Zeltplätze
🌐 www.env.gov.bc.ca/bcparks/explore/parkpgs/clayoquot_arm

🅷 VISITOR INFORMATION PACIFIC RIM NAT. PARK

☎ 250-726-4600
🕘 Mitte März–April: Fr–So 9:30–17 Uhr, Mai–Juni & Sept.–Mitte Okt.: tägl. 9:30–17 Uhr (Aug. bis 19 Uhr) Uhr, Mitte Okt.–Mitte Nov.: Sa & So 9:30–17 Uhr
🌐 www.pacificrimvisitor.ca
🌐 http://pc.gc.ca/en/pn-np/bc/pacificrim

Kwisitis Visitor Centre (Wickanninish Beach)
🕘 10–17 Uhr; Mitte Nov.–Anf. März: Fr–So, Anf.–Ende März: tägl., April: Fr–Di, Mai–Mitte Okt.: tägl.
🌐 www.pc.gc.ca/eng/pn-np/bc/pacificrim/activ/activkwisitis.aspx

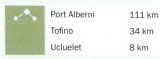

Port Alberni	111 km
Tofino	34 km
Ucluelet	8 km

Die **Pacific Rim Visitor Info** liegt an der **Kreuzung Hwy 4/Pacific Rim Highway**. Sie bekommen hier Antworten zu allen Fragen, die den mittleren Teil Vancouver Islands, insbesondere den Pacific Rim National Park, betreffen. Auch der **Parkpass** ist hier erhältlich. Ein Besuch ist ratsam, da dort sehr umfangreiches Informations- und Kartenmaterial erhältlich ist. Bei der Suche nach einer geeigneten Übernachtungsmöglichkeit oder einem besonders empfehlenswerten Ausflug ist man hier an der richtigen Stelle.

Wichtig: Bitte beachten Sie, dass **alle Reisenden**, die Parkeinrichtungen besuchen oder nutzen wollen, einen **gültigen Parkpass** besitzen müssen. Es werden Kontrollen durchgeführt.

Parkgebühren

Tagespass
Erwachsene (18–64 J.): CAD 7,80
Senioren (65+ J.): CAD 6,80
Kinder u. Jugendliche (bis 17 J.): Frei
Familien: CAD 15,70

Jahrespass
Erwachsene (18–64 J.): CAD 39,20
Senioren (65+ J.): CAD 34,30
Familien: CAD 78,50

West Coast Trail
Pro Person: CAD 127,50
Reservierung pro Person: CAD 24,50

Beach Walk (max. 4 Stunden)
Erw.: CAD 4,90, Sen.: (65+) CAD 4,30, Kinder u. Jugendl.: frei, Familien: CAD 9,80

Broken Group Islands Zeltgebühren
Pro Person, pro Nacht: CAD 9,80
🌐 Reservierung: https://reservation.pc.gc.ca/Home.aspx

Parkpässe und Infos erhält man auch beim der Park Administration nahe Green Point Campground am Pacific Rim Highway.
🕘 Mo–Fr 8–16 Uhr

UCLUELET

	Kreuzung Hwy 4 / Pacific Rim Hwy	8 km
	Tofino	42 km
	Ucluelet	1.600
	+4 °C	
	+17 °C	
	Meereshöhe	20 m

An der rauen Westküste von Vancouver Island am Ende eines Landzipfels liegt die kleine Ortschaft **Ucluelet**. Die 1952 unabhängig gewordene Stadt ist besonders durch ihre vielen Angebote an Outdoor-Aktivitäten bekannt und beliebt. Wie archäologische Funde beweisen, lebten an der Küste Vancouver Islands schon vor mehr als 4.300 Jahren Ucluelet, auch bekannt als Yuu-tluth-aht, First Nations, die zum Stamm der die Nuu-chah-nulth gehörten. Heute leben sie entlang des Ucluelet Inlets und an der **Toquart Bay** (▶Seite 299) nordöstlich von Ucluelet. Ucluelet bedeutet in der Native-Sprache etwa „sicherer Hafen oder sicherer Landeplatz". Der Fischreichtum der Meere und die dichten Wälder versorgten sie mit dem Lebensnotwendigen und beeinflussten ihren Lebensstil und ihre Kultur.

Die ersten europäischen Siedler kamen um 1870, als Captain Francis, der per Schiff auf Robbenfang ging und in Ucluelet einen Handelsposten einrichtete. Er betrieb mit den Fellen der Meerestiere regen Handel, in ansässigen Betrieben wurden die Tiere industriell weiterverarbeitet. 1903 errichtete man eine Walfangstation im Barkley Sound östlich von Ucluelet, ein Leuchtturm wurde stationiert und eine Rettungsbootstation eingerichtet. Die Besiedelung der Gegend begann aber erst zum Ende des 19., Anfang des 20. Jahrhunderts. Zu den ersten Siedlern zählten William und James Sutton, die eine Sägemühle und einen kleinen General Store betrieben.

Um 1900 wurde in der nahegelegenen **Wreck Bay** (auch: *Florencia Bay*) Gold gefunden, eine Tatsache, die natürlich Glücksritter anlockte. Doch die Funde waren nicht sehr ergiebig. Den wirklichen Aufschwung erlebte der Ort erst mit dem Beginn der industriellen Fischverarbeitung, später kam noch Forstwirtschaft hinzu. Eine einfache Straßenverbindung von Port Alberni nach Ucluelet wurde 1959 gebaut, sie diente aber in erster Linie militärischen Zwecken, da sich am *Long Beach* ein Militärflughafen befand. 13 Jahre später wurde die Strecke asphaltiert, somit konnte sich der Tourismus als weiterer Wirtschaftszweig etablieren. Heute besuchen jährlich etwa eine Million Besucher die Westküste und erfreuen sich an der abwechslungsreichen Landschaft und den vielen Sportmöglichkeiten. In den warmen Monaten besonders beliebt sind bei Wassersportlern Kanu- & Kajaktouren, Brandungssurfen und Tauchen. Im Winter kann man die enormen Naturgewalten des Meeres mit bis zu acht Meter hohen Wellen und stürmischer, donnernder Brandung erleben.

Sie finden im Ort alle Versorgungseinrichtungen, in Galerien Kunst und Kunsthandwerk der Ucluelet First Nations.

Bequem können Besucher auch per Bustour von Victoria nach Ucluelet und Tofino gelangen. Der **Tofino Bus Island**

Express verbindet täglich die Städte Tofino, Ucluelet, Port Alberni, Nanaimo und Victoria. An- und Abfahrtzeiten, Preise und weitere Infos bekommen Sie auf der Internetseite oder per Telefon.
- 250-725-2871 oder 1-866-986-3466 (geb.frei)
- www.tofinobus.com

Ucluelet Chamber of Commerce

- 1604 Peninsula Rd, Ucluelet
- 250-726-4641
- Mo–Fr 10–14 Uhr, im Sommer länger
- www.uclueletinfo.com

Sehenswürdigkeiten

▶ Whale-Watching und Wildlife Cruises

Wie in den meisten Küstenorten werden auch in Ucluelet Whale-Watching-Touren und Kreuzfahrten zu den Broken Group Islands angeboten, wo nicht nur Meeresbewohner, sondern auch Bären gesichtet werden können. Wer einmal einen romantischen Sonnenuntergang zu Wasser erleben und dabei noch die Tierwelt beobachten möchte, bucht eine „Evening Wildlife Cruise". Vorbuchung wird gewünscht. Es werden auch deutschsprachige Touren (Archipelo) angeboten.

Archipelo Wildlife Cruises
- 1634 Cedar Rd, Ucluelet
- 250-726-8289
- Mai bis Okt.
- info@archipelagocruises.com
- www.archipelagocruises.com

Broken Group Wildlife Cruise
- 5–6 Std.
- 10 Uhr, außer Mo & Fr
- Erw.: CAD 169, Kinder (bis 12 J.): CAD 139, jeweils plus Tax

Jamie's Whaling Station Ucluelet
Dieses Unternehmen bietet eine Vielzahl von Touren zu Wasser, zu Land und per Wasserflugzeug an. Bitte informieren Sie sich auf der Internetseite oder vor Ort.
- 168 Fraser Lane, Ucluelet
- 250-726-7444 oder 1-877-726-7444 (geb.frei)
- Whale-Watching: Mitte März–Ende Sept., Bear Watching: Mai–Ende Sept.
- Erw. CAD 109, Sen./Stud./Jugendl. (13–18 J.) CAD 99, Kinder (4–12 J.) CAD 79
- info@jamies.com
- www.jamies.com

▶ Ucluelet Aquarium

Im **Ucluelet Aquarium** bekommen Sie die Unterwasserwelt des Meeres nähergebracht. Sie können sich die farbenfrohe Tier- und Pflanzenwelt, die sonst nur bei einem Tauchgang zu entdecken ist, ansehen und „begreifen", was unter der Wasseroberfläche lebt, wächst und gedeiht. Dies ist besonders für Kinder eine willkommene Abwechslung zur allgegenwärtigen Natur.
- Main St, Ucluelet
- 250-726-2782
- Tägl. 10–17 Uhr
- Erw.: CAD 14, Sen./Stud.: CAD 10, Kinder/Jugendl. (4–17 J.): CAD 7
- info@uclueletaquarium.org
- www.uclueletaquarium.org

Wild Pacific Trail

▶ Wild Pacific Trail

Nicht versäumen sollten Sie zumindest eine kurze Schnupper-Wanderung durch den urigen Küstenwald mit seinen vom Wind „geformten" Bäumen und der zerklüfteten Küste, die die gewaltigen Kräfte der Meeresbrandung im Wechselspiel mit den Gezeiten deutlich macht.

Unterwegs stehen an besonders interessanten Stellen Ruhebänke, die einen fantastischen Blick auf den Barkley Sound und die Broken Islands, die Teil des Pacific Rim National Parks sind, bieten. Wenn Sie sich etwas Zeit nehmen, werden Sie sicherlich auch den einen oder anderen Meeresbewohner entdecken können.

Rundweg – Lighthouse Loop

Parkmöglichkeit Coast Guard Road (Beginn des Rundweges) oder He-Tin-Kis Park Peninsula Road (Zugang zum Rundweg)
- Peninsula Rd bis zum Abzweig Coast Guard Rd
- Parkplatz Coast Guard Rd
- 1 Std.
- Leicht
- 2,6 km

Weitere Wanderwege
- www.wildpacifictrail.com/pdf/brochure.pdf

Der Wild Pacific Trail wird nach Norden weitergeführt, geplant ist, den Trail bis zum Long Beach, der zwischen Ucluelet und Tofino liegt, auszudehnen. Weitere Wanderwege beginnen am Highway entlang der Küstenstraße Richtung Tofino.

▶ Edge to Edge Marathon

Diese besondere sportliche Herausforderung findet alljährlich zwischen Ucluelet und Tofino statt. Wenn Sie einmal dabei sein wollen, ob als Läufer oder Zuschauer, dann sollten Sie Anfang bis Mitte Juni in Ucluelet sein. Es wird auch ein **Halb-Marathon** ausgetragen.

Näheres und die genauen Streckenverläufe finden Sie auf der Internetseite.
- 250-726-4641
- www.edgetoedgemarathon.com

Unterkünfte

C&N Backpackers Hostel

Das Hostel, das am Ortseingang im Grünen und unweit des Strandes liegt, bietet Mehrbett-, Doppel- und Familienzimmer neben einer Küche, Gemeinschaftsräumen uvm.
- 2081 Peninsula Rd, Ucluelet
- 250-726-7416 oder 1-888-434-6060 (geb.frei)
- ★
- www.cnnbackpackers.com/hostel-ucluelet.php?lang=1

Ucluelet

West Coast Motel

Das Motel liegt am Hafen von Ucluelet. Man übernachtet entweder in Doppelzimmern oder in voll ausgestatteten (mit Küchenzeile) Suiten, teils mit Balkon. Relaxen kann man im Indoor-Pool oder in der Sauna. Hunde sind nicht erlaubt.
- 247 Hemlock St, Ucluelet
- 250-726-7732 oder 1-855-726-7732 (geb.frei)
- ★★ Ja, frei
- www.westcoastmotel.com

Green Point Campground
▶ Seite 302

Ucluelet Campground

Der Campground bietet Stellplätze mit Blick auf den Hafen, sie sind leicht bis dicht bewaldet.
- Hinter „Welcome to Ucluelet" links abbiegen in die Seaplane Base Rd
- 260 Seaplane Base Rd, Ucluelet
- 250-726-4355
- Ja, im Sommer anzuraten
- März–September
- 125, alle Anschlussmöglichkeiten, 15 Amp. Service
- Ja   Ja
- $$
- www.uclueletcampground.com

Surf Junction Campground

Die Stellplätze sind bewaldet und haben für einen privat geführten Campground relativ viel Privatsphäre.
- 2650 Ucluelet/Tofino Hwy, Ucluelet
- 250-726-7214 oder 1-877-922-6722 (geb.frei)
- April–Okt.   Ja
- 49, alle Anschlussmöglichkeiten
- Ja   Ja, Münzduschen
- $–$$
- www.surfjunction.com

PACIFIC RIM NATIONAL PARK

Der landschaftlich einzigartige **Pacific Rim National Park** mit seiner wilden, zerklüfteten Küstenlinie und dem dichten Regenwald, der durch das kühle, feuchte Seeklima entsteht, liegt im Westteil von Vancouver Island. Der 1970 gegründete Park umfasst eine Fläche von 511 km². Bis zu einer Million Menschen besuchen jedes Jahr diesen Park, wandern entlang der sandigen, mit Treibholz beinahe überladenen Küste oder nehmen die schwierigeren, felsigen Abschnitte für mehrtägige Touren in Angriff. Entlang der Küste können Sie die verschiedenartigsten Pflanzen und Tiere entdecken, wie z. B. Flechten, Krebse, Muscheln, Seeanemonen, Seesterne, Schneckenarten, Strumpfbandnattern, Flussottern, Strandhafer, Dünengras, Mäuse und vieles mehr. Und wer etwas Geduld und Zeit aufbringt, wird vielleicht Seelöwen, Seehunde oder Wale sichten.

Um auch das friedliche Miteinander von Menschen und Meeresbewohner noch lange erhalten zu können, sollte sich jeder Besucher an der reichen Tier- und Pflanzenwelt erfreuen, ohne sie zu zerstören. Beim Strandspaziergang entdeckt man viele, oftmals tot wirkende Tiere, sie werden schnell zu „Opfern" der Menschen, dabei warten sie nur auf das rückkehrende Wasser, um wieder zum Leben „erweckt" zu werden. Im gesamten Bereich Long Beach können an den weniger besuchten Küstenabschnitten Wölfe und Bären den Weg kreuzen. Wölfe und Bären sind scheue Tiere und verschwinden normalerweise schnellstens bei Geräuschen.

Der Park wird in drei Gebiete unterteilt: Im Norden **Long Beach**, in der Mitte **Brocken Group Islands** und im Süden **West Coast Trail**. Der **Long Beach** liegt im traditionellen Gebiet der Yuu-thlu-ilth-aht (Ucluelet) und Tla-o-qui-aht zwischen den beiden Städten Ucluelet und Tofino und ist benannt nach dem 16 km langen Sandstrand an der **Wickaninnish Bay** inmitten von Long Beach. Die Bay ist benannt nach dem Häuptling der Tla-o-qui-aht, die im Clayoquot Sound ansässig waren.

In diesem Bereich, etwa mittig zwischen Ucluelet und Tofino, befindet sich auch der einzige, sehr schön liegende Wohnmobil-Campground **Green Point** des National Parks. Vom dicht bewaldeten Campground führen kurze Wege zum Sandstrand. Besucher des National Parks haben im Bereich Long Beach mehrere Möglichkeiten, an den Strand zu kommen. Es steht ein sehr großer, gebührenpflichtiger Parkplatz in unmittelbarer Strandnähe zur Verfügung, der genügend Platz für Fahrzeuge aller Art bietet.

Für **Rollstuhlfahrer** (geländegängige Rollstühle können im Wickaninnish Centre angemietet werden) gibt es im Park im Bereich Long Beach einige behindertengerechte Einrichtungen und Wege:

Bereich Wickaninnish
- Shorepine Bog Trail, Holzplankenweg, 1 km
- Nuu-chah-nulth Trail, die ersten 300 m
- Wickaninnish Picknickplatz (Toiletten), Strandzugang abhängig vom Wasserstand

Bereich Green Point Campground
- Amphitheater
- Aussichtspunkt
- Campground Green Point (m. Toiletten)

Bereich Radar Hill
- Aussichtspunkt (mit Toiletten)

Die **Broken Group Islands** bestehen aus mehr als einhundert Inseln und Felsen in der *Barkley Bucht*, die nur per Boot ab Toquart Bay erreichbar sind. Zur Bootsanlegestelle **Toquart Bay** führt vom Highway 4, etwa 12 km östlich der Kreuzung Highway 4/Pacific Rim Highway, eine 13 km lange Gravelroad (Toquart Main Rd). An der Anlegestelle liegt der rustikale **Secret Beach Campground**. Toquart Bay ist traditionelles Gebiet der Toquaht Nations, die zu den Nuu-chah-nulth First Nations gehören. Ein kleiner Store mit den wichtigsten Versorgungsmöglichkeiten befindet sich etwa 3 km vom Campground entfernt. Trinkwasser bitte mitbringen.

- 1-778-762-4433
- Mitte Mai–Sept.
- 67   Ja $
- secretbeach@toquaht.ca
- www.secretbeachcampground.com

Long Beach, Pacific Rim National Park

Auf den zu den **Broken Group Islands** gehörenden Inseln **Turret, Hand, Gibraltar, Willis, Dodd, Clarke, Benson** und **Gilbert** liegen bezeichnete Wildniszeltplätze. Sie sind von Mai bis September gebührenpflichtig (CAD 9,80) und müssen im Voraus bezahlt werden. (▶Seite 294). Die Camping Permits können an folgenden Stellen gekauft werden (bezahlt werden kann mit VISA, Mastercard oder Cash):
- Ucluelet Chamber of Commerce
- Port Alberni Chamber of Commerce
- Toquaht Nation Secret Beach Campground und Kajak Launch
- Pacific Rim Visitor Centre

☎ 1-877-RESERVE
☎ 250-726-3500 (Parks Canada Mo-Fr)
🌐 https://reservation.pc.gc.ca

Alles Wichtige für einen Trip auf die Broken Group Islands erfährt man:
🌐 http://parkscanadahistory.com/brochures/pacificrim/broken-islands-paddler-e-2013.pdf

Während der Sommermonate sind Parkwächter auf den Campgrounds unterwegs. Sie sind offen für alle Fragen und kontrollieren die Permits. Hunde sind nicht erlaubt, es gibt kein Trinkwasser auf den Inseln.

Der südlichste Teil ist das Gebiet des **West Coast Trails**. Dieser sehr anstrengende, 75 km lange Wanderweg entlang der Küste hat alles zu bieten, was landschaftlich einzigartig ist – verlangt aber Wanderern auch einiges an Kondition und Mühe ab. Ausgangspunkt ist der **Gordon River Trailhead** (5 km nördlich von Port Renfrew), **Nitinat Narrows Trailhead** (50 km südlich vom Cowichan Lake) oder **Pachena Bay Trailhead** (5 km südlich von Bamfield). Eine Beschreibung des Trails finden Sie auf ▶Seite 267.

Nördlich des Pacific Rim Highways liegt die ebenfalls zum Pacific Rim National Park gehörende, idyllische **Grice Bay**. Die einsame Bucht ist besonders für Boots- und Kajakfahrer interessant, da sie als Ausgangspunkt für Bootstouren genutzt wird. Ein Picknickplatz ist nicht vorhanden.

Sie erreichen die Grice Bay (ca. 6 km) über die nach Norden abzweigende Abfahrt Grice Bay Road (Richtung Airport Tofino) und weiter bis zur Bucht.

Wichtig: Alle Parkeinrichtungen wie Campgrounds, Wanderwege usw. können Sie nur nutzen, wenn Sie einen gültigen **Parkpass** besitzen. Er ist erhältlich in der Visitor Information Kreuzung Highway 4/ Pacific Rim Highway oder auf dem Green Point Campground. Parkaufseher sind ständig unterwegs und kontrollieren dies. Lassen Sie daher das Parkticket gut sichtbar im Auto liegen!

💰 Parkgebühren

siehe ▶Seite 294

ℹ️ Visitor Information – Pacific Rim National Park Reserve

siehe ▶Seite 294

👁 Sehenswürdigkeiten

▶ **Kwisitis Visitor Info**
Ein absolutes Muss ist ein Besuch Besuch des 2011 neu eröffneten **Kwisitis Visitor Centre** (ehemals Wickaninnish Centre). Dort können Sie sich ausführlich über die Flora und Fauna sowie die Geschichte und Kultur der Nuu-chah-nulth First Nations anhand von interessanten Ausstellungsstücken, Filmvorführungen und Beschreibungen informieren. Die 3,5 km lange, asphaltierte Zufahrt zum Parkplatz zweigt vom Highway 4 Richtung Tofino ab.
Wichtig für Behinderte: Es können geländegängige Rollstühle angemietet werden.
Übrigens: Kwisitis bedeutet in der Sprache der Nuu-cha-nulth etwa "das andere Ende des Strandes".

🕙 10-17 Uhr; Mitte Nov.-Anf. März: Fr-So, Anf.-Ende März: tägl., April: Fr-Di, Mai-Mitte Okt.: tägl.
💲 Kein Eintritt

▶ Wandern

Richtung Ucluelet

Willowbrae Trail
Der Trail folgt einem Teil der historischen Route Ucluelet – Tofino vor dem Bau der Straße 1942
- *2 km südl. der Kreuzung, über die Willowbrae Rd bis Parkplatz*
- *Leicht, einige Stufen*
- *1,4 km (einf. Strecke), Zugang zum Strand*

Halfmoon Bay Trail
Der Trail führt durch urwüchsigen Küstenregenwald steil hinunter zur geschützt liegenden Bucht Halfmoon.
- *2 km südl. der Kreuzung, über die Willowbrae Rd bis Parkplatz*
- *Leicht, einige Stufen und steile Stellen*
- *1,7 km (einf. Strecke) mit Zugang zum Strand*

Richtung Tofino
(Reihenfolge ab Kreuzung Hwy 4/Pacific Rim Hwy Richtung Tofino)

Shorepine Bog Trail
In der Saison sind am Beginn Broschüren erhältlich, die Infos über den Küstenregenwald geben, der Weg führt meist über einen Boardwalk, was ihn leicht begehbar macht.
- *Zufahrt zum Wickaninnish Centre*
- *Leicht*
- *800 m Rundweg, barrierefrei, kein Strandzugang*

Nuu-Chah-Nulth Trail (Wickaninnish Trail)
Unterwegs bekommen Sie einen Einblick in die Kultur der Nuu-chah-nulth.
- *Wickaninnish Centre*
- *Leicht, einige Stufen*
- *2,5 km (einf. Strecke), Zugang zum Strand*

Wickaninnish Centre

South Beach Trail
Bitte Vorsicht am Kiesstrand, da sehr starker Wellengang.
- Wickaninnish Centre
- Leicht, einige Stufen
- 800 m (einf. Strecke), Zugang zum Strand

Rainforest Trail A und B
Auf diesem Trail bekommen Sie viele interessante Infos über den hier typischen Regenwald und seine „Bewohner".
- Parkplatz 6,5 km nördl. der Kreuzung
- Leicht, einige Stufen
- Zwei Rundwege von je 1 km rechts und links des Highways

Combers Beach
Vom Parkplatz führt der Trail zum Strand, abhängig von der Tide.
- Parkplatz Combers Beach
- Steil
- 500 m (einf. Strecke)

Schooner Cove Trail
An diesem Strand lebten viele Jahre die Tlo-o-qui-aht, die zum Stamm der Nuu-chah-nulth gehörten, in ihrem Dorf Esowista. **Bitte achten Sie** auf die Wasserstände, da der Zugang zur Bucht bei Flut abgeschnitten werden kann.
- Parkplatz 5 km nördl. vom Green Point Campground
- Leicht, einige Stufen
- 1 km (einf. Strecke), Zugang zum Strand

Radar Hill Viewpoint
Vom Aussichtspunkt bietet sich ein schöner Rundumblick. Die Existenz des Radar Hill geht auf die Zeit des Kalten Krieges zurück, als man Radarstationen errichtete, um mögliche Angriffe durch sowjetische Kampfflugzeuge frühzeitig erkennen zu können. Heute befindet sich dort noch das Fundament, eine Gedenktafel und das Kap'yong Memorial, das an die berühmte Schlacht im Koreakrieg (1950–1953) erinnert. Die 3 km lange Zufahrt zweigt kurz vor dem Nordende des Parks nach Süden ab.
- Parkplatz Radar Hill
- Leicht, barrierefrei
- 100 m (einf. Strecke)

Unterkunft

Green Point Campground
Der Campground liegt zwischen Ucluelet und Tofino am Highway 4 mit wunderschönen, bewaldeten Stellplätzen und Walk-in-Zeltplätzen. Einige Trails führen vom Campground zum Long Beach.
- Mitte März–Mitte Okt
- Ja
- 94, alle Stellplätze haben Stromanschluss
- Ja
- Ja
- $$
- 20
- $
- www.pc.gc.ca/en/pn-np/bc/pacificrim/activ/visit4c#LBU

Anmerkung: Nach unserer Erfahrung sollten Sie einen Stellplatz frühzeitig reservieren. Der Platz ist außerordentlich beliebt, daher ist auch in der Nebensaison besonders an Wochenenden kaum ein freier Stellplatz zu bekommen.

Reservierungen
- 1-877-737-3783 (geb.frei)
- https://reservation.pc.gc.ca

TOFINO

	Kreuzung Hwy 4/ Pacific Rim Hwy	34 km
	Qualicum Beach/ Parksville/Hwy 19	164 km
	Tofino	1.900
		+4 °C
		+14 °C
	Meereshöhe	24 m

Das ehemalige Fischerdorf **Tofino**, an der Westküste Vancouver Islands und am Ende des Highways 4 auf einer Landzunge gelegen, ist heute ein begehrtes Touristenziel und zieht bis zu 1 Million Besucher jährlich an. Durch seine Lage an der etwa 2.700 km² großen *Clayoquot Meerenge* ist Tofino ein wahres Paradies für alle Outdoor-Aktivitäten. Besonders beliebt sind Wassersportarten wie Surfen, Schwimmen, Tauchen, Bootsfahrten und Wanderungen im dichten Küstenregenwald oder entlang der von kräftigen Stürmen gezeichneten Küste. Natürlich kann man diese wunderschöne, wilde Insellandschaft auch entspannt von oben betrachten, muss dafür aber tief in den Geldbeutel greifen. **Atleo River Air Service** bietet Rundflüge per Wasserflugzeug oder Helikopter an (✉ 50 Wingen Ln, Tofino ☎ 250-725-2205 🌐 www.atleoair.com).

Unternehmen bieten Whale-Watching-, Boots- und Segeltouren an und geben einen Einblick in das faszinierende Ökosystem der Umgebung. Dichte, hochgewachsene Regenwälder ziehen zahlreiche Wanderfreunde an, sie sind auch gleichzeitig Heimat der hier u.a. verbreitet vorkommenden Bären und Pumas. Während der kühleren Jahreszeiten fasziniert die stürmische Brandung entlang der Küste.

Auf einigen der kleinen, mit Wald bedeckten Inseln vor Tofino liegen Dörfer der Nuu-chah-nulth First Nations, deren Volk auch zu den ersten Bewohnern der Westküste Vancouver Islands zählte. Der Ort **Opitsaht** auf gegenüberliegende Insel **Meares Island** soll schon seit mehr als 5.000 Jahren von den Tla-o-qui-aht People, einer Gruppe der Nuu-chah-nulth First Nations, bewohnt sein. Benannt wurde Tofino nach dem Admiral der spanischen Marineakademie und Kartografen Vicente Tofino de San Miquel, der um 1792 die Westküste Vancouver Islands bereiste, um sie kartografisch zu erfassen. 1875 errichtete Captain Pinney einen Handelsposten auf der kleinen vorgelagerten Insel Clayoquot Island, Siedler kamen und schon bald verlagerten die Siedler ihren Wohnsitz ans Festland, wo sie sich weiter ausbreiten konnten. 1913 errichtete man die **Anglican Church** (2nd/Ecke Main St), da die Kirche von England Geld zur Verfügung gestellt hatte.

Vor der Asphaltierung des Highways 4 im Jahr 1972 kamen die Besucher über Logging-Roads zu diesem Fischerdorf, um die stürmische Brandung und die Meeresgewalt zu erleben.

Tofino hat alle Versorgungseinrichtungen, Fahrräder und Surfbretter können gemietet und Boote gechartert werden, daneben wird einheimisches Kunsthandwerk ebenso angeboten wie Souvenirs und wer seine komplette Ausrüstung für sportliche Aktivitäten nicht im Gepäck hatte, hier wird er/sie fündig. Einige kulturelle Veranstaltungen sorgen für den Ausgleich nach sportlicher Betätigung oder helfen, Regentage zu überbrücken. Die First Nations bringen interessierten Besuchern ihre Kultur auf speziellen Veranstaltungen nahe. Wassertaxis bieten ihren Service an und bringen Besucher zu interessanten Zielen in der Umgebung.

Mit Victoria, Ucluelet und vielen weiteren Orten auf Vancouver Island ist Tofino mit dem **Tofino Bus Island Express** verbunden. Näheres: ▶Seite 296 oder 🌐 www.tofinobus.com

Interessant: Frank Schätzings Roman „**Der Schwarm**" hat seinen Hauptschauplatz am *Clayoquot Sound* rund um Tofino, der Heimat des indianischen Walforschers Leon Anawak. Leon begleitet Boote zu den Whale-Watching-Touren und möchte vor allem die Natur schützen, was ein wichtiges Thema des Romans ist.

Bemerkung: Die Parkmöglichkeiten besonders für Wohnmobile sind rar, starten Sie daher möglichst frühzeitig in die Stadt.

🛈 Visitor Information

- ✉ 1426 Pacific Rim Hwy, Tofino
- ☎ 250-725-3414
- 🕒 Tägl.; Kernöffnungszeiten 10–17 Uhr
- @ info@tourismtofino.com
- 🌐 www.tourismtofino.com

👁 Sehenswürdigkeiten

▶ Meares Island

Die Insel **Meares Island** liegt östlich von Tofino und ist per Wassertaxi in 10 Minuten erreichbar. Auf der Insel können Sie durch den 1984 errichteten Park der Nuu-chah-nulth First Nations wandern, wo einige der höchsten und ältesten Riesenlebensbäume und Hemlocktannen stehen.

Für die Benutzung des Trails wird eine Gebühr von CAD 5 erhoben.

Big Tree Trail
Boardwalk zu den Hanging Gardens und zum Hanging Garden Tree, der mit einem Umfang von 18,3 m und einer Höhe von 42,7 m beeindruckende Ausmaße besitzt.
- 3 km (Loop)
- Moderat
- 2-3 Stunden

Eine Auswahl von Unternehmen, die neben Fahrten zu Meares Island und Maquinna Hot Springs auch Bear Watching-, Whale-Watching- und weitere Ausflugstouren anbieten.

Ocean Outfitters Ltd.
- 368 Main St, Tofino
- 250-725-2866 oder 1-877-906-2326 (geb.frei)
- Whale-Watching: Febr.–Okt., Bear Watching: April–Okt.
- Whale-Watching & Bear Watching: Erw.: CAD 109, Sen./Jugendl.(13–19 J.): CAD 99, Kinder (4–12 J.): CAD 79
- Hotsprings Tour (ganzj.): Okt.–März: Erw.: CAD 109, Sen./Jugendl. (13–19 J.): CAD 99, Kinder (4–12 J.): CAD 89, April–Sept.: Erw.: CAD 139, Sen./Jugendl.): CAD 129, Kinder: CAD 99
- Meares Island Big Tree Trail: Erw.: CAD 30, Sen./Jugendl. (13–19 J.): CAD 25, Kinder (4–12 J.): CAD 15, zusätzlich CAD 5 First Nations Gebühr für Erw. & Sen./Jugendl.
- info@oceanoutfitters.bc.ca
- www.oceanoutfitters.bc.ca

Tofino Wassertaxi
- Ende Main St, Tofino
- 250-725-8844 oder 1-866-794-2537 (geb.frei)
- Hot Springs Cove (ganzj.): Erw.: CAD 129, Stud.: CAD 119, Jugendl.: CAD 99
- Meares Island Big Tree Trail (Shuttle-Service, ganzj., je nach Bedarf): Erw.: CAD 30, Stud.: CAD 25, Jugendl. CAD 20
- info@tofinowatertaxi.com
- www.tofinowatertaxi.com

▶ Maquinna Marine Provincial Park (Hot Springs Cove)

Für Freunde der Hot Springs bietet sich ein Ausflug zum **Maquinna Marine Provincial Park** an. Allerdings muss man für die Zufahrt etwas Zeit investieren, denn der Park und die naturbelassenen **Hot Springs** liegen nordwestlich von Tofino zwischen der **Halbinsel Hesquiat** und *Flores Island*. Der Park ist auch per **Wassertaxi** oder Wasserflugzeug ab Ucluelet ▶Seite 295 erreichbar (Jamie's Whaling Station). Weitere Unternehmen, die zu den Hot Springs bringen, sind auf der Internetseite ersichtlich.

Ab der Anlegestelle geht es über einen Holzplankenweg in 2 km zu den heißen Quellen. Entlang des Weges liegen zwei Aussichtsplattformen. **Beachten Sie bitte**, dass Badekleidung getragen werden muss, an den Pools finden Sie Umkleidemöglichkeiten. Aufsichtspersonen sind nicht anwesend. Das anfänglich 50 Grad heiße Wasser fließt in Kaskaden abwärts und kühlt sich so immer etwas weiter ab.

Es erwarten Sie hier „Felsenlöcher", also von der Natur geformte Pools.

Im Park liegt kein ausgewiesener Picknickplatz, eine große Rasenfläche bietet sich aber bestens für ein Picknick an. Im Provincial Park ist Zelten nicht erlaubt wie auch das Mitführen von Hunden. In Hafennähe befindet sich ein Zeltplatz der Hesquiaht First Nations (🕐 Ganzj. 💰 $).
- 📞 250-725-2169
- 🕐 Ganzj.
- 💰 Boardwalk: CAD 3 pro Person (ist bei einer gebuchten Tour meist inbegriffen)
- @ info@mhssahousaht.ca
- 🌐 www.env.gov.bc.ca/bcparks/explore/parkpgs/maquinna

▶ Vargas Island Provincial Park

Der Wildnispark **Vargas Island Provincial Park** mit felsigen und sandigen Küstenbereichen, dichten Wäldern und kleinen Buchten ist besonders für Tierbeobachtungen interessant. Der Park liegt nordwestlich von Tofino, erreichbar ist er per Kayaktour oder Wassertaxi. Ein großer Teil der Insel ist flaches, mooriges Gebiet. Im Frühling passieren Grauwale die Insel auf ihrem Weg zum Arktischen Ozean und der Beringsee. Im Parkbereich liegt auch das **Cleland Island Ecological Reserve** mit einigen Seevogel-Kolonien, während der Brutzeiten ist der Zugang nicht erlaubt.

Bemerkung: Auf dem 3 km langen historischen Trail sind einige Brücken nicht passierbar. Der sehr schlechte Alternativweg führt teilweise durch privates Gelände, bitte beachten Sie evtl. Einschränkungen. Hunde wegen der andauernden Gefahr durch Wölfe nicht in den Park mitnehmen und beachten Sie die Vorsichtsmaßnahmen für Besucher.
- 🕐 Ganzj.
- Ja, kein Service
- 🌐 www.env.gov.bc.ca/bcparks/explore/parkpgs/vargas_is

Man erreicht den Park entweder per Kajaktour oder Wassertaxi. Näheres:

Clayoquot Connections
- 📞 250-726-8789
- 🌐 www.clayoquotconnections.com

Tofino Wasser Taxi
(▶ siehe oben)

▶ Tofino Botanical Gardens

Machen Sie einen Bummel durch den **Botanischen Garten Tofinos** und spazieren Sie über Pfade und Holzplankenwege durch eine Gartenlandschaft mit Gemüsegarten, Teichanlage und einheimischem Wald. Bei diesem Gang durch den Park erfahren Sie Interessantes über das Zusammenspiel von Natur und Kultur. Die verschiedenartigsten Pflanzen wachsen in Themengärten, Sie können sich auch an farbenprächtigen Vogelarten und Skulpturen, hergestellt von einheimischen und internationalen Künstlern, erfreuen. Und da ein Spaziergang hungrig macht, bietet das Darvin's Café kleine Speisen und Getränke an. Bitte beachten Sie: Hunde sind im Botanical Garden nicht erlaubt.
- ✉ 1084 Pacific Rim Hwy, Tofino
- 📞 250-725-1220
- 🕐 Park: tägl. bis Dämmerung, Café: April–Sept.: 9–17 Uhr
- 💰 Erw.: CAD 12, Sen.: CAD 10, Jugendl. (13–18 J.): CAD 8
- @ info@tbgf.org
- 🌐 www.tbgf.org

🛏 Unterkünfte

🏠 Whaler's on the Point Guesthouse

Sehr schön und stadtnah gelegene, behindertengerechte Low-Budget-Unterkunft. Es gibt Mehrbett- und Familienzimmer, daneben eine Gemeinschaftsküche, Spiel- und TV-Zimmer, Sauna uvm.
- ✉ 81 West St, Tofino
- 📞 250-725-3443 oder 1-855-725-3443 (geb.frei)
- 💰 ★ – ★★ 📶 Ja, frei
- 🌐 www.tofinohostel.com

Am Mackenzie Beach in Tofino

🏠 Chrystal Cove Beach Resort

Das Resort liegt wunderschön am Mac-Kenzie Beach, die Blockhaus-Cabins sind innen bestens ausgestattet, u. a. mit Küchenzeile und modernem Bad, im Außenbereich Grillplatz, Picknickplatz und teilweise Hot Tub. Ein ganzjährig geöffneter, gepflegter Campground gehört ebenfalls zum Resort, Feuerholz ist kostenlos.

- 🚗 Vom Hwy 4 südl. von Tofino nach Westen auf den Hellesen Dr, links auf Cedarwool Pl
- ✉ 1165 Cedarwood Place, Tofino
- 📞 250-725-4213 oder 1-877-725-4213 (geb.frei)
- 💲 Cabins: ★★★, CG: $$$
- 📶 Ja, frei 🚐 93 🐕 Ja
- ⚡ Alle Anschlussmöglichkeiten 💧 Ja
- @ info@crystalcove.ca
- 🌐 www.crystalcove.ca

❗ **Hinweis für Wohnmobil-Fahrer:** Eine öffentliche Sanidump-Station befindet sich am Pacific Rim Highway an der Co-op Tankstelle (CAD 5 + Tax) südlich des Stadtzentrums.

🏕 Mackenzie Beach Resort

Parkplatzähnlicher, nicht sehr einladender Campground. Es hat 2017 ein Besitzerwechsel stattgefunden, bis zur Saison 2018 (Mai) sollen neue Duschen, Toiletten und Waschmaschinen den Gästen zur Verfügung stehen. Als Nur-Übernachtungsplatz durchaus okay. Über einen kurzen Weg gelangt man zum weiten Mackenzie Beach, dort befinden sich auch Zeltplätze und Cabins.

- 🚗 Zufahrt siehe Bella Pacifica Campground
- ✉ 1101 Pacific Rim Hwy, Tofino
- 📞 250-725-3439
- 🕐 Ganzj. 📅 Nein, first come, first served
- 🏕 25 🚐 50 🐕 Ja 📶 Ja
- 💧 Ja, Schlüssel gegen ein Pfand von CAD 20
- 💲 $$-$$$, Cabins: ★★★
- ⚡ Strom (15 Amp.) & Wasser
- 🌐 www.mackenziebeach.com

🏕 Bella Pacifica Campground

Schönster bewaldeter Campground (Green Point ausgenommen) im Bereich Tofino-Ucluelet, einige Plätze sind in Strandnähe. Allerdings lässt es sich mit einem längeren Wohnmobil auf den Innenplätzen nicht so gut manövrieren.

Anmerkung: Beim Reservieren oder vor der Einfahrt in den Campground am Kiosk bereits nachfragen, ob die noch freien Plätze für Ihr Wohnmobil geeignet sind, denn auch das Durchfahren des Campgrounds ist eine ziemlich „enge" Angelegenheit.

- 🚗 Zufahrt 3 km südl. von Tofino über die MacKenzie Beach Rd
- 📞 250-725-3400
- 🕐 März–Okt.
- 🚐 181, alle Anschlussmögl.
- 📶 Ja, geb.pflichtig 💧 Ja
- 💲 $$-$$$
- @ campground@bellapacifica.com
- 🌐 www.bellapacifica.com

🏕 Green Point Campground
▶ Seite 302

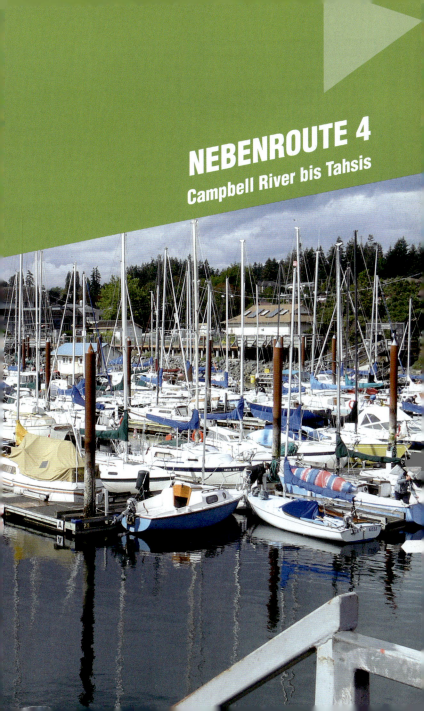

NEBENROUTE 4
Campbell River bis Tahsis

ELK FALLS PROV. PARK

▶ Siehe Seite 228

LOVELAND BAY PROVINCIAL PARK

Der **Loveland Bay Provincial Park** mit rustikalem Campground ist ein ideales Ziel für Reisende, die die Einsamkeit suchen. Er liegt westlich von Campbell River am Südende des 22,5 km² großen **Lower Campbell Lake**. Die Stellplätze liegen in unmittelbarer Seenähe. Der Park ist vom Highway 28 über die Zufahrt zum **Elk Falls Aussichtspunkt** (Viewpoint), weiter über den Damm / Brewster Lake / Loveland Bay Road bis zum Park erreichbar. Die letzten 12 km sind auf einer Gravelroad zurückzulegen.

Achtung: Die Brewster Lake Rd ist seit 2015 für ca. 3 Jahre wegen einer Baumaßname der BC Hydro gesperrt. Sie soll ab Mai 2018 wieder befahrbar sein. Sollten die Arbeiten noch nicht beendet sein, nehmen Sie die beschriebene Alternativroute.

Alternativ: Folgen Sie ab Campbell River dem Hwy 19 ca. 7 km nach Norden, danach links auf die Duncan Bay Rd, nach 2 km auf die Gordon/später Brewster Lake Rd/Loveland Bay Rd, nach etwa 11 km erreicht man den Park. Die Zufahrten sind Gravelroads.

Strathcona Dam

- Mitte Mai–Sept.
- 31
- Nein
- Ja
- $
- www.env.gov.bc.ca/bcparks/explore/parkpgs/loveland_bay

Anmerkung: Wer mit einem geländegängigen Fahrzeug unterwegs ist, findet in der seenreichen Umgebung zahlreiche **Forest Service Recreation Sites** mit rustikalen Campgrounds. Näheres auf der folgenden Internetseite: www.sitesandtrailsbc.ca

STRATHCONA DAM

Ein einfacher Campground der **BC Hydro**, der 1995 angelegt wurde, liegt unterhalb des **Strathcona Staudamms**, der den 24 km² großen **Upper Campbell Lake** staut. Die 11 Stellplätze sind großzügig angelegt und befinden entlang des Lower Campbell Lake Reservoir. Die Forest Service Gravel Road (4 km) vom Highway 28 ist bei Trockenheit gut befahrbar. Der Damm, der mit Erde gefüllt ist und eine breite Basis hat, wurde zwischen 1955 und 1958 von der *British Columbia Power Commission*, dem Vorgänger der BC Hydro, gebaut. Der Strathcona Dam und zwei weitere Staudämme produzieren 11 Prozent der Energie Vancouver Islands. Vom einfach ausgestatteten Campground führen Gravelroads zu mehreren Seen, die südwestlich von Campbell River liegen und besonders gerne zum Fischen und für Kanu- und Kajakturen genutzt werden. Feuerholz bitte bei Bedarf mitbringen.

- Ganzj., wenn Zufahrt mögl., Service Mai–Sept.
- 11
- Nein
- Frei
- www.bchydro.com/community/recreation_areas/strathcona_dam.html

STRATHCONA PROVINCIAL PARK

Der ca. 2.458 km² große **Strathcona Provincial Park** liegt im Herzen von Vancouver Island. Der über den Highway 28 sehr gut erreichbare Park wurde 1911 gegründet und ist der älteste Provincial

Park British Columbias. Etwa 48 km westlich von Campbell River kommt man zum Parkeingang **Elk Portal**, dort befindet sich ein hübsch angelegter Picknickplatz.

Der Strathcona Provincial Park ist ein waldreiches und wildes Hochgebirgsgebiet mit schneebedeckten Berggipfeln, dichtem Regenwald, idyllisch liegenden Seen und zahlreichen Wasserfällen. Touristisch gut erschlossen sind die Gebiete um den **Buttle Lake** im Herzen des Parks und das **Forbidden Plateau** im Ostteil des Parks, das man über den Strathcona Parkway nördlich von Courtenay vom Highway 19 (Exit 130) erreicht. (▶ Seite 222). Die anderen Gebiete des Parks sind wenig erschlossene Wildnis-Gebiete, ideal für Wanderer, die Einsamkeit und Abenteuer suchen. Sie sind auch noch nicht komplett durch den Einfluss der Menschen geprägt und zeigen die ursprüngliche Landschaft. Doch **Vorsicht** ist geboten, wenn man sich in diese Wildnis begibt, denn in den abgelegenen Gebieten des Parks ist man völlig sich selbst überlassen und muss daher gut ausgerüstet und auf alle Wetterkapriolen, Tierbegegnungen und widrige Wegbeschaffenheiten eingerichtet sein. Im Winter muss mit Lawinenabgängen, dünnen Eisflächen und extremen Winterstürmen gerechnet werden. Daher ist es **wichtig**, eine vertraute Person über die geplante Route und die Rückkehr zu unterrichten.

Bei den Lupin-, Lady-, Lower Myra-, Upper Myra Wasserfällen und am Karst Creek befinden sich Aussichtsplattformen, die besonders schöne Blicke auf die Wasserfälle bieten. Die höchsten Wasserfälle Kanadas, die 440 m hohen **Della Falls** (▶ Seite 291), liegen ebenfalls im Strathcona Provincial Park. Sie sind allerdings nur über eine mehrtägige Tour vom Highway 4 nahe Port Alberni erreichbar. Zahlreiche Tiere, darunter auch Schwarzbären, Pumas, Elche, viele Kleintiere und Vogelarten sind im Strathcona Provincial Park heimisch.

Die höchste Erhebung des Parks ist der **Golden Hinde** (2.200 m). Der Berg ist benannt nach Sir Francis Drakes Schiff „Golden Hinde", mit dem er die Welt umsegelte und dabei die Nordwestküste Nordamerikas streifte. Auch der im Park liegende **Buttle Lake** wurde nach einer historischen Person benannt. Hier war es der Forschungsreisende *John Buttle*, der um 1860 die Gegend bereiste.

Strathcona Provincial Park

Der Strathcona Provincial Park wurde nach dem Pionier Donald Alexander Smith, **1st Baron Strathcona** and Mount Royal, benannt. Er war Konstrukteur bei der Canadian Pacific Railway und vollendete am 7. November 1885 in **Craigellachie** (British Columbia, Hwy 1 zwischen Revelstoke und Sicamous) die transkontinentale Eisenbahn-Verbindung vom Atlantik zum Pazifik durch das Einschlagen des letzten Schienennagels (*„Last Spike"*).

Picknickplätze am Highway 28
- Elk Portal (Parkeingang Ost)
- Lady Falls
- Crest Lake

Picknickplätze an der Zufahrt (Westmin Rd) zum Ralph River Campground
- Buttle Lake
- Lupin Falls
- Auger Point
- Karst Creek

Bootsanlegestellen
- Buttle Lake (Westmin Rd)
- Karst Creek (Westmin Rd)

Strathcona Provincial Park

Wohnmobil-Stellplätze im Park befinden sich auf dem schön gelegenen **Buttle Lake Campground** (Highway 28 kurz nach der Brücke über den Buttle Lake) mit Sandstrand und **Ralph River Campground** am Südufer, wo sich Ralph River und Buttle Lake treffen. Die Zufahrt zum Ralph River Campground (Westmin Road) zweigt kurz nach dem Parkeingang Ost vom Highway 28 nach Süden ab. Die ca. 26 km lange, asphaltierte, am Ostufer des Sees verlaufende Straße führt zum Campground mit sehr schönen, einsam liegenden Stellplätzen. Nach dem Campground geht es noch ca. 9 Kilometer weiter bis zur Myra Falls Mine.

Bezeichnete Wildniszeltplätze abseits der Straßen sind auch im Winter nutzbar, sie sind dann gebührenfrei. Im Sommer befinden sich gebührenpflichtige Backcountry-Zeltplätze am Bedwell Trail, Elk River Trail und im Bereich des Forbidden Plateau (▶Seite 222). Weitere, nicht gebührenpflichtige Zeltplätze gibt es am Lake Helen, Kwai Lake und Circlet Lake. Meist sind sie mit einer Trockentoilette und einer bärensicheren Box für die Aufbewahrung des Proviants ausgestattet. Die Selbstregistrierung *(Self Registration)* befindet sich am Beginn der Wanderwege. Per Boot sind fünf Wildniszeltplätze im Bereich Buttle Lake und Upper Campbell Lake erreichbar, Selbstregistrierung an den Bootsanlegestellen.

Anmerkung: Es wird geraten, die Backcountry-Gebühren im Voraus zu bezahlen, damit man kein Bargeld mit auf die Tour nehmen muss.

Auch in einigen abgelegenen Teilen des Parks kann übernachtet werden. Der Abstand zu den gebührenpflichtigen Gebieten und der Straße muss mindestens einen Kilometer betragen. Bitte beachten Sie: Im gesamten Park ist offenes Feuer verboten.
🌐 www.env.gov.bc.ca/bcparks/explore/parkpgs/strath

Backcountry Permits
🌐 www.env.gov.bc.ca/bcparks/registration
🌐 Karte: https://discovercamping.ca/Backcountry/Strathcona?Map

Gebührenpflichtige Backcountry Parkgebiete
- www.env.gov.bc.ca/bcparks/explore/parkpgs/strath/strath_bedwell_fee_area.pdf
- www.env.gov.bc.ca/bcparks/explore/parkpgs/strath/strath_elkriv_fee_area.pdf
- Ganzj., wetterabhängig, geb.pflichtig Mitte Juni–Sept.
- $

Im Sommer hat am Buttle Lake eine **Visitor Information** geöffnet:
- August–Anf. Sept., ggf. vor Ort erkundigen

Wandern

▶ Wandern im Bereich des Buttle Lake

Lupin Falls
Der kurze Rundwanderweg bietet unterwegs einen tollen Blick auf die Wasserfälle.
- Km 10 Westmin Rd
- 20 Minuten
- Leicht
- 800 m (Rundweg)

Karst Creek
Unterwegs trifft man auf Kalksteingebiete, kleine Bachläufe und pittoreske Wasserfälle.
- Westmin Rd, kurz vor Ralph River Campground
- 45 Minuten
- Leicht
- 2 km (einf. Strecke)

Lower Myra Falls
Von einer Aussichtsplattform blickt man auf den über Kaskaden nach unten fallenden Wasserfall. Achtung: Ein kurzer steiler Geröllhügel ist zu überqueren.
- Südende des Buttle Lake bei Boliden Westmin
- 30 Minuten
- Moderat
- 1 km (einf. Strecke)

Phillips Ridge
Zuerst erreicht man den Arnica Lake, danach geht es steil zum Phillips Ridge, der eine gute Sicht auf den Golden Hinde Mountain bietet.
- Westmin Rd, nach der Boliden Westmin
- 4 Stunden
- Schwierig
- Arnica Lake
- 6 km (einf. Strecke)
- 800 m

Bedwell Lake
Man wandert über viele Brücken und steile Serpentinen den nicht sehr einfach begehbaren Trail nach oben, stellenweise auch über Stahltreppenkonstruktionen. Unterwegs bieten sich wunderschöne Ausblicke. Wer möchte, kann die Wanderung auf zwei Tage aufteilen und zum gletschergespeisten Cream Lake (6 km, 4 Std.) am Fuße des Mt. Septimus weiterwandern.
- Parkplatz Jim Mitchell Lake Rd, Abzweig am Südende des Buttle Lake
- 3,5 Stunden (einf. Strecke)
- Moderat
- 6 km (einf. Strecke)
- 600 m
- Am Bedwell Lake möglich

▶ Wandern entlang des Highway 28

Lady Falls
Der Trail führt durch dichten Wald zu einer Aussichtsplattform mit Blick auf die Wasserfälle.
- Hwy 28, zwischen Buttle Lake Campground und Westende des Parks
- 20 Minuten
- Leicht
- 900 m Rundweg
- Minimal

Elk River
Der Trail folgt dem Elk River bis zum Glacier Lake, der seinem Namen alle Ehre macht und exakt auf dem 50. Breitengrad liegt. Hier hat man einen tollen Blick auf den Mt. Colonel Foster.
- Hwy 28, nahe Westende des Parks
- 5 Stunden

Strathcona Provincial Park

- Moderat
- 11 km (einf. Strecke)
- Km 6 (Butterword Flats) und Km 9 (Schotterplatz)
- 600 m

Crest Creek Crags (Klettertouren)
Kletterfreunde finden hier mehr als 150 Kletterrouten aller Schwierigkeitsgrade, allerdings sollte man gut ausgerüstet sein, wenn man eine Tour startet und sich nicht überschätzen.

- Zufahrt zum Park- und Picknickplatz vom Hwy 28 kurz vor dem Westende des Parks
- Übersicht und Infos: www.coastalbc.com/climb/crest-creek.htm

Golden Hinde
Standard-Klettertouren auf den höchsten Gipfel im Park sind möglich, allerdings sind dies mehrtägige, schwierige Kletter-Touren. Erklimmen kann man den Golden Hinde über Phillips Ridge Trail, Elk River und Marble Meadows Trail. Zum Beginn des Marble Meadows Trail muss man per Boot von Auger Point oder Karst Creek zum gegenüberliegenden Ufer des Buttle Lake schippern. Genauere Infos:
- www.summitpost.org/the-golden-hinde/335359

Achtung Dies sind nur allgemeine Hinweise. Informieren Sie sich bei Bedarf in einer Visitor Info oder in einschlägigen Reiseführern.

Unterkünfte

Strathcona Park Lodge
Neben der Unterkunft werden Wildnis- und Abenteuertouren angeboten. Im Restaurant gibt es gesunde, vielseitige Gerichte, die Zutaten stammen aus heimischen Gefilden. Auch spezielle Wünsche (glutenfrei, vegetarisch usw.) werden erfüllt, ggf. bei der Reservierung darauf hinweisen. Man übernachtet im gemütlichen Chalet (bis zu 12 Pers.), Cottage (mit Küchenzeile) oder in einem Hotelzimmer (kein TV). Ein kleiner Store befindet sich im Office, Kanus, Kajaks und Motorboote können geliehen werden. Der gesamte Bereich umfasst 20 Gebäude, man achtet sehr auf Energieeinsparung, nutzt Solarzellen und bereitet Wasser in einem eigenen kleinen Wasserwerk auf.

- Nahe Parkeingang, ca. 44 km westl. von Campbell River
- 41040 Gold River Hwy 28, Campbell River
- 250-286-3122
- Cottages: ganzj., Zimmer und Chalets: März–Nov.
- ★★ – ★★★
- www.strathcona.bc.ca

Ralph River Campground
Der einfach ausgestattete, aber wunderschöne Campground liegt nahe dem Südende des Buttle Lake am Ralph River, einige Plätze mit Zugang zum Buttle Lake.
- April–Okt.
- Ja
- 75
- Nein
- $

Buttle Lake Campground
Einfach ausgestatteter, bewaldeter Campground am Highway 28, kurz hinter der Brücke über den Buttle Lake gelegen.
- April–Okt.
- Ja
- 85
- Nein
- $

Wildnisgebiete/Zeltplätze
- 20 Plätze Buttle Lake Marine
- Wilde Plätze Elk River
- 45 Plätze im Wanderbereich Forbitten Plateau
- 12 Plätze Bedwell
- 9 Plätze Baby Bedwell
- Ganzj. wetterabhängig, Service v. Mitte Juni bis Ende Sept.
- Pro Person und Nacht: $
- Reservierung Buttle Lake & Ralph River CG: https://discovercamping.ca/StrathconaProvincialPark
- Reservierung Backcountry: www.env.gov.bc.ca/bcparks/registration

Strathcona Westmin Provincial Park

Der **Strathcona Westmin Provincial Park** liegt im Herzen des Strathcona Provincial Parks am Südende des Buttle Lake. Der Wildnis-Park bietet einfache bis schwierige Wandermöglichkeiten, ein Wildnis-Zelt-

Über uns laufen die Förderbänder.

platz liegt am Arnica Lake (Phillips Ridge Trail). Im Strathcona Westmin Provincial Park befindet sich inmitten dichter Wälder ein gigantisches Bauwerk – die **Nystar Myra Falls Mine** (ehem. Boliden Westmin). Sie verarbeitet Erz, das Zink, Kupfer, Gold und Silber, die jährliche Fördermenge beträgt etwa 1,4 Mio. Tonnen. Zufahrt zum Park über die *Buttle Lake Road* (*Western Mines Road*). Damit der Abbau der Bodenschätze ermöglicht werden konnte, trennte die Regierung 1965 diesen Park vom Parkbereich des Strathcona Provincial Parks ab und stufte ihn als *Class B Park* ein, der den Abbau der Mineralien ermöglichte.

Mit dem Abbau der Bodenschätze wurde 1966 begonnen, die Mine gehörte damals **Westmin Resources**, die später von der schwedischen Firma **Boliden** gekauft wurde. Da die Erträge nicht den Erwartungen entsprachen, versuchte man 2001, die Mine zu verkaufen, leider erfolglos. 2002 wurde sie schließlich geschlossen. Danach suchte Boliden nach einem erfolgversprechenden Plan und eröffnete die Mine 2002 erneut, nachdem man durch Kostensenkung erreicht hatte, dass nun profitabel gearbeitet werden konnte. Mitte 2004 wurde die Mine von **Breakwater Resources** übernommen, 2011 wurde sie an das global arbeitende Unternehmen **Nyrstar** verkauft und bis Oktober 2015 betrieben. Aktuell prüft Nyrstar eine eventuelle Wiederaufnahme der Minentätigkeit.

- Ganzj.
- *Arnica Lake & Philips Ridge/ Upper Myra Falls Parkplatz*
- www.env.gov.bc.ca/bcparks/explore/parkpgs/strath_wm

🅿 WHITE RIDGE PROVINCIAL PARK

Eine Besonderheit im waldreichen Inselgebiet ist der **White Ridge Provincial Park**, der eine Fläche von etwa 13,5 km² umfasst. Die international bekannte Karstlandschaft, die auch ein umfangreiches, bizarres und für Höhlenforscher sicherlich interessantes Höhlensystem umfasst, ist ein sehr sensibles Gebilde.

Sie entstehen durch das Eindringen von Wasser in Oberflächengestein wie Kalkstein, Dolomit und Marmor. Die Gesteine bilden im Laufe der Zeit Risse und Klüfte, sodass das Wasser immer weiter eindringen kann und sich Hohlräume bilden können (unterirdische Entwässerung).

Einige Höhlen können von erfahrenen Höhlenforschern begangen werden, Ungeübte sollten keinesfalls auf eigene Faust Höhlen betreten. Es gibt keinen Campground, im Park ist Wildnis-Zelten erlaubt.

Achtung: Aktuell gibt es Vorsichts- und Verhaltensmaßnahmen zur Eindämmung der Pilzkrankheit *White-Nose-Syndrome*, die die Fledermaus-Bestände bedroht. Bitte lesen Sie aufmerksam die Merkblätter für Höhlenbesucher auf der Internetseite des Parks.

- *Vom Hwy 28 ca. 4 km west. v. Gold River über Loggingroad BR 80 nach Süden*
- *Ganzj., abhängig v. d. Befahrbarkeit d. Zufahrt*
- *Ja*
- www.env.gov.bc.ca/bcparks/explore/parkpgs/wht_ridg

Muchalat Inlet

GOLD RIVER

	Campbell River	90 km
	Tahsis	64 km
	Gold River	1.270
	-2 °C	
	+18 °C	
	Meereshöhe	110 m

Die moderne Stadt **Gold River**, 90 km westlich von Campbell River gelegen, ist Ausgangspunkt zu Wildnis-Touren entlang der Küstenregion und zum historischen **Nootka Sound**. Gold River wurde in den sechziger Jahren als Unterkunft für die Familien gebaut, die in der *Tahsis Company Ltd.* (Sägemühle und Zellstofffabrik, liegt am Ende des Highway 28 an der Muchalat-Bucht) beschäftigt waren. Die Bucht war ein idealer Standort, denn dort konnten zum Transport große Seeschiffe anlegen, der Gold River diente der Wasserversorgung. Die Fabrik schloss 1998, heute befindet sich wieder eine riesige Sägemühle an der Bucht. Muchalat Inlet ist auch Schiffs- und Bootsanlegestelle und Landeplatz für Wasserflugzeuge, die abgelegene Orte und Camps versorgen.

Das Gebiet im Bereich des **Nootka Sound** ist traditionelles Land der Mowachaht (Muchalaht) People, die zu den Nuu-chah-nulth First Nations gehören und schon seit mehr als 5.000 Jahren hier leben. Nachfahren wohnen heute nördlich von Gold River in **Tsaxana**, einem Dorf der Mowachaht. Um 1774 war der spanische Seefahrer Juan Pérez unterwegs im Nootka Sound und 1778 ging **James Cook** als erster Europäer im Südwesten der küstennahen Insel **Nootka Island** in **Friendly Cove** (**Yuquot Historic Site**) an Land. Dort traf er sich mit dem „Chief" der Mowachaht, dem Häuptling Maquinna – zur damaligen Zeit ein wahrhaft historisches Ereignis. Zu diesem geschichtsträchtigen Ort gibt es neben den Fahrten mit der *MV Uchuck* auch einen Wassertaxi-Service. ▶ Seite 315

Der Name Gold River tauchte 1871 zum ersten Mal auf einer Karte auf, da chinesische Bergarbeiter bereits um 1860 hier auf Goldfunde gestoßen waren.

Gold River war die erste kanadische Stadt, deren Stromversorgung unterirdisch verlief. Die Stadt entwickelte sich schnell zu einem Versorgungszentrum der Region. Mit der ersten Schließung der Sägemühle verließen viele Familien die Stadt, im Gegenzug kamen jedoch kleinere Unternehmen nach Gold River, die Angebote für den Tourismus wurden ausgebaut und Familien und Senioren, die das Leben in der naturnahen Kleinstadt zu schätzen wussten, wurden zu Neubürgern.

Touristisch von besonderem Interesse sind die vielen Outdoor-Sportmöglichkeiten und mehr als 50 in der näheren Umgebung liegende, teilweise noch nicht erschlossene Höhlen. Daher wird Gold River auch „**Caving Capital of Canada**" genannt.

In der Stadt sind alle Versorgungseinrichtungen vorhanden. Auf dem Nimpkish Drive (Seitenstraße des Hwy 28) befindet sich ein Supermarkt.

Der Highway 28 führt durch Gold River und danach noch 12 Kilometer weiter Richtung Süden bis zum **Muchalat Inlet**, wo sich in wundervoller Landschaft nur eine riesige holzverarbeitende Fabrik und der Startpunkt der u.g. Schiffstouren befinden.

Auf halber Strecke kann vom **Tsuxwin Viewpoint** ein Blick in den Gold River Canyon geworfen werden.

Unsere Meinung: Wenn Sie keine Schiffstour gebucht haben, lohnt sich die Fahrt zum Muchalat Inlet nicht.

Visitor Information

- Osteinfahrt des Ortes am Hwy 28, hier befindet sich eine Sanidump-Station
- 250-283-2418
- 10–18 Uhr; Mitte Mai–Ende Juni Fr–So, Juli & Aug. tägl.
- villageofgoldriver@cablerocket.com
- www.goldriver.ca

Sehenswürdigkeiten

▶ Great Walk

Eine Herausforderung an Kondition, Wille und Selbstvertrauen ist der seit 1978 jährlich stattfindende „Great Walk" von Gold River nach Tahsis. Die Idee stammt vom damaligen Bürgermeister von Tahsis, Bill Lore, der seinem Kollegen Vic Welch in Gold River ermunterte und meinte: „Ich wandere nach Gold River, wenn Du nach Tahsis wanderst." Und so wie es aussieht, nahm der Kollege diesen Wettstreit an, denn nun tummeln sich jährlich Anfang Juni für einen guten Zweck einige hundert Wagemutige aller Altersklassen, nehmen den Kampf über die 63,5 km/40 mi lange, landschaftlich reizvolle Strecke auf und versuchen, die Kampfzeit von 4,5 Stunden zu unterbieten. Egal ob man laufend, gehend oder kriechend ins Ziel kommt, das Motto ist eindeutig: Dabei sein ist Alles.

- www.greatwalk.com

▶ Bootstouren zur Geburtsstätte von BC – Nootka Sound

Ein Erlebnis besonderer Art, dazu eine abwechslungsreiche und fantastische Landschaft bietet eine Fahrt mit dem Passagier- und Frachtschiff **MV Uchuck III** entlang der rauen Westküste Vancouver Islands. Die MV Uchuck III war im Zweiten Weltkrieg ein Minensuchboot, das später zu einem Fracht- und Passagierschiff umgerüstet wurde. Es kann 100 Passagiere und 100 Tonnen Fracht befördern. Eine komfortable Lounge und ein Coffee-Shop sind an Bord. Während der Reise bekommt man nicht nur den rauen Ozean mit seinen 2-3 m hohen Wellen zu spüren, sondern auch Einblick in die Artenvielfalt der Tierwelt. So kann man an Land schon mal einen Schwarzbär sichten oder Delfine, Grau- und Killerwale und viele weitere Tiere, die sich im Wasser tummeln, beobachten. Per Schiff wird auch der Ausgangspunkt zum **Nootka Island Trail** in **Friendly Cove (Yuquot)** erreicht.

Alle Fahrten beginnen am **Muchalat Inlet** 12 km südlich von Gold River. Eine Beschreibung der Fahrten finden Sie auf den jeweils angegebenen Internetseiten.

Nootka Sound Services Ltd.
- Gold River
- 250-283-2515 oder 1-877-824-8253 (geb. frei)
- Mo–Fr 8–16:30 Uhr
- reservations@getwest.ca
- www.getwest.ca

Friendly Cove Day Cruise
- Ende Juni–Anf. Sept. Mi & Sa, Aufenthalt in Friendly Cove Mi & Sa
- Mi: 6 Std., Sa: 7,5 Std.
- Erw.: CAD 94, Sen. (60+): CAD 89, Kinder (6–12 J.): CAD 50
- www.getwest.ca/cruises/friendly-cove-cruise

Nootka Sound Day Cruise
Das Fracht- und Passagierschiff verkehrt ganzjährig, im Sommer kurzer Stopp für eine Zusteigemöglichkeit in Friendly Cove.
- Ganzj.: Di 9 Uhr
- 9 Std.
- Erw.: CAD 83, Sen.: CAD 78, Kinder: CAD 45
- www.getwest.ca/cruises/nootka-sound-cruise

Esperanza Adventure Cruise
Die 3-Tages-Kreuzfahrt durch den Nootka Sound, Esperanza Inlet und Kyuquot Sound, wo in Kyuquot und Tahsis je eine

Nacht verbracht wird, beinhaltet neben Frühstück und Dinner auch die Übernachtungen. Unterwegs wird man u. a. allerlei Meeresbewohner sichten, auf der Rückfahrt steht noch ein Stop in Friendly Cove auf dem Programm.

- 🕐 Juni & Sept. je 2 Kreuzfahrten
- 💰 Unterbringung im DZ: Pro Person CAD 1.130 (exkl. Tax)
- 🏕 Ja, unbedingt anzuraten
- 🌐 www.getwest.ca/cruises/esperanza-adventure

Kyuquot Adventure Cruise
Eine zweitägige Tour nach **Kyuquot**, einer kleinen, nordwestlich von Gold River liegenden Ortschaft (ca. 500 Einwohner) der Kyuquot und Chesleset People, die zum Stamm der Mowachaht/Muchalaht gehören. Der Ort ist für Abenteurer, Kanu- und Kajakfahrer zunehmend interessant.

- ☎ 250-283-2515 oder 1-877-824-8253 (geb.frei)
- 🕐 März–Okt.: Do/Fr
- 💰 Hin- und Rückfahrt inkl. Übernachtung u. Frühstück Erw.: CAD 645, Kinder: CAD 230
- 🌐 www.getwest.ca/cruises/kyuquot-adventure

▶ Nootka Island Trail

Gleich zu Beginn ein **wichtiger Hinweis**: Wir können hier nur eine allgemeine Beschreibung dieses Trails geben und empfehlen daher dringend, sich ausführliche Informationen vor Ort in den Visitor Informations zu holen, bevor Sie sich auf den Weg machen. Der **Nootka Island Trail** (auch: **Friendly Cove/Yuquot Trail**) verläuft an der Westküste von **Nootka Island**, einer ca. 530 km² großen Insel, die durch den Nootka Sound von Vancouver Island getrennt ist. Der Trail ist landschaftlich und konditionsmäßig vergleichbar mit dem West Coast Trail, jedoch deutlich weniger frequentiert. Die beiden Startpunkte sind in **Friendly Cove** (südlicher Startpunkt) und **Louie Bay Lagoon** (nördlicher Startpunkt). Die beste Zeit für diese Wanderung ist von Mai bis September. Beide Punkte werden ab Gold River (M.V. Uchuck III) oder per Wasserflugzeug (Air Nootka 🌐 www.airnootka.com) erreicht. Strathcona Park Lodge (▶ Seite 312) führt im August geführte Wanderungen durch wie auch Island Alpine Guides Gold River (🌐 www.islandalpineguides.com). **Wichtig:** Alle Wanderer müssen bestens ausgerüstet sein, alles Lebensnotwendige mitbringen, mit äußerst schwierigem und fast unwegsamem Gelände rechnen und dem stürmischen Wetter der Küste trotzen. Belohnt wird man mit Wal- und Seeotter-Sichtungen, findet am Rande Spuren der Kolonialgeschichte bis zurück zur Entdeckung von BC durch James Cook und stößt auf Artifakte der First Nations. **Achtung**: Schwarzbären, Wölfe und Pumas sind hier heimisch. Man muss sich weder registrieren noch Übernachtungsgebühr bezahlen. Jedoch müssen alle Wanderer in **Friendly Cove** entweder beim Start und am Ende nach Erreichen des Ortes CAD 45 für die Nutzung des First Nations Gebietes und deren Einrichtungen bezahlen.

- 📍 Friendly Cove oder Louie Bay Lagoon
- 🕐 5–7 Tage (einf. Strecke)
- ⚠ Moderat bis sehr schwierig
- 📏 40 km
- 🌐 www.explore-mag.com/hiking-the-nootka-trail

▶ Gold Muchalat Provincial Park

Der **Gold Muchalat Provincial Park** liegt 15 km nordöstlich vom Ort Gold River am gleichnamigen Fluss und Muchalat River. Der Wildnis-Park ist besonders für Tierbeobachtungen interessant und erreichbar über die Gold River Road (Logging Rd), die zum **Woss Lake** führt.. Es sind keine Wohnmobil-Stellplätze oder bezeichnete Wanderwege vorhanden.

- 🕐 Ganzj., abhängig von der Befahrbarkeit der Zufahrtsstraße   🏕 Ja
- 🌐 www.env.gov.bc.ca/bcparks/explore/parkpgs/gold_muchalat

▶ Upana Caves

Die 1971 während Straßenbauarbeiten entdeckten Höhlen "**Upana Caves**" liegen 17 km westlich von Gold River und sind über den **Tree to Sea Drive** (Head Bay Forest Rd, gravel) und Branch Rd H-27 Richtung Tahsis erreichbar. Sie wurden 1975 von Höhlenforschern vermessen und erfasst. Man kennt mittlerweile 15 Zugänge zu den Höhlen. Sie können auf eigene Gefahr auf einer Länge von 450 m „erforscht" werden (Dauer ca. 1 Stunde).

Unterirdische Szenen von „**Huckleberry Finn und seine Freunde**" sind hier gedreht worden. Höhlenforscher sollten für warme, wasserfeste Kleidung und feste Schuhe sorgen, Helme und Taschenlampen nicht vergessen! Weitere Infos erhält man bei der Visitor Info in Gold River.

Wanderweg- und Höhlenplan
- www.goldriver.ca/wp-content/uploads/2015/08/map_upana_caves.pdf

▶ Wandern

Heber River Trail
Der Trail folgt dem River Canyon und kann danach über den Maquinna Cres und Nootka Dr zum Rundweg ausgedehnt werden.
- Hwy 28/Muchalat Dr kurz vor der Brücke über den Gold River links
- 40 Minuten (einf. Strecke)
- Leicht

Peppercorn Trail
Der Trail folgt dem Gold River bis zum Peppercorn Park.
- Hwy 28/Muchalat Dr kurz vor der Brücke über den Gold River nach rechts
- 40 Minuten (einf. Strecke)
- Leicht

Antler Lake Nature Walk
Der Trail streift unterwegs den Scout Lake und führt weiter zum Antler Lake.
- An der Visitor Info rechts der Scout Lake Rd bis zum Ende folgen
- 60 Minuten (einf. Strecke)
- Leicht bis mittel

🛏 Unterkünfte

🏠 Ridgeview Motor Inn
Das Motel bietet 44 zweckmäßig eingerichtete Zimmer mit Kühlschrank, Mikrowelle (einige Zimmer) und Kaffeekocher oder Küchenzeile, ein kontinentales Frühstück ist im Preis enthalten.
- 395 Donner Court, Gold River
- 250-283-2277 oder 1-800-989-3393 (geb.frei)
- ★★
- www.ridgeview-inn.com

🏠 The Lodge at Gold River
Man erreicht die Lodge kurz nach der Ortsdurchfahrt Gold River am Südende Richtung Muchalat Inlet und nächtigt in rustikalen, jedoch geschmackvoll eingerichteten Cabins, es werden u.a. mehrtägige Heli- und Fishingtouren angeboten, allerdings muss man dann tiefer in den Geldbeutel greifen.
- 100 Muchalat Dr, Gold River
- 250-283-2900
- ★★ – ★★★
- www.thelodgeatgoldriver.ca

🏕 Gold River Municipal Campground
Der rustikale Campground liegt fünf Kilometer von Gold River entfernt am gleichnamigen Fluss zwischen der Stadt und dem Muchalat Inlet, achten Sie auf die Hinweise.
- 5 km von Downtown Gold River am Gold River gelegen
- 250-283-2202 (Village Office), 250-283-7969 (Campground Host)
- Ganzj.
- 20 Nein Nein
- $

👁 TREE TO SEA DRIVE NACH TAHSIS

Auf dem 64 km langen Tree to Sea Drive (Head Bay Forest Service Road) geht es zwischen Gold River und Tahsis durch fantastische Landschaft mit wunderschönen Ausblicken und beeindruckenden Sehenswürdigkeiten, die entlang der Straße liegen. Die Gravelroad, unterbrochen durch einige kurze asphaltierte Abschnitte, ist ganzjährig geöffnet, zweispurig mit einigen einspurigen Brücken und hat stellenweise bis zu 18 % Gefälle. Bei Trockenheit ist sie relativ gut befahrbar, allerdings unserer Meinung nach definitiv nicht geeignet für Wohnmobilfahrer. Auch wird von den meisten Vermietern ein Befahren dieser Strecke mit einem Wohnmobil nicht erlaubt – es fehlt dann der Versicherungsschutz, wenn man die Strecke dennoch fährt. In der Visitor Info hört man – *no problem* – aber schon nach wenigen Kilometern stellt man selber fest, dass eine Weiterfahrt heikel werden könnte, erst recht bei Regenwetter. Dann wird allerdings das Wenden zu einer Herausforderung. Der höchste Punkt der Straße ist der **Bull Lake Summit** auf 586 m Höhe. Werktags sind Holztransporte unterwegs, bitte besondere Vorsicht. Und rechnen Sie jederzeit mit Tieren auf der Straße.

! In Gold River den aktuellen Straßenzustand erfragen, die Straße endet in Tahsis, es geht auf gleichem Weg zurück.

▶ Lohnende Stopps
(Circa-Angaben der Kilometer)

Km 13 **Cala Falls**, Die Wasserfälle werden vom Big Baldy Mountain (1.601 m) gespeist.
Km 16 **Upana Caves** ▶ Seite 316
Km 18 **Bull Lake Summit** 586 m
Km 27 **Painted Rock**
Km 30 **Conuma Peak** (1.481 m) Viewpoint, das „Matterhorn" des Nootka Sound, aus dem Indianischen ‚konoomah', was felsige Spitze bedeutet.
Km 34 **Conuma River Salmon Hatchery**, Lachszucht, in der Nähe liegt auch der rustikale Campground Conuma River
  ☎ *250-283-7148 oder 205-283-7171*
  🕐 *Touren (30 Min., Vorbuchung erwünscht): Mo–Fr 8–16 Uhr*
  🌐 *www.pac.dfo-mpo.gc.ca/sep-pmvs/projects-projets/conuma/conuma-eng.html*
Km 38 **Moutcha Bay Resort & Marina** mit kleiner Imbissbar, Aussichtspunkt und Bootsanlegestelle. Moutcha Bay Resort bietet neben Chalets und Suiten auch RV-Stellplätze (Strom mögl.), Cabins und Yurts.
  ☎ *1-877-337-5464 (geb.frei)*
  🕐 *April–Nov.*
  🛏 *36*   *Ja*
  💲 *Campground & Yurts: $$–$$$, Cabins & Suites:* ★★★
  🌐 *www.nootkamarineadventures.com/moutcha-bay-resort*
Km 46 **Three Sisters Falls**, 299 m hoch
Km 50 **Malaspina Lake**, hier nisten Trompeterschwäne und Weißkopfadler, auch Bären, Pumas und Waschbären sind hier ansässig.
Km 57 **President's Tree**, ca. 300 Jahre alte Douglastanne, zu Ehren J. V. Christensen, ehem. Präsident der Tahsis Company (Sägemühle). Auch bekannt als „**Big Tree**".
Km 61 **Leiner River Campground**, rustikaler Platz

🏛 TAHSIS

⛰	Gold River	64 km
	Campbell River	154 km
	Port Hardy	195 km
👥	Tahsis	250
❄	-2 °C	
☀	+18 °C	
〰	Meereshöhe	0–30 m

Tahsis, die idyllische Kleinstadt weitab vom regen Treiben auf Vancouver Island, liegt am Ende des Tree to Sea Drive am Tahsis Inlet 154 km westlich von Campbell River. Die Entstehung der Stadt (ehemals Port Tahsis) geht auf die 1937 gegründete Nootka Wood Products Ltd. zurück, die am Port Tahsis mit den lokal ansässigen First Nations Holzwirtschaft für den Export betrieb. In den 1940er-Jahren hatte Gordon Gibson die Idee, den vorhandenen Tiefseezugang zum Ozean und die idealen landschaftlichen Bedingungen für eine Sägemühle zu nutzen. Gibson, der später den Spitznamen „Bull of the woods" trug, wurde 1904 im Yukon in der Cabin eines Goldgräbers geboren. 1945 setzte er seine Idee um und so entstand in Tahsis die erste Sägemühle. Die frisch gefällten Bäume konnten über den Tahsis River zur Mühle geschleppt und dort gleich weiterverarbeitet werden. So ersparte man sich das mühsame und kostenreiche Transportieren der Hölzer. Diese Sägemühle brannte 1948 nieder, im Januar 1949 gründeten die Gibson Brüder mit einer weiteren Firma die „Tahsis Company" und gingen im April wieder in Produktion.

Die ersten Unterkünfte waren primitiv, schwimmende Baracken für die Arbeiter. Tahsis konnte nur per Boot oder Wasserflugzeug erreicht werden. Nach und nach ließen sich weitere Zuwanderer in Tahsis nieder, in den 50er-Jahren gab es bereits zwei Kirchen, eine Schule und ab 1972 auch eine Straße ins Inland. Zu seiner Blütezeit hatte der Ort etwa 2.500 Einwohner, doch mit der Schließung der Sägemühle zogen viele Bewohner weg, heute leben ständig etwa 300 Bewohner hier, im Sommer vervielfacht sich die Zahl durch den Tourismus.

Während der letzten Jahre haben sich Künstler in Tahsis angesiedelt. Einige Attraktionen, wie im Juni der „**Great Walk**" ▶Seite 315, im Juli „**Tahsis Days**" mit Musik, verschiedenen Events und einer Tour durch die lokalen Künstlerstudios und das „**Fishing Derby**" am dritten Wochenende im August sind für Einheimische und Touristen interessant. Bei einem Bummel durch Tahsis sind noch einige historische Gebäude zu sehen (z. B.

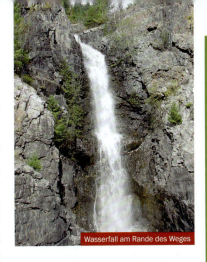

Wasserfall am Rande des Weges

St. Joseph's Roman Catholic Church, erbaut 1948).

Für Outdoor-Fans ist Tahsis besonders interessant, denn hier sind zahlreiche Wassersportaktivitäten möglich. Zu Fuß geht es in die einsamen Wälder und auf die umliegenden Berge, Höhlen können erforscht werden und wer sich für die Tierwelt Vancouver Islands interessiert, kann hier Meeres- und Landbewohner wie auch die Vogelwelt studieren. Die wichtigsten Versorgungsmöglichkeiten wie General Store (dort gibt es auch Benzin), Café und Restaurants sind vorhanden.

Visitor Info Centre (VI) Tahsis Municipal Office (MO)

 www.villageoftahsis.com

Visitor Information Centre (VI)
 107 Rugged Mountain Rd, Tahsis
 250-937-6425
 Juli & Aug.
 info@villageoftahsis.com

Tahsis Municipal Office (MO)
 977 South Maquinna Dr, Tahsis
 250-935-6344
 Ganzj.
 reception@villageoftahsis.com

👁 Sehenswürdigkeiten

▶ Tahsis Museum

Das Museum befindet sich im **Tahsis Chamber Info Centre**. Es zeigt Ausstellungsstücke der im Nootka Sound ansässigen First Nations, bringt die Kultur der Natives näher und zeigt Interessantes und Fotografien aus der Stadtgeschichte.
- 107 Rugged Mountain Rd, Tahsis
- 250-934-6425
- Saisonal, Mo–Fr 9–17 Uhr
- Frei

▶ Coral Cave

Die Höhle liegt nördlich von Tahsis und kann über eine Wanderung ab Straßenende (West Bay Park) erreicht werden. Nach 6 km kommt man zu einem Creek, von dort ist es noch ein kurzer Weg bis zur Höhle. Es gibt sehr steile Stellen im Höhlenbereich, die schlechteste kann über Seitenwege umgangen werden. Die Höhle ist etwa 1.400 m lang und gehört zu den schwierigeren Höhlen, die es auf Vancouver Island zu erforschen gibt. Bitte **unbedingt** drei Leuchten pro Person, warme Kleidung und Helm nicht vergessen.

Achtung: Bei Regen nicht betreten, da Überflutungsgefahr droht.

▶ Wandern

Leiner Bouldering Loop Trail
Der Rundweg führt entlang des Leiner River, unterwegs geht es über einige Felsen, hier können Kletterer ihre Fähigkeiten testen. Interessant: Im Herbst kehren Lachse hierher zum Laichen zurück.
- Leiner River Bridge 3 km östl. v. Tahsis
- 30 Minuten
- Anstrengend

Leiner River Estuary Trail
Führt über Holzstege zu Aussichtspunkten entlang des Leiner River und über Salzwiesen, wo der Fluss ins Meer mündet.
- Tahsis Rd, Boardwalk mit Aussichtsplattformen
- 1 Stunde
- 2 km (Gesamtlänge)

Woss Lake Grease Trail
Dieser Trail wurde von den First Nations als Handelsweg ins Innere von Vancouver Island genutzt. Er führt entlang des Tahsis River, nachdem ein Pass überquert ist, kommt man zum Woss Lake. Dieser Trail kann auch als Ausgangspunkt für die Besteigung des **Rugged Mountains** (1.875 m) genutzt werden.
- North Maquinna St, am Nordende von Tahsis
- 1–2 Tage
- 12 km (einf. Strecke)
- Moderat bis schwierig
- 550 m
- Wildniszelten im oberen Bereich des Tahsis River

🛏 Unterkünfte

🏠 Westview Marina & Lodge – Grand View House

Das Haus bietet Platz für bis zu acht Personen, eine vollständig eingerichtete Küche und vieles mehr. Auf der Internetseite sind noch weitere Häuschen zur Miete aufgeführt.
- 1157 Discovery Cres, Tahsis
- 250-934-7672
- Mitte Juni–Anf. Sept.
- ★★ – ★★★
- www.westviewmarina.com

Weitere Unterkünfte unter:
- www.villageoftahsis.com/visit-tahsis/accommodations-camping

🏕 Leiner River Campsite

Rustikaler und einfach ausgestatteter Campground, am Leiner River gelegen.
- 3 km östl. v. Tahsis am Tree to Sea Drive
- Einf. Stellplätze
- $

🏕 Seaside R.V. and Campground Park

Freier Ozeanblick ist garantiert, wenn man auf diesem Campground übernachtet. Die öffentliche Schiffsanlegestelle liegt in unmittelbarer Nähe.
- 1235 S Maquinna Dr, Tahsis
- 250-934-6689
- Alle Anschlussmöglichkeiten, 30 Amp. & 15 Amp. möglich
- Ja
- $–$$
- seasiderv@gmail.com

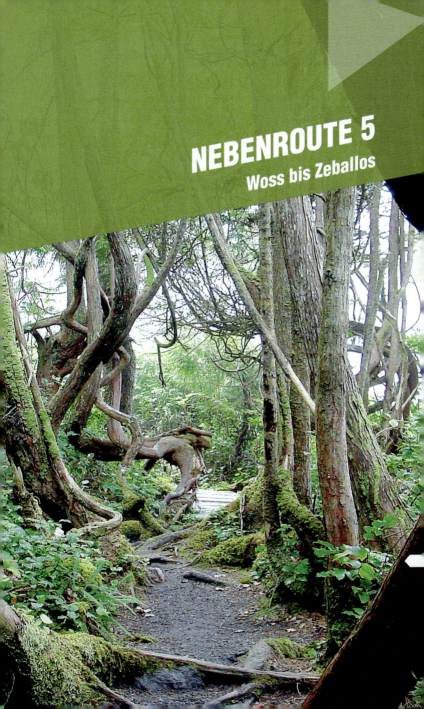

NEBENROUTE 5
Woss bis Zeballos

LITTLE HUSON CAVE REGIONAL PARK

Den **Little Huson Cave Regional Park** erreicht man etwa 9 Kilometer südlich des Abzweigs **Zeballos Road** vom Highway 19, der nördlich von Woss nach Westen abzweigt. Vom Parkplatz führt ein kurzer Weg zum Parkeingang. Im Park führen Wanderwege zu mehreren Höhleneingängen, teilweise ist ein Einstieg horizontal, teilweise vertikal möglich. Die Höhlen (Caves) aus Kalksandstein sind auch für Anfänger gut geeignet, denn sie sind relativ einfach zu begehen. Das Zentrum des Parks liegt im **Atluck Creek Canyon**. Ein kurzer Weg führt zu einer Aussichtsplattform mit Blick auf interessante Felsenformationen, eine Felsenbrücke und einige tiefe, mit klarem Wasser des **Little Huson Lake** gefüllte Pools.

Der Little Huson Cave Park ist nur ein kleiner Teil der Höhlensysteme, die im Norden von Vancouver Island zu finden sind. Weitere Höhlensysteme sind das **Benson Lake System**, **Vanishing River** und **Eternal Fountain**, die nördlich der Little Huson Caves liegen und über Logging Roads erreicht werden können. Bei Interesse geben die **Logging Companies** und das **Ministry of Forest Office** in Port McNeill weitere Auskünfte.

- 2217 Mine Rd, Port McNeill
- 250-956-5000
- www.for.gov.bc.ca/dni

Es ist feucht, kühl und natürlich dunkel in den Höhlen, achten Sie daher bitte auf geeignete Ausrüstung und vergessen Sie Helm und Taschenlampen nicht. Eine einfache Campingmöglichkeit gibt es am nahe gelegenen Anutz Lake. Der Park wird vom Regional District of Mt. Waddington verwaltet.

- 250-956-3301
- info@rdmw.bc.ca
- www.rdmw.bc.ca
- Plan: www.vancouverislandnorth.ca/wp-content/uploads/HusonCavePark_map.pdf

ARTLISH CAVES PROVINCIAL PARK

Die **Artlish Caves**, die nordwestlich von Zeballos liegen, beeindrucken durch ihre

Neroutsos Inlet

einzigartige Karstlandschaft und Größe. Jahrelang schlugen die umliegenden Gemeinden vor, diesen äußerst empfindlichen und geologisch interessanten Bereich durch einen Provincial Park zu schützen, was 1996 auch endlich gelang.

Zwei Eingänge in die fantastische Höhle existieren, die allerdings nicht einfach zu entdecken sind. Höhlenforscher sollten über Erfahrung verfügen und bei einem Besuch der Höhlen besondere Vorsicht walten lassen.

Man erreicht den 2,85 km² großen Park über die Atluck Road (Logging Road), die etwa 15 Kilometer südlich des Abzweigs der Zeballos Road vom Highway 19 nach Westen abzweigt. **Achtung:** Der Zugang zum Park ist nur sehr schwer zu finden, da eine Brücke entfernt wurde, einige Strecken und Wege gesperrt sind oder nicht mehr befahren werden können. Dadurch müssen viele Kilometer zu Fuß zurückgelegt werden. Der Weg ist überwuchert und schlecht zu finden! Bei Interesse kontaktieren Sie eine Visitor Info oder schauen Sie auf der Internetseite nach, wie der aktuelle Stand ist.

Die Höhlen liegen im traditionellen Gebiet der Kyuquot/Checleseht First Nations, einige Bäume, die von den First Nations kulturell gekennzeichnet sind (**CMTs – Culturelly Modified Trees**), stehen im Park. Es handelt sich hier um Bäume, die durch Schnitzarbeiten oder Malereien an historisch wichtige Ereignisse erinnern oder einfach „Gebrauchsspuren" aufweisen, weil die Fasern für Kleidung, Decken usw. gebraucht oder die Harze entnommen wurden. Zu den Bäumen, bei denen man solche CMTs findet, gehören u.a. Riesenlebensbäume, Fichten, Hemlocktannen und Kiefern. **Leslie Main Gottesfeld-Johnson** (Anthropologin, deren besonderes Interesse die Ethnoökologie der First Nations ist) hat solche CMTs an 21 Baumarten nachgewiesen, u.a. an Riesenlebensbäumen, Zypressen, Hemlocktannen und Fichten. Das Harz der Fichte z. B. nutzte man zur Herstellung von Klebstoff.

Achtung: Aktuell gibt es Vorsichts- und Verhaltensmaßnahmen zur Eindämmung der Pilzkrankheit *White-Nose-Syndrome*, die die Fledermaus-Bestände bedroht. Bitte lesen Sie aufmerksam die Merkblätter für Höhlenbesucher auf der Internetseite des Parks.

- *Ganzj.*
- *Ja, kein Service*
- *www.env.gov.bc.ca/bcparks/explore/parkpgs/artlish_caves*

ZEBALLOS

	Woss	60 km
	Highway 19	40 km
	Port Hardy	195 km
	Zeballos	125
	+5 °C	
	+18 °C	
	Meereshöhe	Sealevel

„Roads were caked in mud, but once every street was paved with gold."

(Etwa: Die Straßen waren mit Schlamm bedeckt, doch früher einmal mit Gold gepflastert.)

Dieser Spruch hatte in **Zeballos**, das im *Kyuquot Sound* am Ende des Zeballos Inlet, einem Seitenarm des Pazifiks, liegt, seine Gültigkeit von Anfang bis Mitte des 20. Jahrhunderts, denn in dieser Zeit wurde Gold im Wert von sage und schreibe CAD 13 Millionen aus Zeballos verschifft.

Zeballos wurde von spanischen Goldsuchern schon im 18. Jahrhundert entdeckt und nach Ciriaco Cevallos benannt, der Leutnant bei Kapitän Alejandro Malaspina war und die wilde Westküste 1792 erforschte. Doch erst Anfang des 20. Jahrhunderts wurde der Bergbau „erweckt", als eine massive Zuwanderung von **Goldsuchern** und Abenteurern begann. Während ihrer „Hochzeit" gab es in Zeballos 4 Bergwerke, die für 500 Arbeiter Lohn und Brot bedeuteten – die Einwohnerzahl lag damals bei etwa 1.500. Folglich war die Stadt gut ausgestattet mit Hotels, Restaurants, Geschäften, einer Schule, einem Hospital, es gab eine Wochenzeitung und eine Bücherei – historische Gebäude in der Stadt erinnern heute an die alten Zeiten.

Mit der Außenwelt war man zur damaligen Zeit durch das Dampfschiff *Princess Maquinna* verbunden. Dieses Schiff wurde speziell für die raue Westküste Vancouver Islands entwickelt und befuhr unter Leitung des Kapitäns Edward Gillam 15 Jahre diesen Küstenbereich. Benannt wurde das Schiff nach der Tochter des Häuptlings Maquinna, Oberhaupt der Nuu-chah-nulth (Mowachaht) People, die am Nootka Sound ansässig waren.

Infolge des Zweiten Weltkriegs stoppte der Bergbau, da viele Arbeiter zu den Streitkräften gingen, nach Ende des Krieges wurde er wieder für einige Jahre aufgenommen. Der erzielte Preis für das Gold konnte aber die extrem gestiegenen Kosten nicht ausgleichen. Daher entschloss man sich zur Schließung der Goldminen, die letzte machte 1948 dicht. Als dann der Goldpreis auf dem freien Markt nach einigen Jahren immer höher stieg, war es zu spät, um die alten Minen wieder zum Leben zu erwecken. Kurzzeitig kam 1962 durch die Öffnung einer Eisenerzmine wieder Leben in die Stadt, die Mine wurde sieben Jahre später aber ebenfalls wieder geschlossen.

1964 wurde Zeballos von einem Tsunami heimgesucht, der durch ein Seebeben vor Alaska ausgelöst wurde und Teile der Stadt überschwemmte, was für die weiteren Ausbau der Stadt sicherlich ein herber Rückschlag war.

Mit der Fertigstellung einer, wenn auch sehr schlechten, Straßenverbindung 1972 wurde Zeballos sozusagen an den Rest der Welt angeschlossen und mit der Errichtung eines Holzlagers durch die **Tahsis Company** (heute: **Western Forest Products Ltd.**) die Holzwirtschaft zu einem wichtigen ökonomischen Faktor. In den letzten Jahren gewinnt auch der Tourismus zunehmend eine wirtschaftliche Bedeutung für den Ort.

Zeballos, an der wilden Pazifikküste und in waldreicher Umgebung liegend, ist gerade für Naturliebhaber, Wanderfreunde, Sportfischer und Kajakfahrer, die dem Massentourismus entfliehen wollen, ein ideales Ziel. Vom Highway 19, einige Kilometer westlich von Woss, zweigt die **Zeballos Road** (bitte achten Sie auf Wildtiere) nach Süden ab. Es sind 40 km auf einer mehr oder weniger guten Gravel-/Loggingroad zurückzulegen, die auch von Holztransportern (Vorsicht!) genutzt wird.

Auch auf dem Wasserweg ist Zeballos per Boot oder mit einer lokalen Boots-Chartergesellschaft zu erreichen.

Abenteurer, die den **Nootka Island Trail** (▶ Seite 316) von Nord nach Süd wandern möchten, können per Wassertaxi (siehe rechts) oder Wasserflugzeug (Air Nootka) zum nördlichen Ausgangspunkt **Louie Bay** gebracht werden.

Die **Air Nootka** verbindet mit ihren Wasserflugzeugen auch Zeballos individuell nach Bedarf oder mit planmäßigen Flügen mit vielen Siedlungen entlang der Pazifikküste und im Binnenland.

☎ *250-283-2255 oder*
1-877-795-2255 (geb.frei)
🌐 *www.airnootka.com*

Einige Gebiete des Zeballos River, der fast die Hälfte der Zufahrtstraße begleitet, wurden zu Schutzgebieten erklärt, da dort zahlreiche Vogelarten nisten, unter anderem auch Kolibris. Für Wanderfreunde gibt es nahe Zeballos einige schöne *Nature Trails*, und für ein Picknick finden Sie am Ende der Maquinna Road eine nette Picknickanlage.

Es sind die wichtigsten Versorgungseinrichtungen inklusive Tankmöglichkeit vorhanden.

🛈 Visitor Information

✉ *157 Maquinna Ave, Zeballos*
☎ *250-761-4229*
🕒 *Mo–Fr 8:30–16:30 Uhr*
🌐 *www.zeballos.com*

👁 Sehenswürdigkeiten

▶ Zeballos Heritage Museum

Das kleine Museum zeigt Ausstellungsstücke und Fotos aus der kurzen Geschichte des Ortes, die eng mit Bergbau, Holzwirtschaft und der Kultur der First Nations verknüpft ist.
- 122 Maquinna Ave, Zeballos
- 250-761-4070
- Juli & Aug., sonst: nach Absprache

▶ Bootstouren

Zeballos Expeditions
Whale-Watching, Angelausflüge und ein Wassertaxi-Service z. B. nach Tashis, Friendly Cove, Louie Bay (Nootka Island Trail) wird angeboten, allerdings sprengen die Preise manchen Urlaubsetat (z. B. Wassertaxi nach Louie Bay CAD 500 oder Yuquot (Friendly Cove) CAD 550).
- 203 Pandora Ave, Zeballos
- 250-761-4044 oder 1-866-222-2235 (geb. frei)
- info@zeballosexpeditions.com
- www.zeballosexpeditions.com

Für Wassersportbegeisterte bieten sich Bootstouren in die folgenden Parks an:

Catala Island Provincial Park
Am Beginn des Esperanza Inlet westlich von Zeballos gelegen, erreichbar per Kajak oder Motorboot. Ein Wassertaxi-Service bedient ab Zeballos, Tahsis und Gold River die Insel.
- Ja, kein Service
- www.env.gov.bc.ca/bcparks/explore/parkpgs/catala_is

Nuchatlitz Provincial Park
18 km südwestlich von Zeballos zwischen Nuchatlitz und Esperanza Inlet gelegen. Der Park ist nur per Boot oder Wasserflugzeug erreichbar. Einige archäologische Fundstätten der Nuchatlaht werden durch den Park geschützt, darunter auch Friedhöfe. **Achten** Sie auf Schwarzbären!
- Ja, kein Service
- www.env.gov.bc.ca/bcparks/explore/parkpgs/nuchatlitz

Voyager Wassertaxi Service
- Kyuquot am Südende des Tahsis Inlet und Beginn/Ende des Nootka Island Trail
- 250-332-5301
- info@voyagerwatertaxi.com
- www.voyagerwatertaxi.com

▶ Muquin/Brooks Peninsula Provincial Park

Der **Muquin/Brooks Peninsula Provincial Park** liegt nordwestlich von Zeballos am **Kyuquot Sound**, was in der Nuu-Chah-Nulth-Sprache etwa „Platz der vielen Winde" bedeutet – eine durchaus treffende Beschreibung für die Küstenbereiche. Auch Captain Cook nannte diese Halbinsel „**Kap der Stürme**", als er im März 1778 den nördlichen Pazifik erkundete und damit wohl auch der erste Europäer war, der dieses Gebiet bereiste. Nach ihm benannte man später auch eine Landspitze im Nordwesten der Halbinsel „Cape Cook". Dichte Küstenregenwälder, zerklüftete Küstenbereiche, die auch stellenweise Sandstrände aufweisen, und die Vielzahl der Meeresbewohner beeindrucken besonders bei einem Wildnistrip in diese abgelegene Region im Norden Vancouver Islands.

1986 wurde Brooks Peninsula zum Erholungs- und Freizeitgebiet, neun Jahre später bekam die Halbinsel den Status Provincial Park. Am 13. Juli 2009 wurde

Per Wasserflugzeug geht es ins Landesinnere.

mit den Checleseht eine Vereinbarung getroffen, den Park, der so eng mit der Geschichte und Kultur der First Nations verbunden ist, in Muquin / Brooks Peninsula Provincial Park umzubenennen. Muquin bedeutet etwa „die Königin".

Besucher können auf Wildniszeltplätzen übernachten, es gibt aber keinen Service. Zu erreichen ist der Park nur per Boot oder ab **Kyuquot** (▶Seite 316) und **Zeballos** (▶Seite 323) per Wassertaxi oder Wasserflugzeug. Das heißt, man muss sich schon im Vorfeld mit den Möglichkeiten der Beförderung beschäftigen. Auskünfte hierüber erhält man in speziellen Reiseführern, in den Visitor Informations oder bei den First Nations. Das Parkgebiet befindet sich auf traditionellem Land der Kyuquot/ Checleseht und Quatsino First Nations, zahlreiche Relikte sind Zeuge der reichhaltigen Kultur der First Nations.

Bitte beachten Sie: Die Reservate im südlichen Teil an der *Battle Bay* sollten nicht ohne vorherigen Kontakt mit den First Nations betreten werden.

Ka:'yu:'k't'h'/Che:k:tles7et'h' (Kyuquot / Checleseht) First Nations Band Office
- Kyoquot, BC
- 250-332-5259
- Ganzj.
- Ja
- www.kyuquotbc.ca
- www.env.gov.bc.ca/bcparks/explore/parkpgs/brooks_peninsula

▶ Rugged Mountain Klettertour
Der mit 1.875 m höchste Berg im Bereich der **Haihte Range** nordöstlich von Zeballos. Nachdem zuvor 1952 Hamilton Moffat an der Bezwingung des Berges gescheitert war, gelang es erst 1959 den Bergsteigern George Lepore und Chuck Smitson, den Berg komplett zu besteigen. Zum Ausgangspunkt der Tour kommt man über die *Nomash Main Road* (Logging Road), die etwa 12 km nördlich von Zeballos von der Zeballos Road nach Osten abzweigt. Eine steile Wanderung mit schwierigen Kletterrouten führt dann in 3-4 Stunden zum Hauptgletscher. Eine weitere Möglichkeit zur Besteigung des Rugged Mountain ist über den **Woss Lake Grease Trail** ab Tahsis ▶Seite 320 möglich. Auf den Gletscher sollten sich nur sehr erfahrene und gut informierte Wanderer begeben!

Unterkünfte

Cedars Inn
Man übernachtet in einem der dreizehn zweckmäßig eingerichteten Gästezimmer im historischen Gebäude oder in einer Cabin. Es können Räumlichkeiten mit Kühlschrank oder Küchenzeile gemietet werden.
- 203 Pandora Ave, Zeballos
- 250-761-4044 oder 1-866-222-2235 (geb.)
- Ja, frei
- ★★
- www.zeballosexpeditions.com

Cevallos Campsite
- An der Mündung des Zeballos River in das Zeballos Inlet gelegen, unter städtischer Verwaltung
- 250-761-4229
- 10
- $
- adminzeb@recn.ca

Zeballos RV Park
- Parkway Rd, Zeballos (Seitenstraße der Maquinna Ave)
- 250-761-4229
- Ja
- Alle Anschlussmöglichkeiten
- $
- adminzeb@recn.ca

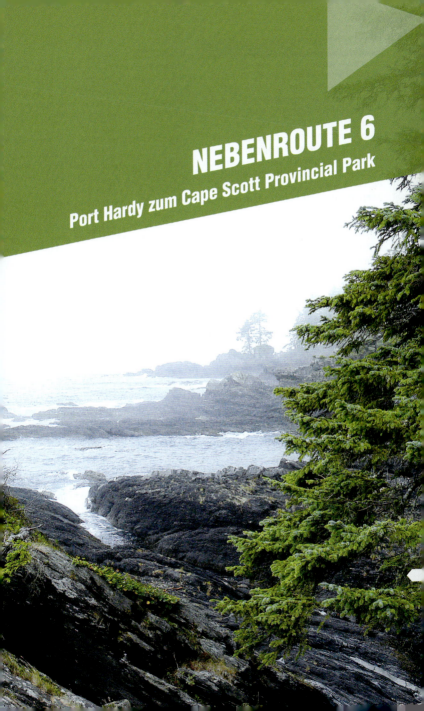

NEBENROUTE 6
Port Hardy zum Cape Scott Provincial Park

HOLBERG

Der kleine Ort **Holberg** am Ende des Holberg Inlet ca. 45 km westlich von Port Hardy ist Ausgangspunkt zum wilden **Cape Scott Provincial Park** an der Nordspitze Vancouver Islands. Wer sich in Port Hardy auf den Weg gen Westen macht, sollte über ein geländegängiges Fahrzeug verfügen. Die Gravelroad, die auch von Holztransportern genutzt wird, führt durch dichte Wälder und vorbei an glasklaren Seen durch eine Einsamkeit, in der man kaum einer Menschenseele begegnen wird. Die kleine Ortschaft Holberg hat, nimmt man Winter Harbour dazu (siehe rechts), noch etwa 40 bis 50 Einwohner. Einzig die Holzwirtschaft (Western Forest Products) hat hier noch einen Standort. Touristisch ist der Ort daher nur als Durchgang zum Cape Scott Provincial Park interessant, ein kleines Restaurant *(Scarlet Ibis Pub & Restaurant)* bietet aktuell für Durchreisende Versorgung mit dem Nötigsten. Bitte ggf. in Port Hardy nachfragen, welche Versorgungsmöglichkeiten der Ort noch bietet.

Die ersten Siedler waren im frühen 19. Jahrhundert dänische Einwanderer. Sie nannten die Ortschaft Holberg zu Ehren des **Barons Ludvig Holberg**, einem Historiker und Autor, der in Norwegen geboren wurde, die meiste Zeit seines Lebens aber in Dänemark verbrachte. Während des Kalten Krieges war in Holberg die **Pinetree Line Radarstation** der *Royal Canadian Air Force* stationiert.

Sehenswürdigkeiten

▶ Schuhbaum
Kurioses gibt es auf der Zufahrt nach Holberg zu sehen, einen **„Schuhbaum"**. Den „Grundstein" hat 1989 der spaßige Zeitgenosse Tracey Anonson gelegt und nun baumeln hier Hunderte Schuhe aller Art, die Wanderer nach einer vielleicht anstrengenden Touren im Cape Scott Park zur Erinnerung hier gelassen haben.

▶ Ronning Garden
Sehenswert ist auch der **Ronning Garden** des norwegischen Siedlers Bernt Ronning, der sich 1910 in dieser Einöde ansiedelte und als Trapper, Fischer und Lagerkoch seinen Lebensunterhalt verdiente. Seinen Garten, den er sich schrittweise vom Regenwald „eroberte", hat er aus vielen hundert Samen und Setzlingen zusammengestellt, die er aus der ganzen Welt erhalten hatte. Dieses Kleinod in der Wildnis wurde zu einem beliebten Haltepunkt für die vorbeiziehenden Siedler und Wanderer mit dem Ziel Cape Scott, Raft Cove und San Josef Bay. Um 1970 überwucherte der dichte Wald der Umgebung weite Teile des Gartens und viele Pflanzen, so schien es wenigstens, überlebten dies nicht. Doch heute lebt der Garten wieder, viele Samen, die jahrelang im Tiefschlaf lagen, keimten erneut und der Garten erwachte aus seinem Dornröschenschlaf. Der Garten ist für Besucher geöffnet. Erreichbar ist er ab Holberg über die San Joseph Road Richtung Cape Scott Park, nach wenigen Kilometern weist ein Wegweiser zum Ronning Garden.

▶ Raft Cove Provincial Park
Den etwa 6 km² großen, weitab an der Nordwestküste von Vancouver Island liegenden **Raft Cove Provincial Park** ca. 64 km westlich von Port Hardy können Abenteurer ab **Holberg** über Gravelroads (Logging Roads) erreichen. Folgen Sie ab Holberg der Straße zum Cape Scott Provincial Park, weiter auf der Ronning Main bis zum Kilometermarker RM24 und von dort zum Parkplatz Raft Cove. **Bitte beachten Sie** unbedingt die absolute Vorfahrt der Logging-Trucks. Der Wildnispark an der schroffen Pazifikküste ist besonders extremen Wetterbedingungen ausgesetzt. Alle Besucher sollten daher auch mit wasserfester Kleidung und Ausrüstung ausgestattet sein. Ab der Zufahrtsstraße führt ein etwa zwei Kilometer langer, nicht instand gehaltener und extrem schlammiger Weg durch dichten Wald zum Strand.

Ganzj.

Ja, Backcountry Permit erforderlich

- $ (Mai–Sept.)
- www.env.gov.bc.ca/bcparks/registration
- https://secure.camis.com/DiscoverCamping/Backcountry

WINTER HARBOUR

Nach etwa 24 km Gravelroad (aktive Logging Road) ab Holberg Richtung Süden kommt man zum Fischerdörfchen **Winter Harbour**, am *Forward Inlet* gelegen. **Man beachte:** Der Ort liegt näher an China und Japan als jeder andere Ort in Nordamerika. Winter Harbour war im 18. Jahrhundert ein Schutzhafen für Segelschiffe während der Wintermonate, daher der Name Winter Harbour. Heute kommen, bedingt durch den sehr hohen Fischreichtum des Meeres und des Forward Inlets, moderne Fischerboote und Abenteurer nach Winter Harbour. Und natürlich werden im Ort auch **Fishing- und Adventure Tours** angeboten. Auch wenn man es nicht glauben will, es sind die wichtigsten Versorgungseinrichtungen vorhanden: eine Tankstelle, ein Restaurant, ein General Store und selbst die Poststelle für die Grüße nach Hause hat Montag, Mittwoch und Freitag von 9–13 Uhr geöffnet. Einen Internetzugang gibt es im *Community Center*. Ein kurzer Wanderweg führt durch den **Botel Park** und entlang der steinigen Küste. Er bietet fantastische Ausblicke auf den Pazifik im *Quatsino Sound*.

Unterkünfte

Winter Harbour Lodge & Campground
Neben Unterkunft in der Lodge, in Cabins oder auf dem Campground (parkplatzähnlich) werden Angeltouren angeboten.
- Sommer: 250-969-4293, Winter: 250-493-0233
- 20, alle Anschlussmögl.
- Ja
- Ja
- Ja, geb.pflichtig
- Campground: $, Cabins: ★★★ (keine Kreditkarten, nur Bargeld)
- www.winterharbourlodge.ca

Kwaksistah Regional Park Campsite
Rustikaler Campground, für Zelter nicht geeignet, kein Trinkwasser
- 350-956-3301
- 8
- Frei

CAPE SCOTT PROVINCIAL PARK

Wer die weite, raue Küste, dichten Regenwald und ständig wechselndes Wetter nicht scheut, der kommt beim Abenteuer **Cape Scott Provincial Park** sicherlich voll auf seine Kosten – eine entsprechende körperliche Fitness vorausgesetzt. Die Zufahrt zu diesem Wildnispark am äußersten Nordwestzipfel von Vancouver Island ist über die **Holberg** und **San Josef Road** (beides *Logging Roads*, 64 km) von Port Hardy möglich. Je nach Wetter kann die Zufahrt einige Mühe bereiten. Die Straße endet am südöstlichen Parkeingang, in den Park führen ausschließlich Wanderwege. Man kann sich auch per Shuttle-Bus von Port Hardy zum Park bringen lassen:

North Coast Trail Shuttle
- Mai-Mitte Sept.
- 250-949-6541
- info@capescottwatertaxi.ca
- www.northcoasttrailshuttle.com

Der Park wurde 1973 gegründet und umfasst etwa 115 km zerklüftete Ozeanküste, 30 km abgelegene Strandabschnitte und dichte Regenwälder, in denen man noch Baumriesen mit mehr als drei Metern Durchmesser findet. Der „**Sitka Spruce**" mit sieben Meter Umfang steht am nördlichen Teil des **Erik Lake**. 1995 wurde die Nordküstenregion *Nahwitti* und *Shushartie* zum Parkgebiet hinzugenommen, in dem ein großer Teil des **North Coast Trails** (▶Seite 331) verläuft.

Im Norden des Parks sind noch Relikte aus dem Zweiten Weltkrieg zu finden, von 1942–45 befand sich aus Gründen der Staatssicherheit am Cape Scott eine Radarstation. Die ersten Bewohner des Gebietes um Cape Scott waren First Nations der Stämme Yutlinuk, Tlatlasikwala und Nakumgilisala. Im frühen 19. Jahrhundert starben die Yutlinuk aus, in den 1850er-Jahren schlossen sich die verbliebenen Stämme Tlatlasikwala und Nakumgilisala zusammen und siedelten über auf die Insel **Hope Island** vor der Nordküste. 1954 gab es nur noch 32 Bewohner, sie verbanden sich mit den Koskimo People und zogen zum Quatsino Sound. Heute sind sie als Nahwitti People bekannt. Die Nahwitti haben sechs Reservationen im Norden von Vancouver Island, wovon drei im Gebiet des Cape Scott Provincial Parks liegen.

Von 1896–1907 besiedelten etwa 100 Dänen, die aus Minnesota, Nebraska, Iowa und North Dakota kamen, das Gebiet um die **Hansen Lagoon** und bewirtschafteten das Weideland. Sie wollten eine selbstverwaltete Farm- und Fischereiwirtschaft aufbauen. Die Provinzverwaltung befürchtete Streitigkeiten, enteignete das Land und nahm das Versprechen, eine Zufahrtstraße zu bauen, wieder zurück. Ohne Verbindungsweg aber war ein Leben in dieser wilden Landschaft nicht möglich, daher gaben die Siedler auf, verließen ihre Höfe und wanderten in umliegende Dörfer ab.

Um 1913 kamen noch einmal Siedler an die Hansen Lagoon, diesmal aus dem Staat Washington, aus Ostkanada und Europa und übernahmen die Häuser, die die Dänen sechs Jahre zuvor verlassen hatten. Sie waren jedoch den gleichen Wetterbedingungen ausgesetzt wie ihre Vorgänger und verließen wenig später ebenfalls das Gebiet. Einige zerfallene Gebäude und weitere Relikte findet man noch in der **Nels Bight**, **Hanson Lagoon** und **Frederiksen Point** im Nordwestteil des Parks. Benannt ist der Park nach David Scott, einem Kaufmann aus Bombay. Er war 1786 einer der Hauptfinanzierer von Handelsreisen in diese Gegend, der gleichnamige Leuchtturm dient seit 1960 den Seefahrern als Orientierung.

Bitte beachten Sie: Sollten Sie auf Relikte stoßen, belassen Sie alles so, wie Sie es angetroffen haben, und betreten Sie keinesfalls verfallene Gebäude. Es besteht Unfallgefahr! Beachten Sie darüber hinaus, dass auch Bären, Pumas, Wölfe, Wapitis und viele andere Tiere im Park beheimatet sind, die Bärenpopulation ist besonders hoch. Ziehen Sie daher geräuschvoll durch die Lande, achten Sie auf Spuren, bevor Sie Ihr Lager aufschlagen und bewahren Sie Lebensmittel bärensicher auf. Wichtig ist auch, sämtliche Essensreste und Müll wieder mitzunehmen. Alles Wichtige und Beachtenswerte zum bärensicheren Verhalten unter:
 www.env.gov.bc.ca/bcparks/conserve/bearsandcougars.pdf

Achtung: Aktuell ist das Mitführen von Hunden nicht erlaubt, da es zu Konfrontationen mit Wölfen kam. Sollten Sie Wildtiere sichten, die eine Gefährdung bedeuten, ist über eine Hotline 24 Stunden ein Park Operator erreichbar:
 1-877-952-7277

Entlang der Küste tummeln sich Seeotter, Seelöwen, Seehunde, Grauwale und Orcas, hier ist ruhiges Verhalten angebracht, um die Tiere nicht zu stören. Die **Hansen Lagoon** wird alljährlich von Vogelarten, darunter auch Kanadagänse, als Zwischenstopp genutzt. Am Parkeingang, ca. 16 km westlich von Holberg, befinden sich außerhalb des Parks zwei Campgrounds für Wohnmobile. Auf Strom-, Wasser- und Abwasseranschluss muss verzichtet werden. Trinkwasser bitte mitbringen.

San Josef Heritage Park Campground
Der RV-Campground liegt kurz vor dem Beginn des Cape Scott PP.
250-288-3682

Western Forest Products Campground
Wilder und ungepflegter RV-Campground in Parkplatznähe

Ein **Parkplatz** liegt am Südosteingang des Parks, danach geht es nur noch zu Fuß weiter. Das Wetter ist extrem feucht und windig, die Wanderungen sind teilweise schwierig und führen über Holzplankenwege. Zeltplätze gibt es unterwegs. **Achtung:** Dies ist ein Park ohne Service- und

Urwüchsige Baumgruppe

Versorgungsmöglichkeiten. Wir empfehlen dringend, sich vor einer Wildnis-Tour ausführlich zu informieren und Kartenmaterial in Port Hardy zu besorgen. *Backcountry permits* im Voraus kaufen: www.env.gov.bc.ca/bcparks/registration

- *Ganzj.; geb.pflichtig April bis Sept., Self-Registration: San Josef Bay Boat Launch & Trailbeginn*
- *11 am Eric Lake, weitere Zeltplätze entlang der Wege*
- *Pro Person/Nacht ab 16 J.: CAD 10, 6–15 J.: CAD 5*
- *www.env.gov.bc.ca/bcparks/explore/parkpgs/cape_scott*

🥾 Wandern

▶ Im Westteil des Parks

- *Für alle Trails: Parkplatz am Parkeingang*

Eric Lake
- *3 km (einf. Strecke)*
- *1 Stunde (Zeltplätze am Eric Lake)*
- *Moderat*

San Josef Bay
Unterwegs treffen Sie auf Reste des historischen Henry Ohlsen Hauses (1908–1944).
- *2,5 km (einf. Strecke), Zelten an der San Joseph Bay möglich*
- *1 Stunde*
- *Moderat*

Fisherman River
- *9,3 km (einf. Strecke)*
- *3 Stunden*
- *Anstrengend*

Guise Bay
- *21 km (einf. Strecke)*
- *7,5 Stunden, Zelten an der Guise Bay möglich*
- *Sehr anstrengend*

Cape Scott
Am Ende des Weges liegt der 1960 erbaute Leuchtturm Cape Scott.
- *24 km (einf. Strecke)*
- *8,5 Stunden*
- *Schwierig*

Nissen Bight
- *15 km (einf. Strecke)*
- *5,5 Stunden, Zelten an der Nissen Bight möglich*
- *Anstrengend*

Hansen Lagoon
Hier lebten vor mehr als 100 Jahren dänische Siedler. Reste der Einzäumung und des Entwässerungssystem sind noch zu entdecken.
- *15 km (einf. Strecke)*
- *5 Stunden*
- *Anstrengend*

▶ An der Nordküste

North Coast Trail
Wichtige Anmerkung: Dies sind nur allgemeine Informationen über diesen Trail. Holen Sie sich zusätzlich Rat und Hilfe in der Visitor Information Port Hardy, studieren Sie einschlägige Wanderführer oder informieren Sie sich übers Internet, z. B.:
- *www.trailsbc.ca/loop/vancouver-island/hike-north-coast-trail-79-km*

Cape Scott Provincial Park

Die bis hierhin genannten Wanderungen beschränken sich auf den Westteil des Provincial Parks. Wer das besondere Abenteuer sucht, kann dies auf dem schwierigen und mehrere Tage dauernden **North Coast Trail** entlang der Nordküste finden. Dieser Trail führt durch oftmals unwegsames Gelände entlang der Felsenküste und durch das Dickicht der Küstenregenwälder. Man sollte schwindelfrei sein, eine gute Kondition und Grundkenntnisse in Survival-Technik haben. Flüsse müssen per „Seilbahn", die mit Handbetrieb arbeiten, überwunden werden. Etwas einfacher zu begehen ist der Trail von Ost nach West. Natürlich sind auch alle Wildtiere hier beheimatet, vor denen man auf der Hut sein sollte. Hunde dürfen nicht mitgenommen werden.

Was an der Nordküste bei allen Wanderungen erschwerend dazukommt, sind die Wetterkapriolen mit viel Regen, Kälte und stürmischen Winden. Der Boden ist ständig durchweicht, die Felsen schlüpfrig und die Wasserstände müssen auch im Auge behalten werden. **Achten Sie** auf wasserfeste Bekleidung und Ausrüstung – natürlich muss alles Lebensnotwendige mitgenommen werden. Trinkwasser ist nicht verfügbar. Da es durch traditionelles First Nations-Gebiet geht, stößt man noch auf Reste der Kulturgeschichte. Dies gilt besonders für die Wegstrecke Nahwitti River nach Cape Sutil. **Cape Sutil** liegt außerhalb des Parks auf First Nations-Gebiet, dort lebten früher im Dorf Nahwitti die Tlatlasikwala Nations. Das Gebiet der First Nations sollte nicht betreten werden.

Es wird **dringend** empfohlen, ein Satellitentelefon oder VHF-Funkgerät mitzuführen, damit man im Notfall Hilfe rufen kann. Mobiltelefone haben hier keine Verbindung. Es finden auch keine regelmäßigen Kontrollgänge eines Rangers statt.

Während der Sommermonate von Mitte Mai bis Ende September ist am **Cape Sutil** eine **Ranger-Station** (Zelt) besetzt, außerhalb dieser Zeiten kann das Zelt für Notfälle genutzt werden. Wenn der Trail im Westen gestartet wird, geht es vom San Joseph Parkplatz weiter auf dem Cape Scott Trail bis zum Ostende der Nissen Bight und Start des North Coast Trails.

Startet man im Osten, muss man per Wassertaxi-Service (🕐 Mai-Mitte Sept., 🌐 www.northcoasttrailshuttle.com) ab Port Hardy oder per Wasserflugzeug zur Shushartie Bay gebracht werden.

- 43,1 km (einf. Strecke), zusätzlich 15 km Cape Scott Trail, da er die Verlängerung dieses Trails ist
- Minimum: 5 Tage, empfohlen: 6-8 Tage
- Sehr schwierig

Zeltplätze von Ost nach West

Die Zeltplätze müssen reserviert werden und sind gebührenpflichtig.
- www.env.gov.bc.ca/bcparks/registration
- https://discovercamping.ca/Backcountry/CapeScott?Map

▶ Von Ost nach West

Km 0: Shushartie Bay Campsite
- 4, Trockentoilette, Aufbewahrungsbox

Km 8,1: Skinner Creek Campsite
- 2, Trockentoilette, Aufbewahrungsbox

Km 11: Nahwitti River Campsite
- 4, Trockentoilette, Aufbewahrungsbox

Km 16: Cape Sutil Campsite
- Strandcamping, Trockentoilette, Aufbewahrungsbox, Ranger Yurt, besetzt von Mitte Juni-Anf. Sept.

Km 23,8: Irony Creek Campsite
- 4, Trockentoilette, Aufbewahrungsbox

Km 35,6: Laura Creek Campsite
- 4, Trockentoilette, Aufbewahrungsbox

Km 43,1: Nissen Bight Campsite
- Strandcamping, Trockentoilette, Aufbewahrungsbox

▶ Von Nissen Bight zum Parkplatz

Fisherman River Campsite
- 3, Trockentoilette

Eric Lake Campsite
- 8, Trockentoilette, Aufbewahrungsbox

RÜCKFAHRMÖGLICHKEIT
Sunshine Coast

👁 SUNSHINE COAST – HWY 101

Der **Highway 101**, auch **Sunshine Coast Highway** genannt, ist Teil des **Pacific Coastal Highways**, der in Lund beginnt und nach 15.202 km in Quellon, Porto Monte in Chile (Südamerika) endet. Der Pacific Coastal Highway gehört zu den längsten Straßenverbindungen der Welt. Die einzelnen Streckenabschnitte verlaufen durch Kanada, U.S.A., Mexiko, Guatemala, El Salvador, Nicaragua, Costa Rica, Panama, Columbia, Ecuador, Peru und Chile:

Kanada
- Highway 101 von Lund nach Vancouver
- Highway 99 von Vancouver nach Blaine, Washington (USA)

USA
- Highway 5 von Blaine, Washington nach Tijuana (Mexiko)

Mexiko
- Highway 2 von Tijuana nach Santa Ana
- Highway 15 von Santa Ana nach Tepic
- Highway 200 von Tepic nach Tapachula
- Highway 2 von Tapachula nach La Union (El Salvador)

El Salvador
- Highway 1 von La Union nach Choluteca
- Highway 3 von Choluteca nach Chinandega (Nicaragua)

Nicaragua
- Highway 12 von Chinandega nach Managua
- Highway 1 von Managua nach San José (Costa Rica)

Costa Rica
- Highway 2 von San José nach Panama City (Panama)

Panama
- Highway 3 von Panama City nach Colon
- Fährfahrt von Colon nach Cartagena (Kolumbien)

Kolumbien
- Highway 90 von Cartagena nach La Curana
- Highway 25 von La Curana nach Ipiales
- Highway 35 von Ipiales nach Sullana (Peru)

Peru
- Highway 1 von Sullana nach Arica (Chile)

Chile
- Highway 5 von Arica nach Quellon

Der **kanadische Teil** von Lund nach Gibsons ist 146 km lang und schlängelt sich entlang der **Malaspina** und **Georgia Strait** mit fantastischen Ausblicken zu den vorgelagerten Inseln und den Coast Mountains östlich des Highways. Der kanadische Teil des Highways ist durchgehend asphaltiert, von Powell River nach Lund etwas holprig, kurvenreich und stellenweise eng, doch keineswegs problematisch zu befahren. Auf dem **Sunshine Coast Highway** sind zwei Fährfahrten über die weit ins Hinterland reichenden Fjorde besonders reizvoll. Der Highway 101 ist per Fährverbindungen von Vancouver Island und Horseshoe Bay (Vancouver West) mit dem Straßennetz des Festlandes verbunden. Auch per Wassertaxi, Boot, Charter- und planmäßigem Flugverkehr vom International Airport Vancouver kann die Sunshine Coast erreicht werden.

Die Sunshine Coast wird durch die **Jervis Bucht** in zwei Bereiche geteilt: Den nördlichen Teil von Lund bis zum Fähranleger Saltery Bay, der sich auf der **Malaspina Halbinsel** (*Malaspina Peninsula*) befindet und den südlichen Teil von den Fähranlegern Earls Cove nach Langdale, dieser liegt auf der **Sechelt Halbinsel (Sechelt Peninsula)**. Entlang des Highways liegen dichte Waldgebiete und ruhige Touristenorte mit eleganten Resorts an malerischen Uferpromenaden. Die größten Ortschaften der Region **Powell River, Sechelt** und **Gibsons** haben alle Versorgungsmöglichkeiten und auch Motels und Hotels sind reichlich vorhanden. Wohnmobilfahrern bieten sich neben privaten RV-Resorts auch Übernachtungsmöglichkeiten in schön gelegenen Provincial Parks. Die Uferbereiche in den Ortschaften entlang der Straße sind teilweise in Privatbesitz, daher empfehlen wir, die sich bietenden, öffentlich zugänglichen Zufahrten zu den Stränden zu nutzen, um die wundervolle Aussicht und gesunde Seeluft zu genießen. Das Klima ist mild, und lange, abendliche Sonnenscheinstunden machen diesen Küstenabschnitt zu einem beliebten Ziel für Wassersportler, Naturliebhaber und Künstler. **Beachtlich:** Kein Gebiet in Kanada hat einen höheren Einwohneranteil an Künstlern und Kunsthandwerkern. In zahlreichen Galerien und Studios werden Führungen angeboten und Besucher können den Meistern ihres Handwerks über die Schulter schauen und/oder das eine oder andere Schmuckstück käuflich erwerben. Viele Natives bieten ebenfalls ihre künstlerisch sehr schönen, selbst gefertigten Kunstwerke an.

Entlang der Sunshine Coast finden während des Jahres viele Events statt. Stöbern Sie auf der Internetseite: www.sunshinecoastcanada.com/events

SUNSHINE COAST TRAIL

Die Idee für diesen Trail entstand 1993, als sich eine Gruppe Freizeitenthusiasten zur Powell River Parks and Wilderness Society zusammenschloss und begann, die existierenden Trails mit neu angelegten Abschnitten zu verbinden. So erreichte der Trail 1995 bereits eine Länge von über 80 km und man war stolz, die Länge des berühmten West Coast Trails (Vancouver Island/Pacific Rim NP) überschritten zu haben. Nach weiteren 6 Jahren und einigen schwierigen Bergübergängen hatte der Trail seine heutige Länge von 180 km erreicht. Er führt von **Sarah Point** (*Desolation Bay* nördlich von Lund) bis **Saltery Bay** und ist unterteilt in fünf einzelne Streckenabschnitte, wovon die letzten beiden nur für bergerfahrene Wanderer geeignet sind. Es sind etwa 20 Zugänge zum Trail möglich. Wichtig ist, sich über einen Transport zum Trail zu informieren. Wenn eine Mehrtagestour geplant ist, sollten man auch ggf. die Unterkünfte vorreservieren. Infos, Tipps und Pläne bekommt man in der Visitor Info Powell River, ebenfalls das *Tour Guide Book*, das auch bei Breakwater Books (Powell River, Marine Ave) erhältlich ist.

Der Ausgangspunkt Sarah Point ist per **Water Taxi** von Lund aus erreichbar.

✉ *Lund* ☎ *604-483-9749*
🕐 *Fahrzeit: 20 Minuten* *Wird empfohlen*
🌐 *www.lundwatertaxi.com*

Entlang des Trails liegen 14 Hütten und mehrere Zeltplätze. Wer den gesamten Trail wandern möchte, kann sich einen Trail Pass besorgen und diesen unterwegs z. B. abstempeln lassen. (Weitere Infos: https://sunshinecoast-trail.com/passport) Unterwegs gibt es natürlich die üblichen Gefahren, man befindet sich im Bärengebiet, daneben lauern Moskitos auf Beute, unwegsames Gelände muss gemeistert werden, Zelt und Zubehör müssen mitgeschleppt werden – kurz, es ist kein Spaziergang, sondern eine kräftezehrende, teilweise schwierige Mehrtageswanderung. Daher ist es wichtig, sich vor der Tour

Sunshine Coast – Hwy 101

unbedingt umfangreich zu informieren und ggf. auch Übernachtungen reservieren. Aber auch "Schnupperwanderungen" von einem Tag sind möglich, Infos auf der u. g. Internetseite. Die beste Zeit für eine Wanderung ist zwischen Mai und Oktober.

Powell River Parks & Wilderness Society
- PO Box 345, Powell River, BC V8A 5C2
- @ eagle.walz@gmail.com
- www Gesamtkarte: http://sunshinecoast-trail.com/plan-your-hike/maps
- www www.sunshinecoast-trail.com

LUND

Hier in **Lund** sind Sie sozusagen am Ende der Welt angekommen, am Beginn des Highway 101 – Sunshine Coast Highway. Ein „**Historic Mile 0**" Marker zeigt den Beginn des Highways. Eine Gravelroad führt noch etwa 14 km weiter zum *Desolation Sound* (**Bliss Landing**).

	Powell River	28 km
	Lund	290
	+5 °C	
	+18 °C	
	Meereshöhe	Sealevel

Im sehr schön gelegenen Ort Lund, dem *„Shellfish Capital of the Sunshine Coast"*, steigt alljährlich Mitte/Ende Mai das Shellfish Festival mit allerlei Belustigungen, Musik und natürlich Speis und Trank.

Lund war für Jahrtausende die Heimat der Sliammon People, einer Gruppe der Coast Salish First Nations. Der erste weiße Siedler Charles Thulin kam Ende 1889 von Schweden nach Lund, baute sich eine Hütte am Meer und betrieb Handel mit den ansässigen First Nations. 6 Monate später folgte ihm sein Bruder Frederic. Die schwedische Heimatstadt der beiden Brüder war Lund und so nannten sie dann auch ihre neue Heimat in Kanada. 1892 wurde eine **Poststelle** eröffnet, es war die zweite nördlich von Vancouver, wenig später öffnete der erste **General Store**. Das erste Hotel in Lund entstand 1895, das zweite (*The Malaspina*) 1905. Es wurde später in **Lund Hotel** umbenannt, als das Originalgebäude von 1895 niederbrannte. Es ist auch heute noch in Betrieb, nachdem es im Jahr 1999 von den Sliammon First Nations und einem weiteren Geschäftsmann gekauft, 2000 komplett renoviert und mit dem heute üblichen Komfort ausgestattet wurde. Im gesamten Hotel findet man historische Fotos an den Wänden, die die Geschichte von Lund erzählen. Viele Jahre lang war Lund ein kleines Fischerdorf, heute ist es eine kleine Touristenattraktion. Lund ist Ausgangspunkt für einen Bootsausflug zum **Copeland Islands Provincial Marine Park, Desolation Sound Provincial Marine Park** und **Savary Island**. Außerdem Startpunkt für einige Wanderungen und Bike-Routen.

Ein Wassertaxi bringt Besucher zur Sonneninsel **Savary Island**, wo einsame Wanderwege durch dichte Wälder oder über weiße Sandstrände führen und warmes Wasser zum Baden lockt. Auf Savary Island gibt es keinen Autoverkehr – und keine Moskitos, Bären, Pumas und Waschbären. Die Insel hat ca. 95 dauernde Bewohner, im Sommer steigt die Zahl bis auf fast 2.000. Der Strom kommt zwar auch aus der Steckdose – jedoch wird er von den Bewohnern über Solarzellen, Propangas oder andere, umweltfreundliche Energie-Quellen erzeugt.

Auch wenn Sie Lund nur kurz besuchen, sollten Sie bei einer Tasse Kaffee und einer leckeren Zimtschnecke *(Cinnemon Roll)* auf der schönen Terrasse von **Nancy's Bakery** ein paar entspannte Momente an diesem idyllisch gelegenen Ort genießen. Für die Versorgung der kleinen Ortschaft gibt es einen *General Store* und zwei Restaurants, eine Tankstelle ist nicht vorhanden. Parken ist allerdings für Tagesbesucher mit Wohnmobil problematisch, daher möglichst früh nach Lund starten.

Selbst in diesem kleinen Ort gibt es eine kleine Visitor Information – allerdings ist sie nicht so einfach zu finden – schauen Sie sich mal um ... (Tipp: Wandern Sie links über die lange Holzbrücke zum Boardwalk Restaurant)

👁 Sehenswürdigkeiten

▶ **Cope Islands Marine Prov. Park**
Der 1971 gegründete **Copeland Islands Marine Provincial Park** umfasst mehre-

re kleine Inseln und Felsen in der Thulin Passage nördlich von Lund. Besonders beliebt ist der Park bei Kajakfahrer als Zwischenstopp zum Desolation Sound.
- Ganzj.
- Ja, Middle Copeland & North Copeland Campsite (je 9 Zeltplätze)
- $, Juni-Mitte Sept.
- www.env.gov.bc.ca/bcparks/explore/parkpgs/copeland_is

▶ Desolation Sound Provincial Park
Der **Desolation Sound Provincial Park** wurde 1973 gegründet und liegt am Zusammenfluss des *Malaspina Inlet* und *Homfray Channel*. 60 km Küstenlinie mit zahlreichen, versteckt liegenden Buchten und kleinen Inseln bieten ideale Wassersportbedingungen. Der Park besteht aus den drei Bereichen **Prideaux Haven** und **Tenedos Bay**, beide im Norden gelegen, und **Grace Harbour** im Süden.
- Ganzj.
- Ja, 9 Campsites mit je 3-9 Zeltplätzen
- $, Juni-Mitte Sept.
- www.env.gov.bc.ca/bcparks/explore/parkpgs/desolation

Unterkünfte

The Historic Lund Hotel
Renoviertes Hotel in Hafennähe mit geschmackvollen Standard- bis Deluxe-Rooms, teilweise mit Balkon oder Ozeanblick, Kaffeekocher und Minikühlschrank. General Store und Restaurant mit einer großen Aussenterrasse sind im gleichen Gebäude.
- 1436 Hwy 101, Lund
- 604-414-0474 oder 1-877-569-3999 (geb.frei)
- Ganzj.
- ★★ - ★★★
- www.lundhotel.com

Sunlund By-The-Sea RV Park & Campground
Die Stellplätze mit Tisch-Bank-Kombination und Feuerstelle sind teilweise bewaldet. Einige Plätze liegen an einem Bach.
- 1496 Murray Rd, Lund
- 604-483-9220 (9-18 Uhr Pacific Time)
- CG: Mai-Sept., Cabins: ganzj.
- 45, alle Anschlussmögl.
- Campground: $$
- Cabins: ★ - ★★★
- www.sunlund.ca
- Ja
- Ja
- Ja, frei

OKEOVER ARM PROVINCIAL PARK

Zum **Okeover Arm Provincial Park** am gleichnamigen Inlet gelegen zweigt südlich von Lund eine 7 km lange Straße ab. In der Nähe des Campgrounds dient eine Rasenfläche als Picknickplatz, der Strand ist übersät von Muscheln und Fischresten, die für einen nicht immer angeneh-

Lund - Abfahrt der Fähre nach Savary Island

men Geruch verantwortlich sind. Teile des Parks liegen auf traditionellem Boden der Sliammon First Nations, die gemeinsam mit der Parkverwaltung die historisch wertvollen Schätze (u.a. *Petroglyphs*) schützen. Eine Bootsanlegestelle ist außerhalb des Parks.

- Juni–Mitte Sept.
- 14   Nein
- $
- 4
- www.env.gov.bc.ca/bcparks/explore/parkpgs/okeover

SLIAMMON

In der kleinen Ortschaft **Sliammon**, einer Gemeinde der Tla'amin (Sliammon) Nations, lebt der größte Teil der etwa 1.100 Band-Mitglieder, weitere in der Umgebung des Ortes. Sie pflegen die traditionellen Handwerkskünste wie Körbe flechten und Schnitzarbeit. Ein wichtiger Erwerbszweig ist die **Sliammon Lachszuchtanstalt**, die am Sliammon Creek in Ortsnähe am Highway 101 liegt. Die beste Zeit für einen Besuch der Lachszuchtanstalt ist der späte Herbst.

- 604-483-9646
- www.tlaaminnation.com

POWELL RIVER HISTORIC TOWNSITE

Nördlich der „neuen" Stadt Powell River findet man die eindrucksvolle **Historic Town of Powell River**. Bei einem Bummel durch die Stadt mit über 400 historischen Gebäuden kann man sich von der professionellen Stadtplanung der Kanadier Anfang des 20. Jahrhunderts überzeugen. Der Plan für die Stadt wurde bereits 1909 fertiggestellt. Mit dem Bau der „alten" Stadt wurde 1910 begonnen, man errichtete Block für Block bis zu sieben Häuser gleichzeitig, je nach Wirtschaftslage der *Powell River Company Mill*, der ersten Zeitungspapierfabrik West-Kanadas. Beendet wurden die Bauarbeiten 1930. In der **Historic Town**

Patricia Theatre in der Powell River Historic Town

steht das älteste, seit 1913 in Betrieb befindliche Filmtheater Kanadas, das **Patricia Theatre**. Es steht an der Marine Ave/Ecke Ash Ave und ist im spanischen Renaissance-Stil erbaut. Wer sich im eleganten Theater eine Film- oder Theateraufführung ansehen möchte, findet hier den aktuellen Spielplan:

- www.patriciatheatre.com

Neben dem Patricia Theatre stehen noch viele weitere historische Gebäude, wie z. B. die **St. Joseph's Roman Catholic Church** (erbaut 1916), die **St. John's Protestant Church**, **St. Luke's Hospital** (beide erbaut 1913) und für Biertrinker interessant, die **Townside Brewing** (5824 Ash Ave, 604-483-2111, http://townsitebrewing.com, kostenlose Touren: ganzj. jeden Samstag um 15 Uhr). Die meisten Gebäude wurden von Scot John McIntyre entworfen, der von 1919 bis 1931 Bürgermeister der Stadt war. Die Historic Town war 1995 zum National Historic District of Canada erklärt worden, von denen es nur neun im Land gibt. In der Visitor Information Powell River oder bei der u.g. Internetadresse können Sie sich Pläne für einen Rundgang besorgen. Im Juli und August werden auch geführte Touren angeboten. Plan der Historic Town:

- www.powellrivertownsite.com/walking-tour

ℹ Heritage Townsite Society

- ✉ 6211 Walnut St, Powell River
- ☎ 604-483-3901
- 🕐 Di-Fr; Sommer: 12-16 Uhr, Winter: 11-15 Uhr
- @ thetownsite@shaw.ca
- 🌐 www.powellrivertownsite.com

❗ Anmerkung Achten Sie bei der Durchfahrt durch die Historic Town of Powell River auf den rechts vom Highway liegenden **Viewpoint Catalyst Paper Mill**, der neben einem tollen Überblick über das Fabrikgelände auch zahlreiche Informationen bietet.

🏘 POWELL RIVER

Die Stadt Powell River liegt im Norden der Sunshine Coast am gleichnamigen Fluss, der zu den kürzesten Flüssen (500 m) der Welt zählt. Der kürzeste Fluss, der Tamborasi River, ist nur 20 m lang und liegt in Indonesien.

Ab Powell River gibt es einen regelmäßigen Fährverkehr der **BC Ferries** mit Vancouver Island und Texada Island. Die Stadt ist das wichtigste Versorgungszentrum im nördlichen Bereich der Sunshine Coast und bietet alle Annehmlichkeiten einer Großstadt. Östlich der Stadt blickt man auf die Bergriesen der *Coast Mountains* mit schroffen Felswänden, im Westen über die *Strait of Georgia* auf Vancouver Island. Und mit etwas Glück kann man vor der Küste Meeresbewohner erspähen.

🏘	Lund	231 km
	Pender Harbour	112 km
	Saltery Bay Fähranleger	14 km
👪	Powell River	12.400
❄	+2 °C	
☀	+17 °C	
〰	Meereshöhe	121 m

Schon seit Menschengedenken waren die Bewohner der Region die Tla'Amin (Sliammon) First Nations, deren Nachkommen auch noch heute nördlich von Powell River ansässig sind und die Kultur ihrer Vorfahren weiterführen. Die Stadt bekam anlässlich ihrer 50-jährigen Unabhängigkeit am 15. Oktober 2005 Stadtrechte. Ursprünglich war Powell River Standort der weltgrößten Zellstoff- und Papiermühle.

Powell River ist nach Dr. Israel Wood Powell benannt, der während des Cariboo Goldrauschs 1872 von Wales nach British Columbia kam. Er war von 1872 bis 1879 Superintendent für indianische Angelegenheiten und maßgeblich beteiligt am Beitritt BCs 1871 zum Staatenbündnis Kanada. Die Stadt und die seenreiche Umgebung bieten ideale Bedingungen für allerlei Outdoor-Aktivitäten. Es finden **Events** und **Festivals** statt, die zahlreiche Besucher anlocken. Besucher, die einen Abstecher auf die Insel **Texada Island** (▶ Seite 365) machen möchten, die zwischen Powell River und Vancouver Island liegt, starten ihren Trip per Fähre ab Powell River.

Nervenkitzel pur bieten bis zu 600 m hohe Kletterfelsen, wo Sie Kletterrouten unterschiedlicher Schwierigkeitsgrade vorfinden. Drei Felsen liegen in der Nähe der Stadt, weitere mit erheblich schwierigeren Routen befinden sich im **Eldred River Valley** südöstlich von Powell River. Erreichbar ist das Eldred River Valley neben weiteren Zugängen z. B. ab **Lang Bay**, 16 km südlich von Powell River, über schlechte Logging Roads (nur Allradfahrzeuge, insgesamt ca. 54 km bis zum Klettergebiet). Informationen hierüber erhalten Sie in der Visitor Information. Dort gibt es auch einen Routen-Führer der lokalen Kletterkünstler.

ℹ Visitor Information

- ✉ 4760 Joyce Ave/Ecke Alberni St, Powell River
- ☎ 604-485-4701 oder 1-877-817-8669 (geb.frei)
- 🕐 Mo-Sa 9-17 Uhr, im Sommer länger
- @ info@discoverpowellriver.com
- 🌐 www.powellriver.info

👁 Sehenswürdigkeiten

▶ Powell River Historic Townsite
Beschreibung ▶ Seite 338

▶ Inland Lake Provincial Park
Nordöstlich von Powell River liegt der bei Wassersportlern beliebte **Inland Lake Provincial Park**. Er war bis 1997 eine Forest Recreation Area. Die Zufahrt vom Hwy 101 über die Alberni St, Joyce Ave, Cassiar St, Yukon Ave, Haslam St *(gravel)* und Inland Lake Rd *(gravel)*.

Im Park befinden sich ein Picknickplatz, eine Bootsanlegestelle und ein sehr kleiner Strand. Wildniszelten außerhalb des Campgrounds ist gestattet. Der **Inland Lake Trail**, der auch gerne von Radfahrern genutzt wird, ist barrierefrei und für Rollstuhlfahrer geeignet. Er wurde von der *Modal Community Society* angelegt.

- Ganzj., Service Mitte Mai–Mitte Sept.
- 22
- $
- Ja
- Personen ab 6 J.: $
- www.env.gov.bc.ca/bcparks/explore/parkpgs/inland_lk

Wandern

Inland Lake Trail
Entlang des Trails sind acht Picknickplätze eingerichtet.
- Parkplatz
- 4–5 Stunden
- Leicht, Trail ist barrierefrei
- 13 km, mehrere Zugänge zum See
- Minimal

Anthony Lake und Anthony Island
- Campground
- Leicht
- 6 km, zum Anthony Island führt eine Brücke
- 3
- Personen ab 6 J.: $, Backcountry permit erforderlich

- Backcountry permit: www.env.gov.bc.ca/bcparks/registration

▶ Duck Lake Provincial Park
Der kleine **Duck Lake Provincial Park** östlich von Powell River ist ein Schutzgebiet für viele Vogelarten. In diesem Gebiet gibt es insgesamt über 9 km gut ausgeschilderte Wander- und Radwege. Die Zufahrt zum See (Duck Lake Road, Logging Road) zweigt südlich von Powell River vom Highway 101 nach Osten ab.
- Ganzj.
- www.env.gov.bc.ca/bcparks/explore/parkpgs/duck_lk

▶ Powell River Museum
Das Museum führt Besucher zurück in die vergangenen Zeiten der Stadt und der Sunshine Coast und informiert über die Geschichte der lokalen First Nations. Weitere Schwerpunkte der Ausstellung sind die Forstwirtschaft und die frühen Jahre der Papiermühle. Wichtige Persönlichkeiten des Ortes werden vorgestellt und im Museumsshop können Bücher über die lokale Geschichte und Kunstgegenstände als Erinnerung erworben werden.
- 4798 Marine Ave, Powell River, gegenüber Willingdon Park
- 604-485-2222
- Juni–Sept.: Mo–So 10–16 Uhr, sonst: Di–Sa 10–16 Uhr
- Eine Spende ist willkommen
- museum@powellrivermuseum.ca
- www.powellrivermuseum.ca

🚶🌲 Wandern

Willingdon Beach Trail
Der Trail war ursprünglich Teil einer Eisenbahnstrecke der *Michigan-Puget Sound Logging Company* zwischen dem Powell Lake und dem Pazifik. Als die Papiermühle 1910 gebaut wurde, verlängerte man die Bahnstrecke bis zur Mühle, Endstation war Michigan's Landing. 1926, acht Jahre nachdem die Abholzungen beendet wurden, baute man die Schienen ab und legte einen Trail an. Man nannte **Michigan's Landing** um in **Willingdon Beach** nach **Lord Willingdon**, der von 1926 bis 1931 General-Gouverneur von Kanada war. Entlang des Trails findet man Relikte der Holzwirtschaft, dadruch macht das Wandern auch Kindern besonderen Spaß.
- Hwy 101, Willingdon Beach Park, Powell River
- 1 Stunde
- Einfach
- 1,2 km (einf. Strecke)

Valentine Mountain Trail
Es geht über fast 100 Holzstufen bergauf zum Valentin Mountain, wo man von einer schönen Aussicht belohnt wird.

- Powell River auf die Alberni St bis zur Manson Ave, weiter Richtung Norden zur Cranberry St, re auf die Crown Ave zum Parkplatz
- Parkplatz
- 30 Min.
- Einfach
- 0,6 km (einf. Strecke)

Unterkünfte

Powell River Harbour Guesthouse
Das Hostel liegt direkt Hafen nahe Ferry-Terminal. Man übernachtet im Mehrbettzimmer oder Family-Room, relaxt auf der Sonnenterrasse und genießt den traumhaften Weitblick über die Strait of Georgia.
- 4454 Willingdon Ave, Powell River,
- 604-485-9803 oder 1-877-709-7700 (geb. frei)
- Ja   Ja, frei
- ★
- www.prhostel.ca

The Old Courthouse Inn
Das Inn liegt in der Historic Townsite of Powell River. Jedes Zimmer (alle mit Kaffeekocher und Kühlschrank) hat seinen eigenen Charakter. Inhäusig im Edie Rae's Café wird ein warmes Frühstück serviert (im Preis inbegriffen).
- 6243 Walnut St, Powell River
- 604-483-4000 oder 1-877-483-4777 (geb.frei)
- ★★   Ja
- www.oldcourthouseinn.ca

Willingdon Beach Municipal Campsite
Die Stellplätze des hügeligen Campgrounds sind teilweise bewaldet, einige liegen direkt am Strand. An den Campground grenzt der Willingdon Beach Park mit Badestrand, Kinderspielplatz und Picknickplatz.

!**Tipp** Wer in Ruhe übernachten möchte (der Campground liegt direkt am Hwy 101), sollte die Plätze im oberen Bereich (Nr. 44–48, 58–69) mieten, diese haben Strom- und Wasseranschluss. Die Plätze am Meer sind *side-by-side*.

- 4845 Marine Ave, Powell River
- 604-485-2242
- Ganzj.   Ja
- 66, alle Anschlussmögl.
- Ja, Münzduschen   15
- Nein, Sanidump-Station wenige Meter entfernt Richtung Stadt
- $–$$
- reservations@willingdonbeach.ca
- www.willingdonbeach.ca

Seabreeze Resort
Das Resort liegt direkt am Meer. Man hat einen wunderschönen Blick auf Texada Island, kann relaxen oder sich einer Tour anschließen. Die Stellplätze liegen im Wald, die Cottages in Meernähe.
- 10975 Hwy 1, ca. 19 km südl. v. Powell River
- 604-487-9534
- CG: Mai-Sept., Cottages: ganzj.
- Ja   Ja, im Office
- 8, Stromanschl. mögl.
- Ja   Ja, Münzduschen
- Campground: $–$$
- Cottages: ★★ – ★★★
- www.seabreezeresortbc.com

SALTERY BAY PROVINCIAL PARK

Ein sehr schöner, inmitten uralter Bäume liegender Übernachtungsplatz ist der Campground des **Saltery Bay Provincial Parks**, der sich 27 km südlich von Powell River befindet. Anfang des 20. Jahrhunderts war in der Nähe eine Fischsalzerei (*fish saltery*), daher der Name Saltery Bay. Der 1962 gegründete Park befindet sich nur einen Kilometer nördlich vom **Fähranleger Saltery Bay** am *Jervis Inlet*. Etwa 1,5 km vor der Abfahrt zum Campground zweigt eine Stichstraße zum Picknickplatz des Parks ab, hier befinden sich auch ein Badestrand und eine Bootsanlegestelle. Der Strand ist größtenteils felsig mit kleineren Sandabschnitten. Vom Campground führen Wege zur idyllischen **Mermaid Bucht** mit herrlichem Ausblick. Nicht selten tummeln sich Orcas und Seelöwen in Sichtweite. Taucher können vor der Bucht das Unterwasserleben, Schiffswracks und einige Unterwasserhöhlen erforschen und die 3 m hohe bronzefarbene **Mermaid-Statue** „besuchen", was sich bei Tauchern auf der ganzen Welt herumgesprochen hat und jährlich zahlreiche Unterwasserfans anzieht. Eine behindertengerechte Rampe sowie Umkleidekabine, kalte Dusche und Toilette befindet sich an der Mermaid Bucht.
- Ganzj., Service Mitte Mai bis Mitte Sept.
- 42   Ja

Saltery Bay Provincial Park

🅿 Ja, CAD 5   🚭 Nein
💲 $
🌐 www.env.gov.bc.ca/bcparks/explore/parkpgs/saltery

🏠 EGMONT

Die kleine Ortschaft **Egmont** liegt idyllisch am Nordende des Sechelt Inlet an der *Secret Bay* nur 6 km östlich vom **Fähranleger Earls Cove**. Der Ort hat einen modernen Jachthafen, viele Besucher erreichen die Stadt auf dem Wasserweg über das Jervis und Sechelt Inlet. Es können Bootstouren und Besichtigungstouren zu den umliegenden Naturphänomenen (Wasserfälle, Stromschnellen) gebucht werden. Auch Wasserflugzeug-Touren werden angeboten. Benannt wurde der Ort nach der *HMS Egmont*, die unter dem britischen Admiral John Jervis an der Schlacht von Kap St. Vincent am 14. Februar 1797 teilnahm. Ein kleiner, gut bestückter General Store (*Bathgate General Store/Resort & Marina*) versorgt Besucher und die Bevölkerung mit allem Notwendigen und bietet Besuchern Unterkunft, Marina-Services und Bootstouren.

✉ 6781 Bathgate Rd, Egmont
☎ 604-883-2222
🔌 Alle Anschlussmöglichkeiten
  Ja   Ja
💲 Campground: $$, Motel: ★★ – ★★★
@ info@bathgate.com
🌐 www.bathgate.com

ℹ Visitor Information Egmont

✉ 6671 Egmont Rd, gegenüber Trailbeginn zu den Skookumchuck Rapids
☎ 604-883-9994
🕐 Sommer: tägl. 10–17 Uhr,
   Winter: Sa & So 11–16 Uhr

👁 Sehenswürdigkeiten

▶ **Chatterbox Falls und MacDonald Island**
Die spektakulären, 40 m hohen **Chatterbox Falls** liegen am Nordende des 8 km langen **Princess Louisa Inlets**, einem Seitenarm des Jervis Inlets. Das Südende des Princess Louisa Inlets markieren die **Malibu Stromschnellen** *(Rapids)*. Die Chatterbox Falls sind Teil des 1965 gegründeten **Princess Louisa Marina Provincial Parks**. Der Park ist nur per Boot, Kajak, Kanu oder Wasserflugzeug ab der Strait of Georgia über einen Seitenarm des Jervis Inlet erreichbar. Auf der Bootstour kommt man noch an weiteren Wasserfällen vorbei. Am Fuß der Chatterbox Falls befindet sich eine Aussichtsplattform und eine überdachte Picknickhütte. Flussaufwärts steigen die Granitfelswände bis auf über 2.000 m an, Gletscher bedecken die Gipfel, im Sommer rauschen zahlreiche weitere imposante Wasserfälle in die Tiefe. Inmitten des Princess Louisa Inlets, der zum Princess Louisa PP gehört, liegt die kleine Insel **MacDonald Island** (auch: Hamilton Island).

🕐 Ganzj.
🅿 MacDonald Island: 6, Chatterbox Falls: 4
🌐 www.env.gov.bc.ca/bcparks/explore/parkpgs/princess_louisa

Wer sich auf eine einfachere Art und Weise dieses Kleinod der Natur ansehen und

Die Post in Egmont

die fantastische Bergwelt erleben möchte, kann eine 5-stündige Tagestour zu den Chatterbox Falls buchen oder per Wassertaxi zu den Falls gelangen.

Sunshine Coast Tours
(weitere Touren im Angebot)
- Abfahrt 20:30 Uhr, 16660 Backeddy Rd, Egmont
- 5 Std.
- 604-883-2280 oder 1-800-870-9055
- Ganzj., Juni–Sept.: tägl. sonst: nach Absprache
- Erw.: CAD 149, Kinder (bis 12 J.): CAD 99
- info@sunshinecoasttours.ca
- www.sunshinecoasttours.ca

SKOOKUMCHUCK NARROWS PROVINCIAL PARK

Den 1957 gegründeten **Provincial Park**, am nördlichen Ende von Sechelt Peninsula gelegen, erreicht man über den 4 km langen **Roland Point Trail** zum Roland Point, wo man die Stromschnellen wunderbar überblicken kann. „**Skookumchuck**" bedeutet in der Chinook-Sprache „*turbulentes Wasser*" oder „*schneller, stürzender Bach*". Die Wasserstände an den beiden Seiten der Stromschnellen können bis zu zwei Meter differieren, die Wassergeschwindigkeit kann mehr als 30 km/h erreichen. Es sind die größten Binnensalzwasserstromschnellen Nordamerikas, ihre Strudel sind eindrucksvoll. Zum Parkplatz und Beginn des Trails kommt man über **Earls Cove** und weiter auf der Egmont Rd Richtung Osten.
- Roland Point Trail: 1 Std.
- Leicht Ganzj.
- www.env.gov.bc.ca/bcparks/explore/parkpgs/skook_narrows

PENDER HARBOUR & MADEIRA PARK

	Powell River	55 km
	Sechelt	31 km
	Earls Cove Fähranleger	23 km
	Pender Harbour & Egmont	ca. 2.600
	+2 °C	
	+22 °C	
	Meereshöhe	Sealevel

Pender Harbour, auch „*Venedig des Nordens*" genannt, umfasst die kleinen Ortschaften Garden Bay, Irvines Landing, Kleindale, Middle Point, Daniel Point, Francis Peninsula und **Madeira Park**.

Pender Harbour war ehemals ein Winterquartier der Sechelt First Nations, heute ist es beliebt bei Wassersportlern und Wanderern, die hier einen schier endlos scheinenden Küstenbereich, viele Seen und die naheliegenden Ausläufer der Coast Mountains vorfinden. Besonders hervorzuheben ist das **historische Irvines Landing**, benannt nach Charles Irving. Er errichtete hier im Jahre 1865 einen Handelsposten. Irvines Landing liegt einige Kilometer westlich vom Highway 101 am Pender Harbour. Ein Besuch lohnt nicht, da nur ein alter Holzpier und ein verlassenes Gebäude an dem historischen Ort stehen. In **Madeira Park** finden Sie neben den wichtigsten Versorgungseinrichtungen den kleinen **Seafarer Millennium Park**, der sich für einen kurzen Spaziergang bestens eignet. Die netten Ortschaften **Garden Bay** und **Madeira Park** bieten faszinierende Strände und einen geschäftigen Jachthafen mit kleinen Cafés und gemütlichen Restaurants.

Visitor Information
- 12911 Madeira Park Rd, Madeira Park
- 604-883-2561
- Mai–Mitte Juni: Sa & So 10–17:30 Uhr, Mitte Juni–Labour Day: tägl.
- www.penderharbour.ca

Wandern

Pender Hill
Der Trail verläuft zuerst durch dichten Wald und bietet auf der felsigen Spitze einen tollen Ausblick über Pender Harbour.
- Über die Garden Bay Rd & Irvines Landing Rd zur Lee Rd und Beginn des Trails
- 1 Stunde
- Steil
- 1,5 km (einf. Strecke)
- 230 m

Mount Daniel
Oben angekommen, wird man auch hier mit einem wundervollen Ausblick belohnt.

- Vom Hwy 101 3,5 km weiter auf der Garden Bay Rd, nächste (Dirt Road) nach Oyster Bay Rd links und 200 m weiter zum Trailbeginn
- 1,5 Stunden
- Moderat, steil
- 3 km (einf. Strecke)
- 419 m

Unterkünfte

Pender Harbour Resort

Das Resort bietet für jeden Reisenden eine passende Unterkunft, entweder im Motelzimmer oder Cottage mit Küche, in Chalets, in einem der drei Yurts oder, wenn man mit dem Wohnmobil unterwegs ist, im RV-Park.

- 4686 Sinclair Bay Rd, Garden Bay
- 604-883-2424
- Ganzj. 45, alle Anschlussmöglichk.
- Ja Ja
- Campground: $$, Motel: ★★, Chalets (6 Pers.): ★★★, Cottage: ★★ – ★★★, Yurts (4 Pers.): ★★
- www.phrm.ca

Katherine Lake Regional Campground

Am pittoresken Katherine Lake gelegen mit bewaldeten Stellplätzen und einem netten Sand-Badestrand.

- Vom Hwy 101 rechts auf die Garden Bay Rd bis zur Abfahrt zum Katherine Lake
- 4955 Katherine Lake Rd, Pender Harbour
- 604-883-9557
- Mitte Mai–3. Wochenende im Sept.
- 26 Ja Ja Nein
- Strom ja 10
- $
- www.scrd.ca/Katherine-Lake

SMUGGLER COVE MARINE PROVINCIAL PARK

An der Südseite von Sechelt Peninsula nahe *Secret Cove* am südlichen Ende der Malaspina Strait liegt der **Smuggler Cove Marine Provincial Park**. Der Park ist per Boot oder über eine vier Kilometer lange Wanderung vom Parkplatz Smuggler Cove vom Highway 101 erreichbar. Die Zufahrt *Brooks Road* zum Parkplatz zweigt zwischen den Ortschaften Secret Cove und Halfmoon Bay vom Highway 101 nach Süden ab. Im Park stehen bezeichnete Zeltplätze zur Verfügung. In der kleinen Bucht leben viele Biber, die mit viel Mühe erstaunliche Dämme errichtet haben. In den Feuchtgebieten des Parks, Heimat sehr vieler Vogelarten, gedeihen die unterschiedlichsten Pflanzenarten. Daher ist es zum Schutz der Tiere wichtig, bei Wanderungen unbedingt auf den Wegen zu bleiben und Hunde nicht frei laufen lassen. Wer den Park per Boot erreichen möchte, sollte vom Nordende des Welcome Passes möglichst bei Ebbe starten, wenn Riffe und Felsbrocken sichtbar sind.

- Ganzj. Ja
- www.env.gov.bc.ca/bcparks/explore/parkpgs/smuggler

HALFMOON BAY

Auch **Halfmoon Bay** (ca. 450 Einwohner, die meisten residieren hier nur im Sommer), nördlich von Sechelt an der Strait of Georgia gelegen, ist ein beliebter Touristenort. Die „Innenstadt" erreicht man über die Redrooffs Road, die vom Highway 101 nach Westen abzweigt.

In früheren Zeiten war Halfmoon Bay von den Shishalh (Sechelt) Nations bewohnt, einem Stamm der Coast Salish. Die ersten europäischen Eroberer waren im späten 18. Jahrhundert die Spanier Captain Galiano, Captain Valdes und der Brite Captain Vancouver. Für die Versorgung gibt es im Ort den **Halfmoon Bay**

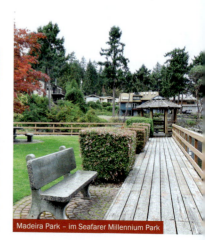

Madeira Park – im Seafarer Millennium Park

Heritage General Store mit Poststelle und Liquor Store. Lokale Kunst kann in kleinen Galerien erworben werden. Gegenüber der Halfmoon Bay liegt die kleine Insel **Thormanby Island** mit schönen Stränden. Auf die Insel kommt man per Boot oder per Wassertaxi ab **Secret Cove**, das einige Kilometer nördlich von Halfmoon Bay liegt.

Unterkunft

Rockwater Secret Cove Resort
Es werden gemütlich eingerichtete Suiten, teilweise mit Balkon, und rustikale Cabins angeboten. Daneben komfortabel eingerichtete Tenthouse-Suiten, wo eine Fußbodenheizung für kuschelige Wärme sorgt, wenn es draußen stürmt.
- 5356 Ole's Cove Rd, Halfmoon Bay
- 604-885-7038 oder 1-877-296-4593 (geb.frei)
- ★★★
- www.rockwatersecretcoveresort.com

SARGEANT BAY PROVINCIAL PARK

Ein besonderes Highlight für Naturfreunde ist der **Sargeant Bay Provincial Park** mit Badestrand westlich von Sechelt. Das Sumpfgebiet des Parks ist Naturschutzgebiet, das die verschiedenartigen Uferzonen des Ozeans und die darin lebenden Vogelarten zeigt. Es dient als Zwischenstopp für viele Wasservögel bei ihrer Reise gen Süden oder Norden. Eine weitere Besonderheit des Parks sind der wunderschöne **Beaver Pond** und **Colvin Lake**. Über eine Fischleiter erreichen Lachse den Colvin Creek und Colvin Lake im Park. Die Zufahrt zum Park über die *Redrooffs Road* zweigt 8 km westlich von Sechelt vom Highway nach Süden ab. Der Parkplatz liegt links der Redrooffs Road, die Wanderwege beginnen rechts der Straße.
- *Ganzj.*
- www.env.gov.bc.ca/bcparks/explore/parkpgs/sargeant

Wandern

Sargeants Bay Trail
Der Trail windet sich entlang der Küste zu einer Fischleiter, stellenweise geht es durch Feuchtgebiete.
- Parkplatz
- 30 Min.
- Leicht
- 300 m (einf. Strecke) zu einer Fischleiter

Triangle Lake Trail
Der Trail folgt auf fast der ganzen Strecke dem Colvin Creek und erreicht am Ende den Triangle Lake. In diesem Gebiet leben viele Tiere, die in Sumpfgebieten beheimatet sind. Bitte auf Bären achten!
- Parkplatz, Trailbeginn 100 m nach der Parkgrenze
- 3 Std.
- 3,5 km (einf. Strecke)
- 165 m
- Leicht bis moderat

SECHELT

	Pender Harbour	31 km
	Gibsons	27 km
	Langdale Fähranleger	32 km
	Sechelt	8.800
	+4 °C	
	+18 °C	
	Meereshöhe	8 m

Sechelt, auf einem schmalen Landstrich zwischen der Strait of Georgia und dem Sechelt Inlet gelegen, ist die wichtigste und größte Stadt im Süden der Sunshine Coast und durch ihre Lage und die milden Winter- und warmen Sommertemperaturen besonders attraktiv für alle Outdoor-Freunde. Erreichbar ist Sechelt wie alle Ortschaften entlang der Sunshine Coast nur per Wasserflugzeug, Boot oder Fähre von Vancouver Island und Vancouver West (Horseshoe Bay). In der Stadt findet man schöne Parkanlagen und Strandabschnitte. Die drei Kilometer lange **Davis Bay** im Süden der Stadt gehört zu den beliebtesten Stränden der Küste.

Sechelt wurde nach den ersten Bewohnern, den Sechelt (Shishalh) Nations, benannt. Der Name Sechelt bedeutet „Land zwischen zwei Wassern". Entlang der Strandpromenade stehen 12 schöne Totempfähle der Natives. Die Sechelt Indian Band war die erste in Kanada, die 1986 ihre Selbstverwaltung erhielt. Die Besiedelung durch Weiße begann, als der britische Ingenieur John Scales Mitte des 19. Jahrhunderts Land kaufte, das er aber nie nutzte, sondern an Thomas John und Sarah

Pier in Sechelt

Cook weiterverkaufte, sie gelten daher als die ersten weißen Siedler. Alljährlich findet in der *historischen Rockwood Lodge* Mitte August das populäre **Festival of the Written Arts** statt, ein Literaturfestival, bei dem viele bekannte Autoren Lesungen abhalten.
 www.writersfestival.ca

Ein weiteres unter den vielen jährlich stattfindenden Events ist im Oktober das **Sechelt Arts Festival** (www.secheltartsfestival.com) mit Zeichen-Workshops, Tanz, Theater, Musik und Ausstellungen. Und auch für alle Wassersportfans gibt es im Juli ein unterhaltsames Festival, wenn das **Sunshine Coast Paddle Board Festival** im Porpoise Bay Provincial Park steigt.

Man findet in Sechelt alle wichtigen Versorgungseinrichtungen. Die wichtigsten Einnahmequellen der Stadt sind die Forst- und Fischereiwirtschaft und der Tourismus.

Visitor Information

- 5790 Teredo St, Sechelt
- 604-885-1036 oder 1-877-885-1036 (geb.frei)
- Juni & Sept.: Mo-Sa 9–17 Uhr, Juli & Aug.: tägl. 9–17 Uhr, Okt.–Mai: Mo-Sa 10–14/16 Uhr
- visitorinfo@sccss.ca
- www.secheltvisitorcentre.com

Sehenswürdigkeit

▶ House of Hewhiwus – Shishalh Nation Tems Swiya Museum

Das House of Hewhiwus ist das Verwaltungszentrum der Sechelt (Shishalh) Nations. Es beherbergt das **Tems Swiya Museum** *(our world)* mit vielen Ausstellungsstücken und Informationen über die reichhaltige Geschichte und Kultur der First Nations und das **Raven's Cry Theatre**, in dem verschiedene Aufführungen stattfinden. Über das aktuelle Programm informieren Sie sich bitte vor Ort oder auf der Internetseite des Theaters.
 www.ravenscrytheatre.com

Erinnerungsstücke und Kunst der First Nations können im **Museum Gift Shop** erworben werden.
- 5555 - Hwy 101, Sechelt
- 604 885-6012
- Mo–Fr 9–16:30 Uhr, Sa 10–17 Uhr

Unterkünfte

Driftwood Inn
Das Hotel liegt an der Küste, man übernachtet in modern eingerichteten Zimmern mit Kaffeekocher und Kühlschrank, einige mit Kleinküche. Inhäusig befindet sich das Pebbles Restaurant.
- 5454 Trail Ave, Sechelt
- 604-885-5811   Ja, frei
- ★★ – ★★★
- www.driftwoodmotorinn.com

Casa Bella Guest House
Das 7 km nördlich der Stadt am Sechelt Inlet gelegene, komfortable und ansprechend ausgestattete Gästehaus bietet Räumlichkeiten zur Selbstversorgung. Ruhe und Erholung inklusive.
- 7117 Sechelt Inlet Rd (Zufahrt z. Porpoise Bay Provincial Park), Sechelt
- 604-741-5066
- Ganzj.
- Ja
- ★★ – ★★★

Creekside Campground & RV Park
Stadtnah (ca. 6 km bis nach Sechelt) und dennoch ruhig in der Natur am Wilson Creek gelegener Campground.

- 4314 Sunshine Coast Hwy, Sechelt
- 604-885-5937 oder 1-800-565-9222 (geb. frei)
- Ganzj. 18 14
- Ja, im Sommer und an Wochenenden empfohlen
- Nein   Ja, Münzduschen
- Wasser, Abwasser, Strom
- $–$$
- www.creeksidecampground.ca/creekside

PORPOISE BAY PROVINCIAL PARK

Am Südende des Sechelt Inlet, das durch eine schmale Landzunge von der Strait of Georgia getrennt ist, liegt der besonders bei Familien beliebte **Porpoise Provincial Park**. Im Park findet man neben dichtem Regen- und Mischwald auch bunte Wiesen. Ein schöner Picknickplatz mit Badestrand und Kinderspielplatz befindet sich an der Porpoise Bay. Erreichbar ist der Park über die Wharf Ave über die 4,5 km lange Sechelt Inlet Road vom Highway 101.

In den Monaten Juli und August wird eine Reservierung empfohlen.

- Ganzj., Service Mitte April bis Mitte Okt.
- 84   Nein   Ja   Ja
- $ 10 $
- www.env.gov.bc.ca/bcparks/explore/parkpgs/porpoise

!**Anmerkung** Lagerfeuer ist aus Umweltschutzgründen nicht mehr erlaubt, die Feuerstellen auf den Stellplätzen wurden entfernt, es gibt aber Feuerstellen im Picknickbereich.

ROBERTS CREEK PROVINCIAL PARK

Südlich von Sechelt liegt der **Roberts Creek Provincial Park** zu beiden Seiten des Highway 101. Der Campground des Parks in Highwaynähe wurde 1954 gegründet und hat weiträumige Stellplätze mit hohem, altem Baumbestand. Etwa 2 Kilometer südlich zweigt die *Flume Road* zu einem idyllischen Picknickplatz mit Badestrand ab, dieser wurde bereits 1947 angelegt. Der Strand ist teils steinig, teils mit Gras bewachsen. Mit etwas Glück können Sie Robben oder Wale beobachten. Der Name des Parks geht auf den Engländer Will Roberts zurück, der sich 1889 an der Mündung des Roberts Creek mit seinen Eltern und zwei Schwestern ansiedelte. Sie lebten von der Fischerei, der Jagd und dem Gartenbau, bewirtschafteten den ersten Verkaufsladen und die Poststation in Roberts Creek. Beides war wichtig, damit sich weitere Familien hier ansiedeln konnten. Um 1912 war der Ort bereits bei Touristen aus Vancouver bekannt, die mit dem Dampfer der *Union Steam Ship Company*, der von 1889 bis 1959 im Sommer täglich die Küstenorte der Sunshine Coast mit der "Welt" und Vancouver verband.

Vom Campground führt ein etwa 1,5 km langer Wanderweg (*Park Avenue*) zum Strand.

- Mitte Mai–Mitte Sept.   Nein
- 21   Ja, CAD 5   Nein
- $
- www.env.gov.bc.ca/bcparks/explore/parkpgs/roberts_crk

GIBSONS

Am südlichen Ende der kanadischen Sunshine Coast am Ende des *Howe Sound* liegt die Touristenstadt **Gibsons**, sie wird auch „Gateway to the Sunshine Coast" genannt.

	Sechelt	27 km
	Langdale Fähranleger	5 km
	Gibsons	9.100
	+4 °C	
	+17 °C	
	Meereshöhe	34 m

Die ersten Bewohner der Gegend waren die Squamish First Nations, eine Gruppe der Coast Salish. Die ersten Weißen waren George William Gibson (geboren in Boston/England) und dessen Söhne. Sie siedelten sich 1886 im heutigen Lower Gibsons an und betrieben Forst- und Fischereiwirtschaft, dies waren die wichtigsten Einnahmequellen der früheren Zeit. Heute ist der Tourismus ein wichtiger Wirtschaftsfaktor. Zu Ehren des Pioniers wurde der Ort seiner Ansiedlung 1907 **Gibsons Landing** benannt, 1947 schließlich in Gibsons umbenannt. Gibsons hat zwei Stadtbereiche:

Upper Gibsons, hier gibt es Shopping Malls, Restaurants und Gewerbe. **Lower Gibsons**, das malerische alte Fischerdorf mit Hafen und einer Seepromenade, wo es gemütlicher zugeht und kleine Cafés, Geschäfte und Bäckereien angesiedelt sind. Wenn Sie noch Zeit am Ende Ihrer Reise haben, sollten Sie einen Bummel durch das **Historic Gibsons Landing** in Lower Gibsons machen. Wer einen Blick aus der Vogelperspektive auf die Stadt und Umgebung werfen möchte, sollte auf den **Soames Hill** wandern und den Ausblick genießen.

Visitor Information

- 417 Marine Dr, Gibsons
- 604-886-2374 oder 1-866-222-3806 (geb.frei)
- Tägl. 9–15/16 Uhr, Nov. Di, Dez. Di & Mi geschl.
- visitorinfo@gibsonschamber.com
- www.gibsonsvisitorinfo.ca

Interessant U. a. wurden Steven Kings „Needful Things" („In einer kleinen Stadt") und die Serie „Beachcombers", in Deutschland im ZDF als „Strandpiraten", in Gibsons gedreht.

Sehenswürdigkeiten

▶ **Sunshine Coast Museum**

Das Museum erzählt die Geschichte der Gegend. Angefangen beim Entdecker Captain George Vancouver, den Zeiten, als die Dampfschiffe die einzige Verbindung mit dem Rest der Welt waren, bis zum harten Alltag der ersten Siedler Ende des 19. Jahrhunderts. Es ist ein Modell eines typischen Dorfes der Coast Salish zu bewundern.

- 716 Winn Rd, Gibsons
- 604-886-8232
- Di bis Sa/So 10:30–16:30 Uhr
- Frei, eine Spende ist erwünscht
- scm_a@dccnet.com
- www.sunshinecoastmuseum.ca

▶ **Port Mellon**

Einen kurzen Abstecher können Sie zu **BCs ältester Papiermühle** machen, wenn Sie statt in Langdale auf die Fähre noch etwa 11 km auf dem Hwy weiter Richtung Norden nach Port Mellon fahren. Die Papiermühle wurde 1908 am Ufer des Rainy Rivers von Captain Henry Mellon gebaut und produzierte bereits ein Jahr später Papier für die Provinz. Die **Howe Sound Pulp and Paper Corp.** ist ein wichtiger Arbeitgeber im Bereich der Sunshine Coast. Auf der Internetseite kann man eine virtuelle Tour unternehmen. Wir meinen, dass sich die Fahrt nur bedingt lohnt, da es keine weiteren Highlights auf der Strecke gibt.

- 3838 Port Mellon Hwy, Port Mellon
- www.hspp.ca

Wandern

Soames Hill Trail (Regional Park)
In den Park führen vier Eingänge aus allen Himmelsrichtungen. Wir beschreiben den Zugang über die North Rd. Die insgesamt ca. 5 km langen Wanderwege verlaufen teilweise durch Wälder mit sehr altem Baumbestand. Wer die Spitze des Hügels (240 m) erklimmen möchte, muss mehrere hundert Stufen bewältigen. Als Belohnung wartet eine fantastische Aussicht.

- In Gibsons v. Hwy 101 auf North Rd (Ampel), von North Rd Abzweig Richtung Süden auf Chamberlin Rd, später Bridgeman Rd zum Trailbeginn
- 1 Stunde (einf. Strecke)
- Moderat, steil, viele Stufen
- 1 km (einf. Strecke)
- Karte: www.sunshine-coast-trails.com/soames-hill.html#gallery[pageGallery]/0

Unterkünfte

Sunnycrest Motel

Das familiengeführte Motel bietet modern eingerichtete Zimmer mit Mikrowelle und Kühlschrank, einige mit Küchenzeile.

- 835 Gibsons Way (Hwy 101), Gibsons
- 604-886-2419
- Ganzj.   Ja, frei
- ★ – ★★
- www.sunshinecoastcanada.com/businesses/sunnycrest-hotel

Langdale Heights RV Park & Golf Resort

Die Anlage ist gepflegt und liegt ruhig. Ein Golfplatz ist angeschlossen, für Gäste kostenlos. Die Stellplätze sind wenig bewaldet.

- 100 Port Mellon Hwy (4 km nördl. v. Langdale Ferry), Gibsons
- 604-886-2182 oder 1-800-234-7138 (geb.frei)
- Ganzj.   Ja   Ja
- 55, alle Anschlussmöglichk.   Ja
- $$
- www.langdaleheights.com

INSELN

CORMORANT ISLAND

Die kleine, nur 4 km lange und etwa einen Kilometer breite Fischerinsel **Cormorant Island** mit etwa 1.100 Einwohnern inklusive der Native-Reservation Namgis, liegt vor der Nordostküste von Vancouver Island zwischen dem *Cormorant Channel* und der *Broughton Strait*. Sie ist traditionell auch heute noch Heimat der Namgis People, die zu den Kwakwaka'wakw First Nations gehören und im Norden Vancouver Islands leben. Sie brachten über viele Jahrtausende ihre Verstorbenen zur letzten Ruhestätte nach Cormorant Island und bewohnten saisonal die Insel. Und es waren die Namgis People, die Kapitän George Vancouver 1792 an der Mündung des Gwa'ni (Namgis, später Nimpkish) River traf, als er die Nordküste des Pazifiks erforschte.

Auf Cormorant Island liegt Vancouver Islands älteste Ortschaft **Alert Bay**, die ein wichtiges Handelszentrum der frühen dauerhaft hier ansässigen Bewohner war. Benannt wurde die Insel nach der *HMS Cormorant*, die um 1846 die Küstenlinie befuhr. Alert Bay bekam seinen Namen vom Kapitän G. H. Richards der königlichen Marine, der auf dem Verteidigungsboot *HMS Alert* um 1858 an der Nordwestküste stationiert war. Die europäische Besiedelung begann mit der Errichtung einer Fischsalzerei 1870. Auch heute ist die Fischereiwirtschaft eine der wichtigsten Erwerbsquellen der Insel.

Auf Cormorant Island ist viel kulturhistorisch Interessantes zu entdecken, und auch für Outdoor-Aktivitäten bietet sich ein Besuch der Insel an. Ein dichtes Trail-Netz führt durch die Insel und entlang der Küstenstreifen.

In der *Johnstone Strait* im nahe gelegenen **Robson Bight Ecological Reserve** findet man die weltweit größte Dichte von Orcas. In den Gewässern rund um die Insel sind auch Seelöwen, Delfine und Tümmler beheimatet. Whale-Watching-Touren werden angeboten, die ideale Zeit für eine solche Tour ist von Mitte Juni bis Mitte Oktober.

Die Insel ist per Wasser- und Kleinflugzeug oder ab Port McNeill per regelmäßigem Fährverkehr zu erreichen.

Fährverbindungen

Port McNeill ▶ Alert Bay (Cormorant Island)
🕐 45 Min.
Alert Bay ▶ Sointula (Malcolm Island)
🕐 35 Min.

🌐 *Zeiten und Preise: www.bcferries.com*

Auf der Insel bietet auch ein Taxi-Service seine Dienste an. Alle wichtigen Versorgungseinrichtungen sind vorhanden.

Alert Bay

Alert Bay ("Home of killer whale") ist seit 1946 unabhängig und die einzige Ortschaft auf Cormorant Island. Die Stadt hat ca. 500 Einwohner und ist bekannt für ihre reichhaltige Native-Kunst und Tradition, die höchsten Totempfähle der Welt und einem Friedhof der Namgis People. Er sollte nicht betreten werden, ist von der Straße aus aber gut einsehbar. Im Juli und August bietet die *T'sasala Cultural Group* traditionelle Tanzvorführungen im **Big House** dar. Ende Juli findet auch ein Seefest mit allerlei Unterhaltung für Jung und Alt statt. Machen Sie eine kurze Wanderung entlang der **Front Street** und genießen Sie die fantastische Sicht oder entdecken Sie die Natur auf dem **Big Tree Loop Trail** im *Ecological Park*, der auch Heimat vieler Vogelarten ist. Entlang des Trails finden Sie 15 Informationstafeln, die für Sie alles Wissenswerte über die Bäume und Pflanzen des Biotops bereithalten. Und wer sich weiter in die Kultur der First Nations vertiefen möchte, kann dies in einer angebotenen Tour der First Nations tun.

🛈 Alert Bay Visitor Info
✉ *118 Fir St, Alert Bay*
📞 *250-974-5024*
🕐 *Sept.–Juni: Mo-Fr 9–17 Uhr, Juli & Aug.: tägl.*
@ *info@albertbay.ca*
🌐 *www.alertbay.ca*

👁 Sehenswürdigkeiten

▶ **Big House**

Das **Big House** steht am Ende der Park Street und wird von den Namgis First Nations für ihre *Potlach-Zeremonien* benutzt. Für die Öffentlichkeit ist es nur zu den Darbietungen der T'sasala Cultural Group im Juli und August zugänglich. Neben dem Big House steht der welthöchste Totempfahl (53 m) mit 14 „Schnitzepisoden".

Wer die traditionellen Tänze und Gesänge der Kwakwaka'wakw einmal live miterleben möchte, sollte sich im Juli und August einen Tag „Eingeborenen-Geschichte" auf der Insel gönnen.
- 250-974-5403
- Juli & Aug.: Do-Sa um 13 Uhr
- Erw.: CAD 15, Kinder (unter 12 J.): CAD 8

Einige Informationen zu **Totempfählen**: Totempfähle haben oft mehrere Bedeutungen – sie können Geschichten erzählen, gleichzeitig Wappenpfahl sein oder eines Stammesältesten gedenken. Der Bär kann bspw. ein Familienwappen, die Geschichte des Bären oder eine Eigenschaft des Bären abbilden. Manche Pfähle erinnern an einen tapferen Menschen oder denkwürdige Ereignisse, wie zum Beispiel Naturkatastrophen. Es gibt auch Pfähle, die den Eigentümer beschämen und verspotten. Dies kam vor, wenn der Auftraggeber den Pfahl nicht bezahlen wollte oder das Protokoll verletzte. Andere Totempfähle dienen dem Besitzer als Rechtsanspruch auf bestimmte Wappen bzw. Symbole oder stellen die Familienabstammung dar. Ab dem Ende des 19. bis Mitte des 20. Jahrhunderts wurden fast keine Totempfähle mehr errichtet, was vor allem mit Epidemien und der fortschreitenden Missionierung zusammenhing. Beides „eingeimpft" von den europäischen Siedlern. Die Missionare hielten die Totems für heidnische Symbole, verbaten die für sie nicht verstandene Kultur und Kunst und zerstörten nicht selten diese für die Ureinwohner so wichtigen Symbole. Das Einsehen kam spät, heute jedoch werden viele Totems restauriert, und die Arbeit an dieser traditionellen Schnitzkunst ist wieder aufgenommen worden. **Übrigens**: Ein Totempfahl wird immer von unten nach oben „gelesen".

▶ **Alert Bay Public Library and Museum**
Das Museum, das ehemals die Gemeindeverwaltung und die Feuerwehr beherbergte, wurde im Februar 1959 eröffnet und liegt im Hafenbereich. Es ist zugleich eine Bücherei mit 6.700 Büchern, die den Bewohnern der Insel zur Verfügung kostenlos zur Verfügung stehen. Im Archiv kann man sich auf über 6.000 Fotografien, die größtenteils zur besseren Ansicht digitalisiert wurden, über die Geschichte der Insel ab Ende des 19. Jahrhunderts informieren. Auch Zeitungen aus den Jahren 1939-1941, 1951 bis 1964 und der lokalen Tageszeitung *North Island Gazette* sind archiviert und für Interessierte zugänglich. Daneben sind wunderschöne Gemälde und Schnitzereien von berühmten Künstlern der Kwawaka'wakw und weitere Objekte der First Nations zu sehen.
- 116 Fir St, Alert Bay
- 250-974-5721
- Sept.-Juni: Mo, Mi, Fr, Sa 13-16/17 Uhr, Juli & Aug.: Mo-Sa 13-16/17 Uhr
- http://alertbay.bc.libraries.coop

▶ **U'mista Cultural Centre**
Dieses Museum beinhaltet eine der bedeutendsten Sammlungen zu der Kultur und Geschichte der First Nations der Insel und von ganz Vancouver Island. Zahlreiche Gegenstände, die zum **Potlach**, einem „Geschenkefest" mit spirituellen Feierlichkeiten der Natives, bei dem die traditionelle Reihenfolge der Geschenkübergabe genau eingehalten werden musste, sind hier aus Privatbesitz und öffentlichen Sammlungen wieder zusammengetragen worden. Zeremonielle Masken, Ratschen, Pfeifen, Totempfähle, Schnitzarbeiten und viele weitere Ausstellungsstücke beherbergt das Kulturzentrum.

Die **Potlach-Zeremonien** wurden 1884 von der kanadischen Regierung im „**Indian Act**" verboten. Die Weißen meinten, dieses gegenseitige Schenken sei Verschwendung und die Tänze wurden als „heidnische Bräuche" gesehen, die nach Meinung der Kirchen nicht im Sinne der Christianisierung waren. Doch die Potlach-Feste gingen „getarnt" weiter und im Winter 1921 feierten die Namgis das größte bekannte Potlach-Fest. Von diesem Fest erfuhr der Vertreter der Indianerbehörde William M. Halliday, er verhaftete und verklagte daraufhin 45 Namgis und man stellte sie vor die Wahl, entweder inhaftiert zu werden oder die Potlach-Masken und Geschenke – sozusagen als Kaution – abzugeben, was die meisten dann auch taten. So verschwanden diese Besitztümer und Halliday verkaufte all die Schätze. Einige Masken landeten in **New York** im *National Museum of the American Indian*, weitere im *Canadian Museum of Civilization* in **Ottawa**, im *Royal Ontario Museum* in **Toronto** und in privaten Sammlungen. 1951 wurde von der Regierung das Potlach-Verbot aufgehoben und Ende der Sechziger Jahre begannen die Namgis mit der Rückforderung der gestohlenen Gaben.

Mittlerweile erklärte die Regierung auch, dass das Handeln Hallidays eigenmächtig war und so war es auch nicht schwer, die Masken aus den Museen wieder zurück zu bekommen. 1974 gründete man die *U'Mista Cultural Society* und 1980 wurde das U'Mista Cultural Centre eröffnet.

Zum Centre gehört auch ein traditioneller Versammlungsraum, ein **„Big House"**, wo nun wieder zu besonderen Anlässen **Potlachs** gefeiert werden. Potlach bedeutet etwa: „geben, schenken" – **U'Mista** bedeutet etwa: „Rückkehr aus der Gefangenschaft".

- *1 Front St, Alert Bay*
- *250-974-5403*
- *Nach Labour Day–Juni Di–Sa 9–17 Uhr, Juli–Labour Day tägl.*
- *Erw.: CAD 12, Sen./Stud.: CAD 10, Kinder (8–18 J.): CAD 5, Fam.: CAD 28*
- *info@umista.ca*
- *www.umista.ca*

▶ **Seasmoke Whale-Watching**

Das Familienunternehmen bietet Whale-Watching der besonderen Art. Per Segelschiff geht es in die Johnstone Strait zu den besten Whale-Watching-Plätzen Westkanadas, die zwischen Alert Bay und Telegraph Cove (Vancouver Island) liegen. Die Touren sind, bedingt durch die Tatsache, dass es sich um Segelboote handelt, umweltfreundlich und auch die Speisen und Getränke, die während der Fahrt angeboten werden, sind im besten Sinne ökologisch einwandfrei. Genießen Sie auf See frischgebackene Muffins und wärmen Sie Ihr Innerstes mit einer Tasse heißem Getränk auf. Mitreisende Kinder können sich die Zeit mit Lesen oder Malen vertreiben, auch hierfür ist an Bord gesorgt. Über Unterwassermikrofone hören Sie die „Unterhaltung" der Meeresbewohner und erfahren u.a. Interessantes und Wissenswertes über Wale, Delfine und den Schutz der Natur und Weltmeere. Die Tour dauert ca. 3 bis 3,5 Stunden.

- *69 Fir St, Alert Bay*
- *250-974-5225 oder 1-800-668-6722 (geb.frei)*
- *Office: 9–17 Uhr*
- *Mitte Juni–Sept.: Alert Bay: 8:30 & 12:30 Uhr*
- *Erw.: CAD 119, Kinder (bis 12 J.): CAD 99*
- *seasmokewhalewatching@gmail.com*
- *www.seasmokewhalewatching.com*

Unterkünfte

Alert Bay Lodge

In der ehemals als Kirche erbauten Lodge werden vier Zimmer (mit Kühlschrank) für 2 bis 5 Personen angeboten, Frühstück ist inklusive.

- *549 Fir St, Alert Bay*
- *250-974-2410 oder 1-800-255-5057 (geb.frei)*
- *Ganzj.*
- *Ja, unbedingt reservieren   Ja*
- *★★*
- *www.alertbaylodge.com*

Alert Bay Campground

- *101 Alder Rd, Alert Bay*
- *250-974-5213*
- *April–Sept.: bitte vor Überfahrt Öffnungszeiten klären   Ja*
- *23, Strom mögl.   Ja   Ja*
- *$*

Fährverbindungen

Alert Bay (Cormorant Island) ▶ Sointula (Malcolm Island)
- *35 Min.*

Sointula ▶ Port McNeill
- *25 Min.*

- *Zeiten und Preise: www.bcferries.com*

MALCOLM ISLAND

Nur wenige Kilometer Luftlinie von Port McNeill entfernt liegt in der Queen Charlotte Strait die malerische Insel **Malcolm Island**, eine Nachbarinsel von Cormorant Island. Sie hat ca. 730 Einwohner, die im Bereich **Sointula** und **Mitchell Bay** bewohnen. Man findet hier Einsamkeit an entlegenen Küstenbereichen und in endlosen Wäldern, die auch Heimat von Schwarzbären, Rotwild und Nerzen sind. In den Gewässern rund um die Insel tummeln sich Seeotter, Orcas, Tümmler, Buckelwale und viele Seevögel.

Fast alle Straßen außerhalb der Ortschaft Sointula auf der etwa 23 km langen und 5 km breiten Insel sind Gravelroads. Am Nordstrand, der einen exzellenten Blick auf das Festland mit seinen schneebedeckten Bergen bietet, liegt 6 km von Sointula entfernt der einzige öffentliche Campground der Insel im **Bere Point Regional Park** mit Picknickplatz und Bootsanlegestelle. Dort können von Juli bis September mit etwas Glück Orcas in Ufernähe beobachtet werden. Bei Angern ist die Insel wegen ihres Fischreichtums besonders beliebt. Die kleine ländliche Ortschaft **Mitchell Bay** liegt im Südosten der Insel, sie ist über eine 20 km lange Gravelroad ab Sointula zu erreichen. **Mitchell Bay**, im Südosten der Insel gelegen, ist bei Naturfreunden, Kajak- und Kanufahrern und Sportfischern besonders beliebt.

Nördlich von Malcolm Island, jenseits der *Labouchere Passage*, liegt der noch größtenteils völlig unerschlossene **Broughton Archipelago Marine Park** mit unzähligen kleinen und winzigen Inseln, für deren Erforschung sich eine Kajaktour bestens eignet. Es gibt keinen Service in dem Bereich. Wildniszelten ist erlaubt. Weitere Infos:

www.env.gov.bc.ca/bcparks/explore/parkpgs/broughton

Sointula – "Place of Harmony"

Der Ort **Sointula** ist das Herz von Malcolm Island. Wenn man das geschäftige Treiben nach Ankunft der Fähre hinter sich hat, ist schnell die Ruhe und Harmonie der Insel spürbar. Was man in Sointula nicht findet, ist „kommerzieller Tourismus", daher ist auch das Angebot an Unterkünften begrenzt.

Sointula wurde von einer Gruppe finnischer Auswanderer gegründet, die Ende des 19. Jahrhunderts ihr Land auf der Suche nach Freiheit, Gerechtigkeit und Frieden verließen. Sie siedelten sich auf Malcolm Island an und hatten die Vision, alles zu teilen und in völliger Gleichheit miteinander zu leben. Sie nannten den Ort Sointula, Finnisch für „*Harmonie*". Man gründete schon bald nach der Ankunft einige Geschäfte, darunter auch eine Sägemühle und Schmiede und veröffentlichte die erste finnische Zeitung in Kanada, um noch weitere Einwanderer anzulocken. Doch nach einigen Jahren harter Arbeit und menschlicher Enttäuschungen, in denen Unglücke und Feuerkatastrophen den Bewohnern zusätzlich das Leben schwer machten, gaben viele der Auswanderer auf, verkauften ihre Geschäfte und verließen das Land wieder. Man gab die Insel der Regierung British Columbias zurück, doch einige Siedler blieben, kauften Land und betrieben kommerziellen Fischhandel. Die Kultur ihrer Heimat Finnland behielten sie bei, was auch noch heute z. B. an den ordentlichen Gärten und netten Häuschen zu spüren und sehen ist.

Wie auch auf vielen weiteren Inseln zwischen Vancouver Island und dem Festland von British Columbia haben sich auch auf Malcolm Island einige Künstler niedergelassen, die ihre Kunstwerke in Galerien ausstellen. Das „geschäftige" Leben der Insel spielt sich im Bereich der 1st und 2nd Street ab, dort findet man die für die Versorgung wichtigsten Geschäfte inklusive Tankstelle (tägl. geöffnet mit Convenience Store), Bank und Post. Der Co-op Store aus dem Jahr 1909 ist der älteste noch in Betrieb befindliche Lebensmittelladen, er ist sonntags und montags geschlossen. Im Hafen liegen die privaten Boote und die der kommerziellen Anbieter von Ausflugsfahrten. Quer durch die Insel verbindet die 28 km lange *Pulteney Point Road* (Gravelroad) den östlichen Zipfel **Mitchell Bay** (kleine Gemeinde) mit dem westlichen Punkt **Pulteney Point Lighthouse**.

Sointula Visitor Info
- 165 - 1st St, Sointula
- 250-973-2001
- Mo-Fr 10-17 Uhr, Sa & So 11-14 Uhr, wenn Personal anwesend
- sointulainfo@gmail.com
- www.sointulainfo.ca

👁 Sehenswürdigkeiten

▶ Sointula Museum

Das Museum zeigt eine umfangreiche Sammlung aus der Geschichte der Insel, z. B. Kunstgegenstände, Dinge des täglichen Bedarfs, Materialien des frühen Fischfangs, der Holzwirtschaft uvm. Historische Fotos und Schriftstücke erinnern an die Gründerzeiten Sointulas. Gegründet wurde das Museum 1972 von Wilma Olney, Sylvia Johnson, Annie Johnson, Aileen Wooldridge und Kay Thompson. Es ist im alten Schulgebäude an der 1st Street untergebracht.

- 280 - 1st St, Sointula
- 250-230-0093
- Sommer: tägl. 11–15 Uhr, sonst: nach Anmeldung
- www.sointulamuseum.ca

🚶 Wandern

Mateoja Heritage Trail
Der Trail führt u.a. durch die ehemalige Ansiedlung Anfang des 20. Jahrhunderts
- 3rd St, Sointula
- Moderat
- 3 km (einf. Strecke)

Pulteney Point Lighthouse
Über die Pulteney Pt Rd zum Wendeplatz am Westende *(gravel)*, von dort über einen kurzer Trail zum Leuchtturm.
- Westende Pulteney Point Rd (gravel)
- Leicht
- 10–15 Minuten

🏠 Unterkünfte

Harmony Shores Campground
Der Campground liegt an der Südostküste der Insel am Meer.
- Zufahrt über die First St/Kaleva Rd nach Osten
- 185 Kaleva Rd, Sointula
- 250-973-6793
- 8, 4 mit Stromanschl.
- Nein, Sanidump am Sointula Hafen
- Ja $
- www.harmonyshores.ca

Bere Point Regional Park Campground
Einfach ausgestatteter, wildromantischer CG. Trinkwasser mitbringen.
- An der Queen Charlotte Strait 3 km nördl. von Sointula, Zufahrt über First St, Bere Rd Pulteney Pt. Rd
- 250-956-3301 (Reg. Distr. of Mt. Waddington)
- 22   Ja, im Sommer zu empfehlen
- Nein
- $
- www.rdmw.bc.ca/media/Bere%20Point%20Brochure%202011.pdf

The Oceanfront Hotel
Kürzlich renoviertes Inn direkt am Meer, ein Pub befindet sich inhäusig. Die Räume sind ausgestattet mit einem Kühlschrank oder einer Miniküche, einige haben einem Balkon und Gaskamin.
- 210 - First St, Sointula
- 250-230-6722
- ★★   Ja, frei
- www.theoceanhotel.ca

🐟 DENMAN ISLAND

Denman Island, die kleine Insel mit ca. 1.200 Einwohnern, ist etwa 19 km lang und 5 km breit und liegt in der Strait of Georgia. Auf der Insel leben viele Künstler, die sich von der Ruhe inspirieren lassen. In der Community Hall, dem Zentrum der Insel, finden Theater- und Musikdarbietungen, Dichterlesungen und sportliche Veranstaltungen statt. Dem milden Klima der Insel ist es zu verdanken, dass Gärtner praktisch ganzjährig pflanzen und ernten können, was auch schon seit 120 Jahren erfolg- und ertragreich von den Einwohnern praktiziert wird.

Denman Island ist für seine herrlichen Strände, üppigen Wälder und fruchtbaren Äcker bekannt und daher besonders bei Naturliebhabern beliebt.

Und noch ein weiteres Produkt, das besonders die Herzen der „süßen" Freunde höher schlagen lässt, ist auf Denman Island heimisch: Die **Denman Island Schokolade** mit Zutaten aus biologischem Anbau, erhältlich in den unterschiedlichsten Geschmacksrichtungen, wie z. B. Minze, Haselnuss, Orange und Himbeere. Die Schokolade ist auch mit höherem Kakao-Anteil erhältlich. Eine Tour kann unter der u. g. E-Mail-Adresse oder Telefonnummer angefragt werden.

- 4321 Denman Rd, Denman Island
- 250-335-2418
- info@denmanislandchocolate.com
- www.denmanislandchocolate.com

Denman Island diente in früheren Zeiten den First Nations in den Sommermonaten als Platz zum Fischen, was durch Felsenmalereien bestätigt ist. Benannt wurde die Insel nach dem britischen Marine-Admiral Joseph Denman, der die Aufsicht über die Marine im Bereich Comox hatte. Die ersten Siedler waren Japaner, die sich im Süden der Insel am Ende des 19./Anfang des 20. Jahrhunderts niederließen. Schon 1908 wurde der erste *General Store* eingerichtet. Die erste kommerzielle Fährverbindung der BC Ferry mit der „*Catherine Graham*" wurde 1954 etabliert.

Auf der Insel liegen drei Provincial Parks mit vielen Wandermöglichkeiten, auf dem **Fillongley Provincial Park** gibt es auch einen Campground. Im Ort **Denman**, in „*Downtown*" der Insel findet man Cafés, Restaurants und einen General Store mit Post und ATM. Kunstliebhaber können private Studios und öffentliche Galerien besuchen, in denen die lokalen Künstler ihre Werke zeigen. Die Übernachtungsmöglichkeiten sind beschränkt. **Wichtig:** Wenn Sie die Insel besuchen möchten, nehmen Sie genügend Trinkwasser mit, es gibt keine öffentlichen Zapfsäulen.

www.denmanisland.com

Fährverbindung

Der Fähranleger Buckley Bay liegt etwa 39 km nördlich von Qualicum Beach. Die Fähre verkehrt etwa stündlich von 7–23 Uhr.

Buckley Bay ▶ Denman Island West
20 Min.

Denman Island (Gravelly Bay, im Norden der Insel) ▶ Nachbarinsel Hornby Island (Shingle Spit)
10 Min.

Zeiten und Preise: www.bcferries.com

Sehenswürdigkeiten

▶ Museum

Das kleine Museum informiert anhand von Fotografien und Aufzeichnungen über die Geschichte der ersten Siedler der Insel.
- *1111 Northwest Rd, Denman Island*
- *250-335-1110*
- *Juli & Aug.: Mo–Sa 13–16 Uhr, So 12–15 Uhr*

▶ Fillongley Provincial Park

Der **Fillongley Provincial Park** liegt an der Nordostseite von Denman Island. Man erreicht ihn über die Denman, später Swan Road (gravel). Im Park findet man u.a. einige alte, große Douglastannen und Zedern. Der teils felsige, teils sandige Strand bietet sich für allerlei Freizeitaktivitäten an und eröffnet einen wunderschönen Ausblick bis hin zu den Coast Mountains auf dem Festland. Der Park liegt an der *Beadnell Road*, benannt nach dem letzten Inhaber des Landes George Beadnell. Er verkaufte das Land 1953 für einen Dollar an die Provinzregierung. Sein Gehöft und seine Grabstelle liegen im Park und können über kurze Wanderwege besucht werden.

Anmerkung: Lagerfeuer sind im Sommer oft nicht erlaubt, daher sollte man einen Gaskocher o. Ä. mitführen. Eine Grundwasserpumpe befindet sich im Park, das Wasser muss aber abgekocht werden.

- *250-308-4479*
- *Reservierung: 1-800-689-9025 (geb.frei)*
- *Ganzj., Service Mai–Mitte Okt.*
- *10* *Ja* *Nein* *Nein*
- *$*
- www.env.gov.bc.ca/bcparks/explore/parkpgs/fillongley

▶ Boyle Point Provincial Park

Der **Boyle Point Provincial Park** liegt am Südzipfel von Denman Island und ist über die *East Road* (Gravelroad) erreichbar. Vom Parkplatz führt ein ca. 1,5 km (einfache Strecke) langer Waldweg zum **Boyle Point** und **Eagle Rock** Aussichtspunkt mit einer grandiosen Sicht auf den Baynes Sound, die naheliegende **Inseln Hornby** und **Chrome Island** mit dem gleichnamigen Lighthouse. Hornby ist bekannt für den **Hornby Tea**, ein hochwertiges Produkt aus biologisch angebauten, heimischen Kräuter-, Blumen- und Samenmischungen. Die Insel ist darüber hinaus ein idealer Platz für alle Ruhe- und Erholungssuchende. (Weitere Infos: www.hornbyisland.com). Der erste Leuchtturm auf Chrome Island wurde 1891 errichtet, der jetzige 1898. Auf dem kleinen Eiland wurden auch einige Felsenzeichnungen der First Nations gefunden. Nicht selten kommen auch Seelöwen und Seehunde in Sichtweite sowie Weißkopf-Seeadler und viele Seevogel-Arten.

Im Boyle Point Park befindet sich kein Campground oder Picknickplatz.
- Ganzj.
- www.env.gov.bc.ca/bcparks/explore/parkpgs/boyle_pt

Unterkünfte

Einige privat geführte B&Bs werden auf der Insel angeboten, bitte bei Bedarf rechtzeitig reservieren. Einige Angebote findet man auf der angegebenen Internetadresse.
- www.denmanisland.com/denman/accommodations.htm
- Oder Visitor Info Courtenay: 855-400-2882

GABRIOLA ISLAND

Gabriola Island liegt östlich von Nanaimo in der *Strait of Georgia* an der Westküste von Vancouver Island. Die Insel ist etwa 53 km² groß (14 km lang und 4,2 km breit) und hat etwa 4.200 Einwohner. Man erreicht die Insel per Fähre, per Wasserflugzeug ab Nanaimo oder ab Vancouver International Airport nach **Silva Bay** am Ostende der Insel. Anhand von mehr als 50 Felsenzeichnungen (*Petroglyphs*), die auf der Insel gefunden wurden, geht man davon aus, dass die Insel schon vor über 2.000 Jahren von den Küsten-Salish bewohnt war, die im Sommer zum Jagen und Fischen auf die Insel kamen. Im späten 18. Jahrhundert segelte eine spanische Forschungsexpedition unter der Leitung von Alessandro Malaspina di Mulazzo an der Pazifikküste von Patagonien bis Alaska und erforschte dabei auch das küstennahe Land. Die skurrilen Sandsteinformationen auf Gabriola Island, die **Malaspina Galleries** am Nordwestende der Insel, sind nach ihm benannt und viele weitere Bezeichnungen sind spanischer Herkunft. Auch der Name der Insel Gabriola ist abgeleitet vom Spanischen *gaviota*, was übersetzt „**Seemöwe**" bedeutet. Schottische, britische und irische Siedler, die Mitte des 19. Jahrhunderts in den Kohleminen von Nanaimo arbeiteten, waren die ersten nicht-indianischen Bewohner der Insel. Sie erkannten sehr schnell, dass sich der fruchtbare Ackerboden der Insel hervorragend für die Landwirtschaft eignete, viele heirateten indianische Frauen und wurden so auf der Insel sesshaft.

Die Insel lässt sich sehr gut per Fahrrad erkunden, denn vom Ferry Terminal im Norden bis zum Südende sind es nur 14 km – allerdings geht es auch schon mal bergauf. Die Touristen der waldreichen Insel erfreuen sich an den vielen schönen Parks, sandigen wie auch felsigen Strandabschnitten, den vielen Outdoor-Sportmöglichkeiten, Galerien und den unterschiedlichsten künstlerischen und musikalischen Darbietungen und Events. Auf der Insel leben Dutzende renommierte Künstler, daher ist sie auch bekannt als "Isle of the Arts". Sie finden auf Gabriola Island die wichtigsten Versorgungseinrichtungen. Ein Taxi-Service und GERTIE, der kommunale Bus-Service, bedienen den lokalen Personentransport. Für die eigene Erkundung der Insel gibt es einen Motorroller- & Mountainbikeverleih.

Page's Resort and Marina
- 3350 Coast Rd, Gabriola
- 250-247-8931
- Motorroller: z. B. bis 2 Std. CAD 40, Mountainbike: z. B. 1 Tag CAD 40
- info@pagesresort.com

Gabriola Island Taxi
- 2910 North Rd, Gabriola Island
- 250-247-0049

GERTIE
- 250-668-6809
- www.gabriolacommunitybus.com

Fährverbindung
Nanaimo ▶ Gabriola Island
- 20 Min.
- Zeiten und Preise: www.bcferries.com

Gabriola Island Visitor Centre

- 6 - 480 North Rd, Gabriola
- 250-247-9332 oder 1-888-284-9332 (geb.frei)
- Victoria Day–Juni: Fr–So 10–14 Uhr, Juli–Labour Day: tägl. 10–18 Uhr, sonst: Fr & Sa 10–12/14 Uhr
- info@gabriolaisland.org
- www.gabriolaisland.org

👁 Sehenswürdigkeiten

▶ Gabriola Historical Museum & Petroglyphs Park

Das **Gabriola Historical Museum** bewahrt und schützt die Geschichte der Insel, angefangen bei den ersten Bewohnern, den Coast Salish, den ersten europäischen Erforscher und der frühen Siedler. Im Außenbereich des Museums wurde 1997 ein *Petroglyph-Park* eingerichtet, hier können Besucher 40 Replikationen von Felsmalereien bewundern und sich mit Informationen über die Herkunft, Bedeutung usw. versorgen.

- 505 South Rd, Gabriola Island
- 250-247-9987
- Juli & Aug.: Di–So 9:30–15 Uhr, *Victoria Day–Canada Day* & *Labour Day–Thanksgiving*: Sa & So
- Erw.: CAD 2,50, Kinder (unter 12 J.): frei
- info@gabriolamuseum.org
- www.gabriolamuseum.org

▶ Petroglyphs – Felsenmalereien

Über 50 Zeugnisse der frühen Besiedelung findet man am besten bei Ebbe am **Jack Point**, der **Lock Bay** (nordöstlich) und der **Degnen Bay** (südöstlich). Nähere Infos in der Visitor Information. Übrigens: Der Begriff Petroglyph ist abgeleitet vom Lateinischen **"petro"**= *Fels/Stein* und **"glyph"**= *Schrift/Zeichen*.

▶ Malaspina Galleries

Diese einzigartigen Sandstein-Felsenformationen haben sich über Jahre hinweg durch extreme Winde, Regen und stürmische See gebildet. Nahe der Taylor Bay (im Norden der Insel) im **Malaspina Galleries Community Park** können diese von der Natur geprägten Kunstwerke bewundert werden. Die bis zu 4 m hohen Gebilde liegen entlang einer Strecke von etwa 100 m.

▶ Gabriola Sands (Twin Beaches) Provincial Park

Der für die Insel landschaftlich außergewöhnliche **Gabriola Sands (Twin Beaches) Provincial Park** liegt im Nordwesten von Gabriola Island und bildet die Landenge zwischen *Pilot Bay* und *Taylor Bay*. Badestrände mit Picknickplatz und Liegewiese findet man an beiden Buchten. Wandert man entlang der Taylor Bay nach Westen kommt man zu den **Malaspina Galleries**. Man erreicht den Park ab Fähranleger über die Taylor Bay Road.

- Decourcy Dr, Gabriola Island
- www.env.gov.bc.ca/bcparks/explore/parkpgs/gabriola_sands

▶ Sandwell Provincial Park

Der **Sandwell Provincial Park** mit seinem weiten Sandstrand und einem herrlichen Blick auf die *Strait of Georgia* liegt im Nordosten der Insel. Man erreicht den 10 km vom Fähranleger entfernt liegenden Park über die *North* und *Barrett Road*. Der Park wurde 1988 gegründet, um die prähistorischen Felsenmalereien in den Sandsteinfelsen zu schützen. Die Malereien liegen östlich vom kleinen Picknickplatz, sind aber nur bei Niedrigwasser zugänglich. Ein etwa 800 m langer Wanderweg führt vom Parkplatz zu einem Picknickplatz mit Sandstrand an der **Lock Bay**. **Achtung:** Der Weg ist stellenweise steil und rutschig, daher bitte auf geeignete Schuhe achten.

- Strand Rd, Gabriola Island
- www.env.gov.bc.ca/bcparks/explore/parkpgs/sandwell

▶ Drumberg Provincial Park

Der **Drumbeg Provincial Park** liegt am Südende von Gabriola Island und kann per Boot oder ab Fähranleger über die *South* und *Starker Road* erreicht werden. Es bieten sich herrliche Ausblicke auf die Coast Mountains und die Strait of Georgia. Großflächige Hinterlassenschaften entlang der Küste lassen darauf schließen, dass im südlichen Bereich der Insel bereits über viele Jahrhunderte Snuneymuxw und Lyakson First Nations gelebt haben. Der Park wurde 1971 gegründet und nach dem ehemaligen Inhaber des Landes, dem Schotten Neil Stalker, benannt, dessen Herkunftsort Drumbeg war. Im Park findet man einen Picknickplatz, Wanderwege und interessante Sandstein-Felsformationen, die nur bei Niedrigwasser zu sehen sind. Wer sich unter Wasser wohl fühlt, kann hier zum **Rogers Riff** tauchen.

> **Achtung** Im Park wachsen einige Exemplare der sehr gefährlichen **Herkulesstaude** (Riesenbärenklau). Sie wird bis zu 4 m hoch und die dicht behaarten

Pflanzenstängel können bis zu 10 cm Durchmesser erreichen. Die weiß blühende, sehr schöne und ursprünglich aus Asien stammende Pflanze mit ihren dekorativen Blütendolden hat borstige Blätter und Stämme. Bitte **berühren Sie diese Pflanze auf keinen Fall**. Die Berührung in Verbindung mit Tageslicht verursacht schmerzhafte, stark brennende Blasen, Augenkontakt kann zu Erblinden führen. Sollten Sie trotz aller Vorsicht in Berührung gekommen sein, dann waschen Sie die betroffene Stelle direkt mit Wasser und Seife, setzen Sie die Stelle nicht dem Tageslicht aus und konsultieren Sie einen Arzt.

- www.env.gov.bc.ca/bcparks/explore/parkpgs/drumbeg

Unterkünfte

Page's Inn
Das Inn liegt an der Nordostküste der Insel an der Silva Bay. Es bietet 7 gemütlich eingerichtete Suiten und eine Cabin, ausgestattet entweder mit Küche oder Kühlschrank & Mikrowelle.

- 3415 South Rd, Gabriola Island
- 250-247-9351   Ja
- ★★
- www.silvabayinn.ca

Descanso Bay Regional Park
Der Campground befindet sich an der Descanso Bay nahe Ferry-Terminal und ist ein idealer Platz für alle Wassersportler, eine Bootsrampe ist vorhanden.

- 595 Taylor Bay Rd, Gabriola Island
- 250-247-8255
- Ganzj., Saison: April–Mitte Sept.
- 32   Ja   Nein   Nein
- $
- www.rdn.bc.ca/cms.asp?wpID=1247

LASQUETI ISLAND

Lasqueti Island, die etwa 74 km² große, 8 km breite und 22 km lange und waldreiche Insel ist mit Sicherheit ein Kleinod, das so nur noch selten zu finden ist.

Die Insel liegt nördlich von Parksville in der *Strait of Georgia*. Es leben etwa 400 Bewohner ständig auf der Insel, daher findet nur ein sehr eingeschränktes, geschäftliches Leben statt. Wer hier lebt, will bewusst auf vieles verzichten, was das „normale" Leben an Bequemlichkeit bietet. Es mag daher nicht überraschen, dass gerade Individualisten wie z. B. Maler, Musiker, Autoren, Umweltschützer und Handwerkskünstler hier glücklich sind. Als Bewohner dieser Insel ist man einige Tage damit beschäftigt, sein Überleben zu sichern, für Brennholz und Nahrungsmittel zu sorgen und die Wasser- und Abwassersysteme und die Energiequellen (z. B. Solaranlagen) zu pflegen, da die Insel an kein öffentliches Strom-, Abfall- und Abwassernetz angebunden ist. Einige Farmen und Geschäfte bieten Eigenerzeugnisse von Gemüse bis Schokolade an, biologisch angebaut und erzeugt, daneben kann Kunsthandwerk erworben werden.

Der besondere Charme der Insel zeigt sich während der Dunkelheit, wenn die Generatoren für die Erzeugung der Elektrizität ausgeschaltet werden und man in die Pionierzeit zurückversetzt wird, wo die Beleuchtung noch romantisch von Kerosinlampen und Kerzenlicht erzeugt wurde.

Mit einem Privat-Boot, Privatflugzeug oder einer Fähre ab French Creek Fähranleger im Norden von Parksville erreicht man **False Bay** auf Lasqueti Island. Während der Sommersaison gibt es täglich drei Fährfahrten, außerhalb der Saison an wenigen Tagen in der Woche. Auf der Insel geht es per Taxi, Fahrrad oder zu Fuß weiter. Alle Straßen sind Gravelroads.

Kleine, verträumt liegende Buchten, schöne Wander- und Bikerouten und mildes Klima sind ideale Bedingungen für alle Naturfreunde und Wassersportbegeisterte. Im Südosten der Insel liegt der **Squitty Bay Provincial Park** mit Picknickplatz. Dort können diese ihrem Sport nachgehen. Einige Häuser bieten Übernachtungsmöglichkeiten an.

Die Insel war über 5.000 Jahre Heimat der Pentlach First Nations und für sie ein wichtiger Ort zum Jagen und Fischen. Sie lebten bis zur Ankunft der ersten weißen Siedler um 1860 auf der Insel. Benannt wurde die Insel 1791 nach einem berühmten spanischen Marineoffizier, Juan Maria Lasqueti.

Beachtlich: Die Statistik Kanadas sagt, dass die Bewohner der Insel das höchste Bildungsniveau ganz Kanadas haben – die Fläche der Insel entspricht dabei etwa der Größe von Manhattan.

Fährverbindung Western Pacific Marine
Die Fähre verkehrt nicht täglich, Fahrzeuge werden nicht befördert, nur Personen. Je nach Wetter dauert die Fahrt knapp eine Stunde.
- 250-927-0431
- Nein
- Sommer: Mo, Mi–Sa 3 x tägl., So 2 x; sonst: Mo, Do–Sa 3 x tägl., So 2 x
- www.westernpacificmarine.com

QUADRA ISLAND

Quadra Island ist die größte und bekannteste Insel der **Discovery Islands,** einer Inselgruppe zwischen dem Festland Westkanada und Vancouver Island. Die Insel ist besonders wegen ihrer fantastischen Landschaft, den vielen Kunstgalerien und den reichhaltigen Freizeitangeboten beliebt. Dazu gehört besonders das Sportfischen, daneben auch Kanu- und Kajaktouren entlang der buchtenreichen Küste, Wanderungen durch landschaftlich herrliche Gebiete, Tauchen, Schwimmen und Tierbeobachtungen (z. B. Grizzly-Touren). Fahrräder, Kanus und Kajaks können vor Ort gemietet werden. **Quadra Taxi & Tours** (250-205-0505) bietet Sightseeing-Touren und individuellen Transport.

Die vielseitige Kunst und Kultur der Insel ist ein Spiegelbild der Menschen, die dort leben. Es finden regelmäßig Konzerte, Events und Workshops statt. Einheimische Künstler und Kunsthandwerker bieten ihre Erzeugnisse an, u. a. Tonwaren, Skulpturen, Schnitzereien und Gemälde.

Die Insel hat ca. 2.700 ständig hier lebende Einwohner, die zum größten Teil in den drei Hauptorten **Cape Mudge, Quathiaski Cove** und **Heriot Bay** ansässig sind.

In **Cape Mudge (Yaculta)**, am Südwestufer der Insel in einer malerischen Bucht und umgeben von gemäßigtem Regenwald gelegen, lebt die We Wai Kai Band der Laichwiltach People, die zu den Kwakwaka'wakw First Nations zählen.

Quathiaski Cove, nördlich von Cape Mudge, ist Fährhafen und Hauptort der Insel mit allen Versorgungsmöglichkeiten. Im malerischen Ort **Heriot Bay**, das ebenfalls für Bewohner und Touristen gute Versorgungsmöglichkeiten bietet, ist der Fährhafen nach **Cortes Island**. Hier werden auch Bootstouren zu weiteren kleineren Inseln der **Discovery Islands**, zum wenig besiedelten Nordteil der Insel und Tauchtouren zum künstlich entstandenen Riff der HMCS Columbia angeboten, die 1996 nahe der Küste von Quadra Island sank. Auch alle Wanderfreunde kommen auf ihre Kosten, denn sie finden auf der Insel ca. 200 km Trails entlang der Küste oder durch eine waldreiche, hügelige Landschaft. Infos unter:
- www.quadraisland.ca/adventure-recreation-tours/hiking_trails

Für alle Bikefans hat die Insel auch einige schöne Touren zu bieten. Infos unter:
- www.quadraisland.ca/adventure-recreation-tours/cycling

Wer sein Zweirad nicht dabei hat, kann sich eines bei Island Cycle mieten.
- 615 Taku Rd (nahe Heriot Bay Fähranleger), Quadra Island
- 250-285-3627
- bicycle@gicable.com
- www.quadraislandcycle.com

Die ersten Bewohner der Insel waren die Coast Salish, die Captain George Vancouver, als er 1972 auf der Insel am Cape Mudge in Tsa-Kwa-Luten landete, vorfand. Die Coast Salish verließen 1840 das Dorf und die Laichwiltach People ließen sich am fischreichen Platz mit der herrlichen Aussicht nieder. Die Insel wurde nach Don Juan Franscisco de la Bodega y Quadra benannt, einem spanischen Marineoffizier und engem Freund von George Vancouver. Nach 1880 wurde allmählich bekannt, dass man mit Bergbau und Forstwirtschaft gutes Geld verdienen kann und so wurde, nachdem 1903 die erste Mine eröffnete, einige Jahre Gold- und Kupfererz abgebaut. Um 1900 gab es noch eine Fischkonservenfabrik und in der Blütezeit waren auf der Insel zwischen 200 und 300 Arbeiter beschäftigt. 1904 hatte Quadra Island bereits eine Schule, eine Poststelle und ein Hotel. Eine Passagierfähre nahm 1949 ihren Betrieb auf, und seit 1960 bedient die BC Ferries Autofähre den regelmäßigen Fährbetrieb zwischen Campbell River und Quadra Island. Die Fähre ab/nach Campbell River fährt ca. stündlich.

Fährverbindungen

Campbell River ▶ Quadra Island (Quathsaski Cove)
🕐 10 Min.

Quadra Island (Heriot Bay) ▶ Cortes Island (Whaletown)
🕐 45 Min.
🌐 Zeiten und Preise: www.bcferries.com

🛈 Visitor Information

✉ Harper Rd, Quathiaski Cove, Quadra Island
🕐 Mai–Sept. (Die Visitor Information in Campbell River ist ganzjährig geöffnet und bietet alle Infos über Quadra Island und die Discovery Islands).
@ info@quadraislandtourism.ca
🌐 www.quadraisland.ca

👁 Sehenswürdigkeiten

▶ The Nuyumbalees Cultural Centre
Das ehemalige **Kwagiulth Museum** in Cape Mudge wurde im Mai 2007 unter dem neuen Namen „**The Nuyumbalees Cultural Centre**" wieder eröffnet. Es zeigt eine bedeutende Sammlung historischer Kunst, zeremonielle Gegenstände und Schnitzereien der First Nations und im Außenbereich interessante **Petroglyphs** (Felsenzeichnungen). Am Ufer befindet sich der im Frühjahr 2007 errichtete *Ah-Wa-Qwa-Dzas*, ein Versammlungsort der Natives. Auch alte Totempfähle sind zu bewundern.

✉ 34 Weway Rd, Cape Mudge Village
☏ 250-285-3733
💰 Erw.: CAD 10, Sen./Jugendl./Kinder): CAD 5, Kinder unt. 12 J.: frei
🕐 Sommer tägl. 10–16 Uhr, Winter Anmeldung erforderlich per Telefon oder E-Mail.
@ info@nuyumbalees.com
🌐 www.museumatcapemudge.com

▶ Cape Mudge Lighthouse
Das **Cape Mudge Lighthouse** am Südende der Insel feierte 1998 seinen 100. Geburtstag. Es ist erreichbar ab Quathiaski Cove über Heriot Bay Rd, dann Richtung Süden über Cape Mudge Rd und Lighthouse Rd. Vom Dorf Cape Mudge führt ein Wanderweg zum Leuchtturm. Bei Ebbe sind alte Felsenmalereien (**Petroglyphs**) zu entdecken.

▶ Main Lake Provincial Park
Der 1997 gegründete **Main Lake Provincial Park** liegt im Norden der Insel und ist Heimat von mehr als 70 Vogelarten und über 200 Gewächsen. Auch die verschiedensten Tierarten leben hier, wie z.B. Wölfe, Pumas, Eulen und Adler. Die Landschaft des Parks ist geprägt von vielen kleinen Seen, dichtem Wald, schmalen Flussläufen und Wasserfällen. Die Schönheit des Parks ist per Boot am besten zu erkunden. **Main Lake**, **Village Bay Lake** und **Mine Lake** sind durch schmale, flache Sumpfgebiete miteinander verbunden, die mit dem Kanu oder Schlauchboot befahren werden können. Alle weiteren Seen sind nur über schlechte Gravelroads zu erreichen. Am Ufer des Main Lake liegen einfache Zeltplätze, die nur per Boot zu erreichen sind. Der Park selbst ist erreichbar über die Village Bay und *Surge Narrows Road* (gravel) bis zum Parkplatz. Dort befindet sich auch eine Bootsanlegestelle.

🕐 Ganzj.
🛏 7
💰 $, Permit erforderlich (🌐 https://discover camping.ca/Backcountry)
🌐 www.env.gov.bc.ca/bcparks/explore/parkpgs/main_lk

▶ Rebecca Spit Marine Prov. Park
Der **Rebecca Spit Marine Provincial Park** befindet sich im Ostteil der Insel auf einer schmalen Landzunge in der Strait of Georgia. Sandstrände und Picknickplätze liegen entlang der etwa 2 km langen Landzunge, der östliche Strand ist übersät mit Treibholz. Eine Bootsanlegestelle findet man im Westteil nahe des Parkeingangs. Erreichbar ist der Park ab Heranleger über die *West Road* Richtung Anleger Cortes Island. Der Park hat keinen Campground, Trinkwasser muss mitgebracht werden.
🕐 Ganzj.
🌐 www.env.gov.bc.ca/bcparks/explore/parkpgs/rebecca

🛏 Unterkünfte

🏨 Tsa Kwa Luten Lodge
Man übernachtet in gemütlich eingerichteten, geräumigen Zimmern mit unterschiedlicher Ausstattung. Alle Zimmer bieten Ozeanblick und haben einen Balkon oder Freisitz. Auf dem Gelände befindet sich ein Campground (We Wai Kai, siehe unten).

📍 1 Lighthouse Rd, Quathiaski Cove, Quadra Island
📞 250-830-2299
🕐 Lodge: April-Okt., Cottages: ganzj.
🛏 13, alle Anschlussmögl.
🍴 Ja   📶 Ja, frei
💰 Zimmer: ★★ – ★★★, Campground: $$
🌐 www.capemudgeresort.com

Heron House
Je nach Urlaubsbudget entweder Mehrbettzimmer oder rustikale Luxus-Apartments. Die Lage direkt am Strand bietet eine wunderschöne Aussicht.
📍 646 Maple Rd, Heriot Bay, Quadra Island
📞 250-285-3876
💰 ★ – ★★
🌐 www.heronguesthouse.com

We Wai Kai Campground
Der Campground liegt an der Nordostküste südlich von Heriot Bay. Die Rebecca Spit Rd teilt den Campground, links liegen Stellplätze in Strandnähe, rechts im Wald.
📍 Drew Harbour, südl. v. Heriot Bay nahe Parkeingang Rebecca Spit
📞 250-285-3111
🕐 Mitte Mai-Mitte Okt., ggf. vorher nachfragen
🛏 149, alle Anschlussmögl.
🍴 Ja   📶 Ja
💰 Campground: $ – $$
🌐 www.wewaikai.com/campsite

Fährverbindungen

Quadra Island (Heriot Bay) ▶ Cortes Island (Whaletown)
🕐 45 Min.
🌐 Zeiten und Preise: www.bcferries.com

CORTES ISLAND

Wer diesem Naturparadies einen Besuch abstatten möchte, muss von Quathiaski Cove auf **Quadra Island** über die West Road bis nach **Heriot Bay** fahren und von dort mit der Fähre in 45 Minuten übersetzen. Im Sommer wird ein Wassertaxi-Service ab Campbell River angeboten. Die Insel gehört zu den Discovery Islands, einer bergigen Inselgruppe mit Einsamkeit und Natur pur zwischen Festland und Vancouver Island. Cortes Island liegt im Nordteil der *Strait of Georgia* östlich von Quadra Island. Sie hat ca. 1.000 Einwohner, ist etwa 25 km lang und 13 km breit. Auf der Insel findet man einsam gelegene Seen, dichte Regenwälder mit schönen Wandermöglichkeiten und weite Sandstrände. Kartografisch erfasst wurde die Insel im späten 18. Jahrhundert vom spanischen Eroberer Hernando Cortes, nach ihm wurde die Insel benannt. Vor dieser Zeit war die Insel für mehr als 5.000 Jahre Sommerlager für die Klahoose First Nations. Sie leben heute in der Squirrel Bucht im Ostteil der Insel. Die Insel ist ebenfalls traditionelles Gebiet der Tla'amin (Slimmon), sie leben an der Westküste in der Reservation Paukeanum. Jährlich finden Events auf Cortes Island statt, so z. B. im Mai das **Seafest**, im August der **Sandcastle Day** mit kunstvollen Sand-Skulpturen. Der **Cortes Day** Mitte Juli sorgt mit buntem Rahmenprogramm für Unterhaltung und das leibliche Wohl – als Krönung wird eine Parade abgehalten. Für Feinschmecker interessant: Jeden Freitag findet auf der Insel der **Farmers Market** in **Manson's Landing** statt. Auf Cortes Island gibt es 4 Siedlungen: das historische **Whaletown** mit malerischem Hafen, dem Fähranleger und einigen historischen Gebäuden, **Manson's Landing** im Südteil der Insel und **Squirrel Cove** und **Cortes Bay** im Ostteil. Es sind die wichtigsten Versorgungseinrichtungen vorhanden.

🛈 Visitor Information

Im Eingangsbereich des Museums, das viele Infos und Artefakte über die Geschichte der Insel zeigt, befindet sich ein Infostand. Hier gibt es Broschüren und Karten, detaillierte Infos erhält man zu den Öffnungszeiten des Museums.
📍 957 Beasley Rd, Manson's Landing
📞 250-935-6340
🕐 Museum: Anf. Juni-Anf. Sept. Di-So 10-16 Uhr, sonst: Fr & Sa 12-16 Uhr
💰 Es wird um eine Spende gebeten
✉ cimas@twincomm.ca
🌐 www.cortesisland.com
🌐 Inselplan: www.cortesisland.com/tideline/printMap.jpg

👁 Sehenswürdigkeiten

▶ Mansons Landing Provincial Park
Der 1974 gegründete **Mansons Landing Provincial Park** liegt im Südostteil der Insel

zwischen dem Hague Lake und der Mansons Bay in einem traditionellen Gebiet der First Nations. Er ist besonders interessant für Vogelkundler, da im Feuchtgebiet viele Arten Seevögel leben. Erreichbar ist der Park über die *Whaletown, Gorge Harbour* und *Seaford Road*. Es ist kein Campground vorhanden. Picknickplätze liegen am Mansons Feuchtgebiet und Hague Lake.

1880 errichtete Michael Manson, ein schottischer Einwanderer, einen Handelsposten im heutigen Parkgebiet, um mit den First Nations regen Handel zu betreiben. Später kam ein General Store dazu, denn die Arbeiter in der Fischereiwirtschaft und im Holzhandel mussten versorgt werden. Der General Store wurde 1995 in das Zentrum von Mansons Landing verlegt und ist heute ein Museum.
- Ganzj.
- www.env.gov.bc.ca/bcparks/explore/parkpgs/mansons

▶ Smelt Bay Provincial Park

Der **Smelt Bay Provincial Park** liegt im Süden der Insel auf einer Halbinsel. Der Park wurde benannt nach den zu Tausenden hier laichenden Kapelanfischen aus der Familie der **Stinte** (*Smelt*). Erreichbar ist der Park in 20 km ab Fähranleger über die *Gorge Harbour, Seaford* und *Sutil Point Road*. Am Badestrand der Smelt Bay befindet sich an der Rückseite ein Erdwall und man nimmt an, dass dieser von den Coast Salish als Schutzwall errichtet wurde. Im bewaldeten Teil ist ein Campground mit geräumigen Stellplätzen angelegt. Mitte Juli wird im Park der Cortes Day gefeiert mit Events, Paraden, Wettkämpfen und vielem mehr.
- Mitte Mai–Sept.
- 24
- Ja
- $
- www.env.gov.bc.ca/bcparks/explore/parkpgs/smelt_bay

▶ Wolf Bluff Castle

Was man am wenigsten auf einer Insel erwartet ist auf Cortes Island zu finden: das **Schloss Wolf Bluff**. Es liegt in Cortes Bay im Osten und gehört zu den Besonderheiten der Insel. Es ist auch als „**Karl's Schloss**" bekannt, benannt nach seinem Erbauer Karl Triller. Das fünfstöckige Gebäude beherbergt einen Kerker, einen Speisesaal, acht Schlafzimmer und hat drei Türme – der höchste bietet einen wunderbaren Rundblick. Der Erbauer Karl Triller ist in Ungarn aufgewachsen und hat als Liebhaber alter Schlösser viele europäische Bauten besucht, bevor er 1951 nach Kanada auswanderte. Auf Cortes Island fand er eine geeignete Stelle, um seinen Traum vom eigenen Schloss zu verwirklichen. 12 Jahre seines Lebens beschäftigte ihn der Bau, den er größtenteils selbst durchführte. Auch das Innenleben ist passend eingerichtet und so wird z. B. im feuchten Kerker eine gruselige Atmosphäre wiedergegeben. Einen Großteil der Möbel hat Karl Triller ebenfalls selbst hergestellt. Das Schloss ist für Besucher geöffnet, im Sommer kann dort auch übernachtet werden. Die Einrichtung ist rustikal, Strom- und Wasserversorgung ist relativ zeitgemäß.
- Manzanita Rd, Cortes Bay
- 250-935-6764
- Es wird um eine Spende gebeten.

Unterkünfte

Cortes Island Motel

Im Motel übernachtet man in zweckmäßig eingerichteten Zimmern (bis 5 Personen), alle mit Kleinküche ausgestattet.
- 1078 Seaford Rd, Manson's Landing
- 250-935-6363 oder 1-888-935-6363 (geb.frei)
- Ja, geb.pflichtig
- ★★
- www.cortesislandmotel.com

Gorge Harbour Marina Resort

Das Resort bietet Übernachtungen im Cottage, in der Lodge oder auf dem RV-Campground. Im Floathouse Restaurant kann man seinen Hunger stillen, ein Store bietet Frisches aus der Region.
- Hunt Rd, Whaletown
- 250-935-6433
- Ganzj.
- Alle Anschlussmögl.
- Ja   ja, Münzduschen
- Cottage: ★★★, Zimmer: ★★ (Frühstück inkl.), Campground: $$, Zelt: $
- www.gorgeharbour.com

SALTSPRING ISLAND

Das Juwel der südlichen Gulf Islands im Osten von Vancouver Island ist **Saltspring Island**. Sie gehört zu den beliebtesten Inseln

der *Gulf Islands*, was mit Sicherheit auch dem milden Inselklima zu verdanken ist.

Die Insel mit etwa 10.500 Einwohnern, darunter auch viele Künstler, die schon mal in den Pubs ihr Können zum Besten geben, umfasst ca. 180 km², ist etwa 29 km lang und 14 km breit. Weit verbreitet sind handwerkliche Künste wie Töpfern, Malerei und Woll-Spinnerei. Für alle Wassersportfans ist die Insel ein wahres Paradies, Wanderfreunde finden genügend Trails, die durch wunderschöne Landschaften und Parks führen. Man glaubt es kaum, aber auch edle Weine werden angebaut, die bei den lokalen Weinbauern probiert werden können (z. B. im ältesten Weingut der Insel: www.saltspringvineyards.com). Im frühen 19. Jahrhundert hieß die Insel noch **Chuan Island**, bevor sie 1859 zu Ehren des Admirals R. L. Baynes in Admiral Island umbenannt wurde. All diese Wortschöpfungen wurden von der Bürokratie über Bord geworfen und so entstand 1906 sozusagen auf dem Reißbrett der heutige Name der Insel.

Zur ersten Besiedelung durch Weiße kam es 1859, weitere Familien zogen in den folgenden Jahren hinzu und betrieben vor allem Landwirtschaft. Einige Jahre später war auch der südliche Teil der Insel Ziel vieler Siedlerfamilien, darunter Henry Ruckle, dessen Land später Teil des Ruckle Provincial Parks wurde. Am Parkeingang liegt privates Land der Familie Ruckle, dort züchtet sie noch heute Schafe.

Beachtlich: Die Insel hat seit 2001 eine eigene Währung, die **Saltspring Dollars**. Diese können auf der Insel eingetauscht und benutzt werden. Diese alternative Währung hat denselben Wert wie die „normale" Landeswährung *Canadian Dollar*. Sie wurde zum ersten Mal am 15. August 2001 herausgegeben, die verschiedenen Motive sind lokalen Künstlern zu verdanken. Gedruckt wird die Währung in Kanada mit den üblichen Sicherheitsmerkmalen, die auch der normale kanadische Dollar hat. Das Verfallsdatum der Dollars wurde auf 2 Jahre festgelegt, in diesem Zeitraum kann man die Währung umtauschen oder in kanadische Dollar umwandeln, doch viele Touristen behalten natürlich gerne das Geld als Erinnerung und erhöhen dadurch den Wert der Währung. Die Profite dienen ausschließlich zur Unterstützung der lokalen Projekte. Die drei Inselbanken *Bank of Montreal*, *Canadian Imperial Bank of Commerce (CIBC)* und *Island Savings Credit Union* akzeptieren diese Währung. Bei der Island Savings Credit Union gibt es einen Geldautomaten, der die Währung ausgibt. Bezahlt werden kann damit auf der Insel in allen Hauptgeschäften und in 95 % der kleineren Betriebe.

Der Süden der Insel ist bergiges Gebiet, die höchsten Erhebungen sind der **Mount Tuam** (609 m) und **Mount Bruce** (701 m). Im Norden findet man Weideflächen und Laubwälder, hier lebt auch der überwiegende Teil der Bevölkerung. Neben dem Tourismus ist die Landwirtschaft, vor allem bedingt durch das milde Klima, eine Haupteinnahmequelle der Insel, die sich selbstbewusst auch „*Organic Capital of Canada*" nennt.

Die größte Stadt der Insel, in der ca. 6.000 Bewohner leben, ist **Ganges**, sie liegt im nördlichen Teil. In Ganges sind alle Versorgungseinrichtungen vorhanden. Es werden schöne Abenteuertouren zu Wasser und zu Land angeboten. Beliebt bei Jung und Alt, Besuchern und Einheimischen ist der Village Market, der von Mitte März bis Mitte Oktober jeden Samstag von 8:30 bis 15:30 Uhr in Ganges stattfindet. Hier bieten lokale Farmer ihre Produkte an, und auch Kunsthandwerk kann erworben werden. Die Ortschaft **Fulford Harbour** liegt am südöstlichen Ende der Insel, dort befinden sich neben dem Fährleger ein General Store, eine Tankstelle, das Restaurant „Fulford Inn" mit Hausmannskost und eine Kunstgalerie. Nur wenige Kilometer nordwestlich von Ganges liegt **Vesuvius**, auch hier gibt es General Store, Restaurant und Pub im Bereich des Fähranlegers.

▶ Transport

Die Insel hat drei Fährhäfen.
Zeiten und Preise: www.bcferries.com

Direkte Fährverbindungen

Fulford Harbour (Südosten) ▶ **Swartz Bay** (Vancouver Island)
35 Min.

Vesuvius Bay (Nordwesten) ▶ **Crofton** (Vancouver Island)
20 Min.

Long Harbour (Nordosten) ▶ **Tsawwassen** (Festland) (non-stop oder mit 2 oder 3 Stopps auf Pender, Galiano, Mayne Island)
Ca. 1 Std. 15 Min.–3 Std. (je nach Stopps)

Saltspring Island ist auch per Wassertaxi, Wasserflugzeug oder mit kleineren Fluggesellschaften, die auch Vancouver Airport ansteuern, erreichbar. Auf der Insel verkehrt ein regulärer Bustransitverkehr, der die wichtigsten Orte miteinander verbindet.

250-538-4282
http://bctransit.com/salt-spring-island

Visitor Information

121 Lower Ganges Rd, Ganges
250-537-5252 oder 1-866-216-2936 (geb.frei)
Jan.–April & Nov.–Dez.: 11–15 Uhr, Mai–Juni & Sept.–Okt.: 10–16 Uhr, Juli & Aug.: 9–17 Uhr
saltspring@saltspringchamber.com
www.saltspringtourism.com

Sehenswürdigkeiten

▶ Ruckle Provincial Park

Der zu den schönsten Parks auf den Gulf Islands zählende **Ruckle Provincial Park** im Südosten der Insel gelegen ist 4,8 km² groß und bietet einen wunderschönen Ausblick über den *Swanson Channel*. Er ist vom Fulford Harbour Ferry Terminal in ca. 10 km über die *Beaver Point Road* erreichbar. Entlang der 7 km langen Küste des Parks mit kleinen Buchten und felsigen Landzungen kann man von verschiedenen Aussichtspunkten allerlei kleine und große Meerestiere beobachten, darunter auch neugierige Seelöwen und Orcas. Die Landschaft des Parks ist eine Mischung aus Wald, Wiesen und felsigen Küstenabschnitten. Im südlichen Teil des Parks liegt der Campground für Wohnmobile, ein Picknickplatz und entlang der Küste die Zeltplätze.

Ganzj:, Service Mitte März bis Ende Okt.
8   Nein   Nein
78
$
www.env.gov.bc.ca/bcparks/explore/parkpgs/ruckle

▶ Wandern

Im Ruckle Provincial Park kommen auch Wanderer voll auf ihre Kosten, es sind viele Wanderwege von 500 Meter bis 2,7 Kilometer Länge ausgeschildert und entlang des Swanson Channel liegen einige Aussichtspunkte. Bitte beachten: Auf einigen Wanderwegen sind Hunde nicht erlaubt, da im Parkgebiet eine Farm betrieben wird (nicht öffentlich zugängig) und es zu Problemen mit den Tieren kam.
Wanderwege: www.env.gov.bc.ca/bcparks/explore/parkpgs/ruckle/ruckle.pdf

▶ Mount Maxwell Provincial Park

Einen besonders schönen Ausblick über die südlichen Gulf Islands, die Burgoyne Bay, die Sansum Narrows und Vancouver Island hat man vom Gipfel des **Mount Maxwell**, der zu den höchsten Erhebungen auf Saltspring Island gehört. Entlang des gut gesicherten Gipfelweges (Fotoapparat nicht vergessen!) über den steil abfallenden Klippen bieten sich unvergessliche Landschaftsbilder. Weißkopf-Seeadler und Raben ziehen in luftiger Höhe ihre Kreise und im Bereich der Wälder und Freiflächen entdeckt man Rotwild, Schafe, Ziegen uvm. Erreichbar ist der Park ab Ganges über die *Fulford-Ganges*, *Cranberry* und *Mt. Maxwell Road* bis zu einem Parkplatz. Vom Parkplatz führt ein kurzer Weg zu einem Trail entlang des Gipfels in 602 m Höhe. Besucher, die den Ausblick ausgiebig genießen wollen, finden entlang des Weges eine Vielzahl zur Entspannung einladende Ruhebänke. Im Park liegt auch ein Picknickplatz.

! **Achtung** Die Mt. Maxwell Road ist nicht für Wohnmobile geeignet, sie ist eine enge, steile und sehr schlechte Gravelroad. Es ist kein Campground vorhanden.

Wer gut zu Fuß ist: Ab Ganges sind es ca. 10 km (einfache Strecke) bis zum Park.
- www.env.gov.bc.ca/bcparks/explore/parkpgs/mt_maxwell

Unterkünfte

Saltspring Spa Resort
Wellness, Ayurveda, Yoga – hier wird alles für einen erholsamen Urlaub geboten.
- Ab Ferry Terminal Vesuvius über die Vesuvius Bay Rd, North End Rd, North Beach Rd zum Resort
- 1460 N Beach Rd im Norden der Insel
- 250-537-4111 oder 1-800-665-0039 (geb.frei)
- Ganzj.
- ★★ – ★★★
- www.saltspringspa.com

Harbour House Hotel
Im Harbour House werden drei Zimmervarianten angeboten: elegante Deluxe-Zimmer mit Minikühlschrank und Kaffeekocher, zweckmäßig eingerichtete Standardzimmer mit Kaffeekocher und Zimmer mit Balkon und Kaffeekocher. Im Restaurant werden die auf dem eigenen Bio-Bauernhof erzeugten Produkte angeboten.
- 121 Upper Ganges Rd, Ganges
- 250-537-5571 oder 1-888-799-5571 (geb.frei)
- ★★ – ★★★   Ja
- www.saltspringharbourhouse.com

Garden Faire Campground
Westlich von Ganges gelegen inmitten eines urigen Waldgebietes am Rande des Mouat Parks, wo Wanderfreunde insgesamt ca. 8 km Wanderwege vorfinden.
- 305 Rainbow Rd, Ganges
- 250-537-4346
- Ja, empfohlen   Ganzj.
- Wasser- u. Stromanschl.
- Ja   Ja   Ja, frei
- 11
- $$, Zelt: $
- gardenfaire@saltspring.com
- www.gardenfaire.ca

Mowhinna Creek CG
Der Campground liegt im Wald ca. 1 km südlich von Ganges. Die Zeltplätze liegen teils in der Sonne, teils im Schatten.
- 515 Fulford Ganges Rd, 1 km südl. v. Ganges
- 250-537-7861
- Ja, empfohlen   Alle Anschlussmögl.
- Ja   Ja   Ja
- $ – $$
- 17 walk-in
- camphost@mowhinnacreekcampground.com
- www.mowhinnacreekcampground.com

TEXADA ISLAND

Texada Island liegt in der *Strait of Georgia*, ist etwa 51 km lang und fast 10 km breit. Die Insel wurde 1791 von spanischen Forschungsreisenden entdeckt und nach dem spanischen Konteradmiral Felix de Tejada (auch: Texada) benannt. Doch schon viele Jahrhunderte vor dieser Zeit war die Insel im Sommer von den Sliammon First Nations bewohnt, die den Fisch- und Wildtierreichtum für ihre Versorgung nutzten.

Ende des 19. Jahrhunderts boomte der Bergbau durch Gold-, Eisenerz- und Kupferfunde, heute ist der Kalkstein-Abbau neben der Holzindustrie, dem Tourismus und dem Kunsthandwerk ein wichtiger Erwerbszweig der Insel. An der **Blubber Bay** im Norden kann man während der Überfahrt von Vancouver Island nach Powell River die riesigen Steinbrüche gut überblicken. Die für die spätere Entwicklung der Stadt wichtige Entdeckung des Eisenerzes ist dem Walfänger Harry Trim zu verdanken, der 1876 diesen für die Insel bedeutsamen Fund machte. 1886 wurde die erste Eisenerzmine eröffnet, vier Jahre später fand man auch noch Kupfer. 1898 wurden an der Marble (Sturt) Bay nordöstlich von **Van Anda** eine Gold- und eine Kupfermine eröffnet. Durch den Bergbau war Ende des 19. / Anfang des 20. Jahrhunderts Van Anda eine aufstrebende Stadt. Drei Hotels und Saloons, ein Krankenhaus, das einzige Opernhaus nördlich von San Francisco und viele Geschäfte waren damals in der Stadt vorhanden. Leider zerstörten drei Großfeuer in den Jahren 1910, 1912 und 1917 die meisten Gebäude in Van Anda, übrig blieb nur der Al Deighton's Store. Auch eine illegale Schnapsbrennerei gab es in der Geschichte der Insel, sie stand an der Pocahontas Bucht im Norden und lieferte ihre Erzeugnisse während der Prohibition in die USA.

Die zwei Hauptorte der Insel sind die Städte **Van Anda** und **Gillies Bay**, wo die meisten der etwa 1.200 Bewohner der Insel leben und man alle wichtigen Versorgungseinrichtungen vorfindet.

Die Insel mit ihrem milden Klima ist ein Vogelparadies, hier halten sich je nach Jahreszeit mehr als 250 Vogelarten auf. Großflächige Wälder, felsige und sandige Küstenabschnitte mit schönen Buchten und die Ruhe werden von den vielen Touristen, die jährlich die Insel besuchen, besonders geschätzt. Texada Island bietet für viele Outdoor-Aktivitäten ideale Bedingungen. Ob nun eine Wanderung auf den 532 m hohen **Mount Pocahontas** in der Mitte der Insel oder den mit 883 m höchsten Berg der Gulf Islands, **Mount Shephard**, das Ziel ist, das Meer für die vielen Wassersportarten genutzt oder eine Radtour unternommen wird – sportliche Abwechslung ist in jedem Fall reichlich vorhanden. Auf Texada Island gibt es keine Bären, Pumas oder sonstige gefährliche Tiere.

Da die meisten Straßen auf der Insel Gravelroads bzw. Logging-Roads sind, lässt sich die Insel übrigens am besten mit dem Fahrrad/Mountainbike erkunden. Die Hauptverbindung zwischen Blubber Bay, Van Anda und Gillies Bay ist asphaltiert.

Transport

Die größte Insel der Gulf Islands ist von Vancouver Island nicht direkt per Fähre erreichbar, man muss zuerst von Comox/Vancouver Island (Fähranleger Little River) nach Powell River (Sunshine Coast) und von dort nach Blubber Bay auf Texada Island übersetzen.

Comox ▶ Powell River (Sunshine Coast)
🕒 1,5 Std.
Powell River ▶ Texada Island
🕒 35 Min.

🌐 Zeiten und Preise: www.bcferries.com

BC Transit Powell River bietet donnerstags eine Busverbindung (Route 13) inkl. Fährfahrt von Powell River nach Van Anda und weiter nach Gillies Bay (Shelter Point).
🌐 http://bctransit.com/powell-river

Flugverbindungen zum Gillies Bay Airport sind ab Vancouver oder Qualicum Beach (Vancouver Island) möglich.

🛈 Visitor Information

Van Anda
✉ 1207 Marble Bay Rd, Van Anda, Texada Island
@ texasclark@outlook.com
🌐 www.texada.org

👁 Sehenswürdigkeiten

▶ Texada Heritage Society Museum

Die Texada Heritage Society verwaltet das Van Anda Museum, das über die frühe Geschichte der Insel, deren Bewohner, den Bergbau und die Forstwirtschaft informiert. Das Museum befindet sich in einem ehemaligen Schulgebäude.
✉ Im ehemaligen Elementary Schulgebäude, Waterman Ave, Van Anda
🕒 Mi 10–12 Uhr, zusätzlich Juli & Aug.: Do–So 11–15 Uhr
💰 Eine Spende ist erwünscht.
🌐 www.texadaheritagesociety.com

▶ Sandcastle Weekend

Wer sich gerne Sandskulpturen ansehen oder auch selbst Hand anlegen möchte, sollte sich Mitte Juli im Shelter Point Park zum **Sandcastle Weekend** einfinden. Auch das Programm mit Musik, Tanz, Biergarten und Barbecue kann sich sehen lassen.
🌐 www.texada.org/events/texada-island-sandcastle-weekend

Weitere Events auf der folgenden Internetseite:
🌐 http://texada.org/events

▶ Shelter Point Regional Park

Der schönste Park der Insel, der **Shelter Point Regional Park**, liegt 19 km südlich von Blubber Bay. Dort wird im Juli das regionale Baseballturnier ausgetragen. Der Campground liegt etwas abseits des

Strandes. Von Mitte Mai bis Anfang September bietet ein Café einfache Gerichte, Eis und Getränke. Ein drei Kilometer langer Naturwanderweg führt entlang der bewaldeten Küstenlinie und in der Nähe des Südendes steht die knorrigste Douglastanne des Waldes mit einem Durchmesser von immerhin 2,1 m.

- 604-486-7228
- Ganzj., Service April–Mitte Okt.
- 52
- Ja
- Ja, geb.pflichtig
- $
- shelterpointpark@powellriverrd.bc.ca
- www.powellriverrd.bc.ca/shelter-point-regional-park-campground

Unterkünfte

Texada Island Inn
Das Inn bietet zweckmäßig eingerichtete Zimmer mit Kühlschrank und Mikrowelle. Pub und Restaurant findet man inhäusig. Hol- u. Bringservice von/zur Fähre.

- Marble Bay Rd, Van Anda
- 604-486-7711
- ★ – ★★
- texinn.vananda@gmail.com
- www.texadaislandinn.com

The Ravenous Raven Lodge
Zweckmäßig eingerichtete Zimmer mit Kaffeekocher, Mikrowelle und Kühlschrank. Ein kontinentales Frühstück ist inklusive. Hol- u. Bringservice von/zur Fähre.

- 5035 Gillies Bay Rd, Gillies Bay
- Ganzj., keine Hunde
- 604-486-0471
- Ja
- ★★
- www.theravenousraven.com

Texada RV Park
Es stehen lichte und leicht bewaldete Stellplätze für RVs zur Verfügung, der Zeltplatz ist auf einer Rasenfläche.

- Gillies Bay Rd, Van Anda, Texada Island
- 604-486-7838
- Alle Anschlüsse
- Ja, Münzduschen
- Ja
- Ja
- $-$$
- www.texadarvpark.com

THETIS ISLAND

Thetis Island liegt in der *Strait of Georgia* im Stuart Channel zwischen Chemainus und dem Festland von British Columbia. Die Insel war viele Jahrhunderte Heimat der First Nations, bevor die ersten weißen Siedler 1873 auf die Insel kamen. Benannt wurde die Insel nach der britischen Fregatte HMS Thetis, die von 1851 bis 1853 im Pazifik stationiert war. Thetis war der griechischen Mythologie nach eine der Meeresnymphen, die besonders von Seeleuten verehrt wurden. Sie war die Tochter von Nereus und Doris und zeugte mit Peleus den mächtigen Achilleus, den Namensgeber der Achillesferse. Zu den ersten Siedlern gehörten die Laurences, die sich am Pilkey Point im Norden der Insel niederließen. Ende des 19. Jahrhunderts wurde der Laurence Trail quer durch die Insel angelegt, um das Anwesen der Laurences mit Preedy Harbour im Süden zu verbinden. Thetis und Penelakut (früher: Kuper) Island waren bis Anfang des 20. Jahrhunderts durch ein Watt miteinander verbunden, bis man 1905 einen „Cut" ausbaggerte, um so Booten die Möglichkeit der Durchfahrt zu geben. Damit hatte man gleichzeitig einen zweiten und gezeitenunabhängigeren Zugang zur Insel zum Ort **Telegraph Harbour** im östlichen Teil von Thetis Island.

Thetis Island ist ca. 10,35 km² groß, etwa 3,2 km lang, 4,8 km breit und besitzt ein einzigartiges Ökosystem, bedingt durch die warmen, trockenen Sommer und milden Winter.

Die Insel ohne Städte, Tankstellen und Shopping-Center hat wunderschöne Küstenabschnitte, bietet herrliche Ausblicke und unterschiedlichste Outdoor-Aktivitäten. Auf der Insel leben etwa 360 ständige Bewohner, es sind nur die wichtigsten Versorgungsmöglichkeiten wie Cafés, ein Farmers Market und kleine Restaurants vorhanden.

Von April bis Ende Oktober gibt es Beschränkungen für offene Feuer. Dies dient dem Schutz der Insel, denn auf Thetis Island fällt wenig Regen und die Insel hat nur begrenzt Wasserreserven, da sie überwiegend bewaldet ist.

Unterbringungsmöglichkeiten bieten Gästehäuser und Privatpensionen. Einen Campground gibt es auf der Insel nicht.

Hinweis: Sehr viel Land auf Thetis Island ist in Privatbesitz, achten Sie daher darauf, dass Sie nicht versehentlich auf einem Privatgrundstück spazieren gehen.
- www.thetisisland.net

Fährverbindung
Erreichbar ist Thetis Island neben der Fährverbindung ab Chemainus noch per Wassertaxi ab Nanaimo und Vancouver.

Chemainus ▶ Thetis Island
- 25 Min.
- Zeiten und Preise: www.bcferries.com

Unterkünfte

Bitte beachten Sie, dass es auf der Insel keine Tankstellen gibt.

Overbury Farm Resort
Das Resort liegt direkt am Stuart Channel. Man kann wählen zwischen einer Übernachtung in einem der Westküste angepassten, stilechten Cottage oder einer Suite im hundert Jahre alten Herrenhaus. Das Resort liegt in einem sehr schön gestalteten Gartengelände, wo auch für die hauseigene Küche einige Gemüse- und Obstsorten angebaut werden. Die Crescent Point Cottages sind modern und komplett mit Küche eingerichtet. In den rustikalen Cottages ohne Strom und mit fließend kaltem Wasser ist Platz für bis zu sieben Personen, eine einfache Küche mit Kühlschrank und Holzofen ist vorhanden, der Sanitärbereich ist außerhalb.
- 288 Forbes Dr, Thetis Island
- 250-246-9769   Ja
- Ganzj., rustikale Cottages nur im Sommer
- ★★ – ★★★
- www.overburyresort.com

Weitere Unterbringungsmöglichkeiten bieten Gästehäuser und Privatpensionen, die oft nur wochenweise vermietet werden. Eine Auswahl:
- www.thetisisland.net/business2006.htm

PENELAKUT ISLAND

Penelakut Island (ehemals Kuper Island) liegt südlich von Thetis Island im *Stuart Channel* und ist 8,66 km^2 groß. Die etwa 300 Einwohner der Insel sind Penelakut First Nations, die Insel ist Indianerreservation und Eigentum der Penelakut. Besucher sind auf der Insel nicht unbedingt erwünscht.

Wer die Insel besuchen möchte, sollte sich mit dem Penelakut Band Council in Chemainus in Verbindung setzen:
- 11330 Clam Bay North, Chemainus
- 250-246-2321

Hinweis: Es gibt auf Penelakut Island keine Versorgungsmöglichkeiten.

🛈 WISSENSWERTES

Ärztliche Hilfe

Die medizinische und zahnmedizinische Versorgung in Kanada ist sehr gut, aber teuer. Setzen Sie sich vor Antritt der Reise mit Ihrer **Krankenkasse** (auch privat Versicherte) und Ihrem **Unfall- und Haftpflichtversicherer** in Verbindung und klären Sie Ihren Versicherungsschutz für Kanada. Da die Kosten meistens nicht übernommen werden, empfiehlt sich daher unbedingt der Abschluss einer **Auslandskrankenversicherung**, die für einen recht günstigen Beitrag zu bekommen ist. Klären Sie auch den Versicherungsschutz Ihrer Haftpflicht- und Unfallversicherung. Und da eine Kanada-Reise nicht billig ist und oft lange vor Abfahrt gebucht wird, ist auch eine **Reiserücktrittsversicherung** sinnvoll. Sollten Sie die Reise mit einer Kreditkarte bezahlt haben, schauen Sie ins Kleingedruckte der Bestimmungen, denn es kann sein, dass eine Reiserücktrittsversicherung eingeschlossen ist. Bei einem Arztbesuch werden Sie meistens direkt zur Kasse gebeten. Bezahlt wird in bar oder evtl. per Kreditkarte. Für den Fall einer längeren und teuren Behandlung sollten Sie unbedingt den Versicherungsschein und die Daten der Versicherungsgesellschaft parat haben, damit eine Kostenübernahme zügig geklärt werden kann. Alle vorgestreckten Beträge lassen Sie sich detailliert bescheinigen und reichen diese nach Rückkehr bei Ihrer Auslandskrankenversicherung ein. **Verschreibungspflichtige Medikamente** Prescription von niedergelassenen, kanadischen Ärzten erhalten Sie in speziellen Abteilungen der Drugstores oder Supermärkte. Sollten Sie dringend ein Medikament benötigen und die Drugstores geschlossen haben, bekommen Sie Hilfe über die **Rufnummer 911** oder wenden Sie sich an ein Krankenhaus, diese verfügen über eigene Apotheken. Wenn Sie regelmäßig Medikamente einnehmen müssen, besorgen Sie sich diese bitte vor der Reise in ausreichenden Mengen. Für Brillenträger ist die Mitnahme einer **Ersatzbrille** sinnvoll, wenigstens sollten Sie den Brillenpass bei sich haben, um ggf. schnell bei einem Optiker eine neue Brille anfertigen lassen zu können. Die Drugstores und Supermärkte haben auch ein wesentlich breiteres Angebot an frei verkäuflichen Medikamenten, Nahrungsergänzungsmittel usw., als dies bei uns der Fall ist.

Alkohol

- Das Mindestalter für den Kauf und das Trinken von Alkohol beträgt in Kanada 18 bis 19 Jahre, es wird in den einzelnen Provinzen unterschiedlich gehandhabt.
- Alkohol darf in der Öffentlichkeit nicht unverpackt transportiert werden.
- Grundsätzlich ist auf **öffentlichen Plätzen** der Konsum von Alkohol verboten, sofern dies nicht ausdrücklich erlaubt ist. Ihr Stellplatz auf dem Campground ist **Privatplatz**.
- **Liquor stores** (nur dort werden alkoholische Getränke verkauft) befinden sich in größeren Ortschaften und Städten. Angebot und Preise: 🌐 www.bcliquorstores.com
- In den **Restaurants** wird nur Alkohol verkauft, wenn der Besitzer eine Erlaubnis besitzt. Die Lizenz ist erkennbar an Schildern mit der Aufschrift ‚Licensed' oder ‚Licensed Premises'.
- Die **Promillegrenze** beim Autofahren wird von Provinz zu Provinz unterschiedlich gehandhabt. Sie liegt zwischen 0,0 und 0,8 Promille (British Columbia: 0,5 Promille). Autofahren unter Alkoholeinfluss wird in Kanada sehr streng bestraft.

Angeln

Kanada ist ein Paradies für Angler und Fischen durch die vielen Seen und Flüsse auch eine dankbare Sportart, hat man doch bei dem großen Fischreichtum schnell ein Erfolgserlebnis. Die Bestimmungen sind in den Provinzen unterschiedlich, auch die Kosten und die Gültigkeitsdauer der Lizenz (Fishing Licence, Fishing Permit). Man erhält die Lizenzen in Geschäften für Anglerzubehör, in Lodges, Tankstellen oder in Sportgeschäften. Sondergenehmigungen werden für das Fischen in National Parks benötigt.

Sie sollten unbedingt die wichtigsten Angelregeln kennen und streng auf die Vorschriften achten, die für Fangquoten, Saison, Umwelt- und Tierschutz gelten. Es finden Kontrollen statt, wie wir selbst erlebten, als wir durch das seenreichen Chilcotin-Country fuhren und plötzlich ein Polizeiwagen uns geräuschvoll verfolgte.

🌐 **BC:** www.env.gov.bc.ca/fw
🌐 **Alberta:** http://albertaregulations.ca/fishingregs

Apotheken ▶ Ärztliche Hilfe

Autovermietung

In Amerika und Kanada ist die Anmietung eines Autos bei ansässigen Leihwagen-Unternehmen jederzeit möglich. Es empfiehlt sich aber, besonders in der Hauptreisezeit, eine Vorbuchung bereits in Europa vorzunehmen. In Reisebüros erhält man faire und günstige Angebote. Zur Übernahme fallen dann nur noch wenige Formalitäten an. Hier eine Auswahl der Firmen, die auch in Europa vertreten sind:

Wissenswertes 369

Mietbedingungen für Fahrzeuge

Bei allen Vermietern muss der Fahrer das 21. Lebensjahr vollendet haben, unter 25 Jahren muss eventuell ein Risiko-Zuschlag gezahlt werden. Es wird ein gültiger **Führerschein Klasse 3** benötigt, sicherheitshalber noch ein internationaler Führerschein. Es muss eine hohe Kaution in bar oder in Reiseschecks hinterlegt werden. Für Kreditkarteninhaber entfällt dies, allerdings verlangen die Vermieter eine Blanko-Unterschrift auf einem Kreditkartenabzug. Es ist daher ratsam, auf jeden Fall eine Kreditkarte (VISA, EUROCARD) mitzunehmen. Bei Vorbuchung sind die Basiskosten (Steuern, Haftpflicht- und evtl. Vollkaskoversicherung) bereits bezahlt. **Vor Ort sind zu zahlen:** Aufschläge, Zusatzversicherungen und Einweggebühren plus Steuern/Tax, wenn das Fahrzeug nicht zum Ausgangsort zurückgebracht wird. Die Einwegmiete muss aber bereits bei Buchung mit dem Vermieter abgestimmt sein.

Autovermietung – Leihwagenfirmen

Avis	+49 69 500 700 20	www.avis.de
Budget	+49 69 710 445 596	www.budget.de
Hertz	+49 1806 333 535	www.hertz.de
National Car	+49 800 72 38 828	www.nationalcar.de
Thrifty	+49 69 509 85 029	www.thrifty.de

Autoversicherungen

Schon bei der Anmietung eines Fahrzeugs sollte man im Reisebüro abklären, welche Versicherung sinnvoll ist, um bei einem Schadensfall die größtmögliche Sicherheit zu haben.

- **CDW/LDW** (*Collision Damage Waiver/Loss Damage Waiver*) Diese Versicherung ist normalerweise in allen Mietverträgen enthalten, sie setzt eine hohe Eigenbeteiligung voraus. Bei bestimmten Schäden (zum Beispiel Schäden beim Dachaufbau, Fahren unter 21 Jahren, Fahren unter Alkohol-/Drogeneinfluss, Fahren ohne Führerschein, Gefrieren des Fahrzeugsystems, falscher Brennstoff, mehr Passagiere als Sicherheitsgurte, nicht polizeilich gemeldete Unfälle) haftet der Mieter unbegrenzt.
- **CDR** (*Collision Deductible Reducer*) Sie kostet etwa CAD 25 plus Tax/pro Tag, ist als Ergänzung zu CDW zu sehen und für bis zu 30 Miettagen im Voraus zu entrichten. Die CDR senkt die Selbstbeteiligung. Schäden durch grobe Fahrlässigkeit, bei stehendem Wohnmobil, auf Campingplätzen, beim Parken usw. werden aber auch hier nicht abgedeckt.

Tipp Bitte beachten Sie unbedingt, dass das amerikanische und das kanadische Versicherungssystem **nicht** mit unserem deutschen System vergleichbar ist und lassen Sie sich genau die Schadensfälle definieren, welche die Versicherung anerkennt und welche Fälle nicht abgedeckt sind. Dies gilt besonders für die Wohnwagenversicherungen.

Weitere wichtige Informationen

Bedenken Sie, dass Sie nicht alle Highways oder Gebiete mit Ihrem Mietfahrzeug befahren dürfen. Dies ist u. a. abhängig vom Ort der Übernahme des Fahrzeugs. Planen Sie Fahrten in den Norden, so ist es sinnvoll, ein Fahrzeug in Whitehorse zu mieten, weil man mit diesen Fahrzeugen auch einige Schotterstraßen befahren darf. Bei einer Anmietung im Süden sind in den meisten Fällen **Schotterstraßen** generell nicht erlaubt, Ausnahmen sind kurze Schotter-Anfahrten zu den Provincial Parks.

Wenn Ihnen auf *"verbotenen"* Straßen etwas zustößt, dann hilft auch die beste und teuerste Versicherung nichts mehr, den Schaden zahlen Sie dann aus Ihrer Urlaubskasse. Daher ist auch wichtig, schon bei der Planung der Reise – und erst recht bei der Buchung – mit der Mietstation abzuklären, welche Highways nicht befahren werden dürfen. Denn da das kanadische Straßennetz nicht annähernd unserem Gewohnten entspricht, sind Alternativstrecken meistens nicht vorhanden. Wenn Sie einen **Abstecher in die USA** planen, stellen Sie bei Ihrem Vermieter sicher, dass der Versicherungsschutz auch für die USA gilt.

Wichtig Unbedingt vom Vermieter eine Übersicht über die erlaubten und nicht erlaubten Highways anfordern, möglichst schon bei der Planung Ihres Urlaubs. Die **Mitgliedschaft in einem deutschen Automobilclub** wird in der Regel von den nordamerikanischen Clubs (CAA und AAA) anerkannt.

Bären

In Kanada und Alaska leben **Schwarz-** und **Braunbären**, Unterarten des Braunbären sind der **Grizzly-** und **Kodiakbär**. In arktischen Regionen ist der Eis- oder Polarbär heimisch.

Der sehr scheue **Schwarzbär** (*Black bear*) ist bis auf die südwestlichen, trockenen Präriegebiete in fast ganz Kanada verbreitet. Er ist ein Allesfresser, 90 % seiner Nahrung ist pflanzlicher Herkunft, doch bereichern auch kleine Tiere und Fische seinen Speiseplan. Die männl. Tiere sind bis 300 kg schwer, die weibl. Tiere bis 200 kg. Die Fellfärbung kann neben schwarz auch silbergrau, rotbraun bis braun sein, die Schnauze ist ockerfarben. Schwarzbären sind äußerst schnell (bis 50 km/h) und wendig, sie sind gute Schwimmer und Kletterer. Ein Schwarzbär lebt meist in Wäldern, die dichtes Unterholz haben, doch auch offene Gebiete, die beeren- und grasreich sind, werden von ihnen zur Nahrungsaufnahme aufgesucht. Schwarzbären sind deutlich kleiner als Grizzlys. Normalerweise werden die Schwarzbären in der Dämmerung aktiv, doch wenn sie sich ihren Winterspeck anfressen müssen, sind sie auch tagsüber auf Nahrungssuche. Für die Schwarzbären sind Grizzlys natürliche Feinde, die Jungen müssen sich auch vor Wölfen, Pumas und Kojoten in Acht nehmen.

Die Paarungszeit ist im Frühjahr bis Sommer, nach etwa 7 Monaten werden dann während der Winterruhe pro Wurf ein bis vier Junge geboren. Diese haben ein Gewicht von 250 bis 400 g. Sie sind mit ca. drei Jahren geschlechtsreif. Die Lebenserwartung liegt bei etwa 30 Jahren.

Grizzlys sind ebenfalls sehr scheue Tiere, sie leben vorwiegend in den Bergen Westkanadas und Alaskas. Seinen Namen verdankt der Grizzly seiner gräulichen Fellfärbung (*grizzly*-gräulich), doch es gibt auch braune bis fast schwarze Grizzlybären. Sie sind von kräftiger Statur und werden normalerweise bis 450 kg schwer, einige Exemplare auch deutlich schwerer. Erkennbar ist der Grizzly an dem typischen Nackenbuckel. Grizzlybären sind tag- und nachtaktiv, droht Gefahr, stellt er sich gerne auf die Hinterbeine, was ihn noch bedrohlicher aussehen lässt. Er kann ebenfalls bis 50 km/h schnell werden, klettern ist durch sein enormes Körpergewicht nicht möglich. Er ist ein Allesfresser, ernährt sich aber überwiegend von Fischen und Säugetieren, seltener von Pflanzlichem.

Die Paarungszeit ist im Juni und Juli, nach ca. 7 Monaten kommen die Jungen (meist 1–4 Babys) zur Welt und wiegen 450 bis 700 g. Nach etwa 2–3 Jahren sind sie geschlechtsreif. Die Lebenserwartung beträgt etwa 35 Jahre.

Der **Kodiakbär** lebt auf den gleichnamigen Inseln vor und an der Südküste Alaskas. Sie zählen zu den größten Raubtieren der Erde. Ihre Lebensweise entspricht denen der Grizzlys, doch sie sind noch kräftiger und schwerer. Die zwischen 1 und 3 Babys kommen erst 8 bis 9 Monate nach der Paarung zur Welt und sind mit 4–5 Jahren geschlechtsreif. Ihre Lebenserwartung liegt bei etwa 40 Jahren.

Allgemeine Hinweise

Bei ihrer Reise durch Kanada werden Sie wahrscheinlich nur Schwarzbären begegnen, da diese am weitesten verbreitet sind. Sie haben ihre natürliche Scheu vor den Menschen verloren und werden deshalb zur Gefahr, da die Bären die leicht zugänglichen Nahrungsquellen Mülltonnen, Essensreste auf Campgrounds usw. für sich entdeckt haben. Nun versucht man, Bären, die den Menschen zu nahe gekommen sind, auszuwildern, indem man sie einfängt und in weit entfernten Gebieten wieder aussetzt. Doch oft gelingt dies nicht, die Bären kommen zurück und bezahlen diese Rückkehr dann meist mit ihrem Leben. Letztendlich sind *wir* die Eindringlinge, nicht die Bären.

Bitte **achten Sie daher darauf**, dass keine Essensreste auf dem Campground liegenbleiben – auch nicht im Lagerfeuer! In besonders frequentierten Gegenden stehen **bärensichere Abfallbehälter** für die Müllentsorgung bereit.

Auf Wildnis-Touren müssen Sie Ihre Essensvorräte für Bären unerreichbar entweder in die (wenn vorhanden) verschließbaren Container oder mindestens 3–4 m hoch an einem Seil zwischen zwei Bäumen aufbewahren. Auch Kosmetikartikel, Süßwaren usw. gehören nicht ins Zelt. Ratsam ist auch ein Wechseln der Wäsche (Grillgeruch) und eine Beseitigung evtl. vorhandener Deo-Reste.

So lieblich und nett diese Tiere auch dreinschauen, **unterschätzen Sie die Gefahr nicht**. Nehmen Sie Bärenwarnungen ernst und füttern Sie keinesfalls einen herumstreunenden Bären. Bleiben Sie in Ihrem Fahrzeug und kommen Sie dem Tier nicht zu nahe. Bei Wanderungen ziehen Sie geräuschvoll – etwa mit einem Lied auf den Lippen oder einer mit Steinen gefüllten Dose am Rucksack – durch die Wälder. Es müssen Geräusche sein, die den natürlichen Geräuschpegel (Rauschen des Wassers, Wind usw.) übertönen.

Wenn es trotz aller Vorsichtsmaßnahmen zu einer **Bärenbegegnung** kommt, bewahren Sie vor allem Ruhe, davonrennen hilft nichts, die Bären sind schneller als Sie. Reden Sie ruhig auf den Bären ein, blicken Sie ihm dabei aber **nicht** in die Augen. Einen Baum zu erklimmen, bringt nur vor den schwerfälligen Grizzlys Schutz. Bedenken Sie aber, dass ein aufrecht stehender Grizzly ist immerhin noch 3 m hoch ist. Wenn der Bär auf Sie zukommt und Sie das Gefühl haben, dass es ernst wird,

WISSENSWERTES

werfen Sie ihm Ihren Rucksack entgegen, vielleicht signalisiert ihm sein Geruchssinn etwas Essbares und Sie gewinnen Zeit für den Rückzug. Bei Schwarzbären kann auch ein Versuch der Gegenwehr sinnvoll sein, werfen Sie mit Steinen, schreien Sie ihn an. Wenn aber auch dies nicht hilft und der Bär sie angreift, dann wird von Rangern empfohlen, sich einzurollen, mit dem Gesicht nach unten hinzukauern und den Kopf mit den Händen zu schützen. Im Handel ist ein **Anti-Bear Spray** erhältlich, das zu 11 % aus rotem Pfeffer besteht. Es wirkt auf einer Entfernung von bis zu 3 m. Der im Augen- und Nasenbereich getroffene Bär wird damit für 5-10 Minuten außer Gefecht gesetzt werden und diese Zeit sollte reichen, sich schnellstens zu entfernen. Die beste Anti-Bär-Waffe hilft nichts bei kranken oder verletzten Tieren und bei Bärinnen, die mit ihren Jungen unterwegs sind.

Hinweis

Man sollte sich trotz der Gefahren, die mit Bären verbunden sein können, nicht generell davon abhalten lassen, aus dem Fahrzeug zu steigen oder Wälder zu besuchen. **Eine Bärenbegegnung ist sehr selten**, da dies ja sehr scheue Tiere sind. Wenn man ihnen mit dem nötigen Respekt (und Sicherheitsabstand) in ihrer Heimat begegnet, wird man sicherlich als Souvenir ein schönes Foto, aus sicherem Abstand gemacht, als Erinnerung mit nach Hause nehmen können. Und wenn Sie unterwegs, z.B. entlang des Highways, einen Bären entdecken, bitte legen Sie **keine Vollbremsung** hin, sondern machen erst dann Ihr Foto (im Fahrzeug bleiben), wenn der restliche, laufende Verkehr nicht behindert wird. **Unterlassen Sie jegliche Lockversuche.** Und: Sollten Sie den zugegeben sehr niedlichen und putzigen Jungbären begegnen, bleiben Sie auf alle Fälle fern, die Mutter ist nicht weit und wird mit allen Mitteln ihre Kinder verteidigen.

Behindertenhilfe

Das öffentliche Leben in Kanada ist wesentlich besser auf Behinderte eingestellt, als dies z. B. bei uns in Deutschland der Fall ist. Öffentliche Gebäude, Geschäfte, Flughäfen und die meisten Unterbringungsmöglichkeiten sind behindertengerecht ausgestattet. In Museen, Vergnügungsparks etc. steht häufig ein Service für Körperbehinderte zur Verfügung. **Behindertenparkplätze** gibt es überall ausreichend. Wohnmobilvermieter bieten auch Fahrzeuge für Behinderte an. Sehr viele Camping- und Picknickplätze verfügen über behindertengerechte Stellplätze. Behinderte können mit großer Hilfsbereitschaft und Respekt in ganz Kanada rechnen. Für weitere Fragen und Auskünfte:

Spinal Cord Injury BC
✉ *780 S.W. Marine Dr, Vancouver, BC, V6P 5Y7*
☎ *604-324-3611 oder 1-877-324-3611 (geb.frei)*
@ *info@sci-bc.ca*
🌐 *http://sci-bc.ca*

Bundesverband Selbsthilfe Körperbehinderter e. V.
✉ *Altkrautheimer Straße 20, 74238 Krautheim*
☎ *06294-4281-0*
@ *info@bsk-ev.org*
🌐 *www.bsk-ev.org*

Botschaften ▶ Vertretungen

Camper ▶ Wohnmobile

Camping

Kategorien der Campingplätze

National Park Campgrounds

Die Campgrounds der National Parks sind weiträumig, neben den üblichen Ausstattungsmerkmalen (Feuerstelle mit Grillrost, Picknicktisch) mit meist einfacher, sanitärer Ausstattung. Größere Plätze haben Duschen, Spielplätze und eine meist kostenpflichtige Sanidump-Station. In den Städten Banff, Lake Louise und Jasper stehen auch National Park Campingplätze mit Wasser-, Abwasser- und Stromanschlüssen zur Verfügung. Die Kosten für eine Übernachtung variieren (zur Zeit je nach Ausstattung von CAD 16 bis CAD 39) und können in bar und bei einigen Campgrounds auch per Kreditkarte bezahlt werden. Zusätzlich ist noch die **National Park Gebühr** zu entrichten (▶National- und Provincial Park). Meist kommt am Abend ein(e) Parkaufseher(in) vorbei und kassiert die Gebühr oder bei der Einfahrt in den Campground wird man zur Kasse gebeten und bekommt einen Platz zugewiesen.

Für ein Lagerfeuer auf National Park Campgrounds muss eine **Fire-Permit** gekauft werden (aktuell CAD 8,80). Im Preis inbegriffen ist das Holz für ein abendliches Lagerfeuer, das auf einem zentralen Platz abgeholt werden kann. Mitgebrachtes Holz sollte nicht verbrannt werden. Ein Grund für diese Maßnahme ist der extrem hohe Befall der Wälder hauptsächlich in British Columbia mit dem Borkenkäfer, dessen weitere Verbreitung man hiermit verhindern möchte. Es wäre wirklich wünschenswert, wenn dies damit gelingen könnte.

Provincial Park Campgrounds
Die Provinzen unterhalten in ihren Parks Provincial Campgrounds, teils mit Spielplätzen, Badestränden, Sport- und Wandermöglichkeiten. Die Plätze haben die Ausstattung wie die National Park Campgrounds. Daneben gibt es auch Provincial Park Campgrounds der Einfachkategorie mit Wasserpumpe und Plumpsklo. Einige Plätze haben eine kostenpflichtige (CAD 5) Sanidump-Station. Die Übernachtungskosten variieren (zur Zeit je nach Ausstattung von CAD 16 bis CAD 39, Stromanschluss, wenn vorhanden CAD 8 pro Tag, Zeltplatz in der Wildnis CAD 5 bis 11). Bezahlt wird bar entweder beim Parkaufseher auf seinem abendlichen Rundgang, oder per **Self-Registration** (▶siehe dort) oder bei der Einfahrt.

Forest Service Campgrounds
Sie werden vom Forest Service und den *Logging Companies* (Holzkonzerne) unterhalten. Es sind Plätze der Einfach-Kategorie, die man in den Reiseführern und auf Straßenkarten meist nicht findet. Das Übernachten ist sehr günstig oder umsonst, meistens gibt es nur wenig rustikale Stellplätze, sie haben einfachste Ausstattung, Trockentoilette, evtl. eine Wasserpumpe und liegen sehr einsam und schön. Oft befinden sie sich viele Kilometer vom Highway entfernt und die Zufahrten sind Logging- oder Gravelroads.

Municipal Campgrounds (*Städtische Plätze*)
Hier findet man Plätze unterschiedlichster Ausstattung und Preise. Die Stellplätze haben in der Regel eine Feuerstelle mit Grillrost und eine Tisch/Bank-Kombination.

Private Campgrounds/RV Parks
Diese Plätze sind größtenteils mit Wasser-, Abwasser-, Stromanschluss ausgestattet, die Stellplätze sind oft eng. Die Preise richten sich nach der Ausstattung des Stellplatzes (bis CAD 60/pro Nacht), dafür gibt es Waschsalons, Minishops, oft einen Swimming-Pool, Restaurants etc. Diese Plätze liegen meistens verkehrsgünstig, Kreditkartenzahlung ist fast überall möglich. Ein Lagerfeuer ist nur selten gestattet. Die Gebühr wird bei der Registrierung im Büro (*Office*) bezahlt.

Self-Registration-Campgrounds
Kommen Sie auf einen Campground mit **„Self Registration"** (*Selbstregistrierung*) müssen Sie einen Umschlag mit Ihren Daten (inkl. Autokennzeichen) ausfüllen, der am Eingang bereit liegt, die Gebühr in den Umschlag geben und ihn in den vorgesehenen Behälter werfen.
Tipp: Halten Sie immer etwas Kleingeld parat.

Overflow
Sehr beliebte Plätze haben oft auch einen **Overflow** Platz, der zur Verfügung steht, wenn der „normale" Campingplatz voll ist. Hier steht man dann dicht an dicht mit seinem Nachbarn, die Übernachtungsgebühr ist oft nicht reduziert. Ist auch dieser Platz voll, dann heißt es: weiterfahren.

Wildes Campen
Im Norden kann man Plätze zum „wilden" Übernachten in einsamer Gegend finden. Das Schild **„No Overnight Parking"** sollten Sie ernst nehmen und dort nicht übernachten. Auch Privatbesitz ist zu respektieren (*Private Property*).

Auch so kann man "Private Property" schützen

Wildnis-Camping
In entlegenen Gebieten gibt es Wildnis-Zeltplätze *(Backcountry)*. Die Plätze sind meist markiert, haben einfachste Ausstattung und evtl. bärensichere Behälter zur Aufbewahrung von Lebensmitteln. Alle Abfälle müssen wieder mitgenommen werden, ein Lagerfeuer ist nicht überall erlaubt.

Full Service auf Provincial und National Park Campgrounds bedeutet, es wird für die Sicherheit gesorgt und ein Parkwärter ist anwesend. Die Schranken am Eingang sind nachts geschlossen. Außerdem sind, falls vorhanden, die Duschen und die Sanidump-Stations in Betrieb. Normalerweise gilt auf dem Campgrounds: *„first come, first served"*, wer zuerst kommt, der hat die freie Auswahl unter den nicht besetzten Plätzen. Auf vielen Campgrounds können Stellplätze reserviert werden, es fällt eine Reservierungsgebühr an.

Reservierung Stellplätze
National Park Reservierung
- https://reservation.pc.gc.ca/Home.aspx?gccf=true
- http://www.pc.gc.ca/eng/voyage-travel/reserve.aspx

- 📞 1-877-737-3783 oder 1-519-826-5391 (international)
- 📞 Infos: 1-888-773-8888
- 💰 Gebühr: online CAD 11, per Telefon CAD 13,50 (wird nicht erstattet)

Provincial Park British Columbia Reservierung
- 📞 1-519-826-6850 (international)
- 📞 1-800-689-9025
- 💰 Gebühr: CAD 6 (pro Nacht) bis CAD 18 (3 und mehr Nächte) (wird nicht erstattet)
- 🌐 www.discovercamping.ca

Generelle Campingtipps
- Parken Sie immer in Abfahrtrichtung, um bei eventuell auftretenden Schwierigkeiten schnell wegfahren zu können.
- Vergewissern Sie sich, wo ein evtl. vorhandenes Telefon zu finden ist und orientieren Sie sich noch bei Helligkeit auf dem Platz.
- Verlassen Sie den Platz immer einwandfrei.
- Lassen Sie Ihr Lagerfeuer nicht unbeaufsichtigt und löschen Sie es komplett, bevor Sie sich ins Wohnmobil zurückziehen oder den Platz verlassen.
- Halten Sie immer genügend Kleingeld parat für Übernachtungen in Provincial Parks. Auch auf Self-Registration Campgrounds wird kontrolliert, ob man sich registriert hat.
- Es ist nur an speziellen Entsorgungsstationen (*Sanidump-Stations*) die Abwassertanks (*Holding Tanks*) ablassen. Besorgen Sie sich dafür Einmalhandschuhe.
- Feuerholz wird nicht kostenlos abgegeben. Parkwächter verkaufen es zum Preis von CAD 6–8. Für das Lagerfeuer muss es aber noch weiter zerkleinert werden, daher unbedingt eine Axt beim Vermieter mitnehmen.

Checklisten ▶ Seite 392

Einfuhrbestimmungen

Als Tourist können Sie persönliche Gebrauchsgegenstände zoll- und gebührenfrei einführen (z. B. Kameras, Radios, Fahrräder, Sportausrüstungen). Wenn Sie Vollkornbrot, Kaffee oder andere Lebensmittel für die Erstversorgung mitnehmen möchten, gehören diese in den Koffer. **Beachten Sie unbedingt die aktuell gültigen Handgepäckrichtlinien**, speziell für Flüssigkeiten.

Die Zollerklärung sollte sorgfältig ausgefüllt werden, um bei der Einreise unnötige Verzögerungen auszuschließen. Eine Zollerklärung erhalten Sie bereits auf dem Hinflug nach Kanada. Das Flugpersonal hilft bei Bedarf gerne beim Ausfüllen. Auf der folgenden Internetseite finden Sie eine mehrsprachige Anleitung und Erläuterung zur *Declaration Card*:
- 🌐 www.cbsa-asfc.gc.ca/publications/forms-formulaires/ce311.pdf
- Erlaubt sind 1,1 l Spirituosen, 1,5 l Wein oder 8 Dosen Bier für Personen über 18 Jahre (Alberta) oder 19 Jahre (BC).
- 200 Zigaretten oder 50 Zigarren oder 200 g Pfeifentabak für Reisende über 16 Jahre.
- Geschenke bis CAD 60
- Für Bargeld gibt es keine Beschränkungen, Beträge ab CAD 10.000 müssen extra deklariert werden.
- Die Einfuhr von frischen Pflanzen, Fleisch- und Wurstwaren und allen landwirtschaftlichen Erzeugnisse ist generell verboten bzw. unterliegt strengen Kontrollen.
- Die übliche Reiseausstattung Kleidung, Dinge des persönlichen Bedarfs für Urlaubs- und Geschäftsreisen dürfen in angemessenen Mengen mitgebracht werden.
- Feuerwaffen müssen angemeldet werden. Da die Provinzen und Territories eigene Bestimmungen über das Mitführen von Feuerwaffen haben, bitte informieren Sie sich bei Bedarf auf der folgenden Internetseite:
  - 🌐 www.rcmp-grc.gc.ca/cfp-pcaf/index-eng.htm
- Jagd- oder Taschenmesser können mitgebracht werden, ausgenommen sind Messer mit einem Federmechanismus. Die Einfuhr müssen Sie bei der Einreise deklarieren.
- Weitere Hinweise und aktuelle Änderungen auf der Internetseite des Auswärtigen Amtes: 🌐 www.auswaertiges-amt.de

Einkaufen

Supermärkte oder General Stores findet man selbst in den kleinsten Orten. Supermärkte der Ketten *Safeway*, *Real Canadian Super Store*, *Overwaitea Food*, *Extra Foods*, *Thrifty* usw. haben ein enorm breites und reichhaltiges Angebot.
- **Fleisch** finden Sie nur in Supermärkten, Fleischereien (Metzgereien) sucht man vergebens. Das Fischangebot variiert je nach Region sehr stark. Die Auswahl an Wurstsorten ist mit dem reichhaltigen, deutschen Angebot nicht zu vergleichen.
- Ein vielfältiges Angebot gibt es an **Milch und Milchprodukten**. Den kanadischen Käse *Cheddar Cheese* gibt es von mild bis scharf. Die angebotenen importierten Käsesorten sind teuer.
- Das **Obst- und Gemüseangebot** ist reichhaltig. Preiswert kann man einheimisches Obst und Gemüse an Straßenverkaufsständen in den Anbaugebieten bekommen.
- Das **kanadische Brot** ist gewöhnungsbedürftig, es ist pappig (klebrig) und weich.

Selbst in deutschen Bäckereien findet man nicht die gewohnte Brotqualität und Vielfalt. In einigen Supermärkten wird abgepacktes Vollkornbrot und knackige französische Baguettes angeboten, die für eine herzhafte Abwechslung sorgen. Eine schmackhafte Alternative sind Bagels, getoastet oder kalt sind sie etwas fester als das kanadische Brot.

- Das Sortiment an **Fertiggerichten** ist sehr umfangreich, wie auch das Angebot an Tiefkühlwaren.
- Bei den **Süßspeisen** sind die *Muffins* aller Art, *Pies* (gedeckte Obstkuchen) und *Donuts* der Renner. Diese kann man abgepackt oder auch von den Bäckereien der Supermärkte frisch gebacken kaufen.
- **Getränke** gibt es preiswert in sehr großer Auswahl und in für uns ungewöhnlichen, großen Abfüllungen.
- **Alkoholhaltige Getränke** werden nur in *Liquor Stores* verkauft, die Altersgrenze ist 19 Jahre (BC und Alberta). Im Supermarkt gibt es nur alkoholfreies Bier oder alkoholreduzierten Wein. **Achtung:** Alkohol darf in Kanada und USA nur in geschlossenen Räumen und auf Privatgrundstücken, doch nicht öffentlich getrunken werden. Ihr Stellplatz auf dem Campingplatz gilt als Privatbereich.
- **Malls** mit einer Vielzahl an unterschiedlichen Geschäften und Dienstleistungen findet man in Kanada in den Innenstädten, an den Ortsrändern und an den Zufahrtstraßen zu den Städten. Meistens liegen riesige Supermärkte, Fast Food Restaurants, Waschsalons, Banken usw. ebenfalls in unmittelbarer Nähe. Zusätzlich finden Sie, wenn Sie nicht gerade den Innenstadtbereich zum Vorräte kaufen ansteuern, reichlich Platz zum Parken, auch für Wohnmobile.
- Mit **Tankmöglichkeiten** werden Sie schon bei der Einfahrt in eine Stadt meistens erschlagen. Tankstellen haben in der Regel auch noch ein beschränktes Angebot für die allgemeine Versorgung (*Convenience Store*), oft sind sie rund um die Uhr geöffnet.
- *General Stores* findet man in kleineren Ortschaften, ihr Angebot ist auf den Bedarf der Kundschaft in der Umgebung ausgerichtet, trotzdem erstaunlich umfangreich und beinhaltet nicht nur Lebensmittel. Die vom Boden bis unter die Decke vollgestopften Läden sind schon mal einen Besuch wert.

Bezahlt wird entweder mit Kreditkarte, Traveller-Cheque oder Bargeld. Beachten Sie, dass die Preisauszeichnungen immer **ohne** **Tax** sind. Die Tax wird an der Kasse hinzugerechnet. Aktuell gilt für BC: GST 5 %, PST 7 % (▶ Seite 381).

Essen

Die **nordamerikanische Küche** ist vielfältig und man findet die unterschiedlichsten länderspezifischen Restaurants, auch deftige Hausmannskost nach kanadischer Art. Die allseits beliebten Fast-Food-Ketten (McDonald, KFC, Burger King usw.) sind bereits bis in die entlegensten Ortschaften vorgedrungen. Alkohol wird dort grundsätzlich nicht ausgeschenkt.

Das **kanadische Frühstück** (*Canadian Breakfast*) besteht aus 2 Eiern (nach Wunsch: *scrambled* = Rührei oder *fried*, *sunny side up* = Spiegelei), gebratenem Speck, Schinken, Bratkartoffeln und/oder Bratwürstchen. Dazu gibt es Toast und Marmelade und/oder Waffeln/Pancake mit Ahornsirup (*Maple Syrup*), Kaffee oder Tee.

Die **Dairy Queen** Kette hat sich spezialisiert auf Milch-Mixgetränke, Softeis und Joghurt. Beliebt sind auch die Snackbars, Cafeterias und Coffee Shops, wie zum Beispiel **Tim Horton's**, wo rund um die Uhr Donuts, Muffins, Sandwiches und guter Kaffee serviert werden. Besonders gut und auch herzhaft lässt sich das Hungergefühl stillen an Truck Stops, die Portionen sind üppig und die Preise moderat. Alkoholische Getränke werden nur in Lokalen serviert, die hierfür eine Lizenz besitzen. Die Restaurantlandschaft ist außerhalb der Metropolen dürftig, doch auch mittlere Städte verfügen über ein internationales Angebot an Speisen. **Beachten Sie:** Nach dem letzten Bissen wird die Rechnung präsentiert – endloses Sitzenbleiben ist in Nordamerika weniger üblich.

Wichtiger Tipp für Erstbesucher in Kanada: Das kanadische Brot ist inklusive der Körner-Varianten sehr weich. Es eignet sich aber sehr gut zum Toasten. Einen „Toaster-Ersatz" finden Sie in Campingzubehör-Geschäften, vielleicht auch bei Ihrem Vermieter, dies sind einfache, runde Metallplatten mit 4 hochklappbaren Halterungen für Toastbrotscheiben. Sie werden auf die Gasflamme gestellt und funktionieren prima. Wenn Sie aber herzhaftes, festes Brot bevorzugen, dann sollten Sie zugreifen, wann immer Sie dieses in den Regalen der Supermärkte finden.

Feiertage

An den Nationalfeiertagen bleiben alle Banken, Ämter und viele Geschäfte geschlossen. Supermärkte haben immer für ein paar Stunden geöffnet. Am *Boxing Day* beginnt die Lagerräumung der Geschäfte, was zu einem Ansturm der Kauflustigen führt. ▶ Tabelle

Wissenswertes 375

Nationale Feiertage in Kanada	2018	2019	2020
Neujahr (New Years Day)	1. Januar		
Karfreitag (Good Friday)	30. März	19. April	10. April
Ostermontag (Easter Monday)	2. April	22. April	13. April
Victoria Day (Montag vor dem 25. Mai)	21. Mai	20. Mai	18. Mai
Canada Day	1. Juli		
Labour Day (Tag der Arbeit) (1. Montag im September)	3. September	2. September	7. September
Thanksgiving Day (Erntedankfest) (2. Montag im Okt.)	8. Oktober	14. Oktober	12. Oktober
Remembrance Day (Volkstrauertag)	11. November		
1. Weihnachtsfeiertag (Christmas)	25. Dezember		
2. Weihnachtsfeiertag (Boxing Day)	26. Dezember		
Zusätzliche Feiertage			
British Columbia: British Columbia Day (1. Montag im August)			
Alberta: Alberta Family Day (3. Montag im Februar) und Heritage Day (1. Montag im August)			

Flugverkehr

Flugverkehr im Inland

In Kanada ist für die Bewältigung der weiten Strecken das Flugzeug das wichtigste Verkehrsmittel. Die internationale Airline Air Canada verfügt über ein landesweites Routennetz. Viele kleine Fluggesellschaften bedienen die entlegeneren Ziele. Sie sind oft Tochter- oder Partnergesellschaften der großen Airlines. Auch viele Privatpersonen, die in entlegenen Gebieten und auf Inseln leben, haben Klein- oder Wasserflugzeuge.

An- und Abreise

Von Mitteleuropa aus fliegen zahlreiche Fluggesellschaften Ziele in Kanada im **Nonstop- oder Direktflug** (Zwischenlandungen möglich) an. Auch ausländische Fluggesellschaften bieten mit Zubringerflügen Flüge nach Kanada an. Diese Umsteigeflüge sind häufig preiswerter als Direktflüge, bedeuten aber auch zum Teil erheblich längere Reisezeiten und bei Flügen über die USA zusätzliche Zollkontrollen. Informieren Sie sich auf den Internetseiten der Fluggesellschaften über die Angebote und Preise.

Tipp Wegen der stichprobenartigen Gepäckkontrolle bei Transatlantik-Flügen sollten Sie auf ein Kofferschloss verzichten, damit der Koffer ggf. problemlos und ohne Beschädigung geöffnet werden kann.

Tipp Binden Sie bei Reißverschlüssen die beiden Zipps mit einer Kordel zusammen, damit sich der Reißverschluss nicht selbstständig macht und legen Sie ein Kofferband um Ihren Koffer. Näheres zu den Einreisebestimmungen finden Sie unter dem Stichwort ▶ Reisedokumente.

Führerschein

Die deutschen, österreichischen und Schweizer Führerscheine sind in Kanada gültig. Lt. Auswärtigem Amt darf mit dem deutschen Führerschein in Kanada 3 Monate, in BC sogar 6 Monate gefahren werden. Schweizer und Österreicher sollten ggf. Erkundigungen einholen, wenn sie länger als 3 Monate in Kanada unterwegs sein wollen. Manche Mietwagenfirmen verlangen einen **Internationalen Führerschein**. Diesen müssen Sie sich bei Bedarf beim Straßenverkehrsamt ausstellen lassen, er ist 3 Jahre gültig. Der nationale Führerschein muss mitgeführt werden.

Anmerkung: Wir haben für die Anmietung eines Wohnmobils und auch bei Kontrollen nie einen Internationalen Führerschein benötigt, der nationale Führerschein war ausreichend.

Tipp Erkundigen Sie sich vor Abschluss des Mietvertrages bei Ihrer Vermietungsfirma.
Sonderbar: Straßenverkehrsämter stellen nur einen Internationalen Führerschein aus, wenn man bereits einen Führerschein im Scheckkartenformat vorweisen kann, ansonsten muss dieser ebenfalls ausgestellt werden, dieser Spaß kostet dann zusätzlich ca. € 41–45. Dies schmerzt besonders die Liebhaber und stolzen Besitzer der *„grauen Lappen"*.

Geld

In Nordamerika wird selbst der kleinste Betrag mit Karte oder Scheck bezahlt, auch in entlegenen Gebieten. Sie sollten daher auch möglichst nur geringe Beträge mit sich führen, die Sie für die Bezahlung der Provincial Park Campgrounds, den Waschsalon, die öffentlichen Verkehrsmittel (hier abgezählt, die Fahrer haben kein Wechselgeld) usw. be-

Telefonnummern und Internetadressen der Airlines		
Air Canada	+49 69 27 11 5 111 (Deutschland und Österreich) +41 848 247 226 (Schweiz)	www.aircanada.ca
British Airways	+49 421 5575 757 (Deutschland) +43 1 7956 7222 (Österreich) +41 044 800 93 34 (Schweiz)	www.british-airways.com
Delta Airlines	+49 69 299 993 771 (Deutschland) +43 820 951 001 (Österreich) +41 848 000 872 (Schweiz)	de.delta.com
Lufthansa	+49 69 86 799 799 (Deutschland) +43 810 1025 8080 (Österreich) +41 900 900 933 (CH franz./engl.) +41 900 900 922 (CH deutsch/engl.)	www.lufthansa.com
Thomas Cook	+49 234 96 103 649 (Deutschland/Österreich)	www.thomascook.de
Condor	+49 180 6 767 767 (Deutschland) +43 810 969 022 (Österreich) +41 840 26 63 67 (Schweiz)	www.condor.com
Air Transat	00 800 87 26 72 83 (Österreich, Schweiz, Deutschland)	www.airtransat.de

nötigen. Folgende Kreditkarten werden fast überall akzeptiert: **Visa, Mastercard/Eurocard, American Express, Diners Club**. Die Mitnahme einer Kreditkarte ist **unbedingt** anzuraten, denn z.B. Hotelreservierung und Kaution für Mietwagen ist ohne Kreditkarte kaum möglich. Wenn Sie keine Kreditkarte besitzen, fragen Sie bei Ihrer Hausbank nach einer Kreditkarte mit der Gültigkeitsdauer Ihres Urlaubs. Eurocheques oder Zahlungen mit einer Bank- oder EC-Karte werden in Kanada nicht akzeptiert.

! Anmerkung Bei den meisten Banken sind kanadische Devisen nicht vorrätig. Bestellen Sie daher frühzeitig die benötigten Devisen bei Ihrer Bank. Wir empfehlen, kleine Noten bis max. CAD 50 zu ordern.

Mit einer EC-Karte mit **Maestro/Cirrus-Symbol** können Sie an Geldautomaten (*ATM Automatic Teller Machine*) Bargeld erhalten (*withdraw* = Bargeld abheben), abgerechnet wird der tagesgültige Umtauschkurs. Für Kunden der Deutschen Bank sind die Geldautomaten der Scotia Bank gebührenfrei.

Für die Geldautomatensuche in Kanada:
www.maestrocard.com/gateway/where/where_atm.html

! Tipp Sollten Sie nicht gut Englisch sprechen, holen Sie Ihr erstes Bargeld am Geldautomaten (ATM) zu Bankööffnungszeiten ab, damit Ihnen bei Problemen ggfs. ein Mitarbeiter helfen kann.

Zahlungsmittel in Kanada ist der Kanadische Dollar (CAD). Es gibt Banknoten zu 5, 10, 20, 50 und 100 Dollar. Es gibt Münzen zu 1 Cent (*penny*), 5 Cent (*nickel*), 10 Cent (*dime*), 25 Cent (*quarter*), 50 Cent (*halfdollar*), 1 Dollar (*loony*), 2 Dollar (*twoony, toony*).

GST (Goods & Services Tax) ▶ Provinzsteuern

Haustiere

Bei Mitnahme von Haustieren ist eine Quarantäne nicht nötig, jedoch meist ein Impfzeugnis. Die Bestimmungen sind abhängig vom Alter, Art und Herkunftslandes des Tieres. Für Hunde und Katzen muss bei der Einreise eine amtstierärztliche Bescheinigung vorgelegt werden, dass die Tollwutimpfung mindestens einen Monat und höchstens ein Jahr zurückliegt. Fehlt diese Bescheinigung, muss das Tier in Quarantäne. Sogenannte Kampfhunderassen und deren Kreuzungen dürfen nicht eingeführt werden. Erkundigen Sie sich auch bei der jeweiligen Fluggesellschaft nach deren Transportbestimmungen. Weitere Infos:

http://travel.gc.ca/returning/customs/bringing-your-pet-to-canada

Holztransport ▶ Lagerfeuer

Unterwegs mit Kindern

Die Kanadier sind ausgesprochen kinderfreundlich, was sich auch im Alltagsleben zeigt. Kindermenüs und eine kostenlose Unterbringung der Kinder im Hotel- oder Motelzimmer der Eltern ist selbstverständlich. Im Sommer bieten Ranger in National und Provincial Parks spezielle Programme für Kinder im *Amphitheatre* an, die kindgerecht die Natur- und Tierwelt darbieten. Museen haben spezielle Kinderprogramme oder Führungen. Sie können sicher sein, dass eine Kanadareise mit Kindern völlig problemlos ist und Sie überall auf positive Resonanz stoßen werden, ob im Supermarkt, auf Campingplätzen oder Restaurants.

Lange, über mehrere Stunden dauernde Fahrten durch die Wildnis könnten für Kinder zur Geduldsprobe werden. Daher ist unser Rat, die Reise so zu planen, dass die täglichen Strecken nicht zu lang werden, die Wanderungen immer einen je nach Alter der mitreisenden Kinder interessanten „Zielpunkt" haben, auch mal ein Abenteuerspielplatz, eine Kanu-Tour o. Ä. auf dem Reiseplan steht, die Campingplätze einen Spielplatz haben, ein spannendes Lagerfeuer am Abend den Tag beendet etc.

Die Zeitverschiebung durch den langen Flug verkraften Kinder meistens besser als Erwachsene, beim Rückflug sollten allerdings ein paar Puffertage eingeplant werden (dies gilt nicht nur für Kinder).

Kleidung

Wer von Frühling bis Herbst nach Kanada reist ist mit Kleidung, die auch nach Nordeuropa einpackt werden würden, gut bedient. Im Alltag kleiden sich die Kanadier ungezwungen und sportlich. Nachfolgend einige Vorschläge:

- Einen wetter- und winddichten Anorak
- Fleece-Pullover oder Jacke/Pullover, T-Shirts
- Regenbekleidung, ggf. auch eine Regenhose (für Camper besonders wichtig)
- Für Wanderungen gut eingelaufene, wetterfeste Wanderstiefel/Outdoor-Sandalen
- Outdoor-Hosen (*zip-off* Hosen) sind generell angenehmer zu tragen als Jeans, platzsparend im Koffer und schnell gewaschen und getrocknet.
- Weite Hosen, Hemden/Blusen mit langem Arm und Bündchen an Hand- und Fußgelenken (wirksamer Schutz vor den Moskitos)
- Warme Schlafbekleidung für die im Frühling und Herbst ziemlich kalten Nächte
- Jogginganzug für die Gemütlichkeit im Wohnmobil und beim Lagerfeuer
- Mütze, Schal & Handschuhe im Frühling und Herbst oder für Berg- und Gletschertouren
- Für die warmen Sommertage (auch im Norden) luftige Bekleidung, Sonnenhut; Sonnenmilch mitnehmen.
- Für Hotels und Restaurants unterwegs: ordentliche Freizeitkleidung
- Für gehobene Restaurants, Bars und im Geschäftsleben: Jacke-Hose-Kombination mit Krawatte, Kleid, Kostüm oder ähnliches (bei Unsicherheit fragen Sie ruhig bei der Tischreservierung nach der Kleiderordnung)
- Für Theater- und Konzertbesuche: Jackett mit Krawatte, Abendkleid
- Hausschuhe/Pantoffeln fürs Wohnmobil

Klima West-Kanada

Das Wetter in Kanada ist ebenso unberechenbar wie bei uns. Die vom Pazifik kommenden Winde bescheren gerade den vorgelagerten Inseln und den Küstengebirgen sehr unbeständiges Wetter. Milde Wintertemperaturen herrschen auf Vancouver Island, den vielen kleinen Inseln und im Küstenbereich des Festlandes. Im Zentrum zwischen den Rockies und Küstengebirgen ist das Wetter durch stabilere Hochs etwas beständiger. Im Bereich des Okanagan und dem unteren Fraser Valley kann es im Sommer auch bis 30 °C heiß werden, die Vegetation ist spärlich, das Gebiet hat wüstenähnlichen Charakter. In den Prärie-Provinzen herrscht im Winter eisige Kälte, im Sommer bringen stabile Hochs sonnige Zeiten mit sich.

In den Bergen und an der Küste British Columbias sind die Sommer angenehm warm. Im Herbst erreichen auch die Tagestemperaturen noch angenehme Werte, doch nach Sonnenuntergang kühlt es schnell ab. Rechnen Sie ab September auch mit leichtem Nachtfrost in Berggegenden.

Kosten einer Reise

Eine individuelle Wohnmobilreise ist nicht zum Schnäppchenpreis zu bekommen. Anders verhält es sich bei Pauschalreisen und geführten Wohnmobil-Touren. Bei Wohnmobil-Touren sind Flüge, erste Übernachtung in Kanada, Preis für ein Wohnmobil, Wohnmobil-Versicherung, Erstausstattung und, wenn es sich um eine geführte Reise handelt, je nach Buchung die Campground-Vorreservierungen im Reisepreis enthalten.

Wenn Sie unabhängig reisen möchten, raten wir zu einer individuellen Tour.

Die Saisonzeiten variieren und somit auch der Preis für eine Campermiete. Werfen Sie daher einen Blick auf die Saisonzeiten der Wohnmobilvermieter. Evtl. kann eine geringe Abweichung der Reisedaten helfen, die Mietkosten zu reduzieren.

Nachfolgend eine ungefähre **Übersicht der entstehenden Fix-Kosten**:

Wohnmobile mittlerer Größe (23 ft für max. 4 Personen) pro Tag: VS ca. 50 €, ZS ca. 90 €, HS ca. 145 €, Ersparnis durch Flex-Tarif und Frühbucher-Rabatte (5–20 %) oder Langzeitanmietung (länger als 4 Wochen). Im Preis enthalten ist die Grundversicherung. Eine Zusatz-Autoversicherung kann abgeschlossen werden. Infos unter "Autoversicherung".

Zusätzlich können Freikilometer zugekauft werden (500 km ca. 115 €) oder die Mehrkilometer werden am Ende mit dem Vermieter abgerechnet (pro km ca. 0,30 €).

Für die Transfer (Hotel/Flughafen zum/vom Vermieter), erste Propangasbefüllung, Toilettenausstattung (Papier, Chemikalien) werden ca. 100 € berechnet, ohne Flughafentransfer ca. 50 €. Pro Person kostet das Küchenset, Handtücher, Bettwäsche ca. 55 €. Eine Mietgebühr für einen Toaster und eine Kaffeemaschine können anfallen, GPS, Mountainbike, Kindersitz und Fernseher sind kostenpflichtig. Eine Axt und Campingstühle sollten kostenlos verfügbar sein. Wird das Fahrzeug nicht zur Anmietstation zurückgebracht, wird eine Rückführgebühr fällig (Beispiel: Calgary - Vancouver ca. 650 €).

Für den Flug müssen Sie je nach Fluggesellschaft und Reisezeit von 800 bis 1.400 € (je nach Wochentag/Saison/Direktflug) rechnen. Planen Sie pro Übernachtung auf einem Campground durchschnittlich etwa CAD 25 ein, Nationalparkgebühren, Eintrittspreise für Sehenswürdigkeiten, Spritpreise (20 l/100 km ca. 21 € bzw. 25 €) und Verpflegungskosten kommen noch dazu. Es lohnt sich, vorab im Internet die Preise zu vergleichen und nach günstigen Angeboten zu suchen. Und viele Urlauber schreiben nach der Rückkehr ihre Erfahrungen in die Gästebücher der Vermieter oder in Foren nieder, was ebenfalls sehr hilfreiche sein kann, denn nicht immer ist der billigste Anbieter auch der beste.

Kreditkarten ▶ Geld

Lagerfeuer/Waldbrandgefahr/Holztransport

Waldbrandgefahr herrscht in Kanada etwa von April bis Ende September.

Bitte unterschätzen Sie nicht die Gefahr von Waldbränden, die leider häufig aus Unachtsamkeit im Umgang mit dem Lagerfeuer entstehen. Halten Sie sich unbedingt an die Empfehlungen und evtl. Einschränkungen, die Sie bei der Einfahrt in den Campground finden. Und löschen Sie Ihr Feuer komplett, bevor Sie sich zurückziehen in Ihr Zelt oder Wohnmobil oder bevor Sie wegfahren. In abgelegenen Gebieten ist offenes Feuer oft verboten, bevor Sie sich also auf eine Wildniswanderung begeben, holen Sie sich diesbezüglich Auskünfte ein.

Sie finden unterwegs entweder an den Highways oder in Campgroundnähe Tafeln mit der momentan herrschenden Waldbrandgefahr. *Low* – niedrig (blau), *moderate* – mäßig (grün), *high* – hoch (gelb), *extreme* – extrem stark (rot).

Auf den National Park Campgrounds müssen **Fire-Permits** (Erlaubnis zum Lagerfeuer) gekauft werden, Holz kann man sich auf einem separaten Holzplatz holen. Es soll kein mitgebrachtes Holz verbrannt werden.

Auch auf den Provincial Park Campgrounds wird teilweise bereits darauf hingewiesen, dass man mit dem mitgebrachten Holz sehr vorsichtig umgehen soll, um auch hier die weitere Ausweitung eines Schädlingsbefalls einzudämmen. Sicherste Methode ist der Kauf von Feuerholz am Ort Ihrer Übernachtung und den Rest dann dort auch belassen.

Laundry ▶ Waschsalon

Maße und Gewichte ▶ nächste Seite

Moskitos

Wer schon einmal im Sommer in Kanada oder weiter im Norden oder Alaska war, kennt diese unangenehme Nebenerscheinung. Die Plagegeister sind vorwiegend in den Monaten Juni bis August unterwegs auf der Suche nach immer neuen Opfern und treten meist nicht vereinzelt sondern in mehrfacher Zahl ihre Angriffsattacken an. Moskitos bevorzugen besonders Seeufer und feuchte, stickige Plätze.

Sie übertragen normalerweise keine Krankheiten, jedoch beim Stechen eines mit dem West Nile Virus Infizierten können die Moskitos diese Krankheit auch übertragen. Als Wirt für dieses Virus dienen einige Vögel und Säugetiere. Die Symptome sind grippeähnlich mit Fieber, später neurologische Beschwerden bis zu schweren, neurologischen Erkrankungen. Die Inkubationszeit beträgt 2–14 Tage. Daher: Sollten Sie von Mückenstichen geplagt worden sein und haben nach einiger Zeit o .g. Beschwerden, machen Sie Ihren Arzt auf dieses Virus aufmerksam. Medikamente oder eine Impfung gegen dieses Virus gibt es noch nicht, man kann lediglich die Symptome behandeln.

Die Ausbreitung wird durch einige Programme zur Bekämpfung eingedämmt. Die Moskito-Plage verschwindet schlagartig mit den ersten Nachtfrösten. Im Hochgebirge bleibt man verschont. Mit all den bei uns erhältlichen **Anti-Mückenmitteln** kommt man in Kanada nicht weit, Sie sollten sich daher mit den kanadischen Präparaten wie zum Beispiel *Johnson's Off, Insect Repellents* oder *Cutters Deep in the Woods* eindecken. Für das abendliche, gemütliche Zusammensein an einem Campground sind die *Mosquito Coils* (Mücken-Spiralen) hilfreich. Der Stift *After Bite*, eine Mischung aus Ammoniak und Nerzöl, hilft, die Auswirkungen (Juckreiz, Schwellung) nach einem Stich zu verringern.

!**Tipp** Suchen Sie sich einen offenen, sonnigen und windigen Stellplatz auf dem Campground. Dort sind die Angriffe der Moskitos noch einigermaßen erträglich. Ein ordentlich qualmendes Lagerfeuer hält die Moskitoplage evtl. auch in Grenzen, doch zugegebenermaßen macht das qualmende Lagerfeuer nicht wirklich Spaß. Schützen Sie sich und vor allem Ihre Kinder mit Moskitonetzen und den bewährten Mitteln, denn die Stiche belasten je nach Empfindlichkeit mehrere Tage. Dicke Stoffe wie Jeans u. ä. sind kein Schutz, bevorzugen Sie eher weite Kleidung. Für einigermaßen gemütliche Lese-Stunden sorgt ein über den Kopf gelegtes Fenster-Fliegengitter.

National- und Provincial Parks

In West-Kanada gibt es zum Schutz der Natur und zur Erholung 46 National Parks und viele Provincial Parks. Sie liegen immer in landschaftlich besonders schönen Gebieten und bieten vielseitige Freizeitangebote. In fast allen National Parks findet man schöne Campgrounds.

Für den Aufenthalt in National Parks benötigen Sie einen kostenpflichtigen **Parkpass**, der in Informationszentren erhältlich ist. Bei längeren Aufenthalten in National Parks (ab ca. 7–8 Tagen) lohnt sich preislich evtl. ein Jahrespass. Wenn Sie die National Park Grenze auf dem Highway überfahren, kommen Sie meistens zu einer *Maut-Station*, wo Sie den Parkpass kaufen können und eine Parkbroschüre ausgehändigt wird. Sollten Sie keine NP-Einrichtung nutzen und ohne Aufenthalt nur durch den Park fahren, benötigen Sie keinen Pass (Ausnahme: Icefield Parkway, Alberta). Für Übernachtungen bei mehrtägigen Wanderungen in den National Parks benötigt man Erlaubnisscheine *backcountry* und *fire permits*. Sie sind kostenpflichtig und können in den Informationszentren und Ranger-Stationen erworben werden. **Wichtig:** Die Übernachtungsgebühr auf einem Campground im National Park ist im Parkpass **nicht** enthalten. Die meisten Provincial Parks haben ebenfalls schöne Campgrounds. Die Öffnungszeiten variieren stark, generell kann man damit rechnen, dass während der Hauptreisezeit alle Campgrounds geöffnet und bis Anfang/Mitte Mai und ab Anfang/Mitte Oktober geschlossen sind. Vor oder nach der Hauptreisezeit (bis Mitte Juni und ab Anfang Sept.) sind die höher oder abgelegenen Campgrounds meist ebenfalls noch geschlossen.

> **Tipp** Besorgen Sie sich eine Straßenkarte, auf der die Provincial Parks eingezeichnet sind und schauen Sie während der Reiseplanung auf den Internetseiten der Provincial Parks nach den Öffnungszeiten. Gebühren: www.env.gov.bc.ca/bcparks/fees/userfees.pdf

Notfälle

Hilfe bekommt man über die **Notrufnummer 911**, egal ob ein Arzt, die Polizei oder ein Unfallwagen benötigt wird. Ist diese ausgefallen, wählt man die Ziffer 0 (von jedem Telefon aus wählbar) und wird dann von einem Operator mit der Polizei, der Ambulanz oder der Feuerwehr verbunden. Vor dem Anruf halten Sie Daten über Ihren Standort und am Münzfernsprecher angegebene Rückrufnummer parat. An den Autobahnen stehen **Notrufsäulen** *Motorist Aid Call Boxes*. Ist das eigene Fahrzeug liegengeblieben, öffnet man die Motorhaube (*hood*). Dies ist ein Signal für andere Verkehrsteilnehmer, dass ein Problem vorliegt und Hilfe benötigt wird.

Zwischen dem deutschen Automobilclub **ADAC**, dem kanadischen Automobilclub CAA und dem amerikanischen Automobilclub AAA bestehen Kooperationsverträge. Mitglieder deutscher Verbände können gegen Vorlage ihres Mitgliedsausweises alle Dienstleistungen der CAA und AAA in Anspruch nehmen.

- CAA: 1-800-222-4357 (geb. frei in Kanada)
- Fahrzeugschaden: +49 (0) 89 22 22 22 (deutsch, 24 Std. erreichbar)
- Erkrankung und Verletzung: +49 (0) 89 76 76 76 (deutsch, 24 Std. erreichbar)
- www.adac.de

Sperr-Notrufnummern (aus Kanada)

- Mastercard: 1 800 307 7309
- Visa: 1 800 847 2911
- American Express: +49 69 9797 2000
- Diners Club: +49 69 900150-135 oder 136
- Kreditkarten- und EC-Sperr-Notruf: +49 116 116 oder +49 30 4050 4050

Maße und Gewichte		
Längenmaße	1 foot (ft) = 12 in = 30,48 cm 1 mile (mi, Meile) = 1,61 km	1 cm = 0,033 ft 1 km = 0,62 mi
Flächenmaße	1 square mile (mi) = 2,589 km 1 acre = 0,405 ha	1 km = 0,386 mi 1 ha = 2,471 acres
Flüssigkeitsmaße	1 gallon (gal) = 4qt = 3,787 l	1 l = 0,264 gal
Gewichte	1 ounce (oz; Unze) = 28,35g 1 pound (lb; Pfund) = 453,59 g 1 short ton (Tonne) = 907,184 kg	100 g = 3,527 oz 1 kg = 2,205 lb 100 kg = 2,205 lb = 0,907 t

Nationalparkgebühren bei Drucklegung (alle Preise inkl. Tax)

Tagespass	Erwachsene (18–64 Jahre): CAD 7,80–9,80 Senioren (65+): CAD 6,80–8,30 Kinder/Jugendliche (0–17 Jahre): frei Familien: CAD 15,70–19,60
Discovery Pass (Mit diesem Jahres-Pass hat man Zutritt zu allen von Nationalparks Canada verwalteten Parks und Historic Sites. Er gilt nicht u. a. für Reservierungsgebühren, Backcountry Permits, Campinggebühren, geführte Touren und Badespaß in den Hot Springs.)	Erwachsene (18–64 Jahre): CAD 67,70 Senioren (65+): CAD 57,90 Kinder/Jugendliche (0–17 Jahre): frei Familien: CAD 136,40
Fire-Permit	Pro Tag: CAD 8,80 Tagesnutzung Campsite: CAD 8,80 Sanidump Station: CAD 8,80
Backcountry Permit	Pro Tag/Person: CAD 9,80 Pro Jahr/Person: CAD 68,70
Backcountry Permit – Reservierung (wird nicht erstattet)	Online: CAD 11, telefonisch: CAD 13,50
Fishing permit	Pro Tag: CAD 9,80 Jahrespermit: CAD 34,30
Internet	www.pc.gc.ca/index_e.asp
Infos zum Discovery Pass	www.commandesparcs-parksorders.ca/webapp/wcs/stores/servlet/en/parksb2c/discovery-pass

Sollte Ihr **Reisepass verloren gegangen** sein, wenden Sie sich an die nächstgelegene diplomatische Vertretung. Machen Sie sich sicherheitshalber schon zu Hause von allen Dokumenten (Pass, Impfausweis usw.) Kopien. Und wenn auch der Geldbeutel mit Kreditkarten verloren gegangen ist, dann rufen Sie die Kreditkartenunternehmen an und lassen die Karten sperren. Hier hilft man Ihnen dann auch weiter. Reiseschecks werden problemlos bei Verlust erstattet, wenn Sie genau über die Scheck-Ausgabe und Scheck-Nummern Buch geführt haben.

Öffnungszeiten

In Kanada gibt es keine gesetzlich geregelten Öffnungszeiten. Als allgemeine Regel gelten mindestens die Öffnungszeiten der Tabelle.

Provincial- und National Parks
▶ National- und Provincial Parks

Provinzsteuern

Steuern auf Waren und Dienstleistungen sind in Kanada nicht einheitlich geregelt, jede Provinz kann ein eigenes System und eine eigene Steuerhöhe festsetzen. Die **Preisauszeichnung** von Waren und Dienstleistungen erfolgt meist exklusive Steuern, diese werden an der Kasse aufgerechnet.

Aktuell gelten für British Columbia 5 % GST (Good and Services Tax) und 7 % PST (Provincial Sales Tax).

Reisedokumente

Es werden folgende Reisedokumente benötigt:
- Für die Dauer der Reise gültiger **Reisepass** (auch vorläufiger Reisepass)
- Für jedes Kind ein **Kinderreisepass** mit Foto
- Seit 15. März 2016 muss man, wenn man von Österreich, der Schweiz oder Deutschland über den Luftweg einreist, im Voraus eine **elektronische Einreisegenehmigung (eTA)** eingeholt werden. Diese wird über die Homepage von Citizenship and Immigration Canada (www.cic.gc.ca) beantragt. Neben Personal- und Passdaten werden u.a. auch Informationen zur Reise abgefragt. Normalerweise wird schnell

Öffnungszeiten Kanada

Einkaufszentren, Supermärkte und sonstige Geschäfte	Montag bis Samstag generell von 9–18 Uhr, Donnerstag und Freitag bis 21 Uhr Supermärkte öffnen in der Regel bereits um 6:30 Uhr und schließen nicht vor 21 Uhr. Sie haben meist auch an Sonn- und Feiertagen einige Stunden geöffnet, einige sind auch rund um die Uhr geöffnet.
Banken	Montag bis Freitag von 9/10–14/16 Uhr
Postämter	Montag bis Freitag von 9–17 Uhr, größere Postämter auch Samstag von 9–12 Uhr
Behörden und Büros	Montag bis Freitag von 9–17 Uhr

über eine Erteilung / Nichterteilung der Genehmigung entschieden. Sollte eine weitere Prüfung vonseiten der Einreisebehörde erfolgen, bekommt man innerhalb von 72 Stunden eine Mitteilung. **Wichtig:** Eine erteilte Genehmigung begründet keine Einreise nach Kanada, die endgültige Entscheidung obliegt dem Grenzpersonal. Die elektronische Beantragung kostet CAD 7 und wird für fünf Jahre erteilt, ist aber an das Reisedokument gebunden, d.h. sollte ein neuer Reisepass innerhalb dieser fünf Jahre ausgestellt werden, muss die Genehmigung neu beantragt werden.

Erläuterungen zur elektonischen Reisegenehmigung:
www.cic.gc.ca/english/pdf/eta/german.pdf

Urlauber aus der Bundesrepublik Deutschland, Österreich und der Schweiz müssen über ausreichend Bargeld oder Kreditkarten verfügen und den Rückflug ins Heimatland sicherstellen können, zum Beispiel durch die Rückflugtickets. Entsprechend den Bestimmungen der internationalen Fluggesellschaften sollte der Reisepass noch mindestens sechs Monate gültig sein. Personen unter 18 Jahren, die nicht in Begleitung eines Erwachsenen einreisen, benötigen eine beglaubigte Erlaubnis eines Erziehungsberechtigten und meist eine Kopie der Geburtsurkunde. Es müssen die Reiseerlaubnis und der genaue Aufenthaltsort aufgeführt sein. Für Aufenthalte über sechs Monate muss ein Visum bei der kanadischen Botschaft beantragt werden. Die Einreisekontrolle der Beamten besteht meist aus der Frage nach der Dauer, der Route und dem Zweck der Reise.

Sollten Sie einen **Abstecher in die USA** planen, die ja nur wenige Kilometer südlich von Vancouver beginnt, raten wir dringend, sich rechtzeitig vor Reisebeginn nach den Einreisebestimmungen und benötigten Dokumenten zu erkundigen.

Sanidump-Station

Die Entleerung der *Black-* und *Greywater Holding-Tanks* ist nur an speziellen Entsorgungsstationen, den *Sanidump-Stations* (auch *Dump-Station, Dumping-Station* genannt), erlaubt. Wie die Entsorgung funktioniert, möchten wir Ihnen kurz erklären:

Eine Sanidump-Station hat **2 separate Stellen**: 1. **Entsorgung** mit Bodeneinlass und 2. eine **Zapfstelle** zum Auffüllen des Frischwasser-Tanks. Platzieren Sie Ihr Wohnmobil so, dass der Ablaufstutzen der *Holding-Tanks* möglichst nahe am Bodeneinlass liegt. Befestigen Sie den Abwasserschlauch am Ablaufstutzen, das andere Ende muss im Bodeneinlass fixiert werden – sehr wichtig!

Öffnen Sie nun **zuerst** den Schieber des *Blackwater-Tanks* (Toilette). Wer sicher sein will, dass sich keine Reste mehr im Tank befinden, kippt danach zum Durchspülen noch 2-3 Eimer Wasser durch die Toilette. Danach schließen Sie den Schieber des *Blackwater-Tanks* und öffnen den Schieber des *Greywater-Tanks*. Nach Entleerung schließen Sie auch diesen Schieber wieder und entfernen den Abwasserschlauch vom Ablaufstutzen des Wohnmobils. Spülen Sie den Abwasserschlauch mit dem am Bodeneinlass befindlichen Wasseranschluss kräftig durch, nehmen dann den Schlauch aus dem Bodeneinlass und verstauen ihn wieder.

Fahren Sie danach einige Meter weiter zum *Drinking Water* Hahn und schließen Sie Ihren Trinkwasserschlauch an, das andere Ende befestigen Sie am Frischwasser-Anschluss des Wohnmobils und lassen den Frischwassertank voll laufen, das kann einige Minuten dauern, je nachdem wie viel Druck auf der Leitung ist.

In BC wurden die Sanidump-Stations auf ein elektronisches System umgestellt. Sie müssen dabei einen Automaten mit CAD 5 "füttern" und bekommen danach eine Minute Zeit, den Abschlussdeckel des Bodentanks zu öffnen. Wir raten, den Abwasserschlauch erst dann wieder vom Bodeneinlass nehmen, wenn die Toilette und der Schlauch durchgespült sind. Ist der Deckel einmal zu, lässt er sich nicht mehr öffnen.

Elektronisch gesteuerte Sanidump-Station

Sommerzeit

Die Kanadier haben ebenfalls eine Sommerzeit (*Daylight Saving Time*, Ausnahme: Die Provinz Saskatchewan verzichtet auf die Sommerzeit). Diese verläuft allerdings nicht ganz synchron zu unserer Sommerzeit und dauert auch länger. Die Sommerzeit (*Daylight Saving Time*) beginnt am zweiten Sonntag im März und endet am ersten Sonntag im November.

Straßenklassifikation

- **Freeway** oder **Expressway** – Autobahnähnlich ausgebaute Straßen, die im Süden Kanadas einige Großstädte miteinander verbinden.
- **Highway paved** – Befestigte und gut befahrbare Straße
- **Baustellenbereiche** – Auch die Fahrt auf einem schönen, glatten Highway endet gelegentlich im Baustellenbereich. Dann geht es auf Schotter, Dreck und durch eine Staubwolke weiter. Oft folgt eine lange Autoschlange einem *Pilote Car*, das den Weg weist. Auch kurzzeitige Sperrungen sind durchaus möglich, was in Kanada seitens der Autofahrer gelassen hingenommen wird. Kilometerlange Staus wie in der Heimat gibt es vor Baustellen in Kanada so gut wie nie.
- **Highway gravel** – Schotterstraße. Viel befahrene Schotterstraßen sind meist in einigermaßen gutem Zustand, denn sie werden regelmäßig geglättet. Gefahr lauert für Windschutzscheibe und Scheinwerfer durch aufgewirbelte Steine. Trockene Schotterstraßen sollte man nicht zu langsam befahren, damit man die Unebenheiten „überfliegt". Die Sicht wird allerdings oft durch dichten Staub erschwert. Durch Besprühen mit Calciumchlorid versucht man, die Staubmenge zu reduzieren. Bei Regen wird die Fahrt auf einer Schotterstraße schon mal zur Rutschpartie, fahren Sie dann unbedingt mit niedriger Geschwindigkeit. Wenn Ihr Fahrzeug nach einer Fahrt total verdreckt ist, waschen Sie es möglichst rasch, der getrocknete Dreck hat nach einiger Zeit „Betonqualität".
- **Dirt Road** (**unimproved Road**) – Dies sind meist nur bessere Feldwege, die bei Trockenheit noch einigermaßen befahrbar sind, allerdings nicht für Wohnmobile. Bei Nässe sind sie für ein Fahrzeug ohne Vierradantrieb meist unpassierbar.
- **Logging Road** – Meist schlechte, enge, kurvenreiche und bei Nässe matschige Privatstraßen der Holzindustrie, Benutzung auf eigenes Risiko, Trucks haben generell Vorfahrt.

Wichtige Anmerkungen

Die meisten Wohnwagenvermieter untersagen Fahrten auf *Gravel-*, *Logging-* oder *Dirt-*, *Summer-only-* und *4x4-Roads* oder es muss mit Zuschlägen gerechnet werden. Bitte informieren Sie sich spätestens bei Übernahme eines Mietfahrzeuges, welche Straßen nicht befahren werden dürfen. **Wir empfehlen**, schon bei Vertragsabschluss beim Vermieter nachzufragen, welche Straßen verboten sind, damit Sie auch wirklich Ihre geplante Route fahren können. Kurze Gravelroad-Anfahrten zu Provincial- oder Nationalparkcampgrounds dürfen befahren werden.

Straßenverkehr

Kanada verfügt über ein gutes Straßennetz, auch die Großstädte sind perfekt versorgt. Mehrspurige Highways umschließen die Stadtzentren und auch die Highways im Landesinneren sind gut ausgebaut. Jedoch werden viele zuerst asphaltierte Nebenstraßen der großen Highways nach wenigen Kilometern zu Gravelroads. Auf Highways und an Kreuzungen ist neben der Highway-Nummer die Richtung angegeben: *South* – Süd, *West* – West, *North* – Nord, *East* – Ost.

Viele Städte sind schachbrettartig aufgebaut, die Orientierung ist dadurch relativ einfach. Braune Schilder in Alberta oder blaue Schilder in British Columbia weisen auf touristische Attraktionen, Camping- und Picknickplätze hin. Autostop/*Hitchhiking* (per Anhalter) ist in Kanada generell verboten.

Strom

In Kanada und Alaska beträgt die Stromspannung 110 V bei 60 Hz Wechselstrom. Wenn sich Ihre mitgenommenen Elektrogeräte auf 110 V umstellen lassen, können Sie diese bedenkenlos benutzen.

Tipp: Besorgen Sie sich vor der Reise einen Adapter (Amerika-Adapter). In Kanada sind diese schwerer zu bekommen. Wohnmobile sind oft mit mehreren 12-V-Anschlüssen (Zigarettenanzünder) ausgestattet, hierüber lassen sich mit einem passenden Adapter Elektrogeräte (Mobiltelefon, Laptop usw.) unterwegs laden.

Tankstellen

An den Highways in BC und Alberta findet man ausreichend **Tankmöglichkeiten**. Auf Nebenstrecken oder im Norden sind diese seltener, hier sollten Sie immer dann tanken, wenn sich die Möglichkeit ergibt.

Tankstellen füllen auch **LP (Gas)** nach, doch nicht alle Tankstellen haben diese Möglichkeit. Banff hat die Propane-Zapfstellen (Gas) generell abgeschafft. Halten Sie daher die Füllung des Gasvorrats im Auge, speziell wenn Sie oft im Wohnmobil kochen, viel warmes Wasser benötigen und heizen müssen. Die Gastanks werden vom Servicepersonal der Tankstelle befüllt.

Das Servicenetz für KFZ-Reparaturen ist im Süden recht gut, kleinere Reparaturen werden an Tankstellen erledigt. Im Norden ist das Servicenetz eher dürftig, auch hier werden kleinere Arbeiten (z. B.: Reparatur der Windschutzscheibe, Reifenpannen) an Tankstellen erledigt. Alle Schäden müssen zuerst dem Vermieter gemeldet werden, bevor eine Reparatur vorgenommen wird.

Telefonieren

In Kanada ist für jede Provinz eine dreistellige **Vorwahl** (Area Code) und dann eine 7-stellige Telefonnummer zu wählen. Telefoniert man über den Area Code hinaus, muss eine 1 vorweg gewählt werden. Bei **internationalen Gesprächen** wird eine 011 für den Zugang zum internationalen Netz gewählt, danach die Vorwahl des entsprechenden Landes, die Ortsvorwahl (ohne die 0) und danach die Rufnummer.

In **Münzfernsprechern** (Pay Phones) ist ein nationales oder internationales Gespräch mit Hilfe eines Operators (0 wählen) möglich. Was dann der Apparat an Münzen (Quarter) schluckt, lässt sich nur ahnen, speziell, wenn die Verständigung mit dem Operator nicht so gut funktioniert.

Besser geht es mit **Telefonkarten** (Calling Cards). Sie können für Apparate ohne Schlitze benutzt werden. Man wählt eine bestimmte Telefonnummer, tippt dann die Codenummer ein und wählt die gewünschte Rufnummer.

An stark frequentierten Orten (Supermärkte, Innenstadtbereiche, Flughäfen) ist es möglich, einfach und problemlos mit der **Kreditkarte** zu telefonieren. Für Notrufe bitte entweder die 911 für Polizei, Krankenwagen und Feuerwehr oder die 0 für die Weitervermittlung mittels eines Operators wählen. Einige Telefonnummern werden in Buchstaben (Vanity-Rufnummer) angegeben (▶siehe Tabelle).

Gebührenfrei telefonieren können Sie in Nordamerika z. B. für Buchungen oder Auskünfte mit den Nummern, die mit 1-800, 1-888, 1-877 oder 1-866 beginnen.

Die **Benutzung Ihres Handys** ist in Kanada möglich, wenn Sie ein Tri- oder Quadband-Handy besitzen, das die europäischen und nordamerikanischen Standards von 1900 Mhz des GSM-Netzes abdeckt. Dieses GSM-Netz ist in Ballungsgebieten und wichtigsten Verkehrsverbindungen gut ausgebaut. Informieren Sie sich vor Abreise bei Ihrem Provider über die Möglichkeiten und Preise. Außerhalb dieser Gebiete wird man aber auf das „normale" Telefon zurückgreifen und per Telefonkarte/Münzen telefonieren müssen. Telefonieren über Internet wird ebenfalls für Technikkenner kein Problem sein, wenn sie einen Zugang haben. Wireless-Hotspots gibt es z. B. auch in vielen Visitor Informationen, öffentlichen Büchereien, Internetcafés, privaten Campgrounds, Supermärkten, Fast-Food-Restaurants und Hotels. In Kanada heißt ein WLAN-Hotspot **WiFi-Hotspot**. Beachten Sie, dass Zusatzkosten entstehen können, wenn ein WiFi/WLAN-Zugang auf Campgrounds angeboten wird. Die Reichweite deckt oft nicht den gesamten Platz ab.

! Bedenken Sie, dass ein Handy-Empfang meist nur im Bereich von Städten möglich ist, dies sollten besonders Wanderer beachten!

! **Achtung Smartphones** sind meist dauerhaft mit dem Internet verbunden, was in der Heimat über Datenflatrates meist nicht ins Gewicht fällt. Die meisten dieser Flatrates gelten allerdings nur für das Heimatland – im außereuropäischen Ausland fallen teils horrende Roaminggebühren an. Es ist unbedingt empfehlenswert die Datenfunktionen des Mobiltelefons komplett zu deaktivieren (klassisches Telefonieren ist weiterhin möglich) und gezielt zu aktivieren, wenn man z. B. E-Mails abrufen will. Beachten Sie aber, dass die Abrechnung meist nach Datenvolumen erfolgt, also bereits durch das Abrufen von E-Mails hohe Kosten entstehen können. Besser ist, auch dies über einen lokalen WLAN-Hotspot (WiFi) zu machen, da man dort meist unbegrenzte Datenmengen empfangen und verschicken kann.

Informieren Sie sich bei Ihrem Anbieter oder ggfs. in den Vertragsbestimmungen über Ihre Roamingkonditionen im Ausland.

Vanity – Rufnummern

Es wird einfach die Taste gewählt, auf der der entsprechende Buchstabe steht.

Vanity-Rufnummern		
1	**2** abc	**3** def
4 ghi	**5** jkl	**6** mno
7 prqs	**8** tuv	**9** wxyz

Temperaturen

In Kanada wurde vor längerer Zeit das metrische System eingeführt. Dennoch kann es sein, dass man die alte Bezeichnung Fahrenheit vorfindet. Wer sich auch mit einem ungefähren Celsius-Wert zufrieden gibt, hier die **Urlauber-Einfach-Formel**: Fahrenheit minus 30 und von diesem Ergebnis dann die Hälfte. Der Gefrierpunkt liegt bei 32 °Fahrenheit, die menschliche Körpertemperatur von 37 °C entspricht 98,6 ° Fahrenheit. Der Siedepunkt 100 °C liegt bei 212 ° Fahrenheit.

Fahrenheit-Celsius (Umrechnung)		
Wert	Ziel	Formel
Fahrenheit	Celsius	C = (F - 32) / 1,8
Celsius	Fahrenheit	F = (C x 1,8) + 32

Trinkgelder

- Das **Personal in Restaurants** erhält nur ein sehr niedriges Fixum, es wird daher ein Trinkgeld tip von 15 bis 20 % erwartet. Das Essen wird häufig an einer Zentralkasse bezahlt. Hinterlässt man den Tip auf dem Tisch, bekommt das Geld die Bedienung. Gibt man den Tip in den Gesamttopf an der Kasse, kommt er dem gesamten Personal zugute. Bezahlt man mit Kreditkarte, vermerkt man den Tip auf dem Beleg oder hinterlässt ihn bar auf dem Tisch.
- **Taxifahrer** erwarten ca. 10 % und pro Gepäckstück, das sie ein- und ausladen, nochmals CAD 1–2.
- **Barkeeper** erwarten ebenfalls 10 bis 15 %
- **Friseure** mindestens 10 % Trinkgeld.
- Der **Hotelpage** (*Bellhop*) erhält CAD 1 je Gepäckstück.
- Das **Zimmermädchen** (*Room Maid*) pro Tag CAD 2 (im Zimmer liegen lassen).
- Der **Türsteher** (*Doorman*) bekommt fürs Taxi holen CAD 2
- Die **Fahrer** und **Reiseführer** von organisierten Busfahrten ca. CAD 1–2 Trinkgeld.
- Der **Tankwart** bei den *Full Service* Tankstellen erwartet kein Trinkgeld.
- In Motels und bei Fastfood-Ketten ist Trinkgeld nicht üblich.

Übernachtungsmöglichkeiten

Wer nicht mit dem Wohnmobil eine Reise durch den kanadischen Westen macht, findet vielfältige Übernachtungsmöglichkeiten. Die Preise richten sich nach Lage und Ausstattung. **Motels** liegen meistens verkehrsgünstig an den Ausfallstraßen. Privat geführte **Hotels** und die großen Hotelketten findet man in den Innenstädten und in der Nähe wichtiger Bereiche (z. B. Flughafen, Bahnhof usw.). Frühstück ist meistens **nicht** im Preis inbegriffen. Die Übernachtung in einem Motel ist meistens die günstigere Variante als eine Hotelübernachtung. **Resorts** findet man in Urlaubsgebieten, sie bieten neben Unterkunft auch meistens noch Freizeitaktivitäten an. In Feriengebieten bietet sich auch eine Übernachtung in **Lodges/Chalets** (alleinstehende Häuschen oder Hütten) an, diese können sehr rustikal sein mit wenig Komfort bis zur Ausstattungskategorie luxuriös. Etwas familiärer übernachtet man in **Privatzimmern B&B** (*Bed and Breakfast*) oder in den kleineren **Pensionen** „*Country Inns*".

Für den kleinen Geldbeutel ist die Übernachtung in einem **Hostel** ideal. Sie bieten Mehrbett- und Familienzimmer. In Städten sind sie sehr gut ausgestattet, weitab vom Highway jedoch einfach, evtl. auch ohne Strom und fließendes Wasser.

Umgangsformen/Etikette

Man gibt sich in Kanada ungezwungen, gerade in der Freizeit. Trotzdem gibt es Regeln, die man als Tourist beachten sollte.
- Beim **Vorstellen/Begrüßen** nennt man seinen Vornamen.
- Shorts werden nur in der Freizeit getragen.
- "**Oben ohne**" ist nicht nur verpönt: es kann strafrechtlich verfolgt und bestraft werden.
- Achten Sie in Schwimmbädern und in Wasch- und Duschräumen auf "**Sitte und Anstand**". Alle Besucher tragen Badebekleidung, auch Kinder.
- Nackt duschen in Badeanstalten ist nicht im Sinne der Nordamerikaner.
- Werfen Sie keinen Abfall auf die Straße, dies wird empfindlich bestraft.
- **Alkoholkonsum** in der Öffentlichkeit ist in fast allen Provinzen verboten.
- Sehen Sie beim Eintritt in ein **Restaurant** ein Schild „*Please wait to be seated*", werden Sie von einem Mitarbeiter zu einem Tisch geleitet. Sagt Ihnen der Platz nicht zu, dann fragen Sie nach einem anderen.
- Das **Rauchen** ist in öffentlichen Gebäuden, Transportmitteln, Einkaufszentren, Restaurants, Bars usw. verboten - auch wenn kein Verbotsschild sichtbar ist. Zigaretten sind erheblich teurer als in Europa. Raucher sollten darauf achten, dass sie keine Zigaretten achtlos wegwerfen – Waldbrandgefahr!
- Vermeiden Sie bei der Frage nach einem **WC** das Wort *toilet*, fragen Sie nach dem *washroom* oder *restroom*.
- Und ... man sucht bei einem "dringenden Bedürfnis" immer einen *restroom* oder *washroom* auf. Die "Häuschen" sind im Lande überall zu finden.
- An den Kassen der Supermärkte, vor Bank- und Postschaltern, am Flughafen, im Restaurant usw. wird in Schlangen *(Li-*

nes) angestanden und geduldig gewartet, bis man an der Reihe ist.
- Man setzt sich in Kanada nicht zu anderen Gästen an den Tisch. Es ist übrigens völlig normal, sich Reste einer üppigen Essensportion einpacken zu lassen. Wundern sollte man sich nicht, wenn nach dem letzten Bissen die Rechnung serviert wird – es ist unüblich, nach dem Essen noch lange am Tisch zu verweilen.

Buchtipp zur kanadischen Etikette: **Fettnäpfchenführer Kanada** – Wenn's im Land der Weite eng wird (CONBOOK, ISBN 978-3-934918-77-1)

Verkehrsregeln

In Kanada werden die Entfernungen in Kilometer gemessen. Das Anlegen von **Sicherheitsgurten** ist Pflicht, ebenso das **Fahren mit Abblendlicht**. Der Promillegrenze liegt in British Columbia bei 0,5 Promille. Überholverbot gilt generell an Kreuzungen, in Kurven und vor Bergkuppen. Das **Tempolimit** sollte genau eingehalten werden. Auf den Freeways liegen 100 bzw. 110 km/h, auf den Highways 90 bzw. 80 km/h und in Ortschaften 50 km/h. Während ein gelber **Schulbus** anhält und blinkt, darf in beiden Fahrtrichtungen **nicht** überholt werden. Es darf erst weitergefahren werden, wenn das blinkende rote Stopplicht des Busses erloschen ist. **Fußgänger**, besonders Kinder und alte Menschen, haben unter allen Umständen immer 'Vorfahrt'. Sobald sie nur einen Fuß auf die Straße setzen, wird angehalten. Folgt Ihnen ein **Polizeiwagen** mit Sirene und Blaulicht, so halten Sie an, sobald dies gefahrlos möglich ist. Stellen Sie den Motor ab, öffnen das Fenster und halten die Hände so, dass diese vom Polizisten deutlich erkennbar sind. (Hände auf das Lenkrad!). Steigen Sie keinesfalls aus. Die **Ampeln** schalten in Kanada und Alaska in folgender Reihenfolge:
- Anhalten: grün-gelb-rot
- Anfahren: rot-grün

Blinkende Ampeln bedeuten:
- **Gelb blinkend:** vorsichtig weiterfahren
- **Rot blinkend:** halten und anschließend vorsichtig weiterfahren
- **Grün blinkend:** meist in ruhigen Zeiten geschaltet, freie Fahrt

An einer roten Ampel darf **rechts abgebogen** werden. Sie müssen aber zuerst stoppen und anschließend, den von links kommenden Verkehr beobachtend, langsam weiterfahren. Dieses Abbiegen ist nicht erlaubt, wenn ein Schild mit der Aufschrift „No turn on red" an der Kreuzung steht. An vielen Kreuzungen stehen **Stopp-Schilder** (3- oder 4-Way-Stop). Hier gilt: Alle Verkehrsteilnehmer müssen stoppen, wer zuerst ankommt, darf auch zuerst weiterfahren.

Am **unbeschrankten Bahnübergang** mit Blinkzeichen: Vorsicht. Wenn das Zeichen blinkt und ein Signal (nicht überall) ertönt, ist der Zug bereits sehr nah!

Das **Parken** ist im städtischen Bereich streng geregelt. Parken auf dem Gehweg ist verboten. Hohe Geldbußen und Abschleppkosten erwarten Sie beim Parken in einer *no parking zone*, in einer *tow away zone* (Abschleppzone), zu nahe an einer Kreuzung, vor Hydranten oder beim Blockieren von Feuerwehrzufahrten, diese Zonen sind meist gelb markiert. Der Abschleppwagen ist generell sehr schnell zur Stelle und die Gebühren fürs Abschleppen sind hoch. Beim Parken oder Anhalten außerhalb von geschlossenen Ortschaften muss man vollständig von der Fahrbahn herunterfahren. Wenn Sie in Kanada einen **Strafzettel** bekommen, sollte dieser unbedingt bezahlt werden, da die Strafzettel auf den Namen des Fahrers gespeichert werden und nicht verjähren. Dies könnte bei einer erneuten Einreise nach Kanada Probleme bereiten.

Verkehrszeichen – Zusatztexte	
Dead End	Sackgasse
Detour	Umleitung
Dip/Bump	Bodensenke/Unebenheit
Falling Rocks	Steinschlag
Flagman ahead	Baustelle, Arbeiter(in) mit Warnschild
Handicapped Parking	Behindertenparkplatz
HOV Lane	Fahrspur für Fahrzeuge mit einer bestimmten Anzahl Insassen, Busse und Notfall-Fahrzeuge generell erlaubt.
Loading Zone	Ladezone
Maximum Speed	Höchstgeschwindigkeit
Men working	Straßenarbeiten
Merge	einfädeln
Narrow Bridge/Road	Schmale Brücke/Straße
No through street/road	Sackgasse
No stopping at any Time	Absolutes Halteverbot
No passing	Überholverbot
One way street	Einbahnstraße
Passenger loading zone	nur Ein- und Aussteigen
Peds X-ing	Fußgänger kreuzen
Reduce speed	Langsam fahren
Rest area	Rastplatz

Verkehrszeichen – Zusatztexte	
Restricted parking zone	zeitlich begrenztes Parken
Right of way	Vorfahrt
Road construction	Baustelle
Safety belt	Sicherheitsgurt
Slippery when wet	Rutschgefahr bei Nässe
Slower traffic keep right	Langsame Fahrzeuge rechts fahren
Speed checked by aircraft	Geschwindigkeitskontrolle durch Hubschrauber
Speed limit	Geschwindigkeitsbegrenzung
Steep hill/Steep grade	Steile Steigung/Starkes Gefälle
Thru traffic	Durchgangsverkehr
Tow away zone	Abschleppzone
Traffic Fines Double in Work Zones	Im Baustellenbereich doppelte Geldbuße
Traffic light	Ampel
U-turn	Wenden
Vision limited	Unübersichtliche Kuppe
Viewpoint	Aussichtspunkt
Watch for pedestrian	auf Fußgänger achten
Watch for lifestock	Vorsicht Vieh
Watch for rocks on road	Vorsicht Steinschlag
Winding road	Kurvenreiche Straße
Yield	Vorfahrt beachten

Vertretungen D/A/CH

Deutsche Botschaft in Kanada
- 1 Waverley Street, Ottawa, ON K2P 0T8
- 613-232-1101
- www.canada.diplo.de

Deutsches Generalkonsulat Vancouver
- Suite 704, World Trade Centre, 999 Canada Place, V6C 3E1, Vancouver, B.C.
- 604-684-8377
- www.canada.diplo.de

Österreichische Botschaft in Kanada
- 445 Wilbrod Street, Ottawa, ON K1N 6M7
- 613-789-1444
- www.bmeia.gv.at/botschaft/ottawa.html

Schweizer Botschaft in Kanada
- 5 Marlborough Avenue, Ottawa, ON K1N 8E6
- 613-235-1837
- www.eda.admin.ch/ottawa

Kanadische Botschaft in Deutschland
- Leipziger Platz 17, 10117 Berlin
- 030-20312-0
- www.canadainternational.gc.ca/germany-allemagne

Kanadische Botschaft in der Schweiz
- Kirchenfeldstraße 88, CH-3005 Bern
- 031-357-3200
- www.canadainternational.gc.ca/switzerland-suisse

Kanadische Botschaft in Österreich
- Laurenzerberg 2, A-1010 Wien
- 01-53138-3000
- www.canadainternational.gc.ca/austria-autriche

Waldbrandgefahr ▶ Lagerfeuer

Wandern

Kanada ist ein Paradies für Wanderer und Bergsteiger. **Hiking Trails** oder **Trekking Trails** aller Schwierigkeitsgrade und Längen sind reichlich vorhanden. Die Trails sind meist recht gut markiert. Kürzere **Nature Trails** führen den Naturliebhaber durch erschlossene Teile der Parks. Diese Trails weisen meist auf geologische Besonderheiten oder eine besonders interessante Flora hin. Für mehrtägige Wanderungen/**Backpacking** in den National- und Provincial Parks Kanadas benötigt man oft eine **Erlaubnis** *(permit)* (aktuell pro Nacht CAD 5 bis CAD 9,80), die in den Besucherzentren beim Park-Ranger oder für National Parks: https://reservation.pc.gc.ca) und Provincial Parks: www.env.gov.bc.ca/bcparks/registration zu bekommen ist. Diese Permits dienen auch der Kontrolle und Begrenzung der Anzahl der Wanderer. Außerhalb der Rocky Mountains sind die Permits oft kostenlos, Kartenmaterial bekommt man in der Visitor Information. **Beachten Sie** aber zu Ihrer eigenen Sicherheit:

- Auch für **kurze Wanderungen** sollten festes Schuhwerk, Regenbekleidung, ein kleines Erste-Hilfe-Set und Proviant vorhanden sein.
- **Mehrtägige Touren** gut planen, auf der festgelegten Route bleiben und sich nicht überschätzen. Keine Querfeldein-Wanderung.
- Die **Wanderwege im Hinterland** sind häufig schlecht markiert oder überwuchert.
- **Unerfahrene Wanderer** sollten sich evtl. mit einem Führer auf mehrtägige Touren begeben. Wildnis-Wandern außerhalb der Parks sollte nur von wirklich sehr erfahrenen Wanderern durchgeführt werden, die auch Erfahrung mit Survival-Techniken haben.
- Moskitomittel/Sonnenschutz nicht vergessen!
- Verhalten Sie sich **nicht zu ruhig**, damit Sie keine wilden Tiere durch Ihr plötzliches Auftreten erschrecken.
- Suchen Sie, bevor Sie in der Wildnis das **Nachtlager** aufschlagen, das Gebiet nach verdächtigen Tierspuren ab (z. B. zerkratzte Baumrinde, Tierkot). Sollten sich Spuren finden, dann ist dieser Platz **nicht** geeignet.

- Verstauen Sie Ihre **Lebensmittel bärensicher** in mind. 3-4 m Höhe und unbedingt außerhalb des Zeltes, Müll immer mitnehmen.
- **Informieren** Sie sich vor Beginn einer mehrtägigen Tour sehr genau in den Informationszentren oder beim Park-Ranger. Zur Sicherheit ist es auch ratsam, die geplante Zeit der Rückkehr und die Route zu hinterlassen.
- Achten Sie auf **sorgfältigen Umgang** mit dem Lagerfeuer.

Waschsalon / Laundry

Einen **Waschsalon** (Coin Laundromat – Laundry) findet man selbst in den kleinsten Ortschaften, oft liegen sie an den Durchgangsstraßen. Auch auf den meisten privat bewirtschafteten Campgrounds, in Hotels und in Motels sind diese zu finden. Auch Waschpulver kann man in einigen Waschsalons kaufen (aus einem Automaten ziehen) und da eine Menge Kleingeld benötigt wird, gibt es oft auch einen Münzwechselautomaten. Die **Waschtemperatur** lässt sich auf hot (ca. 60 °C), warm (ca. 30 °C) und cold einstellen. Das Wasser fließt bereits mit der gewählten Temperatur in die Waschmaschine und wird in der Maschine nicht nachgeheizt. Nach ca. 25 bis 30 min. ist die Wäsche gewaschen und einigermaßen zufriedenstellend geschleudert, es sei denn, Sie haben bügelfrei (permanent press) eingestellt, dann ist die Wäsche noch sehr feucht. **Trockner** haben Taktzeiten von etwa 6-7 Minuten, Sie sollten daher je nach Füllmenge Quarter für 4-6 Taktzeiten einwerfen und nach einiger Zeit die bereits trockenen Teile entnehmen. **Tipp:** Halten Sie immer genug Kleingeld (Quarter, 1 und 2 Dollar Münzen) bereit. Ein Waschgang kostet CAD 2-6, Trockner pro Taktzeit CAD 0,5-1.

Wohnmobil

Die Benzinpreise in Kanada lagen bei Drucklegung bei ca. CAD 1,52 umgerechnet etwa 0,98 €, im Norden etwas höher. Gehen Sie davon aus, dass zu den Haupt-Reisezeiten, wie auch zu Hause üblich, die Benzinpreise etwas ansteigen werden. Immer noch ein Schnäppchen für deutsche Verhältnisse, allerdings relativiert sich das durch den hohen Verbrauch der Wohnmobile und ist auch immer abhängig vom Umrechnungskurs.

!**Tipp** Bei der **Wahl des Fahrzeugs** sollte man sich vorher genau überlegen, wie und wo man seinen Kanada-Urlaub verbringen will, welcher Komfort sein soll und vor allem, welche Straßen man befahren möchte. Mit größeren Modellen gibt es schon mal Probleme auf engen und schlechten Seitenstraßen. Die Anzahl der Betten, die in den Prospekten steht, ist zwar vorhanden und nutzbar, aber da ein Wohnmobil **ein** Raum ist, sollten Sie sich bereits im Vorfeld genau überlegen, mit wem, wie lange und mit wie vielen Personen Sie diesen Raum teilen möchten.

Beachten Sie bitte, dass das **Frischwasser** im Tank des Wohnmobils **nicht zum Trinken** und Kochen geeignet ist. Daher achten Sie darauf, dass sie immer das auch in großen Abfüllungen erhältliche Springwater vorrätig haben.

!**Tipp** Kaufen Sie gleich zu Beginn des Urlaubs einige größere Abfüllungen Springwater und füllen Sie die leeren Behälter unterwegs an den Trinkwasserzapfsäulen immer wieder auf. Dieses Wasser ist zum Kochen geeignet, das Trinkwasser in Kanada enthält jedoch meist chemische Zusätze (Chlor), die den Geschmack und Geruch beeinflussen können.

Übernahme des vorgebuchten Wohnmobils

Die Übernahme des Wohnmobils ist in den meisten Fällen aus versicherungsrechtlichen Gründen erst am 2. Tag Ihres Kanada-Aufenthaltes möglich. Die erste Nacht in Kanada werden Sie dann in einem Hotel verbringen müssen. Normalerweise bekommen Sie alles Wichtige und Nötige rund um Ihr Fahrzeug erklärt, die großen Vermieter-Firmen haben hierzu auch deutsch-sprechendes Personal. Der erste Weg mit dem Wohnmobil führt dann meist zu einem Supermarkt, denn Kühlschrank und Vorratsschränke sind noch leer. Adressen und eine Wegbeschreibung zum nächsten Supermarkt kennt sicherlich Ihr Vermieter, eine Gedächtnisstütze für den Ersteinkauf finden Sie auf ▶Seite 394.

Nun ein paar Ratschläge für die Übernahme Ihres Fahrzeugs und für unterwegs:

- **Lassen Sich genügend Zeit** mit der Übernahme und achten Sie darauf, dass Sie alle Funktionen verstanden haben.
- **Legen Sie ruhig selber Hand an** und probieren Sie die für Sie neuen Teile aus, testen Sie die Funktion des Kühlschranks, des Gasherdes und der Heizung.
- Lassen Sie sich die **Anzeigen** für Haushaltsbatterie, Gastank, Frischwassertank erklären, alle 3 Anzeigen sollten auf „full" stehen. Grey Water und Black Water Tank sollten leer sein.
- Lassen Sie sich zeigen, wie die **Befüllung des Frischwasser-Tanks** funktioniert und wo der externe Anschluss für Frischwasser (Stadtwasser) ist.

ANZEIGE

Planung und Buchung

Planung und Buchung Ihres Kanada-Urlaubs sollten Sie nicht dem Zufall überlassen. Der renommierte Spezial-Reiseveranstalter Trans Canada Touristik bietet Ihnen auf seiner Internetseite sämtliche wichtigen Informationen und Buchungsmöglichkeiten rund um das Thema Reisen in Kanada. Mit ausgesuchten Partnern vor Ort und jahrelanger Erfahrung steht Ihnen ein Team aus Reiseprofis unterstützend zur Seite.

Durch den Einsatz fortschrittlicher Techniken im Internet lässt sich Ihre Reise ganz einfach individuell und online planen. Und wenn Sie persönlichen Kontakt wünschen, erreichen Sie die geschulten Mitarbeiter ganz einfach per Telefon oder E-Mail. ▶ Im Internet: www.trans-canada-touristik.de

Wohnmobilreisen
Ein Online-Preisvergleich mit transparenter Kostendarstellung, Vermieter-Infos, Routenvorschläge und Reisetipps bieten alles rund um das Thema Wohnmobil.

Autoreisen
Planen Sie Ihre Autoreise individuell online. Mit interaktiver Kartenanzeige, über 1000 Hotels im direkten Zugriff und Premium-Mietwagen inklusive.

Erlebnisreisen in der Gruppe
Ob Kanutouren auf dem Yukon oder Wandern in den Rockies. Zahlreiche Erlebnisreisen in kleinen Gruppen mit ausgebildeten Führern sorgen für ein naturnahes und aktives Kanadaerlebnis.

Flüge
Charter- und Linienflüge in direktem Zugriff lassen sich zu günstigen Preisen ganz einfach online hinzubuchen.

Hotels
Einzelne Nächte oder ganze Rundreisen können am Bildschirm ausgewählt und direkt gebucht werden.

Reiseplan ganz individuell
Alle Reisebausteine lassen sich im Online-Reiseplaner frei kombinieren, anpassen und buchen.

Individuelle Beratung und Service
Individuelle Beratung erhalten Sie über die telefonische Hotline oder per E-Mail. Die freundlichen Mitarbeiter helfen Ihnen bei allen Fragen rund um Ihre Buchung. Mit den Reiseunterlagen erhalten Sie meist auch per Post weiteres Informationsmaterial zu der bereisten Region.

Immer aktuell und immer online
Im Internet sehen Sie immer die tagesaktuellen Preise und können rund um die Uhr Informationen einsehen oder Ihre Buchung tätigen.

TRANS CANADA Touristik

Trans Canada Touristik TCT GmbH
Am Bahnhof 2, 29549 Bad Bevensen
planen und buchen unter:
www.trans-canada-touristik.de
info@trans-canada-touristik.de
Tel.: 05821/542671-0

Campertypen

Camper Van	Er entspricht der Größe eines Kastenwagens (zum Beispiel Fiat Ducato) und hat normale Stehhöhe. Bei einer Breite von 2 m gibt es ihn in den Längen von 4,90–6,10 m. **Ausstattung:** Bett in Form eines Klappsofas oder einer umbaubaren Sitzecke, Gasherd, Spüle und Kühlschrank, Chemietoilette (bei kleineren Modellen), Spültoilette (bei größeren Modellen) mit Minidusche, Benzinverbrauch zw. 15–20 l/100 km.
Motorhomes Recreational Vehicles (RV)	Motorhomes gibt es ab 20/21 ft. (6–6,30 m) bis 28/30 ft. (8,50–9,10 m). Die Hinterachse ist verstärkt und hat Zwillingsreifen, eingeschränkte Sicht nach oben und zur Seite durch den großen Dachüberhang, einige Modelle haben eine ausfahrbare Sitzecke (slide out). Die Wendigkeit ist eingeschränkt, die Straßentauglichkeit auf schlechten Straßen geringer. Auf einigen Neben- oder Schotterstraßen darf mit großen Wohnmobilen nicht gefahren werden. Informieren Sie sich hierüber beim Vermieter. **Ausstattung:** Umbauliege und/oder Doppelbett über dem Führerhaus und Sitzecke, Gasherd mit Backofen, Kühlschrank mit Gefrierfach, Spüle, Mikrowelle, Toilette/Duschbad, Heizung, Klimaanlage. Ab 23 ft. ein Doppelbett, ab 28/29 ft. ein freistehendes Doppelbett (Inselbett) im hinteren Bereich und ein Duschbad mit Toilette. Benzinverbrauch zwischen 22–30 l/100 km.
Pick-up-Camper Truck-Camper	Dies ist ein Kleinlastwagen, auf den ein Campingkasten montiert ist. Es gibt sie von 17 ft. bis zu 24/25 ft., mit Vierradantrieb und auch mit slide out. **Ausstattung:** Bei 17 ft. entspricht die Ausstattung einem Van-Camper. Beim Luxusaufsatz sind eine Klimaanlage, Mikrowelle, Backofen, Duschbad, Warmwasserversorgung, etc. vorhanden. In allen Pick-ups ist über der Fahrerkabine ein Alkovenbett und die Sitzecken können umgebaut werden. Benzinverbrauch zw. 18–22 l/100 km.
Gespanne	Die Gespanne sind eine Kombination aus einem Pick-up Truck und einem 5th Wheeler. Dies ist ein doppelachsiger Wohnwagen auf der Ladefläche des Trucks, die Wohnqualität entspricht etwa der eines Motorhomes. Gespanne sind nicht einfach zu manövrieren und daher für Urlauber, die häufig das Ziel wechseln möchten, eher nicht geeignet. Benzinverbrauch zwischen 22–30 l/100 km.

- Schauen Sie sich das Fahrzeug genau an und achten Sie darauf, dass **Altschäden** ins Protokoll aufgenommen werden.
- Lassen Sie sich zeigen, wie Sie die **Rauch- und Gasalarmgeräte** abschalten können, diese Geräte sind sehr empfindlich und das von ihnen ausgehende Geräusch ziemlich schrill. Natürlich sollten Sie die Geräte nur zum Schweigen bringen, wenn Sie fälschlicherweise Alarm ausgelöst haben. Schalten Sie diese Geräte **nicht permanent** ab.
- Ist ein **Abwasserschlauch** mit Kupplung, ein **Frischwasserschlauch** und ein **Stromkabel** für externe Stromanschlüsse mit Adapter vorhanden?
- Eine deutsche Beschreibung für Fahrzeug und Ausstattung sollten Sie unbedingt vorfinden.
- Lassen Sie sich die Telefonnummer und den Ansprechpartner für evtl. Fragen und Schäden unterwegs geben. **Achtung**: Bevor Sie unterwegs irgendwelche Schäden richten lassen (müssen), klären Sie bitte die Regulierung **immer zuerst** mit dem Vermieter.
- Ziehen Sie **Übernachtungen auf Provincial- und National Park Campgrounds** vor, dann können Sie auf die Anmietung eines Toasters oder Kaffeemaschine verzichten, denn diese Plätze haben nur sehr vereinzelt Stromanschlüsse. Das bedeutet, dass Fön und elektrischer Rasierapparat im Wohnmobil nicht angeschlossen werden können. Sollten Duschen auf dem Campground sein, dann gibt es dort meistens einen Stromanschluss.
- **Campingstühle** und eine **Axt** (das Feuerholz muss meist zerkleinert werden) sollten unbedingt (kostenlos) vorhanden sein.
- **Achtung**: Lassen Sie sich den „**Notstartschalter**" und dessen Bedienung zeigen, denn es kann vorkommen, dass auf der Reise die Batterien leer sind und sich das Fahrzeug auf normalem Wege nicht mehr starten lässt. **Bitte diesen Notstartschalter wirklich nur im Notfall benutzen!**
- **Heizen im Wohnmobil**: Die Stromversorgung für das Heizungsgebläse läuft über die Haushaltsbatterie, auf Stellplätzen mit Stromanschluss über den externen Anschluss. Die Heizleistung wird von einem Gasbrenner erzeugt. Das bedeutet, dass bei fehlendem externen Stromanschluss die Heizung während der Nacht irgendwann keine Wärme mehr über das Gebläse abgibt, da die Batterien leer sind. Doch auch bei externem Stromanschluss und folglicher Heizmöglichkeit für die Nacht ist zu bedenken, dass das Gebläse die Nachtruhe empfindlich stört.
- Sollten Sie also im Frühjahr oder Herbst auf Reisen gehen, lassen Sie sich **unbedingt** zusätzliche Decken oder Schlafsäcke geben, die Nächte sind kalt und die dünnen Wände eines Wohnmobils nicht mit der Isolierung der heimischen vier Wände zu vergleichen.
- **Kontrollieren Sie** ab und zu Ihren Gasvorrat, besonders wenn Sie viel kochen, warmes Wasser benötigen und heizen. Nicht alle Tankstellen haben Propan (LP)-Zapfanlagen.
- Wenn Sie im Frühjahr (April/Mai) oder Spätherbst (ab Mitte Oktober) Ihre Reise geplant haben, fragen Sie Ihren Vermieter nach einem elektrischen Heizlüfter. Zu dieser Zeit sind die meisten Provincial Park Campgrounds noch oder bereits geschlossen und Sie werden öfter auf privaten Campgrounds übernachten und somit externen Stromanschluss haben. Sie sollten dann auch auf den externen Wasseranschluss verzichten, da das Wasser im Zulaufschlauch nachts gefrieren kann.
- Fragen Sie nach, wenn Sie einen Stellplatz mit Stromanschluss belegt haben, welche Geräte Sie mit dem Anschluss (15, 30 oder 50 Ampere) betreiben können. Durch eine Überlastung des Anschlusses können die Sicherungen herausspringen.
- Leeren Sie unterwegs regelmäßig die **Grey- und Blackwater Holding Tanks.** Das Entsorgen an der Sanidump-Station kostet auf den Provincial Park Campgrounds CAD 5, in Industriegebieten der Städte gibt's oft kostenlose Entsorgungsstationen. Wildes Entsorgen ist nicht gestattet.

Anmerkung: Für die erste Nacht im Wohnmobil finden wir es sinnvoll, einen Campground nicht so sehr weit entfernt vom Vermieter zu nehmen. Hier können Sie sich dann in aller Ruhe mit dem Wohnmobil vertraut machen und bei Problemen oder Fragen ggf. zum Vermieter zurückfahren.

Generatoren im Wohnmobil

Viele Wohnmobile haben an Bord einen **Generator zur Stromerzeugung**. Zu beachten ist, dass diese nur in Betrieb genommen werden können, wenn der Tank noch mindestens zu einem Viertel gefüllt ist.

Die Generatoren arbeiten sehr geräuschvoll, daher ist der Betrieb auf einigen Campgrounds auch generell nicht erlaubt oder nur zu bestimmten Zeiten gestattet. Sollten Sie einen Generator an Bord haben und diesen benutzen, dann nehmen Sie bitte Rücksicht auf Ihre Nachbarn und betreiben Sie ihn nur für kurze Zeit.

Rückgabe des Wohnmobils

Um Kosten für die Endreinigung zu sparen, sollte das Wohnmobil besenrein und unbedingt mit entleerten Abwassertanks (**Schieber und Abdeckung müssen offen sein**) zurückgebracht werden, je nach Vertrag auch mit vollem Benzintank. Einige Vermieter berechnen eine Außenendreinigung, wenn das Fahrzeug verdreckt ist. Die anderen Formalitäten sowie eine genaue Inspektion des Fahrzeugs, Endabrechnung etc. sind schnell erledigt. Sollten unterwegs Motorenöl oder Schmierstoffe nachgefüllt oder ausgewechselt worden sein, werden diese nach Vorlage der Rechnungen erstattet.

Werden unterwegs Reparaturen notwendig, ist **immer vorher** der Vermieter zu unterrichten. Nach Beendigung der Formalitäten werden Sie in aller Regel vom Vermieter zum Flughafen gebracht.

Achtung: Beachten Sie, abhängig von Ihrem Abflugtermin zurück in die Heimat, eventuell entstehende Wartezeiten bei der Rückgabe des Fahrzeugs, Sie sind wahrscheinlich nicht die Einzigen, die das Fahrzeug abliefern müssen. Und **bedenken Sie**, auch Transfer zum Flughafen, Einchecken, Security usw. nehmen einige Zeit in Anspruch.

Versicherungen ▶ Autoversicherungen

Zeitzonen

Zeitzonen	
Newfoundland Time	4,5 Stunden
Atlantic Time	5 Stunden
Eastern Time	6 Stunden
Central Time	7 Stunden
Mountain Time	8 Stunden
Pacific Time	9 Stunden

Die Zeitangaben für die Stunden von 0–12 Uhr mittags werden mit dem Zusatz a. m. (*ante meridiem*, lat.) bezeichnet. Die Stunden von 12–0 Uhr erhalten den Zusatz p. m. (*post meridiem*, lat.). Sommerzeit ▶ Seite 383

Zoll ▶ Einfuhrbestimmungen

🛈 CHECKLISTE REISEVORBEREITUNG

Hinweis: Die folgenden Listen verstehen sich als Gedankenstütze für die allerwichtigsten Dinge. Natürlich kann nicht jeder Spezialfall erfasst werden, ebenso werden Sie einige Punkte für sich selber als nicht notwendig einstufen. Die Ausrüstung und eventuell besondere Vorkehrungen von Reisenden, die speziellere Aktivitäten (z.B. Bergsteigen, mehrtägige Kanutouren oder Wanderungen mit Zeltübernachtung) geplant haben, können natürlich zur Sicherstellung einer allgemeinen Anwendbarkeit und Übersichtlichkeit nicht bis ins letzte Detail berücksichtigt werden.

Die Checkliste können Sie sich im DIN-A4-Format unter 🌐 www.seitnotiz.de/VI1 herunterladen.

Einige Monate vor der Reise

- ⭘ Gültigkeit Ausweise/Reisepässe kontrollieren und ggf. beantragen. Neubeantragung der Ausweispapiere dauert einige Wochen.
- ⭘ Electronic Travel Authorization (eTA) beantragen
- ⭘ Prüfen Sie die Angebote der Reisebüros. Vorab eine Internetrecherche über Flüge, Flugkosten, Fahrzeugmietkosten sind sinnvoll. Und konfrontieren Sie ruhig Ihre(n) Berater(in) im Reisebüro mit Ihrer Recherche.
- ⭘ Flugbuchung
- ⭘ ggf. Buchung Hotelzimmer für die 1. Übernachtung, da meist nach Transatlantikflügen das Fahrzeug erst am 2. Tag übernommen werden darf. Sprechen Sie diesen Aspekt auch mit Ihrem Fahrzeugvermieter ab.
- ⭘ Reservierung Fahrzeug
- ⭘ Abschluss Reiserücktrittsversicherung
- ⭘ Richtlinien fürs Gepäck, Handgepäck und Sondergepäck bei Fluggesellschaft erfragen. Bei der Gewichtskalkulation an Souvenirs oder Einkäufe denken, die Sie mit nach Hause nehmen möchten. Die Flughäfen in Kanada sind teils sehr strikt mit der Gewichtsbeschränkung der einzelnen Gepäckstücke.
- ⭘ Gültigkeit Krankenversicherung prüfen, ggf. Auslandskrankenversicherung abschließen.
- ⭘ Gültigkeit Schutzbrief ihres Automobilclubs für Ihren Auslandsaufenthalt überprüfen.
- ⭘ Erkundigen, welche Impfung/Papiere für ggf. mitreisende Haustiere nötig sind und wie sie transportiert werden müssen.

Vor der Reise

- ⭘ Tageszeitung, Brötchendienst o. Ä. abbestellen.
- ⭘ Regelmäßige Briefkastenleerung organisieren oder bei der Post lagern lassen.
- ⭘ Wohnungsschlüssel an Vertrauensperson geben und Hausmeister/Familienangehörige darüber informieren.
- ⭘ Blumengießen und ggf. Gartenpflege organisieren.
- ⭘ Alle wichtigen Rechnungen wie Strom, Telefon, Wasser, Gas, Miete, Versicherung, KFZ-Versicherung und Steuer bezahlen bzw. die Zahlungen terminieren.
- ⭘ Wertsachen wie Policen, Bargeld, Schmuck, Testament bei Bank oder Vertrauenspersonen hinterlegen.
- ⭘ Adresse und Telefonnummern des Vermieters/Hotels im Urlaubsland bei Vertrauenspersonen hinterlassen.
- ⭘ Fahrdienst zum Flughafen und Abholung vom Flughafen nach Rückkehr organisieren.
- ⭘ Alle Fenster und Türen gut verschließen, ggf. Zeitschaltung für Rollläden aktivieren und **wichtig** auch vor Abreise deren Funktion testen.
- ⭘ Bei Einfamilienhäusern Lampen mit Zeitschaltuhren versetzt für einige Stunden einschalten, damit das Haus/Wohnung nicht „unbewohnt" aussieht.
- ⭘ Heizung abstellen, Frostschutz sicherstellen.
- ⭘ Elektrogeräte, die während der Abwesenheit nicht laufen müssen, vom Stromkreis trennen, Sicherungen wenn überhaupt, dann mit Vorsicht abdrehen (Zeitschaltuhren, Kühltruhe, Kühlschrank, Licht usw. sollten funktionsfähig bleiben).
- ⭘ Gas (wenn nicht Frostschutz sichergestellt werden muss) und Wasser abdrehen.
- ⭘ Alles Verderbliche im Kühlschrank und Vorratsschrank verbrauchen
- ⭘ Müll entsorgen
- ⭘ Alle Dokumente wie Reisepass, Führerschein, Impfpass, Reiseunterlagen kopieren, Brillenpass ggf. nicht vergessen, falls die Brille zerbricht oder verlorengeht..
- ⭘ Die Telefonnummern zur Sperrung der mitgenommenen Kredit- und EC-Karten und Traveller-Schecks notieren.
- ⭘ Adresse/Telefonnummer Ihres Fahrzeugvermieters notieren.
- ⭘ Rechtzeitig kanadisches Bargeld (kleine Banknoten) bei der Bank ordern. Kurzfristig erhalten Sie CAD bei Reisebanken an

Bahnhöfen und Flughäfen gegen höhere Gebühren. Bedenken Sie bei der Höhe der Devisen: Mit der EC-Karte (Maestro-Symbol) kann an Geldautomaten in Kanada jederzeit Bargeld abgehoben werden.
- Medikamente, die kontinuierlich eingenommen werden müssen, unbedingt für die Dauer der Reise verschreiben lassen und mitnehmen. Müssen aus gesundheitlichen Gründen Spritzen ins Handgepäck, lassen Sie sich dies von Arzt bescheinigen. Für temperaturempfindliche Medikamente/Spritzen bei der Airline anfragen, welche Temperatur im Gepäckraum herrscht. Ggf. diese in speziellen Behältern transportieren.

Tipp Richten Sie einige Tage vor Reiseantritt alle wichtigen Reiseunterlagen und Papiere, damit nichts liegenbleibt, während der Vorurlaubshektik untergeht und dann vergessen wird.

Kofferpacken

Kleidungsstücke

- gut eingelaufene Wanderschuhe
- normale Schuhe
- Hausschuhe fürs Wohnmobil / Hotelzimmer
- Wanderbekleidung
- Schuhcreme/Spray
- Sonnenhut/Kappe
- Frühjahr und Herbst: Mütze, Schal und Handschuhe
- Badelatschen für die Duschen auf Campgrounds/fürs Schwimmbad
- Badebekleidung
- Socken/Strümpfe/Strumpfhosen
- Unterwäsche
- Schlafbekleidung
- Hosen/Jeans/Outdoorhosen kurz und lang
- T-Shirts
- Pullover/Strickjacke (praktisch sind Fleece-Bekleidungsstücke)
- Jogginganzug
- Jacke
- wind- und wetterfester Anorak
- ggf. für Herren: Anzug/Krawatte/Hemd
- ggf. für Damen: Kleid/Kostüm/Hosenanzug/Bluse/Schuhe
- ggf. Fahrradhelm oder sonstige Schutzkleidung für sportliche Aktivitäten
- für Camper Regenhosen/Regenjacken
- Regenschirm
- Sportausrüstung, wenn besondere Aktivitäten geplant sind (z.B. Bergtouren)

Mit Kindern unterwegs

- Sonnenhut
- Bekleidung (siehe oben)
- Gummistiefel/Wanderschuhe (gut eingelaufen)
- ggf. Einwegwindeln für die ersten 2–3 Tage
- spezielle Pflegemittel
- Kuscheltier/Kuschelkissen/Schnuller ggf. auch für den Flug
- ggf. Schlafsack
- ggf. Schwimmflügel
- altersgerechtes Spielzeug/Musik
- ggf. Kinderwagen/Buggy
- ggf. spezielle Nahrung fürs Fläschchen oder Brei mitnehmen
- ggf. kleiner Rucksack

Mit Hund/Katze unterwegs

- evtl. Lieblingsdecke
- Transportbox
- Maulkorb
- Leine
- spezielle Medizin
- Impfbescheinigung oder sonstige notwendigen Papiere (vor der Reise Infos einholen)

Pflege

- Haarbürste/Kamm
- Nagelschere/Nagelfeile
- Haarshampoo und persönliche Haar-Pflegemittel
- Duschgel und Pflegemittel Ihres täglichen Bedarfs
- Körperlotion/Creme
- Deodorant/Parfüm
- Seife
- Zahnbürste und Zahncreme
- Make up und Schminkutensilien
- Sonnencreme/Lotion
- Damenhygieneartikel
- Waschlappen
- Papiertaschentücher
- Rasierapparat (umschaltbar auf 110 V)
- Haarfön (umschaltbar auf 110 V)

Tipp Um Platz in den Koffern zu sparen, empfiehlt es sich, Pflegeprodukte in den überall erhältlichen Kleingrößen mitzunehmen. Die gängigen Pflegemittel bekommen Sie in den Drogerie-Abteilungen der Supermärkte und Drugstores in Kanada.

Medikamente

- Anti-Mücken-/Anti-Moskitomittel (evtl. erst im Reiseland besorgen, da die bei uns erhältlichen Mittel dort oft nicht schützen)*

Checklisten 393

- ○ Medikamente, die Sie täglich einnehmen müssen
- ○ ggf. Pille/Verhütungsmittel
- ○ Schmerz- und Fiebermittel★
- ○ Hustenmittel★
- ○ Nasentropfen★
- ○ Durchfallmedikament★
- ○ Mittel gegen Verstopfung★
- ○ Mittel gegen Übelkeit★
- ○ Fieberthermometer★
- ○ ggf. ein Antibiotika
- ○ Salbe/Creme gegen Sonnenbrand/Juckreiz nach Mückenstich★
- ○ Salbe/Creme gegen Prellungen★
- ○ Kleines Erste-Hilfe-Set (Wundpuder oder -creme, Pflaster, Mullbinden, elastische Binde, steriles Verbandmaterial, Verbandschere). Wohnmobilvermieter stellen in manchen Fällen ein solches Set bereit, ggf. absprechen.★

★ *Diese Mittel bekommen Sie auch frei verkäuflich in Kanada in jedem Supermarkt.*

Sonstiges
- ○ Reisebügeleisen (umschaltbar auf 110 V)
- ○ Adapter für Stromanschluss (Wichtig, da Adapter in Kanada nur schwer zu finden sind)
- ○ Spiele/Musik/Bücher
- ○ Reisewecker
- ○ Sonnenbrillen
- ○ Nähzeug
- ○ Reisewaschpaste
- ○ einige Wäscheklammern und Schnur
- ○ Fernglas
- ○ Fotoapparat/Digitalkamera
- ○ ggf. Laptop und Zubehör
- ○ ggf. DVDs oder CD-ROMs zum Sichern der Urlaubsfotos
- ○ Mobiltelefon und Zubehör
- ○ ggf. Telefonkarte (Sinnvoll als Mobiltelefon-Ersatz für die teils großen Funklöcher)
- ○ Rucksack
- ○ ggf. Wanderstöcke
- ○ ggf. Taschenlampe
- ○ wenn nötig Batterien, diese sind in Nordamerika teuer
- ○ Schreibzeug und „Tagebuch", wichtig für den Nachurlaub
- ○ Kartenmaterial (Zumindest eine detailliertere Straßenkarte des Reisegebietes sollten Sie mitführen.)
- ○ Telefonnummern/Adressenliste für die Telefonate/Ansichtskarten aus Ihrem Urlaubsland
- ○ Reiseführer
- ○ ggf. Wörterbuch
- ○ Für Wohnmobilfahrer: Einmalhandschuhe für die Sanidump-Station. Sind auch in Kanada zu bekommen, allerdings meist wesentlich teurer.

!**Tipp** Für Reisende mit elektronischen Geräten, die während des Urlaubs aufgeladen werden müssen, empfiehlt es sich, entsprechende Anschlüsse für den Zigarettenanzünder (12-Volt-Anschluss) mitzunehmen. Dadurch können die Geräte während der Fahrt und unabhängig von Stromanschlüssen auf den Campingplätzen aufgeladen werden. Die 12-Volt-Anschlüsse sind baugleich mit den bei uns üblichen.

Ersteinkauf Wohnmobilfahrer
- ○ Brot/Kuchen
- ○ Butter/Margarine
- ○ Wurst
- ○ Fleisch/Fisch
- ○ Käse
- ○ Obst
- ○ Gemüse
- ○ Kartoffeln/Nudeln/Reis
- ○ Salate, Fertigsalat als praktische Alternative
- ○ Fertig-Salatsoßen oder Essig/Öl
- ○ ggf. Ketchup/Remoulade
- ○ Konserven
- ○ Knabbereien
- ○ Kaffee/Kaffeefilter/Tee
- ○ Gewürze
- ○ Eier (**Tipp:** Geschmacksempfindliche sollten besser keine Omega-3-Eier kaufen, Geruch und Geschmack sind sehr „speziell".)
- ○ Zucker
- ○ Milch/Milchprodukte
- ○ ggf. Mehl
- ○ Marmelade/Honig/Kakaocreme
- ○ Müsli/Cornflakes
- ○ Küchentücher
- ○ Alufolie
- ○ Frischhaltefolie
- ○ Gefrierbeutel
- ○ Alu-Schalen/Einweggeschirr zum Grillen
- ○ Grillanzünder
- ○ Getränke
- ○ Springwater (zum Kochen, möglichst Kanister à 4 l kaufen und an Trinkwasserzapfstellen immer wieder auffüllen. Die größeren Behälter sind nicht immer handlich und gefüllt natürlich schwer.)
- ○ ggf. Mineralwasser
- ○ Saft
- ○ Alkoholhaltige Getränke (im Liquor Store besorgen)
- ○ evtl. Spülmittel (ist in Wohnmobilen meist schon vorhanden.)
- ○ Toilettenpapier (falls nicht vorhanden, beim Vermieter kaufen, da es spezielles, gut abbaubares Papier sein muss, das

meist in Supermärkten nicht zu finden ist. Nachschub bekommen Sie z.B. in den angeschlossenen Shops auf privaten Campgrounds oder RV-Supply-Shops.)

Hinweis Wenn Sie keine durchgehende Kühlung der Lebensmittel in Ihrem Fahrzeug sicherstellen können, sollte vom Einkauf leicht verderblicher Waren abgesehen werden. Dann wird Ihnen nichts anderes übrig bleiben, als eben öfter mal „shoppen" zu gehen. Wenn das Tiefkühlfach Ihres Kühlschranks sicher funktioniert, greifen Sie ruhig zu und kaufen Sie Fleisch/Würstchen in den überall erhältlichen Großpackungen und frieren Sie diese portionsweise ein.

Anmerkung Das Angebot an Fertiggerichten und Salatmischungen ist reichhaltig. Sollten Sie festes Brot bevorzugen und im Supermarkt finden, schlagen Sie zu. Alternativ haben sich Toaster für den Gasherd (erhältlich in Supermärkten oder bei den Wohnmobilvermietern) bewährt, diese werden auf die Gasplatten aufgesetzt und das kanadische „Weich"-brot damit getoastet. Einen mit Strom betriebenen Toaster können Sie natürlich bei externem Stromanschluss auch nutzen, dieser muss aber in den meisten Fällen entweder zusätzlich gemietet oder gekauft werden. Dies gilt auch für eine Kaffeemaschine. Bei Übernachtung auf den naturnahen Campgrounds fehlt meist der externe Stromanschluss und Sie müssen Ihren Kaffee nach herkömmlicher Art aufbrühen.

Achtung: Da sich die Bestimmungen für die Mitnahme von Lebensmittel immer wieder ändern, raten wir, keine Lebensmittel nach Kanada einzuführen. Weitere Infos:
- www.cbsa-asfc.gc.ca
- www.inspection.gc.ca

Tipp für Wohnmobilfahrer Durch die Vielzahl an Mietern hat sich mit Sicherheit schon das eine oder andere Zubehör angesammelt. Überprüfen Sie daher vor Ihrem Ersteinkauf den „Bestand" an Verbrauchsmaterialien (z.B. Salz, Pfeffer, Putzmittel) und überlegen Sie, was Sie davon weiter benutzen möchten. Im Gegenzug wird es gerne gesehen, wenn Sie Restbestände im Wagen belassen. Dies gilt natürlich nicht für verderbliche Ware, unhygienische Verpackungen etc. Manche Wohnmobilvermieter spenden die zurückgelassenen (ungeöffneten) Lebensmittel an Hilfsorganisationen

SPRACHHILFE

Englisch	Deutsch	Deutsch	Englisch
Accelerate	Beschleunigen	Abblendlicht	High beam
Accident	Unfall, Missgeschick	Abblendlicht	Low beam
Adult	Erwachsener	Abblendschalter	Dimmer switch
Air condition	Klimaanlage	Abdichten, Dichtung	Seal
Air filter	Luftfilter	Abendessen	Dinner
Air pressure	Luftdruck	Abfall	Waste
Alternator	Lichtmaschine	Abkürzung für Highway	Hwy
Ambulance	Krankenwagen	Abschleppseil	Tow rope
Appetizer	Vorspeise	Abschleppzone	Tow away zone
Apple	Apfel	Absolutes Halteverbot	No stopping any time
Asparagus	Spargel	Abwasser	Sewage
apricots	Aprikosen	Abwassertank	Waste water tank
ATM – Automatic teller machine	Geldautomat	Abzweigung, Kreuzung	Junction
Avalanche	Lawine	Achse	Axle
Ave	Avenue	Achtung, Vorsicht	Caution
Axle	Achse	Anlasser	Starter
B&B	Bed & Breakfast (Privatpension)	Anschluss für Abwasser, Wasser, Strom	Hook up/Full hook up
Bacon	Schinkenspeck	Anschluss für Abwasser, Wasser, Strom	Full hook up
Bagel	Rundes Brötchen, in der Mitte ein Loch	Anschnallen	To buckle up
Band aid	Wund-Pflaster	Anschnallgurt/Sicherheitsgurt	Safety belt
Barbecue	Grill	Apfel	Apple
Bathroom	Badezimmer	Apotheke	Drugstore/pharmacy
Beach	Strand	Aprikosen	apricots
Beans	Bohnen	Armaturenbrett	Dashboard
Beef	Rind	Armaturenbrett	Instrument panel
beer	Bier	auch für: Kilometer	Kliok
Bill	Rechnung	Auflieger-Anhänger	Fifth-Wheel-Trailer
Biscuit	Zwieback- oder Keks-Gebäck	Aufnehmen, jdn. abholen	Pick-up
Black water	Schmutzwasser	Ausgang	Exit
Blanket	Bettdecke	Auspuff	Exhaust
Blueberry	Blaubeere	Auspuff	Muffler
Body	Karosserie	Aussichtspunkt	Lookout
Boiled eggs	Gekochte Eier	Aussichtspunkt	Viewpoint
Boiled	Gekocht	Avenue	Ave
Bolt	Schraube	Bach	Creek
Box office	Kasse (Theater, Kino usw.)	Backofen	Oven
Brake lining	Bremsbelag	Badezimmer	Bathroom
Brake	Bremse	Batterie laden	To charge the battery
Bread	Brot	Baustelle	Construction area
Breakdown	Panne	Baustelle	Road construction
Breakfast	Frühstück	Bed & Breakfast (Privatpension)	B&B
Broiled	Gebraten	Benzin	Gas, gasoline
Broken	Defekt, kaputt	Benzin, bleifrei	Gas, unleaded
Brunch	Spätes Frühstück	Benzinpumpe	Fuel pump
Bulb	Glühbirne	Benzinuhr	Fuel gauge
Bump	Bodenwelle	Bergkette	Range

Englisch	Deutsch	Deutsch	Englisch
Bumper	Stoßstange	Bergrücken, Bergkamm	Ridge
Blvd	Boulevard	Beschädigt	Damaged
Cabbage	Kohl, Kraut	Beschleunigen	Accelerate
Cable	Kabel	Besteck	Cutlery
Campground	Campingplatz	Betreten verboten	Do not enter
Caravan	Wohnwagen	Bettdecke	Blanket
Carburettor	Vergaser	Bettzeug	Linen
carrot	Karotte	Bier	beer
Cattle	Rinder	Birne	Pear
Cauliflower	Blumenkohl	Blaubeere	Blueberry
Caution	Achtung, Vorsicht	Blinker	Indicator
Cave	Höhle	Blumenkohl	Cauliflower
Cereals	Cornflakes jeder Geschmacksrichtung	Bodenwelle	Bump
Chemical toilet	Chemische Toilette	Bodenwelle	Dip
cherries	Kirschen	Bohnen	Beans
chicken (fried chicken)	Hähnchen (Brathähnchen)	Bordsteinkante	Curb
clams	Muscheln	Boulevard	Blvd
Clutch	Kupplung	Bremsbelag	Brake lining
Coffee cake	Keks	Bremse	Brake
Coin laundry	Münzwaschsalon	Brot	Bread
Construction area	Baustelle	Brötchen	Rolls
Continental Breakfast	Einfaches Frühstück mit Marmelade	Bucht	Cove
Corn	Mais	Campingplatz	Campground
Cottage	Landhaus	Campingplatz nur für Wohnmobile	RV Park
Courthouse	Gerichtsgebäude	Chemische Toilette	Chemical toilet
Cove	Bucht	Cornflakes jeder Geschmacksrichtung	Cereals
cod	Kabeljau	Danke	Thank you
Crankshaft	Kurbelwelle	Defekt, kaputt	Broken
crab	Krabbe	Destilliertes Wasser	Destilled water
Crash	Unfall	Dichtung	Gasket
Cream	Kaffeesahne	Diesel	Gasoil
Creek	Bach	Doppelzimmer	Double room
Crossing	Übergang, Kreuzung	Durchgangsverkehr	Thru traffic
Cucumber	Gurke	Dusche	Shower
Curb	Bordsteinkante	Düse	Nozzle
Current	Elektrischer Strom	Eier	Eggs
Cutlery	Besteck	Einbahnstraße	One way
Cylinder head	Zylinderkopf	Einbahnstraße	One way (street)
Damaged	Beschädigt	Einfaches Frühstück mit Marmelade	Continental Breakfast
Danger	Gefahr	Eingeschränkte Sicht	Vision limited
Danish bread	Kleingebäck	Einkaufszone	Mall
Dashboard	Armaturenbrett	Einspritzpumpe	Injection pump
Dead end	Sackgasse	Einzelzimmer	Single room
decaf	koffeinfreier Kaffee	Eisenbahn	Railway
Destilled water	Destilliertes Wasser	Eisenbahnübergang	RR X-ing
Detergent	Waschpulver	Elektrischer Strom	Current
Detour	Umleitung	Elektrizität, Strom	Electricity/current

Sprachhilfe 397

Englisch	Deutsch	Deutsch	Englisch
Dinner	Abendessen	Ende der Geschwindigkeitsbeschränkung	Resume speed
Dimmer switch	Abblendschalter	Enge Bergschlucht, Durchbruch	Gap
Dip stick	Ölmessstab	Entschuldigung	Sorry
Dip	Bodenwelle	Erbsen	Peas
Discount	Preisnachlass	Erdbeere	Strawberry
Do not enter	Betreten verboten	Erdgeschoss	First floor
Do not pass	Überholverbot	Erdnussbutter	Peanut Butter
Door	Tür	Erlaubnisschein	Permit
Double room	Doppelzimmer	Ersatzreifen/Ersatzrad	Spare tire
Driver's license	Führerschein	Ersatzteil	Spare part
Drugstore/pharmacy	Apotheke	Erwachsener	Adult
Dryer	Wäschetrockner	Fahrbahn gesperrt	Lane closed
Dry toilet	Trockentoilette	Falsche Fahrtrichtung, Einfahrt verboten	Wrong way
Dump station	Stelle zum Leeren der Abwassertanks	Feder	Spring
Eggs	Eier	Feldsalat, Rapunzel	Lettuce
Electricity/current	Elektrizität, Strom	Felge	Rim
Elevator	Lift	Fest, eng	Tight
Emergency call	Notruf	Feuer- und Grillstelle	Fire place
Empty	Leer	Feuerlöscher	Fire extinguisher
Engine	Motor	Flaches, halbiertes Milchbrötchen	English muffin
English muffin	Flaches, halbiertes Milchbrötchen	Forelle	trout
Entrée	Hauptgericht	Forststraße	Logging Road
Exchange rate	Wechselkurs	Freizeitanlage meist mit Übernachtungsmöglichkeit	Resort
Exhaust/muffler	Auspuff	Frittiert, häufig paniert	Fried
Exit	Ausgang	Frühstück	Breakfast
Falling rocks	Steinschlag	Führer	Guide
Falls	Wasserfall	Führerschein	Driver's license
Fan belt	Keilriemen	Funken	Spark
Fan	Ventilator	Fußgänger	Pedestrian
Fender	Kotflügel	Fußgänger kreuzen	Peds X-ing
Fifth-Wheel-Trailer	Auflieger-Anhänger	Fußgänger-Übergang, Kreuzung	X-ing
Fire extinguisher	Feuerlöscher	Gang, Getriebe, Ausrüstung	Gear
Fire place	Feuer- und Grillstelle	Gebraten	Broiled
First-aid kit	Verbandskasten	Gebührenfreie Telefonnummer	Toll free number
First floor	Erdgeschoss	Gedünstet	Souteed
Flagman ahead	Vorsicht Straßenarbeiter	Gefahr	Danger
Flour	Mehl	Gefälle	Grade
French fries	Pommes Frites	gegrillt	Grilled
Fridge, refrigerator	Kühlschrank	Gekocht	Boiled
Fried	Frittiert, häufig paniert	Gekochte Eier	Boiled eggs
Fuel gauge	Benzinuhr	gekochter Schinken	Ham
Fuel pump	Benzinpumpe	Geld abheben	Withdraw Money
Full hook up	Anschluss für Abwasser, Wasser, Strom	Geldautomat	ATM – Automatic teller machine
Fuse	Sicherung	Gemüse	Vegetable
Game crossing	Wildwechsel	Generator, Lichtmaschine	Generator

Englisch	Deutsch	Deutsch	Englisch
Gap	Enge Bergschlucht, Durchbruch	Gepäck	Luggage
Garage	Werkstatt	Gerichtsgebäude	Courthouse
Garbage	Müll, Abfall	Geschwindigkeit	Speed
Garlic	Knoblauch	Geschwindigkeitsbeschränkung	Speed limit
Gas station	Tankstelle	Getriebe	Transmission
Gas, gasoline	Benzin	Getriebe	Gear box
Gasket	Dichtung	Gletscher	Glacier
Gasoil	Diesel	Gletscher	Icefield
Gas, unleaded	Benzin, bleifrei	Glühbirne	Light bulb
Gate	Tor, Einfahrt National Park	Glühbirne	Bulb
Gear box	Getriebe	Goods & Service Tax = Umsatzsteuer	GST
Gear	Gang, Getriebe, Ausrüstung	Grill	Barbecue
Generator	Generator, Lichtmaschine	Gurke	Cucumber
Guide	Führer	Hähnchen (Brathähnchen)	chicken (fried chicken)
Glacier	Gletscher	Halten nur Ein-und Aussteigen erlaubt	Passenger loading zone
Grade	Gefälle	Handbremse	Parking brake
grapes	Trauben	Handtuch	Towel
Gravelroad	Schotterstraße	Hauptgericht	Entrée
Gray (grey) water	Wasch- und Spülwasser	Hebel	Lever
Great divide	Wasserscheide	Heilbutt	halibut
Grilled	gegrillt	Heiße Quellen	Hot Springs
GST	Goods & Service Tax = Umsatzsteuer	Heizung	Heating
halibut	Heilbutt	Höchstgeschwindigkeit	Maximum Speed
Ham	gekochter Schinken	Höhle	Cave
Handicapped parking	Parken nur für Behinderte	Hügel	Hill
Head gasket	Zylinderkopfdichtung	Hummer	lobster
Headlight	Scheinwerfer	Hupe	Horn
Heating	Heizung	In den Verkehr einfädeln	Merge
High beam	Abblendlicht	Insel	Island
Hiking trail	Wanderweg	Kabel	Cable
Hill	Hügel	Kabeljau	cod
Hood	Motorhaube	Kaffeesahne	Cream
Hook up/Full hook up	Anschluss für Abwasser, Wasser, Strom	Kardangelenk	Universal joint
Horn	Hupe	Karosserie	Body
Hose	Schlauch	Karotte	carrot
Hot Springs	Heiße Quellen	Kartoffeln	Potatoes
Hub cap	Radkappe	Kasse (Theater, Kino usw.)	Box office
Hwy	Abkürzung für Highway	Keilriemen	Fan belt
Icefield	Gletscher	Keks	Coffee cake
Ignition key	Zündschlüssel	Kilometer pro Stunde	Kph
Ignition lock	Zündschloss	Kirschen	cherries
Indicator	Blinker	Kleingebäck	Danish bread
Injection pump	Einspritzpumpe	Klimaanlage	Air condition
Instrument panel	Armaturenbrett	Knoblauch	Garlic
Interpretive Programm	Veranstaltung, Vortrag	koffeinfreier Kaffee	decaf
Island	Insel	Kofferraum	Trunk
Jacuzzi	Whirlpool	Kohl, Kraut	Cabbage
Jack	Wagenheber	Kotflügel	Fender

Sprachhilfe

Englisch	Deutsch	Deutsch	Englisch
Jam	Marmelade	Krabbe	crab
juice	Saft	Krankenwagen	Ambulance
Junction	Abzweigung, Kreuzung	Kühler	Radiator
Keep off	Nicht befahren oder betreten	Kühlschrank	Refrigerator, fridge
Key	Schlüssel	Kühlschrank	Fridge, refrigerator
Klick	auch für: Kilometer	Kupplung	Clutch
Kph	Kilometer pro Stunde	Kurbelwelle	Crankshaft
Lake	See	Kürbis	Pumpkin
Lane closed	Fahrbahn gesperrt	kurvenreiche Straße	Winding road
Laundromat	Waschmaschine und Trockner	Kurzer Lehrpfad im Naturpark	Self-guiding trail
Laundry	Wäscherei	Kurzschluss	Short, short circuit
Leaky	Undicht	Lachs	Salmon
lemmon	Zitronen	Ladezone	Loading zone
Lettuce	Feldsalat, Rapunzel	Landhaus	Cottage
Lever	Hebel	Langsame Fahrzeuge rechts fahren	Slower traffic keep right
License plate	Nummernschild	Langsamer fahren	Reduce speed
Light bulb	Glühbirne	Lawine	Avalanche
Linen	Bettzeug	Leer	Empty
Loading zone	Ladezone	Lenkung	Steering
lobster	Hummer	Lichtmaschine	Alternator
Lodge	Rustikales Hotel, Haus	Lift	Elevator
Locker	Schließfach	Lose	Loose
Logging Road	Forststraße	Luftdruck	Air pressure
Lookout/Viewpoint	Aussichtspunkt	Luftfilter	Air filter
Loose connection	Wackelkontakt	Mais	Corn
Loose	Lose	Marmelade	Jam
Low beam	Abblendlicht	Maut	Toll
Luggage	Gepäck	Mautstation	Toll plaza
Lunch	Mittagessen	Meeresfrüchte	seafood
Maid	Zimmermädchen	Mehl	Flour
Mall	Einkaufszone	Meilen pro Stunde	Mph
Maximum Speed	Höchstgeschwindigkeit	Milch	Milk
Median	Mittelstreifen	Mittagessen	Lunch
Menu	Speisekarte	Mittelstreifen	Median
Men working	Straßenarbeiten	Motor	Engine
Merge	In den Verkehr einfädeln	Motorhaube	Hood
Milk	Milch	Müll, Abfall	Garbage
Motorhome	Wohnmobil	Münzwaschsalon	Coin laundry
Mph	Meilen pro Stunde	Muscheln	clams
Muffler	Auspuff	Nachfüllen (Kaffee)	Refill
Mushrooms	Pilze	National Park	NP, National Park
Narrow bridge/narrow Road	Schmale Brücke/enge Straße	Nicht befahren oder betreten	Keep off
No passing	Überholverbot	Notcampingplatz	Overflow camping
No stopping any time	Absolutes Halteverbot	Notruf	Emergency call
No thru road	Sackgasse	Nudel	Noodle
No U-turn	Wenden verboten	Nummernschild	License plate
Noodle	Nudel	Öl	Oil
Nozzle	Düse	Ölmessstab	Dip stick
NP, National Park	National Park	Ölstand prüfen	To check the oil
Nut	Schrauben-Mutter	Ölwechsel	Oil change

Englisch	Deutsch	Deutsch	Englisch
Oil change	Ölwechsel	Panne	Breakdown
Oil	Öl	Paprika (rot & grün)	Pepper (red & green)
One way (street)	Einbahnstraße	Parkaufseher, Wildhüter	Warden
One way	Einbahnstraße	Parkaufseher, Wildhüter	Ranger
Onion	Zwiebel	Parken nur für Behinderte	Handicapped parking
Oven	Backofen	Parkplatz	Parking lot
Over easy (eggs)	Von beiden Seiten gebraten	Parkuhr	Parking meter
Overflow camping	Notcampingplatz	Petersilie	Parsley
Pancake	Pfannenkuchen	Pfad, Weg	Trail
Parking brake	Handbremse	Pfannenkuchen	Pancake
Parking lot	Parkplatz	Pfirsich	Peach
Parking meter	Parkuhr	Pflanze	Plant
Parsley	Petersilie	Pflaume	Plum
Passenger loading zone	Halten nur Ein-und Aussteigen erlaubt	Picknickplatz	Picnic area
Peach	Pfirsich	Pilze	Mushrooms
Peanut Butter	Erdnussbutter	Platz	Square
Pear	Birne	Pochierte Eier	Poached eggs
Peas	Erbsen	Pommes Frites	French fries
Pedestrian	Fußgänger	Preisnachlass	Discount
Peds X-ing	Fußgänger kreuzen	Propangas	Propane
Pepper (red & green)	Paprika (rot & grün)	Provinzial Park	PP, Provincial Park
Permit	Erlaubnisschein	Provinzsteuer	PST, Provincial Tax
Pick-up	Aufnehmen, jdn. abholen	Pumpe	Pump
Picnic area	Picknickplatz	Rad	Wheel
Plant	Pflanze	Radieschen	radish
Pliers	Zange	Radkappe	Hub cap
Plug in	Stromanschluss	Radmutter, Radschraube	Wheel-nut
Plug	Stecker	Rastplatz	Rest area
Plum	Pflaume	Rechnung	Bill
Poached eggs	Pochierte Eier	Recreation vehicle (Wohnwagen)	RV
pork	Schwein	Regionalpark	RP Regional Park
Potatoes	Kartoffeln	Reifen	Tire, tyre
PP, Provincial Park	Provinzial Park	Reifendruck	Tire pressure
Propane	Propangas	Reis	Rice
PST, Provincial Tax	Provinzsteuer	Reparieren	Repair
Pump	Pumpe	Rind	Beef
Pumpkin	Kürbis	Rinder	Cattle
Rafting	Wildwasserfahrt	Roggen	Rye
Radiator	Kühler	Roggen-Toast	Toast – rye
radish	Radieschen	Rosinenbrot	Raisin bread
Railway	Eisenbahn	Royal Canadian Mounted Police, Bundespolizei	RCMP
Raisin bread	Rosinenbrot	Rücklicht	Tail light
Range	Bergkette	Rückspiegel	Rear-view mirror
Ranger	Parkaufseher, Wildhüter	Rührei	Scrambled eggs
Rapids	Stromschnellen	Rundes Brötchen, in der Mitte ein Loch	Bagel
RCMP	Royal Canadian Mounted Police, Bundespolizei	Rustikales Hotel, Haus	Lodge
Rear-view mirror	Rückspiegel	Rutschgefahr bei Nässe	Slippery when wet

Englisch	Deutsch	Deutsch	Englisch
Reduce speed	Langsamer fahren	Sackgasse	Dead end
Refill	Nachfüllen (Kaffee)	Sackgasse	No thru road
Refrigerator, fridge	Kühlschrank	Saft	juice
Repair	Reparieren	Salz	Salt
Resort	Freizeitanlage meist mit Übernachtungsmöglichkeit	Sauerteigbrot	Sourdough bread
Rest area	Rastplatz	Schalter	Switch
Rest room	Toilette, Waschraum	Scheibenwischer	Wiper
Restricted parking zone	Zeitlich begrenztes Parken	Scheinwerfer	Headlight
Resume speed	Ende der Geschwindigkeitsbeschränkung	Scheinwerfer einschalten	Turn on headlights
Rice	Reis	Schinkenspeck	Bacon
Ridge	Bergrücken, Bergkamm	Schlafsack	Sleeping bag
Right of way	Vorfahrt	Schlauch	Hose
Rim	Felge	Schlauchlos	Tubeless
Road construction	Baustelle	Schlechte Wegstrecke	Rough road
Rolls	Brötchen	Schließfach	Locker
Room-service	Zimmerservice	Schlüssel	Key
Rough road	Schlechte Wegstrecke	Schmale Brücke/enge Straße	Narrow bridge/narrow Road
RP Regional Park	Regionalpark	Schmutzwasser	Black water
RR X-ing	Eisenbahnübergang	Schotterstraße	Gravelroad
RV (recreational vehicle)	Wohnmobil, Camper	Schraube	Screw
RV Park	Campingplatz nur für Wohnmobile	Schraube	Bolt
RV	Recreation vehicle (Wohnwagen)	Schrauben-Mutter	Nut
Rye	Roggen	Schraubenschlüssel	Wrench
Safety belt	Anschnallgurt/Sicherheitsgurt	Schraubenzieher	Screwdriver
Salmon	Lachs	Schwein	pork
Salt	Salz	See	Lake
Sani station/Sanidump Station	Stelle zum Leeren des Abwassertanks	Seife	Soap
Sausage	Würstchen	Selbstregistrierung	Self registration
Scrambled eggs	Rührei	Sicherung	Fuse
Screw	Schraube	Spargel	Asparagus
Screwdriver	Schraubenzieher	Spätes Frühstück	Brunch
seafood	Meeresfrüchte	Speisekarte	Menu
Seal	Abdichten, Dichtung	Spiegelei	Sunny side up (eggs)
Self-guiding trail	Kurzer Lehrpfad im Naturpark	Spinat	spinach
Self registration	Selbstregistrierung	Starkes Gefälle/Steigung	Steep hill
Service station	Tankstelle	Steak m. Knochen	T-bone steak
Sewage	Abwasser	Steaks etwas mehr angebraten	Steaks medium
Short, short circuit	Kurzschluss	Steaks gegrillt	Steaks grilled
Shower	Dusche	Steaks gut durchgebraten	Steaks well done
Single room	Einzelzimmer	Steaks wenig angebraten	Steaks rare
Site	Stellplatz	Stecker	Plug
Sleeping bag	Schlafsack	Steil	Steep
Slippery when wet	Rutschgefahr bei Nässe	Steinschlag	Falling rocks
Slower traffic keep right	Langsame Fahrzeuge rechts fahren	Stelle zum Leeren der Abwassertanks	Dump station
Soap	Seife	Stelle zum Leeren des Abwassertanks	Sani station/Sanidump Station

Englisch	Deutsch	Deutsch	Englisch
Sorry	Entschuldigung	Stellplatz	Site
Sourdough bread	Sauerteigbrot	Stoßstange	Bumper
Soup	Suppe	Strafzettel/Eintrittskarte	Ticket
Souteed	Gedünstet	Strand	Beach
Spare part	Ersatzteil	Straßenarbeiten	Men working
Spare tire	Ersatzreifen/Ersatzrad	Stromanschluss	Plug in
Spark plug	Zündkerze	Stromschnellen	Rapids
Spark	Funken	Suppe	Soup
Speed limit	Geschwindigkeitsbeschränkung	Tachometer	Speedometer
Speed	Geschwindigkeit	Tal	Valley
Speeding	Zu schnelles Fahren	Tank	Tank
Speedometer	Tachometer	Tankdeckel	Tank cap
spinach	Spinat	Tankstelle	Gas station
Square	Platz	Tankstelle	Service station
Spring	Feder	Thermostat	Thermostat
Starter	Anlasser	Thunfisch	tuna
Steaks rare	Steaks wenig angebraten	Toilette	Washroom
Steaks medium	Steaks etwas mehr angebraten	Toilette, Waschraum	Rest room
Steaks well done	Steaks gut durchgebraten	Tomaten	tomatoes
Steaks grilled	Steaks gegrillt	Tor, Einfahrt National Park	Gate
Steep	Steil	Trauben	grapes
Steep hill	Starkes Gefälle/Steigung	Trinkgeld	Tip
Steering	Lenkung	Trockentoilette	Dry toilet
Strawberry	Erdbeere	Truthahn	turkey
Sugar	Zucker	Tür	Door
Sunny side up (eggs)	Spiegelei	Übergang, Kreuzung	Crossing
Switch	Schalter	Überholverbot	Do not pass
T-bone steak	Steak m. Knochen	Überholverbot	No passing
Tail light	Rücklicht	Umleitung	Detour
Tailgating	Zu dichtes Auffahren	Undicht	Leaky
Tank cap	Tankdeckel	Unfall	Crash
Tank	Tank	Unfall, Missgeschick	Accident
Tap	(Wasser-)Hahn	Ventil	Valve
Tent	Zelt	Ventilator	Fan
Thank you	Danke	Veranstaltung, Vortrag	Interpretive Programm
Thermostat	Thermostat	Verbandskasten	First-aid kit
Thru traffic	Durchgangsverkehr	Vergaser	Carburettor
Ticket	Strafzettel/Eintrittskarte	Verkehrsampel	Traffic lights
Tight	Fest, eng	Voll tanken	To fill it up
Tip	Trinkgeld	Vollkornbrot	Wholewheat Bread
Tire pressure	Reifendruck	Von beiden Seiten gebraten	Over easy (eggs)
Tire, tyre	Reifen	Vorfahrt	Right of way
To buckle up	Anschnallen	Vorfahrt beachten	Yield
To charge the battery	Batterie laden	Vorsicht Steinschlag	Watch for rocks
To check the oil	Ölstand prüfen	Vorsicht Straßenarbeiter	Flagman ahead
To fill it up	Voll tanken	Vorsicht Vieh	Watch for lifestock
To make an U-turn	Wenden	Vorspeise	Appetizer
Toast – rye	Roggen-Toast	Wackelkontakt	Loose connection
Toast – wheat	Weizen-Toast	Waffeln	Waffles
Toll plaza	Mautstation	Wagenheber	Jack
Toll	Maut	Wanderweg	Hiking trail

Sprachhilfe

Englisch	Deutsch	Deutsch	Englisch
Toll free number	Gebührenfreie Telefonnummer	Wasch- und Spülwasser	Gray (grey) water
tomatoes	Tomaten	Wäscherei	Laundry
Tool kit	Werkzeugkasten	Wäschetrockner	Dryer
Tool	Werkzeug	Waschmaschine und Trockner	Laundromat
Tow away zone	Abschleppzone	Waschpulver	Detergent
Tow rope	Abschleppseil	(Wasser)-Hahn	Tap
Towel	Handtuch	Wasserfall	Falls
Traffic lights	Verkehrsampel	Wasserpumpe	Water pump
Trail	Pfad, Weg	Wasserscheide	Great divide
Transmission	Getriebe	Wechselkurs	Exchange rate
trout	Forelle	Wein	wine
Trunk	Kofferraum	Weizen	Wheat
Tubeless	Schlauchlos	Weizen-Toast	Toast – wheat
tuna	Thunfisch	Wenden	U-turn
turkey	Truthahn	Wenden	To make an U-turn
Turn on headlights	Scheinwerfer einschalten	Wenden verboten	No U-turn
Universal joint	Kardangelenk	Werkstatt	Garage
U-turn	Wenden	Werkzeug	Tool
Valley	Tal	Werkzeugkasten	Tool kit
Valve	Ventil	Whirlpool	Jacuzzi
Vacancy	Zimmer frei	Wildwasserfahrt	Rafting
Vegetable	Gemüse	Wildwechsel	Game crossing
Viewpoint	Aussichtspunkt	Windschutzscheibe	Windscreen/Windshield
Vision limited	Eingeschränkte Sicht	Wohnmobil	Motorhome
Waffles	Waffeln	Wohnmobil, Camper	RV (recreational vehicle)
Warden	Parkaufseher, Wildhüter	Wohnwagen	Caravan
Washroom	Toilette	Wund-Pflaster	Band aid
Waste water tank	Abwassertank	Würstchen	Sausage
Waste	Abfall	Zange	Pliers
Watch for lifestock	Vorsicht Vieh	Zeitlich begrenztes Parken	Restricted parking zone
Watch for rocks	Vorsicht Steinschlag	Zelt	Tent
Water pump	Wasserpumpe	Zeltplatz in der Wildnis	Wilderness Campground
Wheat	Weizen	Zimmer frei	Vacancy
Wheel	Rad	Zimmermädchen	Maid
Wheel-nut	Radmutter, Radschraube	Zimmerservice	Room-service
Wholewheat Bread	Vollkornbrot	Zitronen	lemmon
Wilderness Campground	Zeltplatz in der Wildnis	Zu dichtes Auffahren	Tailgating
Winding road	kurvenreiche Straße	Zu schnelles Fahren	Speeding
Windscreen/Windshield	Windschutzscheibe	Zucker	Sugar
wine	Wein	Zündkerze	Spark plug
Wiper	Scheibenwischer	Zündschloss	Ignition lock
Withdraw Money	Geld abheben	Zündschlüssel	Ignition key
Wrench	Schraubenschlüssel	Zwieback- oder Keks-Gebäck	Biscuit
Wrong way	Falsche Fahrtrichtung, Einfahrt verboten	Zwiebel	Onion
X-ing	Fußgänger-Übergang, Kreuzung	Zylinderkopf	Cylinder head
Yield	Vorfahrt beachten	Zylinderkopfdichtung	Head gasket

🆘 SPRACHHILFE – MEDIZIN

Englisch	Deutsch	Deutsch	Englisch
Accident	Unfall	Apotheke	Drugstore/pharmacy
Back ache	Rückenschmerzen	Augenarzt	Eye specialiste
Band aids	Pflaster	Bein	Leg
Bandage	Verband	Bescheinigung/Attest	Certification
Blood presure	Blutdruck	Bewusstlos	Unconscious
Brain concussion	Gehirnerschütterung	Bienenstich	Sting of a bee
Brocken	Gebrochen	Blutdruck	Blood presure
Certification	Bescheinigung/Attest	Chirurg	Surgeon
Circulatory disturbance	Kreislaufstörung	Dermatologe/Hautarzt	Dermathologist
Cold	Erkältung	Durchfall	Diarrhoea
Constipation	Verstopfung	Erkältung	Cold
Cough	Husten	Erste Hilfe	First aid
Dentist	Zahnarzt	Entzündung	Inflammation
Dermathologist	Dermatologe/Hautarzt	Fieber	Fever
Diarrhoea	Durchfall	Fuß	Foot
Disease	Krankheit	Gift	Poison
Dizziness	Schwindel	Geschwulst	Jaundice
Drugstore/pharmacy	Apotheke	Grippe	Influenza
Ear ache	Ohrenschmerzen	gebrochen	brocken
Emergency service	Notdienst	Gehirnerschütterung	Brain concussion
ENT-Doctor	HNO-Arzt	Geschwollen	Swollen
Eye specialiste	Augenarzt	Gynäkologe	Gynaecologist
Fever	Fieber	Halsschmerzen	Sore Throat
First aid	Erste Hilfe	Herzanfall	Heart attack
Foot	Fuß	HNO-Arzt	ENT-Doctor
General practicioner	Praktischer Arzt	Husten	Cough
Gynaecologist	Gynäkologe	Internist	Spezialist internal diseases
Head ache	Kopfschmerzen	Kinderarzt	Paediatrician
Heart attack	Herzanfall	Krankheit	Disease
Indigestion	Verdauungsstörung	Krankenschwester	Nurse
Inflammation	Entzündung	Kopfschmerzen	Head ache
Influenza	Grippe	Kreislaufstörung	Circulatory disturbance
Injection	Spritze	Magenschmerzen	Stomache ache
Injury	Verletzung	Mund	Mouth
Jaundice	Geschwulst	Mandelentzündung	Tonsillitis
Leg	Bein	Migräne	Migraine
Migraine	Migräne	Nasenbluten	Nose bleeding
Mouth	Mund	Notdienst	Emergency service
Nausea	Übelkeit	Ohrenschmerzen	Ear ache
Nose bleeding	Nasenbluten	Ohnmacht	Unconsciousness
Nurse	Krankenschwester	Pflaster	Band aids
Paediatrician	Kinderarzt	Praktischer Arzt	General practicioner
Pain killer	Schmerzmittel	Rückenschmerzen	Back ache
Poison	Gift	Rückfall	Relapse
Pregnancy	Schwangerschaft	Rezept	Prescription
Prescription	Rezept	Schmerzmittel	Pain killer
Relapse	Rückfall	Schwangerschaft	Pregnancy
Sore Throat	Halsschmerzen	Schwindel	Dizziness

Englisch	Deutsch	Deutsch	Englisch
Spezialist internal diseases	Internist	Sonnenstich	Sunstroke
Sprain	Verstauchung	Spritze	Injection
Sting of a bee	Bienenstich	Tablette	Tablet, pill
Stomache ache	Magenschmerzen	Unfall	Accident
Sunstroke	Sonnenstich	Übelkeit	Nausea
Surgeon	Chirurg	Verstauchung	Sprain
Swollen	Geschwollen	Verdauungsstörung	Indigestion
Tablet, pill	Tablette	Verstopfung	Constipation
Tongue	Zunge	Verletzung	Injury
Tonsillitis	Mandelentzündung	Verband	Bandage
Tooth	Zahn	Zahn	Tooth
Unconscious	Bewusstlos	Zahnarzt	Dentist
Unconsciousness	Ohnmacht	Zunge	Tongue

SPRACHHILFE – KONVERSATION

Englisch	Deutsch
Thank you (very much).	Danke (Vielen Dank).
You're welcome.	Bitte schön. Gern geschehen.
Excuse me.	Entschuldigen Sie.
I'm sorry.	Es tut mir leid.
It doesn't matter.	Das macht nichts.
That's all right.	Es ist gut.
Good morning.	Guten Morgen.
Good afternoon.	Guten Tag.
Good evening.	Guten Abend.
How are you?	Wie geht es Ihnen/Dir?
Fine, thanks.	Gut, danke.
My name is …	Ich heiße …
I'm German.	Ich bin Deutsche(r).
I come from Germany.	Ich komme aus Deutschland.
This is Mr./Mrs. …	Das ist Herr/Frau …
Good bye.	Auf Wiedersehen.
See you later.	Bis später.
Good night.	Gute Nacht.
Enjoy your trip.	Gute Reise.
I'd like a double room/single room.	Ich hätte gerne ein Doppelzimmer/Einzelzimmer
What time ist breakfast served?	Wann gibt es Frühstück?
Could I have a wake-up call at eight a. m.?	Könnten Sie mich bitte um 8 Uhr wecken?
Where can I find …?	Wo finde ich …?
Can I help you?	Kann ich Ihnen/Dir helfen?
No, thanks. I'm just looking.	Nein, danke, ich schaue mich nur um.
How much is it?	Wie viel kostet das?
What size are you?	Welche Größe tragen Sie?
I take size 40.	Ich trage Größe 40 (Schuhe).
I'm size 40.	Ich trage Größe 40 (Kleidung).

Englisch	Deutsch
Can you recommend a food store?	Können Sie mir ein Lebensmittelgeschäft empfehlen?
Is this seat free?	Ist dieser Platz frei?
Two black coffee/white coffee.please.	2 Kaffee schwarz/mit Milch bitte.
I'd like to reserve a table for tonight.	Ich würde gerne für heute Abend einen Tisch reservieren.
A table for two, please.	Einen Tisch für 2 Personen, bitte.
Can we see the menu?	Können wir bitte die Speisekarte haben?
What would you like to drink?	Was möchten Sie gerne trinken?
Rare/medium/well done, please.	Blutig/medium/durchgebraten, bitte.
Can I have the bill, please?	Bitte die Rechnung.
All together, please.	Bitte alles zusammen.
Separate bill, please.	Getrennte Rechnungen, bitte.
Do you accept/take credit cards?	Nehmen Sie Kreditkarten?
Where ist the post office?	Wo ist die Post?
How much is a letter to Germany?	Was kostet ein Brief nach Deutschland?
Four 1-Dollar stamps, please.	Vier Briefmarken zu 1 Dollar, bitte.
I'd like to change 100 € into Dollars.	Ich möchte 100 € in Dollars wechseln.
I'd like to cash this traveller's cheque.	Ich möchte diesen Reisescheck einlösen.
May I see your ID?	Darf ich bitte Ihren Ausweis sehen?
Sign here, please.	Ihre Unterschrift, bitte.
Can you show me the way to....	Können Sie mir bitte den Weg zeigen zu...
Is it far?	Ist es weit?
How far is is?	Wie weit ist es?
You can't miss it.	Sie können es nicht verfehlen.
Witch bus/train goes to the airport?	Welcher Bus/Zug fährt zum Flughafen?
Where does it go from?	Wo fährt er ab?
Could you tell me where I have to get off?	Könnten Sie mir bitte sagen, wo ich aussteigen muss?
It's cloudy.	Es ist bewölkt.
The sun is shining.	Die Sonne scheint.
It's raining/snowing.	Es regnet/schneit.
It's very hot/cold.	Es ist sehr heiß/kalt.
I like it.	Das gefällt mir.
I don't like it.	Das gefällt mir nicht.
Would you like something to drink?	Möchten Sie etwas trinken?
I'd like a phone card.	Ich möchte eine Telefonkarte.
Where is the nearest phone?	Wo ist das nächste Telefon?
What's the (international dialling) code für Germany?	Wie ist die Vorwahl für Deutschland?
Hello, who's speaking, please?	Hallo, mit wem spreche ich bitte?
I'd like to speak to ...	Ich möchte gerne ... sprechen.
Hold the line.	Bleiben Sie dran.
The line is busy.	Es ist besetzt. (Telefon)
Would you like to leave a message?	Möchten Sie eine Nachricht hinterlassen?
You have the wrong number.	Sie haben sich verwählt.
Can you call back in ten minutes?	Können Sie in 10 Minuten noch einmal anrufen?
Good luck.	Viel Glück.
Have fun.	Viel Spaß.
Have a good weekend.	Schönes Wochenende.
What time is ist?	Wieviel Uhr ist es?
It's half past four.	Es ist halb fünf.

Englisch	Deutsch
quarter past three.	viertel nach drei (viertel vier).
quarter to three.	viertel vor dre (dreiviertel drei).
It's four o'clock.	Es ist vier Uhr.
Five past four.	Fünf nach vier.
Five to four.	Fünf vor vier.
Twenty-five minutes past four.	Fünf vor halb fünf.
Can you recommend a paediatrician?	Können Sie mir einen Kinderarzt empfehlen?
When are his surgery hours?	Wann hat er Sprechstunde?
I am sick.	Ich bin krank.
You need a prescription for this medicine.	Dieses Medikament ist rezeptpflichtig.
I'm afraid we haven't got it.	Das haben wir nicht da.
When can I pick it up?	Wann kann ich es abholen?
How should I take it?	Wie muss ich es einnehmen?
Take after food	Nach dem Essen einnehmen
Three times a day	Dreimal täglich
Do you have anything for....?	Haben Sie etwas gegen...?

STICHWORTVERZEICHNIS

#
50th Parallel 226

A
Aboriginal Journeys Wildlife and Adventure
Tours 226
Air Force Museum Comox 219
Alberni Pacific „Steam" Railway . . . 287
Alberni Valley Museum 286
Alert Bay 350
    Sehenswürdigkeiten 350
    Unterkünfte 352
Alkohol 369
Angeln 369
Apotheken 369
Aquarium Ucluelet 296
Art Gallery Vancouver 149
Artlish Caves Provincial Park 322
Ärztliche Hilfe 369
Atluck Creek Canyon 322
Autovermietung 369
    Mietbedingungen 370
Autoversicherungen 370
Averill Creek Vineyard 194

B
Bamberton Provincial Park 190
Bamfield 288
    Pachena Bay Campground 289
Bären 370
    Allgemeine Hinweise 371
Bathtub Race Nanaimo 204
Baustellen 383
B&B (Bed and Breakfast) 385
BC Aviation Museum 168
BC Forest Discovery Centre 193
Beaver Cove 248
Behindertenhilfe 372
Bere Point Regional Park 353
Big House Alert Bay 350
Bill´s Trail 234
Bloedel Conservatory 159
Bluegrass Festival & Rodeo Coombs . . 281
Botanical Gardens Tofino 305
Boyle Point Provincial Park 355
British Columbia 18
Broken Group Islands 299
Butchart Gardens 170
Butterfly Gardens 171
Butterfly World and Gardens 282

C
Cable Cook House 232
Campbell River 224
    Sehenswürdigkeiten 226
    Unterkünfte 230, 231
Campbell River bis Tahsis 99
Campertypen 389
Camping 372
    Forest Service Campground . . . 373
    Full Service 373
    Generelle Tipps 374
    Municipal Campground 373
    National Park Campground . . . 372
    Overflow 373
    Private Campgrounds 373
    Provincial Park Campground . . . 373
    Self-Registration 373
    Wildes Campen 373
    Wildnis-Camping 373
Canada Place 148
Canadian Open Sand Sculpting
Competition 209
Cape Mudge Lighthouse 360
Cape Scott Provincial Park 329
    Wandermöglichkeiten 331
Capilano Suspension Bridge und Park . . 151
CDR 370
Chatterbox Falls 342
Checklisten 374
Chemainus 195
    Sehenswürdigkeiten 196
    Unterkünfte 197
Chinatown Vancouver 144
Chinatown Victoria 184
Claud Elliot Lake Provincial Park . . 236
Clayoquot Arm Provincial Park . . . 293
Cleland Island Ecological Reserve . . . 305
CMTs - Culturelly Modified Trees . 238, 323
Coal Harbour 247
    Unterkünfte 247
Colwood 254
    Sehenswürdigkeiten 254
    Unterkünfte 256
Comox 217
Comox Valley 216
    Sehenswürdigkeiten 218
    Unterkünfte 220
Coombs 280
    Sehenswürdigkeiten 280
Copeland Islands Provincial Park . . 336
Coral Cave 320
Cormorant Channel Provincial Park . . 240
Cormorant Island 350
    Fährverbindungen 350, 352
Cortes Island 361
    Sehenswürdigkeiten 361
    Unterkünfte 362

Stichwortverzeichnis   409

Courtenay	216
Cowichan Lake - Der See	274
Cowichan River Provincial Park	272
Wandermöglichkeiten	272
Cowichan Valley	191
Cowichan Valley Museum	193
Craigdarroch Castle	183
Craig Heritage Park	208
Cumberland	214
Sehenswürdigkeiten	215
Unterkünfte	215
Cypress Provincial Park	154

D

Della Falls	291
Unterkunft	293
Denman Island	354
Fährverbindung	355
Sehenswürdigkeiten	355
Desolation Sound Provincial Park	337
Dirt Road	383
Discovery Islands	226
Discovery Passage nach Bella Coola	128
District Museum Courtenay	219
District Museum Nanaimo	203
District of Mount Waddington	237
District of Saanich	169
Sehenswürdigkeiten	169
Unterkünfte	173
Dr. Sun Yat-Sen Classical Chinese Garden	144
Drumbeg Provincial Park	357
Duck Lake Provincial Park	340
Duncan	191
Sehenswürdigkeiten	192
Unterkünfte	194
Duncan bis Lake Cowichan	83
Duncan bis Nanaimo	53

E

Earls Cove nach Langdale	118
East Sooke Regional Park	258
Edge to Edge Marathon Ucluelet	297
Egmont	342
Sehenswürdigkeiten	342
Einfuhrbestimmungen	374
Einkaufen	374
Einleitung	7
Elk Falls Provincial Park	228
Empress Hotel	181
Englishman River Falls Provincial Park	207
Essen	375

F

Fahrenheit-Celsius	385
Fährfahrt nach Vancouver Island	46
Fährfahrt Tsawwassen nach Swartz Bay	164
Feiertage	375
Festivals Victoria	177
Filberg Park Comox	218
Filomi Days Port Hardy	250
Fisgard Lighthouse	255
Flugverkehr	376
Forbidden Plateau	222
Wandermöglichkeiten	222
Fort Bastion	203
Fort Rodd Hill	255
Freeway oder Expressway	383
French Beach Provincial Park	260
Führerschein	376

G

Gabriola Island	356
Sehenswürdigkeiten	357
Unterkünfte	358
Gabriola Sands Provincial Park	357
Galloping Goose Trail	259
Gastown	146
Geld	376
General Store Coombs	280
Georgia Park Nanaimo	202
Gibsons	347
Historic Gibsons Landing	348
Sunshine Coast Museum	348
Unterkünfte	348
Gildas Box of Treasures Native Dance Theatre	227
Gold Muchalat Provincial Park	316
Gold River	314
Bootstouren	315
Sehenswürdigkeiten	315
Unterkünfte	317
Goldstream Provincial Park	186
Gordon Bay Provincial Park	278
Granville Island	149
Great Bear Nature Tour Port Hardy	249
Great Central Lake	291
Great Walk Gold River	315
Green Point Campground	302
Grice Bay	300
Grizzly	371
Grouse Mountain	152
GST (Goods & Services Tax)	377
Gulf Islands National Park	164

H

Haig-Brown House Heritage Site	227
Hamilton Marsh	281
Hansen Lagoon	330
Hatley Castle Colwood	254
Hauptroute	135
Hausboot-Tour Cowichan Lake	276
Hemer Provincial Park	200
Heritage Museum Texada Island	366

Heritage Museum Zeballos	325
Heritage-Touren Saanich	172
Heritage Walk Nanaimo	203
Highlights	25
Highway 101 - Sunshine Coast	334
Highway gravel	383
Highway paved	383
Historical Museum Gabriola	357
Historical Museum Qualicum Beach	211
Holberg	328
Sehenswürdigkeiten	328
Holzfiguren Port Hardy	248
Holztransport	377
Hope Island	330
Horne Lake Cave Provincial Park	212
Horne Lake Trail	285
Hornsby Island	355
House of Hewhiwus	346

I

I-HOS Gallery	218
Indian Act	351
Inland Lake Provincial Park	340
Inseln	
Cormorant Island	350
Denman Island	354
Gabriola Island	356
Kuper Island	368
Lasqueti Island	358
Malcolm Island	352
Quadra Island	359
Saltspring Island	362
Texada Island	365
Thetis Island	367
Inside Passage nach Prince Rupert	126
Irvines Landing	343

J

John Dean Provincial Park	169
Juan de Fuca Marine Trail	261
Juan de Fuca Provincial Park	261

K

Kaatza Station Museum	276
Kanada	14
Karten	415
Kennedy Lake Provincial Park	293
Kinsol Trestle	189
Kitty Coleman Provincial Park	223
Kleidung	378
Klima - West-Kanada	378
Kodiakbär	371
Koksilah River Provincial Park	188
Kreditkarten	379
Kuper Island	368
Fährverbindungen	368
Kusam Climb	234

L

Ladysmith	197
Lagerfeuer / Waldbrandgefahr / Holztransport	379
Lake Cowichan	273
Sehenswürdigkeiten	276
Unterkünfte	277
Langford	254
Sehenswürdigkeiten	254
Unterkünfte	256
Langford bis Port Renfrew	77
Lasqueti Island	358
Fährverbindung	359
Laundry	379
Link River Regional Park	244
Lions Gate Bridge	150
Liquor stores	369
Little Huson Cave Regional Park	322
Little Qualicum Falls Provincial Park	208
Lodges	385
Logging Road	383
Long Beach Pacific Rim National Park	298
Loveland Bay Provincial Park	308
LP (Gas)	383
Lund	336
Sehenswürdigkeiten	336
Unterkünfte	337
Lund nach Saltery Bay	116
Lynn Canyon Park	158

M

MacDonald Campground	165
MacMillan Provincial Park	282
Maffeo Sutton Park Nanaimo	202
Main Lake Provincial Park	360
Malaspina Galleries	357
Malcolm Island	352
Fährverbindung	350, 352
Malibu Stromschnellen	342
Malls	375
Mansons Landing Provincial Park	361
Maquinna Marine Provincial Park Hot Springs	304
Marble River Provincial Park	243
Marine Scenic Drive	172, 185
Maritime Discovery Centre	287
Maritime Museum of BC	180
Maritime Museum Vancouver	160
Market Square Victoria	185
Martin Mars Wasserbomber - Coulson Flying Tankers	290
Maße und Gewichte	379
McLean Mill Historic Site	286
Meares Island	303
Memory Island Provincial Park	188
Millner Gardens	211
Miniature World	182

Miracle Beach Provincial Park	224
Morden Colliery Provincial Park	199
Morton Lake Provincial Park	231
Moskitos	379
Motels	385
Mount Arrowsmith Regional Park	283
Mount Cain Skigebiet	236
Mount Douglas Park	172
Mount Maxwell Provincial Park	364
Mount Seymour Provincial Park	156
Mount Tzouhalem Ecological Reserve	193
Mount Waddington Transit System	237
Mount Washington	220
Municipal Campgrounds	373
Muquin / Brooks Peninsula Provincial Park	325
Murals Chemainus	195
Museum Alert Bay	351
Museum Campbell River	228
Museum Cumberland	215
Museum of Anthropology/Totempark	161
Museum Port Hardy	250
Museum Powell River	340
Museum Sointula	354
Museum Tahsis	320

N

Nanaimo	201
Sehenswürdigkeiten	203
Unterkünfte	205
Nanaimo bis Qualicum Beach	57
Nanaimo bis Vancouver	130
National- und Provincial Parks	380
Newcastle Island Provincial Park	204
Nimpkish Lake Provincial Park	239
Nisnak Lake	235
Nitinat Lake	269
Nootka Island Trail	316
Nootka Sound	315
North Coast Trail	331
Notfälle	380
Nuchatlitz Provincial Park	325
Nuyumbalees Cultural Centre	360

O

Öffnungszeiten	381
Okeover Arm Provincial Park	337
Old Country Market Coombs	280
Old No. 113 Woss	238
Orca-Fest Port McNeill	243
Overflow Campground	373

P

Pacific Rim National Park	298
Sehenswürdigkeiten	300
Unterkunft	302
Wandermöglichkeiten	301
West Coast Trail	267

Pacific Rim Visitor Information	294
Parkgebühren	381
Parksville	207
Sehenswürdigkeiten	207
Unterkünfte	209
Parksville bis Ucluelet und Tofino	89
Parlamentsgebäude Victoria	181
Pender Harbour	343
Unterkünfte	344
Petroglyph Provincial Park	200
Porpoise Bay Provincial Park	347
Port Alberni	90, 284
Schiffs-Touren	286
Sehenswürdigkeiten	286
Unterkünfte	287
Port Alice	244
Sehenswürdigkeiten	245
Unterkünfte	246
Port Hardy	247
Sehenswürdigkeiten	249, 251
Unterkünfte	251
Port Hardy bis Swartz Bay	125
Port Hardy zum Cape Scott Provincial Park	109
Port McNeill	242
Sehenswürdigkeiten	243
Unterkünfte	243
Port McNeill bis Port Hardy	71
Port Renfrew	79, 263
Sehenswürdigkeiten	265
Unterkünfte	266
Powell River	
Sehenswürdigkeiten	340
Unterkünfte	341
Powell River Historic Town	338
Princess Louisa Marina Provincial Park	342
Protection Island	202
Provincial- und National Parks	381
Provinzsteuern	381

Q

Quadra Island	359
Fährverbindung	360, 361
Sehenswürdigkeiten	360
Unterkünfte	360
Qualicum Beach	210
Sehenswürdigkeiten	211
Unterkünfte	212
Qualicum Beach bis Courtenay/Comox	59
Queen Elizabeth Park	158

R

Raft Cove Provincial Park	328
Rathtrevor Beach Provincial Park	206
Rebecca Spit Provincial Park	360
Red Creek Fir	265
Regional Museum Sooke	257
Reisedokumente	381

Resorts	385
Ripple Rock - Seymour Narrows	230
Riverbend Cave	212
Roberts Creek Provincial Park	347
Robson Bight Ecological Reserve	241
Robson Street	148
Ronning Garden	328
Royal BC Museum	182
Rückfahrmöglichkeiten Überblick	112
Ruckle Provincial Park	364
Rugged Mountain	238
Rugged Mountain Klettertour	326

S

Saanich Bicycle-Tour	172
Saltery Bay Provincial Park	341
Saltspring Island	362
Fährverbindungen	364
Saltspring Dollar	363
Sehenswürdigkeiten	364
Unterkünfte	365
Sandwell Provincial Park	357
Sanidump-Station	382, 383
Sargeant Bay Provincial Park	345
Sayward	233
Unterkünfte	234
Sayward bis Port McNeill	68
Schoen Lake Provincial Park	235
Schulbus	386
Schwarzbär	370
Science World	147
Sechelt	345
Festivals	346
Sehenswürdigkeiten	346
Unterkünfte	346
Self-Registration-Campgrounds	373
Seymour Narrows - Ripple Rock	230
Shawnigan Lake	187
Shelter Point Regional Park	366
Sidney	166
Sehenswürdigkeiten	168
Unterkünfte	168
Smelt Bay Provincial Park	362
Smuggler Cove Provincial Park	344
Sointula	
Sehenswürdigkeiten	354
Unterkünfte	354
Sooke	257
Sehenswürdigkeiten	257
Unterkünfte	259
Sooke Potholes Provincial Park	256
Spectacle Lake Provincial Park	189
Spider Lake Provincial Park	212
Sprachhilfe	396
Sproat Lake Provincial Park	289
Squitty Bay Provincial Park	358
Staat und Verwaltung	13
Stamp River Provincial Park	289
Stanley Park	146
St. Anne´s St. Edmund´s Church	209
Steam Clock	147
St. John Baptistenkirche Colwood	254
Straßen im Norden	64
Straßenklassifikation	383
Straßenverkehr	383
Strathcona Dam	308
Strathcona Provincial Park	308
Della Falls	291
Forbidden Plateau	222
Unterkünfte	312
Wandermöglichkeiten	311
Strathcona Westmin Provincial Park	312
Strom	383
Stubbs Island Whale-Watching	241
Summer Night Music	276
Sunshine Coast Streckenübersicht	114
Sunshine Coast Museum	348
Sunshine Coast Trail	335
Swartz Bay bis Victoria	47

T

Tahsis	
Sehenswürdigkeiten	320
Unterkünfte	320
Tankstellen	383
Taylor Arm Provincial Park	293
Telefonieren	384
Telegraph Cove	
Sehenswürdigkeiten	240
Unterkünfte	241
Temperaturen	384
Tems Swiya Museum	346
Texada Island	365
Sehenswürdigkeiten	366
Unterkünfte	367, 368
Tex Lyon Trail	251
Thetis Island	367
Fährverbindung	368
Tofino	94, 302
Sehenswürdigkeiten	303
Unterkünfte	305
Toquart Bay	299
Tree to Sea Drive	102
Lohnende Stopps	318
Trinkgelder	385

U

Übernahme des Wohnmobils	388
Ucluelet	94, 295
Sehenswürdigkeiten	296
Unterkünfte	297
Umgangsformen - Etikette	385
U'Mista Cultural Centre	351
Upana Caves	316

V

Valley Museum Chemainus 196
Vancouver 137
    Bootstouren 140
    Einkaufen 141
    Nahverkehr 138
    Sehenswürdigkeiten 143
    Stadtteile 140
    Unterkünfte 163
Vancouver bis Fähranleger Tsawwassen 38
Vancouver bis Port Hardy 33
Vancouver Downtown 143
Vancouver Durchfahrt 122
Vancouver Island 22
Vancouver Island Military Museum . . 204
Vancouver Museum 160
Van Dusen Botanical Garden 159
Vargas Island Provincial Park . . . 305
Verkehrsregeln 386
Verkehrszeichen - Zusatztexte . . . 386
Vertretungen D / A / CH 387
Victoria 173
    Festivals 177
    Sehenswürdigkeiten 176
    Sightseeingtouren 176
    Unterkünfte 185
    Whale-Watching 179
Victoria bis Duncan 50

W

Waldbrandgefahr 387
Wandern 387
Waschsalon - Laundry 388
Wei Wai Kum House of Treasures . . 227
West Coast Trail 267, 300
West Shawnigan Lake Provincial Park . 188
Whale Interpretive Centre
Telegraph Cove 240
Whippletree Junction 190
White Ridge Provincial Park 313
Wild Pacific Trail 297
Willie Mitchell 242
Winter Harbour 329
    Unterkünfte 329
Wissenswertes 369
Wohnmobil 388
Wohnmobiltypen 389
World´s Largest Yellow Cedar 232
Woss 237
    Unterkunft 239
Woss bis Zeballos 105
Woss Lake Provincial Park 238
Wulf Bluff Castle Cortes Island . . . 362

Y

Youbou 278

Z

Zeballos 323
    Sehenswürdigkeiten 325
    Unterkünfte 326
Zeitzonen 391
Zoll 391

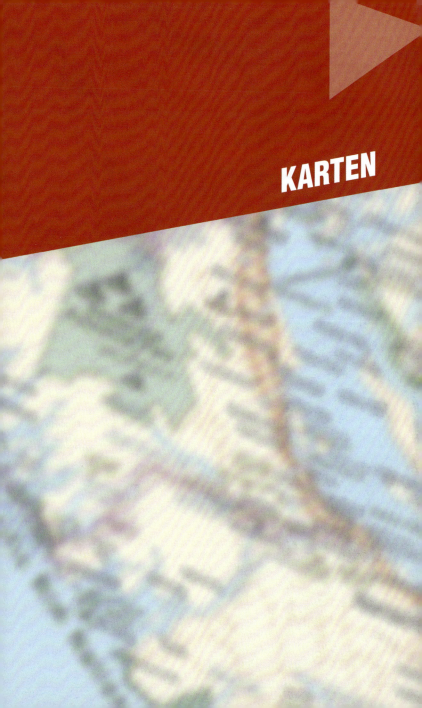

KARTEN

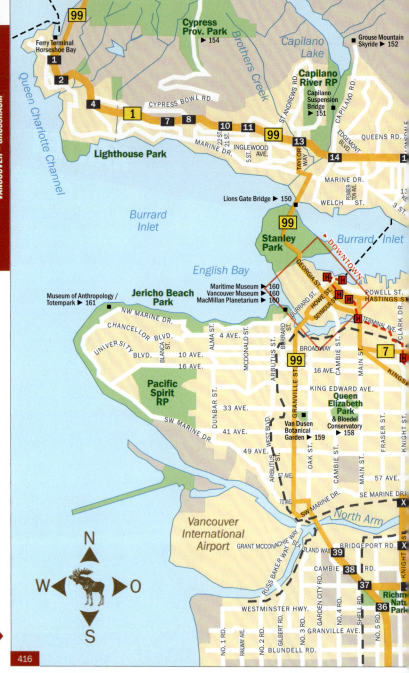

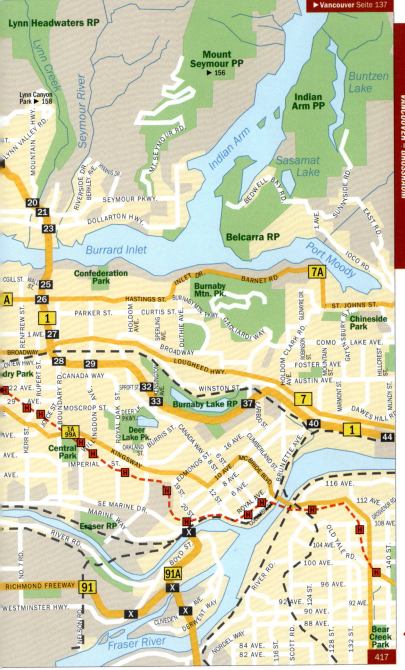

► Vancouver Seite 137

VANCOUVER – INNENSTADT

Stanley Park
► 146

Burrard Inlet

Coal Harbour

PIPELINE RD
SCENIC DRIVE
STANLEY PARK CAUSEWAY

Harbour Cruises ► 140

BAYSHORE
CORDOVA
W. HASTINGS
MELVILLE
W. PENDER
W. GEORGIA
ALBERNI
ROBSON ► 141
HARO
BARCLAY
NELSON
COMOX
PENDRELL
DAVIE
BURNABY
HARWOOD
PACIFIC BLVD
BEACH

Lost Lagoon

LAGOON DRIVE
CHILCO
GILFORD
DENMAN
BIDWELL
CARDERO
BROUGHTON
NICOLA
BUTE
JERVIS
THURLOW

Nelson Park

DAVI VILLA
► 141

English Bay Beach

Sunset Beach

English Bay

N O W S

Vanier Park
► 160

418

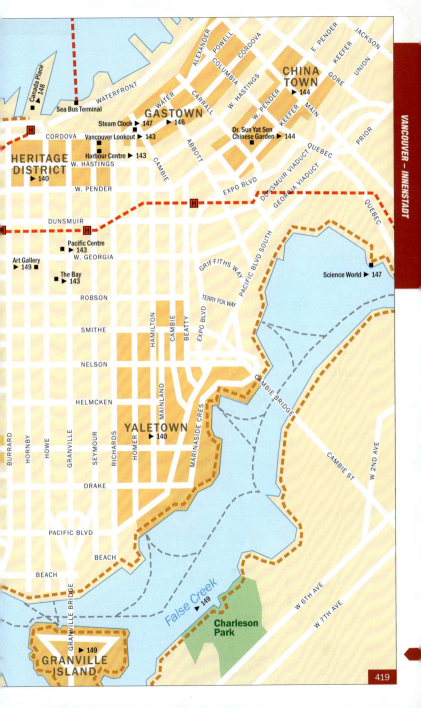

- 1 Parlamentsgebäude ▶ 181
- 2 Empress Hotel ▶ 181
- 3 Big Bad John's ▶ 176
- 4 Market Square ▶ 185
- 5 Mile 0 ▶ 185
- 6 Craigdarroch Castle ▶ 183
- 7 Helmcken House ▶ 183
- 8 Royal BC Museum ▶ 182
- 9 Maritime Museum ▶ 180

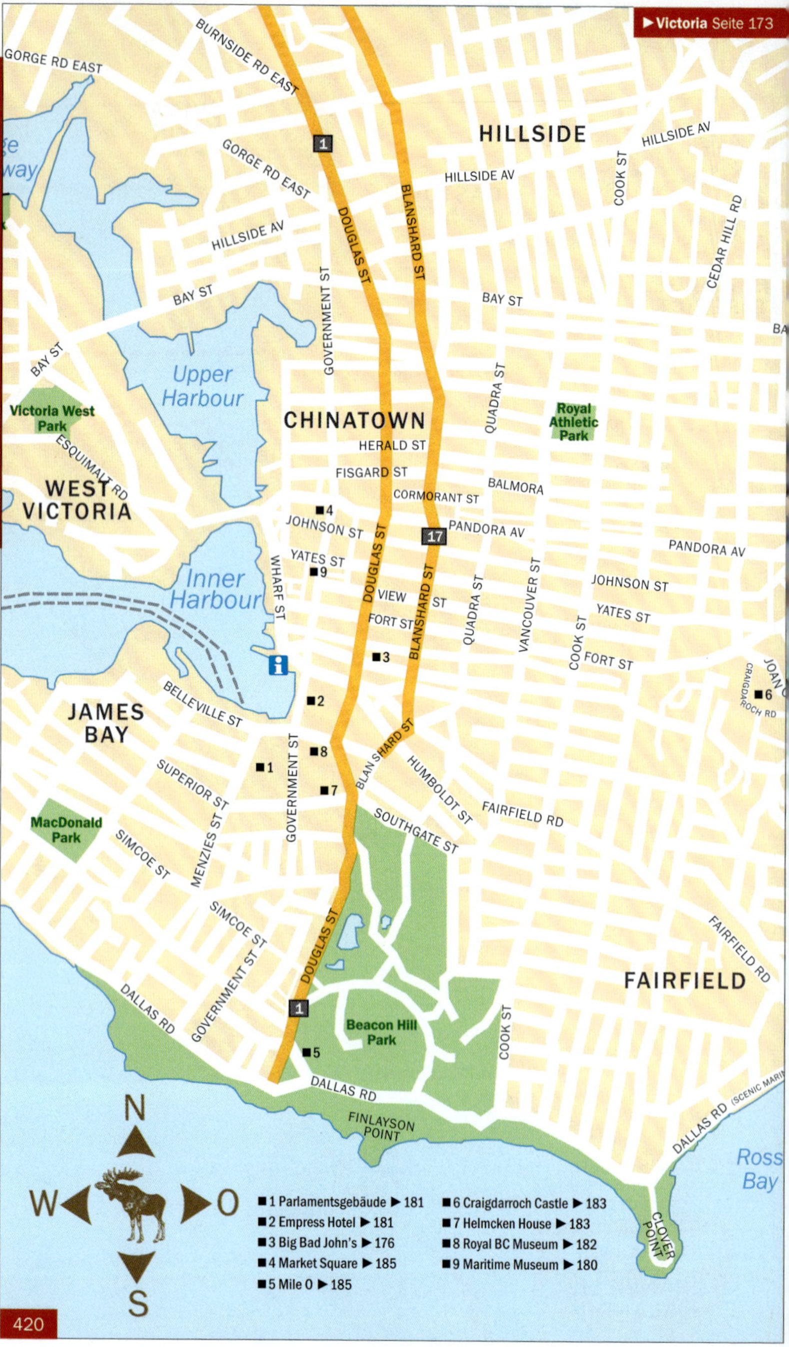

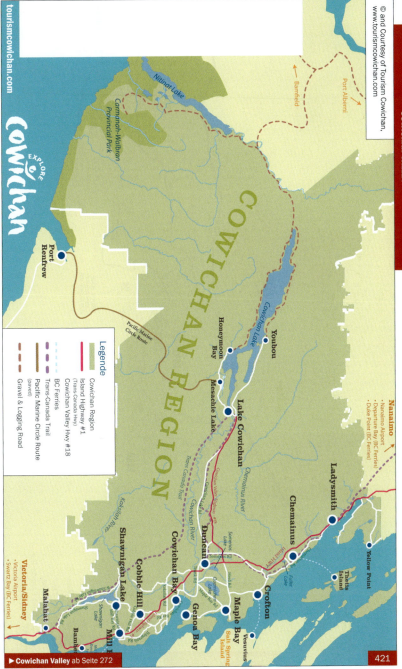

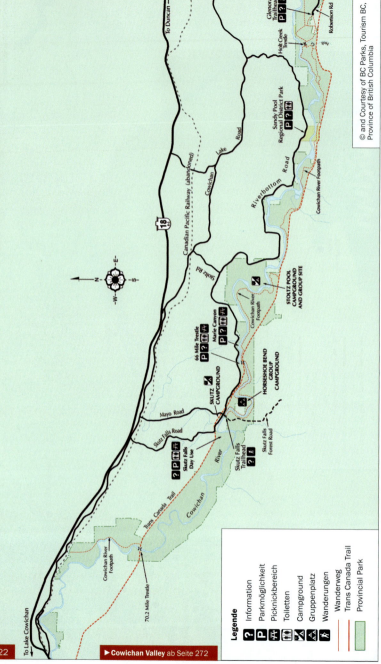

Pacific Rim National Park – Long Beach

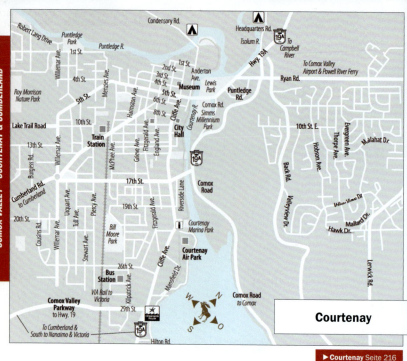

▶ **Courtenay** Seite 216

▶ **Cumberland** Seite 214

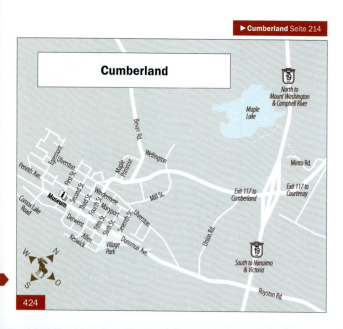

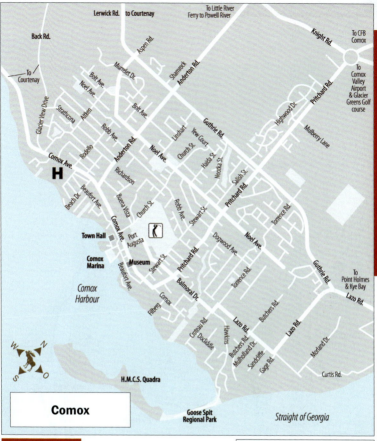

▶ Comox Seite 217

© and Courtesy of Cumberland Tourism, www.cumberlandbc.org

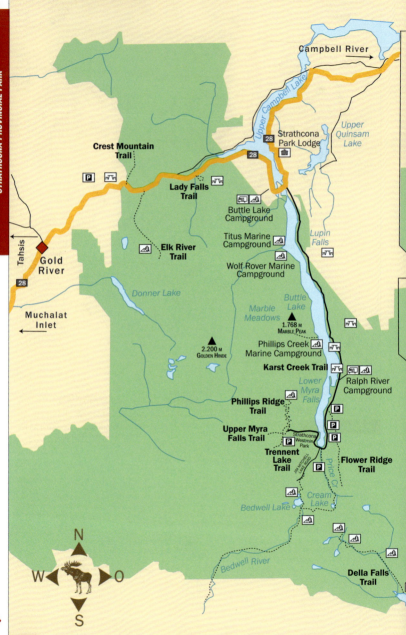

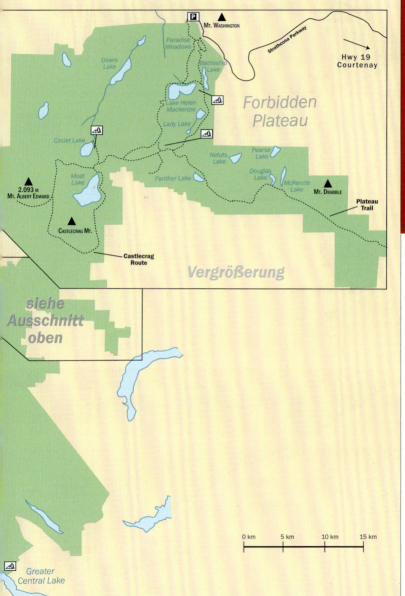

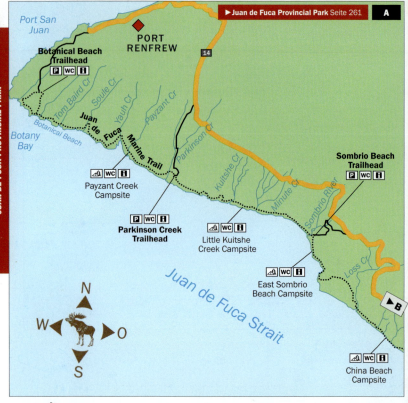
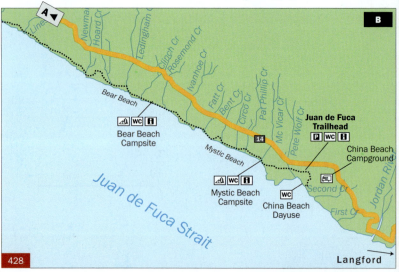

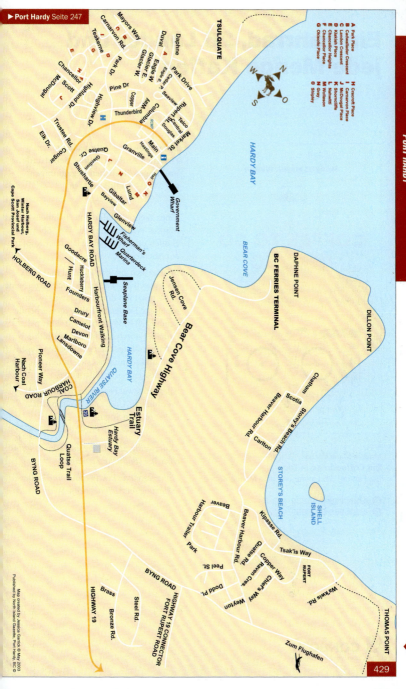

Ein Fahrrad, 26 Länder und jede Menge Kaffee

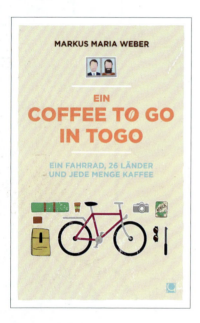

Markus Maria Weber
Ein Coffee to go in Togo
Ein Fahrrad, 26 Länder und jede Menge Kaffee

- ISBN 978-3-95889-138-8
- ISBN 978-3-95889-143-2

Ein wahnwitziges Reiseabenteuer zwischen Aufbruchlaune, Selbstfindung und ungewöhnlichen Begegnungen auf 14.037 Radkilometern

Eines Tages wirft der Unternehmensberater Markus Weber seine heile Welt über den Haufen und stürzt sich Hals über Kopf in ein Abenteuer.

Er setzt sich auf sein Fahrrad und fährt los – durch 26 Länder, bis nach Togo. Seine Reise führt ihn durch verlassene osteuropäische Dörfer und über zermürbende Sandpisten in Westafrika. Er fährt per Anhalter durch die Sahara, radelt durch den unerschlossenen guineischen Regenwald und schmuggelt sich in Liberia über geschlossene Grenzübergänge.

Alles, um zwei Fragen zu beantworten: Wer bin ich? Und: Gibt es eigentlich *Coffee to go* in Togo?

»*Kurzweilig, ungefiltert und schonungslos ehrlich.*« (Badische Zeitung)

»*Eine fesselnde Lektüre und eine Liebeserklärung an Afrika.*« (Café Solo)

www.conbook-verlag.de

Eindrucksvoller geht es nicht: alle Highlights des kanadischen Westens auf einer Route!

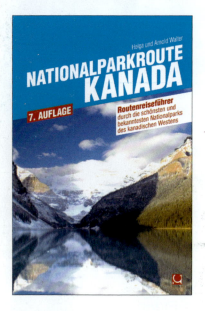

Helga und Arnold Walter
Nationalparkroute Kanada
Die legendäre Route durch den Westen Kanadas

ISBN 978-3-943176-36-0
ISBN 978-3-958890-60-2 [PDF]

»Buchempfehlung des Monats der preisgekrönten deutsch-kanadischen Zeitung für die Provinz Alberta« (Der Albertaner)

»Wer die kanadischen Nationalparks von ihrer interessantesten Seite sehen möchte, kommt an diesem Reiseführer nicht vorbei.« (Inside America Magazin)

»Ein sehr gelungener und ansprechend verfasster Reiseführer.« (MySpotlight: Kanada)

Die Nationalparkroute ist legendär und gilt als eine der schönsten und eindrucksvollsten Reiserouten ganz Kanadas. Sie führt durch die sechs bekanntesten National Parks (Banff, Jasper, Kootenay, Revelstoke, Glacier und Yoho), durchquert viele Provincial Parks und bietet einen einmaligen Einblick in die Bergwelt West-Kanadas – mit mächtigen Gletscherfeldern, tosenden Wasserfällen, türkisfarbenen Seen und endlosen Wäldern.

Entlang einer detailliert beschriebenen Route führt Sie dieser Reiseführer zu allen wirklichen Highlights der Nationalparks, zu den beliebtesten Touristenstädten (u.a. Vancouver, Banff, Lake Louise, Jasper und Whistler) wie zu den erlebenswertesten Geheimtipps.

Der Routenreiseführer, der nun bereits in der 7. Auflage erscheint, ist ein wichtiger und nützlicher Helfer bei der Reisevorbereitung und ein wertvoller Begleiter vor Ort.

www.conbook-verlag.de